Wiebke Walther

Kleine Geschichte der arabischen Literatur

Wiebke Walther

Kleine Geschichte der arabischen Literatur

Von der vorislamischen Zeit bis zur Gegenwart

Verlag C. H. Beck

Mit 11 Abbildungen und 2 Karten

Satz: Fotosatz Reinhard Amann, Aichstetten
Druck und Bindung: Ebner & Spiegel, Ulm
Printed in Germany
ISBN 3 406 52243 2

www.beck.de

Inhalt

Zur Einführung
Seite 7

I. Was gehört zur arabischen Literatur?
Seite 10

Die arabische Sprache: Hochsprache und Volkssprache 10
Arabische Personennamen 18 Der Literaturbegriff 21
Mündlichkeit – Schriftlichkeit 26 Buchkultur 29 Bibliotheken 33
Eine Bagdader Literaturgeschichte des 10. Jahrhunderts 35 Der Buchdruck 36

II. «Die Zeit der Unwissenheit»: Literatur im vorislamischen Arabien
Seite 38

1. Altarabische Dichtung 38
Die Kassīda 40 Radschas-Liedchen und «Stücke» 44 Die Trauerode 44
Vagantendichtung 45 Berühmte Dichter und Dīwāne 46

2. Altarabische Prosa 48

III. Die arabische Literatur in islamischer Zeit bis etwa 1800
Seite 50

1. Die Dichtung und ihre Gattungen 50
Frühe Entwicklungen 50 Das Lobgedicht 52 Das Schmähgedicht 55
Das Liebesgedicht 56 Frivole Dichtung *(Mudschūn)* 63 Weingedichte 64
Jagdgedichte 65 Beschreibende Gedichte *(Wasf)* 66 Naturgedichte 68
Religiöse Dichtung 70 Philosophische Dichtung 74

2. Die Prosa und ihre Gattungen 75
Der Koran und die durch ihn angeregte Literatur 75
Das «schöne Vorbild»: Hadīth-Literatur als Erzählliteratur 85
Die historische Literatur 88 Die historisch-biographische Literatur 92
Die geographische Literatur 95 Reisebeschreibungen 102

3. Prosa, durchflochten von Poesie, zur Bildung und Unterhaltung: die Adab-Literatur 106

Textsorten, Prinzipien und Stil unterhaltsam-bildender Werke 106 Titel, Vorworte und Schlußformeln 110 Der Beginn: Didaktische Literatur von Autoren persischer Herkunft 112 Die Synthese: Bedeutende frühe Adab-Autoren 120 Literatur über höfische Pflichten, Freuden und Leiden 148 Rat für Könige, Rat für Wesire: Fürsten- und Untertanenspiegel 167 Die Sprichwortliteratur 190 Ethische, religiöse und mystische Literatur 192 Philosophisch-mystische Robinsonaden, Allegorien 197 «Ein Meer von Geschichten»: Erzählsammlungen 202 Frauen, weltliche Liebe und Sexualität 209 Makāmen, Rangstreitdichtungen und Verwandtes 223 Adab-Enzyklopädien 248

4. Volkstümliche Literatur 255

Berufserzähler zur Erbauung und zur Unterhaltung 255 Zwischen Legende und Märchen: Prophetengeschichten 256 Tausendundeine Nacht: ein Werk zwischen Orient und Okzident 258 Volksromane 263 Das Schattentheater 265 Schiitische Passionsspiele 267 Volkstümliche Dichtung 267

IV. Reformen und Neuentwicklungen im 19. und 20. Jahrhundert

Seite 273

Geschichtsschreibung und Bildungsenzyklopädien am Vorabend moderner Entwicklungen 273 Reformen und Reformer im 19. Jahrhundert 275 Anfänge des Theaters 279 Entwicklungen zur modernen Erzählprosa und Dramatik in Ägypten 280 Erzählliteratur in anderen arabischen Ländern 285 Die Poesie 289 Dichtung in freien Versen 291 Epilog 292

Anhang

Seite 293

Hinweise zu Umschrift und Aussprache 293 Karten 294 Dynastien 296 Anmerkungen 297 Bildnachweis 306 Arabische Literaturgeschichte in mitteleuropäischen Sprachen. Ein Überblick 307 Auswahlbibliographie 309 Personenregister 324 Sachregister 330

Zur Einführung

«Bücher sind die Gärten der Gelehrten» – mit diesen und anderen schönen, oft gereimten, preziös formulierten Lobesworten wird das Buch und sein vielseitiger Nutzen für den Menschen in Werken der arabischen Literatur meist im Vorwort, aber auch an anderen Stellen, seit dem 9. Jahrhundert enthusiastisch gepriesen.

Eine Literatur mit Traditionen, die mehr als eineinhalb Jahrtausende umspannen, einschließlich ihrer Schöpfer und Träger dem interessierten Laien in einer «kleinen Literaturgeschichte» darstellen zu wollen, mag vermessen erscheinen. Spiegelt doch diese Literatur die Vielgestaltigkeit einer zunächst multiethnischen, multikulturellen Gesellschaft, die sich während der kulturellen Glanzzeit des arabisch-islamischen Kalifats zwischen etwa 800 und 1200 und noch darüber hinaus von Spanien bis zum Industal erstreckte. Hinzukommt, daß so manches in ihr anders ist, als wir es gewohnt sind, also dem deutschen Leser erklärt werden muß. Dazu gehört sicher als erstes, daß die klassische arabische Poetologie zwischen Dichtung/Poesie und Prosa streng unterscheidet. Der Dichter als der Angesehenere «ordnete» Sprache kunstvoll in Metrum und Reim. Der Prosaautor fügte zwar, das gehörte bis ins beginnende 20. Jahrhundert zur Konvention, auch Gedichte, Verse und Prosareime in sein Werk, über welches Thema er auch schrieb oder Texte kommentierend zusammenfügte, aber das Ergebnis gilt nicht als «Dichtung» etwa im Goetheschen Sinn. Die arabische Poetologie sieht in Poesie mit ihren strengen formalen Regeln Perlen, die an einer Schnur geordnet sind, Prosasätze gelten lediglich als verstreute Perlen.

Den Konventionen mancher arabischer Autoren von Prosawerken der Zeit zwischen etwa 900 und 1870 folgend hätte also über dieser Einführung (und damit meiner Arbeit an diesem Buch) vielleicht das Gebet «Herr, hilf und mach's leicht!» stehen sollen. Das ist eine Tradition, die der Ägypter Gamal al-Ghitani (geb. 1945) in einer Erzählung wieder aufgenommen hat. Ich hätte dieses Vorwort dann freilich auch in bilder- und metaphernreicher, wortspielerischer Reimprosa abfassen, es mit eigenen und fremden Versen durchsetzen, ohnehin von Beginn an mich und meine Arbeit Gottes und meines Mäzens (Wer wäre das? der Verleger?) Barmherzigkeit und Großmut unterwerfen und beiden überschwenglich und wortreich danken und sie rühmen müssen. Gegen Rivalen und potentielle (mit Sicherheit zu erwartende) Kritiker müßte ich, wie manche, aber nicht alle Autoren es taten, in ähnlicher Form Gottes Fluch herabwünschen sowie Plagiatoren und Abschreibern, die das geistige Urheberrecht verletzen (*Dieben*), die Strafe des islamischen Rechts für Diebstahl, das Abschlagen der Hand, androhen.

Zur Konvention gehört auch der Hinweis auf die Leistungen anderer. Der Leser sei hierfür auf die Bibliographie im Anhang verwiesen, die mit einem Überblick über bisherige Gesamtdarstellungen zur arabischen Literaturgeschichte beginnt. Bescheidene Autoren fügten, nachdem sie ihre besonderen Verdienste und die großen Vorzüge ihres Werks gegenüber denen von Vorgängern selbstbewußt darlegten, noch hinzu, daß Spätere es vielleicht besser machen könnten, und bitten jedenfalls um Nachsicht. Daß ihr Werk für die Bildung ihrer Leser unentbehrlich sei und so deren Ansehen erheblich steigern werde, betonen sie. Der vertraulich mit *Du* angesprochene Leser ist allemal, werbend in Reimprosa definiert, Angehöriger der sozialen und der (nicht unbedingt identischen) Bildungselite.

Und nun käme in arabischen Vorworten eine wörtlich nicht zu übersetzende Kurzformel mit der Bedeutung «*Zur Sache*», mit der zur Darstellung von Details des Buches übergeleitet wird. Da dieses Buch sich auch an Nicht-Fachleute wendet, wurde auf die wissenschaftliche Umschrift des Arabischen zugunsten einer allgemeinverständlichen, der tatsächlichen Aussprache nahekommenden, verzichtet. Dadurch ergibt sich öfter ein für Fachleute unübliches Schriftbild, etwa *Abbassiden* oder *Ibn Ssīna*, denn ich habe stimmloses *s* durch *ss*, auch am Wortanfang, wiedergegeben. Die wissenschaftliche Transkription und die originalgetreue Titelangabe arabischer Werke finden sich in der Bibliographie.

Fast ausschließlich habe ich anstelle der islamischen Zeitrechnung, die mit dem Jahr der *Hidschra*, der Auswanderung Muhammeds mit seinen frühesten Anhängern von Mekka nach Medina 622, beginnt, jeweils das christliche Jahr angegeben. Daraus folgen mitunter Jahresangaben wie: 987/88. Sie resultieren daraus, daß der islamische Kalender nach Mondjahren zählt, die rund elf Tage kürzer sind als unser Sonnenjahr. Das islamische Jahr 401 etwa begann am 15. August 1010 und endete am 6. Juli 1011 unseres Kalenders,[1] und da Tag und Monat der biographischen Daten häufig unbekannt sind, müssen zwei Jahre der christlichen Zeitrechnung angegeben werden. Im Islam existiert keine Taufe, so gibt es keine Taufregister, auch kannte man in der arabischen Welt bis ins 20. Jahrhundert hinein keine Standesämter. So sind manche Daten unsicher.

In den Grenzen des knappen Raums habe ich mich auf bestimmte Gattungen, Werke und ihre Autoren konzentriert und anderes kürzer gestreift. Statt eine Vielzahl von Titeln und Namen zu nennen, erschien es mir sinnvoller, im Interesse des Einblicks in kultur-, sozial- und mentalitätsgeschichtliche Verhältnisse und Entwicklungen etwas detaillierter auf Inhalte und auch ein wenig auf soziale Hintergründe und die Lebensumstände der Autoren einzugehen.[2]

Im Vordergrund steht die im weiteren Sinn schöngeistige Literatur in Poesie und Prosa sowie die bildend-unterhaltende Literatur des arabisch-islamischen Mittelalters und bis ins 18. Jahrhundert mit gelegentlichen Hinweisen aus diesem Kontext auf die moderne Rezeption der Themen und Gattungen. Dabei waren mir Roger Allens exzellente gattungs- und themenorientierte Überblicksdarstellungen *The Arabic Literary Heritage* (1998) und *Introduction to Arabic Literature* (2000) ein Vorbild. Da relativ viele Autoren gattungsmäßig an verschiedenen Stellen einzuordnen sind, die Angaben zur Vita aber nicht wiederholt werden sollten und ich nicht mit zu vielen Verweisen arbeiten wollte, empfehle ich Interessierten, für weitere Informationen zu einem Autor dessen Namen im Register aufzusuchen.

Frauen als Objekten und als Schöpferinnen literarischer Werke gilt in dieser Darstellung meine besondere Aufmerksamkeit.

Die reiche theologische, philosophische, religiös-rechtliche, die mystische sowie die naturwissenschaftliche und medizinische Literatur habe ich nur in einzelnen, sehr wichtigen Werken berührt. Sie gehört in andere Kompetenzbereiche und wurde von Zuständigeren dargestellt.[3]

Die literarischen Entwicklungen der letzten zweihundert Jahre werden hier in einem kürzeren Abriß dargestellt. Ich hoffe, sie in einer eigenen Buchpublikation detaillierter darlegen zu können, weckten doch gerade diese Entwicklungen bereits meine studentische Wißbegierde, was damals in Deutschland noch etwas ziemlich Ungewohntes war. Während einer langen Lehrtätigkeit habe ich sie interessierten Studenten und in Übersetzungen und vielen Artikeln auch anderen nahezubringen versucht.

Es bleibt mir zum Schluß, der Universitätsbibliothek Tübingen und ihren stets hilfsbereiten und freundlichen Mitarbeiterinnen und Mitarbeitern, besonders der Bereiche Lesesaal und Ausleihe, herzlich zu danken. Ohne die umfangreichen orientalistischen Bestände, deren Beschaffung mehr als 25 Jahre lang von der DFG gefördert wurde, und den guten Service dieser Bibliothek wäre vieles gar nicht möglich gewesen. Dem Verlag C. H. Beck und dem verantwortlichen Lektor, Herrn Dr. Ulrich Nolte, gebührt mein Dank für das Entgegenkommen, dieses Buch, das zunächst in wesentlich knapperer Form geplant war, nun doch umfangreicher herauszubringen. Frau Dr. Brigitte Schillbach danke ich herzlich für ihre kritische, interessierte und ermutigende Durchsicht des Textes aus der Sicht einer germanistischen Literaturwissenschaftlerin.

Tübingen, im Juli 2004 *Wiebke Walther*

I. Was gehört zur arabischen Literatur?

Die arabische Sprache: Hochsprache und Volkssprache

«In schöner, klarer Sprache liegt Magie», das wird seit dem frühen 9. Jahrhundert in Werken der arabischen Bildungsliteratur oft und gern zitiert. Tatsächlich waren Araber von früher Zeit an stolz auf ihre Sprache, und ein hoch entwickeltes Sprachbewußtsein ist bei kultivierten Arabern auch heute zu beobachten. Fein ziselierte bis raffinierte Sprachkunst kennzeichnet die arabische Dichtung in ihren frühesten bekannten Zeugnissen aus der Zeit um 500 und, natürlich mit erheblichen Wandlungen, bis ins 20. Jahrhundert. Das gilt auch für viele Werke der klassischen und nachklassischen Prosaliteratur bis ins ausgehende 19. Jahrhundert. Hier wird ohnehin fast nie auf Gedicht- und/oder Verseinlagen verzichtet. Sie beginnen mit rhythmischen Reimen in preziöser Lexik, voller Bilder und Metaphern, enden mit ihnen und sind von ihnen durchflochten. Sprachkunst bis Künstelei konnte in späteren Werken den Inhalt arabeskenreich überranken. So will ich mit einer Einführung in die arabische Sprache als Mittel und Grundlage der Literatur beginnen.

Das Arabische ist heute Staatssprache in 22 Ländern von Mauretanien über Nordafrika bis zum Irak mit etwa 280 Millionen Menschen. Es ist Kultsprache in allen islamischen Ländern. Mit Fremdwörtern, religiösen Formeln und Floskeln und Personennamen hat es seine Spuren in vielen Sprachen hinterlassen, deren Völker sich zum Islam bekennen, im Türkischen, Neupersischen, in Idiomen Mittelasiens, im Urdu, Paschto, Bengali, im Malaiischen und in vielen afrikanischen Sprachen. Der arabischen Schrift bedienen sich das Persische, Kurdische, Urdu, Paschto und einige Berbersprachen. Bis ins 19. Jahrhundert wurden das Haussa, Swaheli und das Malaiische ebenfalls arabisch geschrieben, obwohl diese Sprachen ein anderes Lautsystem haben als das Arabische und aus dem vorgegebenen Graphembestand neue Buchstaben schaffen mußten. Unterschiedliche Zeichen des Arabischen, etwa für verschiedene stimmhafte und stimmlose *s*-Laute, bezeichnen im Persischen jeweils *ein* Phonem. Typische Phoneme des Arabischen, die emphatischen, am hinteren oberen Gaumen artikulierten *s*- und *t*-Laute zum Beispiel, gibt es in diesen Sprachen nicht. Also ist auch die Aussprache der Zeichen für diese Laute mit denen für normales *s* und *t* im Neupersischen identisch.

Arabisch ist wie etwa Hebräisch, Aramäisch, Syrisch und Äthiopisch eine semitische Sprache. Zwar bedient sich jede dieser Sprachen ihrer eigenen Schrift, doch das gemeinsame Charakteristikum ist ihr Wurzelsystem. Das heißt, die Grundbedeutung der meisten Wörter beruht auf drei «Wurzelkonsonanten». Nach festen Regeln erfolgende Vokalisierungen, Präfixe, Suffixe und Infixe verändern innerhalb eines logischen Struktursystems die Grundbedeutung der drei Konsonanten bei Verben und Nomina.

Das arabische Alphabet besteht aus 28 Buchstaben, die meisten mit unterschiedlichen Formen je nach ihrer Stellung im Wort. Viele Endformen sind besonders ausdrucksvoll. Die Schrift ist linksläufig, linear und kursiv. Logischerweise ist sie eine Konsonantenschrift, das heißt, sie erfaßt außer den Konsonanten nur die drei langen Vokale *ā*, *ī* und *ū*. Die beiden letzteren sind Semikonsonanten, denn die Zeichen für *ī* und *ū* stehen auch für *j*, beziehungsweise *w*. Für die kurzen Vokale *a*, *i*, *u*, die Diphthonge *ai* und *au*, die Vokallosigkeit und die – wie im Italienischen stets zu sprechende – Doppelkonsonanz gibt es kleine Hilfszeichen über oder unter dem jeweiligen Konsonanten oder Semikonsonanten bei Diphthongen. Diese Graphen erschienen zunächst, nach der Entwicklung der arabischen Schrift aus der Aramäisch-Nabatäischen, vom ausgehenden 7. Jahrhundert an vereinzelt in Koranfragmenten als den ersten Schriftzeugnissen in islamischer Zeit. Erst etwa vom 10./11. Jahrhundert an schrieb man sie in Koranen durchgängig, denn ein geheiligter Text muß eindeutig sein. Zu dieser Zeit hatte man sich auf bestimmte Lesungen, das heißt auch Interpretationen, des Korantexts geeinigt. Die Vokalzeichen werden heute auch in Schulbüchern und in Ausgaben klassischer Dichtung und kunstvoller Prosa gesetzt, ansonsten da, wo mehrere Lesungen möglich sind.

Ein guter Kenner des Hocharabischen hat die richtige Vokalisierung eines Konsonantentexts zu erkennen, denn festgelegte Verbal- und Nominalmuster für nahezu die gesamte Lexik und syntaktisch normierte Wortfolgen, wenigstens in der klassischen und nachklassischen Literatur, machen meist bestimmte Lesungen notwendig. Natürlich kann es strittige Fälle geben.

Ein Beispiel für die Wortbildung: **kitāb**, heute «Buch», zunächst «Schriftstück, Geschriebenes, Brief», ist von den Wurzelkonsonanten **k-t-b** abgeleitet. **K**a**t**a**b**a (geschrieben **k-t-b**) bedeutet «er schrieb», **k**u**t**i**b**a (im Schriftbild identisch) heißt: «es wurde geschrieben». Weitere Ableitungen sind ma**kt**a**b**a «Bibliothek», ma**kt**a**b** «Schreibtisch; Büro», ***kātib*** «Schreiber», heute auch «Schriftsteller», **kuttāb** ist Plural zu **kātib** und auch «Koranschule» (in der muslimische Kinder jahrhundertelang «*das* Buch», den Koran, auswendig lernten und Lese-, Schreib- und Rechenkenntnisse erwarben). **Kutub** bezeichnet «Bücher», **kutubī** den «Buchhändler», **katība** heißt «Schriftstück, Urkunde» auch: «geschriebenes Amulett» (mit religiösen Formeln), **mukātaba** «Korrespondenz, Briefwechsel», **maktūb** bedeutet «geschrieben», dann auch: «Brief».

Der bestimmte Artikel für die beiden grammatischen Genera lautet nach Kasus und Numerus unverändert *al-*, das *l* wird jedoch im Hocharabischen allen *s-* und *t-*Lauten sowie dem *n* und *r* phonetisch assimiliert. Das anlautende *a* ist ein «Verbindungsvokal», das heißt, es weicht im Hocharabischen einem vorhergehenden Vokal.

Das Hoch- oder Schriftarabische vollendet zu beherrschen, gehörte zum klassischen Bildungsideal und ist bis heute Grund für Stolz, denn es ist das Privileg einer Bildungselite. Nationalistische Regierungen arabischer Länder, besonders die *Baʿth*-Regierungen in Syrien und (bis Frühjahr 2003) im Irak, fördern oder förderten gute Sprachkenntnisse und betonen die Einheit der arabischen Länder auf Grund ihrer gemeinsamen Schrift- oder Hochsprache. Im Irak wurden zur Beseitigung des Analphabetentums 1978 per Dekret obligatorische Kurse für alle Analphabeten eingeführt. Trotzdem betrug die geschätzte Analphabetenrate für 2003 insgesamt 59,6 Prozent, davon 44,1 Prozent bei Männern und 75,5 Prozent bei Frauen, bedingt natürlich auch durch zwei Golfkriege und das jahrelange Embargo. Im selben Dekret von 1978 wurde das Hocharabische zur Pflichtsprache bei Konferenzen, Sitzungen und allen anderen offiziellen Veranstaltungen erklärt, eine Anordnung, die einzuhalten man sich bei Diskussionen auf wissenschaftlichen Konferenzen ängstlich bemühte. Dagegen habe ich bei zwei Tagungen an Beiruter Universitäten im Mai 2001 erlebt, daß die Umgangssprache hier selbst in Vorträgen über moderne Literatur oder Frauenfragen bei improvisierten Kürzungen oder Ergänzungen üblich ist. Wahrscheinlich ist sie verbindendes Element in diesem von jahrelangen Bürgerkriegen gezeichneten, multikonfessionellen Land.

Die Hoch- oder Literatursprache beruht grammatisch auf der Sprache des Korans, der heiligen Schrift des Islams. Er wurde nach dem Glauben der Muslime ihrem Propheten Muhammed (ca. 570–632) zwischen 610 und 632 als Gottes Wort durch den Erzengel Gabriel «in klarem Arabisch» schrittweise offenbart, im Anschluß an die heiligen Schriften der beiden anderen großen Offenbarungsreligionen und zunehmend in der Auseinandersetzung mit deren Anhängern. Diese Kontroversen wurden nach Muhammeds «Auswanderung», der *Hidschra*, mit einer kleinen Schar von Gläubigen aus seinem Geburtsort, der Kaufmannsstadt Mekka, in die Oasenstadt Medina im Jahr 622 intensiver. Hier wurde er Oberhaupt einer Gemeinde. Angehörige zweier zerstrittener Stammesgruppen hatten ihn, den «Gesandten Gottes», als Schlichter gerufen. Damit begann in der Person Muhammeds die theoretische Einheit von Religion und Politik im Islam. Im Jahr 622 setzt auch die islamische Zeitrechnung nach Mondjahren ein.

Der Koran gilt als das Wunder, das Muhammeds Prophetentum bestätigt. Die sprachliche Unnachahmlichkeit des Korans ist Glaubenssatz. Er war also, jedenfalls theoretisch, als Gottes Wort über die Jahrhunderte sprachlich vorbildlich. Für den arabischen gläubigen Muslim hatte und hat meist die gute Beherrschung der arabischen Hochsprache auch eine religiöse Bedeutung.

Starke phonetische, morphologische und syntaktische Veränderungen, wie wir sie im Deutschen in den Entwicklungen vom Althochdeutschen über das Mittelhochdeutsche zum Neuhochdeutschen haben, gab es im Hocharabischen nicht. Aber bereits zur Zeit Muhammeds existierte eine Umgangssprache, die sich von der Hochsprache unterschied und nur in ganz wenigen Zeugnissen erhalten ist. Natürlich veränderte sich die Sprache lexikalisch wie syntaktisch durch die soziokulturellen Wandlungen, die nach Muhammeds Tod im Jahr 632 eintraten. Arabische Glaubenskrieger trugen den Islam in die umliegenden Kulturländer, siedelten sich dort an und verbreiteten mit der neuen Religion auch ihre Sprache. Bis 642 waren Persien im Osten und Ägypten im Westen erobert, 670 wurde Nordwestafrika und bis 711 Spanien eingenommen. 732 wurde der Vormarsch der Araber nach Norden bei Tour und Poitiers gestoppt. 751 fand das Reich seine Ostgrenze mit der Schlacht gegen die Chinesen am Talas im Industal. Sizilien unterstand zwischen 827 und 1091 arabischer Oberhoheit, die nachhaltige Spuren hinterließ.

Auf die vier «rechtgeleiteten» Kalifen Abu Bakr (reg. 632–634), ʿUmar (reg. 634–644), ʿUthmān (reg. 644–656) und ʿAli (reg. 656–661) folgte bis 750 die Dynastie der Umajjaden. Ihre Residenz war die alte Stadt Damaskus. Der Umajjadenkalif ʿAbd al-Malik (reg. 685–705) führte 697 das Arabische als Verwaltungssprache anstelle des Griechischen im Westen und des Mittelpersischen im Osten des Reichs ein. Sein Sohn Hischām (reg. 724–743) arabisierte die Administration endgültig. Arabisch war von nun an nicht mehr nur die Sprache der Religion und der Politik, sondern der Verwaltung, der Kultur und Bildung. Von der ausgehenden Umajjadenzeit an wirkten an der Entwicklung der arabischen Literatur viele Autoren persischer, byzantinischer, griechischer oder aramäischer Herkunft mit, die arabische Namen trugen und ihre Werke auf Arabisch verfaßten.

Je mehr Muslime und auch Nichtmuslime unterschiedlicher ethnischer und sprachlicher Herkunft in den wachsenden Städten miteinander lebten und kommunizierten, desto stärker machten sich andere sprachliche (und natürlich soziokulturelle) Einflüsse geltend. Lustige bis laszive Anekdoten über kommunikative Mißverständnisse durch die falsche Aussprache oder den fehlerhaften Wortgebrauch des Arabischen von «Neumuslimen», aber auch von Söhnen namhafter Araber, selbst Kalifen, deren Mütter Perserinnen waren,[1] sind hübsche Zeitzeugnisse einer multiethnischen Gesellschaft. *Mawālī*, Plural von *Maula*, «Klient», nämlich eines arabischen Stammes, hießen die Neumuslime, die die sozialen und kulturellen Entwicklungen bald nachhaltig beeinflußten. Vom 3./9. Jahrhundert an gibt es Monographien über die Sprachfehler der Gebildeten, die diese korrigieren und so den vom Koran vorgegebenen idealen Sprachstatus konservieren sollten. Sprachdidaktische Werke dieser Art werden bis heute publiziert, natürlich besonders in den Ländern, die aus politischen Gründen das Hocharabische propagieren.

Seit dem Eindringen der Moderne im 19. Jahrhundert infolge der Einflüsse des (zunächst west-)europäischen Kolonialismus mit seinen wirtschaftlichen, politischen, kulturellen, technischen und zivilisatorischen Neuerungen mußte die Lexik diesen Entwicklungen durch Neubildungen, Fremdwörter und neue Bedeutungszuweisungen Rechnung tragen. Das Wurzel- und das Wortbildungssystem machen Neologismen leicht. Sprachakademien, die nach dem Ersten Weltkrieg in mehreren arabischen Ländern nach und nach gegründet wurden, schaffen Neubildungen und propagieren sie in Wortlisten, nicht immer mit Erfolg.

Die Umgangssprachen übernehmen für Gegenstände und Einrichtungen des modernen Alltagslebens gern international übliche Fremdwörter wie «Bus», «Lift» oder «Taxi». Aber auch dies differiert von einem Land zum anderen. Europäische Sprachen, meist das Englische und Französische, wirken seit der Gründung der ersten Zeitungen, in Ägypten seit 1828, lexikalisch und stilistisch, seltener morphologisch und syntaktisch auf das Arabische ein. Übersetzungen oder eher Adaptationen aus dem Französischen, später dem Englischen und anderen europäischen Sprachen, seit etwa 1835 taten das Ihre.

Das Hocharabische als Schriftsprache haben arabische Kinder über die Jahrhunderte in der Koranschule oder von einem gebildeten Vater oder einem Hauslehrer gelernt. Wieder beginnend in Ägypten, wird es seit etwa 1850 auch in den damals gegründeten christlichen und jüdischen Missions- und ebenfalls in den neuen staatlichen Schulen vermittelt. Mit der Einführung von Funk und Fernsehen propagieren sie die Nachrichten-, Schulfunk- und alle ernsthafteren Sendungen, besonders die religiösen Charakters.

Die «Muttersprache», die Kinder von klein an aufnehmen, ist die Umgangssprache, der regionale und lokale Dialekt. Die Dialekte unterscheiden sich von einem arabischen Land zum anderen zum Teil so stark, daß etwa ein Algerier und ein Iraker starke Verständigungsschwierigkeiten hätten, wenn beide ihre Umgangssprache sprächen. Natürlich gab und gibt es auch innerhalb der Länder, in größeren Städten sogar in einzelnen Stadtvierteln, Dialektunterschiede. Es gab und gibt Soziolekte, schichten-, ja geschlechts- und religionsspezifische Sprachunterschiede, auch Jargons. Die Dialekte differieren von der Hochsprache phonetisch, morphologisch, lexikalisch und syntaktisch so stark, daß man von einer Diglossie, einer Zweisprachigkeit, von Nordafrika bis zum Irak sprechen kann.[2]

Das moderne Hocharabische ist für den größten Teil der Literatur, der Zeitungen und Zeitschriften, bis auf satirische, für Funk- und Fernsehnachrichten, Vorlesungen und Vorträge in geisteswissenschaftlichen Fächern und für Schulfunksendungen gebräuchlich. In der Medizin und den Naturwissenschaften bedient man sich, seit diese Fächer unter (west-) europäischen und dann auch amerikanischen Einflüssen betrieben werden, für Vorlesungen meist des Englischen, seltener des Französischen. Das Hocharabische ist auch die Sprache von öffentlichen Reden, sofern der Redner, ein Politiker etwa, vorwiegend den Intellekt seiner Hörer ansprechen will. Der ägyptische Präsident Gamal Abd an-Nasser zum Beispiel wechselte, wenn er seinen Landsleuten temperamentvoll zu Herzen reden wollte, meist schon kurz nach Beginn seiner Rede von der Hochsprache in den Kairoer Dialekt. Anwar as-Sādāt bediente sich weitaus stärker der Hochsprache. Saddām Hussein wandte sich vor dem Sturz seines Regimes im Frühjahr 2003 im Bagdader Dialekt an die Bevölkerung, nachdem er mehr als zwei Jahrzehnte allen Rednern die Hochsprache zur Pflicht gemacht hatte. Jasser Arafat legt die Probleme der Palästinenser vor einem gesamtarabischen Publikum in rhetorisch exzellentem, ausdrucksvollem bis pathetischem Hocharabisch, frei gesprochen, dar, um sich die Unterstützung aller arabischen Länder und ihrer Politiker zu sichern.

Für die Bildungselite, die jahrhundertelang ein betont aristokratisches Bewußtsein pflegte, war die Volkssprache etwa in populären, mündlich vorgetragenen Erzählungen Zeichen mangelnder Bildung. Die Elite bezeichnete sich bis ins 19. Jahrhundert als *al-Chāssa*, «die Besonderen», und nannte die große Masse verächtlich *al-ʿĀmma*, «die Allgemeinheit, der Pöbel», oder *as-Ssūka*, von *Ssūk* «Markt». *Al-ʿĀmmijja* heißt «die Umgangssprache».

Etwa vom 12. Jahrhundert an verwendeten manche Autoren, ausgehend vom arabischen Spanien, für liedhafte, auch für humorvolle Gedichte, für das volkstümliche Schattenspiel als Posse und vom 15. Jahrhundert an in Ägypten für Sozialsatiren in Prosa ebenfalls die Umgangssprache. Unter westeuropäischen Einflüssen, mit der Herausbildung der Ethnologie, der Folklore und den erstarkenden Nationalismen von der zweiten Hälfte des 19. Jahrhunderts an wurde den Dialekten stärkere Bedeutung beigemessen. Seit dieser Zeit werden Sprichwörter im jeweiligen Dialekt gesammelt. Von etwa 1890 an gab es in den seit etwa 1870, nach der Aufgabe des staatlichen Druckmonopols in Ägypten 1860, aufblühenden ägyptischen Zeitschriften Sozialsatiren, ja ganze satirische Zeitschriften im Dialekt. Solche Texte wurden damals in einer weitgehend illiteraten Gesellschaft gern in Caféhäusern dem (ausschließlich männlichen) Publikum vorgetragen.

Als die eigentliche Muttersprache dient die Umgangssprache heute in der Literatur oft dem Ausdruck natürlicher Gefühle von Liebe bis Haß und Zorn. Politische und sonstige Schmähdichtung wird, sofern sie nicht überregional wirken soll, deswegen schon seit einigen Jahrzehnten gern im jeweiligen Dialekt abgefaßt. Arabische Dichter und Schriftsteller kommunistischer oder doch linker Prägung, besonders aus den von der jeweiligen arabisch-nationalistischen *Baʿth*-Partei regierten Ländern Syrien und bis Frühjahr 2003 Irak, verfassen aus Opposition und im Interesse ihrer Breitenwirksamkeit Literatur, oft sozial- und politsatirische Gedichte, im Dialekt.

Theateraufführungen seit der Mitte des 19. Jahrhunderts – auch sie wurden durch europäische Vorbilder angeregt – und realistische moderne Erzählliteratur in ihren Dialogen stehen vor dem Problem der Wahl des sprachlichen Mittels: Dialekt oder Hochsprache. Dramen aus europäischen Sprachen, etwa die beliebten Stücke Shakespeares, werden ins Hocharabische übersetzt und entsprechend inszeniert. Volkstümlicheres, darunter Sozialsatiren, wird, meist mit situationsgerechten Improvisationen durch die Schauspieler, im Dialekt geboten. Filme bedienen sich des jeweiligen Dialekts. Länder mit einer umfangreichen Filmproduktion wie Ägypten, in jüngerer Zeit auch Syrien mit Fernsehfilmen über historische Stoffe, besonders die Kreuzzüge, propagieren damit auch ihren Dialekt.

Für die phonetisch adäquate Wiedergabe der Dialekte gibt es keine festen Regeln in der arabischen Schrift. Dialoge in Werken moderner Literatur, die manchmal nur die etwas andere Wortfolge des Dialekts wiedergeben, werden von Arabern gern im Dialekt gelesen, auch wenn das Schriftbild ihn nicht erkennen läßt.

Literatursprache und Dialekte bieten durch Wurzelverdrehungen und unterschiedliche Ableitungen jeweils einer Wurzel reiche Möglichkeiten zu phonetischen und semantischen Sprachspielen, zu klangvollen Paronomasien. Identische Wortmuster bei Plural-, Partizipial- und Verbformen sowie Possessivpronomina in Form gleichlautender Endungen machen das Reimen, machen auch Binnenreime in Poesie und Prosa leicht. Kurze Sätze, kurze gleich konstruierte Verbal- und Nominalformen ohne Personalpronomina, Nominalsätze ohne Hilfsverben geben der Sprache eine Rhythmik, die in indogermanischen Sprachen kaum nachzubilden ist. Tautologien und Merismen, Antithesen und Parallelismen sowie Metonymien waren jahrhundertelang beliebte Stilmittel.

Die Kunst der Anspielung, der Metapher, des Vergleichs, der Metonymie, der Kontrastierungen erfuhr im Lauf der Jahrhunderte immer üppigere Ausformungen und wurde in poetologischen Werken seit dem 9. Jahrhundert mit zahlreichen Beispielen in Poesie und Reimprosa belegt und debattiert. Die Verse des großen deutschen Übersetzers aus orientalischen Sprachen Friedrich Rückert aus seiner *Weisheit des Brahmanen*: «Womit unwissentlich sie allerorten spielen: komm, und geflissentlich laß uns mit Worten spielen», treffen die Mentalität nicht nur vordergründig. Bei Übersetzungen in Sprachen aus anderen Sprachfamilien, etwa in eine indoeuropäische Sprache wie das Deutsche, ist solche Wort- und Stilakrobatik, die jedoch heute eher selten geworden ist, meist nur mühsam und unzureichend ästhetisch adäquat umzusetzen.

Um 950 war der Zerfall des islamischen Großreichs in wechselnde regionale Dynastien meist unter der immer schwächer werdenden Oberhoheit der Kalifen in Bagdad abgeschlossen. Das Arabische war bis zum 10. Jahrhundert Literatur- und Verwaltungssprache für den ganzen islamischen Vorderen Orient, für Nordafrika, Spanien und Sizilien. Christen und Juden, für die das sprachliche Vorbild des Korans nicht galt, verwendeten bis ins 19. Jahrhundert für ihre Literatur oft ein von ihrer Umgangssprache beeinflußtes Arabisch. Es gab also ein jüdisches und ein christliches Arabisch, das sich von Land zu Land, von einer Stadt zur anderen unterschied, und bis ins 19. Jahrhundert eine jüdisch-arabische und eine christlich-arabische Literatur. Sie umfaßte größerenteils religiöse, religionsphilosophische, religiösrechtliche und historische Werke.[3]

Als sich unter europäischen Einflüssen von etwa 1850 an ein Nationalbewußtsein herausbildete, legten Autoren christlicher und jüdischer Provenienz im Sinn ihrer sozialen Anerkennung und Integration und der erhofften nationalen Einheit Wert darauf, in Büchern und den oft gerade von ihnen gegründeten Zeitungen und Zeitschriften zu beweisen, daß sie die arabische Literatursprache brillant beherrschten und exzellente Kenntnisse der arabischen literarischen und kulturellen Traditionen besaßen.

Um das Jahr 1000 emanzipierte sich im Iran und im islamisch geprägten Indien das – zur indoeuropäischen Sprachfamilie gehörende – Neupersische zur Literatursprache für eine kunstreiche Poesie, für große Epen und historische Werke. Theologische, religiös-rechtliche und philosophische Werke wurden weiterhin auf Arabisch verfaßt. Der Bestand an arabischen Fremdwörtern im Persischen, teilweise mit veränderter Bedeutung, nahm ständig zu. Das Persische hatte also drei Jahrhunderte lang als Umgangssprache weitergelebt und sich vom Mittelpersischen, das mit aramäischer Schrift aufgezeichnet wurde, weiterentwickelt, besonders im Osten des islamischen Reichs. Vereinzelte persische Wörter, Satzfragmente, auch Verse in arabischen Texten aus der Zeit vor 1000 vor allem im Osten des Reichs, beginnend mit dem Irak, lassen das erkennen. In schiitischen Städten des Irak, die sozial, sprachlich und religiös vom schiitischen Iran beeinflußt sind, besonders der Wallfahrtsstadt Kerbela, gab es noch im 18. und 19. Jahrhundert Gedichte, die spielerisch zwischen dem Arabischen und dem Persischen wechselten.

Erst relativ spät wurde das Türkische Literatursprache, gleichfalls in arabischer Schrift und mit zahlreichen Fremdwörtern aus dem Arabischen und Persischen, denn Dynastien türkischer Herkunft im Osten des Reichs zogen zunächst das Persische dem Arabischen als Verwaltungs- und Kultursprache vor. Das Türkische gehört zu den uralaltaischen, den agglutinierenden Sprachen und unterscheidet sich vom Arabischen und Persischen phonetisch, morphologisch und syntaktisch.

Zu Atatürks Reformen nach der Gründung der Republik Türkei mit deren Formung zum laizistischen Staat gehörte 1926 die Einführung der Lateinschrift. Das ist für Touristen sehr angenehm, machte damals aber alle traditionell gebildeten Türken, besonders Frauen, denen weniger Mobilität gestattet war als Männern, plötzlich zu Analphabeten. Heute erschwert es den Türken den Zugang zu ihrem kulturellen Erbe oder macht ihn unmöglich, beginnend mit dem Verständnis des religiösen Schriftdekors der Moscheen und anderer historischer Bauwerke.

Kultsprache ist das Arabische in den islamischen Ländern des Vorderen Orients bis heute, denn der Koran sollte, wie viele Jahrhunderte lang die Bibel, im Original gelesen und verstanden und durfte nicht übersetzt werden. Natürlich ist jede Übersetzung auch eine Interpretation und damit strittig. So wurden Korankommentare früher in Sprachen anderer muslimischer Völker übersetzt als der Koran selbst, mit ihnen natürlich in Paraphrase zahlreiche Koranzitate. Die frühesten Umsetzungen des Korans ins Persische oder Türkische seit dem 12., beziehungsweise 15. Jahrhundert in Interlinearzeilen wurden als Kommentare aufgefaßt und bezeichnet.

Arabische Personennamen

In den sozialen Bereich der Sprache gehören die Namen der Autoren, die auf den Laien in der Regel sehr fremd wirken.

Familiennamen nach europäischem Vorbild existieren allgemeiner erst seit dem 20. Jahrhundert und sind bis heute nicht in allen arabischen Ländern obligatorisch. Allerdings wurden alle Dynastien, beginnend mit den Umajjaden, jeweils nach einem berühmten Vorfahren benannt. Auch Prominente wie die Barmakiden als Wesire unter den frühen Abbassiden, die Gelehrtenfamilie al-Munaddschim (das ist: «der Sterndeuter») um dieselbe Zeit sowie schiitische Gelehrtenfamilien aus dem Irak und dem Iran wie die Tabātabā'is (nach einem Enkel des Kalifen ʿAli namens Tabātabā, also religiöser Adel, der sich väter- und mütterlicherseits auf den Propheten zurückführt) etwa vom 17. Jahrhundert an erhielten diese Familiennamen nach bekannten Vorfahren. Frauen behielten den Namen ihres Vaters. Das ist auch ein Ausdruck ihrer religiös-rechtlichen Zugehörigkeit. Sie nehmen heute den Namen ihres Ehemanns meist nur dann an, wenn dieser ein bekannter Staatsmann ist.

Der volle arabische Name gab bis ins 19. Jahrhundert Auskunft über die soziale und meist lokale Einbindung seines Trägers und seiner Trägerin. Er besteht zunächst aus dem bei der Geburt oder kurz danach verliehenen Rufnamen, dem *Ism*. Dessen Bedeutung ist meist bis heute erkennbar. Die Namen Muhammed, Achmed oder Machmūd, «Gepriesen», sind wie der Frauenname Hamīda von der Wurzel *h-m-d*, «loben, preisen», abgeleitet. Hassan ist abgeleitet von *h-ss-n*, «schön, gut sein», dazu gibt es den Deminutiv Hussain, die Intensivform Hassān, das Partizip Muchsin «Wohltäter», modern das Nomen Ichsān «Wohltat» sowie den Frauennamen Hassana. Sie sind wie viele andere Namen von ihrer Funktion her Wünsche.

Zum Rufnamen gehörte als Ergänzung in der Beduinengesellschaft der *Nassab*, der Stammbaum überwiegend in männlicher Linie, später oft nur der Name des Vaters und Großvaters, gebildet mit *Ibn*, «Sohn», zum Beispiel Muhammed Ibn Abdallah, «Muhammed, Sohn des Abdallah». Hinzu kam die *Nisba*, in vor- und frühislamischer Zeit die Angabe des Stammes, zu dem ein Mann oder eine Frau gehörten, gebildet mit der Endung *ī*. Zum Beispiel ist Muhammed Ibn Abdallah al-Kuraschī «der Kuraischit», also aus dem Stamm der Kuraisch. Bei Frauen wird die Abstammung mit *Bint*, «Tochter», bezeichnet. Hafsa Bint al-Hāddsch ar-Rukunijja etwa ist der Name einer berühmten spanisch-arabischen Dichterin aus einem Berberstamm. Mit der Urbanisierung der Gesellschaft nach den Eroberungen trat die Angabe der Herkunftsstadt oder -region neben den Stammesnamen oder ersetzte ihn, etwa al-Buchārī, «der aus Buchāra», al-Madā'ini, «der aus al-Madā'in», wörtlich: «die Städte», das ist Ktesiphon oder Seleukijja, die alte Sassanidenresidenz nahe dem späteren Bagdad, ar-Rāsi ist «der aus Raij», al-Hindi «der Inder». Die *Nisba* gab bei religiösen Juristen auch ihr Bekenntnis zu einer der vier Rechtsschulen an, etwa al-Hanbali, «der Hanbalit».

Zum vollen Namen gehört außerdem die *Kunja*, eine Genitivverbindung, die mit *Abu*, «Vater», oder *Umm*, «Mutter», und in der Regel dem

Namen des ältesten Sohns gebildet wird. Abu l-Hassan ist «der Vater des Hassan», Umm al-Hassan «die Mutter des Hassan». Die Kunja wurde früh als Ehrenbezeugung in der Anrede verwendet, da es als löblich galt, Kinder, oder besser: Söhne zu haben. Sie kann bis heute – ich habe dies bei Professoren in Bagdad erlebt – Ausdruck der Vertrautheit sein. Und sie diente früh dazu, metaphorisch Verehrung zum Ausdruck zu bringen, heute besonders bei den Führern der Palästinenser: Jassir Arafat heißt bei seiner Umgebung Abu ʿAmmār. ʿAmmār ist eine Intensivform von *ʿ-m-r,* «ein Land am Leben erhalten, blühend machen». Mit einer «redenden», einer metaphorischen Kunja können Pflanzen oder Tiere benannt werden: Abu n-Naum, «der Vater des Schlafes», ist der Mohn, Abu Laklak, sicher lautmalerisch, «der Storch». Sie kann Gefühle ausdrücken: Die Sphinx heißt bis heute Abu l-Haul, «der Vater des Schreckens». Umm al-Kurʾān, «die Mutter des Korans», ist die erste Sure, die Eröffnungs-Sure, die in ihrer rituellen Verwendung dem Vaterunser ähnelt.

Zum vollen arabischen Namen gehört außerdem der *Lakab*, der Beiname. Er konnte nach unterschiedlichen Eigenschaften ehrend oder auch spöttelnd, zuweilen einfach charakterisierend gegeben werden, manchmal bald nach der Geburt. Zum Beispiel ist einer der brillantesten Autoren des arabischen Mittelalters, al-Dschāhis, «der Glotzäugige», unter diesem Beinamen bekannt. Sein eigentlicher Name lautet ʿAmr Ibn Bachr Abu ʿUthmān. *Lakab* konnte auch die Berufsbezeichnung, entweder eines bekannten Vorfahren oder des Namensträgers selbst, sein und dann zum Familiennamen werden. Sie wird ebenfalls oft mit der Endung *ī* gebildet, etwa as-Ssāʿāti, «der Uhrmacher», von *Ssāʿa*, «Stunde, Uhr», oder al-Warrāk, eine Intensivform, «der Handschriftenkopist, Buchhändler», von *Waraka,* «Blatt (einer Pflanze), dann Papier», an-Nadīm, «der Vertraute, der Trinkgefährte», meist des Kalifen.

Zu den Beinamen gehören die Thronnamen der Abbassiden und anderer Dynastien, die sich jede Dynastie einheitlich und entsprechend ihren Machtprätentionen gab. Sie wurden um so anspruchsvoller, je mehr das Reich zerfiel. So wählten die Abbassiden (750–1258) religiöse, mit Allāh zusammengesetzte, Namen, etwa al-Manssūr bi-llāh, «der durch Gott Siegreiche», ar-Raschīd bi-llāh, «der durch Gott Rechtgeleitete». Die schiitische Dynastie der Bujiden, die zwischen 945 und 1055 in Bagdad unter schwacher abbasidischer Oberhoheit regierte, gab sich mit *Daula*, «Reich, Macht», zusammengesetzte Herrschernamen wie ʿAdud ad-Daula, «der Oberarm», das heißt «die Stärke, Stütze des Reichs».

Die *Mawāli*, die Neumuslime, meist Christen, Juden, auch Manichäer und Zoroastrier nichtarabischer Herkunft, die zum Islam übertraten, nahmen mit wenigen Ausnahmen einen arabischen Namen an und hatten sich einem arabischen Stamm beziehungsweise einer arabischen Familie zu affiliieren. Das heißt, sie übernahmen deren Stammbaum. Während der Umajjadenzeit galten sie der arabischen Herrenschicht als sozial unterlegen. Ausdruck der Spannungen zwischen Arabern und Nichtarabern seit der frühen Abbassidenzeit, die in der Bewegung der *Schuʿūbijja* im 9. Jahrhundert kulminierten und in literarischen Werken ihren Niederschlag fanden, waren Witzeleien der Nichtaraber gegenüber Arabern wegen mancher Namen beduinischer Herkunft, die in der städtischen Gesellschaft unpassend wirkten, und die schlagfertigen Entgegnungen der Betroffenen. Beduinen gaben ihren Kindern, besonders Söhnen, Namen, die Feinde und vermutlich ein böses Schicksal abschrecken sollten, oder auch Namen nach den Umständen der Geburt, etwa *Harb*, «Krieg». Bezeichnend für die ominöse Bedeutung von Namen ist, daß Muhammed Zeitgenossen umbenannt haben soll, etwa einen Baghīd, «Verhaßt», in Habīb, «Liebling.»[4] Mawāli erhielten oft, Sklaven und Sklavinnen fast immer, schöne Namen als Omina für ihre Besitzer, etwa Dīnār oder Jākūt, «Korund, Rubin», der Verfasser zweier umfangreicher Lexika im 13. Jahrhundert. Schārija, «leuchtend, glänzend», hieß eine berühmte Sängersklavin am Abbassidenhof um 900. Ihre brillante Rivalin hieß Arīb, «treffender Pfeil im (eigentlich verbotenen) Glücksspiel».

Mawāli nahmen früh, jedenfalls in der zweiten Generation, wohl zum Zeichen ihrer angestrebten Integration, typisch islamische Namen an wie Abdallah, «der Knecht Gottes», ʿAbd ar-Rachmān, «der Knecht des Barmherzigen», oder Muhammed, Achmed, auch den Namen eines koranischen Propheten, zum Beispiel Ibrāhīm, «Abraham», Iss'hāk, «Isaak», Jaʿkūb, «Jakob», Jūssuf, «Joseph».

Autoren wurden bis ins 19. Jahrhundert unter unterschiedlichen Teilen ihres Namens bekannt. Erst von der Mitte des 19. Jahrhunderts an kennen wir Autoren häufiger, europäischen Vorbildern gemäß, unter ihren Vor- und Zunamen. Die letzteren waren dann Familiennamen geworden, etwa bei den Beiruter Christen Butrus al-Bustāni (1819–83) und Nāssīf al-Jāsidschi (1800–1871). Beide entstammen Bildungsfamilien, deren Angehörige seit dem 19. Jahrhundert erheblich zur literarischen Renaissance im Raum Syrien/Libanon im beitrugen.

Der Literaturbegriff

Für den Laien besteht arabische Literatur sicher vorrangig aus den Märchen von *Tausendundeiner Nacht*. Bekannt sind aber vielleicht auch einige der meist sozialkritischen Romane und Erzählungen, die oft vom Leben der Frauen und von den Geschlechterbeziehungen in arabischen Ländern handeln, die wir seit gut zwei Jahrzehnten in deutscher Übersetzung lesen können. Arabische Literatur ist beides, aber auch sehr viel mehr.

Den höchsten Rang genießt bis heute die Dichtung, die wie gesagt von der Prosa streng geschieden wird. Ihre frühesten Zeugnisse sind kunstvolle, zunächst mündlich überlieferte lange polythematische Gedichte, *Kassīden*, größerenteils aus dem Beduinenmilieu, auch kürzere *Kit'a*s, «Fragmente, Stücke», zu jeweils einem Thema, und einfache, kurze, rhythmisch eingängige Arbeits-, Kampf- und Kindertanzverse seit der Zeit um etwa 500.

Tausendundeine Nacht, eine spät beendete Sammlung, lernten wir in «gereinigten», stark gekürzten Kinderausgaben kennen, die uns, meist hübsch illustriert, von exotischen Zauberwelten mit fliegenden Teppichen, Wunderlampen, bösen oder hilfreichen Geistern, Räubern, Seefahrern und Ungeheuern zu Wasser und zu Lande träumen ließen. Dieses Werk hat im Vorderen Orient einerseits und andererseits nach der Adaption an den Geschmack der höfisch-aristokratischer Pariser «Lesewelt» durch den französischen Orientalisten Antoine Galland 1704–1717 in Europa seine eigene Geschichte.[5]

Märchen und Volkserzählungen waren für die arabische Bildungselite seit der Blütezeit der arabisch-islamischen Kultur zwischen etwa 850 und 1200 und bis über die Mitte des 19. Jahrhunderts hinaus «Subliteratur», nicht anders als in Europa vor der Zeit der Romantik. Ihre Rezipienten waren Illiterate, die sich von einem Erzähler in der Umgangssprache unterhalten ließen. Gebildete erwarteten von Literatur, daß sie in brillantem sprachlichen Stil unterhaltsam bildete. Der Anspruch des *prodesse et delectare*, bekannt aus der *Ars poetica* des Horaz, der den europäischen Literaturkanon lange geprägt hat, galt hier ebenfalls.

Das arabische Wort für «Märchen», *Churāfa*, bedeutet «Geschwätz, Faselei» und ist nach einem Wortmuster für Pejoratives gebildet. Literatur im Sinn von Belletristik heißt heute *Adab*.

Dieser Begriff durchlief einen kultur-, sozial- und mentalitätsgeschichtlich aufschlußreichen Bedeutungswandel. Im vorislamischen Arabien meinte er «überlieferte, (daher:) anerkannte Verhaltensnorm» der Stammesgesellschaft, die mehr oder weniger auch in den Kaufmanns- und Oasenstädten der arabischen Halbinsel, vor allem also den Städten Muhammeds, Mekka und Medina, galt. Sie fand ihren Niederschlag in der altarabischen Dichtung, in ebenfalls mündlich überlieferten Erzählungen über Stammeskämpfe und in prägnanten, meist sprachspielerisch knapp und einprägsam formulierten Sprichwörtern und Reimsentenzen sowie in Reden in Reimprosa.

Der Koran, *al-Kur'ān*, «Die Rezitation», war das erste geschriebene Buch im Arabischen. Er übernahm ethische Prinzipien des vorislamischen Arabien und brach andererseits mit vielen heidnischen Vorstellungen und Bräuchen. Auch unter dem Einfluß von jüdischem und christlichem

Gedankengut, das damals im Vorderen Orient umlief, verkündete er neue soziale und ethische Ideale. Er prägte die weitere soziale, kulturelle und literarische Entwicklung nachhaltig.

Mit den Eroberungen der umliegenden Kulturländer stießen die arabischen Muslime auf die soziokulturellen Traditionen anderer Völker und öffneten sich ihnen. Von der Zeit der frühen Umajjadenkalifen und der Herausbildung einer höfischen Kultur in ihrer Residenz Damaskus an bedeutete Adab «gute Erziehung, gesittetes höfisches, urbanes Verhalten».

Adab als Bildungsbegriff umfaßte seit etwa 700 die altarabische Dichtung, die Genealogie der arabischen Stämme, deren historische Überlieferungen und die *Ajjām al-ʿArab*, «Die Tage der Araber», die altarabischen Erzählungen über Stammeskämpfe in vorislamischer Zeit. Lexikographie, Grammatik, Metrik, Reimlehre, Rhetorik, Sprichwörter und gängige Vergleiche gehörten dazu. Exzellente Kenntnisse des Arabischen und der Vielfalt seiner künstlerischen Mittel, verbunden mit historischem und kulturellem Bewußtsein, war das, was den *Adīb*, den «Mann von feiner Bildung», auszeichnete, auch und gerade, wenn er nichtarabischer Herkunft war.

Seit der Abbassidenzeit und mit der Verlegung des Machtzentrums von Damaskus in das 762 als Metropole nahe dem alten sassanidischen Machtzentrum Ktesiphon gegründete Bagdad erfuhr Adab als Bildungskanon und Basis der gepflegten höfischen Unterhaltung eine Erweiterung, die für die Dynamik und die Elastizität der islamischen Gesellschaft dieser Zeit spricht. Adab-Werke zeugen von den Diskursen, die es synchron und diachron über diesen Begriff (und einige andere) und generell in der höfisch-städtischen Gesellschaft gab.

Nach der Arabisierung der höfischen Verwaltung im ersten Drittel des 8. Jahrhunderts übersetzten Hofsekretäre persischer Herkunft aus didaktischen wie aus Karrieregründen sozialdidaktische Werke der mittelpersischen höfischen Literatur ins Arabische. Seit der frühen Abbassidenzeit übertrugen «Neumuslime» und auch Christen, Juden und Manichäer persischer, syrischer und griechischer Herkunft, die am Hof tätig waren, vermehrt schöngeistige Werke aus ihren Muttersprachen ins Arabische.

Von nun an gehörten zum Adab zusätzlich alt- und neutestamentliche, auch apokryphe Erzähl- und gnomische Traditionen, altsüdarabische, iranische und indische Stoffe und Motive, die Weisheitsliteratur und die praktische Philosophie und Ethik der Griechen, kurz: die Humanitas des mittelalterlichen Islams in arabischer Sprache.

Der Abbassidenkalif al-Maʾmūn (reg. 813–833) gründete in Bagdad «das Haus der Weisheit», orientiert wohl am Vorbild der Akademie der Sassaniden in Gundeschapur im Iran. Hier wurden, vor allem von Christen, philosophische, medizinische und naturwissenschaftliche Werke aus dem Griechischen und Syrischen ins Arabische gebracht. Die Epik der Griechen interessierte offensichtlich nicht. Wohl aber gingen volkstümliche Erzählstoffe, besonders der *Alexanderroman* und längere Liebesromane, in variierenden Ausformungen in die arabische Volks- und auch «Hoch-»literatur ein. Die Hafenstadt Basra, 638 als Militärlager gegründet, und dann Bagdad unter den frühen Abbassiden wurden zu ethnischen und kulturellen Schmelztiegeln. Kufa, ebenfalls 638 als Militärbasis für weitere Eroberungen gegründet, blieb eher eine arabische und wurde bald zu einer schiitischen Stadt, da es Schwesterstadt eines Hauptheiligtums der Schiiten, der Stadt Nadschaf, ist. In Kufa und Basra entwickelten sich rivalisierende Philologenschulen, denn die Philologie, die sich mit der Sprache des Korans befaßte, wurde mit der Theologie zur edelsten Wissenschaft.

Bagdad war für etwa 300 Jahre bis zum immer stärkeren Machtverlust der Abbassiden kultureller Mittelpunkt des islamischen Großreichs. Mit der Gründung lokaler Dynastien entwickelten sich einige dieser Höfe zu kulturellen Zentren, etwa Aleppo 945–967 unter dem Hamdaniden Ssaif ad-Daula, Kairo, gegründet 970 nahe dem 643 als Militärlager eingerichteten Fustāt, unter den Fatimiden, später den Mamluken, und die alte Stadt Raij, südöstlich des wesentlich jüngeren Teheran, auch Schirās unter den Bujiden, später Ghasna, heute Ghasni, in Afghanistan, unter den Ghasnawiden. Dabei waren Wesire, zunächst, wie die Barmakiden, größerenteils persischer, dann auch türkischer Herkunft, trotz wechselnder Schicksale Förderer von Literatur und Wissenschaft, besonders in ihren *Madschālis*, wörtlich «Sitzungen», ihren wissenschaftlich-literarischen Zirkeln. Hier wurde über aktuelle Fragen des literarisch-kulturellen Lebens debattiert. Vom 10. Jahrhundert an nahmen Wesire auch am literarischen Schaffen teil.

Umfangreiche Adab-Enzyklopädien und -anthologien entstanden zuerst im Zentrum der damaligen islamischen Welt, in Bagdad. Sie wurden bald ebenfalls in anderen Kulturmetropolen und im muslimischen Spanien produziert. Dieses, im Arabischen *al-Andalus*, aber größer als das heutige Andalusien, war zunächst rückständige Westprovinz. Es wurde mit seiner Metropole Córdoba durch den Umajjaden ʿAbd ar-Rachmān III. (reg. 912–961) attraktiv. Er nahm nach dem Vorbild der Fatimiden mit ihrer Hauptstadt al-Machdijja in Tunesien seit 909, 929 den Kalifentitel an und holte Kulturträger aus dem Osten des Reichs ins Land. Sein Nachfolger tat es ihm nach.

Dem Adab bestimmter Berufsgruppen galten eigene Werke, dem der höfischen Sekretäre, der Richter, der Könige, Wesire und der Trink- und Gesprächsgefährten der Herrscher als erwählter Schar gebildeter höfischer

Unterhalter. Das umfassende religiös- und sozialethische Werk des angesehenen schāfi'itischen Richters aus Basra 'Ali al-Māwardi (974–1058) mit dem alliterierenden Titel *Adab ad-Dīn wa-'d-Dunja*, «Der Adab der Religion und der Welt», wurde in der Kurzfassung des Andalusiers Ibn Lijūn aus dem 14. Jahrhundert 1932 in Tunis herausgegeben und von den religiösen Autoritäten der *Saitūna*, der dortigen islamischen Hochschule, zum Lehrbuch an tunesischen Mittelschulen erklärt. Oberstes Gebot in weltlichen Dingen ist hier, wie in der Antike und in Fürstenspiegeln iranischer Provenienz, die Selbsterziehung des Menschen.

Doch konzentrierte sich der Begriff Adab allmählich auf die «schöne Literatur» des islamischen Mittelalters mit ihrer kunstvollen Dichtung, ihrer menschliches Verhalten skizzierenden und ethische Normen formulierenden Aphorismen- und Sprichwort- sowie ihrer Erzählliteratur. Diese war reich an humorvollen Anekdoten, an gut gestalteten kürzeren, auch längeren Erzählungen, die Einblicke in menschliche Beziehungen, Lebensauffassungen, Denk- und Verhaltensweisen geben.

Zur Literatur gehörte, wie im europäischen Mittelalter, bis in die Moderne auch die grammatische, lexikographische, die poetologische, die umfangreiche religiöse und religiös-rechtliche, die philosophische, naturwissenschaftliche, medizinische, historische, geographische und die biographische Literatur. Auch hier finden sich meist Anekdoten, Erinnerungsberichte, Sprichwörter, Aphorismen und Gedichte, die erklären, unterhaltsam oder doch am konkreten Beispiel illustrieren, untermalen, zusammenfassend konstatieren oder Blickwinkel erweitern sollen. Die Grenzen zur Adab-Literatur sind also fließend. Klassische arabisch-arabische Wörterbücher und geographische und biographische Lexika sind auch wegen solcher literarischen «Beigaben» so umfangreich.

Werke und Ergebnisse der philosophischen, medizinischen, naturwissenschaftlichen, mathematischen, astronomischen und physikalischen Literatur der Araber wurden über Spanien und Sizilien vom 13. Jahrhundert an in Europa bekannt. Sie vermittelten Kenntnisse und Ansichten der griechischen Antike, bereichert durch Leistungen arabischer Wissenschaftler.

Latinisierte arabische Namen wie Avicenna für den Arzt und Philosophen Ibn Ssīna (um 980, bei Buchara – 1037, Isfahan), Averroes für den Philosophen Ibn Ruschd (1126, Córdoba – 1198, Marrakesch), Avempace für den Philosophen, Wesir, Poeten und Philosophen jüdischer Herkunft Ibn Bādscha (gest. jung 1139 in Fes, vermutlich durch eine vergiftete Frucht) zeugen davon. Der Terminus «Algorithmus» ist abgeleitet von al-Chāresmi, «der Chāresmier», dem Namen des Mathematikers und Astronomen, der am Hof des Abbassidenkalifen al-Ma'mūn die ersten arabischen arithmetischen, algebraischen und geometrischen Traktate schrieb. Seine astronomischen Tabellen zur Errechnung der Zeiten für das fünfmal täglich zu verrichtende rituelle Gebet, eine der «fünf Säulen des Islams», in den verschiedenen Regionen der islamischen Welt, bauen auf seinen Übersetzungen aus dem Sanskrit auf. «Algebra» geht auf *al-Dschabr wa-l-mukābala* zurück, *Die Einrenkung* (auch medizinisch) *und der Vergleich/die Gegenüberstellung*. Das sind die Titelworte eines arithmetischen Traktats von al-Chāresmi zur Bezeichnung zweier Methoden der Lösung von Gleichungen.

Mündlichkeit – Schriftlichkeit[6]

«Ein Wort, das du im Herzen trägst/auswendig weißt/, ist besser als zehn Wörter, die du auf deinem Papyrus hast»[7]; «Die Schreibfedern sind die Reittiere scharfsinniger Begabungen»[8] – das sind zwei öfter zitierte Aussagen, die konträre Einstellungen erkennen lassen und sicher aus unterschiedlichen Zeiten stammen.

Schriftlich aufgezeichnet wurde die altarabische Dichtung als ältestes und am höchsten geschätztes Zeugnis arabischer Literatur erst seit dem 8. Jahrhundert, als Lese- und Schreibkenntnisse zugenommen hatten, und zunächst aus philologischem Interesse. Epitaphe und Namen sind als einzige Schriftdenkmäler aus vorislamischer Zeit erhalten. Die Sprache der altarabischen Dichtung diente auch zur Erklärung dunkler Stellen des Korans. Beduinen galten den städtischen Grammatikern – oft nichtarabischer Herkunft – der Philologenschulen von Basra und Kufa als Autoritäten für den korrekten Sprachgebrauch.

Jahrhundertelang wurde Dichtung weitaus häufiger vor Publikum ausdrucksvoll rezitiert als individuell gelesen. Gelegenheit dazu boten in vorislamischer Zeit die Märkte in den Städten der arabischen Halbinsel, besonders der Markt von Ukās nahe Mekka, während derer es regelmäßig Dichterwettbewerbe gab. Aber auch an den Höfen der Pufferstaaten zu Byzanz und dem sassanidischen Iran, also am Hof der Ghassaniden in Nordsyrien und dem der Lachmiden in Hīra im Irak, nahe dem späteren Kufa, wurden Gedichte, meist Lobgedichte auf den jeweiligen Herrscher, rezitiert. Die Struktur dieser Dichtung machte sie einprägsam.

Zum Dichter gehörte lange Zeit der *Rāwi*, ein Aktivpartizip von *rawā*, «jemandem zu trinken geben», eine in Ländern mit Trockenklima lebenswichtige Handlung, dann aber vorwiegend: «(Gedichte, Erzählungen, Berichte) an andere weitergeben, überliefern». *Riwāja*, von derselben Wurzel, ist heute der «Roman». Der *Rāwī*, der «Überlieferer (von Gedichten)», lernte die Gedichte seines Meisters auswendig, trug sie vor und weiter und war dadurch so in der Tradition und den Konventionen der arabischen Poesie versiert, daß er meist selbst zum Dichter wurde.

Wahrscheinlich strebte er das von vornherein an. Zur Konvention arabischer Dichtung gehörte noch bis in die erste Hälfte des 20. Jahrhunderts, daß, wer Dichter werden wollte, Hunderte bis später Tausende von Versen seiner Vorgänger auswendig kennen und sie individuell variieren mußte.

Der bis heute hochgeschätzte irakische Dichter Muhammed Machdi al-Dschawāhiri (1904–1998), der im Alter fast blind war, erzählt in seinen Memoiren, daß er seine (langen, kunstvollen, neoklassizistischen) Gedichte, oft zu aktuellen politischen und sozialen Themen, im lauten mündlichen Vortrag abfaßte, dabei im Raum auf- und abging, nach dem Gehör korrigierte und erst später diktierte. Als kleiner Junge in der schiitischen Stadt Nadschaf wurde er von seinem Vater gezwungen, Hunderte von bekannten klassischen Gedichten auswendig zu lernen.[9]

Sprachpsychologisch wie -soziologisch ist bezeichnend, daß der Terminus für «Rhetorik» oder vielleicht besser «Wissenschaft der Sprach- und Redegewandtheit», *ʿIlm al-balāgha,* von der Wurzel *b-l-gh,* «(etwas) erreichen», abgeleitet ist. Der Literaturtheoretiker und Dichter persischer Herkunft Abu Hilāl al-ʿAskari (gest. 1005) erklärt *Balāgha* in seinem *Buch der beiden Kunsthandwerke. Die Epistelographie und die Dichtung*, dem ersten größeren poetologischen Werk im Arabischen, als «alles, womit du einen Sinngehalt den Verstand des Hörers (!) erreichen läßt. So verankere ihn in seiner Seele, wie er in deiner Seele verankert ist, in angenehmer Form und guter Darlegung ...»[10] Mit «Verstand» habe ich hier das arabische Wort «Herz», *Kalb,* übersetzt, denn das Herz galt bei den Arabern meist als Sitz des Verstandes, des Verstehens. Als Sitz der Gefühle galt eher die Leber. Er zitiert mit kleinen Varianten ein Gebot, das sich bereits im *Buch der Klarheit und Erklärung* des Basriers Dschāhis (um 776–868/69) als aus indischer Quelle stammend findet:[11] Man solle mit Königen nicht in der Sprache der «Marktleute» (*Ssūka*) sprechen; kunstvolle Sprache sei nur bei Begegnungen mit Weisen und großen Philosophen sinnvoll, sie gelte bei anderen als affektiert. «Jede (soziale) Position hat ihre Sprache.» Es sei wohl die mangelnde Einsicht einiger arabischer Philologen gewesen, sagt Abu Hilāl, daß sie den Pöbel, den Sklaven und den Nichtaraber mit der (vorbildlich hocharabischen) Artikulation und Diktion der Bewohner des Nadschd, also Innerarabiens, und den Wortfiguren der Aristokraten angesprochen hätten. Zum Pöbel passe die Sprache des Pöbels, zu den Beduinen die ihre. Wenn man die (Verstehens-)Grenzen seines Gegenübers nicht beachte, sei alles Reden nutzlos.[12] Sprachbewußte kannten also unterschiedliche Sprachebenen, wußten von Soziolekten und ihrem gezielten Einsatz.

Mündlich vorgetragene Dichtung genießt bis heute eine hohe Wertschätzung in den arabischen Ländern, obwohl Schreib- und Lesekenntnisse natürlich viel weiter verbreitet sind als um 700 auf der arabischen

Halbinsel oder zu Anfang des 19. Jahrhunderts in Kairo, Damaskus oder Bagdad. Die Reproduktionsmittel für Geschriebenes seit der Einführung des Buchdrucks 1824, beginnend in Bulak, damals bei Kairo, sind längst moderne geworden. Laptop-Publishing und die Verbreitung und Rezeption von Wissen und Unterhaltung im Internet gibt es heute ebenso wie schon länger die durch Radio und Fernsehen, abhängig allerdings von der Offenheit des jeweiligen politischen Systems. Ein Transistorgerät kann aber auch Analphabeten Dichtung und Wissen vermitteln. Die Mutter der durch die Initiierung von Poesie in freien Versen und Metren nach dem Zweiten Weltkrieg berühmten irakischen Dichterin Nāsik al-Malā'ika (geb. 1923), Umm Nisār al-Malā'ika (1909–53), hatte nach Aussage ihrer Tochter nur geringe Lese- und Schreibkenntnisse, als sie knapp 14-jährig mit ihrem älteren Vetter verheiratet wurde. Zu ihren nationalistischen Gedichten in ausgefeiltem neoklassizistischem Stil wurde sie durch patriotische Dichtung und Nachrichten aus dem Radio angeregt. Allerdings förderte ihr Mann, ein Arabisch-Dozent am Bagdader Lehrerbildungsinstitut, ihre Lesekenntnisse und sorgte für die Veröffentlichung ihres ersten Gedichts in einer Zeitschrift.[13]

Wenn also in früheren Jahrhunderten die Rezipienten arabischer Dichtung eher Hörer (in sozial unterschiedlichen Gemeinschaften) als individuelle Leser waren, so gilt das in gewissem Maß bis heute, nur daß sich das auditive Rezipieren oft individuell vollzieht, auch natürlich durch Autoradios bei langen Fahrten durch öde Steppen- oder Wüstenlandschaften. Pathetische Rezitationen politischer Lob-, Schmäh- und Trauergedichte gehören in vielen arabischen Ländern zur Inszenierung großer Volksversammlungen, weil die Organisatoren mit ihrer Massenwirksamkeit rechnen können.

Auch Erzählungen, Spruchweisheiten und Reden wurden zunächst mündlich überliefert. Die altarabische Dichtung kennt aber den Vergleich menschlicher Spuren im Wüstensand mit Schriftzügen. Muslime sind davon überzeugt, daß Muhammed Analphabet war, denn nur dann ist das Dogma von der Verbalinspiration, der wörtlichen, mündlichen Offenbarung von Gottes Botschaft an ihn durch den Erzengel Gabriel, glaubwürdig. Allerdings geben frühe arabische Historiker Zeugnis von Briefen Muhammeds, die von den Adressaten mit besonderer Sorgfalt behandelt wurden. Dem Koran ist zu entnehmen, daß es Schreiber für Verträge und Urkunden gab. «Trag vor, denn dein Herr ist sehr edelmütig, der mit dem Schreibrohr lehrte, den Menschen lehrte, was er nicht wußte», sagt Sure 96, 3, 4, und Sure 68, *Das Schreibrohr* (*Kalam* aus dem Griechischen *kalamos* wie das deutsche «Halm»), beginnt mit dem Schwur «Beim Schreibrohr und dem, was sie (Männer) in Zeilen fassen». Beide Suren stammen aus Muhammeds mekkanischer Zeit.

Ableitungen der Wurzel *k-t-b,* «schreiben», erscheinen im Koran häufig. *Umm al-Kitāb,* «die Mutter des Buches», ist «die Urschrift» der göttlichen Offenbarung, die von Beginn an bei Gott liegt. In ihr sind die menschlichen Schicksale und die beiden anderen, von den Muslimen als «Schutzreligionen» zu respektierenden «Buchreligionen», also der Juden und Christen, aufgezeichnet.

Buchkultur

Al-Kitāb, «das Buch» generell, war zunächst der Koran. Als Gottes Wort wurde er nach islamischer Überlieferung anfänglich in Fragmenten «auf Palmblättern, Steinen und in den Herzen der Menschen» festgehalten. Der dritte der «rechtgeleiteten» Kalifen, ʿUthmān Ibn ʿAffān (reg. 644–656), soll Muhammeds Sekretär Said Ibn Thābit zu einer ersten Sammlung dieser Teile veranlaßt haben. Aufgeschrieben wurde dies zunächst in einer unpunktierten und unvokalisierten Schrift. Für einige phonetisch unterschiedliche Buchstaben gab es ein identisches Zeichen, verschieden aber nach seiner Stellung im Wort, vor allem für die Buchstaben *b, t, th, n* und *j* (die Endformen differieren leicht), aber auch etwa für *r* und stimmhaftes *s* und emphatisches *s, t, d* und *dh*. Sie wurden erst später durch Punkte ober- oder auch unterhalb des jeweiligen Zeichens voneinander unterschieden. Fragmente früher Koranhandschriften im kufischen Duktus zeigen diese Schrift. Es waren also unterschiedliche Lesungen möglich. Abschriften der ersten Redaktion wurden Experten in Mekka, Medina, Damaskus, Basra und Kufa vorgelegt. Es kam zu differierenden Lesarten, also Deutungen. Von den bis 750 sieben überlieferten haben sich zwei bis jetzt erhalten.

Die ersten koranischen Schriftstücke dienten nach muslimischer Überlieferung als Stütze für die mündliche Rezitation nach dem Gedächtnis. Früheste Schreibmaterialien waren Steine und (Schulter-)Knochen, Häute, Palmblätter, auch Gazellen- und andere Leder, in Ägypten Papyrus. Ab 751 wurde durch Chinesen, die in der Schlacht bei Talas im heutigen Kirgistan gefangen genommen wurden, die Papierherstellung bekannt. Von nun an konnten Handschriften billiger hergestellt und leichter transportiert werden. Ab etwa 1000 hatte sich Papier als Schreibmaterial endgültig durchgesetzt.

Die Verwaltung des großen Reiches machte Beamte mit guten Schreib- und Lesekenntnissen erforderlich. Die fand man in den *Kuttāb*, als Plural von *Kātib*, den Schreibern oder Hofsekretären, zunächst nichtarabischer, meist persischer, aramäischer oder griechischer Herkunft. Sie waren Mawāli, die ihre kulturellen Traditionen einbrachten und den Ehrgeiz hatten, sich das Arabische hervorragend anzueignen.

Auch Wissenschaft – hier entwickelten sich zuerst Grammatik, Philologie und Theologie – wurde mündlich weitergegeben. Die Hörer schrieben mit und trugen danach dem Lehrer die Mitschrift vor. Dieser korrigierte, ergänzte nach dem Gehör und erteilte, mitunter nach mehrfachen Überprüfungen, gegen ein Entgelt die *Idschāsa*, die «Erlaubnis», dieses Wissen unter Berufung auf ihn schriftlich oder mündlich publik zu machen. Punktiert und zunächst vereinzelt mit Vokalzeichen versehen wurden Koranhandschriften erst seit etwa dem ausgehenden 7. Jahrhundert, wobei auch hier, schon auf Grund dieser defektiven Schreibung, der freie mündliche Vortrag die Vorgabe für die schriftliche Fassung war.

Die frühesten Koranhandschriften seit dem ausgehenden 7. Jahrhundert, für die man Beispiele seit 1980 in Sanaa im Jemen gefunden hat, sind teilpunktiert, kaum vokalisiert und bezeugen unterschiedliche Rezitationen.[14]

Koranhandschriften wurden früh mit floralen und geometrischen Surentrennern und Randschmuck, oft in Gold und/oder leuchtenden Farben, mit dekorativen Vorsatzblättern und dann auch Einbänden aus Edelholz mit Elfenbeineinlagen oder Leder mit Goldprägung bibliophil gestaltet. Der älteste erhaltene Einband aus dem Kairo des 9. Jahrhunderts ist ein Fragment aus Zedernholz mit geometrischen mosaikartigen Elfenbeineinlagen. Spätere Einbände aus dem mamlukischen Ägypten sind meist aus Leder und mit einer medaillonförmigen Goldprägung, Eckenverzierungen und einer den Text schützenden Seitenüberlappung versehen.

Die Koranschreiber begründeten die Kalligraphie und entwickelten sie zu besonderer Schönheit. Prachtkorane wurden zu kostbaren Sammelobjekten von Herrschern und hochrangigen Höflingen.[15]

Der Bagdader Buchhändler Ibn an-Nadīm (gest. zwischen 990/91 und 998) führt in seinem *Fichrist*, einem kommentierten biobibliographischen Verzeichnis aller ihm bekannten Schriften, beendet im Jahr 987 mit späteren Ergänzungen,[16] noch Koranfassungen mit unterschiedlichen Surenzahlen auf. Er hätte nicht die ihm geläufige Anordnung der Suren detailliert aufgezählt, wenn sie nicht damals noch strittig gewesen wäre.

Al-Kitāb, *Das Buch*, nannte auch Ssībawaih (gest. 793), ein Maula persischer Herkunft, der im Alter von 32 Jahren während der Regierungszeit Hārūn ar-Raschīds nach Bagdad gekommen und bei den bekanntesten Grammatikern der Zeit sowie bei Beduinen in die Lehre gegangen war,[17] seine Grammatik des Arabischen. 42 Personen sollen an ihr mitgearbeitet haben. Sie war mit 574 Kapiteln die erste und für lange Zeit größte systematische Darstellung des Stoffs.[18] Nötig geworden war sie besonders wegen der vielen Neumuslime, die sich das Arabische als Sprache der Religion, Dichtung, der Administration und der Karriere aneignen mußten und wollten. Sie zeugt, wie auch die Werke der späteren

Oben: Rechte Seite aus einem Prachtkoran in kufischer Schrift, Irak oder Syrien 9./10. Jahrhundert. Eine goldene Zierleiste mit floralen und geometrischen Elementen unterstreicht den Titel der folgenden (33.) Sure. – Unten: Quadratischer Schmuckkasten aus Holz mit Messingauflage aus der Mamlukenzeit für einen vielbändigen Prachtkoran, Kairo 1320–1330. Solche Kästen wurden zusammen mit Prachtkoranen von Mamlukensultanen für Moscheen oder Sufi-Klöster gestiftet. Koranverse in unterschiedlichen kalligraphischen Schriften, die von floralen Arabesken umgeben sind, zieren als Gold- und Silbereinlagen die Oberfläche.

arabischen Nationalgrammatiker, von einer ganz anderen Sicht auf sprachliche Strukturen und syntaktische Beziehungen als Darstellungen der arabischen Grammatik von Orientalisten europäischer Provenienz seit dem 17. Jahrhundert und meist bis heute, die am Lateinischen geschult sind. Im übrigen gibt es umfangreiche grammatische Lehrgedichte im Metrum *Radschas*. Generell waren und sind arabische Grammatiken normativ, erfassen also nicht den aktuellen Sprachstand, sondern die Regeln des korrekten Sprachgebrauchs.

Ibn an-Nadīm nennt im ersten Kapitel des *Fichrist* über die Schriftarten und die Entstehung und Entwicklung der arabischen Kalligraphie einen Chālid Ibn al-Hajjādsch, der für seine schöne Schrift bekannt wurde und als erster Koranexemplare schrieb. Er habe ein solches Exemplar selbst gesehen. Ein (nicht identifizierbarer) Mann namens Ssaʿd habe diesen Schreiber beauftragt, für den Umajjadenkalifen al-Walīd I. (reg. 705–715) in «schöner Schrift» Koranexemplare, Dichtung und *Achbār*, das sind «Berichte», auch «Erzählungen», zu schreiben. Dieser Kalligraph habe auch die Koranverse in der Gebetsnische der Prophetenmoschee (in Medina) geschrieben, von «Bei der Sonne und ihrem Licht» an (Sure 91,1) bis zum Schluß, also Sure 114, in Gold. Der Kalif ʿUmar (II.) Ibn ʿAbd al-ʿAsīs (reg. 717–720) habe ihn aufgefordert, für ihn einen Koran in dieser Art zu schreiben. Chālid habe viel Mühe darauf verwendet, ʿUmar habe den Koran durchblättert, ihn gut gefunden, aber zurückgegeben, als er den hohen Preis vernahm. Ibn an-Nadīm nennt einen Maula Mālik Ibn Dīnār, der 130/747/48 starb, der als erster gegen Entgelt Koranabschriften fertigte. Er steht damit in der literarischen Tradition der Nennung der jeweils ersten Person, der die Pionierrolle für bestimmte Dinge und Handlungen zugeschrieben wird. Das war ein seit dem 9. Jahrhundert gern befolgter Brauch, der den Versuch zu einer historischen Ansetzung oder Einordnung des Anfangs einer Tradition erkennen läßt. Ergebnis waren die *Awāʾil*-Werke (*awāʾil* ist Plural zu *awwal* «erstes, erster») oder auch -Kapitel über «Pioniertaten» in Adab-Enzyklopädien.

Damit war also der – meist nicht gerade lukrative – Beruf des Kopisten, des *Warrāk*, geboren, der bis zur Einführung des Buchdrucks für die weitere Verbreitung und Überlieferung von Texten notwendig war, sozusagen für die «vortechnische Reproduktion».

Grund für die hohe Wertschätzung der Kalligraphie in der islamischen Kulturgeschichte ist das Bilderverbot, das es auch im Judentum gibt. Es wird nicht im Koran formuliert, sondern in frühen *Hadīthen*, das sind Überlieferungen, die auf den Propheten Muhammed zurückgeführt werden. Hadīthen zufolge ist es dem Muslim verboten, Menschen bildlich darzustellen, denn dann könnte vom Künstler verlangt werden, er solle seinen Bildern Leben geben. Das aber könne nur Gott. So entwickelte sich die Kalligraphie ebenso wie die geometrische und florale Ornamentik in Handschriften, in der Kleinkunst und an sakralen und weltlichen Bauten.

Daß man es – ähnlich wie im Judentum – mit dem Bilderverbot nicht so streng nahm, beweisen arabische, persische und türkische Handschriften mit meist farbenprächtigen Miniaturen, auch spätere Einzelblätter mit Miniaturen. Die früheste arabische Handschrift, die mit Miniaturen versehen wurde, ist eine astronomische aus dem Jahr 1009. Besonders häufig wurden die offensichtlich bei den städtischen Oberschichten zur Belehrung und Unterhaltung beliebten Tierfabeln *Kalīla wa-Dimna* und *das* Sprachkunstwerk der arabischen Literatur, die *Makāmen* des Harīri, vom 13. Jahrhundert an in Bagdad mit recht realistischen, farbenprächtigen Darstellungen versehen.[19] Der Kopist oder Kalligraph gab Raum und Rahmen für die jeweilige Miniatur vor und war auch der Angesehenere, und so sind nur wenige Namen früher Miniaturmaler überliefert. Persische Miniaturen seit dem frühen 16. Jahrhundert tragen öfter die Signatur des Künstlers.

Der Warrāk war oft auch Handschriftenhändler und/oder -verleiher. Kreative Schriftsteller beschäftigten eigene Kopisten. Ibn an-Nadīm nennt, im Zusammenhang mit der Entwicklung der Kalligraphie und diverser Schriftarten, die nach ihren Erfindern benannt und für unterschiedliche Zwecke verwendet wurden, mehrere berühmte Kalligraphen, darunter eine Frau, eine Sklavin. Er führt nach Koranvergoldern, also Buchkünstlern, die beispielsweise goldene Trennornamente zwischen Surenverse setzten oder Randschmuck schufen, auch bekannte Buchbinder seiner Zeit auf, an erster Stelle den, der in der Bibliothek des «Hauses der Weisheit» des Kalifen al-Ma'mūn in Bagdad tätig war.[20]

Bibliotheken

Kalifen und Wesire förderten Literatur, gründeten Bibliotheken und waren mitunter selbst literarisch tätig. Der Umfang solcher Bibliotheken im Vergleich etwa zu deutschen mittelalterlichen Klosterbibliotheken erstaunt: Der Bujidenwesir as-Ssāhib Ibn ʿAbbād (938–995) in Raij im westlichen Iran, Mäzen vieler Poeten und Dichter und selbst Prosaautor, spricht von seiner Bibliothek mit 6200 Bänden, die Interessierten auch nachts offenstand. Der Geograph al-Mukaddassi beschreibt begeistert die Bibliothek des Bujiden ʿAdud ad-Daula (gest. 983) in Schirās als einen zweistöckigen Gebäudekomplex inmitten von Teichen und Wasserläufen, die teilweise zur Kühlung dienten, mit einem Riesenraum, umgeben von vielen mannshohen kleinen Räumen, in denen auch die Kataloge standen, und mit verzierten Türen. Kühlung verschafften zusätzlich Vorhänge und Teppiche, die im Luftzug wie große Fächer fungierten. Er schwärmt, diese Bibliothek müsse im Paradies entworfen worden sein. Glanzvoll war die Bibliothek der Fatimiden in Kairo vom zweiten Kalifen al-ʿAsīs (975–996) an. Sein Bibliothekar, ʿAli asch-Schābuschti (gest. um 1008), bekannt durch sein *Klosterbuch*, war auch Vertrauter und Trinkgefährte des Kalifen, las ihm Texte aus den Schätzen seiner Bibliothek vor und debattierte mit ihm über sie. Al-ʿAsīs' Nachfolger al-Hākim (996–1021) gründete im Nordwestteil des Palastes eine Akademie mit dem Namen *Bait al-Hikma* wie die des Abbassiden al-Ma'mūn in Bagdad knapp 200 Jahre zuvor, unterstellte sie dem religiösen «Oberpropagandisten» und schloß ihr eine große öffentliche Bibliothek für alle Wissenszweige an.[21] Sie war mit Teppichen auf den Fluren und an den Wänden, aber auch mit (teurem!) Papier, Schreibfedern und Tinte für die Benutzer versehen. Um 1000 sollen die Interessierten zugänglichen Kalifenbibliotheken in Bagdad rund 100 000 Bände enthalten haben. Zum Vergleich: Die Dombibliothek in Konstanz umfaßte im 9. Jahrhundert 356, die Klosterbibliothek in Benediktbeuren im Jahr 1032 etwas mehr als 100 Bände.[22]

Autoren brauchten wohlhabende Mäzene, die sie in ihren Bibliotheken arbeiten und Exzerpte anfertigen ließen und sie für ihre Werke entoder eher belohnten. Schon aus dieser Erwartung heraus verewigten sie ihre Wohltäter überschwenglich in Vorworten und Lobgedichten.

In späterer Zeit gehörten Bibliotheken oft zu den, Moscheen angegliederten, *Medressen*, den religiösen Hochschulen, von denen die *As'har* in Kairo, gegründet 973 und seit mehreren Jahrzehnten Universität, die *Mustanssirijja* in Bagdad, gegründet 1234 und zwischen 1968 und Frühjahr 2003 Volksuniversität, die *Saitūna* in Tunis, auch die Moscheehochschule in Kairuwan die bekanntesten wurden.

Viele Schätze arabischer Bibliotheken wurden nach der osmanischen Eroberung im 16. Jahrhundert nach Istanbul verbracht. Die dortigen Handschriftenbestände werden seit einigen Jahrzehnten erschlossen. Im 19. und bis ins 20. Jahrhundert verfügten Gebildete und Gelehrte aus der Oberschicht in arabischen Metropolen wie Kairo, Damaskus und Bagdad, auch schiitische Notable etwa in Nadschaf und Kerbela im Irak über beachtliche Privatbibliotheken. Nationalbibliotheken wurden wie Museen erst vom ausgehenden 19. Jahrhundert an gegründet, etwa die ägyptische Nationalbibliothek in Kairo 1872, die irakische in Bagdad im Jahr 1909.

Eine Bagdader Literaturgeschichte des 10. Jahrhunderts

Der berühmteste Warrāk, mehr Buchhändler als Kopist, war der bereits genannte Ibn an-Nadīm. Sein *Fichrist* ist ein (grob) sachlich geordnetes «Verzeichnis» aller Buchtitel, die ihm bekannt waren, oft mit interessanten Angaben zu den Autoren und biographisch und sozialgeschichtlich aufschlußreichen Anekdoten über sie. Manchmal gibt er lediglich Informationen über Titel und Umfang einer Schrift in «Blättern», denn man kannte noch keine Seiten-, zunächst nicht einmal eine Blattzählung. Er teilte sein Werk in zehn *Makālāt,* «Kapitel», die wiederum Unterkapitel enthalten. Sie beginnen mit den «Sprachen der Völker (oder Religionsgemeinschaften)» und enden mit einem kürzeren über (Al-)Chemie[23] und Philosophie. Dieses führt, wie die siebente *Makāla*, auch medizinische Werke auf. Der *Fichrist* enthält zudem Berichte, Urteile jeweiliger Zeitgenossen zu Autoren und Werken, darunter, wie bei Historikern, kontroverse, ohne Wertung des Verfassers aneinandergereiht, vereinzelt Gedichte, außerdem Ibn an-Nadīms Ansicht zu manchen Werken. Die bekannteste ist sicher sein «Verriß» der damals bekannten Vorform von *Tausendundeiner Nacht.*

Die erste Makāla beginnt nach einem betont kurzen Vorwort mit differierenden Legenden über die Entstehung und Geschichte des arabischen Alphabets und der arabischen Schrift. Dazu gehört die auch andernorts aufgeführte Legende, Adam – im Koran ist er ein Prophet – habe 300 Jahre vor seinem Tod die arabische, die persische und andere Schriften in Ton geritzt und diesen «gekocht», also wohl gebrannt. So habe dies die Sintflut überlebt, und jedes Volk habe seine Schrift (vor-)gefunden.

Am Anfang der meisten Kapitel stehen «wissenschaftshistorische» Ausführungen nach dem damaligen Erkenntnisstand, also vermischt mit Legendärem, auch Mythischem. So soll die Beschäftigung mit der Philosophie und anderen «alten Wissenschaften» durch ein Traumbild des Kalifen al-Ma'mūn ausgelöst worden sein: Aristoteles als weiße Lichtgestalt mit rosigen Wangen setzte sich auf sein Lager und stellte sich ihm für Fragen zur Verfügung. Er belehrte den Kalifen auf dessen Frage nach dem Guten, es sei das, was erstens für den Verstand, zweitens für die (religiöse) Gesetzgebung und drittens für die Menge/das Volk gut ist.[24]

Detailliertere Bemerkungen macht Ibn an-Nadīm etwa in der ersten Makāla zu den Schriften verschiedener Völker bis hin zu den «Langobarden und Sachsen» als (geographisch) einem «Volk zwischen den Byzantinern und den Franken, nahe dem Herrscher von al-Andalus», also Spanien, im Westen und den Chinesen im Osten (deren Schrift ähnele «Inschriften» und sei dem Vernehmen nach sehr ermüdend), außerdem zu Schreibmaterialien und Schreibwerkzeugen der Völker. Als Anregung für die Praxis informiert er über Arten des Federspitzens und gibt zur Anschauung Schriftbeispiele. In der siebten Makāla *Über Philosophen und Logiker* informiert er über die Übersetzungen aus alten Sprachen. In der neunten Makāla zitiert er aus Schriften anderer und gibt eigene, meist sehr sachliche Informationen über andere Religionen, Sekten, auch «Ketzer», und nennt einige, darunter den Dichter Baschschār Ibn Burd (ca. 714–784), einen Maula persischer Herkunft.

Ibn an-Nadīm macht schon durch die Zahl der fremdländischen Namen und Titel deutlich, wie hoch die wissenschaftlichen Erkenntnisse und kulturellen Leistungen anderer Völker, ihre großen Bibliotheken, ihre Bücher und Schriften, geschätzt wurden. Er betont, wie man sich um deren Entzifferung bemühte, wenn man sie zufällig irgendwo entdeckte.

Nicht nur der *Fichrist* läßt erkennen, daß es sehr viel mehr schöngeistiges und wissenschaftliches arabisches Schrifttum gab, als heute erhalten ist. Relativ vieles ist nur noch aus Zitaten in Werken anderer bekannt. Dabei geht mitunter in erheblich späteren Werken fragmentarisch Überliefertes auf eine frühere, also authentischere Quelle zurück als das in einer Handschrift komplett erhaltene Werk.

Wie im mittelalterlichen Europa war die Wissenschaft noch nicht so spezialisiert wie heute. Die meisten Autoren waren auf mehreren Gebieten versiert, also Polyhistoren. Das gilt auch für viele Adab-Autoren, seltener für Dichter. Diese bedienten sich allerdings verschiedener poetischer Gattungen.

Der Buchdruck

Im Druck mit beweglichen Lettern erschienen arabische Werke zuerst in Europa seit der Renaissance. In Fano in Italien wurde 1514 als erstes arabisches Buch ein malikitisches Gebetsbuch gedruckt, ein Koran um 1530 in Venedig, wahrscheinlich für den Export. Später gab es arabische Pressen auch in Neapel, Rom und Padua, dann in Leiden, Paris, London und Oxford im Zuge wachsenden Interesses für den Islam, auch der Auseinandersetzung mit ihm. Beginnende koloniale Interessen spielten ebenfalls eine Rolle.[25] Gedruckt wurden hier zunächst christliche religiöse Schriften in Arabisch, dann auch der Koran. Vom beginnenden 17. Jahrhundert an, mit dem Entstehen der Orientalistik, druckte man auch Werke der arabischen Literatur. Die Orientalistik entwickelte sich im 19. Jahrhundert von einer Hilfswissenschaft der Theologie zu einer eigenen wissenschaftlichen Disziplin, die lange Zeit rein philologisch orientiert war.

Im Vorderen Orient begann der Buchdruck mit arabischen Lettern in der Türkei 1728 mit Hilfe des ungarischen Konvertiten Ibrāhīm Müteferrika und zunächst in harter Auseinandersetzung mit religiösen Autoritäten. In den arabischen Ländern gab es seit Beginn des 18. Jahrhunderts bei christlichen Gemeinden im Raum Syrien/Libanon kleine Pressen für deren religiöses Schrifttum. Generell begann der Buchdruck in Ägypten, angeregt durch Napoleons Druckerpressen, nach der Napoleonischen Expedition 1798–1801, im Jahr 1824. Vorbehalte äußerten Theologen in der Türkei anfangs gegenüber dem Druck des Korans und anderer religiöser Schriften.

Zunächst und bis in den Beginn des 20. Jahrhunderts wurde im Vorderen Orient lithographisch gedruckt, sicher, weil das Schriftbild dann dem von Handschriften ähnelte. Auch gestalterisch galten diese für mehrere Jahrzehnte als Vorbilder, etwa, wenn man, wohl zur Papierersparnis, am Rand eines Werks ein zweites, meist inhaltlich verwandtes und kürzeres, druckte.

II. «Die Zeit der Unwissenheit»: Literatur im vorislamischen Arabien

1. Altarabische Dichtung

«Die Zeit der Unwissenheit», *Dschāhilijja*, nennen die arabischen Historiker die vorislamische Zeit, in der man vom Islam und seinem Verkünder, dem Propheten Muhammed, noch nichts wußte. Es ist eine Zeit, über die bis heute wenig bekannt ist. Die Überlieferungen sind spärlich, wurden meist erst vom 2. islamischen Jahrhundert an schriftlich erfaßt, und es ist kaum auszumachen, inwieweit sie bearbeitet wurden.

Aus dieser Epoche ist eine zunächst mündlich überlieferte kunstvolle Dichtung erhalten, deren Anfänge im ausgehenden 5. Jahrhundert liegen. Dichtung galt als «erlaubte Magie», *Sichr Halāl,* ähnlich dem *poetry is magic* W. H. Audens. Diese Poesie war relativ wenig durch das geprägt, was wir unter «Lyrik» verstehen. Sie hatte soziale Funktionen verschiedener Art. Ibn Kutaiba (828, Kufa – 889, Bagdad) charakterisiert sie in seiner Adab-Enzyklopädie *Die Quintessenzen der Berichte* so:

«Die Dichtung ist der Stollen des Wissens der Araber, die Bibel ihrer Weisheit, das Register (der Dīwān) der Berichte über sie, der Speicher ihrer Kampfestage, die bewahrende Mauer um ihre Ruhmestaten, der Schutzgraben für ihre stolzen Leistungen, der redliche Zeuge für den jüngsten Tag, der entscheidende Beweis im Kampf. Wer bei ihnen niemanden hat, der einen Vers für seine Ehre und die edlen, effektiven und lobenswerten Taten seiner Vorfahren spricht, dessen Anstrengungen sind verloren, selbst wenn sie berühmt waren. Sie werden im Lauf der Zeit getilgt, auch wenn sie gewaltig waren. Wer sie aber in poetische Reime bindet und mit deren Metren bestätigt, mit einem ausgefallenen Vers, einem gängigen Sprichwort (auch: «Gleichnis») und einer hübschen Allegorie (oder «Redefigur») für ihre Verbreitung sorgt, der verewigt sie für alle Zeit (auch: «das Schicksal»), bewahrt sie davor, angezweifelt zu werden, und schützt sie vor der Arglist des Feindes und dem neidischen Blick.»[1]

Ibn Kutaiba meint mit den «Arabern» die Beduinen, doch hielt sich diese Definition über viele Jahrhunderte in der höfisch-städtischen Kultur. Bezeichnend ist die der städtischen Verteidigungsvorsorge und dem religiösen Recht entnommene Metaphorik. Spätere Definitionen erklären Dichtung zum Mittel, gutes Arabisch zu lernen und zur Hilfe beim Verständnis aller «dunklen und seltsamen» Stellen des Korans und der

Hadīth-Literatur. Diese wurde, wie die Dichtung, vom späten 2./8. Jahrhundert an aufgezeichnet.

Dīwān, ein persisches Wort, bezeichnete ursprünglich die höfische Kanzlei, auch deren Registratur oder Rechnungsbücher, dann Anthologien meist von Gedichten, aber ebenfalls von Reden, Episteln und Sprichwörtern. Das dürfte seinen Grund in der Rolle der höfischen Sekretäre in der arabischen Kultur seit der frühen Abbassidenzeit haben, die oft persischer Herkunft waren. Etwa vom 9. Jahrhundert sind Dīwāne, also Gedichtsammlungen einzelner Stämme oder Dichter, erhalten. Sie sind nach dem Reimbuchstaben geordnet. Seltener sind Dīwāne mehrerer Dichter und Dichterinnen zu einem Oberthema, zum Beispiel *Hamāssa*, «Tapferkeit».

Schiʿr heißt die Dichtung im Arabischen, abgeleitet von der Wurzel *sch-ʿ-r*, «fühlen» und «durch Fühlen wissen, erkennen», auch *Kalām schiʿri* oder *Kaul schiʿri*, beides in der Bedeutung «dichterische Rede», zur Charakterisierung der öffentlich vorgetragenen Gedichte. Der Dichter ist also der *Schāʿir*, der «Fühlende, Wissende». Er wurde bis ins 20. Jahrhundert höher geschätzt als ein Prosa-Autor, denn Poesie galt mehr als Prosa. Für einen wohlklingenden Vers oder auch mehrere verliehen Kalifen kostbare Ehrengewänder oder gaben großzügige finanzielle Geschenke.

Über Anlässe zu dichten gibt eine kleine Anekdote aus demselben Werk Ibn Kutaibas Aufschluß, deren Rahmen sie in der höfischen Gesellschaft ansiedelt: (Der Umajjadenkalif) ʿAbd al-Malik Ibn Marwān (reg. 685–705) fragte den Dichter al-ʿArdschi – er starb 741 im Gefängnis, in das er wegen eines Schmähgedichts auf den Gouverneur von Mekka kam: «Rezitierst/sprichst du zur Zeit Dichtung?» Er entgegnete: «Ich trinke nicht, fühle weder Freude noch Schmerz und bin nicht zornig. Dichtung entsteht nur aus einem dieser Anlässe.»[2] Al-ʿArdschi war, nachdem er vergeblich eine politische Rolle zu spielen versucht hatte, auf sein Landgut al-ʿArdsch bei Tāʾif im Hidschās zurückgegangen und verfaßte Liebes- und Weingedichte. Die Anekdote zeigt ein gewandeltes Verständnis von Dichtung und ihrer sozialen Rolle: Das persönliche Empfinden des Dichters steht im Vordergrund, nicht seine Ruhmestaten oder die seiner Vorfahren oder seines Stammes. Das belegt auch eine andere Anekdote aus derselben Quelle: Kuthajjir (660–723), wegen seiner unglücklichen Liebe zur verheirateten ʿAsa und seiner Gedichte auf sie bekannt, wurde gefragt: «Was tust du, wenn es dir schwer fällt zu dichten?» Er antwortete: «Ich streife durch verlassene Gegenden und üppige Gärten. Dann fallen mir gute Verse leicht, und schöne Worte kommen mir schnell.»[3]

Nasm von *nasama*, «Perlen an einer Schnur aufreihen; ordnen», heißt (durch Metrum und Reim) «gebundene Sprache». *Nathr*, von *nathara*, «Perlen verstreuen», ist die Prosa. Man flocht Verse, auch längere bis lange Gedichte in Prosatexte, in unterhaltsame häufiger als in andere.

Die Kassīda

Kassīda, abgeleitet von der Wurzel *k-ss-d*, «etwas anstreben», war der Terminus für ein kunstvolles polythematisches Gedicht von wenigstens zehn und bis zu über hundert Zeilen. So heißt «das Gedicht» im Arabischen bis heute, auch wenn seit etwa der Mitte des 19. Jahrhunderts unter den sich infolge europäischer Einflüsse wandelnden Zeitverhältnissen erst inhaltliche, später auch starke formale Änderungen eintraten.

Die altarabische Kassīda hat eine normierte Struktur. Jede Zeile besteht aus zwei Halbversen, von denen die beiden ersten aufeinander reimen. Jedes Gedicht, wie lang es immer ist, hat *einen* durchgehenden Reimbuchstaben und *ein* einheitliches Metrum.

Die 16 arabischen Metren beruhen auf bestimmten Folgen langer und kurzer Silben, wobei die «schlichteren», kürzeren Metren oft für bestimmte Gedichtgattungen verwendet wurden. Zunächst waren wohl nur vier Metren gebräuchlich, später kamen weitere hinzu. Drei der für das arabische metrische System überlieferten 16 Metren sind in Kassīden kaum nachgewiesen. Sie entstammten möglicherweise dem Vollkommenheitsbedürfnis des Grammatikers und Lexikographen al-Chalīl (718–791) aus Basra, dem Lehrer des oben genannten Persers Ssībawaih. Al-Chalīl stellte dieses System in Kreisform, durch eine übersichtliche Anordnung der jeweiligen Silbenfolge, dar. Die Reimbuchstaben – auch hier gab und gibt es schon auf Grund lexikalischer Vorgaben häufiger und seltener bis kaum benutzte – und das vom Dichter gewählte Metrum bildeten formale und strukturelle Normen, die der Kreativität gewisse Zwänge auferlegten. Regelkonforme Normabweichungen sind jedoch in der Metrik zulässig. Gegen die «Zwangsjacke» dieses metrischen Systems rebellierte als erster der mutige Iraker Dschamīl Ssidki as-Sahāwi (1863–1936) mit einem 1906 in einer großen ägyptischen Zeitschrift publizierten Gedicht.[4]

Der mündliche Vortrag dieser Kassīden vor einem Publikum hat wahrscheinlich ihre sprachliche und rhythmische Form beeinflußt. Formelhafte Satzteile werden wiederholt, meist am Beginn der Kassīda und beim Übergang von einem Thema zum anderen, stereotype Bilder und Metaphern ziehen sich in Varianten durch die Kassīden, auch in der Wiederaufnahme durch einen anderen Dichter. Intertextualität gab es in der arabischen Dichtung schon früh. Meist, aber nicht immer, hat jede Zeile einer Kassīda einen in sich geschlossenen Sinn. Das machte es bei oraler Überlieferung leicht, Zeilen einzuschieben, in der Reihenfolge zu verschieben oder schlicht zu vergessen.

Generell war der Dichter schon in vorislamischer Zeit und bis ins 20. Jahrhundert der *poeta doctus*. Er hatte Hunderte, später oft Tausende von Versen berühmter Vorgänger auswendig zu wissen, bevor er sich ans dichterische «Hand-» oder eher «Kopfwerk» wagen konnte. Seine Kunst hatte im geschickten Variieren überlieferter *Topoi*, sprachlich-stilistischer Muster, Bilder und Metaphern durch eigene Zugaben oder Variationen zu liegen. Das Verdienst des Dichters bestand also in einer Symbiose aus Gedächtnisleistung und Improvisationstalent, sicher aber auch vorher angedachter oder geplanter Imagination, in der Verbindung kollektiver Kulturtradition mit individueller Kreativität.

Den Anfang der Kassīda bildet die «erotische Einleitung», der *Nassīb*, das ist die Klage des Dichters an den verlassenen Lagerplätzen des Stammes, dem seine Angebetete angehörte, und seine melancholische Erinnerung an sie. Die *Atlāl*, «die Spuren», der Lagerplätze sind Zeichen menschlichen Lebens im Wüstensand, Spuren von Zelten, Menschen und Tieren. Die altarabische Kassīda entstammt dem Beduinenmilieu. Nomadenstämme zogen durch die Wüste und trafen sich zufällig, besonders im Frühling, für eine kürzere Zeit an Wasserplätzen und Oasen, die Weideflächen für ihre Tiere boten. Das gab Gelegenheit zu episodenhaften Begegnungen, zu Liebeleien bis Leidenschaften zwischen Angehörigen zweier Stämme, bis einer der beiden Stämme aufbrach. An solch eine Liebesepisode und die Schönheit der geliebten Frau, an ihre Zuwendung erinnert sich der Dichter stolz und voll Trauer über den Verlust. Manchmal erscheint ihm die Geliebte früherer Tage nachts als Traumbild, dem er nachtrauert. Wohl um sich abzulenken, wendet er sich dann preisend seinem Reittier zu. Auf den mehrzeiligen elegischen *Nassīb* folgt die Beschreibung des Reittiers, des Kamels (dessen arabische Bezeichnung von einer Wurzel abgeleitet ist, die auch «schön sein» bedeutet, schließlich war es durch die Jahrhunderte für die Beduinen unentbehrlich) oder seltener des Pferdes. Die Schönheit, Kraft, Ausdauer und Schnelligkeit des Tiers wird mit der anderer Tiere der Wüste verglichen, vor allem des Wildesels, der Antilope und des Vogels Strauß. Hier werden später auch Jagdszenen eingeflochten. Schilderungen von Naturphänomenen, etwa eines Gewitters, Regensturms oder auch Sonnenuntergangs, können sich anschließen. Darauf folgt das Selbstlob des Dichters, das Lob seines Stammes – der sich gegen feindliche Stämme zu behaupten hatte – und/oder die Schmähung eines gegnerischen Stammes. Den Schluß bildet öfter das Lob eines Gönners.

Daraus hat man den Begriff Kassīda erklären wollen: Der Dichter strebte mit ihr eine Belohnung an. Einleuchtender erscheint heute bei besserem Forschungsstand die Ableitung von *kassīd* als Kollektivbezeichnung für die längeren, kunstvollen Metren, abgeleitet von derselben Wurzel *k-ss-d,* «etwas anstreben». Die Femininendung *a(tun)* leitet in der Nominalbildung den Singular vom Kollektivum ab.[5]

Der Dichter war also der Sprecher seines Stammes und genoß gebührendes Ansehen. Er formulierte in kunstvoller Form kollektive Verhaltensideale und sittliche Normen.

Den Kassīden lassen sich die damaligen Tugend- und Männlichkeitsideale auf der arabischen Halbinsel, die *Murū'*a, abgeleitet von *Mar'*, «Mann», entnehmen: Tapferkeit, Stolz, Mut, Furchtlosigkeit, Ausdauer und Hilfsbereitschaft im Kampf, Freigebigkeit und Gastfreundschaft (zu beidem gehörte natürlich auch Besitz), Aufrichtigkeit, Worttreue. List in Notsituationen galt, wie schon in der Antike und im Alten Testament, als legitim. Dichter prahlten mit erotischen Abenteuern, auch mit verheirateten Frauen, deren Ehemänner «ausgestochen» wurden, ohne das zu merken. Sie besangen Trinkfreuden. Aber auch Klagen über das beginnende und zunehmende Alter mit seinen Lebensbeeinträchtigungen, zu denen das für Schwarzhaarige wohl besonders leidvolle Ergrauen ebenso zählt wie Gebresten diverser Art, schwindende Potenz und nachlassender Erfolg bei Frauen werden poetisiert. Das alliterierende Kontrastpaar *asch-Schaib wa-sch-Schabāb,* «Grauhaarigkeit (Alter) und Jugend» durchzieht Dichtung und Prosa aus männlicher Sicht wehmütig bis ironisierend sprachlich verspielt bis ins 19. Jahrhundert.

Selbstlob, *Fachr*, gehörte zu den frühesten Bestandteilen der Kassīden. Oft bestand es darin, daß der Dichter betonte: «Ich bin kein Schwächling, ich bin kein Feigling, ich bin kein Geizhals ...». Es werden also nicht ideale Attribute hervorgehoben, sondern negative Eigenschaften, die dem kollektiven Männlichkeitsideal widersprachen, bestritten. Das wirkt wie eine trotzige Selbstbehauptung gegen Beschimpfungen, sprachlich bekräftigt durch die formelhafte Wiederholung der Verbform *lastu bi-*, «Ich bin nicht/kein ...».

Geläufige Stilmittel der altarabischen Kassīda, die sie uns im Original oder auch in philologischen Übersetzungen ungewohnt bis fremdartig erscheinen lassen, sind an erster Stelle Metonyme.[6] Das heißt, ein Mensch, ein Tier, ein Gegenstand wird durch eine seiner Eigenschaften oder Verhaltensweisen benannt, die dem Rezipienten (durch Lebenserfahrung oder auch dichterische Konvention) bekannt sein oder in die er sich hineinfühlen, die er enträtseln muß. Die Textwissenschaft spricht von Kontiguitätstropen. «Ein Lanzenbewehrter» ist «ein lanzenbewehrter Krieger», «ein Kühles» oder «Kühlendes» ist «das Wasser», «ein Brüllender» ist «ein brüllender Kamelhengst», «ein Gekrümmter», auch «ein Glatter» ist «der Bogen» (des Jägers). Die Erfindungsgabe des Dichters für solche Metonyme entsprach dem lexikalischen Reichtum des Arabischen für Details, aus dem der Dichter sich bedienen konnte, und war ein Beweis für differenzierte Beobachtungsgabe. So konnte der Onager, der Wildesel, in Kassīden als «ein Gedrungener», «ein Aalstrichgezeichneter», «einer von der dunkleren Rasse», «ein Gelbbrauner», «einer mit vor Hunger eingefallenem Bauch», «ein Kühner, Dreister», «eine Magere, Schlanke», «ein Zuschlagender», «ein Schreihals», «ein Krächzender» genannt werden. Manche Metonyme können für verschiedene Tiere, etwa Pferde und Wildesel, oder für ein Tier und einen Gegenstand verwendet werden, also mehrdeutig sein. Metonyme können auch zweigliedrig (im Deutschen dann meist umständlicher wiederzugeben) und kreativ humorvoll bis leicht sarkastisch sein.

Stilmittel sind ferner eine Fülle von Bildern und Metaphern. Auch hier knüpfte der Dichter an Überliefertes, Geläufiges an, um es schöpferisch verfremdend abzuwandeln. So konnte ein Hengst in gestrecktem Galopp mit einer Lanze, einem Speer, einem Pfeil, einem Bogen, einem Stock, auch einem Bratspieß verglichen werden. Das gab dem Dichter Gelegenheit, den jeweiligen Vergleichsgegenstand ebenfalls klangvoll zu be- oder umschreiben. Die Wortwahl für Metonyme wie für Vergleiche und Metaphern stützt sich oft weniger auf hervorstechende Merkmale als auf solche, die uns zweitrangig, ja unbedeutend vorkommen. Sie kreisen für einige Jahrhunderte um Grundvorstellungen, die offensichtlich zum Weltbild oder eher zur konventionellen Gestaltungsvorgabe gehörten, etwa der Vergleich von bestimmten Eigenschaften des Fells, von Zeichnungen, Mustern und Farben mit bestimmten Stoffen oder das Fallen/Herabstoßen von Vögeln und anderen Tieren zum Ausdruck von Schnelligkeit.

Klangliche Mittel wie Vokal- oder Konsonantenwiederholung, mehr aber noch Wortwiederholungen, Laut- und Wortfiguren spielten bei der Gestaltung ebenfalls eine Rolle. Hier bieten zum Beispiel die Personalsuffixe *hu* für «ihn» oder possessives «sein», *hā* für «sie» oder possessives «ihr», *hum* für pluralisches «sie» oder possessives pluralisches «ihr» gute Möglichkeiten. Beliebte poetische Mittel waren auch *Parallelismus membrorum*, Kontrastierungen, Tautologien, diese wahrscheinlich zur qualitativen Betonung, außerdem Paronomasien und Antithesen.

Daß jeder Dichter seinen *Dschinn* oder auch *Schaitān* hatte, einen höheren Geist, der ihn inspirierte, war gängige Vorstellung. In islamischer Zeit wurde *Schaitān* zur Bezeichnung für den Satan. Vom *Rāwi*, dem «Zitator» als Begleiter, war bereits die Rede, auch davon, daß diese Gedichte erst vom 8. Jahrhundert an systematisch in Dīwānen gesammelt wurden.

Radschas-Liedchen und «Stücke»

Schon vorher gab es kurze, eingängige monothematische Gedichtchen im relativ schlichten Metrum *Radschas* (Silbenfolge lang, lang, kurz, lang oder kurz, kurz, kurz, lang). Diese sicher oft improvisierten Kurzgedichte über *ein* Thema nutzten die Magie gewählter gebundener Sprache für Alltagssituationen. Es sind Kampfsprüche oder -lieder, Verse, die bestimmte Arbeiten begleiten oder zu ihnen ansporen sollten, mythologische und Kindertanzverse, unseren Kniereiterliedchen vergleichbar. Diese wurden früh zu propagandistischen Zwecken für bekannte Persönlichkeiten erdacht und überliefert.

Kürzere monothematische Gedichte in großer Themenvielfalt hießen über die Jahrhunderte *Kit'a* (Qiṭ'a), «Stück, Fragment».

Die Trauerode

Ebenfalls bereits aus vorislamischer Zeit ist die *Marthijja*, die «Trauerode», überliefert. Frauen oblag seit früher Zeit die lautstarke Totenklage, weil man ihnen stärkere Gefühle zuspricht als Männern. Das ist oft bis heute üblich, trotz eines deutlichen Verbots in Prophetentraditionen. Vorwiegend Aufgabe von Frauen war es, ihre im Kampf gefallenen oder in Fehden erschlagenen nächsten männlichen Angehörigen, Brüder oder Väter, nie die Ehemänner, mit Traueroden zu preisen. Die Eigenschaften, die sie dabei rühmen, sind dieselben wie die in Lobversen der Kassīden hervorgehobenen: edle Abstammung, Klugheit, Mut, Ausdauer und Führungsfähigkeiten im Kampf, Freigebigkeit, oft bis zur eigenen Verarmung, gegenüber Waisen und Armen, Redlichkeit, Verläßlichkeit als Stammesmitglied und Familienoberhaupt.

Frauen gestalteten dabei poetisch-rhetorisch ihren Schmerz über den Verlust des geliebten Sohnes oder Bruders und ihre Gedanken über die Rolle des Schicksals, das andere ebenfalls bitter treffen konnte. Sie forderten manchmal leidenschaftlich zu Blutrache auf (der Islam verbot Blutrache, doch hielt sich der Brauch lange). Damit kam ihnen vermutlich die rituelle Stimme der Stammesgemeinschaft zu. Bereits zu dieser Zeit gab es dafür offensichtlich feste inhaltliche Konventionen in variierender Sprachgestaltung: schlaflos verbrachte, qualvolle Nächte, reichlich Tränen verströmende oder zu Tränen nicht mehr fähige Augen (nicht: «ich weine», sondern: «meine Augen quellen über vor Tränen», oder: «die Tränen meiner Augen sind versiegt», also *pars pro toto,* wie auch in älteren vorderorientalischen Literaturen, etwa den Psalmen). Schon hier erscheint die hübsche Metapher der Perlen für Tränen, der Perlenketten für reichliches Weinen. Der Schmerz über die Unersetzlichkeit des Toten, besonders im Kampfgetümmel, wird ebenso thematisiert wie der Aufruf an andere, etwa an die, die von der Freigebigkeit des Beklagten abhingen, ihn gleichfalls zu beweinen, und die Aufforderung der Dichterin an sich selbst, gefaßt zu sein. *Ssabr,* «Ausdauer, Fassung», als Lebenshaltung für Frauen und Männer in Schicksalsschlägen ist erstrebenswert, dann auch im Koran und in der Hadīth-Literatur.

Die berühmteste Elegiendichterin war al-Chanssā', «die Stupsnäsige», ein Name der Gazelle und Beiname der Tumādir Bint ʿAmr (gest. nach 644). Sie brachte ihre Trauer über den Tod ihrer beiden Brüder, die infolge von Stammeskämpfen unmittelbar vor dem Aufkommen des Islams ihr Leben verloren hatten, kunstvoll zum Ausdruck. Doch gab es vor ihr und neben ihr zahlreiche andere, weniger bekannte, denen möglicherweise, genau wie ihr, auch Gedichte aus dieser Rollenerwartung heraus zugeschrieben wurden. Die menschlichen Qualitäten, die in Traueroden gepriesen werden, galten lange als rein männliche. Ibn Raschīk (1000–1063 oder 1071), Hofdichter des Sīridenherrschers in Kairuwān, später aber mehr durch seine umfangreiche Poetologie *Die Grundlage. Über die Schönheiten der Dichtung, ihre Regeln und ihre Kritik* bekannt, kritisiert anhand eines Gedichts von al-Mutannabbi, daß solche Eigenschaften an der Mutter des Ssaif ad-Daula gelobt wurden.

In islamischer Zeit priesen männliche Dichter in Elegien die rühmenswerten Eigenschaften verstorbener Herrscher, Wesire, aber auch von Dichter-»Kollegen» und Familienangehörigen. Als in der Umajjadenzeit ein Dichter zum ersten Mal in einer *Marthijja* einer Frau gedachte, seiner Mutter, erregte das Aufsehen bis Spötteleien. Später war es nicht mehr ungewöhnlich, daß ein Dichter eine Frau, vor allem seine Mutter, und ihre Gefühle nach ihrem Tod mit einem Trauergedicht würdigte. Die Trauerelegie diente von der Abbassidenzeit an zudem dazu, den Niedergang von Städten nach bestimmten historischen Ereignissen oder generell im Lauf der Geschichte, ja den von ganzen Regionen zu beklagen. Es gibt sie bis heute mit unterschiedlichen Intentionen. Sie bringt menschliche ebenso wie – bei Gestalten des öffentlichen Lebens – politische Ideale zum Ausdruck. Doch konnte und kann sie auch ironisierend und parodierend genutzt werden.

Vagantendichtung

Es gab in vor- und frühislamischer Zeit auch Vagantenpoesie, die Kassīden der *Ssaʿālīk*, der «Räuberdichter», die sich von der Stammesgemeinschaft getrennt hatten, aus eigener Entscheidung oder weil sie von ihr verstoßen worden waren. Grund dafür dürfte die absichtliche oder auch ungewollte Verletzung von Stammesidealen gewesen sein. Diese Dichter hatten ihr Leben allein, unabhängig vom Schutz wie von der sozialen Kontrolle des Stammes in der Wüste zu bestehen. So blieb ihnen zum Überleben oft nur der Diebstahl, der unter den schwierigen Lebensbedingungen der Wüstennomaden in vorislamischer Zeit stammesübergreifend nicht als größeres Vergehen galt. Das änderte sich mit den religiösen Gesetzen des Islams drastisch. Vielleicht sieht das islamische Religionsgesetz deswegen für Diebstahl das Abschlagen einer Hand vor.

Den Gedichten der *Ssaʿālīk* fehlt der *Nassīb*, die erotische Einleitung, die Klage an den verlassenen Lagerplätzen. Sie konterkarieren aber auch gängige Idealvorstellungen, sprechen zum Beispiel von Angst in bestimmten Situationen, von Selbstzweifeln und doch immer wieder von Stolz auf diese Art, durch das Leben zu kommen. Die berühmtesten Vagantendichter waren Schanfara (gest. ca. 550) und etwa gleichzeitig Taʾabbata Scharran (wörtlich: «er trägt Schlechtes unter dem Arm», eigentlich ein Beiname in Satzform, der in ätiologischen Anekdoten erklärt wurde).

Der erstgenannte ist vor allem durch seine oft kommentierte *Lāmijjat al-ʿArab* bekannt geworden, eine *Kassīda* auf den Reimbuchstaben *l* (*lām*), deren Echtheit allerdings angezweifelt wurde. Goethe ebenso wie Friedrich Rückert übertrugen sie ins Deutsche, wobei Goethe, der im Gegensatz zu Rückert keine orientalische Sprache beherrschte, sich auf eine Übersetzung des österreichischen Orientalisten Joseph von Hammer-Purgstall stützte. Die *Lāmijjat al-ʿArab* besingt trotzig die Einsamkeit des Dichters in der Wüste, der nur seine Waffen zu Freunden hat, und Tiere und Dschinn, also Geister, als Gesprächspartner. Der deutschen Romantik in ihrer Idealisierung des Orients galt sie als *das* Gedicht über beduinische Ideale. Tatsächlich besingt sie eher deren Gegenteil: den Stolz auf ein individuelles Leben unter sehr harten Bedingungen.

Berühmte Dichter und Dīwāne

Wohl der berühmteste Dichter aus vorislamischer Zeit, aber nicht der erste, dessen Name bekannt wurde, ist der legendenumwobene Dichterkönig Imraʾalkais. Er verbrachte seine Jugend mit Freuden aller Art, besonders offensichtlich mit erotischen Abenteuern. Nachdem sein Vater, König des südarabischen Stamms der Banu Kinda, während eines Aufstands getötet wurde, zog er aus, um ihn zu rächen. Er nahm gegen Verfolgungen Zuflucht zu den Ghassaniden in Syrien und dann zu Kaiser Justinian. Da er aber dessen Tochter verführt hatte, fand er 550 auf dem Rückweg durch ein vergiftetes Hemd, das man ihm als Geschenk überreicht hatte, einen qualvollen Tod. Die Echtheit seines Dīwāns mit 86 Texten, darunter 21 Kassīden, im 8. und von einem anderen Kompilator im 9. Jahrhundert zusammengestellt, ist umstritten. Berühmt wurde er vor allem durch eine Kassīda, die in die bedeutendste Sammlung altarabischer Gedichte, die der sieben *Muʿallakāt*, aufgenommen wurde.

Al-Muʿallakāt bedeutet «Die Aufgehängten». Arabische Literaturhistoriker haben das damit erklärt, daß diese Oden in goldener Schrift aufgezeichnet und in vorislamischer Zeit am Tor zur Kaʿba in Mekka, damals bereits das bedeutendste Heiligtum der arabischen Halbinsel, aufgehängt wurden. Heute geht die Deutung eher zu «Die besonders Geachteten, Geschätzten». Aber die Legende beweist, welche hohe Verehrung die *Muʿallakāt* genossen, obwohl oder vielleicht auch weil ihre Lexik schon relativ früh der Kommentare bedurfte.

Die anderen sechs Dichter in dieser Anthologie, die alle im 6. Jahrhundert lebten, sind Tarafa Ibn al-ʿAbd, ʿAntara Ibn Schaddād, Suhair Ibn Abi Ssulma, Labīd Ibn Rabīʿa (gest. 641), al-Hārith Ibn Hillisa und ʿAmr Ibn Kulthūm. Es gibt spätere Überlieferungen, die die Kassīden der beiden letzteren durch die zweier anderer bekannter vorislamischer Dichter, al-Aʿscha Maimūn und an-Nābigha adh-Dhubjāni, ersetzen.

Als frühester Kompilator der sieben Muʿallakāt wird Hammād ar-Rāwija (695–772), Hammād «der Überlieferer», genannt, der auch die früheste Rezension des Dīwāns des Imraʿalkais überliefert hat. Im irakischen Kufa aufgewachsen, war er am Hof der Umajjaden in Damaskus Quelle für beduinische Überlieferungen, Gedichte und Anekdoten. Er gilt allerdings von der Abbassidenzeit an auch als Erfinder, ja geschickter Fälscher solcher Traditionen. Zudem wurde er bezichtigt, *Sindīk*, «Ketzer», zu sein. Auch soll er gute Beziehungen zu Höflingen gehabt haben, die als *Muddschān*, als «Frivole», galten. Das hat dem Ruhm der *Muʿallakāt*, die in differierenden Rezensionen späterer Sammler mit unterschiedlichen Gedichtlängen und Versfolgen vorliegen, nie Abbruch getan. Sie bieten ein vielseitiges Spektrum altarabischer Kassīden unterschiedlichen Inhalts und mannigfaltiger Gestaltung.

Die Kassīda des Tarafa etwa ist berühmt durch 28 Zeilen einer expressiven Kamelbeschreibung mit 24 verschiedenen Vergleichen für dieses Tier. Suhair Ibn Abi Ssulmas Kassīda brilliert im Lobpreis zweier Stammeschefs, die eine Stammesfehde zu einem friedvollen Ende brachten, ein Lob, in das er Weisheitssentenzen flicht. Dagegen fehlt hier die Kamelbeschreibung. Labīd, der noch zum Islam übergetreten sein soll und dem auch Lobverse auf Muhammed zugeschrieben werden, legte besonderen Wert auf die inhaltliche Einheit seiner Kassīda. Sie zeichnet sich, wie sein Trauergedicht auf seinen Bruder, durch Reflexionen über das menschliche Schicksal und den Wechsel der Zeiten aus.

Zwei weitere Anthologien vor- und frühislamischer Dichtung wurden namhaft, *al-Mufaddalijjāt* und die schmalere *al-Assmaʿijjāt*, beide ebenfalls in der frühen Abbassidenzeit zusammengestellt. Der Titel der ersten geht auf den Namen des Bagdader Philologen al-Mufaddal ad-Dabbi (gest. 780 oder etwas später) zurück, dem in Anekdoten unterschiedlichen Inhalts ihre endgültige Fassung zugeschrieben wird. Auch die *Assmaʿijjāt* sind nach einem Philologen, dem berühmten Basrier al-Assmaʿi (740–828?) benannt, der nicht nur durch mehr als 60 Werke, sondern auch als Protagonist zahlreicher Anekdoten bekannt wurde.

Die Gedichte von Angehörigen eines Stammes über fünf Generationen zwischen ca. 550 und 700, den Hudhailiten im nördlichen Hidschās, die zunächst mit den Mekkanern den Propheten Muhammed bekämpft hatten, enthält der Dīwān der Banu Hudhail. Er läßt als einziger erhaltener Stammesdīwān die Pflege und auch den allmählichen Wandel poetischer Traditionen innerhalb einer Stammesgemeinschaft erkennen.

2. Altarabische Prosa

Den größten Korpus der vorislamischen arabischen Prosa bilden die *Ajjām al-ʿArab*, *Die [Kampf-]Tage der Araber*, Erzählungen über die Kämpfe, Scharmützel und Raub- oder Beutezüge zwischen Beduinenstämmen besonders des nördlichen Innerarabiens. Seltener werden individuelle Gefechte zwischen Angehörigen verschiedener Stämme beschrieben. Sie sind meist nach dem Ort oder der Region des Geschehens benannt, etwa *Jaum Kulāb,* «Der Tag von Kulāb», nach einem Gebirgssee dieses Namens, oder *Jaum Dschabala,* nach einem auffällig kegelförmig aus der Ebene aufragenden Berg im Nadschd, an dessen Fuß ein Kampf stattfand.

Diese Erzählungen schildern jeweils *einen* Kampf, *ein* Scharmützel. Sie nennen die Namen der Protagonisten, also der Stämme und ihrer Angehörigen, die gegeneinander fochten, die der Gefangenen – darunter auch Frauen und wem diese dann einen Sohn gebaren – und der Gefallenen auf beiden Seiten. Die Anlässe und Verläufe werden mehr oder weniger detailreich dargestellt. Ausgelöst wurden die Fehden durch Raubzüge und Überfälle sowie die spätere, den sozialen Normen der Zeit gemäße Blutrache für Gefallene. Sie wurde manchmal erst Jahre später vollzogen. Zeit des Geschehens war der Frühling als die Jahreszeit, die den am Rande des Existenzminimums lebenden Nomaden die üppigsten Weiden für ihr Vieh, also gute Lebensmöglichkeiten, bot.

Mehrere *Ajjām* umfaßte der berühmte *Harb Fidschār,* der «frevlerische Krieg», im ausgehenden 6. Jahrhundert. Er wurde so genannt, weil er in der geheiligten Jahreszeit stattfand, in der die Handelskarawanen geschützt vor Raubüberfällen und Stammesfehden durch die Wüste ziehen sollten. Grund war hier offensichtlich der Kampf um die Beherrschung der Handelswege in Innerarabien mit den hohen Gewinnen, die sie einbrachten. Daran waren die Mekkaner maßgeblich beteiligt. Muhammed soll dabei als Junge oder junger Mann mitgewirkt haben. Doch sagen die Quellen über sein Alter und seine tatsächliche Rolle Widersprüchliches aus.

Die *Ajjām al-ʿArab* sind, wie auch später manches in der arabischen Literatur, von Insidern für Insider abgefaßt. An Außenstehende und Spätere hat man offensichtlich nicht gedacht. Sie sind deswegen nur bedingt als historische Quelle zu nutzen, geben aber interessante Einblicke in die Lebensverhältnisse der nordarabischen Beduinen im 6. Jahrhundert. Wie später in der klassischen und nachklassischen Prosaliteratur bis ins ausgehende 19. Jahrhundert üblich, finden sich in fast allen Ajjām Verse und Gedichte. Manche Ajjām scheinen narrative Erläuterungen zu den Gedichten zu sein, die poetisch Kämpfe schildern. Bei anderen wirken die Verse und Gedichte wie später hinzugefügt, etwa kürzere Traueroden, auch von Frauen, oder Preisgedichte eines männlichen Stammesangehörigen auf einen Stammesführer. Beides ist zuweilen der krönende Schluß einer Erzählung.

Die frühesten Sammlungen von *Ajjām al-ʿArab* erfolgten durch arabische Philologen des 8. Jahrhunderts aus Basra und Kufa, als dort auch die ersten Anthologien von Sprichwörtern, Redensarten und Gedichten zusammengetragen und schriftlich festgehalten wurden. Sie gingen verloren. Doch haben sich diese Erzählungen in späteren schriftlichen Quellen erhalten, in Adab-Enzyklopädien ebenso wie in einem berühmten Dīwān aus der Umajjadenzeit, den *Nakāʾid* von Dscharīr und al-Farasdak, auch in Ibn Raschīks Poetologie. Da es sich um spätere schriftliche Aufzeichnungen mündlicher Erzählungen handelt, variieren sie leicht von einer Quelle zur anderen.

Altarabische Spruchweisheiten, magische Beschwörungen, Sprichwörter, Redensarten, Priester- und Prophetenworte, kunstvolle Reden und Briefe, oft in gereimter Prosa, wurden in späteren Sammlungen erfaßt. Dabei könnte allerdings einiges, besonders an Briefen und Reden, Fiktion aus späterer Zeit sein, der Zeit der arabisch-persischen Kulturrivalitäten.

III. Die arabische Literatur in islamischer Zeit bis etwa 1800

1. Die Dichtung und ihre Gattungen

Frühe Entwicklungen

Übergänge von der altarabischen Beduinenpoesie zur höfisch-städtischen der Umajjadenzeit mag man in vereinzelten Passagen eines individueller werdenden Gefühls der Liebe, auch der stärkeren Orientierung auf die Zukunft und in narrativen Einschüben finden, die diaktisch genutzt werden.[1] Auch scheint sich bei den Dichtern an den Höfen der Ghassaniden und Lachmiden eine gewisse Tendenz zu neuen poetischen Mitteln zu zeigen.

Der Koran sagt in Sure 26, *Die Dichter*, Vers 224–226, von diesen, daß ihnen «die Irrenden folgen» und daß sie «sagen, was sie nicht tun». Diese Anschuldigung wird aber durch die folgenden Verse relativiert. Sie hat jedenfalls der weiteren Entwicklung der arabischen Dichtung nicht geschadet.

Ursache für die koranische Bezichtigung war, daß Muhammed zunächst im Stil der Zeit im Auftrag seiner Gegner von Dichtern geschmäht wurde. Er war allerdings so in seine Umgebung integriert, daß er in seiner medinensischen Zeit selbst mehrere Dichter an sich band, die traditionsgemäß zur Festigung seiner Position beitragen sollten. Der bekannteste von ihnen war Hassān Ibn Thābit, der hochbetagt 661 starb. Er verfaßte Lobgedichte auf Muhammed und derbe Schmähgedichte auf seine Gegner, auch auf deren weibliche Angehörige, denn das galt auch später als besonders ehrenrührig.

Der Islam hat die arabische Dichtung zunächst inhaltlich und formal wenig beeinflußt. Selbst die berühmte *Burda* des Kaʿb Ibn Suhair, das «Mantelgedicht»,[2] von dem noch zu sprechen sein wird, ist eher ein persönliches Lobgedicht auf den Propheten als wirklich religiös. Vereinzelt finden sich Koranworte, Hinweise auf die Pilgerfahrt und auf neue, durch den Islam geschaffene Phänomene, aber eine religiöse Dichtung entstand erst später. Wie auch die Eroberungen sich in der Poesie kaum abzeichnen.

Die Traditionen der vorislamischen Poesie wurden am Hof der Umajjaden in ihrer Residenz Damaskus gepflegt. Hier entstanden als neue

Gattung die *Nakā'id*, «Streitgedichte», der Dichter al-Achtal (ca. 640 bis ca. 710), al-Farasdak (ca. 640–728) und Dscharīr (ca. 653–729). Das sind Schmähgedichte in jeweils demselben Metrum und Reim, voll sarkastischer Wortspiele, drastischer Übertreibungen, auch Selbstlob, die diese Dichter viele Jahre am Umajjadenhof tauschten. Dabei stand Dscharīr gegen die Front der beiden Erstgenannten. Die *Nakā'id* bauten auf dem altarabischen Schmähgedicht auf und dienten gleichermaßen der Unterhaltung, der Politik und der Machtpropaganda. Dscharīr und al-Farasdak schmähten sich gegenseitig vierzig Jahre lang, und es heißt, daß Dscharīr, als er vom Tod seines Rivalen hörte, die Lust zu leben verlor und bald ebenfalls starb. Beide waren damals allerdings hochbetagt.

Alle drei Dichter verfaßten natürlich auch Kassīden. In Dscharīrs Kassīden folgen oft auf einen zarten *Nassīb* die drastischsten Invektiven. Al-Achtal, ein monophysitischer Christ, der auch durch bacchische Gedichte bekannt wurde, war der wichtigste Hofdichter des Umajjadenkalifen ʿAbd al-Malik. Bei al-Farasdak fehlt der *Nassīb* nahezu ganz, dafür wurde seine Panegyrik berühmt.

Zwei Dīwāne aus der frühen Abbassidenzeit mit Gedichten oder Gedichtfragmenten von vorislamischer Zeit an mit dem identischen Titel *al-Hamāssa, Die Tapferkeit*, erlangten Berühmtheit. Ihre Kompilatoren, beide syrischer Herkunft und für ihre Lobgedichte auf verschiedene Mäzene in unterschiedlichen Ländern bekannt, sind Abu Tammām (805–845), ein Christ, der früh zum Islam konvertierte, und sein Schüler al-Buchturi (821–897).

Buchturi widmete seine *Hamāssa* dem einflußreichen, für seine literarischen Interessen und als Förderer von Dichtern und Schriftstellern bekannten Vertrauten des Kalifen al-Mutawakkil, al-Fatch Ibn Chākān. Er legte sie als Gegenstück zu der des Abu Tammām an. Sie enthält 174 kürzere, inhaltlich detailliert benannte Kapitel im Gegensatz zu den zehn umfangreichen, eher grob geordneten seines Vorgängers. Die Kapitelüberschriften machen seine didaktischen Ziele deutlich. Er rühmte sich zudem, weder obszöne noch derb schmähende Gedichte aufgenommen zu haben. Abu Tammāms *Hamāssa* enthält ein umfangreiches Kapitel mit *Hidschā'*, also Schmähgedichten, und sein vorletztes Kapitel besteht aus poetischen «Scherzen», das letzte aus teilweise sehr derben Schmähgedichten auf Frauen, auch einigen im selben Stil von Frauen auf ihre Männer. Das letzte Kapitel der *Hamāssa* des Buchturi umfaßt Traueroden von Dichterinnen, und er hat ein kurzes Kapitel mit poetischen Warnungen vor (oft verletzenden) Scherzen. Beliebter wurde die *Hamāssa* des Abu Tammām. In der Mitte des 19. Jahrhunderts übertrug sie der deutschen Arabist Gustav Freytag ins Lateinische, Friedrich Rückert ins Deutsche. Ernste bis spielerische Debatten über die Antithese *al-Dschidd wa-l-Hasl,* «Ernst und Scherz», spielen in der Adab-Literatur von der frühen Abbassidenzeit und bis ins 19. Jahrhundert eine große Rolle.

Beide Anthologien zeigen, daß zu dieser Zeit nicht mehr die lange polythematische Kassīda im Vordergrund stand, sondern einzelne Gattungen und kürzere Gedichte zu bestimmten Themen.

Die Kassīda blieb aber formales Vorbild. Jedoch entwickelten sich allmählich selbständige Gattungen, die immer deutlicher den Einfluß der höfisch-städtischen Gesellschaft verraten, die sie schuf und die sich an ihnen erfreute. Mit der Gesellschaft veränderte sich ihre Literatur. Hof und Stadt waren in der islamischen Welt nicht Gegensätze wie im mittelalterlichen Europa, sondern bildeten eine Einheit. Doch der Unterschied zwischen der höfisch-städtischen Lebensweise und Kultur und der beduinischen wuchs, schon weil die höfisch-städtische Gesellschaft mehr und mehr durch die Mawāli und ihre soziokulturellen Traditionen geprägt wurde.

Das Lobgedicht

Die beliebteste poetische Gattung war der *Madīch*, das «Lobgedicht», auf hochstehende und angesehene Personen des öffentlichen Lebens, meist Kalifen, Wesire, Emire, höfische Sekretäre, Religionsgelehrte, Richter und – bald nach der Herausbildung der Schia, der «Partei ʿAlis» – auf ʿAli als deren Stammvater und seine männlichen und weiblichen Angehörigen und Nachkommen. Dies war natürlich eine Spezialität schiitischer Dichter.

Der *Madīch* entwickelte sich aus der Huldigung für beduinische Stammesoberhäupter oder für Fürsten, mit der viele altarabische Kassīden schließen. Hier wurden die Herrscher- und Männlichkeitsideale der damaligen Zeit gepriesen, die ihre Gültigkeit im Islam behielten. Nur kamen mit ihm neue, islamisch orientierte ethische Ideale hinzu. Zum Preis von Mut, Tapferkeit, Großzügigkeit, Gastfreundschaft, Ausdauer bei Widrigkeiten und im Kampf trat das Lob von Frömmigkeit, Rechtleitung, Reinheit und Unterstützung für den Glauben, natürlich hierarchisch und personenspezifisch differenziert. Der Madīch hatte das Ansehen dessen, der gepriesen wurde, zu erhöhen und seine Position zu festigen, indem er diesem die für seinen sozialen Rang erforderlichen ethischen und sozialen Ideale rhetorisch brillant zuschrieb. Er sollte so, vorgetragen im höfischen Auditorium, auch zu deren Durchsetzung beitragen. Der *Madīch* war also Teil der Herrschaftsstrategie und verbreitete die Herrschaftsideologie in sprachlich kunstvollster Form. Daß zum Beispiel die Lobgedichte des Abbassidendichters Ibn ar-Rūmi (836–896), der nie ein richtiger Hofdichter war, die Herrschaftsideale besingen, die Tāhir Ibn al-Hussain,

Gouverneur von Churassān, in einem historisch gewordenen, öfter zitierten Testament seinem Sohn empfahl (s. u., Seite 173 f.), wurde kürzlich dargelegt.[3] Natürlich wurden Dichter, die dann zum engeren Kreis um die jeweilige hochrangige Person gehörten, dafür finanziell und/oder mit kostbaren Ehrengewändern großzügig belohnt. So konnte der Gepriesene seine Freigebigkeit und seinen Reichtum öffentlich demonstrieren und sein Ansehen zusätzlich stärken. Allzu intensives Streben nach materieller Anerkennung wurde allerdings getadelt. Der Madīch gehörte also zum macht- und rufstabilisierenden Ritual ebenso wie zur Unterhaltung der damaligen höfischen Gesellschaft. Er existiert wie die Trauerode bis heute, wurde allerdings bereits früh parodiert.

Wohl der berühmteste Lobdichter war al-Mutanabbi (915–965), zuerst am Hof Ssaif ad-Daulas, doch besang er verschiedene Mäzene. Er verfaßte allerdings auch bissige Schmähdichtung auf dieselben Personen, wenn die ihn enttäuschten und er den nächsten Gönner gefunden hatte.[4] Geboren in Kufa und in einer schiitischen Umgebung aufgewachsen, verbrachte er sein Leben als Wanderpoet an verschiedenen Höfen. Nach einem Aufenthalt in Bagdad ging er, nachdem die Stadt durch die extremschiitische Sekte der Karmaten erobert worden war, nach Syrien, wurde in Homs für vier Jahre gefangengesetzt, wanderte weiter und blieb zunächst am Hof Ssaif ad-Daulas, nachdem er dessen Eroberung der Stadt Antiochia 948 poetisch gepriesen hatte. Seine Lobgedichte auf ihn, die *Ssaifijjāt*, in denen er – ein Novum für den *Madīch* – den Herrscher in der Diktion des *Ghasal*s, des Liebesgedichts, anredet, brillieren in lebhaften, kunstvollen Beschreibungen seiner Schlachten. Es war vor allem Abu Firās (s. u., Seite 62), der versuchte, al-Mutanabbi Plagiate, Stil- und Grammatikfehler und Ketzerei nachzuweisen. Al-Mutanabbi muß aber, zusätzlich zum Konkurrenzneid von Rivalen, den Unwillen Ssaif ad-Daulas erregt haben und floh schließlich 957 an den Hof des Ichschididenherrschers Kāfūr in der damaligen ägyptischen Hauptstadt Fustāt. Kāfūr, ein früherer Sklave schwarzer Hautfarbe – sein Name bedeutet «Kampfer», ein weißes Pulver – hatte ihm ein Gouverneursamt versprochen. Da er dieses Versprechen aber trotz Mutannabis Preisgedichten auf ihn nicht hielt und es erneut zu Spannungen kam, ging der Dichter nach Bagdad, damals regiert vom heftigsten Gegner Ssaif ad-Daulas, dem Bujidenherrscher Muʿis ad-Daula. Ein satirisches Schmähgedicht auf Kāfūr gab seinem Ärger Ausdruck. In Bagdad schloß er sich dem Dichter- und Intellektuellenkreis um den Wesir al-Muhallabi an. Wieder diskreditiert und vertrieben von Konkurrenten, suchte er für kurze Zeit Zuflucht am Hof von Arradschān. Von dort ging er über Kufa, wo er ein weiteres Mal mit den Karmaten in Konflikt geriet, an den Hof des Bujiden ʿAdud ad-Daula in Schirās, auf den er Lobgedichte verfaßte. Auf dem Weg von dort in den Irak und möglicherweise weiter nach Syrien wurde er mit seinem Sohn und anderen aus der Karawane in der Wüste erschlagen, wahrscheinlich aus Rache für ein Schmähgedicht auf einen Karmatenführer. Die Manuskripte, die er bei sich hatte, wurden im Wüstensand verstreut. Seine Gedichte erfuhren später zahlreiche Kommentare und auch viel Kritik. Nationalstolzen Syrern gelten sie heute als *der* Höhepunkt der klassischen arabischen Dichtung. Sie beeinflußten durch seinen Aufenthalt in Schirās auch die persische Lobdichtung.

Der Vorwurf des Plagiats, der Mutanabbi und viele andere traf – arabisch *Ssarika,* «Diebstahl» –, kann in einer dichterischen Tradition, in der das Anzitieren berühmter Vorgänger, das Variieren bekannter Verse, das Anspielen auf sie üblich ist, von Gegnern und Rivalen leicht erhoben werden. Generell gab es den Begriff des geistigen Eigentums im juristischen Sinn noch nicht, wohl aber, wie aus solchen Anschuldigungen deutlich wird, in ethischer Hinsicht und in der Poetik. Poetologische Werke enthalten eigene Kapitel zu diesem Thema. Gedanken, so stellte ʿAli al-Dschurdschāni, der 1002 als Richter in Raij starb, in seinem Buch zur Verteidigung al-Mutanabbis gegen seine Kritiker fest, sind menschliches Allgemeingut. Die Formulierung und die phantasievolle Ausgestaltung ist individuell.[5] Es soll jedoch vorgekommen sein, daß ein bekannter Dichter einen weniger bekannten unter Androhung von Schmähversen zwang, ihm Verse abzutreten. So finden sich identische Verse, auch komplette Gedichte mitunter in Dīwānen mehrerer Dichter, und heute ist kaum noch festzustellen, von wem sie tatsächlich stammen. Dabei mag die Zuschreibung auch ein Irrtum des jeweiligen Rezensenten, muß also keine unrechtmäßige «Aneignung» sein. Auch für diese gab es einen Terminus: *Achdh,* «Nehmen».

Bei Madīch-Gedichten auf Persönlichkeiten des politischen Lebens der neueren Zeit, spätestens seit den 20er Jahren des 20. Jahrhunderts, hat man noch stärker den Eindruck, daß das dichterische Lob bestimmter Qualitäten, etwa der Gerechtigkeit, Umsicht, Nachsicht und Güte eines Regierenden, Appell-Charakter von seiten der Dichter als den geheimen, vorsichtigen Kritikern hat. Unterwürfiges Herrscherlob, oft in neoklassizistischem Stil, gab es im Irak auf Saddām Hussein, verstärkt nach dem Beginn des ersten Golfkriegs,[6] gab es aber ebenfalls auf Nasser und nach einem mißglückten Anschlag im Juni 1995 auf Husni Mubarak.[7] Es existiert vermutlich auch auf andere führende Politiker, bestellt wahrscheinlich von einer auf die Erhaltung ihrer Positionen bedachten engeren Umgebung, teilweise auch von dieser gefertigt.

Das Schmähgedicht

Daß ein und derselbe Dichter sich in Lob ebenso wie Schimpf, unter Umständen auf dieselbe Person, nur zeitlich versetzt, ergehen konnte, ist sicher nicht nur aus den Zeitverhältnissen zu verstehen.[8] Schmähgedichte waren meist kürzer und eher vielseitiger und ausdrucksstärker als Lobgedichte. Auch sie wirkten vor allem durch den mündlichen Vortrag. Sie konnten an Einzelpersonen, oft mit ihren Familienangehörigen, an Gruppen, Sekten und Völker gerichtet sein und hatten dann politisch, sozial oder auch religiös kämpferische bis destruktive Intentionen. Mitunter bündelten sie kollektive Aggressionen in kunstvoll-boshaft gestalteter Sprache. Auch Städte, Gegenden und von einigen sogar eine religiöse Pflicht wie der Fastenmonat Ramadān mit seinen Beeinträchtigungen des Allgemeinbefindens wurden geistvoll in Versen geschmäht. Schon früh finden sich derbe bis obszöne Schmähgedichte von Männern auf ihre Frauen und umgekehrt, die mit drastischen sexuellen Anspielungen und Bloßstellungen körperlicher Mängel bis hin zu herbem Spott auf sie nicht sparen. Doch sollten sich die Schmähungen aus ethischen Gründen eher gegen charakterliche und Verhaltensmängel richten, als gegen Äußerlichkeiten. Die meisten Schmähgedichte waren epigrammartig kurz, vermutlich, weil man dies für am wirksamsten hielt. Wenn solche Vers-Sarkasmen von Straßenkindern oder dem «Pöbel» aufgegriffen und weitergetragen wurden, konnte es für die Betroffenen peinlich bis schmerzvoll werden, zumal nicht einmal reale Fakten zugrunde liegen mußten. Wohlhabende versuchten, sich von potentiellen Rufschädigungen freizukaufen. Es gibt auch lange Schmähoden etwa der Abbassidendichter al-Buchturi (821–897) und Ibn ar-Rūmi, der wegen seines bissigen Hidschā'ʾs vergiftet worden sein soll.

Beide wurden ebenfalls durch andere Gattungen bekannt, al-Buchturi neben seiner *Hamāssa* vor allem als Lobdichter mehrerer Herrscher und ihrer Wesire. Ibn ar-Rūmi, geboren und gestorben in Bagdad, Sohn eines byzantinischen Freigelassenen, der zum Islam konvertierte, war immer auf der Suche nach Mäzenen, denn als Schiit und Muʿtasilit war er bei Hof nicht zugelassen. Generell sollten Schmähgedichte in islamischer Zeit der Unterhaltung einer vermutlich recht boshaften Umgebung des oder der Geschmähten dienen. Es gab auch ethische Verurteilungen oder Ermahnungen, das beste Schmähgedicht sei eines, das eine Jungfrau im Frauengemach rezitieren könne, ohne auf Ablehnung zu stoßen,[9] und ein Prophetenwort droht dem «Schmutzredner». Aber das hielt die meisten nicht von deftigen poetischen Attacken ab.

Baschschār Ibn Burd soll wegen eines Schmähgedichts auf den Abbassidenkalifen al-Machdi, zu dessen engerem Kreis er zehn Jahre gehörte, der Ketzerei beschuldigt, ins Gefängnis geworfen und zu Tode geprügelt worden sein. Sein Leichnam wurde in den Tigris geworfen. Er verspottete den Kalifen in einer poetischen Satire, er lasse seinen Wesir regieren, um sich selbst ausschließlich weltlichen Freuden zu widmen.

Auch dies wird in moderner arabischer Poesie veränderten Zeitverhältnissen gemäß fortgeführt, etwa in den kurzen Gedichten des Irakers ʿAbd al-Wahhāb al-Bayyāti (1926–99) auf den *Spitzel* oder *Die Papageien, die immer ‹Ja› sagen.*[10]

Das Liebesgedicht

Eine der beliebtesten Gattungen der klassischen Poesie war das Liebesgedicht. Der Terminus *Ghasal* – daher das deutsche Ghasel – ist abgeleitet von der arabischen Wurzel *gh-s-l*, «spinnen», birgt aber auch die Assoziation zu *Ghasāl*, der großäugigen «Gazelle», mit der die Geliebte oft verglichen wird.

Bekannt für dieses Genre wurden zunächst Dichter aus den hidschasenischen Städten Mekka und Medina, als diese nach dem Machtantritt der Umajjaden politisch bedeutungslos wurden. Hier pflegte die Oberschicht einer durch die Eroberungen reich gewordenen Gesellschaft eine sinnenfrohe urbane Kultur.

Der bedeutendste Vertreter der hidschāsenischen Dichtung ist ʿUmar Ibn Abi Rabīʿa (644–712 oder 721). Aus einer wohlhabenden mekkanischen Familie stammend, besang er in seinen sinnlich-heiteren bis frivolen, aber nie obszönen Liebesgedichten galante Abenteuer, die sich oft während der Pilgerfahrt abspielten. Denn an dieser nahmen auch Aristokratinnen aus Syrien und dem Irak mit ihrem Gefolge teil. Um solcher Liebeleien willen ging der Dichter öfter von Medina, wo er seinen Wohnsitz genommen hatte, nach Mekka. Ein größerer Teil seiner kürzeren Gedichte wurde vermutlich nicht nur rezitiert, sondern gesungen, denn im Hidschās entwickelte sich zu dieser Zeit entgegen den strengen Maßregeln mancher Religionsgelehrter eine Gesangskultur, an der aus Persien importierte Sängersklavinnen mitwirkten. Deren Anhänger begründeten ihre Position mit der harmonisierenden Wirkung des Gesangs und der Musik schlechthin auf Individuen wie auf die Gesellschaft.

ʿUmar verwebt Anspielungen auf religiöse Symbole öfter mit erotischen. Frauen werden durchaus nicht nur platonisch geliebt und verehrt, der Liebhaber schaut zu ihnen auf, er unterwirft sich ihnen. ʿUmar scheute sich nicht, körperliche Berührungen während der Pilgerfahrt zu verherrlichen, die der Wangen beim Küssen des schwarzen Steins in der *Kaʿba*, dem zentralen Heiligtum des Islams, zum Beispiel. Heutige arabische Literaturwissenschaftler bezeichnen diese Dichtung gern als libertinistisch. Aber sie ist von der Wahl der Worte her zart und sinnlich, nicht derb-drastisch wie oft Liebesprahlereien in altarabischen Kassīden.

Im 7. Jahrhundert entwickelte sich auch die *ʿudhritische Poesie*, benannt nach dem Beduinenstamm der Banu ʿUdhra – bekannt durch Heinrich Heines «Denn ich bin vom Stamme jener Asra, die da sterben, wenn sie lieben» aus dem *Romanzero*. In dieser Dichtung aus dem Beduinenmilieu besingt ein Dichter sein Leben lang eine, ihm meist aus sozialen Gründen unerreichbare, Geliebte, eine Liebe also ohne körperliche Erfüllung, die schließlich zum Tod des Liebenden führt. Sehr bald kursierte, vielleicht inspiriert durch christliches Märtyrerdenken, das zu dieser Zeit in den Islam eindrang, ein Pseudo-Hadīth: «Wer liebt, seine Liebe verheimlicht und daran stirbt, der stirbt als Märtyrer.»

In der arabischen Literatur gibt es einige Paare, die für diese Liebe bekannt wurden und um die sich von der Abbassidenzeit an Erzählungen rankten. Das bekannteste ist *Laila und Madschnūn*. Madschnūn, der von *Dschinn*, das heißt von der (unerfüllten) Liebe, so *Besessene*», daß er wahnsinnig wurde, geht vor Schmerz über seine nie zu realisierenden Gefühle für seine Kusine Laila, die von ihrem Vater mit einem ungeliebten Mann verheiratet wurde, in die Einsamkeit der Wüste. Er lebt dort mit den wilden Tieren und stirbt schließlich an Auszehrung. Der Topos ist im gesamten Vorderen Orient verbreitet, wurde Stoff berühmter persischer Epen und hat iranische Miniaturmaler vom 16. Jahrhundert an inspiriert. Moderne arabische Dichter und Schriftsteller knüpfen an ihn an und variieren oder ironisieren ihn gegenwartsbezogen. So stellte der Ägypter Ssalāch ʿAbd as-Ssabūr (1931–1981) in seinem Versdrama *Laila wa-l-Madschnūn* (1970) die mentale und soziale Situation der ägyptischen Intellektuellen vor dem Machtantritt Nassers 1952 dar.

Ein weiteres berühmtes Paar waren Dschamīl und seine Kusine Buthaina. Liebesbeziehungen zwischen Vetter und Kusine und Ehen zwischen beiden sind im Vorderen Orient auch bei arabischen Christen bis heute häufig, weil sich auf Grund der jahrhundertelangen Geschlechtertrennung Jungen und Mädchen nur, wenn sie miteinander verwandt sind, kennenlernen und auch nach der Pubertät noch etwas freier miteinander umgehen können.

Der *Ghasal* der Abbassidenzeit preist den geliebten Menschen oft unter einem fiktiven Namen, auch so, daß kaum erkennbar ist, ob das vom Dichter besungene Wesen eine Frau oder ein Mann ist. Grammatisch finden sich jedenfalls oft die maskulinen Formen, die arabistische Literaturwissenschaftler europäischer Herkunft lange Zeit als dichtungskonventionelle Hinweise auf eine Frau gedeutet haben. Das körperliche Schönheitsideal der geliebten Person war für junge Männer und Frauen sehr ähnlich. Eine Ausnahme bildet der oft klagend besungene Wangenflaum bei jungen Männern, denn beginnender Bartwuchs war der Anlaß, die Beziehung eines Mannes zu einem Jüngling zu beenden. Das Preisen langen Haars und granatapfel- oder auch elfenbeinbüchsengleicher wohlgeformter, fester Brüste deutet natürlich auf eine weibliche Geliebte. Aber die Schönheit des üppigen moschus-schwarzen Haars, der koketten (lassogleichen, also die geliebte Person einfangenden) Schläfenlocke, des runden, hellen, mond- oder, viel seltener, sonnengleichen, leuchtenden Antlitzes, der glatten, reinen, auch rötlichen/roten Wangen (auf denen Rosen sprießen), des schwarzen Schönheitsmals auf diesen, der schwarzen Gazellenaugen, der berauschenden, verzaubernden, Liebespfeile sendenden Blicke, deren Bogen die Augenbrauen sind, der rubin- oder karneolroten Lippen, der perlengleichen weißen Zähne, des erfrischend-kühlen, süßen Speichels, des kräftigen Halses, der kräftigen Figur mit runden, sandhügelgleichen Hüften, des prallen Hinterteils, des wiegenden Gangs, der starken Schenkel, der geraden, säulengleichen Beine gehören zum Repertoire der arabischen Liebesdichtung auf Frauen wie Männer bis ins frühe 19. Jahrhundert. Das (seltene) Preisen blauer Augen erfolgt eher entschuldigend, und seit der Kreuzzugszeit wurden blaue Augen verfluchenswerte Attribute. Auch die klangvolle Stimme *der* Geliebten, die Intelligenz, das anmutige, elegante, kluge, von feiner Bildung sprechende Verhalten, eher *des* als *der* Geliebten, aber durchaus auch dieser, werden gepriesen. Schamgefühl und Zurückhaltung – zu denen der Koran den Gläubigen beider Geschlechter aufruft (Sure 24, 30 f.) – sind lobenswerte Eigenschaften.

Während vorislamische Dichter nur ihre eigenen Gefühle, ihr Verlangen nach Frauen, Erlebnisse mit ihnen und die Trauer über ihren Verlust besangen, wird in der hidschasenischen männlichen Liebesdichtung die Frau zur aktiv Liebenden, die ihre Gefühle, ihr Verlangen, ihren Kummer zum Ausdruck bringt. Hier ist Liebe zwischen gleichwertigen Partnern Realität. Der ʿudhritische Liebhaber beklagt seine Leiden, seine Gefühle für eine ewig unerreichbare Geliebte und nimmt dieses Schicksal ergeben und ohne zu klagen hin.

Abbassidendichter besingen wieder die Geliebte als verehrtes Wesen. Sie reden sie an. Baschschār Ibn Burd (um 714, Basra – 784, Bagdad), ein Maula persischer Herkunft, blind und bekannt für seine Häßlichkeit, preist seine Geliebte ʿAbda, und man spürt die Empfindungen eines Blinden. Er verfaßte aber auch Lob- und Schmähgedichte, diese in so scharfem Ton, daß man ihn fürchtete.

Baschschār Ibn Burd gilt als der Begründer des «neuen Stils», des *Badīʿ*, der wegen seiner neuen Bilder und Metaphern zunächst heftig umstritten war. Er brach mit den Traditionen der beduinischen Dichtung, ja ironisierte und parodierte sie zugunsten einer vom höfischen Lebensstil geprägten Poesie. Eines seiner Gedichte ist eine derbe Persiflage auf den romantischen Liebestod. Ein Grund dafür dürfte seine persische Herkunft gewesen sein. Er rühmte sie in Selbstlob-Kassīden, um sie der schlichten Lebensweise der beduinischen Vorfahren der Araber entgegenzustellen.

ʿAbbās Ibn al-Achnaf (gest. um 807) ist der berühmteste höfische Liebesdichter der frühen Abbassidenzeit.[11] Über sein Leben ist wenig bekannt, nichts über eventuelle Affären, aber er gehörte zum Kreis um Hārūn ar-Raschīd und begleitete ihn auf Reisen. Seine Liebesgedichte, durchgängig auf *eine* Frau, wurden vermutlich bei Hof auch gesungen und waren bei Damen sehr beliebt. Hinter dem Namen seiner Angebeteten, Faus, «Erfolg», ein Name für Sklavinnen, verbirgt sich vermutlich Hārūn ar-Raschīds schöne und dichterisch begabte Schwester ʿUlajja. Zu dieser Zeit galt es als entehrend für eine Dame der Gesellschaft, wenn ein Dichter sie unter ihrem wahren Namen pries und ihre körperliche Schönheit rühmte. ʿAbbās besingt Faus als kapriziös und gibt ihr auch den Namen *Dhallūm*, «Grausam». Liebe ist für ihn und andere, weniger bekannte Dichter dieser und späterer Zeit eine überwältigende Kraft. Sie übersteigt normale menschliche Gefühle, sie bringt Leiden, adelt dadurch den Menschen und macht ihn erst wirklich zum Menschen. Sie ist also eine poetische Lebenshaltung, die körperliche Erfüllung ersehnt, jedoch nie realisiert. Die Geliebte ist Herrin, der Liebende ihr Sklave, ihr Maula, der sich ihr geduldig und bedingungslos unterwirft, vor ihr erniedrigt. Die Liebe ist für ʿAbbās eine Landschaft, ein Garten, je nach Stimmung lieblich, phantastisch oder karg. Aber sie ist auch Krankheit, ja Wahn. Sie zehrt den Liebenden aus, läßt ihn blaß und mager werden.

ʿAbbās profaniert zum Ausdruck der Liebe, wie vor ihm ʿUmar Ibn Abi Rabīʿa, sakrale Sprache. Er flicht theologisches Wissen und religiöses Wortgut ein und bezieht sich auf koranische Gestalten und Erzählungen. Zur poetischen Darstellung der Geliebten verwendet er im *Ghasal* damals übliche, aber auch ausgefallenere Schönheitsvergleiche und Metaphern, größerenteils aus der Natur. Das Haar der Geliebten ist (dunkel und üppig wie) die Weinrebe oder (braun und gelockt wie) die Dattelrispe, ihr Gesicht ist (strahlend wie) der Mond, der Halbmond, die Sonne, ihre Zähne sind (weiß wie) Kamille(nblüten), ihre Brüste sind (rund und fest wie) Granatäpfel, die zum Pflücken reizen, ihr Oberkörper (schlank wie) eine Gerte, ihre Taille (schmal wie) ein Zwirnsfaden, ihre Hüften (rund wie) Sandhügel. Sie «schwankt» beim Gehen – wir würden sagen: «Sie wiegt sich», sie duftet wie Moschus.

Die Antithese als beliebtes Stilmittel ist am häufigsten mit der schon in der Antike und sicher universal geläufigen Kennzeichnung der Liebe als bitter und süß zugleich vertreten, findet sich aber auch in anderem Zusammenhang.

Formal sind Liebesgedichte dieser Zeit oft geprägt durch Dialoge, nicht nur zwischen dem Dichter und der Geliebten, sondern auch zwischen ihm und bestimmten Figurenstereotypen aus der Umgebung, dem Tadler/den Tadlern etwa. Die Abwehr des Neiders, der Verleumder und der Feinde spielt ebenfalls eine Rolle. Der «Rabe der Trennung», dessen dumpf-drohendes Krächzen nach einer Liebesnacht deren Ende deutlich macht, gehört dagegen in die altarabische Poesie. Diese Gedichte enthalten, wie andere poetische Gattungen, auch narrative Passagen. Sie sind kürzer als die altarabischen Kassīden.

Über den möglichen Einfluß dieser Dichtung auf die spätere Troubadourlyrik in Spanien und dann Frankreich ist oft debattiert worden. Die sozialen Verhältnisse der jeweiligen höfischen Gesellschaft unterschieden sich voneinander. Sie waren im Islam durch zunehmende Geschlechtertrennung und die Unterschiede zwischen der in den oberen Gesellschaftsschichten letztlich freieren Situation der (meist musisch, auch literarisch gebildeten, klugen) Sklavinnen und den «freien» (Ehe-)Frauen gekennzeichnet. Diese waren dem Moral- und Ehrenkodex der Geschlechtertrennung und der Verhüllung der Frau weitaus stärker unterworfen als Sklavinnen.

Gleichgeschlechtliche erotische, sexuelle Beziehungen wurden von der Orthodoxie abgelehnt, waren aber in einer Gesellschaft mit einer immer rigoroser werdenden Geschlechtertrennung offensichtlich weit verbreitet. Beziehungen zwischen Männern wurden meist sozial gebilligt und oft poetisch besungen. Liebesgedichte von Frauen auf Frauen sind nicht überliefert. Berichten arabischer Historiker zufolge wurden lesbische Beziehungen, die in den großen höfischen Harems vermutlich häufig vorkamen, hart bestraft.[12]

Zeitgenosse von ʿAbbās Ibn al-Achnaf und bekannt für seine Liebesdichtung auf Männer, seltener auf Frauen war Abu Nuwās (um 755–813), geboren in Achwas und Sohn einer Perserin, am Hof des Abbassidenkalifen al-Amīn in Bagdad.[13]

Er war der erste arabische Dichter, dessen Dīwān vom ersten Rezensenten, dem Bagdader Hofautor Abu Bakr as-Ssūli (gest. 947, s. u., S. 148 f.), der auch die Dīwāne anderer «Moderner» edierte, nach Gattungen angeordnet wurde, nicht wie die seiner Vorgänger alphabetisch nach Reimbuchstaben. Zu dieser Zeit hatten sich also Gattungen und ein Bewußtsein für sie entwickelt. Das Kapitel Weingedichte bildet hier den Anfang, Lob- und Trauergedichte folgen. Hamsa al-Isfāhāni (gest. 961 oder 971), Historiker der frühen Bujidenzeit, stellte in seiner Edition die Weingedichte in die Mitte, begann mit «Schmäh-» und «Streitgedichten» und schloß ebenfalls Lob- und Trauergedichte an. Zwei Kapitel enthalten «Liebesdichtung», das erheblich längere auf männliche, das zweite auf weibliche Geliebte. In der Rezension des Ssūli stehen die homoerotischen, in der des Hamsa al-Isfāhāni die heteroerotischen an erster Stelle. Relativ viele von diesen, die sich oft, zumal im Personalpronomen, kaum von denen auf junge Männer unterscheiden, gelten *einer* Geliebten, Dschanān, «Inneres, Herz», vermutlich eine Sklavin. Andere sind den «Knabenmädchen», den *Ghulāmijjāt*, gewidmet, ein höfisches Modephänomen dieser Zeit, das die Aristokratie für einige Generationen faszinierte. Die berühmte Kalifengattin Subaida, Mutter des Hārūn ar-Raschīd, soll es kreiert haben, um ihren Lieblingssohn al-Amīn, den späteren Kalifen, von seiner Vorliebe für junge Männer abzubringen. Junge höfische Sklavinnen, oft Sängerinnen, kleideten sich wie junge Männer, stutzten ihr Haar, ja trugen ein Schnurrbärtchen aus dunklem Moschusparfüm auf und wurden als Pikanterie von Dichtern besungen.

Eine leichte, raffinierte bis leidenschaftliche Liebesdichtung pflegten arabische Dichter in Spanien. Der persische Sänger Sirjāb (ca. 789–845), freigelassener Sklave des Kalifen al-Machdi, hatte auf Einladung des Umajjadenemirs ʿAbd ar-Rachmān Ibn al-Hakam in Córdoba, dessen Vertrauter er wurde, verfeinerte Bagdader Hofkultur in die andalusische Provinzresidenz gebracht. Er wurde vorbildlich nicht nur durch seine Lieder und sein Lautenspiel, sondern auch durch elegante Kleidung, gesittete Manieren und raffinierte Speisen. Von nun an entwickelte sich in Córdoba, auch durch stets neu eintreffende Kulturbringer aus dem Osten des Reichs, eine eigene literarische Kultur, vertreten durch Dichter wie Ibn ʿAbd Rabbih (gest. 939, s. u. S. 248), Ibn Hāni (gest. 972) aus Elvira, asch-Scharīf at-Talīk (gest. 1009) und Ibn Darrādsch al-Kastalli, «der Kastilier» (gest. 1030).

Wohl der berühmteste spanisch-arabische Liebesdichter ist Ibn Saidūn (1003, Córdoba – 1070, Sevilla), zeitweise Wesir in seiner Geburtsstadt, der so in die Turbulenzen des Machtverfalls des Umajjadenkalifats involviert war, daß er Gefängnishaft und Flucht aus der Haft, auch Wiedereinsetzung ins Amt des Wesirs durchlebte und schließlich beim Versuch, einen Aufstand in Sevilla niederzuschlagen, ums Leben kam. Sein bekanntestes Liebesgedicht ist die *Nūnijja*,[14] die so genannt wurde, weil sie auf die Endung *nā* für «wir» und «unser» reimt. Sie steht hier für das poetische «wir» und «unser» des Dichters wie für das «wir» und «unser» der Gemeinsamkeit von Liebendem und Geliebter. Er richtete sie an die Umajjadenprinzessin Wallāda Bint al-Mustakfi (gest. 1091?), als ihre Affäre zu Ende ging, weil er aus Córdoba fliehen mußte. Auch hier wird religiöse Sprache und Lexik zu erotischer. Sanfte, leichte Konsonanten und Silben bestimmen den Ton des Gedichts, wo es um Liebe und Trauer geht, härtere herrschen vor, wenn er die Schwere der Trennung, das aufgezwungene Schicksal in Poesie kleidet. Doch ist dies auch individuell variierte Gattungskonvention. Wallāda, Tochter einer Sklavin europäischer Herkunft, verfaßte ebenfalls Gedichte. Sie geben ihrer Liebe zu Ibn Saidūn und auch zu anderen Ausdruck. Nach dem Bruch zwischen ihnen schrieb sie zynische Schmähgedichte auf ihn. Wenig von ihrer Dichtung ist erhalten, obwohl sie einen eigenen literarischen Salon hatte, vielleicht weil sie zu unkonventionell auftrat, sich weigerte, sich zu verschleiern und zu heiraten.

Makkari, der im 16. Jahrhundert ein Kompendium andalusischer Dichtung und Prosa zusammenstellte, nennt weitere Dichterinnen als schöne, kultivierte, selbstbewußte Frauen mit ihren Versen und rühmt dichterische Begabung «selbst bei Frauen und Knaben» als andalusische Besonderheit.[15] Zu nennen ist Nas'hūn aus Granada im 11. Jahrhundert mit freimütigen Liebesgedichten und als berühmteste Hafsa Bint al-Hāddsch ar-Rukūnijja (ca. 1135, Granada – 1191, Marrakesch). Sie wurde bekannt für ihre Liebe zu Abu Dscha'far Ibn Ssa'īd und die Liebesgedichte, die sie mit ihm tauschte.

Hoch geachtet wird auch die Poesie des Mu'tamid Ibn 'Abbād (1039–1095), der seinem Vater 1069 auf den Thron von Sevilla folgte. Nach Liebes- und Weinpoesie aus seiner glücklichen Jugend sind vor allem seine Gedichte aus den letzten fünf Lebensjahren, die er nach der Eroberung Andalusiens durch die Almoraviden und dem Ende der Kleinfürstentümer im Kerker in Nordafrika verbrachte, persönliche Zeugnisse für Leid, erlittene Demütigung und Sehnsucht nach der Heimat. Bekannt ist er zudem für seine rührende Liebe zu einer jungen Wäscherin, die dann eine seiner Ehefrauen wurde, ihm Kinder gebar und ihn ins Exil begleitete.

Sehnsucht nach der Heimat und Klagen über die Bitterkeit des Exils klingen immer wieder auch in der Poesie des Sizilianers Ibn Hamdīs (1056–1133) aus Syrakus an, der zunächst bei al-Mu'tamid in Sevilla freundliche Aufnahme fand, ihm herzliche Lobgedichte widmete, aber nach dessen Festnahme sein weiteres Leben zunehmend resigniert an verschiedenen nordafrikanischen Höfen zubrachte.

Das Thema Sehnsucht nach der Heimat (*al-Hanīn ila l-watan*), voll Kummer, Verbitterung, auch Resignation spielt seit der Zeit von Abu Firās al-Hamdāni (932–968) in der arabischen Poesie und bis heute bei Emigranten eine wichtige Rolle. Abu Firās war der Sohn einer griechischen Sklavin und ein Verwandter des als Mäzen bekannten Aleppiner Hamdaniden Ssaif ad-Daula. Als Teilnehmer an den Feldzügen gegen die Byzantiner geriet er zweimal in Gefangenschaft: 959 konnte er aus Karschāna entfliehen, ab 962 mußte er vier Jahre in Byzanz bleiben. Dort verfaßte er seine *Rūmijjāt*, «die Byzantinischen», Gedichte aus der byzantinischen Gefangenschaft, voll bitterer Anklage gegen seine fürstliche

Verwandtschaft, die ihn nicht auslöste. Bekannt wurde Abu Firās außerdem für seine Kassīden, die den Stolz auf seine edle Abkunft zum Ausdruck bringen, die also das aus der altarabischen Dichtung bekannte Thema des Selbstlobs variieren.

Frivole Dichtung (Mudschūn)

Von der frühen Abbassidenzeit an gab es in den Städten Basra und Bagdad die Gattung der *Mudschūn*-Literatur, meist mit «pornographische», auch «hedonistische» Literatur übersetzt, Literatur – Poesie und Prosa, vermischt mit Poesie – von großer sexueller Offenheit. Hier wurde, sicher aus einer Protesthaltung gegen die schwärmerische ʿudhritische und die höfische Liebesdichtung, auch aus religiöser, sozialer und politischer Opposition heraus, freizügig bis frivol und sehr derb gescherzt. Mit einer Fülle sexuellen, bald auch skatologischen Vokabulars, mit hyperbolischen Vergleichen und Metaphern werden männliche und weibliche Geschlechtsorgane ebenso wie der hetero- und homosexuelle Koitus, oft in Verbindung mit alkoholischen Gelagen, humorvoll bis sarkastisch beschrieben. Nicht alle *Mudschūn*-Dichter sollen diese Lebenshaltung tatsächlich praktiziert haben. Aber es gibt in der Adab-Literatur Berichte über Trinkgelage, etwa beim Bagdader Richter at-Tanūchi (940–994), bekannt für seine unterhaltsamen Prosa-Anthologien, oder bei dem als Mäzen, Verfasser zahlreicher religiöser und auch Adab-Werke, sowie als Dichter bekannten Bujidenwesir as-Ssāhib Ibn ʿAbbād (938–995), die an Freizügigkeit kaum zu überbieten sind.

Besonders bekannt für das Kapitel *Mudschūn* seines Dīwāns, das wiederum Männern und erheblich seltener Frauen gilt, wurde Abu Nuwās. Er, der in Kufa auch religiöse Wissenschaften studiert hatte, rühmte sich trotzig, in seiner Dichtung keine Sünde ausgelassen zu haben, die Gott mißfällt, außer Vielgötterei.

Nach ihm wurde Ibn al-Haddschādsch (941–1000) für seine Mudschūn-Gedichte berühmt, ja er galt seinen Zeitgenossen als begrüßenswert innovativ.[16] Er war Schiit wie die Bujiden, entstammte einer Familie von Hofbeamten und hatte zunächst die Position eines höfischen Sekretärs in der Kanzlei des für seine formvollendeten Episteln bekannten Sekretärs Abu Issʾhāk Ibrāhīm as-Ssābiʾ am Bujidenhof in Bagdad, später auch die des *Muchtasib*, des «obersten Marktaufsehers», in der er sich sehr unbeliebt gemacht haben soll. Schließlich widmete er sich ganz der für ihn profitableren Dichtkunst. Selbst seine Lobgedichte auf die Bujiden sind nicht frei von Mudschūn und skatologischem Vokabular, waren aber bei Hof sehr geschätzt. Sie enthalten sexuellen Slang, der teilweise heute noch geläufig ist, Wörter persischer Herkunft – wie sie im Bagdader Dialekt immer noch zu finden sind – und zahlreiche Anspielungen auf persische Sitten und persisches Erzählgut. Den Mudschūn-Charakter seiner Gedichte rechtfertigte er: «Meine Gedichte müssen solche Obszönitäten enthalten. Kann denn ein Haus ohne Klosett existieren?» Er verfaßte auch Schmähgedichte auf den bis heute sehr geschätzten al-Mutanabbi, dessen Konventionalität ihm mißfiel, und soll zu denen gehört haben, derentwegen dieser es vorzog, an einen anderen Hof zu gehen. Der schiitische Dichter asch-Scharīf ar-Radi (s. S. 72f.), mit dem er befreundet war, sammelte seine ernsthaften Kassīden zu einem Dīwān und kommentierte sie. Auch noch in späteren Jahrhunderten wurden frivole Gedichte, Geschichten und Anekdoten verfaßt. Europäische Einflüsse von etwa der Mitte des 19. Jahrhunderts an ließen jedoch ein Schamgefühl (und daraus resultierend eine sexuelle Repression) wachsen, das bis dahin fast nur von einigen strenggläubigen islamischen Religionsgelehrten gefordert und praktiziert wurde. Doch gab es in den 30er und 40er Jahren im Irak Dialektgedichte, in denen Mudschūn, wennschon in gemäßigterer Form, durchaus eine Rolle spielt (s. S. 272).

Weingedichte

Aus den gelegentlichen kürzeren bacchischen Szenen in altarabischen Kassīden vor allem christlicher Dichter am Hof von Hīra und *Kitʿa*s, «Fragmenten», zum Lob des Weins, besonders von ʿAdī Ibn Said, entwickelte sich am Abbassidenhof die *Chamrijja*, von *Chamr*, «Wein», das «Weingedicht». Dichter priesen den Wein und fröhliche (morgendliche) Weingelage, oft in rein männlicher Umgebung. Das Weingedicht besingt auch den schönen Schenken oder, seltener, das Schankmädchen und die Sängersklavin. Bereits Muhammeds «Hofdichter» Hassān Ibn Thābit verfaßte Weingedichte, auch nach seinem Übertritt zum Islam. Die bekanntesten Weindichter der Umajjadenzeit waren der oben mit seinen *Nakāʾid* genannte Christ al-Achtal und der Umajjadenkalif al-Walīd Ibn Jasīd, der nach einjähriger Regierungszeit 744 im Alter von 36 Jahren ermordet wurde.

Als berühmtester Weindichter gilt Abu Nuwās. Ursprünglich hatte vermutlich Kufa die Tradition des nahegelegenen Hīra, der Residenz der Lachmiden, auch im Hinblick auf die Weinproduktion übernommen. Abu Nuwās hatte seine dichterische Ausbildung in Kufa bei dem für Wein- und frivole Dichtung bekannten Poeten Wāliba Ibn Hubāb (gest. 786) genommen, mit dem er ein Verhältnis gehabt haben soll. Lehrer war ihm außerdem der Dichter Mutīʿ Ibn Ijās (gest. 785), der den Wein ebenfalls besang und wie Wāliba als *Sindīk*, als «Ketzer», in die arabische Literaturgeschichte einging, obwohl religiöse Blasphemie von beiden nicht überliefert ist. Sie lehrten Abu Nuwās einen leichteren poetischen Stil. Seine Weindichtung wurde Vorbild für alle Späteren. Schon vorher wurde in Liebesgedichten der Speichel der/des Geliebten mit erfrischendem, berauschendem Wein gleichgesetzt.

Abu Nuwās besingt den Wein in femininisierender, erotisierender, sexualisierender Lexik, spielt, durchaus ironisch, auf den *Nassīb* der Kassīda an, auf den *Ghasal*, auch den ʿudhritischen, denn Wein führt zu Wahn wie unerfüllte Liebe. Wein und Wasser werden miteinander «verheiratet, gepaart», der Kaufpreis für ihn ist der «Brautpreis», junger Wein ist «jungfräulich kostbar». Daß er sein Wortgut auch dem religiösen, dem theologischen Bereich entnahm,[17] gab Mystikern bald die Möglichkeit, seine Gedichte in ihrem Sinn zu interpretieren und zu verwenden. Wein wird zum berauschenden Elixier gegen die Zeit, das Schicksal, den Tod. «Da die Töchter des Weinstocks zum Trunk mir geworden und des Jünglings schönes Antlitz zur Gebetsrichtung, fühl sicher ich mich durch beide vor der Nächte Folgen, wurde leicht mir, was der Tadler gesagt.» Er kokettiert mit dem Begriff der Reue, zu der der Koran aufruft, und zu der andere Weindichter fanden, schmäht den Tadler und spielt mit dem Teufel als Versucher. Wein ist Sonne, ist dem Edlen und Edelmütigen äquivalent (*Karam* ist «Weinstock» und «Edelmut»). Nur mit klugen Gleichgesinnten genossen, fördert er Gemeinsamkeit, Freundschaft und gute Gespräche.

Jagdgedichte

Jagdgedichte hatten in der Abbassidenzeit ihre Hochblüte. Es gab Vorläufer in Jagdschilderungen in altarabischen *Kassīden* im Zusammenhang mit den Kamelbeschreibungen. Sie lassen erkennen, daß die Jagd unter den Beduinen zur Nahrungsbeschaffung lebensnotwendig war. Es gab aber auch eher aristokratische Jagdszenen, mit denen Dichter sich brüsteten. Sie gehörten zum *Fachr*, zum «Selbstlob», wurden am Ende der Kassīden plaziert und gingen manchmal mit dem Lobpreis des Reitpferdes einher. Beutetiere waren Strauße, Onager und Antilopen. In der höfischen Gesellschaft wurde die Jagd zum aristokratischen Vergnügen und erfolgte in anderer Weise. Man brach in der Morgenfrühe auf, Falken und Falkner, seltener Jagdhunde gehörten dazu und wurden in Gedichten metaphernreich und in Metonymen dargestellt.

Das erste reine Jagdgedicht verfaßte in der späten Umajjadenzeit Abu n-Nadschm al-ʿIdschli, verbunden mit der Beschreibung eines Leopardenrennens. Er war ein Meister des Metrums *Radschas* und kreierte auch Lobgedichte auf Umajjaden in ihm. Damit fand er allerdings bei den Adressaten nicht viel Anklang, denn es galt als simpel, zumal es meist in kürzeren, oft zwei- oder dreigeteilten Zeilen Verwendung findet. Auf dem *Mirbad*, dem Dichterwettstreit, von Basra, der die altarabischen Mirbads ablöste, soll er höchst theatralisch gestikulierend, in Lumpen gekleidet auf einem Kamelbullen sitzend mit seinem Dichterrivalen al-ʿAddschādsch, der hoch zu Roß saß, Radschas-Schmähverse getauscht haben. Er führte also den Radschas als *das* Metrum für Jagdgedichte ein. Abu Nuwās bediente sich in seiner bekanntesten Jagd-Kassīda ebenfalls des Radschas, verwendete für andere Jagdgedichte aber auch andere Metren. Berühmt wurde das 137 Zeilen lange Jagdgedicht des Abu Firās al-Hamdānī in zweiteiligen Radschas-Versen, denn es beschreibt zahlreiche Tiere. Auch der Sizilianer Ibn Hamdīs verfaßte über hundert Jahre später Jagdgedichte. Moderne Dichter spielen hintergründig mit der Gattung.

Beschreibende Gedichte (Wasf)

Jagd- und Weingedichte sind letztlich Untergattungen dessen, was in der klassischen arabischen Dichtungstheorie *Wasf*, «Beschreibung, beschreibende Gedichte», genannt wird.[18] Beschreibende Partien gab es bereits in der altarabischen Kassīda, beginnend mit denen der verlassenen Lagerplätze und ihrer Reste von Feuerstellen, der Zelt- und Fußspuren.

Die beschreibende Dichtung der Abbassidenzeit von etwa 900 an, meist sind es kürzere Stücke, gilt dem reichen, sinnenfrohen Ambiente der abbassidischen Hofkultur, Palästen, Landschaften, Parks, Gärten mit Blumen und blühenden Bäumen, Wolken, mit zahlreichen Bildern der Nacht, sowie von Feuer und Asche, oder etwa einer höfischen Pferdekutsche. Früchte oder Gemüse, beliebt ist hier die Bohne, herzhafte und süße Speisen (deren Vokabular oft persischer Herkunft ist), ein Hühnchen, zubereitet mit gemahlenen Mandeln, Rosenwasser und Cedratmark oder ein Spargelgericht, Gebäck aus Blätterteig mit Honig werden poetisch gepriesen. Bei den Musikinstrumenten kommt der Laute und ihrer Spielerin die meiste Aufmerksamkeit zu. Schreibutensilien wie Schreibrohr, Tintenfaß, Tinte, Messer zum Rohrspitzen, Rohrbecher provozieren hyperbolische Metaphern und Vergleiche aus dem intellektuellen Bereich. Sie gehören manchmal ins Feld des *Fachr*, des Selbstlobs, etwa wenn der Dichter Kuschādschim (gest. 970), der erst in Mossul und dann am Hof des Hamdaniden Ssaif ad-Daula in Aleppo lebte, Tinte zu «schwarzen Tropfen, die Gedanken wie Sternschnuppen fließen lassen» poetisiert oder in einem seiner Bonmots «Gedankenhelligkeit von Tintenschwärze geerntet» wird.[19] Auch eine kalligraphisch kunstvoll gestaltete Koranseite, ein Astrolab aus Messing und eine Wasseruhr, beides hilfreich für den Menschen, ein Zirkel, dessen Gestalt den Dichter an die Schenkel von Liebenden erinnert, ein Kompaß, ein mobiles Keramik-Öf-

Geschnitzte Schachfigur aus Bein, Iran, 7. Jahrhundert. Ein Elefant trägt einen Treiber, der ihm im Nacken sitzt, und einen Mann in einer Sänfte. Beschreibende Gedichte gelten auch dem Schachspiel und seinen Figuren und Zügen.

chen, hohe, schlanke Wachskerzen, bei denen das Dochtkürzen dem Kopfabschlagen, deren Tropfen den Tränen von Liebenden verglichen werden, ein tönerner Bierkrug und Toilettengegenstände wie ein Spiegel – all das und mehr wird in Gedichten mit zahlreichen Vergleichen aus anderen Lebensbereichen voller Freude am artifiziellen Sprachspiel dargestellt. Manchmal werden sie durch Bilder und Metonyme kompliziert verrätselt. Der *Tailassān*, eine Kopfbedeckung für Religionsgelehrte, wird eher religiös-politisch hintergründig poetisiert. Manche Wasf-Gedichte beschreiben Städte wie Damaskus, Aleppo, Bagdad, später Kairo oder das schiitische Nadschaf im Irak, andere sind Krankheiten gewidmet, etwa dem Fieber. Dem Fest des Fastenbrechens gelten freudige *Wasf*-Gedichte, besonders drastisch etwa ein poetischer Glückwunsch des oben genannten *Mudschūn*-Dichters Ibn al-Haddschādsch zu diesem Anlaß an einen höfischen Schreiber.[20]

Andere Gedichte beschreiben Szenerien wie Gastmahle oder Einladungen zu ihnen mit allem, was sie angenehm macht: geistvolle Freunde, schöne Mädchen, auch Schenkknaben, Musik, Wein und delikate Speisen. Zur Gattung der beschreibenden Gedichte gehören ebenfalls die Naturgedichte.

Naturgedichte

Raudijjāt, *Sachrijjāt* und *Rabī'ijjāt* sind wörtlich übersetzt «Garten-», «Blumen-» und «Frühlingsgedichte».[21] In der altarabischen Kassīda galten Naturbeschreibungen vorwiegend Wüstenlandschaften mit ihren rauhen und lieblichen Seiten für die menschlichen Sinne: heiße wie kühlende Winde, kahle Höhen und Täler, Luftspiegelungen, aber ebenfalls regengeborene Auen mit Düften von Wildblumen und -blüten wie Lavendel, Basilikum und Weihrauch, auch von Moschus, und mit Vogelgezwitscher.

Dabei werden immer wieder Naturphänomene mit Menschen und ihrer damaligen Kultur verglichen, die üppige, erfrischende Aue mit der Geliebten, Lavendel- und Feuerlilienduft mit ihren Düften, Vogelzwitschern mit den Stimmen der Dattelpflücker, bunte Blumen mit Mustern farbiger Mosaike, Spuren im Sand mit Schriftzügen auf Blättern, Asche von Feuerplätzen in der Wüste mit der Augenschminke der Geliebten, aschfarbene Strauße mit Mädchen in langen Gewändern. An-Nābigha adh-Dhubjāni (6. Jh.), der vom Hof der Lachmiden in Hīra an den der Ghassaniden floh, nachdem er angeblich wegen eines Gedichts auf die Königin den Zorn des letzten Lachmiden provoziert hatte, vergleicht die Spuren des Saums der Geliebten im Sand mit der kunstvoll gewebten Matte eines Parfümverkäufers auf dem Markt.

Den Morgentrunk in blühenden Gärten voller Rosen, Veilchen, Narzissen, Wasserminze, Myrte, Levkojen, Lilien, Jasmin, durchgängig in persischen Bezeichnungen, begleitet auch von Zimbalschlägern, Kastagnetten, Flötistinnen, Harfen- und Lautenklängen, besingt bereits der christliche Dichter al-A'scha (gest. 629). Er stand ebenfalls dem Hof von Hīra nahe, wanderte aber auch auf der Suche nach Mäzenen durch die Wüste. Hier handelt es sich also bereits um höfische Dichtung. Die Pflanzennamen verraten die Beziehungen des Lachmidenhofs zum nahegelegenen Hof der Sassaniden in Ktesiphon.

In der höfischen Weindichtung, beginnend mit poetischen Gelageschilderungen in der Umajjadenpoesie etwa bei Baschschār Ibn Burd (s. o., S. 58 f.) spielen Schloßgärten voll rankender Weinreben eine Rolle.

Mit der wachsenden Urbanisierung der islamischen Gesellschaft und der Entwicklung einer Garten- und Parkkultur – im Koran gibt es viele sinnlich üppige Paradiesgartenschilderungen – nehmen solche Beschreibungen einen breiteren Raum ein, zum Beispiel bei Abu Nuwās. Jedoch rücken durchgängig Kulturgärten und deren Blumen an die Stelle von Wildpflanzen.

Dabei wurden zwar Vergleiche, Metaphern und Antithesen der altarabischen Dichtung teilweise fortgeführt, die Antithese von Sonne und Stern etwa. Doch im Zuge des «neuen Stils», der in der frühen Abbassidenzeit aufkam, bedienten sich die Dichter einer kühneren bis sehr kühnen Bildersprache, verwendeten mehr Antithesen und stärker als vorher Paronomasie, also das Spiel mit Wortwurzeln. Sie antizipierten ein Reimwort durch ein Echowort und benutzten andere Klangspiele. Später kamen weitere, bis zu 32, rhetorische und Klangfiguren hinzu, die teilweise unter den Literaturtheoretikern umstritten waren. Die Pflanzen- und Tierwelt der städtischen Hochkultur wird in Metaphern und Vergleichen anthropomorphisiert.

Als Meister der Naturdichtung gilt as-Ssanaubari (vor 888–945/46), der den größten Teil seines Lebens am Hof des Hamdaniden Ssaif ad-Daula in Aleppo verbrachte. Er besingt mit geradezu manieristischen Metaphern und Vergleichen einzelne Blumen wie Rosen, Narzissen, Wasserlilien, Blutanemonen (die schon in altarabischen Kassīden sicher wegen ihres üppigen, leuchtenden Rots auf orientalischen Frühlingswiesen gepriesen werden), aber auch blühende Gärten, den Frühling mit seinen Düften, ganze Landschaften, darunter eine Schneelandschaft, Schneefall, etwas Seltenes in vorderorientalischen Städten. Eins seiner Gedichte beschreibt einen Krieg zwischen verschiedenen Blumen, ein anderes einen Wettstreit zwischen Blumen in Form der später üppiger blühenden Gattung der Rangstreitdichtung. Während in Liebesgedichten Wangen mit Rosen, Augen mit Narzissen verglichen oder gleichgesetzt werden, verfährt as-Ssanaubari gegenteilig: Rosen sind Wangen, Narzissen Augen, und die Rose erhielt ihre (rote) Farbe auf Grund ihrer Keuschheit und weil sie sich schämte. Blumen werden also ebenfalls anthropomorphisiert.

Zu besonderer Blüte gelangte das Naturgedicht in Spanien. Als «der Ssanabauri Andalusiens» galt Ibn Chafādscha (1038–1138/39), dem seine Lyrik den Beinamen «der Gärtner» eintrug. Er war wohlhabend genug, sein langes Leben in der Zeit politischen Machtzerfalls fern der Höfe, in Alcira südwestlich von Valencia, zu verbringen und dort zu eigener Freude zu dichten. Seine Gedichte besingen Naturphänomene als Hintergrund für Gefühle wie Liebe, Freude, Trauer, Sehnsucht, Schmerz und Heimweh. Mehr als andere poetisiert er Empfindungen in

Kontrasten wie Feuer und Wasser, Hitze und Kälte, Nachtdunkel und Morgenhelle, Vergänglichkeit und dem Wunsch nach Ewigkeit. Sein berühmtestes Gedicht mit dem Reimbuchstaben *b*, eine *Bā'ijja*, läßt einen hohen, düsteren Berg eine Klage über die Vergänglichkeit anstimmen.[22]

Religiöse Dichtung

Den Gegensatz zur Dichtung des höfischen Luxus bilden die *Suchdijjāt*, die «Askesegedichte». Ihr Begründer ist Abu l-ʿAtāhija (748–826), geboren in der Nähe von Kufa als Maula. Er war Verkäufer von Tongeschirr und erwarb keine klassische religiöse und literarische Bildung. Doch fand er, nachdem er nach Bagdad gegangen war, bald Zugang zum dortigen Dichterkreis um den Abbassidenkalifen al-Machdi, dem etwa auch Abu Nuwās angehörte. Zunächst verfaßte auch er Lob-, Liebes- und Weingedichte und lebte von seiner Dichtkunst. Warum er sich Askesegedichten zuwandte, für die es vereinzelte Vorläufer in vor- und frühislamischer Zeit gab, ist umstritten. Die einen sehen den Grund in seiner unglücklichen Liebe zu einer Sklavin des Kalifen al-Machdi, bei der ihm dieser den Beistand versagte. Andere meinen, daß er sich mit einem neuen literarischen Feld hervortun wollte. Die dritten glauben, daß er den Lebensstil des Kalifen Hārūn ar-Raschīd und der berühmten Wesirsfamilie der Barmakiden attackieren wollte. Vielleicht war es seine soziale Herkunft, sein Werdegang, der ihn mit dem Hinweis auf die Vergänglichkeit irdischen Lebens Weltentsagung im Gegensatz zum herrschenden poetischen Schwelgen in allseitigem sinnenfrohen Genuß predigen ließ. Etwa wurde bei ihm aus der Klage über die verlassenen Lagerplätze des Stammes der Geliebten in der altarabischen Kassīda die Klage über die Welt, die durch den Tod des Lebens beraubt wird. Seine *Suchdijjāt* erfreuten sich wegen ihrer schlichten Sprache beim Volk großer Beliebtheit und werden auch später oft zitiert. Einige zeitgenössische Poeten warfen ihm aber mangelnde Aufrichtigkeit vor. Der große philosophische und auch religionskritische Dichter Abu l-ʿAlāʾ al-Maʿarrī bezeichnete ihn mehr als zwei Jahrhunderte später sogar als «Unglück».

Rābiʿa al-ʿAdawijja (gest. 801) aus Basra ist als früheste Vertreterin der mystischen Dichtung bekannt. Um ihr Leben voller Gottvertrauen und tiefer Frömmigkeit ranken sich zahlreiche Legenden und Anekdoten. Wieviele der unter ihrem Namen verbreiteten Gedichte mystischer Frömmigkeit wirklich von ihr stammen, ist heute kaum noch auszumachen.[23]

Der Meister der frühen mystischen Dichtung ist Abu l-Hussain al-Manssūr al-Hallādsch (857–922). Geboren in Fars als Sohn eines Baumwollentkerners, wanderte er mit diesem durch die textilen Zentren des südlichen Iran und Irak und suchte sich bereits mit 16 Jahren bekannte Mystiker als Lehrer, zunächst in Basra, dann in Bagdad. Er begab sich in Intervallen auf Reisen, besuchte dreimal Mekka, davon zweimal mit über einjährigem Aufenthalt dort, aber auch Churassān, Transoxanien, Sidschistān, Kirmān, Indien und Turkestan. Am Hof von Bagdad machte er sich in einer Zeit der Korruption unter einigen hochrangigen Juristen und Theologen bald heftige Feinde. Man fürchtete seinen Einfluß, denn er brachte die Unzufriedenheit der Bevölkerung zum Ausdruck. Er wurde der Scharlatanerie bezichtigt und war die letzten acht Jahre seines Lebens Gefangener des Hofes. Schließlich wurde er mit falschen Anschuldigungen vor Gericht gebracht, gefoltert und hingerichtet, nachdem man ihn 24 Stunden lebend am Kreuz zur Schau gestellt hatte. Daß er gesagt habe: «Ich bin Gott/die absolute Wahrheit», um die Einheit zwischen sich und Gott zu bekräftigen, soll der Grund für seine Hinrichtung gewesen sein, ist aber vermutlich legendär. Seine Gedichte sprechen in relativ schlichter, natürlicher, aber metaphern- und bilderreicher Sprache von seiner bedingungslosen Liebe zu Gott und seiner Hingabe an ihn.[24]

Der oben genannte Ägypter Ssalāch ʿAbd as-Ssabūr gestaltete nach seinem Schicksal 1964 das Versdrama *Die Tragödie des Hallādsch*, inspiriert auch von T. S. Eliots *Murder in the Cathedral.* Generell gilt al-Hallādsch seit mehreren Jahrzehnten links engagierten arabischen Dichtern und Schriftstellern als *der* Protagonist des Anti-Establishments in klassischer Zeit. Dichter des 20. Jahrhunderts wie der Iraker al-Bajjāti (1926–96, London) und der Libanese Adonis (geb. 1930), der schon länger in Frankreich lebt, knüpfen an sein Gedankengut an.

Bei Mystikern erfreuten sich Lob- und mystische Liebesgedichte auf den Propheten großer Beliebtheit. Hier sind besonders zwei desselben Titels zu nennen: *Kassīdat al-Burda,* die «Mantel-Kassīda». Die erste, ganz im Stil der beduinischen Kassīda, stammt von Kaʿb Ibn Suhair (gest. nach 632), der zunächst als Gegner Muhammeds Schmähgedichte auf ihn verfaßte und dann sein Lobdichter wurde. Er trug sie in Muhammeds Gegenwart vor, um dessen Vergebung zu erbitten. Der warf symbolisch seinen Mantel über ihn. Dieser Akt der Vergebung war der Ausgangspunkt für diese Art der Dichtung. Kaʿbs gut komponierte *Burda* wurde zum Symbol der Verschmelzung altarabischer poetischer und menschlicher Konventionen mit der neuen Religion und wurde im Lauf der Jahrhunderte wenigstens 90mal kommentiert.[25]

Mystische Dichtung auf den Propheten erfreute sich in Sufi-Kreisen während der Mamlukenzeit in Ägypten großer Beliebtheit. Aus dieser stammt auch das zweite «Mantelgedicht». Verfasser ist al-Būssīri

(1212–ca. 1294), der es zum Dank für seine Heilung von einer Lähmung komponiert haben soll. Sie trat ein, als er im Traum Muhammed seinen Mantel über sich breiten sah, wie dieser das 600 Jahre zuvor mit seinem Gegner Kaʿb Ibn Suhair getan hatte. Auch diese Ode wurde oft kommentiert und außerdem in fast allen anderen Sprachen islamischer Völker zu Strophengedichten variiert. Man rezitiert sie bei Beerdigungen und nutzt sie für Amulette und Talismane, sie spielt also im Volksglauben eine wichtige Rolle.[26]

Die irakische Dichterin Nāsik al-Malāʾika (geb. 1923), neben ihrem Landsmann Badr Schākir as-Sajjāb (1926–1964) als Pionierin der Dichtung in freien Versen bekannt, verfaßte nach einer schweren psychischen Krise seit 1972 innige mystische Gedichte, darunter auch solche auf den Propheten Muhammed.[27]

Der Schia erwuchs zur Umajjadenzeit in al-Kumait (um 679–744) aus Kufa ein Dichter, der für Spätere wegweisend wurde. Nach einer Tätigkeit als Moscheelehrer in Kufa hatte er sich der dortigen (gemäßigten) Fünferschia angeschlossen.[28] Seine Gedichte besingen wichtige Ereignisse in der frühen Geschichte der Schia und preisen den Propheten Muhammed, ʿAli Ibn Abi Tālib und seine Familie bis zum fünften Imām, Said Ibn ʿAli. Er flicht zahlreiche Zitate aus dem Koran und vieles aus vorislamischer Poesie in seine Gedichte. Wiederholt war er in Konflikte mit Vertretern der Umajjaden verwickelt, deren legitime Herrschaft die Schiiten in Frage stellen. Seine Lobgedichte auf Umajjaden sind sicher aus der Lebenshaltung der *Takijja* zu verstehen, die die Schia ihren Anhängern empfiehlt: zum Selbstschutz die eigene Meinung in Zeiten religiös-politischer Pressionen geheimzuhalten. Das Todesurteil des Umajjadenkalifen Hischām Ibn ʿAbd al-Malik (reg. 724–743) gegen ihn wurde nie vollstreckt. Da er jedoch in einer Zeit harter Auseinandersetzungen zwischen Nord- und Südarabern Schmähgedichte auf die Südaraber verfaßte, die ebenfalls Gegner der Umajjadenkalifen waren, wurde er von südarabischen Milizionären bei einem Überfall getötet. Seine Gedichte – von denen vieles verloren ging – sind brillante Beispiele für die frühe Verschmelzung von Religion, Politik und Poesie in der arabischen Literatur. Die *Hāschimijjāt*, Lobgedichte auf Angehörige des Propheten, wirkten in der irakischen Dichtung schiitischer Städte, besonders Nadschafs, bis ins beginnende 20. Jahrhundert weiter.

Als *der* große Dichter der Schiiten in klassischer Zeit gilt der oben genannte asch-Scharīf ar-Radi (970–1015). Wie sein religiöser Titel *asch-Scharīf*, «der Edle», besagt, stammte er väterlicher- wie mütterlicherseits aus einer Bagdader Familie schiitischer Imāme, also Nachkommen Muhammeds, denen die Schiiten das alleinige Recht auf die Herrschaft zuerkennen. Beauftragt vom zuständigen Wesir der Bujiden, übernahm er einflußreiche höfische Ämter, die vor ihm sein Vater und danach sein Bruder innehatten. Er war der Verantwortliche für die alljährliche Pilgerfahrt nach Mekka und Rechtsbeistand der schiitischen Vorsitzenden des *Madhālim*-Gerichts, des «Petitionsgerichts», das es – vermutlich nach byzantinischen und sassanidischen Vorbildern – seit frühabbassidischer Zeit am Kalifenhof gab. Hier konnten Betroffene gegen ungerechte Urteile eines Kadis, eines Richter im religiösen Recht, klagen (*Madhālim* sind «Ungerechtigkeiten, tyrannische Handlungen»). Asch-Scharīf ar-Radis *Dīwān* enthält im Gegensatz zu dem Kumaits nur wenig Schiitisches. Er besteht zu etwa einem Drittel aus kunstvollen Lobgedichten auf den Abbassidenkalifen at-Tā'i (reg. 974–991) und seinen Nachfolger al-Kādir (reg. 991–1031), häufiger aber auf die eigentlichen Regenten aus der Dynastie der Bujiden, die Emire ʿAdud ad-Daula und Bahā' ad-Daula, sowie deren Wesire und in großer Zahl auf seinen Vater. Anlässe waren etwa Gratulationen zum Fest des Fastenbrechens, zum Opferfest, zur Rückkehr von einer Reise oder an seinen Vater zu dessen Entlassung aus der Kerkerhaft und später zur Rückerstattung seines von der Regierung konfiszierten Vermögens. Die Lobgedichte auf seinen Vater sind meist verbunden mit *Fachr*, mit dem Preis seiner Familie, ihres hohen sozialen Rangs und ihrer Fähigkeiten. Asch-Scharīf ar-Radi verstand sich auf differenzierte Lobstrategie. Je nach der hierarchischen Position des Gepriesenen rühmte er unterschiedliche Qualitäten und wies zugleich auf eigene Verdienste hin, etwa in seinen Ratschlägen für den Kalifen zur Zeit bürgerkriegsähnlicher Fehden zwischen Schiiten und Sunniten in Bagdad. Lob und/oder Gratulation wußte er mit sanftem Tadel zu verbinden. Natürlich verfaßte er ebenfalls Traueroden auf bekannte Persönlichkeiten, aber auch auf den Tod einer Nichte, wobei ein Gedicht auf den Tod eines kleinen Mädchens damals etwas relativ Neues war.

Der islamischen Mystik – in deren Zirkeln bei Musik und Tanz schon früh weltliche Liebesdichtung, auch etwa von Abu Nuwās, in mystischer Interpretation rezitiert wurde – erwuchsen zwei Jahrhunderte später zwei große Dichter: ʿUmar Ibn al-Fārid (1181–1235) aus Kairo hatte nach einem Studium des religiösen Rechts und des Hadīth ein Erwekkungserlebnis. Bei einem Besuch der heiligen Stätten im Hidschās hatte er eine Vision des Propheten Muhammed, das ihn zu seiner mystischen Poesie inspirierte. Nach seiner Rückkehr nach Kairo wurde er als Heiliger verehrt. Sein nicht sehr umfangreiches poetisches Werk besteht zumeist aus kürzeren Liebesgedichten, in denen innerer und äußerer Sinn so miteinander verschmelzen, daß profane und mystische Liebe eins zu sein scheinen. Sie wurden vermutlich bei Zusammenkünften der Sufis, der islamischen Mystiker, gesungen. Bekannt geworden ist er besonders durch seine lange *Chamrijja*, sein *Weingedicht*, in der er den Wein der von Urbeginn an berauschenden göttlichen Liebe in der Sprache der Liebes- und Weindichtung allegorisch preist, den Wein, den zu trinken des Menschen Pflicht sei, nicht Sünde. Sein zweites, sehr langes Gedicht auf den Reimbuchstaben *t*, die große *Tā'ijja* mit dem Titel *Nadhm as-Ssulūk, Die Wegode,* beschreibt poetisch die Stationen des Mystikers vom anfänglichen hilflosen Verlangen nach Gott bis zur klaren Vision Gottes als des einzig Geliebten. Hier stellt er in einem Abschnitt die Welt als Schattentheater dar, in dem Figuren, gelenkt vom göttlichen Dirigenten, ihre Schatten auf eine Leinwand werfen. Ibn al-Fārid bekam den Beinamen «Der Herrscher (Sultan) der Liebenden». Sein Werk wurde oft kommentiert. Zu seinem Mausoleum pilgern Gläubige bis heute.

Muchji ad-Dīn Ibn (al-)ʿArabi lebte etwa zur selben Zeit. Geboren 1165 in Murcía in Spanien in einer Notabelnfamilie rein arabischer Herkunft, die dem Hof nahestand, starb er nach langen Reisen und Wanderungen 1240 in Damaskus. Sein bedeutendstes poetisches Werk, *Tardschumān al-Aschwāk, Der Dolmetsch der Sehnsüchte*, wurde durch seine Liebe zu einer Sklavin namens Nidhām («Ordnung») inspiriert, die er 1204 in Mekka traf.[29] Hier verschmilzt Mekka als Stätte höchster Gottesverehrung im Islam mit irdischer und himmlischer Liebe. Sein mystischer *Dīwān* ist bisher weder zufriedenstellend ediert noch analysiert.

Philosophische Dichtung

Von ganz anderer Art, nämlich skeptisch, waren die Gedichte von Abu l-ʿAlā' al-Maʿarri (973–1058), des zweiten großen Syrers unter den klassischen arabischen Dichtern. Geboren in Maʿarrat an-Nuʿmān, als Vierjähriger nach einer Pockenerkrankung erblindet und entstellt, erwarb er sich nach einem Studium der Literatur und der religiösen Wissenschaften in seinem Geburtsort und in Aleppo einen Namen als Gelehrter. Ein Aufenthalt am Hof von Bagdad enttäuschte ihn so, daß er 1010 zurückkehrte und die übrigen 48 Jahre seines Lebens in Maʿarrat an-Nuʿmān verbrachte, «gefangen in zwei Gefängnissen» wie er es nannte, in der Blindheit und in seinem Haus. Seine frühen, in ihrer Brillanz von al-Mutanabbi beeinflußten Gedichte vereint der Dīwān *Ssakt as-Sand, Der Funken des Feuerholzes*. Er enthält Lob-, Glückwunsch- und Trauerоden auf Bagdader Persönlichkeiten, aber auch zwei anrührende Elegien auf den Tod seiner Mutter, die starb, bevor er von Bagdad zurückkehrte. Die *Dirʿijjāt*, Gedichte unterschiedlicher Art auf das Panzerhemd als Schutz für den rüstigen Mann, sind aus dieser Zeit politischer Wirren und Kämpfe zu verstehen. Geschätzt wird Abu l-ʿAlā' besonders wegen seiner sprachlich ausgefeilten Gedankenlyrik voller Pessimismus und Kritik an heuchlerischen Vertretern der Religion, die nur nach materiellen Gütern streben, auch voll von Weltverzicht bis Weltverdammung und Misogynie. Dem Dīwān mit diesen Gedichten gab er den sprachspielerischen Titel *Lusūm mā lā jalsam, Die Notwendigkeit des nicht Notwendigen*, auch *al-Lusūmijjāt* genannt. Hier reimen die Gedichte nicht, wie sonst üblich, auf einen, sondern auf zwei und auch auf als schwierig geltende Buchstaben, die selten zu Reimen verwendet werden. Abu l-ʿAlā's kritisch-rationale Weltsicht war für manche arabischen Dichter und Denker der ersten Hälfte des 20. Jahrhunderts Vorbild, etwa den Iraker Dschamīl Ssidki as-Sahāwi (1863–1936) und den Ägypter Tāhā Hussain (1889–1973).

2. Die Prosa und ihre Gattungen

Der Koran und die durch ihn angeregte Literatur

«Nicht nur des Islam's Gesetzbuch, sondern auch Meisterwerk arabischer Dichtkunst»,[30] so charakterisierte der österreichische Orientalist Josef von Hammer-Purgstall den Koran.[31] Hammer-Purgstalls Übertragung des *Dīwāns* des persischen Dichters Hāfis inspirierte Goethe zu seinem *West-Östlichen Diwan*. Mit «Dichtkunst» meinte er die sprachlich-stilistisch poetische Gestalt des Korans. Sure 69,41 f. widerspricht den Mekkanern, die Muhammeds Worte die eines Dichters oder Wahrsagers nannten, waren diese doch typisch für das arabische Heidentum. Sure 68, 2 bestätigt ihm: «Du bist kein Besessener (Verrückter)!»

Wenn Friedrich Rückert, der deutsche Dichter und Orientalist (1788–1866), sagte: «Wol eyne Zauberkraft muß sein in dem, woran bezaubert eine Welt so hängt wie am Koran»,[32] so haben deutsche Leser sicher Mühe, dies in deutschen Koranübersetzungen aufzuspüren, lag/liegt doch deren Verfassern vorrangig an einer textgetreuen, weniger an einer – ohnehin sehr schwierigen – ästhetisch adäquaten Umsetzung. Nicht ohne Grund war es nichtarabischen Muslimen jahrhundertelang verboten, den Koran in ihre Muttersprache zu übersetzen. Tatsächlich ist Rückerts Übertragung die einzige deutsche, die versucht, dem sprachlich komplizierten Zauber des Originals gerecht zu werden. 1824 begonnen und als Auswahlübersetzung geplant, wurde sie aus finanziellen Gründen erst postum herausgegeben. Rückert übertrug nur, was ihm zusagte.[33]

Den Muslimen gilt der Koran als sprachlich-stilistisch und inhaltlich unnachahmlich, als das geoffenbarte Wort des einen Gottes, Allāh.[34] Er ist aber auch das früheste Werk der arabischen Prosaliteratur in islamischer Zeit und die erste und wichtigste Quelle des islamischen Rechts. Zitate oder Anzitierungen aus ihm durchziehen die arabische Literatur,

Koranseite mit farbigen floralen Schmuckelementen im maghrebinischen, dem «blühenden» Kufi, einer späteren Entwicklung der zunächst sparsamen und kantigen kufischen Schrift; Spanien oder Marokko, 15. Jahrhundert.

Poesie und Prosa, auch die politische Rhetorik und die Essayistik bis heute. Die arabische Poetologie entnimmt dem Koran viele Zitate als Stilbeispiele und Vorbilder. Koranworte finden sich als Schriftdekor zu religiöser Ermahnung und Verheißung auf und in Moscheen und Medressen, also religiösen Hochschulen, und auf Erzeugnissen der Kleinkunst aus Keramik und Metall.

Für den Muslim redet im Koran durchgängig Gott. Er spricht wiederholt in der ersten Person Singular oder Plural, also in der Ich- und in der Wirform, er spricht oft mit Muhammed. Häufig fordert er ihn auf: «Sag!» oder «Trag vor!» (als deutsche Übersetzung des arabischen Imperativs *ikra'* der Wurzel, von der das Wort *(al-)Kur'ān* stammt, auch, besonders in den frühen, kurzen Suren *kul,* «Sprich!» Dann folgen die Botschaften, Gebete, Gottesanrufungen und -preisungen, Warnungen und Weisungen, die Muhammed ausspricht. Manchmal sind es Selbstgespräche oder Reflexionen. Von Gott/Allāh ist auch als «mein Herr» oder «unser Herr» mit dem gemeinsemitischen *Rabbi* oder *Rabbuna* die Rede. Tatsächlich sind als Sprecher ebenfalls der Erzengel Gabriel und Muhammed selbst zu erkennen. Angeredet werden die Gegner und die Anhänger Muhammeds, zunächst in Mekka, der Stadt seiner Geburt. Nach seiner Auswanderung mit einer kleinen Schar von Anhängern nach Medina im Jahr 622 werden die medinensischen «Helfer» und die mekkanischen «Auswanderer» angesprochen, die mit ihm gekommen waren, darunter mehrfach seine Ehefrauen, also letztlich alle Gläubigen, die *Umma,* die «Gemeinde». Angehörige zweier verfeindeter Sippenverbände in Medina hatten ihn als den «Gesandten Gottes» gerufen, damit er Frieden in der Stadt stifte und ihr Oberhaupt werde. Sie gaben ihm damit die Anerkennung, die die reiche mekkanische Kaufmannschaft dem Mahner zu sozialer Gerechtigkeit, dem Appellierer an das soziale Gewissen und an Verantwortlichkeit, dem Warner vor der Strafe des Weltgerichts versagt hatte.

Der Koran besteht aus 114 Suren oder Textteilen verschiedenen Inhalts, variierender Form und unterschiedlicher Länge, von drei kurzen Versen in wenigen Zeilen in Sure 108 und 110 zu 286 längeren bis langen Versen über mehrere Seiten in Sure 2. Die «Verse» der Suren heißen *Ajāt,* «Zeichen», auch «Wunderzeichen», nicht *Bait*, wörtlich «Zelt», «Haus», wie die Verse in der Dichtung. Jede Sure bis auf die lange neunte medinensische beginnt mit der *Basmala,* der Kurzform oder -formel von *Bismi 'llāh ar-Rachmān ar-Rachīm*, «Im Namen Gottes, des Barmherzigen, des Erbarmers», Worten, die fromme Muslime bis heute vor Buchtexte, Verträge, Vorlesungsnachschriften und vieles Andere setzen. Verhandlungen, offizielle Gespräche, auch Mahlzeiten beginnen mit ihnen. In mehreren Suren folgen auf die *Basmala* bisher nicht entschlüsselte Buchstabenkombinationen, von denen zwei, *Tāhā* und *Jāssīn*, in neuerer Zeit als männliche Personennamen gebräuchlich sind. Woher der Terminus Sure kommt, ist umstritten. Jedenfalls ist er außerhalb des Korans allenfalls in Parodien gebräuchlich.

Nach der ersten, der «Eröffnenden», sind die Suren nicht ganz konsequent nach abnehmender Länge geordnet. Die kurzen, inhaltlich meist geschlossenen, frühesten Suren voll leidenschaftlicher Rhythmik aus Mekka bilden den Schluß. Sie sind Schutzgebete vor Neidern und vor Üblem, Hinweise auf die Zeichen Gottes, an die der Mensch nicht glauben will, und drohen teilweise rätselhaft ekstatisch und bildhaft mit den Schrecken des Weltuntergangs, des Jüngsten Gerichts. Erst später erscheinen Paradiesbilder, angeregt sicher von Beschreibungen des Gartens Eden im Alten Testament, aber detaillierter und sinnenfroher als diese.

Muslimen sind die Suren, schon weil das einprägsamer ist, unter ihren Namen bekannt. Diese entstammen dem Text der jeweiligen Sure, bei den frühen Suren meist dem Beginn, etwa in Sure 96, *Der Blutflocken/Das Embryo*, die als die früheste gilt und aus fünf *Ajāt* besteht:

1. «Sag im Namen deines Herrn, der erschuf,
2. erschuf den Menschen aus einem Blutflocken,
3. Sag bei deinem Herrn, dem Edelsten,
4. der lehrte mit dem Schreibrohr,
5. lehrte den Menschen, was er nicht gewußt.»

In den späteren längeren Suren muß man das titelgebende Wort manchmal erst suchen. Es ist dort nur für einen Teilabschnitt von Bedeutung. Die zweite und längste Sure zum Beispiel, *Die Kuh*, aus Muhammeds medinensischer Zeit setzt fast fanfarenstoßartig mit der Konstatierung ein, die für den gesamten Koran Gültigkeit beansprucht:

1. «Dies ist das Buch, an dem kein Zweifel ist, Rechtleitung der Gläubigen,
2. die an das Verborgene glauben und von dem, was Wir ihnen gewährten als Unterhalt, spenden,
3. und die an das glauben, was dir wurde offenbart und (anderen) vor dir wurde offenbart, und die sicher gehen im Glauben.»

Dann folgen Auseinandersetzungen mit Muhammeds Gegnern, aus denen deutlich wird, was sie an ihm kritisierten. Verheißungen für seine Anhänger schließen sich an, besonders die des Paradieses, mit einer Version der Erzählung über die Vertreibung des ersten Menschenpaars aus dem Paradies, die sich, wie andere koranische Formen dieses Mythos, der im Vorderen Orient in Varianten umlief, von der alttestamentlichen unterscheidet. Strafandrohungen für seine Gegner, Ermahnungen an die Gläubigen, kritische Worte Gottes in der ersten Person an die «Kinder Israels», die von Muhammeds Kontroversen mit den jüdischen Stämmen von Medina zeugen, folgen. Da er sich als «das Siegel», als den letzten der Propheten sah, als denjenigen, der deren Verkündigung vollendend beschloß, hatte er zunächst angenommen, daß auch Juden und Christen seine Botschaft akzeptieren und ihn als ihren Propheten anerkennen würden. Debatten mit den Christen werden ebenfalls deutlich. Wichtige rechtliche Bestimmungen, ethische Weisungen, wiederholte Hinweise auf Moses (*Mūssa*) als den Gesetzgeber Israels und koranischen Propheten und Fragmente der Abrahamsgeschichte bilden den letzten Teil. Die beiden Schlußverse enden in Gebeten. Ihren Namen hat die zweite Sure von der Kuh, die Moses als Prophet, als Mittler zwischen Gott und den Menschen laut Vers 67–73 den Kindern Israels in Gottes Auftrag zu schlachten befiehlt, ein Bezug auf Mose 4, 19,1–10 und Mose 5, 21,1–9. Auch die fünfte Sure, *Der Tisch*, enthält ethische und soziale Ge- und Verbote, außerdem Teile der Moses-Erzählung, der von Kain und Abel, dies aber, ohne deren Namen zu nennen. *Der Tisch* erscheint hier als von «Jesus, dem Sohn der Maria», auf die Aufforderung seiner Umgebung hin von Gott erflehtes Zeichen seines Prophetentums und der Verheißung Gottes. Das ist wohl eine Reminiszenz an das Speisungswunder, vielleicht auch vage an das Abendmahl.

Generell ist der Koran stark durch den mündlichen Vortrag, die «Rezitation», geprägt, die ihm den Namen gab. Form und Inhalt der frühen, sprachlich so eindrucksvollen Suren mit ihren mehrfachen, bekräftigenden Wiederholungen kurzer Satzglieder, aber auch kurze, refrainartig eine Erzählung oder Darlegung unterbrechende, rhythmische Verse in längeren Suren, die die Eigenschaften Gottes betonen, lassen auf eine liturgische Verwendung schließen.[35]

Der Koran ist bis auf Sure 106 und 110 durchgängig in rhythmischer Reimprosa, *Ssadsch*ʿ, abgefaßt, abgeleitet von einer Wurzel, die das Gurren der Taube bezeichnet.[36] In Reimprosa sprachen bereits altarabische Priester und Wahrsager. Vermutlich galt sie als sakrale Sprache, ist sie doch durch ihre rhetorische Gliederung wirkungsvoll und einprägsam. Die *Ājāt,* die Verse sehr unterschiedlicher Länge haben also Endreime. Sie bestehen öfter aus mehr als einem Reimbuchstaben und wechseln meist nach zwei bis fünf *Ājāt*. Zahlreiche *Ājāt* wirken nicht nur durch ihre kurzen Reimglieder sehr rhythmisch, sondern klingen zudem durch Binnenreime, Assonanzen, Alliteration und Paronomasien. Sie beeindrucken durch ausgefallene Lexik, Parallelkonstruktionen und bekräftigende Wiederholungen von Wörtern und kurzen Wendungen. Im Gegensatz zur Dichtung sind sie jedoch nicht metrisch strukturiert. Beliebte Reime sind zum Beispiel, besonders in den späten, den längeren medinensischen Suren die maskuline Pluralendung *ūn* im Nominativ, *īn* im Genitiv und Akkusativ sowie die feminine Pluralendung *āt*. Das geschieht überall da, wo den Gläubigen Weisungen erteilt werden, sei es in der Anrede, sei es in der unpersönlichen dritten Person.

Auffällig ist die metaphorische Übertragung von Lexik aus dem Handelsbereich, zu dem Karawanen gehörten, die durch die Wüsten zogen, in sakrale Sprache, etwa *Hissāb,* «(Ab-)Rechnung», *Adschr,* «Lohn», *Mīsān*, «Waage», *kassaba*, «erwerben», *dalla,* «verlorengehen», *hadā*, «den rechten Weg führen», in moralisch-ethischem Sinn. Die letzten beiden Wörter stammen allerdings auch aus der Hirtensprache. Gleiches gilt für die beiden anderen monotheistischen Weltreligionen aus dem vorderorientalischen urbanen Milieu und die spätere arabische Literatursprache. In dieser kommen Bilder und Metaphern aus dem höfisch-urbanen Bereich, beispielsweise der Juwelierkunst, hinzu.

Dafür fehlen im Koran manche Wörter ganz, etwa die für die vier Jahreszeiten und *Samān* für «Zeit», das später oft auch für «Schicksal» verwendet wird. Doch gibt es andere Wörter aus diesem Bedeutungsfeld, etwa *Dachr,* «umfassende Dauer», später ebenfalls «Schicksal», *Hīn,* «Augenblick, *Taur,* «Phase», *Adschal,* «Frist».[37] Wörter aus dem handwerklichen Bereich kommen, abgesehen von dem Wort für «Sperrmauer», nicht vor. Ethisch-kulturelle Begriffe, die in der mittelalterlichen islamischen Kultur so bedeutungsvoll waren wie *Adab* und *Murū'a* oder etwa *Ssaif*, «Schwert», erscheinen nicht, wohl aber «Jagdspeere» und «Messer», beides Fremdwörter. Grund für das Fehlen der Erstgenannten könnte sein, daß sie in der altarabischen Dichtung eine wichtige Rolle spielen.[38] Wörter, die Hunger und Durst bezeichnen, begegnen häufig, solche in der Bedeutung «Sättigung» nicht. Doch enthalten die Paradiesbilder variierende sinnliche Szenen leiblicher, darunter kulinarischer Genüsse als Verheißung für gläubige Männer und Frauen. Wörter, auch poetische Bilder und Metaphern aus dem Bereich der Natur sind in den Schwüren und apokalyptischen Drohszenerien der frühen Suren häufig (101,4 f.). Die in der vorislamischen Dichtung als Stilmittel so beliebten Metonyme fehlen fast ganz. Zu den Fremdwörtern zählen diverse Termini aus dem religiösen Bereich, etwa aus dem Syrisch-Aramäischen *Ssalāt*, (das rituelle fünfmal tägliche) «Gebet», *Sakāt*, «Armensteuer», *Kurbān*, «Opfer», *Mal'ak*, «Engel», dies wahrscheinlich auf dem Weg über das Äthiopische. Es hat wie das mehrfach vorkommende *Ssultān,* «Herrschaft», das eine Parallele im akkadischen *Ssiltān* hat, eine nordwestsemitische Wurzel. *Firdaus,* «Paradies», *Dschahannam,* «Hölle», *Iblīs*, *Schaitān*, «Teufel, Satan» stammen aus dem Griechischen, das letztere kommt aber schon in der altarabischen Dichtung vor. Für «Paradies» steht im Koran ebenfalls das arabische *Dschanna*, «Garten» und dessen Plural *Dschinān*. Begriffe wie «Vergehen», «Fehler» und Wörter für Nahrungsmittel wie Brot, Schwein, Feige, Olive, Olivenöl waren den Arabern zunächst fremd. Wein findet sich als Fremdwort mehrfach in der altarabischen Dichtung. Im Koran erscheint er mit unterschiedlichen Bezeichnungen. Die Annehmlichkeiten, die die gläubigen Männer und Frauen im Paradies erwarten: edle Teppiche, Pfühle, Brokate, Kissen, Becher, Armbänder haben Bezeichnungen meist persischer Provenienz. Die Termini für Maße und Gewichte, für die

Münzen *Dirham* (das ist *Drachme*) und *Dīnār*, für Kleidungsstücke wie Hemd, Hose, Überwurf, für Papyrus und Schreibrohr, für Welt und Siegel sind ebenfalls nichtarabischer Herkunft, waren aber wohl in der Mehrzahl damals bereits eingebürgert.[39] Diese Lexik bezeugt die Beziehungen der Bewohner der arabischen Halbinsel zu den umliegenden Kulturländern und belegt das zivilisatorische Ambiente in Mekka als alter Handelsstadt mit einer wohlhabenden Oberschicht. Muhammed führte als junger Angestellter der Kaufmannswitwe Chadīdscha, seiner späteren Frau und Mutter seiner Kinder, Handelskarawanen in umliegende Regionen.

An Textsorten enthält der Koran Gebete wie die Eröffnungs-Sure, die *Fāticha* (von *f-t-ch*, «öffnen», auch «erobern»). Die beiden letzten Suren, *Das Frühlich*t und *Die Menschen*, dienen als Schutzgebete. In manche Suren sind Gebete eingeflochten, etwa die des Noah (*Nūch*) in der gleichnamigen Sure 71. Schwurformeln (81,15–20), Schwüre und Beschwörungen (89,1–4; 91,1–8), auch Appelle (81,1–14; 82, 1–5), rhetorische Fragen (83, 4 ff.; 104,5; 107,1), ethische Maximen (10, 35; 2, 142; 31:17–19), Ermahnungen an den Propheten (33,1–4) und seine Anhänger sowie heftige Polemiken gegen Zweifler, Kritiker und Widersacher begegnen in großer Zahl. Hymnische Passagen zum Lob Gottes (55,1–35; 18,1–8) wirken sehr getragen. Drohende eschatologische Visionen (74,6–26; 84,1–5), Himmel und Hölle miteinander kontrastierende Bilder (38,49–59) entwerfen erträumte Realitäten, die durch die Situation Muhammeds und seiner Umgebung inspiriert waren. Wie im Alten und Neuen Testament spielen Gleichnisse und Parabeln eine wichtige Rolle. Daß Gleichnisse auch mißverstanden und kritisiert wurden, geht aus Sure 2,26 hervor. Eine Paränese des weisen *Lukmān*, eines Schwarzen, findet sich in der gleichnamigen Sure 31, Vers 12 ff.

Als Gleichnisse dienen viele Erzählungen im Koran. Sie kreisen nicht selten um alttestamentliche Gestalten, am häufigsten um Moses, und entstammen dem (alt-)vorderorientalischen Erzählgut, das in die Bibel ebenso Eingang fand wie in die Haggada und die Apokryphen. Dabei variiert der Koran biblische Erzählungen, nicht nur etwa in der Darstellung der Geburt Mariä und ihrer Rolle (3, 31 ff., Sure 19, *Maria*). Maria verschmilzt im Koran mit der Prophetin Mirjam des Alten Testaments, der Schwester Aarons (*Hārūn*). Häufig wird auf offensichtlich bekannte Legenden und Erzählungen nur angespielt. Erzväter des Alten Testaments wurden im Koran zu Propheten und/oder «Gesandten Gottes», Adam etwa, Abraham, Isaak und Jakob. Die meisten Erzählungen über Propheten enden mit der Bestrafung und dem Untergang derer, die ihnen nicht glaubten, sind also gleichnishafte Warnungen. Manche sind auch Beweise für Gottes Gnade. Der altorientalische Topos von der Suche nach dem Wasser des Lebens, der sich schon im *Gilgamesch-Epos* findet, ist an die Gestalt des Moses geknüpft. Die *Siebenschläferlegende* (Sure 18, *Die Höhle*) ebenso wie Episoden aus dem griechischen *Alexanderroman* – hier und dann generell wird Alexander zum «Zweigehörnten» – werden zu Gleichnissen für Gottes Schutz. Zu den Untergangsdrohungen für Frevler, Ungläubige und Abtrünnige gehören die Hinweise auf legendäre Völker der Vergangenheit wie die ʿĀd, die Thamūd, Gog und Magog und auf *Iram, die säulenreiche* (Stadt) (89, 6), die späteren Autoren Rätsel aufgaben und die dazu anregten, diese Stoffe, aufbauend auf Überliefertem, zu phantasievollen Geschichten weiter auszubauen. Als *die schönste der Geschichten* erzählt Gott seinem Gesandten die von Josef und der Frau des Pharao, die erst später Sulaicha heißt, in Sure 12, der *Josefs-Sure*. Sie ging in die volkstümlichen Prophetenerzählungen ein und hat persische Epen und die persische Miniaturmalerei ebenso angeregt wie die islamische Mystik. Schon im Koran ist sie etwas frauenfreundlicher gestaltet als im Alten Testament. Später wird sie es noch mehr. In der islamischen Mystik wurde Sulaichas Liebe zu Jūssuf Allegorie für das unstillbare Verlangen des Menschen nach Gott.

Auch andere Mythen des Alten Testaments, etwa der dort in zweierlei Form präsentierte Schöpfungsmythos, der vom Sündenfall und der Vertreibung des ersten Menschenpaars aus dem Paradies, die Geschichte von Noah und der Sintflut, variieren im Koran. Jesus ist im Koran zwar auch ein Prophet, aber nicht Gottes, sondern allein Marias Sohn. Er nimmt sie bereits als Säugling gegen ihre Umgebung in Schutz, denn die wirft ihr vor, als Unverheiratete ein Kind geboren zu haben (Sure 19). Der Kreuzestod Jesu als Tod eines Propheten ist für Muslime unvorstellbar.

Die medinensischen Suren enthalten viele für die Ordnung und Gestaltung des kommunalen Lebens notwendige religiöse, ethische und soziokulturelle Gebote und Verbote. Sie wurden zur Hauptgrundlage des islamischen Kults und des Familienrechts. Hier ist der Rhythmus viel ruhiger, sind die *Ājāt*, die Verse, und die Reimglieder länger, ist die Wortwahl stärker alltagsbezogen als in den mekkanischen Suren.

Während die frühen Suren nahezu aus einem Guß sind, ist noch für weitere Analysen offen, nach welchen Prinzipien die Sinneinheiten der späteren, längeren bis sehr langen Suren zusammengefügt wurden und warum medinensische Einschübe in mekkanische Suren gelangten.[40] Im rhythmischen Eröffnungsgebet der ersten Sure, das mit einem Gotteslob beginnt, und in den ebenfalls stark rhythmischen Schutzgebeten der beiden letzten kurzen Suren kann man eine bewußte liturgische Rahmengestaltung sehen.

Da jeder Muslim bis heute den Koran auswendig zu lernen hat – er gehört zum Schulstoff in muslimisch-arabischen Einrichtungen – erfassen gebildete arabische Rezipienten die Zitate und Anzitierungen aus ihm in der Literatur, der Publizistik, in Reden von Politikern und deren Kritikern sowie die zeitbezogene Metaphorik sofort, auch wenn diese Sprache heute längst nicht mehr jedem arabischen Muttersprachler leicht verständlich ist. Tägliche Koranrezitationen sind Bestandteil der Rundfunk- und Fernsehprogramme arabischer Sender, im Fastenmonat verstärkt.

Da religiöse Autoritäten, basierend auf Muhammed zugeschriebenen Worten, Musik generell und besonders im sakralen Bereich mißbilligen, wurde der klangvolle, fast sanghafte Koranvortrag durch männliche Rezitatoren zu einem wesentlichen Faktor emotionaler Religiosität und ästhetischen Erlebens.[41] Daß es heute auch eindrucksvolle Altus-Stimmen bei Rezitationen von den Minaretten gibt, habe ich im Frühjahr 2001 in der Nähe einer schiitischen Moschee in Beirut gehört. Die Koranrezitation wurde zu einer Wissenschaft und ebenfalls Teil des *Adab*. Anekdoten über fähige bis zu Schwänken über unfähige Rezitatoren und humorvoll-satirische Charakterisierungen der letzteren gehören zum narrativen Repertoire des Adab, so etwa in der großen Prosa-Anthologie *Perlenverstreuen* des Bujidenwesirs in Raij, al-Ābi (gest. 1030).

Der Koran war Ausgangspunkt für zahlreiche Literaturgattungen, nicht nur religiöser Art. Durch ihn wurde das Arabische als die Sprache der göttlichen Offenbarung für alle Muslime verbindlich. Da diese zunächst größerenteils aus anderen Sprach- und Kulturbereichen kamen, entstand als erstes eine reiche grammatische und lexikalische Literatur. Die letztere brachte vom 11. Jahrhundert an umfangreiche arabisch-arabische Wörterbücher hervor, etwa al-Dschauharis (gest. 1003?), Neffe und Schüler von al-Fārābi, *Die Krone der Sprache oder die Richtigen, as-Ssichāch*. Dschauhari konnte sich auf Vorgängerwerke vom 9. Jahrhundert an stützen. Seit dem 13. Jahrhundert sind die Wörterbücher nach dem letzten Wurzelbuchstaben geordnet. Bedeutende Werke sind *Die Sprache der Araber* des tripolitaner Richters und Kanzleibeamten Ibn Mansūr (gest. 1305), das *Umfassende Wörterbuch* des weitgereisten al-Fīrūsabādi (gest. 1405), mit etwa 60 000 Eintragungen ein Kondensat aus einem erheblich größer geplanten Werk, und *Die Brautkrone aus Wörterbuchjuwelen* des Murtada as-Sabīdi (1732, Nordwestindien-1791, Kairo) mit etwa 120 000 Eintragungen. Diese lexikalischen Kompilationen gehen nicht der Wortgeschichte nach, sondern wollen Wörter und ihre Bedeutungen konservieren. Als Belege führen sie Verse und andere literarische Zitate an, oft durch kultur- und sozialhistorisch interessante Erklärungen erweitert. Diese werden in jüngerer Zeit gern und pragmatisch zu sachlich geordneten Kompendien extrahiert.

Grammatische Regeln wurden relativ früh in Lehrgedichten im Metrum *Radschas*, in *Urdschūsa*s, vermittelt. Doch galten *Urdschūsa*s über philologische und viele andere Themen von der Astronomie bis zur Nautik auf Grund ihres Inhalts nicht als Dichtung. Ihr Gattungsvorbild ist sicher bei den Griechen zu suchen.

Da die Lexik und die Diktion des Korans schon bald nach den Eroberungen von Territorien östlich wie westlich der arabischen Halbinsel nicht mehr ohne weiteres verständlich war, sammelten Philologen aus den urbanen Zentren bei den Beduinen der arabischen Halbinsel Zeugnisse der altarabischen Dichtung, denn man wußte, daß die koranische Sprache auch die in ihr verwendete war. Es entstanden also von der Zeit um 800 an die ersten schriftlichen Dichtungs-Anthologien.

Der Koran forderte früh zu Kommentierungen heraus, schon weil ihn die vielen «Neumuslime» nichtarabischer Herkunft verstehen wollten und sollten. Die Koranexegese entwickelte sich zu einer Wissenschaft,[42] die im Lauf der Jahrhunderte umfangreiche Werke hervorbrachte. Hier wird meist Vers für Vers erläutert, beginnend mit philologischen, mit Worterklärungen. Im historischen Vergleich werden dabei auch soziale Entwicklungen deutlich, etwa die allmähliche Verschlechterung der Situation der Frau bei den Erklärungen und Begründungen zu Vers 4, 34 («Die Männer stehen über den Frauen» oder auch: «haben Vollmacht und Verantwortung für die Frauen») oder zum Mythos vom «Sündenfall», im Arabischen «der erste Fehler».[43] Die Korankommentare enthalten Legenden, etwa bei den Erklärungen zu den Geschichten über die Propheten, die ja oft eher aus Andeutungen bestehen und auch nicht widerspruchsfrei sind, zum Schöpfungsmythos etwa oder den Völkern der ʿĀd, der Thamūd und zur Säulenstadt Iram (89, 6), die zum Gleichnis für die Vergänglichkeit des Seins wurde. Daraus entwickelte sich die Gattung der «Prophetengeschichten», die auch in Literaturen anderer islamischer Länder populär wurde.

Der erste große und wohl berühmteste, jedenfalls autoritative Korankommentar stammt von at-Tabari (823, Amul, Tabaristan- 923, Bagdad), einem christlichen Konvertiten, der weite Reisen zur Vervollkommnung seines Wissens unternahm. Es gab im Lauf der Jahrhunderte Korankommentare von Vertretern der unterschiedlichen religiösen Strömungen, beziehungsweise Sekten oder Gruppierungen, die sich im Islam entwikkelten, also schiitische und sufische ebenso wie natürlich orthodox sunnitische. Vom ausgehenden 19. Jahrhundert an ging man, auch in der Auseinandersetzung mit Einflüssen zunächst aus Westeuropa, an Neuinterpretationen, vorrangig im Hinblick auf die Situation der Frau, aber auch etwa auf das Verständnis der *Dschinn*, der «Geister», die der Koran als reale Wesen zwischen Mensch und Gott darstellt.

Der Koran und die Hadīth-Literatur wurden zur Basis der islamischen Theologie, des *ʿIlm Kalām*, eigentlich «Die Wissenschaft des Disputs».

«Das schöne Vorbild»: Hadīth-Literatur als Erzählliteratur

Als Muhammed 632 unerwartet starb, waren der Koran und sein religiös-ethisches wie sein Gesetzeswerk nicht abgeschlossen. Da er und seine Familie als das «schöne Vorbild» für die Lebenshaltung und -einstellung der Muslime aller späteren Jahrhunderte galten, entwickelte sich bald eine Literatur eigener Art: die *Hadīth-* oder *Traditionsliteratur*. Sie wurde zur zweitwichtigsten Quelle des islamischen Rechts nach dem Koran, gibt aber auch Auskunft über Lebensverhältnisse, Mentalitäten, Meinungsstreitigkeiten in der islamischen Gesellschaft zur Zeit Muhammeds und mehr noch zunächst der ersten etwa vier Generationen nach ihm.

Ein *Hadīth*, «Neuigkeit, Überlieferung», ist ein Bericht über das, was Muhammed in bestimmten Situationen gesagt, getan oder durch Schweigen bestätigt oder geduldet haben soll. Diese Berichte wurden in schnell wachsender Zahl zunächst mündlich weitergegeben, gelegentlich auch aufgeschrieben. Systematisch niedergeschrieben und gesammelt wurden sie ebenfalls erst in abbassidischer Zeit. Dabei steht vor jedem Hadīth eine «Überliefererkette», ein *Issnād*, von *ss-n-d*, «stützen», aus den Namen der Personen, die ihn einer vom anderen gehört haben wollten oder sollten. Jeder Hadīth beginnt also mit: «Es sagte ..., mir berichtete ..., der sagte, mir berichtete ...» Die letzte Person dieser Kette muß jemand aus der unmittelbaren Umgebung Muhammeds sein. Nicht selten ist es seine Lieblingsfrau ʿĀʾischa, die bei seinem Tod 18 Jahre alt war. Da schon relativ früh Hadīthe mit fiktiven Überliefererketten in Umlauf gesetzt wurden, mit denen sicher Neumuslime ihre Bräuche, Verhaltens- und Denkweisen in den Islam integrieren wollten, indem sie sie auf Muhammed zurückführten, setzte die muslimische Hadīth-*K*ritik an diesen Issnāden an. Nicht der Inhalt der Überlieferungen wurde kritisch gesichtet, sondern die Lebensläufe der Tradenten wurden daraufhin geprüft, ob einer vom anderen tatsächlich gehört haben konnte.

Daraus entwickelte sich die biographische Wissenschaft mit umfangreichen Lexika, die bald auch weitere Personengruppen erfaßten, zum Beispiel Ärzte, Religionsgelehrte, Schriftsteller und generell bekannte bis berühmte Personen, etwa eines Jahrhunderts oder einer Stadt über mehrere Jahrhunderte. Frauen werden hier meist gesondert aufgeführt. Ihre Zahl ist natürlich weitaus kleiner als die der Männer, aber sie bleiben nicht unerwähnt. Vom 15. Jahrhundert an gab es auch weibliche *Hadīth*-Gelehrte, handelte es sich hier doch um eine Gedächtnisleistung, die man Frauen zutraute. Koraninterpretation und -kommentierung dagegen waren bis vor kurzem rein männliche Domänen.

Die früheste Hadīth-*S*ammlung war der nach Überlieferern geordnete *Mussnad* (von *Issnād*) des Achmed Ibn Hanbal (780–855), nach dem die heute besonders in Saudi-Arabien verbreitete hanbalitische Rechtsschule ihren Namen hat. Kanonisch für das islamische Recht wurden sechs etwas spätere, thematisch geordnete Werke, von denen die des al-Buchāri (810, Buchara – 870, bei Samarkand) und des Muslim (817 oder 820, Nischapur – 875, Bagdad) die bekanntesten sind. Beide Kompilatoren arbeiteten nach weiten Reisen zur Materialsammlung bei Hadīth-Überlieferern viele Jahre an ihren Werken und wählten aus einem weitaus größeren Bestand jeder etwa 3000 Überlieferungen aus. Buchāri ordnete sie zu 97 Kapiteln, deren Themen er dem Katalog des religiösen Rechts entnahm. Er beginnt mit den religiösen Pflichten und dem Kult und behandelt danach Fragen des moralisch-ethischen und des Sozialverhaltens, des Handels, von Ehe und Scheidung, aber auch Speisen und Getränke, Kleidung, Krankheiten, Medizin. Muslims Kompendium ist in 52 Kapitel in anderer Reihenfolge geteilt. Beide Werke tragen den Titel *al-Dschāmiʿ as-Ssachīch, Die zuverlässige Sammlung*, oder einfach *as-Ssachīch, Das Richtige, Zuverlässige.* Relativ vieles dient als Erläuterung zu Koranversen und wurde Basis von Korankommentaren.

Buchāri und Muslim reihen variierende, auch divergierende Berichte über dasselbe Ereignis kommentarlos, also wertungsfrei, aneinander. Diverse Hadīthe erscheinen in verschiedenen Kapiteln, weil sie inhaltlich mehrfach zugeordnet werden können. Welche dieser Berichte tatsächlich auf Muhammed zurückgehen, also authentisch sind, welche späterer Zeit entstammen, ob dies nicht sehr viele tun, darüber gehen die Meinungen europäischer Islamwissenschaftler auseinander und unterscheiden sich ohnehin von denen muslimischer Hadīth-Experten.

Literarisch sind Hadīthe kürzere, schlichte Wiedergaben von (echten oder fiktiven) Beobachtungen des Verhaltens Muhammeds oder seiner Familienangehörigen und von Personen aus seinem Umfeld in seiner Gegenwart bis zu gut ausgefeilten Erlebnisberichten und/oder Erzählungen. Sicher zur Verlebendigung des (auch fiktiven oder fiktionalisierten) Vergangenen ist vieles in szenische Form, in Dialoge gekleidet.[44]

In einem der literarisch besten Hadīthe, im Kapitel *Ehe* des Buchāri, geben elf Frauen in Reimprosa Auskunft über Fehler und Vorzüge ihrer Ehemänner. Dies gipfelt im Lobpreis der Umm Sarʿ auf ihren früheren Ehemann Abu Sarʿ. Die Namen sind von der Wurzel *s-r-ʿ*, «säen», abgeleitet, also sicher metaphorisch. Abu Sarʿ ist ein wohlhabender Landwirt mit treuer Dienerschaft, der seine Frau rundum verwöhnt und dessen große Familie in Wohlstand und daher Harmonie lebt. Daß sich Abu Sarʿ von Umm Sarʿ trennte, als er unterwegs eine junge Frau mit zwei «Söhnen wie Geparden und die mit Granatäpfeln spielten», traf und diese heiratet, wirft Umm Sarʿ ihm nicht vor. Auch sie heiratete danach wieder: «einen angesehenen und großmütigen Mann, der ihr viele Geschenke macht», der jedoch dem Vergleich mit Abu Sarʿ nicht standhält. Der Hadīth wird auf ʿĀʾischa zurückgeführt und schließt, Muhammed (als «das schöne Vorbild») habe ihr gesagt, er sei zu ihr wie Abu Sarʿ zu Umm Sarʿ. So bekommt eine recht kunstvoll gestaltete Erzählung, vermutlich aus vorislamischer Zeit, einen exemplarischen islamischen Rahmen.[45] Sie wird auch in späteren Werken oft zitiert und gehört fast zum Standardrepertoire der Genderfrage. Anzumerken ist, daß zwar Muhammeds Ehefrauen als «Müttern der Gläubigen» laut Koran eine Wiederheirat verboten war, der Islam aber sonst in dieser Hinsicht, sicher schon um der Versorgung der Frauen willen, sehr tolerant ist.

Hadīth-Werke der folgenden Jahrhunderte, etwa der umfangreiche *Kans al-ʿUmmāl fī ssunan al-achwāl waʿ-akwāl, Der Schatz der Wirkkräfte. Über die Prophetenbräuche der Verhältnisse und der Aussprüche* des al-Muttaki al-Hindi, eines Sufis indischer Herkunft, der 1567 hochbetagt in Mekka starb, lassen auch Lebensumstände und Werturteile späterer Generationen erkennen. Das trifft besonders auf die Hadīthe zu, die wegen ihrer Überliefererkette als «schwach» bewertet werden, also späteren Zeiten entstammen.

Die ersten großen Werke des islamischen Rechts (*Fik'h*, von *f-k-h*, «verstehen, begreifen»,) als Korpora, die auf den im Koran und in der *Sunna*, dem «Brauch» des Propheten, gegebenen Regeln und bestimmten methodischen Prinzipien aufbauen, entstanden seit der Mitte des 8. Jahrhunderts. Divergierende Interpretationen der religiösen Texte ließen im sunnitischen Islam vier nach ihren Gründervätern benannte Rechtsschulen entstehen: die Hanafiten, Schāfiʿiten, Mālikiten und Hanbaliten. Sie sind in unterschiedlichen Regionen verbreitet und weichen manchmal in ihren Rechtsauffassungen nur geringfügig voneinander ab. Die Schiiten haben ihre eigene Rechtsschule, die Dschaʿfarijja, benannt nach dem sechsten Imām, Dschaʿfar as-Ssādik (gest. 765, Medina). Doch gibt es für die Fünfer-, die Siebener- und Zwölferschiiten, die jeweils nach dem Imām heißen, den sie als den letzten, den legitimen, anerkennen, eigene Handbücher.[46] Daß es, da Menschen fehlbar sind, auch innerhalb einer Rechtsschule Meinungsverschiedenheiten geben kann, wird allgemein akzeptiert. Ein wichtiges Prinzip der Rechtsfindung, der *Idschtihād*, «die freie Meinungsfindung», in strittigen Fällen auf Grund der Quellen, wurde von den Ssunniten im 9. Jahrhundert für abgeschlossen erklärt. Erst unter dem Einfluß der Moderne vom ausgehenden 19. Jahrhundert an hielt man es wieder für legitim, ja notwendig. Für die Schiiten war und ist es stets gültig gewesen. Kernstück des islamischen Rechts und am stärksten religiös konnotiert ist das Familienrecht.

Als frühestes erhaltenes Rechtswerk des Islams gilt das *Das Buch der (Grund-)Steuer* des Kadis Abu Jūssuf (gest. 798), eines Schülers des Abu

Hanīfa, mit dem gemeinsam er die hanafitische Rechtsschule begründete. Abu Jūssuf war Richter am Hof von Hārūn ar-Raschīd (reg. 786–809). Sein *Buch der Grundsteuer* enthält auch narrative Berichte über das Verhalten einiger Kalifen, besonders des zweiten, ʿUmar Ibn al-Chattāb (reg. 634–644), dessen Gesetzesstrenge Topos wurde, und das von Gouverneuren.

An die Koranverse, die mehr oder weniger deutlich Bezug auf das Leben des Propheten nehmen, knüpft die Literatur über die *Assbāb an-Nusūl* an, über *Die Gründe der Offenbarungen*, die vom 9. Jahrhundert an entstand und Berichte über das Leben Muhammeds mit den Offenbarungen verbindet.

Die historische Literatur

Die arabische Literatur ist reich an historischen und historiographischen Werken, Weltgeschichten, mehr oder weniger umfangreichen Chroniken und Stadtgeschichten. Historiographien von Dynastien, Regenten, Wesiren, Mystikern oszillieren zur biographischen Literatur.

Drei unterschiedliche, zuweilen miteinander verwobene Prinzipien der Geschichtsschreibung konnten solchen Werken zugrunde liegen: Geschichtsschreibung als Heilsgeschichte, als Hilfswissenschaft für die Geschichte des Islams und seiner führenden Persönlichkeiten und vom eher säkularen Standpunkt aus sowie unter religiös-politischen Aspekten zur Machtpropaganda für eine Dynastie, Person oder Region. In historische Werke wurden ebenfalls Verse und längere Gedichte eingeflochten, Erlebnisberichte, Erzählungen, auch über Fiktives, Briefe, Reden, Sentenzen und moralische Testamente. Bei einem Vergleich läßt sich feststellen, daß bestimmte Topoi und Motive – etwa die Eroberung von Städten, die Überbringung einer Botschaft, die Herausforderung zum Zweikampf vor angetretenen Heeren, der «Tausendmann» (*Hesārmard*, ein persisches Wort), meist ein Perser oder Grieche, der über die Stärke Tausender von Kämpfern verfügt, aber von einem Muslim besiegt wird – mit geringeren Gestaltungsvarianten zur literarischen Tradition wurden oder werden konnten. Lange Namenslisten der Teilnehmer an Schlachten und Eroberungen sollten sicher die Authentizität des jeweiligen Berichts bestätigen.[47]

Frühe historische Werke sind die *Maghāsi*- und die *Futūch al-Buldān*-Bücher, Darstellungen der *Kriegszüge* und der *Eroberungen der Länder* in den beiden ersten islamischen Jahrhunderten. Sie entstanden seit dem ausgehenden 8. Jahrhundert, zu einer Zeit, als diese Eroberungen einige Generationen zurücklagen und solche Darstellungen vielleicht auch zur Macht- und Identitätsstabilisierung gebraucht wurden. Diese Werke sind Kompilationen zumeist von kürzeren, auch längeren, detaillierten Erlebnisberichten, die vermutlich zunächst zur Unterhaltung eines Publikums von Zeitzeugen mündlich vorgetragen und später gesammelt und verschriftlicht wurden. Ihnen sind meist, wie in der Hadīth-Literatur, die Namen der Überlieferer als Authentizitätsbeweis vorangestellt.

Das früheste erhaltene *Maghāsi*-Werk stammt von al-Wākidi (gest. 823) aus einer Mawāli-Familie aus Medina, der seine für diese Zeit sehr umfangreiche Bibliothek ebenso wie die in seiner Heimatstadt kursierenden mündlichen Berichte der Nachfahren von Zeitzeugen für zahlreiche, vorwiegend historische Werke nutzte. Sie sind vor allem aus Zitaten in späteren historischen Werken bekannt. Er erregte die Aufmerksamkeit des Kalifen Hārūn ar-Raschīd, als er diesem 786 während seiner Pilgerfahrt die Sehenswürdigkeiten von Medina vorführte. Dessen Patronage und die seines Sohns und Nachfolgers al-Maʾmūn brachten ihm das Amt eines Richters ein. Sich wiederholende *Issnāde* als Quellenangaben lassen auf schriftliche Werke bekannter Autoren schließen, die verlorengegangen zu sein scheinen, etwa von al-Madāʾini aus Basra, der 842/43 über 90jährig in Bagdad starb und der mehr als 200 Schriften verfaßt haben soll.

Oft werden detaillierte Berichte von Zeit- und Kampfzeugen oder solchen, die sich auf diese berufen, aneinandergereiht. Bei frei vorgetragenen Erzählungen – damals entwickelte sich das Gewerbe des Straßenerzählers als Volksunterhalter – ergeben sich Erzählvarianten, auch Widersprüche. Der Erzählstil ist meist relativ schlicht, gelegentlich werden Verse und kürzere Gedichte eingestreut, auch Briefe und Reden zitiert. Sie lassen Rückschlüsse auf das entstehende Protokoll und die sozialen Beziehungen zu. Die Ruhmestaten einzelner Stämme oder auch Persönlichkeiten, besonders von Heerführern, finden Erwähnung. Erst spätere Historiker geben gelegentlich ihr eigenes Urteil über den historischen Wert des einen oder anderen Berichts ab oder entziehen sich dem Urteil über widersprüchliche Überlieferungen durch die bekannte Wendung *wa-llāhu aʿlam*, «und Gott weiß es am besten!»

Wohl das früheste erhaltene *Futūch*-Werk ist eine relativ kurze Darstellung der Eroberung Syriens von Abu Ismāʾīl al-Asdi (gest. um 805), das mit dem Aufruf des Kalifen Abu Bakr aus Medina an die arabischen Stämme, zu den Waffen zu greifen, beginnt und mit der Eroberung von Caesarea endet. Ibn ʿAbd al-Hakam (gest. 871), ein Autor aus einer bekannten ägyptischen Juristen- und Historikerfamilie, stellte in sieben Büchern unter dem Titel *Die Eroberung Ägyptens und Berichte über sie* Sagen und Berichte über die vorislamische Geschichte des Landes, Berichte über seine Eroberung sowie die anderer nordafrikanischer Regionen und Spaniens durch die Araber und über die Administration und die

Besonderheiten Ägyptens und der Ägypter zusammen. Es ist das früheste erhaltene Werk aus diesem Land, in dem sich die Arabisierung später durchsetzte als im Osten des Reichs.

Der bedeutendste frühe *Futūch*-Autor ist al-Balādhuri (gest. 892), der dieses Werk und ein umfangreicheres in Bagdad nach zahlreichen Reisen zur Materialsammlung verfaßte. Er selbst titelte *Umūr al-Buldān. Die Angelegenheiten der Länder.* Tatsächlich informiert er nicht nur über die Eroberungszüge Muhammeds und der Generation seiner Nachfolger, sondern auch über kulturelle, administrative, steuerliche und soziale Verhältnisse in den eroberten Gebieten.

Die früheste erhaltene Weltgeschichte mit deutlich schiitischen Sympathien ihres Autors stammt von al-Jaʿkūbi, dem Sohn eines Maulas der Abbassiden, der sich nach Tätigkeiten als höfischer Sekretär zuerst in Churassān und später in Ägypten niederließ und dort um 905 starb. Das zweibändige Werk mit dem Titel *Ta'rīch, Geschichte* (eigentlich: *Datierung*, das heißt, nach Jahren), beginnt mit Adam, die Schöpfungsgeschichte ist jedoch nicht erhalten. Jaʿkūbi beschreibt danach vor allem die kulturellen Leistungen der Israeliten, Assyrer, Babylonier, Inder, Griechen, Römer, Perser, Chinesen, Ägypter, Syrer und Araber in vorislamischer Zeit und erzählt auch das Leben Jesu in der neutestamentlichen, vermischt mit apokrypher Überlieferung. Vermutlich war ihm beides in Übersetzungen zugänglich. Die islamische Geschichte beginnt mit dem Leben Muhammeds und wird mit den *Ajjām*, «den Tagen», der Kalifen, fortgesetzt, einschließlich kurzer Charakterisierungen ihrer Person und ihrer Regentschaft und der Namen ihrer hohen Hofbeamten. Er schließt mit dem Kalifen al-Muʿtamid (gest. 892). Auch die schiitischen Imāme bis zum siebenten schließt er ein. Die gesamte vorislamische Geschichte erscheint bei al-Jaʿkūbi als Hinführung zur islamischen.

Auf die Geschichte der ehemals iranischen Regionen des Abbassidenreichs mit ihrer vorislamischen Vergangenheit konzentriert sich ad-Dīnawaris (gest. vor 902/03) *Buch der langen Berichte.* Auch hier bildet die Erschaffung Adams in der islamischen Gestalt dieses Mythos den Anfang. Darauf folgen Berichte über die Eroberungen Alexanders des Großen, die Regierungszeit des Sassaniden Chusrau Parwīs, die arabischen Eroberungen, den vierten Kalifen ʿAli Ibn Abi Tālib, seinen Enkel al-Hussain und dessen Tod in der Schlacht von Kerbela, den Machtantritt der Abbassiden und deren Herrschaft bis zum Tod des Kalifen al-Muʿtassim im Jahr 842. Dīnawari ist auch als Verfasser eines frühen Pflanzenbuchs, sowie von Werken über Mathematik, Astronomie, Astrologie und als Kompilator einer Sprichwörtersammlung bekannt.

Die erste große Weltgeschichte mit dem Titel *Die Geschichte der Gottgesandten und der Könige* verfaßte der oben als Korankommentator genannte Abu Dscha'far at-Tabari (839–923), der den ehrenden Beinamen «der Weise seiner Zeit» erhielt. Knapp ein Sechstel des Werks gilt, thematisch geordnet, der vorislamischen Geschichte des Vorderen Orients. Dies reicht von der Schöpfung nach der biblischen Überlieferung über Gestalten der jüdisch-christlichen Legendentradition, Erzväter und Propheten des Alten Testaments, die im Koran als Propheten erscheinen, jüdische und iranische Herrscher und die legendäre Geschichte des vorislamischen Arabien bis zu Muhammeds Vorfahren. Auf das Jahr 1 der Hidschra, also den Beginn der islamischen Zeitrechnung, folgen chronologisch geordnete Berichte über Kämpfe, Kriege, Einsetzungen von Herrschern und Gouverneuren mit Besonderheiten wie Unruhen, Naturereignissen und Seuchen in deren Regierungszeit. Den Schluß bildet das Jahr 915. Die Quellen erscheinen meist in Überliefererketten. Divergierende Aussagen werden kommentarlos aneinandergereiht, so daß der Leser vergleichen und versuchen kann, sich ein Urteil zu bilden. So manche Berichte, etwa diejenigen über die berühmte Kamelschlacht im Jahr 656, in der Muhammeds Witwe 'Ā'ischa auf einem Kamel sitzend die Prophetengefährten Talcha und as-Subair im Kampf gegen Muhammeds Vetter und Schwiegersohn 'Ali anfeuerte, sind streckenweise geradezu dramatische narrative Schilderungen. Kürzere und längere Gedichte, auch von Dichterinnen, dienen der emotionalen Aufbereitung, der poetischen Kommentierung oder Ausmalung von Szenen, besonders der vorislamischen arabischen und der islamischen Geschichte generell, nicht der iranischen, denn die entstammt anderen Quellen.

Weltgeschichte als Geschichte menschlicher Erfahrungen verarbeitete Abu 'Ali Achmed Miskawaih (932–1030) in seinem Werk *Die Erfahrungen der Völker*. Er baute stark auf Tabaris *Annalen* und Werken anderer Autoren auf, führte sein Opus jedoch bis ins Jahr 983/84, also die Regierungszeit der Bujiden, an deren Höfen im Irak und Iran er sich im Kreis um ihre berühmten Wesire als höfischer Sekretär oder auch Bibliothekar aufhielt. Dabei erwies er sich als intelligenter Beobachter seiner Zeit.

Herausragend als mittelalterlicher Universalgelehrter war Abu r-Raihān al-Bīrūni (973–ca. 1050) aus Chāresm. Seit Beginn des 11. Jahrhunderts war er, wahrscheinlich zunächst als Kriegsgefangener dazu gezwungen, Hofastrologe des Machmūd von Ghasna, des heutigen Ghasni in Afghanistan. Er begleitete Machmūd in dieser Funktion auch auf dessen Kriegszügen nach Indien 1017–1030, lernte vermutlich Sanskrit und regte Übersetzungen daraus an. Nach Machmūds Tod verfaßte er ein Buch über die Inder, ihre Glaubensvorstellungen, Sitten und Gebräuche, Gesetze, Sprache und Literatur, Astrologie und Astronomie. Das bedeutendste seiner etwa 150 Werke, von denen 15 erhalten sind, ist die *Chronologie der alten Völker*. Hier beschreibt er anhand der Kalendarien aller ihm bekannten antiken Völker bis zu den muslimischen Kalifen die religiösen Riten, Rituale und die Sitten dieser Völker. Er vergleicht Christentum, Buddhismus und Islam miteinander und berichtet sachlich über andere Völker. Er kam zu der relativierenden Ansicht: «Kein Volk ist frei von Dummköpfen, und die haben immer Anführer, die noch dümmer sind als sie selbst», auch: «Wer nur Autoritäten folgt, ohne daß damit eine Methode der Überprüfung verbunden ist, wirkt gestört.»

Sein Werk über Mineralogie bietet farbige Beschreibungen, vermischt mit Erzählberichten und Anekdoten.[48] Als Astronom bewies al-Bīrūni die Kugelgestalt der Erde, berechnete den Erdumfang und baute einen Globus mit exakten Ortsangaben. Außerdem experimentierte er, um das Vakuum und das spezifische Gewicht von Mineralien zu bestimmen.

Die historisch-biographische Literatur

Eine frühe Gattung der arabisch-islamischen Historiographie, die Prophetenbiographie, beruhte überwiegend auf Hadīthen. Ihr erstes und bekanntestes Werk ist die *Ssīra*, *Der Lebensweg* (Muhammeds), des Ibn Iss'hāk (um 704–767), eines Hadīth-Gelehrten aus Medina. Hier entwickelte sich, inzwischen abseits des politischen Geschehens, die Wissenschaft vom Koran und dem islamischen Recht. Ibn Iss'hāk, Enkel eines Sklaven irakischer Herkunft, ging nach weiten Reisen und nach rivalitätsbedingten Anfeindungen schließlich in den Irak und dann an den geistig offenen Hof des Abbassidenkalifen al-Ma'mūn in das 762 gegründete Bagdad.

Seine *Ssīra* ist in der Bearbeitung des Ägypters Ibn Hischām (gest. 833) erhalten, die sich auf eine (verlorene) Zwischenfassung stützt.[49] Die – teilweise legendär – gefärbten, lebendigen Erinnerungsberichte, die jeweils mit der Überliefererkette versehen sind, zeichnen ein sehr menschliches und doch heilsgeschichtlich orientiertes Bild von Muhammed und seiner Umgebung, von der Frühgeschichte des Islams. Wie die meisten späteren Geschichtswerke sind sie durchsetzt von Dialogen, von wörtlicher Rede, denn das Arabische kannte damals noch keine indirekte Rede, und von Gedichten.

Auf der Grenze zwischen historischer und biographischer Literatur liegt auch *Das große Generationenbuch* des Ibn Ssa'd (gest. 845), eines Hadīth- und Ssīra-Gelehrten, der sich nach weiten Reisen in Bagdad als Sekretär des Wākidī niederließ und später dessen Nachlaß verwaltete und nutzte. Aufbauend offensichtlich auf einem ähnlich angelegten, nicht mehr erhaltenen *Generationenbuch* dieses seines Lehrers, das bis zum Jahr 802 reichte, verfaßte er sein mehrbändiges Werk über Muhammed, dessen Familienangehörige, Gefährten und deren Nachkommen.

Er ordnete nach Klassen, das heißt, der generationsbedingten Nähe beziehungsweise Entfernung der Protagonisten zu Muhammed. Der achte und letzte Band ist Muhammeds Frauen und frühen Anhängerinnen gewidmet. Auch hier werden die Informationen in kürzeren oder längeren, sich manchmal wiederholenden, mitunter widersprechenden Hadīthen vermittelt, denen Überliefererketten voraufgehen.

Zwischen Historiographie und Biographie oszillieren umfangreiche Werke einer etwas späteren Zeit wie die 14bändige *Geschichte Bagdads* des Hadīth-Gelehrten al-Chatīb al-Bagdādi (1002–1071). Nach einer ausführlichen Darlegung der Geschichte Bagdads als des Zentrums der damaligen islamischen Welt und der nahegelegener Orte sowie des Lebens und Treibens ihrer Einwohner bietet sie 8700 kurze bis längere Viten männlicher Traditionarier, beginnend mit Trägern des Namens Muhammed, danach denen des alternativen Namens Muhammeds, Achmed. Den Schluß bilden Informationen über 31 berühmte Frauen Bagdads, von Kalifengattinen wie Subaida, der Frau Hārūn ar-Raschīds, zu weiblichen Hadīth-Gelehrten. Al-Chatīb al-Bagdādi übte während seiner Reisen auf der Suche nach der Erweiterung seines Wissens Lehrtätigkeiten aus und lehrte dann viele Jahre in Bagdad. Nachdem er aus religiösen Gründen nach Damaskus fliehen mußte, wurde er Lehrer an der dortigen Umajjadenmoschee. Neben zahlreichen weiteren Werken verfaßte er eine mehrbändige *Geschichte von Damaskus*.

Eines der umfangreichsten biographisch-historischen Lexika ist die mehr als vierzigbändige *Geschichte der Stadt Damaskus* des Ibn ʿAssākir (1105–1172) aus einer angesehenen Damaszener Gelehrten- und Juristenfamilie während der Zeit der Sengiden. Der Autor setzt mit der Eroberung von Damaskus durch die Muslime und der Geschichte des Propheten und seiner Familie ein und stellt dann alle wichtigen Personen, vor allem Traditionarier, vor, die der historischen Überlieferung zufolge Damaskus und auch andere Städte Syriens besuchten. Auch er beginnt in konventioneller religiöser Einbindung mit Trägern der Namen des Propheten. Auf Männer namens Achmed folgen die namens Muhammed, danach alle übrigen in alphabetischer Reihung.

Das Autorenlexikon des Jākūt al-Hamawi (1179–1229) könnte man im weiteren Sinn als zum Adab gehörig bezeichnen. Als Sohn nichtarabischer Eltern aus dem zu Byzanz gehörenden Teil Anatoliens wurde Jākūt («Korund», auch «Rubin») mit etwa sechs Jahren als Sklave verkauft, von seinem Besitzer, einem reichen, illiteraten Bagdader Kaufmann, gut ausgebildet und auf Handelsreisen an den Golf und nach Syrien geschickt. Nach seiner Freilassung im Alter von 20 Jahren – die Freilassung von Sklaven galt als religiös verdienstvoll – war er als Handschriftenkopist und -händler tätig und konnte damit seiner Liebe zu Büchern und seinem Wissensdurst frönen. Er unternahm Reisen zu Bibliotheken und deren Besitzern, meist Wissenschaftlern, Theologen und sonstigen Mäzenen. Nach dem ersten Überfall von Mongolen auf Bagdad 1219 floh er über Mossul nach Aleppo, wo er auch starb.

Unter dem Ziertitel *Irschād al-arīb ilā maʿrifat al-adīb, Des Klugen Rechtleitung zu des Gebildeten Wissen,* trug er in diesem Lexikon in alphabetischer Reihenfolge alle Informationen über arabische Autoren unterschiedlicher Werke von der Theologie über das religiöse Recht bis zur Poesie zusammen, die er finden konnte. Dazu gehören auch Gedichte, Anekdoten und Urteile von Zeitgenossen über sie.

Der Ziertitel ist sicher als Rezeptionsvorgabe gedacht, und das Vorwort setzt dies in wohlformulierter Reimprosa fort. Jākūt nennt seine Quellen, charakterisiert sie, auch kritisch, und weist auf frühe Schriften hin, die er nur dem Titel nach kennt. Er greift zum Schluß potentiellen Kritikern und Neidern vor, die sagen würden, dies sei nur das Werk eines griechischen Sklaven, eines Mannes aus einem Volk, von dem nichts Gutes kommen könnte, und zudem von seinem Autor lediglich «für Nahrung und Kleidung», also aus materiellen Gründen, verfaßt, nicht aber «zur Veredelung der Seelen». Sein Opus gehöre nicht zu denen, für die man in Schulen Geld ausgebe oder über die Gebildete in ihren Gesprächsrunden debattierten. Es böte vielmehr das Wissen von Königen und Wesiren, der Elite der Menschen, der Großen. Er wendet sich also an einen kleineren, höherrangigen Rezipientenkreis als etwa die meisten arabischen Geographen. Diese Elite werde sein Werk zum «Frühling für ihre Herzen» und «erholsamen Spaziergang für ihre Seelen» machen. Dem folgt ein Essay über den «Vorrang der Bildung und ihrer Vertreter und die Verdammung der Unwissenheit und ihrer Nachbeter». Er ist eine Mischung aus Reimprosa und Poesie mit einer Blütenlese attraktiv formulierter Definitionen aus dem Mund religiöser, historischer und literarischer Autoritäten, beginnend mit ʿAli Ibn Abi Tālib, über den Wert der Wissenschaft, des Wissens, *ʿIlm*, als Ehre und die Unwissenheit als den Gegenpol, nämlich als (Ergebnis von) Trägheit und Schläfrigkeit. Dies wird durch Anekdoten und zahlreiche gnomische Verse verdeutlicht. Der Autor leitet dann vom *ʿIlm* zum *Adab* über und bekräftigt mit Versen die Zusammengehörigkeit von Wissen(schaft) und schöngeistiger Bildung als das, was auch den Mann/Menschen niedriger Herkunft adele, als das eigentlich Wertvolle und Sinngebende im Leben. Jākūt betont die Bedeutung des grammatisch richtigen Sprachgebrauchs für die Wissenschaft (*ʿIlm),* ein offenkundig für seine Zeit wichtiges Thema, und weist darauf hin, daß schon die «rechtgeleiteten» Kalifen falschen (am Arabischen der Nichtaraber orientierten) Sprachgebrauch bei ihren Kindern und Sklaven mit Schlägen bestraften. Sozialhistorisch aufschlußreich ist die auf einen Beduinen (als hochsprachlichen Experten) zurückgeführte Feststellung, es sei doch seltsam, auf dem Markt spreche man schlechtes Arabisch, aber trotzdem erziele man Gewinne. Der Autor erklärt und rechtfertigt die Struktur seines Werks, auch das Einflechten von Gedichten und mehr noch von *Achbār*, Erzählberichten, in einem Essay über den «Vorteil der Achbār» für Hoch und Niedrig, für Diesseits und Jenseits.

Zu den Definitionen des *Adīb*, die Jākūt zitiert, gehört, der Unterschied zwischen einem Wissenschaftler und einem Adīb, einem schöngeistig Gebildeten, bestehe darin, daß der Adīb von allem das Beste auswähle und mit ihm vertraut werde, ein Wissenschaftler dagegen konzentriere sich auf *ein* Gebiet und wirke in ihm. Ein Lobpreis des *Adab* in Reimprosa lautet so: «Pflegt den Adab, denn er ist ein Gefährte auf öden, gefahrvollen Steppen- und Wüstenreisen, angenehmer Unterhalter in zivilisierten Kreisen, Begleiter in der Einsamkeit, Schönheit bei menschlicher Gemeinsamkeit, Grund zur Suche nach des Lebens Notwendigkeit.» Die Bedeutung des (Hoch-)Arabischen haben Worte eines Beduinen zu bekräftigen: «Lernt Arabisch, denn es bestätigt den Verstand und vermehrt die *Murūʾa*!»

Berühmt wurde auch das biographische Lexikon des Ibn Challikān (1211, Irbil – 1282, Damaskus), eines Autors kurdischer Herkunft, der nach Studien in verschiedenen Städten abwechselnd in Kairo und Damaskus Oberrichter war. Sein mehrbändiges Werk *Wafajāt al-aʿjān*, *Die Todesdaten der Berühmten* – eine Reimbildung auf seinen Namen –, erzählt angereichert mit Anekdoten und Gedichten die Viten von 855 prominenten Muslimen seit dem 8. Jahrhundert, deren Todesdaten sicher waren: Kalifen, Wesire, mehrheitlich jedoch Autoren auf diversen Gebieten von der Grammatik über die Theologie bis zur Dichtung. Im Vorwort erklärt und rechtfertigt er die alphabetische Anordnung, als sei sie neu.

Die geographische Literatur

Der Koran läßt vage kosmologische Kenntnisse, wahrscheinlich babylonischen, auch jüdischen, christlichen und originalarabischen Ursprungs erkennen. Aber um 750 reichte das arabisch-islamische Weltreich von Spanien bis zum Industal, und schon früh wurde innerhalb dieser Grenzen meist zu wissenschaftlichen Zwecken gereist. Dabei bediente man sich der damaligen Kenntnisse von Wegen, Straßen, Orten, Ländern und Reisemöglichkeiten.

Die arabische Geographie und Reiseliteratur entstand jedoch eher aus den Verwaltungs- und Handelsbedürfnissen des Großreichs der Abbassiden. Das hoch entwickelte sassanidische Postwesen mit seinem Wegenetz, seinen Poststationen und seinem Nachrichendienst tat der Verwaltung des Abbassidenreichs gute Dienste. Die Übersetzertätigkeit aus unterschiedlichen Sprachen, die in Bagdad früh begonnen hatte, vermittelte astronomische und astrologische Kenntnissen der Antike und Indiens. Kaufleute trieben bald Karawanenhandel bis nach China und Ceylon.

Anregungen durch Übersetzungen indischer und mittelpersischer Werke förderten die Entstehung der arabischen Geographie. Sie läßt aber schon durch ihren Namen *Dschugrāfijā* die Berufung auf griechische Vorbilder erkennen: die (heute verlorene) *Geographia* des Marinos von Tyros (ca. 60–130), die zeitig ins Arabische übersetzt wurde, und das astronomische Werk des Claudius Ptolemäus (ca. 90–168), das mit einer geographischen Einleitung versehen war. Diese wurde 796 unter dem Titel *Almadschisti* ins Arabische übersetzt, sein astrologisches und sein Werk über die Optik etwas später. In Europa war es unter dem latinisierten Titel *Almagest* bekannt. Das griechische Wort *Geographia* wurde im Arabischen zu Titeln wie *Kitāb Ssūrat al-Ard, Das Buch der Gestalt/des Bildes der Erde,* oder in klangspielerischer Reimprosa zu *Kitāb al-Massālik wa-l-Mamālik, Das Buch der Reiserouten und der Reiche.*

Die griechische Kartographie beeinflußte die arabische ebenfalls. Die arabischen Autoren stellten aber auch früh Diskrepanzen zwischen dem damals über 600 Jahre alten Wissen der Griechen und ihren eigenen praktischen Erkenntnissen fest.

Wir unterscheiden zwei Schulen der arabischen Geographie: Die Autoren, die ihre Werke mit Mekka und Medina als den religiösen Zentren der islamischen Welt beginnen, gehören zur Balchi-Schule, nach dem ersten Autor, der so verfuhr. Die Vertreter der irakischen Schule nehmen den Irak als Kernstück und Bagdad als den Mittelpunkt der islamischen Welt in das Zentrum ihres Buchs. Sie beginnen nach iranischem Vorbild mit dem Südirak, arabisch *as-Ssawād*, «die Schwarzerde». Dieses fruchtbare Ackerland war seit der Sassanidenzeit und bis zum Niedergang der Abbassidenherrschaft mit großen Latifundien und den aus ihnen eingezogenen Grundsteuern eine wichtige ökonomische Basis der politischen Macht und ihrer Prachtentfaltung.

Die Namen der meisten Autoren geographischer Werke verraten, daß dieses Gebiet sehr stark eine Domäne von Autoren persischer Herkunft, also iranischer Administrations- und Bildungstradition war. Persische administrative Termini zeigen das ebenfalls. Das früheste Werk der arabischen Geographie stammt von Abu Dscha'far al-Chāresmi (ca. 800–847), der vermutlich am «Haus der Weisheit» des Kalifen al-Ma'mūn tätig war. Die Übersetzungen seiner astronomischen und mathematischen Werke ins Lateinische im arabischen Spanien übten einen erheblichen Einfluß auf das europäische mittelalterliche Denken aus. In seinem *Buch der Gestalt der Erde* korrigiert er geographische Vorstellungen des Ptolemäus, etwa über die Breite des Mittelmeers. Mit der Einteilung der den Arabern damals bekannten bewohnten Erde in sieben Zonen (*Klimata*, arabisch *Akālīm*), eine Anlehnung an das sassanidische System der sieben *Kaschwar*, «Regionen», von den Kanarischen Inseln im Westen bis nach China im Osten, orientiert nur entfernt und in der Terminologie an Ptolemäus, wurde er Vorbild für spätere arabische Geographen. Reisewege, Städte und Regionen werden nach dieser geographischen Einteilung in Klimata, das heißt Längszonen, von West nach Ost aufgeführt.

Ibn Churradādhbihs (ca. 820 oder 825–911) redet im fragmentarischen Vorwort zu seinem *Buch der Reiserouten und der Reiche* einen Kalifen an, ohne ihn namentlich zu nennen, und erklärt in Reimprosa, er habe festgestellt, daß Ptolemäus in einer fremden Sprache die Grenzen erklärt und die Beweismittel bei ihrer Beschreibung verdeutlicht habe. Er kündigt ihm an: «Ich habe das in die richtige Sprache transportiert, damit Du es kennenlernst». Zu Beginn charakterisiert er die Erde als rund wie eine Kugel und im Innern des Weltalls gelegen wie das Eidotter (auch «Quintessenz») im Ei. Er teilt die Welt in vier Teile, grob aber in einen nördlichen und einen südlichen, der südliche sei auf Grund der Hitze öde/zerstört, eine Vorstellung, die auf Ptolemäus zurückgeht. «Wir wohnen im Nordteil», konstatiert er. Jeder Teil bestehe aus sieben Klimata. Nachdem er als Muslim kurz die *Kibla*, die Gebetsrichtung nach Mekka, für alle Bewohner der ihm bekannten Länder dargelegt hat, beginnt er mit dem südlichen Irak, weil die persischen Könige die Region «das Herz des Iran» nannten. Dabei übersetzt er diese persischen Worte wie andere Autoren der Zeit mit «das Herz des Irak». Er benennt Wegstationen, auch Entfernungen zwischen ihnen «im Osten», für ihn der heutige Iran, Afghanistan, China und Ost- und Südostasien, und «im Westen», das ist für ihn Nordirak, Byzanz, Syrien, Ägypten, Nordafrika. Der Norden als nächste Region ist aus seiner Sicht Armenien, Aserbaidschan, Tabaristan und dahinter Liegendes. Der Süden ist die arabische Halbinsel. Er führt Namenslisten persischer und byzantinischer Könige auf, definiert bei nahegelegenen Regionen die Steuererträge, nennt Preise, dabei mehrfach Papierpreise und flicht Verse, Sagenstoffe, Legenden und Anekdoten ein. Er füllt sein Werk mit Berichten über Mirabilien auf, die schon aus der Antike überliefert sind, etwa über den Leuchtturm von Alexandria oder den über die Schiffe stürmenden und plündernden behaarten Zwergenmenschen, die sich in der dritten Reise der *Geschichte von Sindbad dem Seefahrer* nahezu wörtlich finden, offensichtlich von hier oder aus einer gemeinsamen Quelle übernommen.

Ibn Churradādhbehs weitere Werke sind größtenteils nur aus Zitaten oder Titelnennungen bei anderen Autoren bekannt. Sie weisen ihn als einen Kenner des damaligen höfischen Lebens aus: Je ein Buch über den *Adab* des Musikhörens, die höfische Gesangskultur (*das Gesangsvergnügen*), die Kochkunst, das Weintrinken, die Trink- und Gesprächspartner der Kalifen, die Genealogien der Perser, sicher als Äquivalent zu dem von herkunftsbewußten Arabern gepflegten Stolz auf ihre Genealogien.

Von ganz anderer Art ist das 891 in Ägypten fertiggestellte – teilweise verloren gegangene – *Buch der Länder* des oben als Historiker genannten al-Jaʿkūbi. Es ist ein Werk der administrativen Geographie der islamischen Länder einschließlich Nubiens und der Türkei, das auf al-Jaʿkūbis Reisen durch Armenien, Aserbaidschan, Nordafrika und seinen beruflichen Erfahrungen als höfischer Sekretär beruht. Er beschreibt zwar Bagdad ebenfalls als Zentrum der damaligen Welt und nimmt dieselbe Einteilung in Klimata vor wie andere, doch gibt er mehr historische als geographische Informationen und enthält sich schmückender stilistischer und fiktionaler Beigaben. Bagdad ist hier wie bei anderen Autoren dieser Zeit gesegneter, für seine Bewohner in jeder Hinsicht bekömmlicher Mittelpunkt des islamischen Weltreichs.

Ein *Buch der Länder* verfaßte auch Ibn al-Fakīh al-Hamadhāni, also aus der Stadt Hamadhān im Iran, um 903. Er wollte seinen Lesern nicht so sehr praktische Kenntnisse vermitteln als solche, die ein *Adīb*, ein Mann von feiner Bildung, benötigte. Ibn al-Fakīh (das ist «der Sohn des Rechtsgelehrten») beginnt mit Koranzitaten über die Erschaffung und Gestalt der Welt, fährt mit der Beschreibung von Mekka und Medina fort, läßt Bachrain, Ägypten, den Maghreb und Syrien folgen, hält sich also nicht an das Vorbild bisher erschienener Werke dieses Genres. Seine Systematik ist undurchschaubar. Offensichtlich wollte er eher ein Adab-Werk als ein geographisches vorlegen, wollte in einem weiteren Sinn bilden und unterhalten. Er fügt Sagen, Legenden, Anekdoten und, ohne das zu begründen, einige typische Adab-Kapitel ein: die Antithese «Scherz und Ernst» in Versen, Anekdoten und Hadīthen, außerdem je ein Kapitel mit literarischen Schmähungen der Städte Basra und Kufa sowie eine Unterhaltungsrunde beim Kalifen al-Maʾmūn mit Wissenschaftlern der beiden Städte, deren Grammatiker heftig konkurrierten. Sie ist ein humorvolles Zeugnis für Städterivalitäten in der frühen Abbassidenzeit. Ein Lob auf die Fremde und das Fernsein von der Heimat, das im Gegensatz zum bis heute beliebten Thema der Sehnsucht nach ihr (s. o. S. 62) steht, gehört natürlich zur Mentalität von Reisenden.

Abu Said al-Balchi, um 850 nahe Balch in Chorassān geboren, war ein Universalgelehrter. Sein Kartenwerk *Die Gestalten/Bilder der Klimata*,

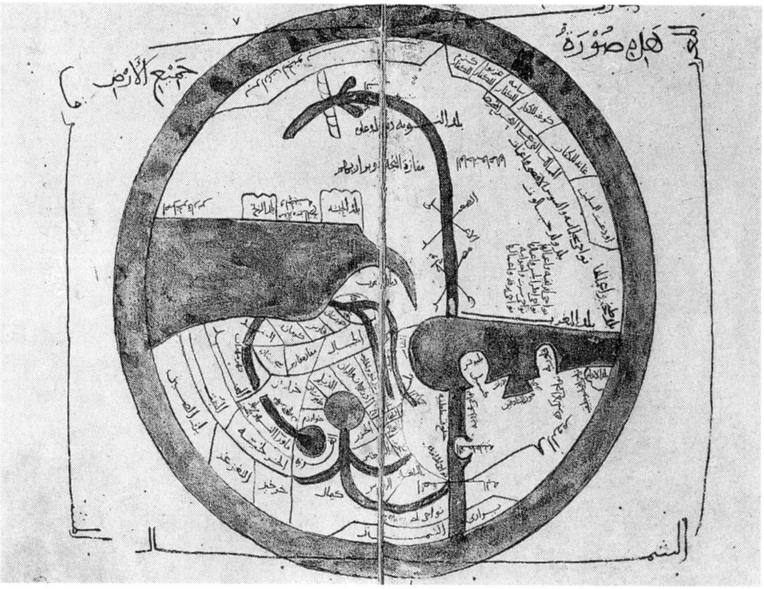

Im Original farbige Weltkarte aus dem «Buch der Gestalt der Erde» von Ibn Haukal, zweite Hälfte des 10. Jahrhunderts. Der Norden ist unten, der Süden oben, der Maghreb mit dem Mittelmeer rechts mittig, Byzanz unten rechts, China und Indien liegen links mittig. Kopie von 1086.

Ssuwar al-Akālīm, ist verlorengegangen, doch spätere Geographen berufen sich mehr oder weniger deutlich darauf, setzen sich auch mit ihm auseinander. Vermutlich bestand es aus 20 Karten mit ergänzenden Texten. Die arabischen Landkarten haben generell eine Nord-Süd-Perspektive, das heißt, sie stellen im Gegensatz zum uns Geläufigen den Süden nach oben, den Osten nach links, den Westen nach rechts.

Al-Balchis bekanntester Nachfolger al-Istachri (gest. ca. 961), fügte seinen, an al-Balchi anknüpfenden, aber stärker beschreibenden Karten umfangreiche Informationen aus schriftlichen und mündlichen Quellen und eigene, auf Reisen gewonnene Beobachtungen hinzu. Er verfeinert seine Prosa durch gelegentlich eingeflochtene Gedichte, auch Anekdoten und titelt *Die Reiserouten und die Reiche*. Daß es ihm auf die Beschreibung dieser Reiche, also politischer Regionen im weiteren Sinn, ankomme, sagt er zu Beginn. Er widmet sich dann der damaligen islamischen Welt. Die vorangestellte Weltkarte zeigt die Erde in der damaligen Vorstellung, rund und ganz von Wasser umgeben, wie sie ähnlich bereits eine altbabylonische Steinritzzeichnung aus dem 6. Jh. v. C. und später griechische Karten darstellten.

Stärker als er an Autopsie interessiert war Ibn Haukal (gest. ca. 990), der im Vorwort kunstvoll formuliert, daß er schon als Junge auf «die Reiseroutenbücher» geradezu versessen war, viele anerkannte Werke gelesen, aber keines befriedigend gefunden und deswegen dieses Buch geschrieben habe. Er definiert die Kenntnisse, die er vermittelt, als würdig für Könige und die Elite, betont, daß er seine Reise in der Blüte seiner Jugend, im vollen Besitz seiner Kräfte angetreten habe. Die islamische Welt teilt er nicht in sieben Klimata, sondern in 20 Teile, beginnend mit den «Regionen der Araber», zu denen natürlich die heiligen Städte Mekka und Medina gehören. Der Irak bildet mit allen Superlativen im Hinblick auf Macht, Wohlstand, Kultur, Freundlichkeit und Bildung seiner Bewohner, kurz, dem was wir heute Lebensqualität nennen, das Kernstück. Entfernungen gibt er in der Zeitdauer von Reisen an, also in Monaten. Ibn Haukal beschreibt nicht nur, wie er im Vorwort ankündet, geographische Gegebenheiten, zu denen meist auch die Wasserversorgung einer Region oder eines Ortes gehört, sondern nennt die Moscheen und die jeweilige Glaubensrichtung, charakterisiert die Einwohner, öfter sehr pauschal, beschreibt auch ihre Art sich zu kleiden. Er spricht über die klimatischen Verhältnisse, also biogeographische Bedingungen, zählt Produkte der jeweiligen Region, landwirtschaftliche ebenso wie handwerkliche, Im- und Exporte auf und erwähnt Preisrelationen. Im Gegensatz zum kunstvoll und stilgerecht redundant in Reimprosa formulierten Vor- und Nachwort beschränkt er sich im Text seines Buches auf einen sachlichen, informativen Stil, fügt aber gelegentlich Verse und öfter Erlebnisberichte und Anekdoten ein, die seinem Werk Authentizität und Unterhaltsamkeit verleihen. Daß zu seinem Weltbild ebenfalls die Vorstellung gehörte, daß der gesamte Süden durch zu große Hitze zerstört sei und die im Koran genannten legendären Völker Jagog und Magog dort lebten, ist seinem Text wie den beigefügten Karten zu entnehmen.

Das bedeutendste Werk der arabischen beschreibenden Geographie ist al-Mukaddassis *Kitāb achsan at-Takāssīm fi Maʿrifat al-Akālīm*, ein kunstvoller Reimprosatitel in der Bedeutung *Die besten Einteilungen. Über die Kenntnis der Klimata*. Er war ein weitgereister Kaufmann, dem Namen nach zu urteilen aus Jerusalem, der Sohn eines Baumeisters der Fatimiden. Um 990, kurz vor dem Tod des Autors beendet, enthält das Werk reiche Informationen über bauliche, wirtschaftliche, soziale, religiöse und ethnische Gegebenheiten der Städte und Regionen, die der Autor bereiste. Al-Mukaddasi charakterisiert die Geographie zu Beginn als eine edle Disziplin, würdig eines verfeinerten sprachlichen Stils und unentbehrlich für Fürsten und ihre Minister, für Kaufleute, Reisende und den Mann von feiner Bildung. Er definiert damit auch sein Selbstbild, seinen Anspruch an sich wie an seine Rezipienten. In exzellenter, vielleicht auch kokettierender Reimprosa gibt er zu, daß er auf seinen Reisen nahezu alles an Höhen und Tiefen erlebte, außer betteln und schwere Rechtsverstöße begehen zu müssen. So zeigt er nicht nur seine liberale Lebensauffassung, sondern ebenfalls seine Erwartungshaltung gegenüber der Toleranz und Weltoffenheit seiner Leser, der gebildeten, wohlhabenden Oberschicht des Kalifenreichs. Er stützt sich auf Werke von Vorgängern, grenzt sich aber deutlich von ihnen ab, übt Kritik an ihnen, sehr stark zum Beispiel an Ibn al-Fakīh und seinen «nutzlosen» Ausführungen. Während al-Istachri und Ibn Haukal die ihnen bekannte Welt in 20 Klimata einteilen, beschränkt sich al-Mukaddassi auf 14 mit etwa gleichem Umfang, von denen er sechs als arabische bezeichnet, die übrigen als nichtarabische. Er resümiert jeweils zum Schluß die wichtigsten Eigenschaften der Region. Bagdad lobt er überschwenglich in Reimprosa, sagt aber am Schluß des Kapitels über die Stadt, sie sei nicht mehr so wie früher. Heute sei Fustāt – das spätere Kairo – wie Bagdad in früherer Zeit. Schließlich regierten seit 973 in Kairo die Fatimiden, und bereits seit dem 9. Jahrhundert waren Dynastien wie die Tahiriden in Churassān, abgelöst von den Ssaffariden, die wiederum von den Ssamaniden abgelöst wurden, dann die Tuluniden in Ägypten, die Fatimiden in Nordafrika, die Hamdaniden in Aleppo/Nordsyrien zur Macht gekommen. In Bagdad regierten seit 945 die Bujiden als «Schutzherren» der Abbassiden. Wenn er Bagdad gepriesen habe, sagt Mukaddassi, dann aus Konvention. Er schließt mit einem Lobgedicht auf sein Werk und nennt es – Eigenwerbung der Zeit – «ein Buch (erfreulich) wie Perlen und Frühling, wie Gemmen und schöne Gärten».

Jedenfalls war spätestens mit al-Mukaddassi die Human- oder Anthropogeographie geboren, denn er beschreibt Städte und Regionen mit ihren Einwohnern, so wie er sie sah und erlebte, und vergleicht seine Eindrücke mit denen seiner Vorgänger.

Wichtigstes Nachschlagewerk für die historische Geographie und eine brillante kultur- und sozialhistorische Quelle ist das große *Lexikon der Länder*, *Muʿdscham al-Buldān,* des oben genannten Jākūt al-Hamawi. Er führt die ihm aus unterschiedlichen Werken der arabischen Literatur bekannten Orte, Regionen, auch Klöster in alphabetischer Reihenfolge mit allen ihm interessant erscheinenden Daten auf, die er sammeln konnte. Zu Beginn der fünf einleitenden Kapitel betont er, er habe dieses Werk nicht zur Unterhaltung verfaßt, sondern weil er sich auf Grund der Koranverse über Gottes Schöpfung der Erde und der Aufforderung an die Muslime zu reisen (Sure 6,11) dazu verpflichtet fühlte. Zitate über die Bedeutung des Reisens, besonders für Kalifen, Könige und Prinzen folgen. Er kritisiert fehlerhafte Ortsangaben in historischen, biographischen und anderen Werken, etwa den *Makāmen* des Harīri (wo die Orte nur literarische Kulissen sind), und hebt die Wichtigkeit topographischer Kenntnisse für Gelehrte aller Gebiete von der Theologie bis zur Medizin (für den Wissenserwerb) hervor. Mit Gottes und seines gepriesenen Mäzens Hilfe habe er jahrelang große Mühen ertragen, um dieses Werk vor seinem Tod fertigzustellen. Dieser Mäzen, sein Generationsgefährte Ibn al-Kifti (1172–1248), oberägyptischer Herkunft, war zunächst Finanzbeamter, dann Wesir der Ajjubiden in Aleppo. Er verfaßte historisch-biographische Werke und besaß eine umfangreiche Bibliothek, die Jākūt nutzen konnte. Jākūt führt unterschiedliche Ansichten über die Kosmographie von der Antike bis in seine Zeit auf und merkt an, manches sei nur von (Berufs-)Erzählern zur Unterhaltung des Volkes kolportiert. Das zweite Kapitel widmet er den divergierenden Ansichten über den Begriff *Iklīm*, das dritte und vierte Begriffserklärungen sowie juristischen Debatten über Ländereien aus differierendem Erwerb. Den Schluß bilden Anekdoten, in denen Regionen des Kalifats und ihre Bewohner sprachspielerisch, aber knapp und humorvoll pauschal charakterisiert werden. Sie gehörten offensichtlich zum Unterhaltungsrepertoire Gebildeter, denn sie finden sich mit Varianten in anderen Werken ebenfalls.

Jākūt weist auf ungeprüft übernommene Sachverhalte hin, etwa, wenn er im langen Eintrag über China sagt: «Hier ist etwas, das ich gefunden habe, für dessen Authentizität ich aber nicht garantieren kann. Wenn es zutrifft, habe ich mein Ziel erreicht, wenn nicht, dann weißt Du (Leser) doch, was die Leute so sagen.» Nach den historisch-beschreibenden Informationen zu den Orten nennt er Personen, die dort lebten, vor allem Gelehrte, Dichter, Adab-Autoren und deren Werke, und verwendet so Material, das er für sein Autorenlexikon gesammelt hatte.

Der größere Teil der arabischen geographischen Literatur beruht auf Erkenntnissen der Autoren, die sie auf ausgedehnten Reisen gewonnen hatten. Das waren Reisen innerhalb der islamischen Welt, ausgehend meist von ihrem Zentrum Bagdad, bis nach Andalusien und Sizilien über Nordafrika im Westen, und Indien, auch China im Osten. Alles außerhalb dieser Grenzen, besonders Südafrika und der gesamte Norden, galt als *Bilād al-Kufr*, *Länder des Unglaubens*, und interessierte wenig. «Ich habe sie nicht bereist und sehe keinen Nutzen darin», sagt al-Mukaddassi.

Reisebeschreibungen

Die erste eigentliche Reisebeschreibung der arabischen Literatur, die des Ibn Fadlān (921/22), schildert eine Exkursion in nördliche Richtung, zu den Wolgabulgaren. Der soeben zum Islam konvertierte Herrscher dieses Volks bat um religiöse Belehrung und Unterstützung. Vom Autor wissen wir nur, daß er eine Gesandtschaft des Abbassidenkalifen al-Muktadir (reg. 908–933) begleitete. Sein Reisebericht ist eine frühe, wertvolle ethnographische Quelle über die heidnischen Turkvölker, deren Regionen er passierte, und die Wolgabulgaren dieser Zeit. Er berichtet meist knapp über die Stämme und Völker, mit denen er in Berührung kam und äußert sich aus damaliger muslimischer Sicht über deren religiöses Verhalten, ihre Sauberkeit, ihr Schamgefühl (zum Beispiel ablehnend über das gemeinsame Nacktbaden der beiden Geschlechter).

Um 940 entstand Abu Dulafs Beschreibung seiner Reise von Buchara über Mittelasien an den Hof des Kaisers von China. Auch er begleitete eine offizielle Gesandtschaft, und auch er berichtet sehr knapp etwa über Kleidung, Ernährungsgewohnheiten und Bräuche. Bemerkungen wie «sie haben (einen) Götzen», auch «keine Götzen», «bei ihnen gibt es Muslime, Christen und Juden», «sie haben Feste», «sie schreiben und haben eine Meinung», «sie haben eine Politik» wirken im Vergleich zu Informationen der Geographen lapidar, zeigen aber, was interessierte.

Auf Seereisen arabischer Händler bis in entfernte Meere deutet der Abenteuerroman *Sindbad der Seefahrer,* der aus der Zeit um 900 stammt. Er wurde erst durch den französischen Übersetzer von *Tausendundeiner Nacht*, den Orientalisten Antoine Galland (1649–1715), in die Sammlung eingefügt, lief also einzeln um (s. u., S. 258 ff.).

Datiert auf das Jahr 953 sind *Die Wunder Indiens* des Kapitäns Busurg Ibn Schachrijār, dessen Name ihn als Perser ausweist. In flüssigem, am damaligen Umgangsarabisch, nicht der Sprache der Gebildeten orientierten Stil vermischt der Verfasser in 134 Geschichten, für die er teilweise Quellen nennt, Seemannsgarn mit Faktenberichten, Mirabilien, Sensationsgeschichten, Legenden, kurz Unterhaltungsstoffen, wie sie sicher bei der städtischen Mittelschicht beliebt waren. Es gibt Geschichten über den Einsatz von Elefanten zu unterschiedlichen Zwecken, das Verhalten von Affen, über Mischwesen und perlenführende Bäche. Einige Motive finden sich im *Sindbad-Roman* und in Geschichten aus *Tausendundeiner Nacht*, auch in mittelalterlicher europäischer Literatur, etwa der große Vogel als Transportmittel in ferne Gegenden oder auf Berggipfel. Der Verfasser sagt zu Beginn, Gott habe die Wunder der Erde in zehn Teilen erschaffen, neun befänden sich in der östlichen Hemisphäre, einer sei über den Westen, den Norden und den Süden verteilt. Von den neun Teilen der Wunder des Orients befänden sich acht in China und Indien, nur einer im Vorderen Orient. Das ist ein Beweis für die Faszination, die der Ferne Osten damals auf die muslimische Welt ausübte.

Für den Westen der islamischen Länder, also Spanien, Sizilien und Nordafrika, war der Osten als die wissenschaftlich und kulturell höher entwickelte Region lange Zeit sehr attraktiv. Nicht nur die Pilgerfahrt nach Mekka, auch die Suche nach Wissen trieb Andalusier und Nordafrikaner in die Zentren Bagdad, Mossul und nach dem Mongolensturm nach Aleppo, Damaskus und Kairo. Sizilianer zogen oft die Route über Andalusien in den Orient vor.

Ibn Dschubair (1145, Valencia-1217, Alexandria) begründet zu Beginn seiner berühmten Reisebeschreibung seinen Aufbruch 1183 von Granada über Alexandria nach Mekka damit, daß er sich verleiten ließ, Wein zu trinken, und zur Sühne die Pilgerfahrt antrat. Er blieb über ein Jahr in Mekka und kehrte 1185 nach abenteuerreichen Aufenthalten in Syrien und dem Irak zurück. So gilt auch fast ein Drittel seiner Beschreibung den Ritualen der Pilgerfahrt und dem Leben in den heiligen Städten Mekka und Medina.[50] Eindrucksvoll beschreibt er in Reimprosa todbringende Stürme auf See. Alle Städte, die ihm positiv oder negativ auffielen, stellt er zu Beginn in Reimprosa, dann sachlich in Details vor, rühmend etwa Aleppo, Damaskus, Mossul, Homs und Hama, ambivalent die alte Kulturstadt Harrān in Nordmesopotamien, deren Einwohner Ssabier geblieben waren. Messina ist «Versammlungsort der Kaufleute der Ungläubigen», schmutzig und voll sich drängender Menschen, wo er sich in jeder Hinsicht fremd fühlte, aber doch Hauptstadt einer überaus fruchtbaren Insel mit topographisch «erstaunlichem» Hafen. Bagdad erfährt mit der Fremdenfeindlichkeit und Arroganz seiner Bewohner eine eher negative Darstellung. Begeistert schildert er dagegen in Reimprosa, wie er den berühmten Hofprediger Ibn al-Dschausi (s. S. 205, 255) und seine Wirkung auf das Volk bei einer öffentlichen Predigt erlebte. Aufschlußreich sind seine sachlichen, aber auch kritischen Ausführungen über die Beziehungen der Muslime zu den Kreuzfahrern. Einigen bescheinigt er gute Arabisch-Kenntnisse. Zeitzeugnis ist ebenfalls seine Bewunderung der religiösen Toleranz und Islamfreundlichkeit des Staufers Wilhelms II. in Sizilien. Wunschformeln des frommen Muslims begleiten Städte und Personen in unterschiedlicher Art, rühmende Saladdin, Schutzwünsche alle muslimischen Orte, Zerstörungswünsche die von den Kreuzfahrern besetzten Städte Akka und Tyros, teilweise verbunden mit dem Wunsch nach späterer Restauration.

Der berühmteste arabische Reiseautor des Mittelalters, rund 50 Jahre nach Marco Polo, war der Nordafrikaner Ibn Battūta (gest. 1368/69 oder 1377). Er war auch der am weitesten gereiste. Zwischen seinem Aufbruch von Tanger nach Mekka über Nordafrika, Ägypten, Syrien 1325 und seiner letzten Reise 1352/53 lernte er auf insgesamt sieben Fahrten Kleinasien, Transoxanien bis zum Industal, Niger und andere afrikanische Länder, Indien, die Malediven, Sri Lanka, Südostasien, China und schließlich Spanien kennen. 1357 diktierte er seine Reiseerlebnisse auf Geheiß des damaligen Marinidensultans in Fes dessen Hofsekretär, Ibn

Dschusaj (1321, Granada-1357, Marokko). Dieser hatte selbst Gedichte und historische und andere Werke verfaßt. Er redigierte und edierte das umfangreiche Werk und fügte in den ersten Teil Kommentare sowie eigene und fremde Gedichte ein. An einigen Stellen, etwa für Aleppo, stützen sich die Beschreibungen auf Werke anderer, hier des Ibn Dschubair, vielleicht, weil Ibn Battūta bei seinen Abenteuern, etwa einem Piratenüberfall vor China, Aufzeichnungen verloren gingen und er andere hier beschriebene Reisen, zum Beispiel zu den Bulgaren, nie machte. Trotzdem sind die Informationen über das Alltagsleben in vielen Ländern informativ und interessant, hielt er sich doch in manchen Regionen länger auf. In Delhi und auf einer Insel der Malediven übernahm er das Amt des Kadis und sorgte für die genauere Einhaltung der islamischen Rituale. Er spart seine Familie, etwa den Tod einer kleinen Tochter, und unterwegs ihm angetragene und realisierte Ehen, natürlich mit hochrangigen Damen, nicht aus, erzählt aber offensichtlich auch Seemannsgarn, etwa von einbrüstigen Frauen, die er in China gesehen habe.

Neben diesen Reisebeschreibungen, die vor allem über Stationen auf dem Weg nach Mekka und Medina und die Pilgerfahrt mit den Erlebnissen und Beobachtungen der Autoren während dieser informieren, die aber auch über Exotisches und Abenteuer berichten, gab es zwischen dem 12. und dem 19. Jahrhundert die Berichte über Gelehrtenreisen. Sie hielten die wissenschaftlichen Stationen des Autors, sein Erleben des – meist religiös-rechtlichen – Lehrbetriebs minutiös mit den Namen der Lehrpersonen und ihrer Lehre fest, verbrämt mit Poesie und Reimprosa. Ein gutes Beispiel ist die *Maghrib-Reise* des Nordafrikaners al-ʿAbdari aus dem Jahr 1289.[51]

Erheblich später und trotz weitaus pretiöserer Sprache stärker individuell gefärbt sind die drei Beschreibungen einer Reise von Bagdad durch den Irak nach Istanbul und zurück 1851/52 des Bagdader Korangelehrten Abu th-Thanā al-Ālūssi (1802–54). Sie erschienen postum 1872, 1874 und 1909 unter Reimprosatiteln. Er reiste nach seiner Entlassung aus dem Amt des Großmuftis von Bagdad zur Klärung seiner Situation zur Hohen Pforte und nennt die gelehrten Zeitgenossen, die ihn aufnahmen, andere, die ihn abwiesen, geht auf Debatten und kritisch auf Zeitumstände ein. Während der Rückreise holte er sich die Krankheit zum Tode. Einen Reimprosatitel im klassischen Stil gab auch der Ägypter Rifāʾa at-Tachtāwi seinem Bericht über seine Eindrücke von Paris zwischen 1826 und 1831, der am Beginn der Reformen in den arabischen Ländern steht (s. S. 276).

Ganz anderer Art sind die Reisebeschreibungen des Mystikers ʿAbd al-Ghani an-Nābulussi (1641–1731), der Ibn al-ʿArabis *Weisheitsgemmen* kommentierte und sie dadurch im Osten populär machte. Religiösmystische Erlebnisse bei Besuchen an Mausoleen und in Moscheen während seiner Reisen zwischen 1664 und 1694 stehen im Vordergrund, begleitet von viel Poesie.[52]

Es gab auch eine nautische Literatur, nautische Lehrgedichte inbegriffen. Der große Navigator Achmed Ibn Mādschid aus Oman schrieb um die Wende zum 16. Jahrhundert Lehrgedichte und Handbücher dieser Art. Seine Beschreibungen der Küstenregionen des indischen Ozeans vor dem Eintreffen der Portugiesen verraten gute Ortskenntnisse. Auch er streut Poesie in seine Prosa und schreibt einen unterhaltsamen Stil.[53]

3. Prosa, durchflochten von Poesie, zur Bildung und Unterhaltung: die *Adab*-Literatur[54]

Textsorten, Prinzipien und Stil unterhaltsam-bildender Werke[55]

Die meisten Adab-Werke sind Kompilationen aus Poesie und sprachlich oft kunstvollen Prosatexten zu bestimmten Themen. Daneben gibt es schon früh Adab-Enzyklopädien. Der Autor stellte sie nach seiner Intention, seinem Geschmack und dem seiner «implizierten Leser» in individueller Anordnung mehr oder weniger systematisch zusammen.

Textelemente sind Koranverse, ein im Lauf der Jahrhunderte wachsender Bestand an Hadīthen, Aphorismen, Sprichwörtern und Erzählungen unterschiedlicher Länge. Je nach Inhalt sind die Erzählungen von mehr oder weniger zahlreichen, oft epigrammartigen Gedichtfragmenten mit und ohne Nennung der Verfasser durchsetzt. Manche dienen der poetischen Ausmalung der Erzählung, für andere ist diese die Erklärung. Die Erzähltexte werden oft, nach dem Vorbild von Hadīthen, und wie bei diesen zum Authentizitätsbeweis, durch Überliefererketten eingeleitet. Der Kompilator kann aber auch voranschicken, er habe dies von «glaubwürdigen Leuten» gehört und halte es deswegen für erzählenswert. Die Autoren erhoben allemal Realitätsanspruch.

Für die Erzähltexte gab es Begriffe, jedoch ist deutlich, daß sie nicht eindeutig festgelegt waren.

Achbār, «Nachrichten, Berichte», (heute «Nachrichten» in Zeitungen, Funk und Fernsehen) sind oft Erinnerungsberichte, aber ebenso kürzere und längere Erzählungen historischen, biographischen, anekdotenhaften oder einfach unterhaltsamen Inhalts unterschiedlicher, auch altarabischer und altsüdarabischer Provenienz.

Anekdoten heißen oft *Nawādir,* das ist der Plural von *Nādira,* «Seltenheit, Kostbarkeit». Außerdem gibt es den Begriff *Hikāja*, abgeleitet von *hakā*, «nachahmen, erzählen», für «Erzählung» und *Kissa* (*qiṣṣa*) eher für die kürzere oder längere Volkserzählung. *Kāss* ist der (Volks-)«Erzähler».

Die Gattung der «schlagfertigen Antworten», *al-Adschwiba al-muskita*, wörtlich «die Antworten, die zum Schweigen bringen», würden wir zu den Anekdoten zählen. Sie wurden in eigenen Werken oder Kapiteln zusammengestellt. Meist sind es geistvolle Geschichtchen, die von Sprachwitz, Situationskomik und gekonnter Abwehr von Kritik oder Spott leben.

Hikam, «Spruchweisheiten», Plural zu *Hikma*, «Weisheit», *Amthāl*, «Sprichwörter», auch «Gleichnisse», als Plural von *Mathal,* «Gleichnis», durchziehen die Adab-Werke ebenfalls, sie werden manchmal seitenlang, gelegentlich nach einem Ordnungsprinzip gruppiert, aneinandergereiht.

Anekdoten, Erinnerungsberichte und etwas längere Erzählungen, dann meist *Achbār*, wurden in eigenen Anthologien zu bestimmten Phänomenen, Personen und Personengruppen, auch zu Orten und Ereignissen zusammengestellt, oft durchflochten von Versen. Man hatte seine Freude an brillanten, spritzigen Formulierungen.

In Adab-Werke fanden außerdem kunstvoll formulierte «Reden», *Chutab*, Plural von *Chutba*, unterschiedlicher Art Eingang, zum Beispiel Traueransprachen zum Tod Hochrangiger, oft religiös-politischen Inhalts, und politische Reden.[56] Sie gehen mit ihren rhetorischen Mitteln auf altarabische Vorbilder zurück.

Die *Rissāla*, «das Sendschreiben, der Brief», oft von bekannten Persönlichkeiten, auch aus vorislamischer Zeit und von sassanidischen oder griechischen Autoren, hat meist eine religiöse, sozialethische und/oder politische Warn- oder Mahnfunktion. Sie konnte später, etwas näher spezifiziert, Titel großer Werke sein, besonders bei Abu l-ʿAlāʾ al-Maʿarri (s. S. 200 ff.).

Sozialethische und religiös-politische Empfehlungen und Weisungen in knapper, klarer Sprache enthalten die *Wassājā*, Plural von *Wassijja*, «Mahnung, Testament», bekannter Persönlichkeiten an Nachgeborene. Weisungen von Müttern an ihre Töchter zu deren Verhalten gegenüber ihrem künftigen Ehemann äußern in gewählter Reimprosa Regeln der patriarchalischen Geschlechterordnung, die Frauen in der Ehe befolgen sollten.

Typisch sind Kurzdialoge zur Klärung von Begriffen, Phänomenen, Denk- und Verhaltensweisen, auch zur Formulierung moralischer Sentenzen. Ein Namenloser oder auch jemand mit einem Allerweltsnamen der Zeit fragt eine Person, die als Autorität gilt, etwa Arīstū, also Aristoteles, den Sassanidenwesir Busurdschmihr, den letzten Sassanidenherrscher Chosrau Ibn Anuschirwān, den Propheten Muhammed oder einen der «rechtgeleiteten», das heißt der ersten vier Kalifen – oft wird ʿAli Ibn

Abi Tālib genannt –: «Was ist für Dich ...?» und erhält in direkter Rede die autoritative Auskunft oder Definition. Das machte wahrscheinlich in einer Gesellschaft, in der mündlicher Überlieferung und Kommunikation ebenso wie Autoritäten viel Gewicht beigemessen wurde, den Inhalt schon fast zum Lehrsatz und lockert zudem strukturell auf. Mancher Prosatext will die Entstehung eines Gedichts, eines Sprichworts, einer Redensart erklären und mag um diesen Grundtext herum komponiert worden sein, hat also ätiologischen Charakter.

Zu den Textsorten des Adab gehört ebenfalls der *Inschā'*, Kausalnomen von *n-sch-'*, «entstehen», also «Komposition». Das war seit der späten Umajjadenzeit zunächst die höfische Korrespondenz, die vom ausgehenden neunten Jahrhundert an stilistisch immer anspruchsvoller wurde. Ihre Autoren überboten sich geradezu in Reimprosa, Parallelismen, Bildern, Metaphern und inhaltlich oft redundanten, aber klanglich kunstvollen bis gekünstelten Formulierungen.[57]

Poetisches Spiel in Adab-Werken sind Rangstreitdichtungen, die es dann auch als Einzelwerke gab (s. S. 238 ff.).

In Adab-Werken erscheinen außerdem vom 10. Jahrhundert an kürzere *Makāmen*, sogenannte «Standpredigten», die später zu Rangstreitdichtungen und auch anderem oszillieren konnten (s. u.). Jedenfalls bestehen fast alle durchgängig aus Reimprosa, oft durchsetzt mit Poesie. Abgeleitet von *kāma,* «stehen, sich erheben», wurde der literarische Ordnungsbegriff vielleicht als Kontrast zu *Madschālis,* wörtlich «Sitzungen», gebildet. Diese Gesprächszirkel von Gelehrten und Gebildeten wurden in eigenen Werken erfaßt.

Ssadsch', rhythmische Reimprosa, meist kurzgliedrige, gereimte Sprache ohne metrische Bindungen, wie sie der Koran enthält, die aber schon aus vorislamischen Weisheitssprüchen und Orakeln überliefert ist, wurde vom Ende des 10. Jahrhunderts an zum Stilideal der höfischen Korrespondenz. Wohl von dort ausgehend wurde sie für Buchtitel, Vorworte, Schlußformeln, Kapitelanfänge und -schlüsse, Reden, Predigten, für beschreibende Passagen, die besonders wirken sollten, ja für ganze literarische Werke, auch umgangssprachliche, üblich. Die Rollendefinition der Dichtung bei Ibn Kutaiba (s. S. 38) mit ihren Tautologien, ihrer Metaphorik und ihrem *Parallelismus membrorum* ist ein gutes Beispiel für den eleganten Prosastil in der Adab-Literatur der Blütezeit der Abbassiden und über sie hinaus. Das Original enthält weniger Reimprosa als spätere Texte. Die Glieder der Reihung sind kürzer, als eine deutsche Übersetzung sie wiedergeben kann.

Der sonstige Text in Anekdoten, *Achbār,* aber auch bei vielen Historikern und Geographen ist in einem oft schlichten Erzählstil gehalten. Kurze Hauptsätze werden, verbunden mit *wa,* «und», in der natürlichen

Zeitfolge der Handlung aneinandergereiht, unterbrochen durch Dialoge, also wörtliche Rede. Diese wird stets eingeleitet durch das stereotype *kāla,* «er sagte», oder *kultu,* «ich sagte», undifferenziert nach Frage oder Antwort. Beides ersetzt, wie die Gliederung durch Reime oder parallel gesetzte Satzglieder, die Interpunktion. Die wurde erst vom 19. Jahrhundert an eingeführt. Es gibt für sie bis heute keine festen Regeln. Die Dialoge geben den Texten oft eine fast dramatische Struktur und machen sie sehr lebendig.

All dies wird thematisch und/oder assoziativ, kaum je chronologisch, aneinandergereiht. Mehr oder weniger häufig meldet sich der Kompilator in der ersten Person Singular oder Plural, auch in der dritten Singular mit seinem Namen zu Wort, etwa; «und al-Massʿūdi sagt (dazu): Ich …» Oder auch: «Der Verfasser dieses Buches sagt: …» Dann folgt eine Erklärung oder Meinung zum Zitierten, auch eine Entschuldigung oder Überleitung zum nächsten Gedanken oder Thema, ein Hinweis auf bereits an anderer Stelle von ihm oder anderen Genanntes oder die Aufforderung: «Und jetzt kehren wir zurück zu …», nämlich dem Ausgangsthema, von dem der Autor abgeschweift ist. Dschāhis als frühester und fruchtbarster Adab-Autor definiert das Prinzip dieser Literatur: um den Leser nicht zu langweilen wolle er nicht zu lange bei einem Thema verweilen, es vielseitig beleuchten, aber dann zum nächsten springen und es vielleicht später in anderen Zusammenhängen wieder aufnehmen.

Hinter den Überliefererketten, die besonders in der Frühzeit dieser Literatur viele Texte einleiten, verbergen sich oft Bücher oder doch Schriften, die nicht mehr oder nicht vollständig erhalten sind und fragmentarisch in Werken anderer weiterleben. Die Angaben können auch anonym sein: «Manche sagten …», «Einer sagte …», «Es wird gesagt …», manchmal wird sozial oder geographisch definiert: «Ein Beduine sagte: …», «Ein Weiser sagte …», «Ein Frommer sagte …», «In einem Buch der Inder heißt es: …». «Zur Weisheit Lukmāns gehört …» – der koranische Lukmān nimmt später oft Züge von Äsop an. Legendär wurde ebenfalls Busurdschmichr (für persisch: Busurgmichr), der Wesir des letzten Sassaniden Chusrau Anuschirwān I. im 6. Jahrhundert, als Überlieferer von Lebensweisheiten und Empfehlungen aus persischer Ratgeber- und Fürstenspiegelliteratur, sowie Arīstū oder «der erste Lehrer/Philosoph» für Aristoteles und seine *Logik.* Als Quellen überwiegen zumeist arabische und arabisierte Namen, natürlich solche bekannter Persönlichkeiten. Ihnen werden gängige Geschichten, Berichte und Sentenzen zugeschrieben, beginnend mit ʿAli Ibn Abi Tālib, über den Hadīth-Überlieferer Abu Huraira (gest. 678 oder 679), der, armer Herkunft, sich immer in Muhammeds Nähe aufgehalten haben soll, und Ibn ʿAbbās (gest. um 688), der als «Vater der Koranexegese» gilt und in der Politik des 7. Jahrhunderts eine wichtige Rolle spielte. Der Asket Hassan al-Bassri (642–728), dessen Werk nur in Zitaten weiterlebt und den die Sufis als einen ihrer Stammväter betrachten, gehört dazu, ebenso al-Haddschādsch Ibn Jūssuf (661–714), der berühmteste Statthalter der Umajjaden, sowie der basrische Grammatiker al-Assmaʿi (740–828?). Sie sind hier Autoritäten, auch in kurzen Konsultationen zu Verhaltensweisen oder zur Klärung von Lebens- oder Sachfragen.

Auswahl, Gewichtung und Anordnung sind also ebenso individuell wie die wiedergegebenen Meinungen, Erfahrungen, auch Erinnerungen, häufig in Gedichtform. Aber natürlich wiederholen sich auch Sentenzen, Meinungen und Themen.

Titel, Vorworte und Schlußformeln

Individuell und doch auch von Konventionen bestimmt ist die Formulierung von Titeln und Vorworten. Büchertitel wurden, abgesehen von den Dīwānen der Dichter, von etwa 1000 an durch eine Sinne und Verstand umwerbende Wortwahl und durch Spiele mit Wortwurzeln und -formen in Reimprosa immer kunstvoller. *Nus'hat al-muschtāk fi 'chtirāk al-āfāk Des sich Sehnenden Vergnügen, die Horizonte zu durchpflügen* etwa ist der Titel des bekannten *Rogerbuches* des spanisch-nordafrikanischen Geographen al-Idrīssi aus dem Jahr 1154. Der Text des Buches ist schlicht, klar und sachlich. Angenehme Reizwörter wie *Abkār,* «Jungfrauen», (zum Beispiel «der Gedanken» für «neue Gedanken»), *ʿArāʾis,* «Bräute», *Durr,* «Perlen», *Nūr,* «Licht», *Anwār,* «Lichter», *Bajān,* «Klarheit», *Bughja,* «Wunsch, Begehren», *Bachdscha,*»Glanz, Freude», *Tuchfa,* «Kleinod», *Nus'ha,* «Spaziergang», finden in Ziertiteln durch die Jahrhunderte, in verspielter Reimprosa mit anderen verwoben, immer wieder Verwendung. Dabei wird es vom 10. Jahrhundert an üblich, den Titel mit einer werbekräftigen Genitivverbindung zu beginnen und dann auf *fi,* «über», eine Aussage über den Inhalt folgen zu lassen, etwa bei der Reisebeschreibung des bereits genannten Rifāʿa at-Tachtāwi nach Paris: *Tachlīs al-ibrīs fi maʿrifat Bārīs, Die Läuterung des Goldes. Über die Kenntnis von Paris.*

Vorworte und Schlußpassagen von Büchern wurden zu eigenen Textsorten. Meist bis heute leitet Bücher die Standardformel «Im Namen Gottes, des Barmherzigen, des Erbarmers», die *Basmala,* ein, die den Autor und sein Werk in den religiösen Kontext stellt. Die Umajjadenkalifen sollen dies, sicher nach dem Vorbild koranischer Suren, eingeführt haben. Dem folgen in der klassischen und nachklassischen Literatur Gebete des Autors oder Kompilators um Beistand und Segenswünsche für Muhammed in kunstvoller Reimprosa, vermischt mit Koranversen und

Hadīthen. Danach nennt sich meist der Autor, der sich konventionsgemäß zu Beginn als «der arme Knecht Gottes» bezeichnet hat, in der dritten Person Singular mit vollem Namen. Nach *wa-baʿd,* «und nun», stellt der Autor sein Vorhaben vor. Er tut dies ebenfalls in preziöser Reimprosa und zählt dann, bei größeren Werken, die Kapitel auf, in die er den Stoff geordnet hat.

Tradition sind im Lauf der Jahrhunderte sich verstärkende Demuts- und/oder Huldigungsfloskeln gegenüber Mäzenen als *captatio benevolentiae*, mit Gebeten für sie und die vom Autor erwartete Rezipientenschicht. Das war meist die soziale Elite der Könige, Wesire und Notabeln. Manchmal folgen recht arrogante Worte über die *Ssūka*, den «Pöbel», der nur nachplappere und undifferenziert denke. Die Autoren geben, gleichsam als Profilierungsbekundung, ihrem Stolz auf ihre Leistung Ausdruck, verweisen selbstbewußt auf frühere Werke aus ihrer und anderer Feder, loben oder kritisieren die letzteren und sprechen über ihre Situation bei der Abfassung des Buches. Artifiziell, aber variierend formulierend betont der jeweilige Autor, er wolle über nichts zu lange reden, um den Leser nicht zu langweilen. Das wirkt wie Ironie, denn der Zierstil der Zeit erforderte, inhaltlich nahezu Identisches mehrfach anders sprachspielerisch in kurze rhythmische Reimprosaglieder, meist parallel, oft mit Binnenreimen konstruiert, und in Verse, alles voller Bilder und Metaphern zu kleiden, oder geeignete Verse einzuflechten. Konvention ist bei manchen Autoren die Bitte um Nachsicht für Unzulänglichkeiten mit dem Hinweis darauf, daß kein Mensch fehlerfrei sei und ohnehin alles in Gottes Hand stehe, außerdem oft harte Worte gegen Neider und Feinde.

Die Schlußworte, ebenfalls in Reimprosa, sind nahezu standardisiert. Sie geben, manchmal in Buchstabenwerten, das (muslimische) Jahr oder sogar das genaue Datum der Beendigung, gelegentlich die Jahre an, die der Autor für sein Werk benötigte. Mit gereimten Danksagungen an Gott und mit Gebeten schlagen sie den Zirkel zum Anfang des Buches.

Verwundern mag, daß einige Werke der Adab-Literatur jahrhundertelang als die bestimmter renommierter Autoren galten und erst die neuere Forschung ergab, daß dies lediglich Zuschreibungen waren. Grund war, daß es manchen Verfassern vor allem darauf ankam, gelesen zu werden. Sie versprachen sich ein größeres Publikum, wenn sie unter einem bekannten Namen publizierten (s. S. 131).

Der Beginn: Didaktische Literatur von Autoren persischer Herkunft

Die Adab-Literatur verdankte den Anregungen durch persische Hofsekretäre und ihren Übersetzungen aus dem Mittelpersischen Erhebliches.

ʿAbd al-Hamīd al-Kātib (685–750) war persischer Herkunft und umajjadischer Hofsekretär. Insgesamt 40 längere und kürzere Sendschreiben verschiedenen Inhalts sind von ihm in diversen Werken aus unterschiedlichen Zeiten überliefert.[58] Er gilt durch seine *Rissāla*, sein *Sendschreiben*[59], datiert 129 muslimischer, also 746 christlicher Zeitrechnung an ʿAbdallah Ibn Marwān II, den Sohn des letzten Umajjadenkalifen Marwān II. (reg. 744–750), als Pionier des brillanten literarischen Prosastils, der in der Epistel- und der höfischen Essay-Literatur weiterentwickelt wurde. Inhaltlich ist sie ein Vorläufer der späteren Fürstenspiegel. Der Verfasser gibt dem Prinzen im Auftrag des Kalifen väterlich ermahnend Ratschläge für sein Verhalten, seine Pflichten und seine Strategie seiner engeren Umgebung und dem Volk gegenüber. Es sind Empfehlungen in Reimprosa zu maßvollem, gerechtem, besonnenem Auftreten, verantwortungsvollen, individuell zu treffenden Entscheidungen, zur Wahl guter Berater aus guten Familien und zum Schutz gegen Intrigen und Verleumdungen. Er gibt taktische und praktische militärische Hinweise, vor allem, Blutvergießen zu vermeiden, die Gegenseite durch gute Kundschafter auszuforschen und «listig» zu verfahren, empfiehlt also das, was wir psychologische Kriegführung nennen würden. Dies ging, auch mit dem realen oder fiktiven Prophetenwort «Krieg ist List (Strategie)», jeweils zeitgemäß variiert, in viele spätere Fürstenspiegel über. Historischer Hintergrund waren hier Aufstände der Chāridschiten, einer religiös-politischen Protestbewegung, die die Herrschaft der Umajjaden mehrfach erschütterte. Sie sah die Legitimation für das Amt des Kalifen allein im rechten Glauben eines Mannes, nicht in seiner arabischen Abstammung (väterlicherseits), wandte sich also gegen das Aristokratiebewußtsein der Araber und die Umajjaden. Das Werk beweist, zu welch wegweisender Position ein höfischer Sekretär nichtarabischer Herkunft gut hundert Jahre nach der Ausbreitung des Islams gelangen konnte. Tatsächlich besiegte der Kronprinz seinen Gegner, dessen religiös-politisches Feindbild zu Beginn gezeichnet wird, doch fand die Herrschaft der Umajjaden wenig später ihr Ende.

ʿAbd al-Hamīd al-Kātib verfaßte auch ein diplomatisches Sendschreiben an die höfischen Sekretäre. Er bestätigte ihnen in brillanter Reimprosa ihren hohen sozialen Rang und die Zugehörigkeit zur Bildungselite, wies sie auf ihre Aufgaben, Pflichten und Verantwortlichkeiten in der höfischen Kultur hin und ermahnte sie zu Bescheidenheit in Auftreten und Lebensstil. Sie sollten den Koran, die Sunna und die religiösen Pflichten studieren und sich gute Arabischkenntnisse sowie eine schöne Schrift aneignen. In einem kurzen Schreiben über das Schachspiel fordert er den Kalifen nach diversen religiösen Formeln auf, Leute einzusperren, die sich dem Schach zu intensiv widmen, denn es lenke vom Beten und den religiösen Pflichten ab und fördere das Gewinn- und Rivalitätsdenken zu stark.[60] Offensichtlich waren solche Ermahnungen nötig. Im stark religiös geprägten Fürstenspiegel *Der Rat für Könige* aus dem 10./11. Jahrhundert, der dem schāfiʿitischen Oberrichter al-Māwardi zugeschrieben wurde, wird den Herrschern das Schachspiel – angesichts des Verbots von Glücksspielen im Islam – als legitimes und königlicher Würde gemäßes Mittel der Entspannung empfohlen.

Der bekannteste frühe Prosaautor und Übersetzer aus dem Mittelpersischen war Ibn al-Mukaffaʿ. Er wurde 755 oder 756 im Alter von 36 Jahren auf Befehl des Abbassidenkalifen al-Manssūr von seinem größten Gegner, dem Gouverneur von Basra, gefoltert und hingerichtet, nachdem er sich an einer Revolte gegen den Kalifen beteiligt hatte. Trotzdem ist er Quelle und Autorität in vielen späteren Adab-Werken. Sohn eines umajjadischen Steuerbeamten aus einer vornehmen persischen Familie, trat er in seiner Jugend zum Islam über, blieb innerlich aber wohl Manichäer. In seinen letzten Lebensjahren verkehrte er in literarischen Zirkeln in Basra und brillierte dort mit seinem hervorragenden arabischen Stil. Als Sekretär war er zunächst in Kirmān, danach bei zwei Onkeln väterlicherseits des Abbassidenkalifen al-Manssūr tätig. Bekannt wurde er einmal durch seine Übersetzung und schöpferische Bearbeitung der Fabelsammlung *Kalīla wa-Dimna*, einer erweiterten mittelpersischen Version des indischen *Pantschatantra* aus dem 6. Jahrhundert, das wiederum auf die *Fabeln* des Bidpai zurückging.

Kalīla und Dimna heißen die Protagonisten des ersten Kapitels, zwei Schakale. Im Arabischen ist das Werk nur in erheblich späteren, erweiterten, unterschiedlichen Fassungen erhalten. In der Abbassidenzeit war es so geschätzt, daß es in der umfangreicheren Form ins Syrische – es gab bereits im 6. Jahrhundert eine Übersetzung aus dem Mittelpersischen ins Syrische –, ins Neupersische, von da ins Türkische und Georgische, später ins Mongolische, Malaiische, Griechische, Hebräische und verschiedene slawische Sprachen übersetzt wurde. Eine deutsche Übertragung nach der Mittellateinischen des Johannes von Capua fertigte im Auftrag des Grafen Eberhard im Barte, des Gründers der Universität Tübingen, im 15. Jahrhundert Antonius von Pforr, Pfarrherr in Rottenburg. Dieses *Buch der Beispiele der alten Weisen* war sehr beliebt. Miniaturmaler illustrierten Handschriften von *Kalīla wa-Dimna* im

Farbminiatur aus einer syrischen (?) Handschrift von Kalīla wa-Dimna, ca. 1200–1220: Der Schakal als Allegorie für den klugen Wesir bellt den Löwen als Symbol der Macht an. Der Miniaturmaler hat beide Tiere für seine Leser bezeichnet, weil er offenbar ihr Aussehen für unbekannt hielt.

13. Jahrhundert farbenfroh für das wohlhabende bürgerliche und höfische Lesepublikum von Bagdad, Basra und Damaskus.

Die an *Tausendundeine Nacht* erinnernde Form der Rahmengeschichte und des Ineinanderschachtelns von Geschichten geht auf die Sanskrit-Vorlage zurück. Der indische König Dabschalīm[61] fordert jeweils zu Beginn einer Geschichte den Philosophen Bidpai auf, zu einem bestimmten Thema Beispiele/Gleichnisse zu erzählen, etwa in der *Geschichte der Ringeltaube* (im Arabischen ebenfalls feminin) darüber, wie ein Lügner/Intrigant die Beziehungen zwischen zwei sich Liebenden und zwischen Freunden zerstören kann. Darauf erzählt Bidpai die Geschichte dieser Taube als Leittier einer Taubenschar, die einem Jäger ins Netz geht. Als die Tauben, jede einzeln, verzweifelt versuchen, sich zu befreien, rät die mitgefangene Ringeltaube dazu, gemeinsam mit dem Netz aufzufliegen. Das gelingt, aber der Jäger verfolgt sie weiter. Durch ihren Zusammenhalt, die weiteren Ratschläge der Ringeltaube, die Hilfe einer mit ihr befreundeten Maus und eines klugen Raben entkommen sie dem Jäger. Es folgt die Geschichte der Maus mit einem Asketen und seinem Gast, der sie erschlagen will. Eine Schildkröte und eine Gazelle sind weitere Handlungsträger, auch sie als von einem Jäger Verfolgte. Die Geschichte ist wie die meisten anderen mit vielen klugen Ermahnungen durchsetzt. Leitgedanke ist, daß der Kleine und Schwache in Gefahren und der ständigen Bedrohung durch Mächtigere mit Klugheit, Umsicht, List und der Freundschaft und Hilfe anderer, Gleichsituierter, überleben kann. Das läßt die Aufforderung des Königs zu Beginn nicht erkennen. In den meisten Geschichten sind Tiere die Protagonisten, handeln und reden wie Menschen, kommen aber auch mit Menschen in unterschiedlichen Rollen in Berührung, von denen meist Gefahr ausgeht. In einigen der von Ibn al-Mukaffaʿ hinzugefügten Lehrstücke sind nur Menschen die handelnden Personen, etwa in dem über den Prinzen und seinen Gefährten. Schlußfolgerung ist hier, daß die göttliche Fügung/das Schicksal selbst angemessenes, nämlich durch Verstand, Besonnenheit und Stetigkeit bestimmtes Verhalten sinnlos machen kann. Der Glaube an ein unentrinnbares Schicksal wird auch in der *Geschichte der Ringeltaube* formuliert. Weitere Themen sind die sichere Strafe für Bosheit und Verrat, sind Freundschaft und ihre Bewahrung, kluger Umgang mit Feinden, besonnenes Handeln, Rache und Mißtrauen sowie bezeichnend: das Verhalten gegenüber Menschen, die zu Unrecht bestraft wurden, anderen kein Unrecht anzutun, weil man selbst welches erlitten hat, und das Königen geziemende Verhalten. Das Ibn al-Mukaffaʿ zugeschriebene *Kleine Adab-Buch*[62] faßt diese und andere politische und ethische Maximen ohne narrative Einkleidung und oft eingeleitet mit «und dem Klugen obliegt ...», zusammen.

Einflußreich war ebenfalls seine größere Schrift *ad-Durra al-jatīma au al-Adab al-kabīr*, *Die einzigartige Perle oder der große Adab*», auch sie eine Vorläuferin der Fürsten- und Untertanenspiegelliteratur mit vielen psychologischen Einsichten. Im Vorwort preist Ibn al-Mukaffaʿ die Vorfahren, die in jeder Hinsicht – körperlich, geistig, religiös und durch ihren Adab – den Heutigen überlegen waren. Er meint die Sassaniden und ihre Kultur. Sie hätten ihre Erfahrungen auf Steine geschrieben und dann das Wertvollste in Büchern niedergelegt, die auf die Heutigen so wirkten, als spreche ein Vater mit seinem Sohn. Es gebe nichts, was sie nicht bereits gesagt hätten. So wolle er hier einiges für den «nach Adab Suchenden» darlegen. Danach fordert er diesen, vermutlich einen Prinzen, in der zweiten Person Singular auf, sich der «Grundlagen» bewußt zu sein und erst dann nach den Details zu fragen. Das sind 1. «die Religion», definiert als der rechte Glaube und die Vermeidung der «großen Sünden», die Erfüllung der religiösen Pflicht; 2. «Körperhygiene», bestehend im Maßhalten beim Essen,Trinken und der Sexualität; 3. «Tapferkeit», definiert als nicht kehrtzumachen, wenn die Gefährten gegen den Feind vorgehen; 4. «Großmut», das hieße, den Menschen ihre Rechte nicht vorzuenthalten; 5. «Rhetorik» bedeute, durch Auswendiglernen

Fehler zu vermeiden, ein Rat für alle die, deren Muttersprache nicht das Arabische war. Am ausführlichsten behandelt er den «Lebensunterhalt» als 6. Punkt. Hier dürfe nur Legales angestrebt, sollten die Mittel überlegt eingesetzt und ausgegeben werden, vor Versuchungen solle man sich hüten. Könige seien gefährdeter als das Volk und der bedachten Planung weitaus bedürftiger als dieses, da das Volk meist nichts besitze, die Basis der Herrschaft aber der Besitz sei. (Das arabische *Malik*, «König», ist von *m-l-k*, «besitzen», abgeleitet). Auf jede Anweisung folgt ein optimierender Rat, eingeleitet mit: «Und wenn du kannst ..., dann ist das besser ...». Zur «Religion» gehört der Rat, ihr Wesen und den Gottesdienst sowie die Pflichten recht zu begreifen; zur «Körperhygiene» der, alles zu lernen, was dem Körper nützt und schadet, und das zu nutzen; zur «Tapferkeit» der, zwar vorsichtig, aber doch der erste zu sein, der vorwärts stürmt, der letzte, der flieht. Zur «Großmut» gehört, die Rechte dessen, der Ansprüche hat, zu mehren und demjenigen, der keine hat, welche zu gewähren; zur «Sprache», stets das Rechte zu treffen; zum «Lebensunterhalt», auf finanzielle Forderungen gütig und freundlich zu reagieren und hier Bescheid zu wissen. Gemeint ist die Eintreibung der Bodensteuer, die nicht zur Verarmung der Grundbesitzer führen sollte, wie das spätere Werke darstellen.

Mit dem Rat: «Wenn du von Herrschaft betroffen bist (das heißt: wie von einer Krankheit), dann nimm Zuflucht zu den Gelehrten/Experten!», beginnt ein Abschnitt über die Vorsicht. Er warnt den Herrscher vor Selbstherrlichkeit und davor, sich von Schmeicheleien beeinflussen zu lassen, damit mache er sich zum Gespött. Daß es für den Herrscher unerläßlich sei, die Elite zu konsultieren, daß Anerkennung nie von allen zu erlangen, aber von den Besten und Klügsten zu erhalten notwendig sei, behandeln die nächsten Abschnitte. Dem Volk müsse bekannt sein, wie es zu Wohltaten bei ihm gelange und was es von ihm zu befürchten habe, und er müsse wissen, was seine Hofbeamten tun, sonst gerate er in Gefahr.

Widerspruch, Tadel, bittere Worte seiner Ratgeber solle er ruhig hinnehmen, die Kritik Kluger überdenken, sich auf das Wichtige konzentrieren, das Verhalten anderer durchschauen und vorsichtig auftreten. Ausführungen über die drei Formen der Herrschaft sind ebenfalls didaktisch gedacht: Der «König der Religion» gebe den Menschen ihre Religion, erlege ihnen deren Satzungen zu ihrem Wohl auf und befriede damit nicht nur sie, sondern schließlich auch den Aufrührer. Der «König der Klugheit/Tatkraft» regiere mit ihr gut, sei allerdings gegen Attacken und Unzufriedenheit nicht gefeit. Doch schade die Attacke eines Niedrigen, Verachtenswerten der Tatkraft des Starken nie. Der «König der Willkür» treibe ein kurzes Spiel, ruiniere aber eine ganze Epoche.

Wer seine Machtposition eben übernommen habe, müsse mit besonderer Klugheit und Tatkraft auftreten, könne aber auch mit Respekt, ja Sympathie rechnen. Wenn er das Regieren nicht meistere, könnte das an unzuverlässigen Untergebenen und Beratern liegen. Er solle sich verhalten wie jemand, der auf einem Löwen reitet und dem das Publikum aufmerksam zuschaut, während er vor allem sein Reittier zu lenken habe. Ein König dürfe nicht zornig werden, nicht lügen, nicht geizig oder übelwollend sein, nicht zu oft schwören – das heißt, unter Schwüren Versprechen abgeben – denn niemand sei so verpflichtet, Schwüre einzuhalten wie die Könige. Der Abschnitt betont abschließend die beiden Grundprinzipien der Herrschaft: Stärke und Ansehen (gutes Auftreten) bei den Menschen, das eine sei mit dem anderen untrennbar verknüpft.

Das nächste, umfangreichere Kapitel wendet sich vertraulich an Höflinge: «Wenn du siehst, daß der Herrscher dich zu seinem Bruder macht, so mache du ihn zu deinem Vater! Wenn er das intensiviert, so verhalte dich ebenso!», das heißt: Respektiere ihn und halte dich nicht für gleichrangig, auch wenn er dich noch so sehr ins Vertrauen zieht. Der Höfling solle sich nach Möglichkeit nur einem Herrscher anschließen, für den er Sympathie empfinde. Herrscher seien stets von Schmeichlern und Lügnern umgeben, die sie kaum durchschauen könnten. Dem Höfling solle niemand eigenmächtige Worte und Taten nachsagen können. Wenn er an der Seite eines Gouverneurs stände, den das Wohl der Untertanen nicht kümmere, dann könne er die Partei des Herrschers ergreifen und damit seine Religion – gemeint ist: den Anspruch auf das Jenseits – verlieren oder mit den Untertanen sympathisieren und dadurch das diesseitige Leben verlieren – das heißt: sterben oder fliehen. So solle er besser im Guten die Trennung suchen. Es folgen Gebote zur Zurückhaltung, zum Sich-Fügen selbst in ihm nicht genehme Meinungen und Verhaltensweisen, die Warnung vor dem Wesir als dem größtmöglichem Feind und vor anderen hochrangigen Höflingen als Neidern. Sympathien solle er sich durch freundliches Schweigen, auch zu Widerwärtigem, erwerben, in Vertrauensfällen Schweigen wahren, die Meinungen Gleichgestellter, die er für falsch, ja schädlich halte, nicht weitertragen und Widerspruch und Kritik nur vorsichtig unter vier Augen äußern. Das Kapitel schließt mit ähnlich konstruierten Weisungen: «Du mußt ertragen, wenn sie dich prüfen, stark sein, wenn sie dich in ihre Nähe lassen, zuverlässig, wenn sie dir vertrauen! Belehre sie, aber laß sie wissen, daß du von ihnen lernst! Erziehe sie, aber tu so, als erzögen sie dich! Danke ihnen, aber fordere keinen Dank von ihnen! Füge dich in ihre Launen, ziehe stets ihren Nutzen (deinem) vor, sei demütig, wenn sie dir Unrecht tun, ergeben, wenn sie dich erzürnen!» «Wenn du das nicht (vermagst), dann halte dich so fern von ihnen wie möglich und hüte dich vor ihnen, wie du nur kannst!»

Das folgende Kapitel über die menschlichen Beziehungen beginnt: «Gib deinem Freund dein Blut und dein Vermögen, für deine Kenntnis (also wohl: deinen Lehrern) dein Geschenk und deine Gegenwart, der Menge deine Freundlichkeit und Zuneigung, deinem Feind deine Gerechtigkeit, wahre deine Religion und deine Ehre gegenüber jedem, es sei denn, man zwingt dich, sie einem Herrscher oder einem Vater (also einem Mächtigeren) zu opfern; für einen Sohn oder einen ihm Gleichgestellten gilt das nicht!» Er solle Gelehrten mehr zuhören, als zu ihnen reden, nicht Ernst und Scherz vermengen – das bedeutet sicher, Gelehrten nicht mit Ironie zu begegnen. Demjenigen, der etwas unverschämt, zornig oder stammelnd vorbringe, solle er freundlich scherzend, aber bestimmt entgegnen. Wissen solle ihn rechtleiten, aber er solle nicht vorgeben, zuviel davon zu besitzen, um nicht Neid hervorzurufen. Er solle mehr handeln als reden. Seine religiös orientierten Freunde sollten weder Heuchler noch Eiferer sein, die weltlich orientierten nicht unwissend, verlogen oder böse, sondern aufrichtig im Denken und Reden, denn das Wort «Freund», *Ssadīk*, komme von *Ssidk,* «Aufrichtigkeit». Er warnt vor der verführerischen Süße der Macht, des Reichtums, des Wissens, des sozialen Rangs, der Jugend, die imstande seien, dem Menschen Verstand und Würde zu nehmen. Zuviel Verschlossenheit schaffe Feinde, zuviel Offenheit falsche Freunde. Gute Freunde seien der wertvollste Besitz im Leben. Er solle sich vor der Mauer des Zorns, des Eifers, des Neids und der Unwissenheit hüten und mit Besonnenheit, Nachdenken, Überlegung, dem Bedenken der Folgen und dem Streben nach Vortrefflichkeit gegen sie angehen. Ausdauer gegenüber Unangenehmem und im Warten auf Gutes solle ihn ebenso auszeichnen wie der Erwerb von Wissen, des nützlichen ebenso wie dessen «zur Läuterung der Seele». Feinde solle er durchschauen und ihnen taktisch klug begegnen, zum Beispiel ihre Freunde zu seinen machen. Aber nicht alles Böse solle mit Bösem vergolten werden, Verrat nicht mit Verrat und Diebstahl nicht mit Diebstahl. Flüche und Beschimpfungen taugten nicht als Waffen gegen Feinde. Das der Religion, dem Körper, dem Vermögen, dem Verstand, der Würde und dem Ansehen des Mannes Abträglichste sei die Leidenschaft zu Frauen. Zur höfischen Konversation rät er seinem Adressaten, nur zu erzählen, was er selbst gesehen habe oder wofür er glaubhafte Zeugen nennen könne, gut zuzuhören und zu formulieren, nie schlecht über andere zu reden und anderes.

Ibn al-Mukaffaʿ behandelt hier sentenzenhaft moralisch-ethische Themen, die in der späteren Adab-Literatur, vor allem den Enzyklopädien, auch in der Gattung *Gut und Schlecht* und in den Fürstenspiegeln zu Topoi wurden. Doch werden sie dort meist mit narrativen und poetischen Beispielen anschaulich gestaltet.

Sein kurzes Sendschreiben *Über die Gefährtenschaft* beginnt, endet und ist durchsetzt mit voller taktischem Geschick formulierten Eulogien auf den «Fürsten der Gläubigen», gemeint ist der Kalif al-Manssūr. Es stammt aus der Zeit zwischen al-Manssūrs Machtantritt 754 und der von ihm veranlaßten Hinrichtung Ibn al-Mukaffaʿs 756 oder 757. Verständlich wird dieses klug und diplomatisch formulierte Memorandum aus den politischen und sozialen Spannungen der Zeit, dem machtpolitischen Ehrgeiz unterschiedlicher ethnischer und religiöser Gruppen zu Beginn der Abbassidenherrschaft. Ibn al-Mukaffaʿ warnt den Kalifen vor verlogener Schmeichelei, will ihn über aus seiner Sicht schädliche Zielsetzungen einzelner Gruppen aufklären und gibt Ratschläge zur Lösung der Probleme. Wenn das Schreiben den Kalifen je erreicht hat, dann hat er sich an diese Empfehlungen nicht gehalten. Es ist jedenfalls ein Zeugnis brillanter politischer Rhetorik.

Aus Ibn al-Mukaffaʿs Übersetzung eines persischen Königsbuchs, die später verloren ging, übernahmen arabische Historiker, vor allem Tabari, einen großen Teil ihrer Informationen über die altiranische Geschichte.

Nur durch Zitate aus seinen Werken in denen anderer ist Ssachl Ibn Hārūn (gest. 830), der Direktor des Bait al-Hikma, des Übersetzungsbüros am Hof des Kalifen al-Maʾmūn, bekannt. Auch er war persischer Herkunft und trug durch seine in Adab-Werken überlieferten Gedichte, mehr aber durch Schriften über Politik und Staatskunst, über das Amt des Hofmeisters, sowie durch Fabeln im Stil von *Kalīla wa-Dimna* zur Integration persischer Weisheits- und Ratgeberliteratur in die arabische Literatur bei. Er war ein Anhänger der *Schuʿūbijja*,[63] einer Protestbewegung der Neumuslime nichtarabischer, vorwiegend persischer, auch nabatäischer, das heißt, irakisch-aramäischer, Abkunft in der frühen Abbassidenzeit gegen den Führungsanspruch der Araber. Sie leitete ihren Namen vom arabischen *Schuʿūb*, «Verbände, Völker», ab, basierend auf Sure 49,13: «O ihr Menschen! Wir haben euch von einem männlichen und einem weiblichen Wesen erschaffen, und wir haben euch zu Verbänden und Stämmen gemacht, damit ihr einander kennenlernt. Der bei Gott Angesehenste von euch ist der Gottesfürchtigste. Gott weiß Bescheid und hat Kenntnis von allem.» Die Schuʿūbijja knüpfte an die Bewegung der Chāridschiten an.

Ssachl Ibn Hārūn war auch Schiit. Er war durch Aufenthalte in Basra mit al-Dschāhis befreundet, der jedoch in seinen Schriften die Araber gegen den wachsenden Eliteanspruch der Perser verteidigte.

Die Synthese: Bedeutende frühe Adab-Autoren

ʿAmr Ibn Bachr ʿUthmān al-Dschāhis (767/68–868/69) gilt als der früheste Adab-Autor und war sicher einer der geistvollsten und vielseitigsten unter ihnen.[64] Enkel eines dunkelhäutigen abessinischen Sklaven – nach Ibn an-Nadīm Kameltreiber eines Notabeln – wurde er unter seinem Beinamen «der Glotzäugige» bekannt. Nach dem kurzen Besuch einer Koranschule frequentierte er bildungshungrig Moscheezirkel und den Mirbad, den Beduinenmarkt, in Basra, auf dem beduinische Dichter und Redner öffentlich rezitierten und berühmte basrische Philologen Sprachstudien trieben, also das, was wir heute Feldforschung nennen. Er fand unter den Philologen angesehene Lehrer und Mäzene. Ebenfalls nach Ibn an-Nadīm las er mit außerordentlichem Wissensdurst jedes Buch, das ihm in die Hände kam, von Anfang bis Ende.[65] Auf Grund einer oder mehrerer Schriften über das Imāmat, die Nachfolge im Kalifat beziehungsweise die Berechtigung auf das Amt des Kalifen – ein damals heiß diskutiertes Thema –, die dem Kalifen al-Manssūr gefielen, wurde er an den Hof in Bagdad geholt. Mit der Verlegung des Hofs nach Samarra 836 ging er dorthin. Zunächst fand er im Wesir Ibn as-Sajjāt (das ist «der Sohn des Ölhändlers», der er tatsächlich war) einen Mäzen, nachdem dieser 847 in Ungnade gefallen war, im obersten Richter, dann in dessen Sohn, nach beider Tod im Vertrauten des Kalifen al-Mutawakkil, al-Fatch Ibn Chākān (818–861).

Mit seinen zahlreichen Büchern und Schriften griff er in das religiöse, sprachliche, literarische, politische und vor allem soziale Leben der höfisch-städtischen Gesellschaft seiner Zeit kritisch, unterhaltsam, auch ernster belehrend und tadelnd ein. Später ging er in das wohl intellektuell freiere Basra zurück, vielleicht, um seine Unabhängigkeit zu wahren. Trotz zunehmender körperlicher Beschwerden schrieb er bis ins hohe Alter, beschäftigte aber Kopisten. Nahezu 200 kürzere und längere Schriften werden ihm zugeschrieben. Etwa 30 sind ganz, 50 teilweise erhalten, darunter viele Sendschreiben. Al-Dschāhis war ein origineller, scharfer, humorvoller bis ironischer Beobachter. Ibn an-Nadīm rühmt, daß er für einen König ein Buch von über hundert Seiten verfaßt habe, ohne einen einzigen Koranvers oder ein Weisheitswort älterer (also griechischer oder persischer) Autoren zu zitieren, und statt dessen seine eigenen Reflexionen und Beobachtungen festhielt.[66] Als Anhänger der *Muʿtasila*, einer religiösen Strömung, die sich in Basra und Bagdad nach Anregungen durch die griechische und christlich-aramäische Philosophie herausgebildet hatte, war er stark rational geprägt. Auf sozialem Gebiet war er in mancher Hinsicht ein Libertin, wenn auch nicht ohne Widersprüche.

Die Muʿtasiliten, die vom Kalifen al-Maʾmūn und seinen beiden Nachfolgern aus machtpolitischen Gründen unterstützt wurden, betonten die Vernunft, die Einheit und Gerechtigkeit Gottes. Zur letzteren gehört unabdingbar die Erschaffung von Gut *und* Böse, Recht *und* Unrecht, Schön *und* Häßlich, damit der Mensch sich frei entscheiden kann. Al-Maʾmūn machte die Muʿtasila zur Staatsreligion, als er 827 ihre These von der Erschaffenheit des Korans zum Dogma erklärte und gleichzeitig die *Michna*, eine «Überprüfung», aller religiös-politischen Würdenträger auf ihr Bekenntnis dazu anordnete. Wer sich weigerte, den Eid auf dieses Dogma abzulegen, wurde entlassen. Der Kalif al-Mutawakkil (reg. 847–861) ließ 849 die Rückkehr zum Dogma der Einheit Gottes mit seinem Wort von Urbeginn an, also die Unerschaffenheit des Korans, verkünden und setzte der *Michna* ein Ende. Sie hatte inquisitorische Züge angenommen. Wenn der Koran erschaffen ist, dann hat jede Zeit das Recht, ihn ihren Gegebenheiten entsprechend auszulegen, ein Gedanke, der Neuinterpretationen des Korans von der Zeit um 1900 an bewußt zugrunde gelegt wurde. Der Einfluß der Muʿtasila dauerte über die gut 20 Jahre, in der sie Staatsdoktrin war, hinaus.

Eines der Hauptwerke des Dschāhis ist ein berühmtes Handbuch der Rhetorik, das *Kitāb al-Bajān wa-t-Tabjīn, «Das Buch der Klarheit und der Erklärung»*, ein Alterswerk, dessen Inhalt deutlich macht, wie notwendig es damals war. Nicht nur Gruppen arabischer Stämme mit unterschiedlichen Dialekten hatten sich in den neu gegründeten Städten Basra und Kufa niedergelassen, sondern dann auch Angehörige anderer Völker, vor allem Perser, in der Hafenstadt Basra zudem Inder und Afrikaner als oft aufstiegswillige Mawāli. In Basra soll damals jeder Haushalt wenigstens einen schwarzen Sklaven beschäftigt haben. In vielen Oberschichtfamilien waren die Mütter Sklavinnen nichtarabischer Herkunft. Das war längst sogar in einer alten innerarabischen Stadt wie Medina der Fall. Deren Sprachschwierigkeiten, die sie an ihre Kinder weitergaben, bezeugen hier Anekdoten über eine fehlerhafte Aussprache typisch arabischer Phoneme, die zu belustigenden Mißverständnissen führte. Amüsante Beispiele für eine falsche Wortwahl geben Dschāhis die Gelegenheit zur Korrektur.

Er beginnt das vierbändige Werk mit dem Gebet an Gott: «Bewahre uns vor dem Chaos der Sprache und dem Chaos der Tat ..., vor zügelloser/beißender Rede und Geschwätz, vor Stottern und vor Sprachblokkaden!»[67] Auf Verse altarabischer Dichter zu diesem Thema folgt ein sozial aufschlußreicher Kurzdialog mit Busurdschmichr darüber, wie Stottern und Stammeln am besten zu überspielen seien: mit Verstand; wenn der nicht vorhanden, mit Vermögen; wenn das nicht existiere, mit Freunden/Brüdern, die für den Stotterer sprechen. Wer über die nicht verfüge, solle schweigen; wer das nicht könne, für den sei das Grab besser, als «im Haus des Lebens» zu bleiben. Verse aus der koranischen Mosesgeschichte belegen die Bedeutung der Sprache als Mittel der Verständigung in schwierigen Situationen. Koranverse bestätigen die untrennbare Verknüpfung zwischen der arabischen Hochsprache und der Botschaft Gottes. Darauf leitet Dschāhis mit altarabischer Dichtung und Worten des als Autorität für Sentenzen und verbindliche Definitionen oft zitierten Busurdschmichr sozusagen in historisch hierarchischer Abfolge hin.

Das Werk enthält zahlreiche Beispiele situationsgerechter Formulierungskunst, brillante Reden vorislamischer Weiser aus unterschiedlichen Stämmen, auch einiger bekannter altarabischer Frauen und von Korangelehrten. Briefe, Gebete, viele Sprichwörter, Sentenzen, oft in Form fiktiver Dialoge, moralische Testamente, Anekdoten, Gedichte, häufig narrativ eingekleidet in ihre realen oder fiktiven Anlässe, werden vorgeführt. Sprachfehlern wie stottern, lispeln, nuscheln und dem Umgang mit ihnen, auch dem Auftreten von Rednern, der Stimmodulation und -höhe gelten eigene Kapitel. Das erste von zwei Kapiteln über die (Koranschul-) Lehrer beginnt mit damals wohl schon üblich gewordenen anonymen Sentenzen über deren und der Ziegenhirten sowie der Frauen Dummheit – obwohl er vorher brillante Reden einiger altarabischer Frauen aufführt. Dschāhis betont danach, daß man unbedingt zwischen Lehrern für die Unterschichten, besonders in den Dörfern, und denen von Prinzen und Aristokratensöhnen mit ihren menschlichen und geistigen Qualitäten unterscheiden müsse. Er nennt Prinzenerzieher, die als Gelehrte und Schriftsteller berühmt wurden. Die drei ersten Kapitel des dritten Buches und weitere Passagen sind dem Stock als rhetorischem Hilfsmittel (und Waffe) der Araber gewidmet. Militante Vertreter der Schuʿūbijja sahen ihn als Beweis für Primitivität an, als Requisit von Kameltreibern mit rauher Stimme, die auch die arabische Rhetorik – also das Glanzstück arabischer Kultur – geprägt hätten. Aus den arrogant formulierten Vorwürfen der Perser an die Araber, ihrem Sich-Brüsten mit Waffen, Kampfstrategien, zivilisatorischen Errungenschaften und Dschāhis' Gegenargumenten, die er mit Koranversen, Gedichten und Anekdoten bekräftigt, werden ethnisch-soziale Konflikte ebenso deutlich wie die primär religiös, dann mental und literarisch begründete Argumentationsweise der Zeit. Koranverse belegen, daß Moses als Prophet sich ebenfalls eines Stocks bediente. Stöcke seien aus Holz, stammten also von Bäumen, die aber gehörten zur Natur und seien für den Menschen lebenswichtig. Auch dies «beweisen» Koranverse. Die Dichtung und die Sprachkunst der Araber seien der anderer Völker überlegen, weil sie von der Natur unmittelbar inspiriert wurden, nicht wie die der Perser durch Konsens künstlich geschaffen oder durch Bücher überliefert. Ein längeres Kapitel verteidigt mit Anekdoten und Versen den vielfältigen Nutzen und die Schönheiten des Stocks, zumal dessen aus edlem, duftendem Holz.[68]

Das *Kitāb al-Hajawān*, *Das Buch der Tiere*, ein sechsbändiges enzyklopädisches Adab-Werk des Dschāhis, ist vermutlich von der Zoologie des Aristoteles inspiriert. Mehr aber baut es auf arabischen Schriften über Pferde, Kamele, Schafe, Ziegen, Vögel aus altarabischer Dichtung, Koranversen, Hadīthen, Anekdoten, Sprichwörtern und Sentenzen auf. Der Autor ergänzt dies mit eigenen und fremden Beobachtungen zu bestimmten Tieren und, da er die Tiere innerhalb des ihm bekannten Universums sieht, mit ontologischen Darlegungen.[69] Eine klare Systematik ist in dem Werk nicht zu erkennen. Zu Beginn des letzten Bandes legt Dschāhis seine Prinzipien dar: Er wollte, ohne die Leser zu langweilen, nur über Tiere schreiben, die in den Offenbarungsbüchern und im Hadīth vorkommen, und über die Überlegenheit des Menschen über das Tier, des Tiers über die Pflanzen und der Pflanzen über feste Stoffe sprechen, auch über den Vorrang der Engel vor den Menschen, dieser vor den Dschinn und anderen Dämonen, die damals zur «geglaubten Wirklichkeit» gehörten. Es geht also um die dem Menschen nützlichen oder schädlichen Eigenschaften von Tieren, um folkloristische, magische und/oder mythische Vorstellungen über sie, auch um Metaphern oder Vergleiche aus der Tierwelt für menschliches Verhalten und Aussehen in Gedichten, darunter Schmähgedichten. Seemannsgarn über Menschen mit Schwänzen und über Kannibalen wechselt mit Ausführungen zu Sprache, Philosophie, Ethik, Religion, Politik und wiederholt zu den Dschinn. Der Autor will das ihm aus vielen Schriften, Berichten und Gesprächen bekannte Universum – gereist ist er nie – in seiner Vielseitigkeit und seiner von Gott bewußt erschaffenen Gegensätzlichkeit sowie den Menschen als es spiegelnden Mikrokosmos unterhaltsam belehrend darstellen.

In der langen Einleitung in Reimprosa greift er einen anonymen Kritiker seiner zahlreichen Werke scharf an, den wegen seiner Grausamkeit berüchtigten Wesir Ibn as-Sajjāt, seinen früheren Mäzen. Gegen ihn betont er den Wert dieses Buches. Daß er hier stolz seine Werke auflistet, gibt dem Literaturhistoriker ein Hilfsmittel an die Hand. Ein Lob des Rechnens und lange Reimprosapassagen zum Lob des Buches als Wissensvermittler, des Lesens gegenüber dem Hören sowie der Schreibfeder und der sie führenden Hand folgen. Die Bücher der «Ketzer» (*Sanādika*, «Manichäer») seien zwar oft schön gestaltet, aber inhaltlich zu verurteilen. Dschāhis spricht Themen an, die bei der höfisch-städtischen Bildungselite damals aktuell waren: das Lernen, das Bücher-(Handschriften-)sammeln in Bibliotheken, die Notwendigkeit, durch Hören Erlerntes zu verschriftlichen, kalligraphische Handschriften, arabische Dichtung und die Schwierigkeit, sie zu übersetzen, das Übersetzen generell, und den Wunsch, Bücher zu schreiben. Wissen und Bildung wurden relativ lange mündlich überliefert. In dieser Zeit setzte sich die Schriftkultur endgültig durch, doch bedurfte sie offensichtlich noch wohlformulierter auktorialer Unterstützung. Daß der Mensch das höchste aller irdischen Geschöpfe sei, betont er auch hier, nicht nur, weil Gott ihn im Koran dazu bestimmte, sondern weil er ihm Wahlfreiheit und Entscheidungskraft gab. Zu Beginn der folgenden Ausführungen über die Eidechsen schmäht er einerseits in Kunstprosa dieses Buch, weil seine «Belege» und «Beweise» – das sind Begriffe des religiösen Rechts – über unterschiedliche Stellen verstreut seien. Er lobt es aber gleich darauf, denn es enthalte schließlich alle «Belege», nur einige früher, andere später. Das mag Selbstironie sein oder schwarzer Humor.

Aufschlußreich für diese und spätere Zeiten und bewegend sind seine Klagen über die Mühe, schwere Bücher zu benutzen, deren Gewicht und scharfe Kanten die Brust belasteten, denn er lese im Liegen, weil langes Sitzen (im «Schneidersitz» auf dem Boden!) den Rücken und die nachlassende Sehfähigkeit belaste. Von Verbitterung sprechen seine Vorwürfe an den Wesir, der ihn zwingen wollte, (schweres, oft übel riechendes, bei Nässe kaum benutzbares) Pergament als Schreibmaterial zu verwenden, weil darauf Korrekturen leichter fielen. (Baumwoll-)Papier wiege viel weniger und sei erheblich angenehmer.

Einblick in seine Sozialethik gibt sein *Buch über die Leprakranken, die Lahmen, die Blinden und die Schielenden*, in dem es zwar um Leprakranke und Lahme geht, nur wenig um Blinde und Schielende, wohl aber auch um Bucklige, Wassersüchtige, halbseitig Gelähmte, Kahlköpfige, Linkshänder (die linke Hand benutzt Hadīthen zufolge der Teufel), um Menschen, die beide Hände nicht richtig benutzen können, um Kurz- und Langhalsige, ferner um Menschen, die durch Stürme oder Genickbruch umkamen. Bei den Buckligen führt er den oft zitierten paternalistischen Hadīth über die Frau als aus einer Rippe des Mannes geschaffen an, die also (von Natur aus) krumm und (vom Mann) nicht gerade zu biegen ist, ohne daß sie zerbricht. Dieser Hadīth hat den tröstlichen Schluß als Befehl Muhammeds an alle muslimischen Männer: «Also behandelt die Frauen gut!» – In Goethes *West-Östlichem Diwan* wurde er, basierend auf einer Übersetzung von Josef von Hammer-Purgstall, ironisch, vielleicht aber auch reimbedingt, zu: «Behandelt die Frauen mit Nachsicht!» – Diese wohlwollend-herablassende, vom Standpunkt des Mannes als des Menschen par excellence gegebene Weisung fehlt hier, wohl weil Dschāhis verwachsene Männer damit trösten wollte, daß das gesamte «andere Geschlecht» (aus männlicher Sicht) mental «krumm» sei.

Auch hier springt der Autor innerhalb der Kapitel von einem Gebresten, einem assoziierten Nebenthema zum anderen. In der Regel zählt er zuerst historische Persönlichkeiten auf, die solche «Abartigkeiten» aufwiesen, danach bringt er Anekdoten, Dikta und viele Gedichte, in oder mit denen sich Betroffene in unterschiedlicher Art solcher Behinderungen rühmen und davon sprechen, wie sie diese kompensierten, also stolz gegen Spott und Häme der Umgebung angingen. Dschāhis' Kreativität ist in der arabischen Geistesgeschichte ebenso bekannt wie seine vermutlich durch Basedow bedingte Häßlichkeit und die Tatsache, daß er vor seinem Tod acht Jahre lang linksseitig gelähmt war.[70]

Sein Buch *Über die Geizigen*[71] – Freigebigkeit gilt seit vorislamischer Zeit besonders bei den Beduinen als hohe Tugend – rechtfertigt er in der langen persönlichen Widmung an einen namentlich nicht genannten Leser seines (verlorenen) Buches *Über die Listen der Diebe und Bettler* mit dessen Interesse am Ernst und am Humor dieses Themas, betont also diese beliebte Antithese. Es ist eine Anthologie kürzerer und längerer Erzählungen über die Kaufmannschaft von Basra und Merw in Churassān, einer Stadt, die für ihren Geiz verschrien war. Derartige Pauschalurteile gab es viele, etwa: «Die Einwohner aller Städte, in deren Namen der Buchstabe s*sād* vorkommt, sind dumm, bis auf die von Basra.»

Dschāhis beginnt mit einem brillant formulierten, apologetischen Schreiben des höfischen Sekretärs Ssachl Ibn Hārūn, vielleicht ihm nur zugeschrieben, an einen Zeitgenossen und dessen Familie, die ihn wegen seines Geizes tadelten. Es schließt mit einer Dialog-Anekdote über den Unterschied zwischen den Reichen und den Gelehrten, die sich – offenkundig als gängige Ansicht der Gelehrten – zeittypisch variiert auch in späteren Adab-Werken findet: «‹Warum stehen vor den Türen der Reichen so viele Gelehrte?› ‹Weil den Gelehrten Geld fehlt und sie das wissen.› ‹Und warum stehen vor den Türen der Gelehrten so wenige Reiche?› ‹Weil den Reichen Wissen fehlt, sie das aber nicht wissen!›» Nachdrückliche Betonungen der Notwendigkeit des Gelderwerbs und des Sparens für Mangelzeiten beschließen das Vorwort Ssachls. Zwei längere kunstvolle Briefe in Reimprosa und Poesie mit Koranversen und Hadīthen als Tadel eines Notabeln aus Basra und Erwiderung des Empfängers, eines Stammesangehörigen, zum Kontrastpaar Großzügigkeit und Geiz fügt der Autor zwischen die Anekdoten. Geiz ist der ersten Rissāla zufolge auch hemmungslos egoistisches Sich-Ausleben, weil es Gedanken an andere und deren Nöte nicht zuläßt. Die zweite Rissāla ermahnt zum Maßhalten, zum Nachdenken über die Verlogenheit lediglich strategisch eingesetzter Großzügigkeit und anderem.

Das letzte Viertel des Buches gilt den Beduinen, wohl als Gegenbild zum städtischen Sozialverhalten, das die vorhergehenden Anekdoten illustrieren. In diesen spielen wiederholt Bittstellerei und Sparsamkeit aus plötzlicher oder unerwarteter Verarmung eine Rolle. Dschāhis, der auch eine (verlorene) Schrift über *Die Speisen der Araber* (das heißt, der Beduinen) verfaßt hat, läßt erkennen, daß die Beduinen eigentlich für die Städter uninteressant geworden waren. Er nennt die Anlässe für Gastmahle und zählt ihre Speisen auf, die er in lobens- und verdammenswerte teilt. Zu den letzteren gehört Hunde- und Menschenfleisch in Notzeiten. Die ersteren und Kochgeräte erhalten durch beschreibende Gedichte zusätzliche Reize. Freudenverse von Beduinendichtern auf Rauch, der aus Feuern aufsteigt (als Zeichen der Gastfreundschaft), Schmähverse auf Trägheit und Schwäche sowie Lobgedichte auf großmütiges Handeln beschließen das Buch.

Dschāhis verfaßte auch eine Schrift *Über die Maulesel*, über deren fügsames ebenso wie störrisches Verhalten und über bekannte Personen, die Maulesel reiten oder geritten haben (darunter bekannte Damen der Oberschicht) und was ihnen dabei passierte. Er setzte so dem städtischen Transportmittel seiner (und späterer) Zeit – vergleichbar dem Auto oder besser (im Vergleich zum Pferd oder Kamel) Kleinwagen heute – in der damaligen literarischen Konvention mit Anekdoten, Gedichten und Berichten ein Denkmal. Der Maulesel war das Reittier der Mittel- und Unterschichten, auch der Christen und Juden, denen Pferde als Reittiere nicht oder nur in Ausnahmefällen erlaubt waren.

Seine zahlreichen Sendschreiben, die nicht alle und manche nur fragmentarisch erhalten sind, geben Einblicke in religiöse, politische und soziale Verhältnisse der Zeit. In seinen Schreiben *Die Entgegnung an die Christen*, das auch jüdische und manichäische Glaubensvorstellungen (teilweise in Volkssicht) aufs Korn nimmt, und *Über die scholastische Theologie* bezieht er zu religiösen Fragen Stellung. In dem Essay *Über die Erschaffenheit des Korans* betont er diese von der Orthodoxie heftig bekämpfte These der Muʿtasila.

Er äußert sich zu sozialen und soziokulturellen Phänomenen der Zeit, etwa *Über den Vorzug der Rede vor dem Schweigen* als Entgegnung auf das Sendschreiben eines anderen Verfassers mit der gegenteiligen These. Dieses Kontrastpaar, ebenfalls ein beliebtes Thema der Adab-Literatur, erklärt sich natürlich auch aus autoritären religiös-politischen Verhältnissen, aus der materiellen und daraus folgend geistigen Abhängigkeit von Intellektuellen in der höfischen Gesellschaft. Die längere Rissāla *Über den Ruhm der Schwarzen gegenüber den Weißen* greift in die ethnischen Spannungen der Zeit ein und ist sicher auch durch Dschāhis' abessinische Herkunft zu erklären. Er verteidigt hier Schwarzhäutige unterschiedlicher Provenienz, einschließlich der Sandsch, der von der ostafrikanischen Küste stammenden Landwirtschaftssklaven im Südirak, die zwischen 689/690 und 869–883 dreimal gegen ihre harten Lebensumstände revoltierten, mit Hinweisen auf die Bedeutung von Schwarzen in der frühislamischen Geschichte. Zwei Anekdoten über das Durchsetzungsvermögen und die Sprachgewandtheit schwarzer Sklavinnen bilden den Anfang, Sentenzen von Schwarzen, besonders des koranischen Weisen Lukmān, folgen. Er spricht von Muhammeds erstem Gebetsrufer Bilāl und anderen historischen Persönlichkeiten afrikanischer Herkunft im Islam und begründet – wie andere Autoren seiner und späterer Zeit – Schwarzhäutigkeit und krauses Haar mit der notwendigen Anpassung der Menschen an heißes und trockenes Klima. Sie sei somit kein von Gott bestimmter Makel. Zu den «Schwarzen» zählt er auch die Inder, die ihm in der Hafenstadt Basra also vorwiegend als Dunkelhäutige begegneten, und rühmt deren wissenschaftliche und kulturelle Leistungen. Er kann sich zudem auf die Ham-Legende des Alten Testaments berufen. In seinem (späteren) *Buch der Tiere* allerdings bezeichnet er die Schwarzhäutigen ebenso wie die sehr Weißhäutigen (eigentlich «Rothäutigen»), die Slawen, als «Wilde, Unzivilisierte» und von geringerem Verstand als die «Braunen». Sie lebten an den Rändern der Kulturwelt, in einem unausgeglichenen Klima, das zu einem ebensolchen Aussehen und Charakter führe. Die «Braunen» sind die Bewohner des Irak und umliegender Regionen, denen Gott durch ein ausgeglichenes Klima die Bedingungen für die außergewöhnliche Entwicklung von Verstand, Schönheit und Kultur ermöglichte. Kulturvölker mit beachtlichen, wenn auch differierenden Leistungen seien die Araber, die Perser, die Inder und die Byzantiner. Die Chinesen würdigt er nur wegen ihrer handwerklichen Fähigkeiten.[72] Auch der streng rationale nordafrikanische Historiker Ibn Chaldūn im 14. Jahrhundert zieht in den berühmten *Prolegomena* zu seiner Weltgeschichte Verbindungen zwischen Klima, Aussehen und Charakter menschlicher Rassen, besonders der Schwarzen.

Die Kämmerer kritisiert Dschāhis in einer Schrift über sie als Hindernisse beim Zugang des Volks zum Kalifen. Diesen zu ermöglichen, wird in späteren Fürstenspiegeln wiederholt dringend empfohlen. Der Rissāla *Über die Verdammung des Charakters der höfischen Sekretäre* setzt der *Fichrist* eine andere aus Dschāhis' Feder zu deren Lob entgegen, die aber verloren zu sein scheint.[73] Die Verdammung gilt ihrer Position als sozial Abhängigen. Sie müßten ihrem jeweiligen Herrn stets zum Munde reden, aber wenn sie sich besondere Kenntnisse angeeignet und eine höhere Position erreicht hätten,würden sie arrogant. Zudem zweifelten sie am Koran und der Hadīth-Literatur. Diese Rissāla beginnt mit der religiösen Begründung, schreiben zu können sei keine göttliche Auszeichnung, da Muhammed (das «schöne Vorbild») es nicht gekonnt habe. Zudem hätten einige von Muhammeds hier namentlich genannten Schreibern ihn später verraten. Das Sendschreiben schließt mit der Aufzählung berühmter Sekretäre nichtarabischer Herkunft wie Ssālim Ibn al-ʿAlāʾ, ʿAbd al-Hamīd al-Kātib und Ibn al-Mukaffaʿ, die mit schlechtem Omen behaftet gewesen seien, abzulesen am Schicksal derer, denen sie nahestanden, und/oder ihrem eigenen.

Seine fragmentarisch erhaltene Rissāla *Über das Lob der Kaufleute und den Tadel der öffentlichen Ämter* verteidigt die Kaufleute gegen den Vorwurf fehlender Bildung mit Gegenbeispielen. Dschāhis weist darauf hin, daß Muhammed Kaufmann war, bevor er Offenbarungen empfing, vor allem aber auf die materielle und damit geistige Selbständigkeit der Kaufleute im Gegensatz zur Abhängigkeit der höfischen Sekretäre. Diese erzwinge verlogene Schmeicheleien und Servilität gegenüber Machtansprüchen einerseits und führe andererseits zu Arroganz gegenüber Abhängigen. Anders als die (Haus-)Sklaven hätten Sekretäre keine Möglichkeit, sich über erlittenes Unrecht zu beschweren, Lohn einzuklagen oder durch Flucht den Dienstherrn zu wechseln. Doch seien sie die ersten, die die Gebote des Korans anfechten, auf Widersprüche in ihm hinweisen, die Echtheit von Hadīthen anzweifeln und die Hadīth-Gelehrten kritisieren. Nur wenn sie sich überwacht fühlten, zitierten sie unfroh Hadīthe und ganz bestimmte Koranverse. Sie beriefen sich im Ernstfall auf die sassanidische Staatskunst und ließen Aristoteles' *Logik* als einziges Buch gelten.

Die fragmentarisch erhaltene Schrift *Über die Klassen der Sänger* (830/31) beginnt mit einer Wissenschaftsklassifizierung «der alten, hervorragenden Philosophen und Weisen» (das heißt: der Griechen) und nennt dabei die Musik (wörtlich: «die Melodienkunde») als vierten Zweig nach der Sternkunde, der Geometrie sowie der Chemie und Medizin (diese als zusammengehörig). Sie gibt einen kurzen Überblick über die Geschichte der Musik bei den Arabern aus der Sicht des Autors, nennt al-Chalīl Ibn Achmed, den Begründer des metrischen Systems, auch als den der Musiklehre sowie den höfischen Dichter, Sänger und Musikanten Iss'hāk, den Sohn des Sängers Ibrāhīm al-Maussili (767, Raij – 850, Bagdad) am Abbassidenhof als den, der sie dank seiner Begabung zur Vollendung führte. Tatsächlich legte Ibrāhīm al-Maussili durch eine Auswahl von hundert Liedern der Zeit, die sein Sohn Iss'hāk dem Geschmack seiner Zeit entsprechend variierte, die Grundlage für das berühmte *Buch der Lieder* des Abu l-Faradsch al-Isfāhāni. Dschāhis betont, daß jede Zeit ihre Sänger hatte, die von ihr kündeten. Aus Freude daran, ihren Ruhm zu verewigen, und weil vieles unbekannt sei, habe er Berichte über sie und ihr Umfeld nach Generationen/Klassen geordnet aufgeschrieben. Er legt dann das Konzept seines *Generationenbuch*s der Sänger dar, zu dem auch gehörte, Raum für Spätere zu lassen.

Tabakāt-, Generationenbücher, entstanden damals über die Gefährten Muhammeds – am bekanntesten ist bis heute das oben genannte von Ibn Ssaʿd – und über Dichter. Hier stammt das früheste erhaltene vom Basrier Ibn Ssallām al-Dschumachi (746–856/57), einem Zeitgenossen des Dschāhis.

Die Rissāla *Über die Lehrer* verteidigt diese vehement gegen den Vorwurf der Dummheit, nennt berühmte Lehrer, auch Lehrfächer von der Grammatik bis zum Schach- und Polospiel und anderes, was einer Ausbildung bedürfe, wie den Ackerbau sowie Hunde-, Falken- und Pferdezucht. Er fordert einen Lehrstil, der über das (in Koranschulen und oft bis heute übliche) Auswendiglernen hinaus dazu erzieht, die Quellen differenziert zu durchdenken. Didaktisch klug sind seine Ratschläge für Ausbilder höfischer Beamter.

Er widmete seine Bücher und Sendschreiben in meist längeren Vorworten verschiedenen Mäzenen am Bagdader Hof. Das Sendschreiben *Über lobens- und verdammenswertes Verhalten* dedizierte er wie sein *Buch der Tiere* dem Wesir Ibn as-Sajjāt, das über *Die Ruhmestaten der Türken* wohl zur Rechtfertigung des damals wachsenden türkischen Elements in der sozialen Elite, besonders im Militär, al-Fatch Ibn Chākān, dem Sohn eines türkischen Heerführers der Abbassiden. Das *Über den Unterschied zwischen Feindschaft und Neid* wie eines *Über den Neider und den Beneideten,* in denen er sozialpsychologische Gründe für Kritiken an seinen Werken bloßlegt, das Verhalten von Neidern analysiert und Ratschläge zum Umgang mit ihnen gibt, richtete er als Rechtfertigungs-, Mahn- und Schmähschreiben an einen Wesir aus derselben Familie. Ein kritisches *Über Rechtsgutachten* widmete er dem Oberkadi, eines *Über das Lob des Weins und die Eigenschaft seiner Anhänger* (Wein, hier *Nabīdh,* das ist meist Trauben- oder Dattelwein, als religiös gestattet, da er, wenn nicht im Übermaß genossen, Medizin sei, den Menschen lockere und erfreue) einem höfischen Sekretär. Ein lobendes Bittschreiben *Über die Zuneigung und sympathisches Handeln* ging an einen anderen höfischen Sekretär.

Zur religiös-politischen Ratgeberliteratur gehört seine umfangreiche Rissāla *Über das Leben im Jenseits und Diesseits.*

In seinen Sendschreiben über *Die Frauen und die Liebe, Die Sängersklavinnen,* den *Vorzug des Bauchs vor dem Rücken* und den *Rangstreit der Sklavinnen und der Sklaven* verteidigt er Frauen in einer Zeit, in der Frauenfeindlichkeit zunahm. Er beschreibt die (gebildete, kultivierte, geistvolle Sänger-)Sklavin als dem Mann angenehmer als die freie Frau mit ihren (religiös begründeten) Mobilitäts- und oft auch Bildungsbeschränkungen und verteidigt sie gegen den Vorwurf des Leichtsinns und mangelnder Moral mit dem Hinweis auf ihre soziale Abhängigkeit. Zur

Verschleierung der Frau äußert er sich kritisch oder doch differenziert. Gegen die damals in der Hofgesellschaft, auch auf Grund des immer strikteren Ausschlusses der Frau aus dem öffentlichen Leben und der damit verbundenen Geschlechtertrennung, zunehmende Homosexualität wendet er sich mit kritischen Worten über «Abartigkeiten», an denen frühere Völker zugrunde gegangen seien. Den Vorzug des «Bauchs vor dem Rücken» betont er am Beispiel menschlicher Zuwendung oder Flucht, ferner des Pergaments, der Schreibrohre, Messer (Schneide und stumpfe Seite) und des Innern der Erde (mit Fruchtbarkeit und Bodenschätzen) gegenüber dem Übel auf ihrem «Rücken». Er bettet das Thema also geistvoll in einen weiteren Rahmen und rechtfertigt zu Beginn die Mischung von Ernst und Scherz als religiös legitim und Sexuallexik als in den Naturbereich gehörend. *Mudschūn*, den bekannte Theologen in ihre Predigten flochten, dient weiterer Rechtfertigung.

Vermutlich in seinen letzten Jahren charakterisierte er im Sendschreiben *Über die Verdammung der Zeit* seine Zeitgenossen im Gegensatz zu früheren Generationen als verdorben, verlogen, rücksichtslos und ungehemmt besitz- und machtgierig.

Viele seiner Sendschreiben enthalten eigene und fremde Verse, die schmücken, kommentieren, bestimmte Haltungen und/oder Meinungen poetisch erläutern, auch arabeskenhaft ausmalen. Dschāhis' Lexik ist gehoben, voll variierender Tautologien, sein Stil anspruchsvoll und eigenwillig. Abgesehen von den Vorworten verwendet er weniger Reimprosa als andere Autoren der Zeit, strukturiert jedoch häufig rhythmisch durch Parallelkonstruktionen in kurzen Satzgliedern.

In Vorworten zweier bekannter Werke nennt sich der Autor Dschāhis, doch können sie nicht von ihm stammen, denn in ihnen werden Überlieferer zitiert, die später lebten. Vom *Buch der Krone* wird bei den Fürstenspiegeln die Rede sein.

Das *Kitāb al-mahāssin wa-l-addād*, *Das Buch über die guten und die schlechten Seiten*, wurde Vorbild für die Gattung *Gut und Schlecht*.[74] Das sind Adab-Anthologien, die, wohl angeregt durch die griechische Dialektik, die guten und die schlechten Seiten bestimmter Charaktereigenschaften und Verhaltensweisen, auch von Menschengruppen, kapitelweise kontrastieren, aus ethisch-didaktischen, teilweise ebenfalls aus propagandistischen Gründen. Viele der Themen werden in Sendschreiben des Dschāhis ebenfalls debattiert, waren also aktuell und blieben es für Jahrhunderte. Ausgangspunkt dürfte die Überzeugung der Muʿtasila von der Wahlfreiheit des Menschen in allen Lebensfragen gewesen sein. Allerdings gibt es in den Kontrastierungen Inkonsequenzen oder doch für unsere Begriffe Unerwartetes und nicht ganz Logisches.

Das kurze ironische Vorwort gibt Einblick in Rivalitätsverhältnisse.

Der Verfasser nennt sich Dschāhis und klagt in Reimprosa bitter über «eine Schar von Wissenschaftlern», die ihn aus Neid bei einem einflußreichen Herrscher anschwärzten, weil er «vielleicht» für diesen ein Buch über verschiedene Wissensgebiete geschrieben habe, die er aufzählt – es sind die wichtigsten – obwohl sie sehr wohl wußten, daß dieses Buch hervorragend war. Sie hätten aus Nebensächlichkeiten, die sie von ihm übernahmen, ein Werk unter seinem Namen verfaßt. Deswegen habe er jetzt ein vielleicht weniger wichtiges Buch als das eingangs genannte unter einem anderen Namen verfaßt – er nennt namhafte ältere Autoren wie Ibn al-Mukaffaʿ und al-Chalīl (Ibn Achmed), den Grammatiker. Dann würden eben jene Leute, die das viel bessere erste Buch herabsetzten, dieses zweite kopieren, studieren, auf seiner Grundlage lehren, sich von ihm leiten und bilden lassen und es in ihren Werken und Reden zitieren, weil es nicht unter seinem Namen umliefe. Dieses Werk habe er *Das Buch über die guten und die schlechten Seiten* genannt, es vorher nirgendwo plagiiert, und es habe ihn auch niemand darum gebeten, es zu schreiben.

Wenn er dann mit einem mehr als zweiseitigen Kapitel *Über das Gute des Schreibens und der Bücher* fortfährt, erscheint das wie die Ironie des «trotzdem!». Hier erweist er sich als Gegner der Schuʿūbijja. Er wägt das Zeiten Überdauernde an berühmten Bauwerken und Städten, wie sie die Perser schufen, gegen den von vielen Völkern und Generationen zu nutzenden Wert von Büchern ab, wie sie die Araber hervorbringen, und entscheidet zugunsten der letzteren, da Städte und Bauten schnell verfielen. Als Beleg dafür, daß die Araber an Bauwerken den Persern nicht nachständen, nennt er heute legendäre Denkmäler aus Altsüdarabien. Die Perser hätten sich in steinernen Inschriften verewigt, auch die Araber versähen Bauwerke mit Schriftdekor voller Botschaften. Er ziehe jedoch Bücher als kursierende, vielseitige und bleibende Wissensvermittler vor. Auf viele Reimsentenzen über den Nutzen, die Freude und die gute Gesellschaft, die Bücher verkörpern, folgen Ausführungen über die Leere eines Lebens ohne sie und ein Kurzdialog zwischen Manssūr, einem Sohn des Kalifen al-Machdi (reg. 775–785), und dem für die Förderung von Wissenschaft und Bildung bekannten Kalifen al-Maʾmūn (reg. 813–833) zum Abchluß: Frage Manssūrs an al-Maʾmūn: «Tut uns denn die Suche nach Wissen und Bildung gut?» Antwort: «Bei Gott, daß ich auf der Suche nach Bildung sterbe, ist mir lieber, als zufrieden mit meiner Unwissenheit (lange) zu leben.» «Und bis wann tut mir das gut?» «Solange das Leben dir gut tut!»[75]

Die Kehrseite hierzu sind Anekdoten über Höflinge (nichtarabischer Herkunft) der Umajjaden mit einer schlechten Aussprache, das heißt mangelnder sprachlicher Bildung. Auch die folgenden, meist kurzen Kapitel bringen in Anekdoten und Geschichten aus dem Hofmilieu gute, gemeint sind erfolgreiche, mündliche und schriftliche Formulierungen und jeweils das Gegenteil zum Ausdruck. Dem «Hüten der Zunge» nach dem Motto «die Zunge/Sprache ist der Wesir des Menschen» wird vorschnelles, unkluges Reden entgegengesetzt. Das «Wahren von Geheimnissen» wird mit vielen gnomischen Versen dringend angeraten. Weisungen, Erfahrenere um Rat zu fragen, folgen Überlegungen über die Arroganz und das Gefühl eigener Schwäche, die damit provoziert würden, sowie die Sentenz: «Der beste Ratgeber ist das Wissen (*ʿIlm*), der beste Wesir der Verstand». Danksagung als Verpflichtung für Wohltaten und der Undank derer, die diese nicht verdienten, Geschichten, Verse und Sentenzen über Vergebung und Rache, Ausdauer bei Kerkerhaft und aufbegehrenden Stolz, Verläßlichkeit und Unzuverlässigkeit, Freigebigkeit und Geiz, gute und schlechte Omina folgen. Thematisiert wird das Gute am Amt des Gouverneurs, an Tapferkeit, Heimatliebe mit dem Gegensatz der Sehnsucht nach der Ferne, Stolz, List und Gottvertrauen. Die «Kehrseite» zu moralisch-ethischen Tugenden wird öfter in Warnversen oder -sentenzen definiert. Das Negative an der Position des Gouverneurs impliziert viel Zeitkritik. Der *Mufāchara*, dem altarabischen Brauch des Eigenlobs, stehen Verbote religiöser Autoritäten entgegen, etwa zum Prahlen mit der (arabischen!) Herkunft. Auch ein resignatives Urteil wie: «Jemand fragte (den frühislamischen Asketen) ʿĀmir Ibn (ʿAbd al-)Kais: ‹Was hältst du vom Menschen?› Gegenfrage: ‹Was soll ich von jemandem halten, der mordet, wenn er hungrig ist, und hurt und wütet, wenn er satt ist?›»[76] gehört hier zur Antithese. Der Abschnitt über das Gegenteil des Gottvertrauens besteht aus einer längeren Rede Jesu an seine Jünger, die auch von einem frommen Muslim stammen könnte: In drei Lebensphasen könne der Mensch Gott vertrauen: im Mutterleib, als Säugling und als Kind seiner Eltern und, falls diese früh sterben, auch als Zögling der Nachbarn. Aber wenn er erwachsen werde, könne er aus Furcht davor, von Gott enttäuscht zu werden und keinen Lebensunterhalt zu finden, zum Betrüger, Dieb und Räuber werden. Die Kehrseite guter Predigten zeichnen Anekdoten über die mangelnde Bereitschaft, andere zu trösten. Den Kontrast zu den Vorzügen der Welt illustrieren Anekdoten über die Vergänglichkeit von Ruhm und Reichtum etwa am Beispiel der Tochter des letzten Lachmiden, die, inzwischen erblindet, in einem Kloster muslimische Eroberer empfängt, eine öfter zitierte Erzählung, und viele Gedichtfragmente, unter anderem von Abu l-ʿAtāhija. Dies ist der logische Übergang zur Askese, auch Frömmigkeit. Deren «Kehrseite» malen schwankhafte Erinnerungsberichte und Gedichte über unfrommes Verhalten, zum Beispiel über die «Klosternacht» als interessantestes Erlebnis eines Erzählers. Der prahlt damit, in einem Kloster genächtigt, Schweinefleisch gegessen, Wein getrunken, gehurt und schließlich gestohlen zu haben. Freche Verse, in denen der Sprecher mit seinem regelwidrigen Benehmen beim Gebet in der Moschee kokettiert, gehören ebenfalls dazu.

Hier ist also in einer Zeit, in der unterschiedliche ethnische und soziokulturelle Traditionen und individuelle Haltungen auch zu Unfrieden führten, unterhaltsam, klug, zum Nachdenken anregend und für die Nachwelt sozial- und kulturhistorisch aufschlußreich von Ambivalenzen menschlichen Verhaltens die Rede.

Der zweite Teil der Anthologie, der nicht mehr strikt dem Konzept der Antithese folgt, gilt den Frauen. Er beginnt mit Trauerelegien, also poetischem Männerpreis aus Frauenmund, denen *Mudschūn*-Verse und Anekdoten von oder über Frauen folgen. Es sind teilweise sexuell drastische Texte, die weibliche Wehrhaftigkeit gegenüber Männern bezeugen. Dem folgen mehrere Kapitel über gute Eigenschaften von Frauen, beginnend mit Schönheit, die gern mit stereotypen, heute machistisch wirkenden, Kurzformeln charakterisiert wurde, bis zu Liebesgedichten, den Vorteilen der Verheiratung, über «widerspenstige» Frauen (die der Mann laut Sure 4,34 in einer sich steigernden Dreierreihung mit Ermahnungen, dem Meiden im Ehebett bis zu Schlägen gefügig machen solle. Von letzteren rieten religiöse Autoritäten bald ab), die hier aber eher als selbstbewußte Frauen gezeichnet werden. Geschichten über das Gute und Schlechte an weiblicher List (vor der bereits in der 12., der *Josefs-Sure*, des Korans gewarnt und die später zum beliebten literarischen Topos unter vergnüglichen wie warnenden Aspekten wird), an Treue und Eifersucht folgen. Den Gegenpol zum «Guten des Koitus» zeichnen bissige Anekdoten über männliche Impotenz als berechtigten Anlaß für weibliche Untreue. Auf Kapitel über die guten Seiten der (von den Persern übernommenen) Feste der Frühjahrs- und der Herbstgleiche, *Nourūs* und *Mechredschān* ohne «Kehrseite», über angemessene und vorbildliche (weil sehr kostbare) Geschenke an Ranghohe, darunter solche von Frauen an Frauen, zu diesen Festen, Geschenke als «Öffner der Herzen und Türen», folgt eines über «Aderlaßgeschenke». Das waren besonders wertvolle Gaben, die den Beschenkten, den Kalifen oder einen seiner Wesire, veranlaßten, erheblich großzügiger zu sein als üblich. Sie bestanden in schönen, gebildeten Sklavinnen, die ihren neuen Besitzer mit hübschen oder auch schnippischen Versen erfreuten. Einem Kapitel über die guten Eigenschaften der Sänger- und der gebildeten höfischen Sklavinnen, die auch den größeren Teil der Mütter der Abbassidenkalifen ausmachten, «denn sie vereinen arabischen Stolz mit persischem Blut», folgt eine abschließende Kontrastierung: Reflexionen in Poesie und Prosa zum Tod als Ruhespender oder «Zerstörer aller Freuden» (der er zum Beispiel in den Geschichten aus *Tausendundeiner Nacht* ist).

Der bekannteste Verfasser einer erheblich umfangreicheren Anthologie des Titels *Al-mahāssin wa-l-massāwi, Gut und Schlecht,* ist al-Baihaki im ersten Drittel des 10. Jahrhunderts. Über sein Leben ist nur bekannt, daß er zum Kreis um den vielseitig begabten Dichter Ibn al-Muʿtas (861–908) gehörte. Dieser war für einen Tag Kalif, wurde aber am selben Tag ermordet. Er wurde besonders durch brillante beschreibende Gedichte, etwa über den Wein oder die Natur, und ein grundlegendes poetologisches Werk zum *Neuen Stil, Badīʿ*, bekannt.

Baihakis Themenspektrum und seine Anordnung unterscheiden sich von der des Pseudo-Dschāhis. Er stellt sich zu Beginn des ersten Kapitels *Über das Gute an Büchern* als asch-Schaich al-Baihaki, also als religiöse Autorität, vor, und sein Werk hat einen stärker religiös-politischen Charakter. Anknüpfend an Dschāhis' Vorworte zum *Buch der Tiere* und zu dem über *Die Dichtung und die Dichter* und an seinen Vorgänger beginnt er mit Preisungen des Adab und des Buches in Reimprosa. Erst darauf folgen die «guten Eigenschaften Muhammeds» und seiner Himmelfahrt, die der Koran andeutet und die dann zum Glaubensinhalt der Muslime, zum festlich begangenen Gedenken wurde. Die Kontrastierung über *Das Schlechte der Pseudopropheten* enthält Berichte aus arabischen historischen Werken über eine (wohl fiktive) Korrespondenz zwischen Muhammed und einigen Gegenpropheten, sowie Geschichten über spätere anti-islamische Heilsverkünder. Auf die Kapitel über «Das Gute der vier rechtgeleiteten Kalifen» und «Das Gute an (Muhammeds Enkeln) Hassan und Hussain» folgen solche über deren Gegner, betitelt «Das Schlechte an ...», also mit deutlicher Wertungsvorgabe. Daran schließen sich Kapitel unterschiedlicher Länge mit Anekdoten und Witzen über soziale Schichten oder Gruppen, unter anderem über Handwerker, Gouverneure, Sklaven, Dichter, Eunuchen, Bettler und Dummköpfe. Einige Kapitel handeln von menschlichen Eigenschaften wie Geiz, Großzügigkeit, Treue und Wahrhaftigkeit, Verlogenheit und List. Die Kapitel über gute und schlechte Reden, Briefe, Sprichwörter und Sentenzen (schlechte sind die, die über schlimme Situationen sprechen, etwa über Not und Alter, gemeint ist also der Inhalt, nicht die Form) sind sprachlich, sozial- und kulturhistorisch aufschlußreich.

Einen Teil über Frauen enthält dieses Werk nicht, wohl aber Ausführungen über Söhne und Töchter sowie ein kurzes Kapitel über das Gute, ein etwas längeres über das Schlechte an Männern. Hier finden sich fast ausschließlich Urteile von Beduinen über andere in einer Zeit, in der die Beduinen den Städtern ebenso fremd wie vielleicht auch bedrohlich geworden waren. Den vermutlich als harmonisierend konzipierten Schluß bilden Kapitel mit Scherzen und Humoresken, besonders solchen von Dichtern oder über sie.

Ein etwas jüngerer Zeitgenosse des Dschāhis war der vor allem als exzellenter Grammatiker der basrischen Schule bekannte al-Mubarrad (ca. 815–898/99). Diesen Beinamen, «Der Gekühlte», unter dem er bekannt wurde, hat man unterschiedlich zu deuten versucht. Am nächstliegenden ist die Erklärung, man habe ihn eigentlich al-Mubarrid, «der Kühlende», auch «der exzellent Erklärende», genannt, weil er in den heftigen Fehden mit Widersachern der kufischen Grammatikerschule brillante Klärungen lieferte. Grammatische Dispute wurden öffentlich in *Munādharāt*, «Streitgesprächen», am Hof und in Moscheen von Bagdad ausgetragen. Dorthin war er, wie Dschāhīs, aus Basra berufen worden. Al-Mubarrads prononcierter Gegner war der Philologe Thaʿlab (815–904), der durch seine zweibändigen *Madschālis*, *Sitzungen*, bekannt wurde. Sie behandeln philologische Details, wie sie damals auf Zusammenkünften der Grammatiker erörtert wurden.

Der *Fichrist* nennt etwa 50 größerenteils philologische Titel des Mubarrad und Adab-Werke. Seine Adab-Anthologie *al-Kāmil fī l-lugha wa-l-adab*, *Das Vollkommene. Über die Sprache und den Adab*, kurz *al-Kāmil, Das Vollkommene,* genannt, ist aus seinen Lehrveranstaltungen in Bagdad erwachsen und wohl die Mitschrift eines Schülers oder ein Diktat. Koranworte, Hadīthe, Anekdoten, Erzählberichte, Aphorismen und Gedichte dienen hier in 59 Kapiteln ganz unterschiedlicher Länge vor allem als belehrend-unterhaltsame Basis für grammatische und lexikalische Erklärungen. Sie sind ohne jede erkennbare Systematik aneinandergereiht. Der Autor dirigiert aber bei seinen zahlreichen Abschweifungen vom jeweiligen Thema den Leser/Hörer immer wieder zum Ausgangspunkt zurück, behält also den Faden in der Hand. Diesem Prinzip folgten manche Autoren bis ins 17. Jahrhundert, etwa der Nordafrikaner Makkari (gest. 1632) in seiner großen Andalusienanthologie. Ein längeres Kapitel über die religiös-politische Protestbewegung der Chāridschiten spiegelt mit Anekdoten, Berichten und Gedichten Zeitverhältnisse.

Als Nachfolger des Dschāhis auf dem Gebiet des Adab gilt einer seiner schärfsten Kritiker, Ibn Kutaiba (828–889). Geboren in Kufa und Schüler bekannter dortiger Gelehrter in der Grammatik und der Theologie, wurde er als Anhänger der sunnitischen Orthodoxie durch den Kalifen al-Mutawakkil nach dessen Verbot der Muʿtasila im Jahr 847 gefördert. 851 wurde Ibn Kutaiba zum Richter in Dīnawar im Iran ernannt und blieb es bis 870. Danach lehrte er auf der Grundlage seiner zahlreichen, vor allem wohl der theologischen Werke bis zu seinem Tod in Bagdad. Als Adab-Autor ist er durch vier Werke bekannt, deren Stil eingängiger ist als der des Dschāhis, klarer und weniger preziös. Sie sind zudem mit mehr Systematik geordnet.

Sein *Buch der Kenntnisse* richtet sich, dem Vorwort in Reimprosa zufolge, an die, «denen hoher Rang verliehen wurde, die durch Bildungsbeflissenheit aus der Unterklasse herausgehoben und durch das Privileg von Wissen(schaft) und klarer Sprache über die große Masse erhoben wurden». Für sie habe er diese Kenntnisse gesammelt. Sie sollten sie sich aneignen und auswendig lernen, denn sie würden in den Salons der Könige, den Zusammenkünften der Notabeln und den Zirkeln der Wissenschaftler, wenn sie denn an ihnen teilnähmen, nicht auf sie verzichten können. Er flicht eine Anekdote über einen Mann ein, der bei einer Einladung zum Kalifen al-Ma'mūn in Ungnade fiel, weil er seine Abstammung aus Unkenntnis der Genealogien falsch angab, das heißt wohl, sich als Maula eine falsche Herkunft zulegte. Araber ebenso wie Perser sollten die Geschichte ihrer Herrscher kennen. Es komme (für die Präsenz und die Karriere bei Hof und in angesehenen Kreisen) vor allem auf das richtige und auf vielseitiges Wissen an. Manche Teile des Buches sind kaum mehr als Aufzählungen von Namen und Daten mit gelegentlichen erklärenden Einschüben. Er beginnt mit einer arabischen Übersetzung der Schöpfungsgeschichte und des «Sündenfalls» nach Genesis 2, ergänzt dies aber durch variierende Ausformungen dieser Mythen aus nicht mehr erhaltenen Schriften des Südarabers Wachb Ibn Munabbih (654–728 oder 732). Dieser, wahrscheinlich persisch-jüdischer Herkunft und Richter in Sanaa, gilt als *der* Überlieferer jüdisch-christlichen Gedanken-, Erzähl- und Legendenguts, der *Isrā'īlijjāt*. Ibn Kutaibas eigene Zusätze entstammen wohl einer anderen Übersetzung des Alten Testaments. Prophetengeschichten bis hin zum koranischen Jesus und Geschichten über Muhammed, diese basierend auf frühen arabischen Historikern, folgen. Ibn Kutaiba behandelt stark personenorientiert die Frühgeschichte des Islams, dann die Umajjaden- und die Abbassidenkalifen bis zu al-Mu'tamid (reg. 870–892). Er nennt ihre Abstammung und bedeutende Ereignisse, die Namen der Statthalter und Richter aus ihrer Regierungszeit, ferner Vertreter der wichtigsten religiösen Gruppierungen. Anekdoten über bekannte Pocken-, Lepra- und Augenkranke, über Lahme, Schielende, Gelähmte, Bucklige und deren schlagfertige Reaktion auf den Spott sozial Höhergestellter – ein Thema des Dschāhis – schließen sich an. Er zählt bekannte Groß- und Kleinwüchsige sowie besonders Langlebige auf. Das letztere wurde zum Thema von Büchern über legendäre «Langlebige», die *Mu'ammarūn*. Dann beschreibt er die wichtigsten Moscheen in den damaligen Metropolen, zitiert aus den *Ajjām al-'Arab*, aus Büchern über die Eroberungen, geographischen Werken, besonders deren Angaben über den Irak und seine Nachbarregionen. Geläufige Sprichwörter und Redensarten, die bekannten Personen zugeschrieben werden, und die realen oder fiktiven Ursachen ihrer Entstehung folgen. Die persische, die byzantinische und die altsüdarabische Geschichte stellt er anhand der Herrscher vor. Verse und Gedichte schmücken, kommentieren und resümieren auch hier narrative Aussagen.

Sein *Buch der Dichtung und der Dichter* ist eine zweibändige Anthologie, grob chronologisch geordnet von Imraʾalkais bis zu Abu Nuwās. Im Vorwort kündigt er «Berichte über ihre (der Dichter) Zeit, Schicksale und Lebensverhältnisse, ihre Gedichte, Stammeszugehörigkeit, Genealogie und ihre vollständigen Namen» an, außerdem über die Resonanz, die die zitierten Gedichte fanden. Anthologien dieser Art wurden von den arabischen Grammatikern in Basra und Kufa seit der Mitte des 8. Jahrhunderts zusammengestellt. Die wichtigste erhaltene ist diese.

In seinem für die Geschichte der arabischen Poetologie wichtigen Vorwort äußert er sich in einer Zeit heftiger Auseinandersetzungen über den Wert des alten Stils, das heißt, der bis dahin hochgeschätzten altarabischen Poesie, und den des «Neuen Stils», *Badīʿ*, vermittelnd. Jeder Dichter sei zunächst «neu», also ungewohnt gewesen. Er geht auf Rezeptionskriterien ebenso wie auf psychische Voraussetzungen des Dichtens ein, die sicher zeit- und kulturkreisübergreifend sind, auf die Wirkung von Stimmungen und Tageszeiten vor allem. Daß Dichtung zu hören wirkungsvoller sei als sie zu lesen, betont er und verweist dabei auf die arabische Konsonantenschrift mit der Möglichkeit zu Fehldeutungen bei den damals oft noch un- oder teilpunktierten Texten.

Sein Handbuch für höfische Sekretäre *Adab al-Kātib* will diesen mit zahlreichen, sachlich geordneten Beispielen einen guten arabischen Stil vermitteln. Es belehrt über treffende Lexik auf den wichtigen Gebieten des höfischen Lebens, über Orthographie in diffizilen Fällen (bei denen bis heute Dialekteinflüsse deutlich sind), über Wortbildung und richtige Vokalisierung, über Satzstrukturen, Stilistik und Phraseologie. Das Vorwort kritisiert in Reimprosa scharf die mangelnde Bildung und den fehlenden Bildungsdrang der Sekretäre, die oft meinten, eine schöne Handschrift reiche für ihre Tätigkeit. Auch hier haben Anekdoten über die Entlassung unzulänglich gebildeter Sekretäre Warnfunktion. Aufschlußreich für die Etikette sind die Hinweise auf die sozialen Differenzierungen in Anreden und im Ton höfischer Schreiben, etwa: Nur ein Angehöriger der Elite, der sich an sozial unter ihm Stehende wendet, dürfe von sich im Plural sprechen. In diesem *pluralis majestaticus* redet der Autor hier selbst durchgängig, obwohl die höfischen Sekretäre eine renommierte Schicht waren. Aber er wendet sich an die weniger Gebildeten unter ihnen.

Eine Adab-Enzyklopädie in zehn *Büchern* sind die oben als Quelle verschiedener Definitionen von Dichtung genannten *ʿUjūn al-Achbār*, *Die Quintessenzen der Berichte*. Während Dschāhis sich in selbstironischer

Koketterie seines Springens von einem Thema zum anderen rühmt, um den Leser bei Laune zu halten, führt Ibn Kutaiba am Ende seines stilistisch wie leserpsychologisch raffiniert gestalteten Vorworts systematisch die Titel der «Bücher» seiner Enzyklopädie mit ihren Untertiteln auf. Er erklärt dem Leser, er habe das getan, damit er nicht so lange blättern müsse. Das wurde von nun an üblich. Er begründet sein Werk vorher damit, daß es zwar nicht vom Koran, der Sunna, religiösen Satzungen und dem «Wissen vom Erlaubten und Verbotenen» handele, aber doch zu höchsten Dingen führe, den Weg zu edler Moral weise, vor Niedrigkeit schütze und vor Häßlichem bewahre. Es rege zu rechter Überlegung, guter Einschätzung, einfühlsamer Führung und der Erde Zivilisierung an. Nicht nur *ein* Weg führe zu Gott, und das Gute sei nicht allein auf betend durchwachte Nächte, striktes Fasten und das «Wissen vom Erlaubten und Verbotenen» beschränkt. Der Wege zu Gott gebe es viele, und die Tore zum Guten seien weit. Rechtschaffene Religion könne es nur in einer rechtschaffenen Zeit geben, die gebe es nur bei rechtschaffener Herrschaft, die aber komme nach dem von Gott verliehenen Erfolg durch religiöse Rechtleitung und gute Belehrung. In ähnlich parallelen Satzgliedern zählt er danach, die jeweilige Zielsetzung klug differenzierend, die auf, für die er *Die Quintessenzen der Berichte* «geordnet» habe: um den Horizont derer zu erweitern, die Bildung vernachlässigten, um den «Leuten des Wissens» dieses ins Gedächtnis zu rufen und um die, die Menschen führen, und die von ihnen Geführten zu bilden, sowie zur Erholung für Könige. Die von ihm ausgewählten Anregungen von Gelehrten und Weisen, wohlformulierten Worte von Rhetorikern, genialen Einfälle von Dichtern, Beispiele aus Herrscherbiographien und Werken der Vorfahren sollten den Lesern Vorbilder liefern. Sie sollten sie in ihre mündliche und schriftliche Kommunikation einflechten, um bei Petitionen Erfolg zu haben und sich gegen Tadel zu wehren, «denn gute Rede fängt die Herzen ein und ist erlaubte Magie». Er wende sich an die, die das irdische Leben suchten, ebenso wie an die nach dem Jenseits Suchenden, an die Elite und die Allgemeinheit, die Könige und das Volk. So habe er Beispiele für religiöse Ermahnungen und Askese ebenso wie humorvolle Anekdoten über Notabeln und Imāme aufgeführt, um den Leser zu erheitern. Ein guter Scherz zur rechten Zeit sei weder häßlich noch sündhaft, «so Gott will», fügt er vorsichtig hinzu. Dieses Buch sei wie eine Tafel voller Speisen für unterschiedliche Geschmacksrichtungen. Der Leser solle also nicht schamrot werden oder sich abwenden, wenn Dinge oder Körperteile hier deutlich benannt würden. Schämen müßten sich nur Lügner und Verleumder. Er möge ihn nicht tadeln, wenn er zu einem Thema an einer Stelle nicht genug erfahre, er behandele es dann auch anderswo, da es thematisch aufzuspalten sei, etwa «freundliche

Rede» auf die Bücher «Herrschaft», «Wünsche, Bedürfnisse» und «Klarheit der Rede» oder «Entschuldigung» auf die Bücher «Herrschaft» und «Freunde, Gefährten».

Ohne sich streng an die Details seiner Ankündigung zu halten, widmet er jedes «Buch» einem eigenen Thema. Am Beginn steht hierarchiegerecht «die Herrschaft» (*as-Ssultān*). Das Buch beginnt wie andere mit einem Hadīth, hier über das Streben nach Herrschaft/Macht, das der Mensch am Auferstehungstag bereuen werde, und einem weiteren darüber, daß das Emirat nur dem zustehe, der es legal übernimmt, also einer Parteinahme für die Abbassiden. Darauf folgt ein auch später oft zitierter Hadīth «Ein Volk, das seine Angelegenheit einer Frau anvertraut, wird nie Erfolg haben», und ein weiterer über den sicheren Untergang eines Volks, dessen zwei Gruppen von zwei Emiren geleitet werden. Beides stellt, mit konkreten Beispielen versehen, einen zeithistorischen Bezug her. Es geht um das Wesen der Herrschaft, die Position und das vorbildliche Verhalten von Herrschern, die Wahl von Gouverneuren, Richtern, Sekretären und die von ihnen erwarteten Eigenschaften und Verhaltensweisen. Berichte über Urteile und Fehlurteile, die Rolle von Zeugen, Kerkerhaft, beginnend mit der des biblischen/koranischen Josef, und Anekdoten vom rechten, das heißt höflichen bis unterwürfigen Umgang Untergebener mit den Mächtigen gehören dazu.

Das zweite Buch über die *Ādāb* des Krieges lasse er dem ersten als von ihm nicht zu trennen folgen. Der Eingangs-Hadīth befiehlt im Namen Muhammeds, keinen Angriffs-, sondern im Vertrauen auf Gott nur einen Verteidigungskrieg zu führen. Hier geht es um Kriegslisten, auch die der Nichtaraber, um Waffen, die damaligen Transportmittel, also Pferde, Esel, Maulesel, Kamele, um gute und schlechte Omina, Feiglinge und Helden. Anekdoten und Berichte zur Geschichte der Eroberungen sowie Kurzurteile über eroberte Regionen und neu gegründete Städte geben Einblicke in soziale und wirtschaftliche Verhältnisse.

Das dritte Buch behandelt Kennzeichen und Handlungen (männlicher) Souveränität und auch schlechten Verhaltens (*as-Ssu'dad wa-ss-Ssū'*), also ein Wortspiel. Es beginnt nicht mit einem Koranvers oder Hadīth, sondern einer Anekdote, in der physische Merkmale der Souveränität definiert werden. Sie schließe unabdingbar die Zugehörigkeit des Vaters zum Volk ein. Die sicher zeitbezogen zu deutende Definition wird dem für Muhammeds und die frühislamische Eroberungs- und Regierungspolitik wichtigen und legendär gewordenen Beduinendichter as-Sibrikān Ibn Badr zugeschrieben. Aufschlußreich ist die Charakterisierung: «Viererlei macht den Sklaven zum Herrn: Adab, Aufrichtigkeit, Keuschheit, Zuverlässigkeit»,[77] also ethische Qualitäten. Im folgenden geht es auch um Antithesen wie den Verzicht auf und das Streben nach

Herrschaft, um deren Gefahren für die Menschenseele, um Reichtum und Armut, Handel, Kauf und Verkauf, um Schuldverpflichtungen, Wünsche und Begierden, dies mit knappen Formulierungen bekannter Männer zu ihren Glücksvorstellungen, um Bescheidenheit, Hochmut (als Ausdruck von Torheit), Eigenlob und das Lob anderer, Schamgefühl, Klugheit, Besonnenheit und Zorn. Die Ausführungen über angemessene Kleidung beginnen mit großen historischen Vorbildern für Selbstbeschränkung. Ob und wann es angemessen sei, Siegelringe zu tragen, sich zu parfümieren (für Männer eher als für Frauen), wer die rechten Gefährten (*Dschulassāʾ*, «die, mit denen man zusammensitzt») seien, was die reche Art zu sitzen, das geeignete Haus, die richtige Wohnstatt sei, wird wiederum in verschiedenen Textsorten erörtert. Sicher didaktisch intendierte Abschnitte über den «Mittelweg» in weltlichem und religiösem Verhalten und Anekdoten über das vorbildliche Auftreten bekannter Persönlichkeiten der arabischen und persischen Geschichte in wichtigen Situationen bilden den Schluß.

Im vierten Buch «Die menschliche Natur und verdammenswerte Eigenschaften» (*at-Tabāʾiʿ wa-l-achlāk al-madhmūma*) geht es um Neid, Verleumdung, Verlogenheit, Falschheit, Dummheit, Geiz, Egoismus vorwiegend anhand von Lehranekdoten. Der zweite Teil gilt nach Ausführungen über Ähnlichkeiten und Unterschiede zwischen Mensch und Tier diversen Tieren, wenigen Pflanzen und einigen Steinen, dies besonders im Hinblick auf eher magische Vorstellungen, etwa beim Magneten. So schließen sich Erzählungen über unterschiedliche Geister logisch an.

Das fünfte Buch, «Das Wissen/die Wissenschaft und die Klarheit (der Sprache, des Stils)» (*al-ʿIlm wa-l-bajān*), eröffnet Ibn Kutaiba mit Anekdoten, in denen die rechte Einstellung zum Wissenserwerb empfohlen wird: keine unnötigen Komplikationen zu schaffen, mit offenem Verstand/Herzen zu fragen und sich mit anderen auszutauschen. Das Kapitel zum Koran beginnt er mit einem Hadīth, demzufolge Muhammeds Gefährten es ablehnten, ein Koranexemplar zu verkaufen, und Koranschullehrer, die eine Bezahlung verlangten, mißbilligten. Religion sollte also von materiellem Gewinnstreben frei sein. Dieser Hadīth ist eine Projektion aus späterer Zeit, denn zu Muhammeds Lebzeiten gab es weder Koranschulen noch vollständige Koranexemplare. Das folgende längere Kapitel läßt damalige Praktiken des Sammelns von und der Kritik an Hadīthen erkennen (je mehr Gewährsmänner für eine Überlieferung, desto wahrscheinlicher deren Authentizität). Die anschließenden Kapitel über befremdliche, unverständliche Formulierungen, über die schlechte Aussprache von Nichtarabern, auch von schönen Sklavinnen, und aus ihnen erwachsene Mißverständnisse sowie über stilistische Brillanz gipfeln in Sentenzen wie der bekannten «In schöner klarer Sprache liegt Magie».

Wegen dieses verführerischen Charakters sollten Predigten nicht so lang sein, wohl aber das Gebet. In den Debatten über die Vor- und Nachteile des Redens oder Schweigens wird entgegen unserem «Reden ist Silber, Schweigen ist Gold» hier mehrheitlich dem (geschickten, wohl formulierten) Reden der Vorzug gegeben. Die folgenden didaktisch-ethischen Weisungen hochrangiger Väter an Erzieher ihrer Söhne könnten heute noch Gültigkeit beanspruchen. An einigen Beispielen werden die Möglichkeiten nichtverbaler Kommunikation thematisiert. Auf viele Definitionen des Wesens der Dichtung und der Anlässe zu dichten folgen treffende poetische Vergleiche. «Einzigartige Verse» charakterisieren nach Art unserer «geflügelten Worte» und arabischer Poetologien dichterisch, aber nicht gerade logisch geordnet, soziale Mängel und Tugenden wie Hartherzigkeit, Dummheit, Trägheit einerseits, Keuschheit, Genügsamkeit, Mut, Ausdauer, Gastfreundschaft, Verbundenheit mit dem Nachbarn, Gottvertrauen andererseits. «Die erstaunlichsten Verse» über sozial Auffälliges wie einen Verbrecher am Kreuz, einen Magier, einen religiösen Propagandisten sind gelungen in ihrer Ironie.

Zu den Anekdoten über treffende Formulierungen und geistvolle Entgegnungen gehört die knapp erzählte: «Ein Araber sagte: ‹Mir war gestern, als sähe ich im Traum das Paradies und darin nur Schlösser›. Da fragte ich: ‹Und wem gehören die?› ‹Den Arabern›. Ein Maula des Mannes fragte: ‹Bist du in die Zimmer hochgestiegen?› ‹Nein!› Da sagte der Maula: ‹Die gehören uns!›» Zu deuten ist das als Ausdruck des Stolzes der Nichtaraber im Kalifenreich gegenüber dem Prioritätsanspruch der Araber: Die prachtvollen Gebäude, das bergende Äußere, hier also die Sprache, war arabisch. Die Vielfalt des Inneren gestalteten die Mawāli, die Nichtaraber.

Beispiele für vorbildliche Formulierungen in Briefen und Schriftstükken an Hochrangige oder für sie und für konkrete Situationen sind sprach- ebenso wie sozialhistorisch aussagekräftig. Predigten und Reden der ersten vier, aber auch späterer Kalifen bis zu al-Maʾmūn, und von Statthaltern geben Einblicke in religiös-politische Verhältnisse. Aufschlußreich sind die Quellenangaben: zu Definitionen der Dichtung anonyme Beduinen und namentlich genannte Araber, zur Rhetorik und ethisch-didaktischen Empfehlungen «Bücher der Inder», der Sassanidenwesir Busurdschmichr, auch Ibn al-Mukaffaʿ, Umajjadenkalifen und andere Vertreter der frühislamischen Elite, aber auch Jesus. Dem Kapitel «Worte von Rednern, gegen die rebelliert wurde», mit hübschen Anekdoten über das unterschiedliche Verhalten anonymer und bekannter Personen in solchen Situationen folgt als letztes «Die Kanzeln». Kritische Gedichte über den Mißbrauch von Kanzeln durch falsche Vertreter der Religion geben Einblicke in religiöse Verhältnisse.

So ist die Überleitung zu Buch 6 «Die Askese. Was Gott seinen Propheten offenbarte» gegeben. Überlieferungen von Wachb Ibn Munabbih, also *Isrā'īlijjāt*, gefolgt von solchen aus dem Alten und dem Neuen Testament, von Geschichten über Jesus und seine Jünger, auch seine Wunder, lassen jüdisch-christliche Einflüsse auf die islamische Askese und Mystik erkennen. Daran schließen sich Kapitel mit sprachlich wie inhaltlich vorbildlichen Gebeten, Zwiesprachen mit Gott, Anekdoten und Gedichten über das Weinen, über betend verbrachte Nächte, den Tod, Ergrauen und Alter, gefolgt von vielen ambivalenten Versen und Sentenzen über die Welt. An kunstvoll formulierte Mahnpredigten bekannter Asketen und Mystiker für Umajjaden- und Abbassidenkalifen in ahistorischer Reihung, beginnend mit al-Machdi, schließen sich Anekdoten, Sentenzen und Gedichte über Gottvertrauen, Frömmigkeit und Reue. Eindringliche Mahnpredigten und -briefe an unterschiedliche, auch anonyme Adressaten, darunter Worte Jesu an seine Jünger, bekräftigen dies ebenso wie Gedichte vorislamischer christlicher Dichter und von Abu l-ʿAtāhijja gegen Ende des Kapitels.

Das siebte Buch, «Die Freunde», *al-Ichwān*, eigentlich: «Brüder», fordert den Menschen/Mann zu Beginn auf, sich viele Freunde zu suchen, dann sollten ihn seine Feinde nicht beschäftigen. Zuneigung, Wesens- und Interessenverwandtschaft sollten die Wahl bestimmen. Pflichten gegenüber Freunden, der rechte Umgang mit ihnen – weder Freundschaft noch Feindschaft dürften zur Last werden – Sympathien, Besuche, Tadel, Abschied, Geschenke werden erörtert. Beispiele angemessener und geschickter Formulierungen für Kondolenzen und Glückwünsche zu privaten und öffentlichen Anlässen, für Entschuldigungen und Tadel folgen. Der Umgang mit falschen Freunden, mit Verwandten und den Pflichten ihnen gegenüber, mit Kindern, aber ebenfalls mit Boshaftigkeiten, Haß, Feindschaft und Schadenfreude werden thematisiert. Hadīthe, Sentenzen, auch aus den Evangelien, Sprichwörter und viele Verse bekräftigen den Grundgedanken, daß ein Muslim dem anderen Sympathie und Freundschaft entgegenbringen sollte. Plato wird als Autorität in einem Kurzdialog zitiert. Auf die Frage: «Womit rächt sich ein Mensch an seinem Feind?» antwortet er: «Dadurch, daß er an Vorzügen zunimmt.» Die hier eingeflochtenen Verse gelten menschlichen Beziehungen. Da gibt es tröstende Abschiedsworte eines Vaters für seine Tochter oder auch Wünsche und Empfindungen einer Tochter, als ihr Vater auf Reisen geht. Eine auf Hischām Ibn al-Kalbi (gest. 819) zurückgeführte Anekdote legt davon Zeugnis ab, wie man der *Ridda*, der Abfallbewegung vom Islam nach Muhammeds Tod, der Überlieferung zufolge Herr wurde. Hischām Ibn al-Kalbi gilt vor allem durch sein großes Werk über die Genealogien arabischer Stämme und sein *Götzenbuch*, die einzige erhaltene Monographie über religiöse Verhältnisse im vorislamischen Arabien, als *die* Autorität für diese Zeit. Als Frauen aus dem (südarabischen) Stamm der Kinda und aus Hadramaut vom Tod Muhammeds hörten, färbten sie sich die Hände mit Henna und schlugen die Trommeln (vor Freude). Das kommentierte ein Stammesgenosse dem ersten Kalifen Abu Bakr in hier zitierten Versen als das Verhalten von Huren und forderte ihn auf, ihnen die Hände abzuschlagen. Abu Bakr habe das seinen Gouverneur tun lassen. Eine in rhythmischer Reimprosa gehaltene Definition des Verhaltens von Feinden steht am Schluß.

Das achte Buch über *Die Bedürfnisse/Wünsche* oder besser deren Erfüllung durch Höhergestellte empfiehlt generell Zurückhaltung bei wichtigen Wünschen, aber wenn ein Mann heiraten wolle, solle er mit Geschenken an die Mutter der Braut großzügig sein. Die folgenden Kapitel über höfliche bis unterwürfige Bittfloskeln in Prosa und Poesie und die Großzügigkeit, mit der ihnen entsprochen wurde, über schlagfertige bis zu arroganten Verweigerungen von Wünschen, über das Verwerfliche am Abbruch von Gnadenerweisen und gewohnten Dotationen an Bedürftige sowie ein sehr langes Kapitel mit Mustern für Dank- und Lobgedichte und -worte machen materielle Abhängigkeitsverhältnisse in der höfischen Gesellschaft und ihre sprachlichen Einkleidungen deutlich. Das Buch schließt mit Kapiteln über Genügsamkeit als empfehlens- und Gier und Hartnäckigkeit als verdammenswert und endet wohl ironisch mit anonymen Versen «über den Geiz». Der zitierte Dichter besingt die Großzügigkeit derer, die ihm wenigstens zu seinem täglich Brot verhelfen.

Dies ist die Überleitung zum neunten Buch *Die Nahrung*. Es beginnt mit Anekdoten und Gedichten über beliebte einfache Speisen wie Butter und Datteln, über Getränke wie Milch und Säfte, auch über Gärgetränke. Anekdoten über das Essen und Esser, Empfehlungen zur Zurückhaltung beim Essen und Trinken, auch zu vegetarischer Kost, zum Fasten als dem besten Arzt, Anstandsregeln zum Verhalten beim Essen, hübsche *Wasf*-Gedichte über Eßgeschirr, Debatten darüber, was bekömmlicher sei, in Gesellschaft oder allein zu essen, Ratschläge für Körperhygiene und gesunde Ernährung, beginnend mit dem eines griechischen Arztes für geeignete Kost bei Fieber, bieten ein vielseitiges Spektrum des Oberthemas. Das (angebliche) Prophetenwort «Manches Medikament macht erst krank» bekräftigt Warnungen vor Medikamenten, wobei das Arabische für Krankheit und Heilmittel ein alliterierendes, reimendes Wortpaar besitzt, das zum Beispiel ebenfalls gern in der Liebespoesie verwendet wird: *dāʾ wa-dawā*. Es geht ferner um Stuhlgang, Einläufe, Übelkeit, Mittel zur Beseitigung von Mundgeruch, Heilwässer, gute und schädliche Fleischsorten, um Gemüse wie Zwiebeln, Knoblauch, Kohl, Rettich, Lauch, Fenchel, Gurken, Auberginen und ihre Wirkungen auf den Körper und seine

Säfte nach entsprechender Zubereitung. Naturrezepte zur Lust- und Potenzsteigerung folgen, die gesundheitsfördernde Wirkung verschiedener Früchte, Gewürze, Nahrungsmittel mit Zubereitungsempfehlungen, auch Warnungen vor Schädigungen, etwa durch Giftpilze, vervollständigen das Thema.

Das zehnte und letzte Buch, *Die Frauen*, ist besonders umfangreich. Es enthält Dikta über Frauen und ihre soziale Rolle aus dem Mund männlicher historisch-literarischer Autoritäten in verschiedenen Textsorten. Hadīthe darüber, welche Frauen sich für die Ehe des Muslims am besten eignen, welche Männer für welche Frauen taugen, Aussagen über weibliche und männliche Schönheit und Häßlichkeit spiegeln die patriarchalische, multi-ethnische islamische Gesellschaft dieser Zeit mit Geschlechtertrennung und heterogenen, auch widersprüchlichen Traditionen. Manche Urteile werden Frauen in den Mund gelegt. Autorität ist mehrfach ʿĀʾischa, Muhammeds Lieblingsfrau, auch zur Frage des Ehealters für Mädchen, das sie hier etwas später ansetzt als das Alter, in dem sie selbst, historischen Texten zufolge, mit Muhammed verheiratet wurde. Das widerspiegelt wohl die damaligen realen Verhältnisse und die Ansicht des Autors. Dem Altern und dem Alter gilt ein eigenes Kapitel mit Versen und anderen Äußerungen der Klage und Resignation, auch des Verwünschens in Selbstaussagen männlicher Dichter. Um die Bedeutung, auch die Auffälligkeit einzelner Körperteile von Frau und Mann bis zum Lob des Bartes kreisen Verse, Sentenzen und Anekdoten. Auf ein Kapitel über Nasen (männliche mehr als weibliche) folgt eines über Räucherwerk und Gestank, darauf solche über Männer, die Lepra, Lähmungen oder Hodenwassersucht hatten, mit Spottversen oder -anwürfen meist Höhergestellter und schlagfertigen Antworten der Betroffenen in Reimprosa oder Versen. Dem anschließenden Kapitel mit Berichten und Hadīthen über die (laut Sure 4,3 notwendige, aber in ihrer Höhe nicht definierte) Brautgabe des Mannes an die Frau[78] folgen solche mit Beispielen für Hochzeitspredigten und paternalistische Empfehlungen in Reimprosa an Bräute anläßlich ihrer Heirat. Das Kapitel «Zum Umgang mit den Frauen» reiht solch paternalistische Ratschläge aneinander. Besonders frauenfeindliche, restriktive Äußerungen werden dem Kalifen ʿUmar I. zugeschrieben, der auch für spätere Zeiten Autorität für Strenggläubigkeit und Misogynie blieb. Ein längeres Reimprosazitat, zurückgeführt auf Ibn al-Mukaffaʿ, enthält das reimende Bonmot «Frauen sind (duftendes, zartes) Basilikum, nicht Heldentum». Verse arabischer Dichter sprechen staunend bis bewundernd von der Mixtur aus Schwäche und Stärke bei der «aus krummer Rippe Geschaffenen». Das Kapitel «Das Gespräch mit den Frauen» besteht aus Lob- und Liebesgedichten, zum Teil des blinden Baschschār Ibn Burd (s. o., S. 56ff.), der den Wohlklang von Frauenstimmen mit der Freude an süßem Wein und Blumen in Parks gleichsetzt. Dem Kapitel über Sängerinnen, Sänger und das Lautenspiel folgt eines über das Küssen, das mit einem Hadīth über Muhammed beginnt, wo aber Frauen ebenfalls zu Wort kommen. Das Kapitel über den Koitus enthält ironische, humorvolle und spöttische Äußerungen, größtenteils von Männern. Es folgt ein Kapitel über Kupplerinnen und «Unzucht» (*Sinā'*) und wie diese zu definieren ist. Nach dem islamischen Recht ist *Sinā'* jede körperliche Beziehung zwischen einem Mann und einer Frau, die nicht miteinander verheiratet sind. Ibn Kutaiba kontrastiert hier aber Aussagen von Beduinen als Vertretern keuscher Zurückhaltung mit denen liberaler bis frivoler Städter. Die schlechten Eigenschaften von Frauen, das Gebären und Kinder (gemeint sind Söhne), der *Talāk*, die «Verstoßung» oder «Freisetzung» der Frau durch den Mann, sind Themen der folgenden Kapitel. Zum Talāk ist nach dem islamischen Recht ein Mann theoretisch jederzeit berechtigt, ohne das begründen oder einen Richter hinzuziehen zu müssen. Das Kapitel beginnt aber mit dem bekannten Hadīth «Der Talāk ist das Gott verhaßteste unter dem, was erlaubt ist». Das islamische Recht kennt nicht nur Gebote und Verbote, sondern auch moralische Wertungen. Demzufolge ist der Talāk zwar legal, jedoch moralisch-ethisch abzulehnen. Anekdoten und Verse des Bedauerns über Männer, die ihre Frauen unbedacht verstießen, oder von ihnen unterstreichen diese Wertung. Zwei lange Kapitel zur ʿudhritischen Liebe, also über Männer, die aus unerfüllter Liebe zu einer Frau starben, bilden den Schluß. Ibn Kutaiba beendet das «Buch der Frauen» und damit seine Enzyklopädie mit einem der ergreifendsten Liebesgedichte. Labīd (gest. 661) besingt seine Liebe zu einer Frau, die vor der Geburt begann und mit dem Tod nicht endet, die Schicksal ist.

Ibn Kutaibas *Quintessenzen der Berichte* geben also in poetischer Form mannigfaltige Einblicke in die sozialen Beziehungen, Denk- und Verhaltensweisen der heterogenen muslimischen höfisch-städtischen Gesellschaft seiner Zeit mit ihren Bildungs- und Kommunikationsschwerpunkten, ihrer Vielseitigkeit, ihren Widersprüchen, ihren religiösen und ethischen Idealen. Dabei verfährt der Autor sozialdidaktisch geschickt.

Ebenfalls von ihm stammt ein kleineres *Buch der Araber oder die Widerlegung der Schuʿūbijja*.[79] Ibn an-Nadīm nennt eine Schrift desselben Titels von Dschāhis.[80] Das Thema war in den sozialen Kämpfen der Zeit hochaktuell, nur betonte Ibn Kutaiba seine Parteinahme für die Araber trotz seiner persischen Herkunft. Zu Beginn dieser Streitschrift bittet er: «Gott schütze uns davor ..., die *Schuʿūbijja* ertragen zu müssen, denn sie spricht aus gesteigertem Neid ... den Arabern alle Tugenden ab und schreibt ihnen jede Schandtat zu.» Sie übertreibe, schmähe, lüge und würde vom Glauben abfallen, gebe es nicht die Furcht vor dem Schwert, also der Todesstrafe, die auf Apostasie stand. Er verweist auf Sure 43, 32: «Wir haben ihren Lebensunterhalt im Diesseits unter ihnen verteilt und die einen Stufen über die anderen gesetzt, damit die einen sich die anderen dienstbar machen», das heißt auf eine von Gott bestimmte, nach Einkommen differenzierte soziale Hierarchie. Das widerspricht allerdings der in anderen Koranversen formulierten Gleichheit der Muslime,[81] doch war und ist es im Islam wie in anderen Religionen so, daß sich jede Fraktion für ihre Argumentation das für sie Geeignete aussucht. Auf Ibn Mass'ūd, einen der ersten Anhänger Muhammeds, bekannt für seine Frömmigkeit, Bescheidenheit, moralische Integrität und seine niedrige soziale Herkunft, und Ibn al-Mukaffa', den Neumuslim persischer Provenienz, zurückgeführte Charakterisierungen des Neiders als Gegner der Gnadengaben Gottes (an andere), als Kläffer, der von Gott verjagt würde und besser mit dem zufrieden sein sollte, was ihm von Gott beschieden ward, folgen.

Der Autor nimmt eine ihn selbst charakterisierende soziale Differenzierung vor: Die heftigste Animosität gegen die Araber komme aus der Unterschicht der *Schu'ūbijja*, vom Pöbel der Nabatäer und von armen Dorfbewohnern. Die Oberschicht der Perser/Nichtaraber – die Inhaber hoher Ämter und die Vertreter der Religion – kenne ihre Rechte und Pflichten. Einer von ihnen habe zu einem Araber gesagt, Ehre/Adel basiere auf der Herkunft, die Aristokraten aller Völker seien einander folglich ebenbürtig. Das ist der Anspruch auf eine Völker übergreifende «Elitekultur», wie es sie unter europäischen Aristokraten des 18. Jahrhunderts ebenfalls gab.[82] Nur die Unterschicht schmähe die Araber, denn manche, die daher stammten, hätten sich mit Adab geschmückt, danach den Aristokraten zugesellt, sich das Privileg der Schreibkunst angeeignet und seien nun der Herrschaft nahe. Jetzt seien sie stolz auf ihre *Ādāb*, übersähen jedoch das ihnen durch ihre niedere Herkunft bestimmte Schicksal. Einige hätten sich Aristokraten persischer/nichtarabischer Herkunft angeschlossen, maßten sich eine königliche oder adlige Herkunft an und erhöben einen Aristokratieanspruch für alle Nichtaraber. Aus Haß schmähten sie die Araber heftig. Im übrigen habe ein Weiser gesagt, niemand sei unfehlbar, denn wer das sei, wäre unsterblich. Ibn Kutaiba setzt sich hier mit Schriften des Abu 'Ubaida Ibn al-Muthanna (728–824/825) auseinander, dem er vorwirft, er suche geradezu nach den Untugenden der Araber. Dieser große basrische Philologe, ein Maula persisch-jüdischer Herkunft und Anhänger der Chāridschiten, verfaßte Bücher über den Stil und schwer zu deutende Stellen des Korans und des Hadīth, über diverse Tiere, Waffen, Orte, arabische Stämme in vorislamischer Zeit und anderes. Ibn an-Nadīm nennt unter seinen vielen Titeln[83] je einen über die Untugenden (*Mathālib*, auch *Manākib*) der

Araber und die Tugenden (*Fadā'il*) der Perser/Nichtaraber. Bücher über Untugenden und Tugenden oder Fehler und Vorzüge von Personen, Stämmen, Berufsständen, auch Städten oder Regionen, zu unterhaltsamen wie propagandistischen oder tendenziösen Zwecken verfaßt, sind in der Adab-Literatur nicht selten. Ibn an-Nadīm überliefert zu Abu ʿUbaida auch, man habe ihm vorgeworfen, daß er, obwohl selbst nichtarabischer Abkunft, in den Genealogien anderer wühle und gegen sie stichele. Er sei zwar ein brillanter Philologe, habe aber Dichtung nicht korrekt abgefaßt. In Debatten zwischen bekannten basrischen Grammatikern sei er hart und mit knappen Worten aufgetreten. Zu seiner Beerdigung sei niemand erschienen, weil er weder die Aristokraten noch andere Leute gegrüßt habe.

In diesen sozialen Rangstreit gehört die These, die Araber stammten von Ismāʿīl, dem Sohn Abrahams (arabisch *Ibrāhīm*) von der Magd Hagar, die Nichtaraber von Isaak (arabisch *Iss'hāk*), dem Sohn Abrahams von seiner Frau Ssāra, ab. Hagar sei eine Magd für die niedrigsten Arbeiten gewesen, Ssāra dagegen eine Freie. Tatsächlich führen arabische Historiker in den Stammbäumen bekannter Persönlichkeiten arabischer Herkunft des frühen Islams auch die Namen der Mütter und Großmütter und deren Abstammung väterlicherseits an, und die Umajjadenkalifen waren stolz auf ihre arabischen Mütter freier Herkunft. Erst die Abbasidenkalifen hatten größerenteils Sklavinnen persischer, aber auch schwarzer Abstammung als Ehefrauen, die Mütter ihrer Söhne wurden. Ibn Kutaiba preist Hagar und verweist zudem auf die vielen Aristokraten jüngerer Zeit, deren Mütter Sklavinnen waren. Außerdem bestätige kein Genealoge die Abstammung der Perser oder Nabatäer von Isaak. Die Abstammung eines Mannes war für die Beuteverteilung in der Zeit der Eroberungen von Bedeutung, denn der Anteil richtete sich nach dem Zeitpunkt des Übertritts zum Islam. Dieser bestimmte also die Zugehörigkeit zur religiös-sozialen Elite.

Araber und Perser regierten als Könige, doch basiere die Herrschaft der Araber auf dem Prophetentum, also dem Islam, die der Perser auf Okkupation, betont Ibn Kutaiba. Die Herrschaft der Araber habe andere beseitigt, die der Perser sei beseitigt worden; die der Araber reiche bis zu den Horizonten der Erde, die der Perser umfaßte nur einen Bruchteil dessen. Deutlich werden die Differenzen zwischen unterschiedlichen soziokulturellen Traditionen. Zu den strittigen Wertkriterien gehörten Kampfstrategien, Waffen und Waffentechniken, Speisen, Getränke und die Art zu essen. Das (arabische) Essen mit der Hand sei dem (persischen) Essen mit Messer und Löffel überlegen, denn *Abu Chamssa*, den «Vater der Fünf», die Hand, benutze niemand anderer als ihr Besitzer. Aus der Feststellung, nicht jeder, der das Arabische gut beherrsche, sei dadurch ein

Araber, ist zu schließen, daß Nichtaraber in brillanter Sprachbeherrschung einen sozialen Elitenachweis sehen wollten, aber damit nicht die erhoffte Anerkennung fanden. Ibn Kutaiba unterstreicht, seine persische Herkunft hindere ihn nicht, die Anmaßungen unwissender Perser zurückzuweisen. Ein befremdliches Argument der Schuʿūbijja sei ihr Alleinanspruch auf die Abstammung von Adam, der sei jedoch der Vater aller Menschen. Ein anderes sei, die Araber hätten nur vier Propheten, nämlich außer Muhammed die koranischen Hūd, Ssālich und Schuʿaib (die nicht dem Alten Testament entstammen). Alle anderen Propheten seien Stammväter der Nichtaraber. Tatsächlich gehörten die anderen Propheten in die Geschichte Israels und ständen ihrer Abstammung nach den Arabern näher als den Persern. Gott habe die Menschen nach Hautfarbe, Interessen und Begabungen verschieden geschaffen, und die Welt beruhe darauf, daß in jedem Gutes und Schlechtes sei. Die edelste Abstammung, das belegt er mit Hadīthen, sei die vom Stamm der Kuraisch, also die Muhammeds und seiner Nachkommen. Muhammed wurde aber als Prophet zu allen Menschen gesandt. Hadīthe bezeugen, daß Nichtaraber aus Muhammeds Umgebung wie Bilāl, der erste Gebetsrufer, ein abessinischer Sklave des späteren Kalifen Abu Bakr, und Ssalmān al-Fārissi, ein Sklave persischer Herkunft, der Gouverneur von Ktesiphon/al-Madāʾin wurde, sich Muhammed und seiner Botschaft früh anschlossen. Muhammed habe zu Ssalmān al-Fārissi gesagt: «Wer die Araber haßt, der haßt damit auch mich», ein sicher fiktiver Hadīth, der die Perser zur Loyalität im Namen der Religion mahnte. Hierarchisch folgten in puncto Religions- und Staatstreue die (damals aufstrebenden, persischen) Churassānier den Arabern.

Überaus fruchtbar war Muhammed al-Marsubāni (910–994)[84] aus Churassān, dessen umfangreiche Werke Ibn an-Nadīm als die eines Zeitgenossen ausführlicher und jeweils mit der meist beachtlichen Blattzahl nennt. Seine Bücher über Gelehrten-[85] und Dichterbiographien sowie eine Anthologie *Frauengedichte,* die erste dieses Titels im Arabischen, sind unvollständig, andere – etwa über *Gedichte der Dchinn, Über Getränke, Über Vorzüge und Nachteile von Ehegattinnen, Kindern und Familie, Über die Barmakiden, Über den Gesang, Über die Jahreszeiten, Über Gastmahle* – gar nicht erhalten.

Literatur über höfische Pflichten, Freuden und Leiden

Abu Bakr as-Ssūli (gest. 946) war Vertrauter der Abbassidenkalifen al-Muktafi, al-Muktadir und ar-Rādi, Erzieher des letzteren und bekannt für Dichtungsanthologien und -kommentare sowie als brillanter Schachspieler. Sein *Buch der Wesire* ist nicht erhalten. Sein *Adab al-Kuttāb, Der*

Tintenbehälter aus gelblich-grünem Glas, Iran, 8. bis 10. Jahrhundert. An den drei aufgesetzten blauen Glasösen konnte der Behälter für die auf dem Boden sitzenden Schreiber aufgehängt werden. Der Fadendekor erinnert an Zierschriften.

Adab der Hofsekretäre, ist im Gegensatz zu Ibn Kutaibas *Adab al-Kātib* ein unterhaltsames Lehrbuch für die Praxis. Es informiert mit *Achbār*, Anekdoten und Versen über die (legendäre) Entstehung des Schreibens, die Arabisierung der höfischen Verwaltung mit den inhärenten Rivalitäten und Verdrängungskämpfen, über formale und inhaltliche Details der eingehenden und ausgehenden Korrespondenz, religiöse und rangdifferenzierte Anfangs- und Schlußfloskeln und Gebete für den Adressaten, die Wirkung schöner wie häßlicher Schrift, die Adressengestaltung nach Rang und Würden, über Sprach- und Schreibfehler, die Entstehung und Notwendigkeit der höfischen Dīwāne und über soziale Spannungen bei der Verteilung der Einnahmen in der frühislamischen Gesellschaft. Es gibt also Aufschluß über die Herausbildung der höfischen Etikette und die Rolle der Sprach- und Schriftkultur dabei. Der Autor belehrt abschließend über Details der Steuerberechnung, die vermutlich Aufgabe der Hofsekretäre war. Manche Abschnitte, etwa über die Feder, das Messer zum Spitzen und über Tinten sind voller Sentenzen und längerer lobender wie humorvoller beschreibender Gedichte, auch vom Autor selbst: Zeugnisse für das kulturelle Ansehen des Schreibens und derer, die es als höfische Sekretäre betrieben.[86]

Die soziale Situation der Kopisten erhellt eine Anekdote, die auf al-Muhallabi zurückgeführt wird – er war von 950 bis 963 Wesir des Bujiden Muʿis ad-Daula und Dichter: Ein Kopist habe (adäquat bildhaft) gesagt: «Meine Lebensumstände sind beengender als eine Tintenröhre, mein Leib ist schmaler als ein Lineal, meine Reputation brüchiger als Glas, mein Ansehen unter den Menschen schwärzer als Tinte, mein Glücksanteil ist schmaler als ein Rohrfederspalt, mein Körper ist schwächer als Schilfrohr, meine Nahrung bitterer als Galläpfel, meine schlechte Lage macht mich bedürftiger als das Färben.»[87] Das war einer der sozial niedrigsten Handwerkszweige.

Der Verfasser der *Jungfräulichen Epistel über die Maßstäbe der Rhetorik und die Schreibmittel*[88] nannte sie so, weil er, seinem Selbstlob am Schluß zufolge, hier etwa ganz Neues darstelle. Zugeschrieben wurde sie lange Ibrāhīm Ibn al-Mudabbir (gest. 898), der nacheinander den Kalifen al-Mutawakkil und al-Muʿtamid nahestand und unter dem letzteren kurze Zeit Wesir in Syrien war. Doch es war wohl Ibrāhīm Ibn Muhammed asch-Schaibāni um 850.[89] Der Autor empfiehlt zu Beginn in Reimprosa die geeignete Bildungslektüre für den Hofsekretär: Episteln älterer und jüngerer Autoren, Anekdoten über «die Sprache der (gewöhnlichen) Leute», Gedichte, Berichte, Biographien, Nachterzählungen, Dialoge der Araber/Beduinen, die *Grenzen der Logik* (des Aristoteles), Sprichwörter und Sentenzen, die Kriegslisten, Episteln und moralischen Testamente der Perser und «die Bücher der *Makāmāt* und der Reden». Mit den *Makāmāt,* den *Makāmen*, dürften hier die ernsten Mahnreden berühmter Frommer und Mystiker an Kalifen gemeint sein, wie sie Ibn Kutaiba im Askese-Kapitel seiner *Quintessenzen* wiedergibt.

Diese Epistel ist als kunstvolle Antwort auf eine anonyme Anfrage zum Thema formuliert. Voraussetzungen für die Position des Hofsekretärs seien neben brillanter Allgemein- und sprachlich-stilistischer Bildung eine exzellente Rhetorik und Phonetik, gute Korankenntnisse für treffende Zitate, das Wissen darum, was nach Koran und Sunna erlaubt, was verboten ist, eine schnelle Auffassungsgabe, Lebhaftigkeit, Gewitztheit und die Einsicht in die Kapriolen der Zeit/des Schicksals. Damit dürfte das Wissen um die Unsicherheit seiner Existenz gemeint sein. Er müsse in der Verslehre und der Schaffung und Verwendung von Bildern und Metaphern versiert sein, außerdem sollte er sich durch ein angenehmes Wesen, hohen Wuchs, einen Vollbart und – bevor Sekretäre durch ihr typisches Gewand kenntlich waren – durch gute Kleidung auszeichnen. Einer aus der basrischen Notabelnfamilie al-Muhallabi habe seinem Sohn geboten: «Verhaltet euch wie die Sekretäre, denn sie haben das

Wissen der Könige, aber die Bescheidenheit einfacher Leute!» – eine Zielvorgabe ebenso wie eine Charakterisierung!

Zur Etikette höfischer Korrespondenz gehörte, wenn überhaupt, dann nur eigene Gedichte in ein Schreiben an Kalifen und besonders Hochrangige einzuflechten. Sie steigerten dann das Ansehen des Verfassers. Ansonsten waren sie unangebracht. Wunsch-, Segens-, Lob-, Beileidsformeln, Anfragen und Bitten waren wie der gesamte Stil und Ton jedes Schreibens nach der hierarchischen Position des Adressaten zu differenzieren. Die Wunschformel «Gott erhalte dich am Leben und schenke Freude an dir!» dürfe nur für Frauen und Untergebene der Familie, nicht für Freunde verwendet werden. Offensichtlich wurde sie als degradierend empfunden.

Der Autor charakterisiert respektvoll acht soziale Rangstufen, zwischen denen, auch im Hinblick auf die geziemende Schriftart, streng zu differenzieren sei. Vier bildeten die Oberklasse: 1. die Kalifen, 2. die Wesire und ihre Sekretäre, 3. die Emire und die Heerführer, 4. die Richter, die zwar die Bescheidenheit der Gelehrten und das Gewand der Theologen kennzeichne, die aber doch den Stolz der Herrschaft und das Ansehen von Emiren besäßen. Vier ständen darunter: 1. die Könige, 2. deren Wesire, Sekretäre und Gefolgsleute, die den Zugang zu den Königen und deren Vermögen ermöglichten, 3. die Gelehrten aufgrund des Ansehens der Wissenschaft und ihres individuellen Rufs, 4. Menschen von Einfluß und Würde, von Wissen, Eleganz und Bildung. Die zweite Gruppe meint sicher die kleineren Höfe und die städtische Oberschicht. Die Kaufleute, die «Marktschicht» (*Ssūka*) und den Pöbel spare er aus, denn sie brauchten «aufgrund ihres Handels» diese «Instrumente» nicht. Seine Regeln galten also der Aristokratie größerer und kleinerer Höfe.

Unerläßlich sei das Gebet für den Propheten zu Beginn. Da in diesen Schreiben grundsätzlich «Eindringlinge in die Sprache» angeredet würden, Menschen, die das (Hoch-)Arabische nicht beherrschten, dürften Koranworte nicht einfach zitiert, sondern müßten im Stil dieser Zeit verständlich paraphrasiert werden. Das läßt auf eine Herkunft der Epistel aus dem Osten des Reichs schließen. Die Sprache der Dichtung mit – das machen Beispiele deutlich – ihren poetischen Lizenzen und ihrer Lexik schicke sich hier nicht. Er gibt Hinweise für die Beschriftung des Umschlags, das Falten, Ver- und Entsiegeln von Briefen und führt mit Preisangaben Tintenrezepte, Ratschläge für die Wahl und Pflege der Tintenbehälter, Schreibrohre, Papiersorten, Messer zum Spitzen, für Korrekturmöglichkeiten und anderes auf und informiert detailliert über Geheimtinten, auch solche «des Volkes», ihre Sichtbarmachung und die Kodierung von Geheimbotschaften.

Metaphernreiche Zitate preisen das Schreiben als Ausdruck des Verstandes. Denen, die es betreiben, rät er dringend zur rechten Wahl der Worte, der Zeit und der sprachlichen Ebene. Er huldigt in Sentenzen der Sprache als Spezifikum des Menschen (Mannes), der Handschrift als Zunge/Sprache der Hand, Sendboten des Inneren, Sprecherin der Gedanken, Waffe des Wissens und Rede des Stummen sowie der Rohrfeder als Werkzeug. Über zwei Seiten zitiert er Sentenzen anonymer Griechen, Byzantiner, Perser, Inder und von Autoritäten wie Anuschirwān, Aristoteles, dem Umajjadenkalifen ʿUmar Ibn ʿAbd al-ʿAsīs, von frühen Überlieferern und dem Grammatiker al-Chalīl, meist mit stilistisch gleichen oder ähnlichen Konstruktionen zum Ruhm der *Balāgha*, der «Sprachkunst», und des *Balīgh*, des sie Beherrschenden.

Ath-Thaʿālibi (961–1031) wollte in einer Zeit, da die politischen Erfolge der Schia mit der Dynastie der Fatimiden im Westen und der Bujiden im Osten eine Renaissance des Persischen im Osten, aber auch die sunnitische Reaktion der dortigen Regierenden zur Folge hatte, den höfischen Sekretären und Gebildeten Handbücher für einen brillanten arabischen Stil liefern. Dazu gehören *Die Früchte der Herzen*, eine Anthologie eindrucksvoller, meist metaphorischer Genitivverbindungen. Der *Lubb al-Lubāb, Die Quintessenz der Quintessenzen*, ist ein Handbuch des guten Stils mit detaillierten Beispielen für etymologische Feinheiten. In seiner *Schönung des Häßlichen und Verhäßlichung des Schönen* stellt er geistvoll und letztlich in der Tradition der Werke über *Gut und Schlecht* Gedichte und Sentenzen zur Verteidigung von Lebenshaltungen zusammen, die sonst der Kritik unterlagen, etwa des Alleinseins, das in einer Zeit der Neider und Gehässigkeiten mit einem Buch angenehm sei. Ath-Thaʿālibis Werke enthalten viele eigene Gedichte, darunter devotes Lob im Stil der Zeit an und auf den Chāresmschāh.

Während eine anonyme Sentenz im Kapitel über die Lehrer in Dschāhis' *Buch der Klarheit* vor weiblicher Unbildung warnt, Frauen seien dümmer als ihre Söhne, man(n) solle sich nicht zu lange zu ihnen setzen, legte zur selben Zeit ein anderer Autor eine Anthologie über rhetorisch begabte Frauen vor, das *Kitāb Balāghāt an-Nissā'*. Achmad Ibn Abi Tāhir Taifūr (819 oder 820–898) entstammte einer Familie aus Churassān, war zunächst in Bagdad als Koranschullehrer tätig, fand dann den Zugang zum Hof und ging mit diesem nach Samarra. Von seiner *Geschichte Bagdads* ist nur der stark narrative Band über den Kalifen al-Ma'mūn erhalten.

Im Vorwort zu seinem *Buch der rhetorisch begabten Frauen* sagt er, er wolle beweisen, daß Frauen rhetorisch begabter seien als Männer. Er zitiert Reden historisch bekannter Frauen, größtenteils Trauerreden in kunstvoller Reimprosa für berühmte männliche Angehörige, die, wie die Traueroden von Frauen, das Ziel haben, männliche Tugenden und Ruhmestaten zu verherrlichen. Frauen aus der Umgebung Muhammeds stehen natürlich am Anfang. ʿĀʾischa, Muhammeds Lieblingsfrau, ist mit mehreren Reden vertreten. Die Historiker schreiben ihr Bildung und Klugheit zu. Nach Muhammeds Tod bewies sie in der «Kamelschlacht» 656 gegen ʿAli und seine Anhänger sehr viel, von den Schiiten bis heute verurteilte, Selbständigkeit. Die hier zitierten Reden gelten ihrem Vater, dem Kalifen Abu Bakr, und historischen Ereignissen der Frühgeschichte des Islams. Auch Fātima, Muhammeds Tochter und Frau des Kalifen ʿAli, und beider Tochter Sainab, sowie Hafsa, Tochter des Kalifen ʿUmar Ibn al-Chatttāb, und gleichfalls Ehefrau Muhammeds, erscheinen mit mehreren brillanten Reimprosareden. In Ibn Ssaʿds *Klassenbuch* über die Familie und die Gefährten Muhammeds und ihre unmittelbaren Nachfahren finden sich diese Texte nicht. Ob sie fiktiv sind, postum im Zuge politischer Auseinandersetzungen und in der Tradition der altarabischen rühmenden Elegien von Frauen auf männliche Angehörige erdacht, wissen wir nicht. Im folgenden erscheint besonders häufig der Kalif Muʿāwija in Begegnungen mit Frauen, die ihn sprachgewandt in unterschiedlichen Angelegenheiten zur Rede stellen. Die von Ibn Kutaiba zitierte Reimprosapassage von Ibn al-Mukaffaʿ über Frauen als «Basilikum, nicht Heldentum» wird hier dem wegen seiner Härte bekannten Statthalter al-Haddschādsch Ibn Jūssuf in den Mund gelegt. Daß sie durch das kluge Handeln und brillant formulierte Worte von Umm al-Banīn (das ist «die Mutter der Söhne», wohl eine Wunsch- oder auch Ehren-*Kunja*), einer Tochter des Umajjadenkalifen ʿAbd al-Malik und Frau des Kalifen al-Walīd I., widerlegt wird, ist ein Beweis für einen genderspezifischen Diskurs. Zahlreiche Anekdoten über namenlose Frauen, auch Mädchen, als Zeugnisse weiblicher Schlagfertigkeit und Formulierungskunst in schwierigen und traurigen Situationen, Schmäh- und Lobdichte, Lobpreis und Schimpf in Reimprosa von Frauen auf ihre Männer, Kindertanzliedchen, offensichtlich propagandistisch zum Ruhm des Besungenen, meist einer bekannten Persönlichkeit, fingiert,[90] und Aphorismen, größtenteils in der Umajjadenzeit angesiedelt, zeugen von religiös-politischen Verhältnissen, in denen Frauen Klugheit, rhetorische Begabung, Gewandtheit und selbständiges Handeln zugestanden wurden. Mit diesen Qualitäten faszinierten sie, Darstellungen in literarischen Werken zufolge, berühmte Männer. Ihre Begabung wurde für männliche Machtinteressen politisch instrumentalisiert, wobei physische Schönheit durchaus eine Rolle spielt, aber nicht primär. Den Schluß bilden Gedichte von Frauen aus der Dschāhilijja, beginnend mit der Elegiendichterin al-Chanssāʾ, und aus islamischer Zeit, auch von Sklavinnen, also aus der Abbassidenzeit. Gedichte, in denen Frauen Männer zum Kampf aufrufen, wie es in vorislamischer Zeit und bei Beduinen noch im 19. Jahrhundert vorkam, Schmäh- und wenige Liebesgedichte gehören ebenfalls dazu.

Von der frühen Abbassidenzeit an entstand in Bagdad und dann auch Samarra eine Musikkultur, die Vorläufer im Ambiente reicher Kaufleute von Mekka und Medina während der späten Umajjadenzeit hatte. Diese erblühte durch Sängersklaven und -sklavinnen persischer und byzantinischer Herkunft, obwohl orthodoxe, besonders hanbalitische Theologen unter Berufung auf (wohl fiktive) Hadīthe Musik und Gesang strikt ablehnten. Abu l-Faradsch al-Isfahānis (897– ca. 972) vielbändiges Hauptwerk, *Das Buch der Lieder*, im Original auf den Herkunftsnamen des Autors al-Isfahāni reimend: *Kitāb al-Aghāni*, setzt dieser Gesangskultur ein Denkmal.[91] Es ist die wichtigste Quelle für die arabische höfische Kultur- und Sozialgeschichte bis etwa 950. Der Verfasser gehörte längere Zeit zum literarischen Kreis um den Bujidenwesir al-Muhallabi, der Kunst und Wissenschaft förderte, und stand bis zu dessen Tod im Jahr 963 im Hofdienst. Über sein Leben danach wissen wir nichts.

Vorlage für sein monumentales Werk war die Kompilation der hundert besten Gedichte/Lieder der Zeit, ausgewählt von einem Vorgänger für den Kalifen Hārūn ar-Raschīd, dann vom höfischen Liederdichter und Sänger Ibrāhīm al-Maussili, der auch in *Tausendundeiner Nacht* erscheint, für den Kalifen al-Wāthik überarbeitet. Umfangreich gebildet und interessiert, erweiterte Abu l-Faradsch sie um Erzählberichte über die Verfasser, ihre Herkunft, die Entstehungssituation der Lieder und Gedichte, Angaben zu den Melodien und ordnete dies jeweils zu Kapiteln über einen Dichter, Sänger oder eine Sängerin unter dem Titel *Achbār*, *Chabar*, auch *Dhikr*, «Berichte», «Bericht», seltener «Erzählung». Besonders lang beispielsweise ist der *Chabar ʿUmar Ibn Abi Rabīʿa*, der «Bericht über (den Liebesdichter) ʿUmar Ibn Abi Rabīʿa» (s. S. 56f.). Die Quellen nennt er jeweils in Überliefererketten. Bei mehrfach vorkommenden ist auf schriftliche Vorlagen, also Bücher, zu schließen. Diesem ersten Drittel seines Werks fügte er Kapitel über Lieder und Gedichte fürstlicher Poeten und Sänger und schließlich einen letzten Teil mit Gedichten eigener Wahl hinzu. Beide versah er ebenfalls mit biographischen und ätiologischen Angaben in unterhaltsam erzählender Form, oft in Erinnerungsberichten. Einige Kapitel sind bekannten höfischen Sängerinnen in Bagdad und Samarra, deren Ausbildung, Werdegang, Rivalitäten und selbstbewußtem, selbstbestimmtem, oft extravagantem Lebensstil gewidmet.[92] Abu l-Faradsch bekannte sich zur gemäßigten Richtung der Fünfer-Schia. Der syrische Historiker Schauki Abu Chalīl sieht in den Szenen eines reichen, freizügigen Hoflebens, die sich im *Buch der Lieder* finden und die sicher Realität, vielleicht etwas fiktiv ausgeschmückt, abbilden, bewußte Verfälschungen eines schiitischen Autors zur Rufschädigung sunnitischer Herrscher und ihrer Hofkultur.

Abu l-Faradschs Frühwerk, 925/26 begonnen, das *Kitāb Makātil at-*

Tālibijjīn, Das Buch über die Ermordeten unter den Nachkommen ʿAlis,[93] zeigt ein Gegenbild zur herrschenden sunnitischen Orthodoxie. Es ist eine interessante Anthologie von Geschichten und Berichten, natürlich mit eingestreuten Gedichten, über tragische Schicksale bekannter Schiiten, über Flucht, Verfolgung, Tod im Untergrund, Einkerkerung, Qualen und Quälereien während der Haft mit Todesfolge und Giftmorde. Abu l-Faradsch ordnete dies in historischer Abfolge und nahm laut Vorwort nur diejenigen auf, die «von lobenswerter Lebensführung waren».[94] Er steht in der Tradition historisch-biographischer Kompilationen von Berichten über den gewaltsamen Tod bekannter Persönlichkeiten. Es gab sie vermutlich bereits in frühislamischer Zeit. Der *Fichrist* nennt 21 Titel zum Thema *Maktal*, «gewaltsamer Tod», größerenteils führender Schiiten, aber auch des dritten Kalifen ʿUthmān 656, der den Beginn des ersten Bürgerkriegs bedeutete. Abu l-Faradschs *Makātil*-Buch bildet den Höhepunkt und das Ende dieser Tradition. Doch wirkte sie in der persischen und auch der türkischen Literatur jahrhundertelang weiter. Das Schicksal ʿAlis, das seines Enkels Hussain bei Kerbela, die vermutete Ermordung seines zweiten Enkels Hassan durch Gift, der Tod seines Urenkels Said in einer Revolte, die er anführte, und andere «Märtyrerschicksale» gaben Anlaß zu oft literarisch gestalteten und romanhaft ausgeschmückten Berichten[95] und langen Traueroden. Die letzteren wurden bis ins beginnende 20. Jahrhundert gepflegt.

Gegen Ende seines Lebens stellte Abu l-Faradsch eine Anthologie *Adab al-Ghurabāʾ*, *Der Adab der Fremden*, zusammen.[96] Im Vorwort begründet er seine Auswahl von Gedichten und Versen, die auf Wänden von Moscheen und Kirchen, an Kuppeln und auf (Grab-)Steinen zu finden sind, mit seinen Gefühlen von Sorge und Trauer. So bedrückt fühlten sich Fremde, auch unglücklich Verliebte und Menschen, die sich nach anderem sehnten. Es tröste, das wisse jeder Hochrangige, in schwierigen Situationen zu hören, daß andere ähnlich empfinden. Eingebettet sind die Gedichte aus verschiedenen Zeiten – manche sind anonym – in nostalgische Anekdoten mit Angaben der Quellen, also des Erzählers, über ihre Entstehung. Elegische poetische Trinkrunden abbassidischer Höflinge in Klöstern oder Klostergärten oder die zufällige Begegnung des in der Einsamkeit der Natur über die Vergänglichkeit des Lebens meditierenden Erzählers/Dichters mit einem unglücklich Verliebten konnten Auslöser sein. Der Erzähler konnte die Gedichte auch auf weißen Palastwänden in Samarra (als Stadt, die ihre Machtposition als Kalifenresidenz verloren hatte) mit schwarzer Kohle geschrieben, auf Mauern verwilderter Parks, dem Altar einer Kirche während der Eroberungszüge des Kalifen al-Maʾmūn, am Leuchtturm von Alexandria, einem der sagenumwobenen Wunder der Antike, vorfinden oder sich selbst so zu verewigen suchen. Eine Wundergeschichte über die Begegnung mit einer zu Leben erwachenden prachtvollen Reiterstatue im Kuppelbau eines verlassenen Palasts gehört dazu, die ein Motiv aus *Tausendundeiner Nacht* sein könnte. Adab ist hier «Literatur», gefühlvolle Dichtung, eingekleidet in romantisierende Prosa aus der Zeit des Machtzerfalls der Abbassidenherrschaft. Gelegentlich erscheinen konkrete Datierungen der Erzählsituation. Sie reichen bis ins Jahr 362/972, also des Autors Todesjahr.

Eine ähnliche Ausgangsszenerie für poetische, aber meist lebensfrohe bis pikant/laszive Inhalte schafft das *Klosterbuch* des ʿAli asch-Schābuschti (gest. um 1008), das einzige und nur in einer Handschrift erhaltene von mehreren Anthologien dieser Art, die es gegeben haben soll.[97] Vom Autor, dessen Name auf eine persische Herkunft schließen läßt, ist nur bekannt, daß er Bibliothekar, Vertrauter und Trinkgefährte des Fatimidenkalifen al-ʿAsīs in Kairo war. Sein *Kitāb ad-dijārāt* führt 53 Klöster auf, davon 41 im Irak, drei im Raum Syrien/Libanon und neun in Ägypten. Ihre meist idyllische Lage inmitten von Gärten und Weinfeldern oder am Ufer des Tigris, von Bagdad aus mit Booten verschiedener Art – es gab offensichtlich eine eigene «Bootskultur» – vergnüglich zu erreichen, und auf Bergen mit Weinhängen wird in schlichter, gefälliger Prosa kurz beschrieben. Der Autor lobt die Qualität des Weins, die Gastfreundschaft der Mönche, denen jeder, der Trost und musikalische Unterhaltung suchte, willkommen war. Dann folgen Verse meist jeweils eines Dichters auf dieses Kloster und weitere Gedichte desselben Poeten zu anderen Themen, auch Anekdoten um ihn. Zuvor charakterisiert asch-Schābuschti den Dichter, oft als *Chalīʿ* und/oder *Mādschin*, «sittenlos», «frivol». Er betont aber wiederholt, daß er nur ausgewählt habe, was für dieses Buch geeignet sei. Seltener enthält ein Kapitel Verse mehrerer Dichter. Dann gelten die des ersten dem Kloster oder den Weinstuben mit den hübschen bartlosen Schenken in seiner Nähe, die anderen folgen assoziativ oder zur Ausmalung einer Trinkrunde. Die Gedichte, größerenteils von weniger bekannten Poeten, bis auf Abu Nuwās, eins sogar vom Asketen Abu l-ʿAtāhijja – wohl aus seiner Jugend – kreisen meist in leichtem, eingängigem Ton um Natur, Wein und mehr oder weniger frivol um die Liebe zu und mit bartlosen Jünglingen, für die das Arabische eine eigene Vokabel besitzt. Religiös begründete Homosozialität verführte jahrhundertelang, auch unter griechisch-byzantinischen Einflüssen, zu Homoerotik und Homosexualität. Poeten und ein meist männliches Publikum, auch Höflinge mit ihren gebildeten, musikalischen und zu Sängerinnen ausgebildeten Sklavinnen trafen sich nicht nur abends zu weinbeschwingten Rezitationen von Liedern und Gedichten in Klostergärten und nahegelegenen Weinstuben. Klöster profitierten also vom islamischen Weinverbot und boten in einer liberalen religiösen Atmosphäre ein Refugium für lebenslustige Aristokraten. Romantisch ist das kurze Kapitel über das Kloster der Hind Bint an-Nuʿmān Ibn al-Mundhir, der Tochter des letzten Lachmidenfürsten von Hira, zu dem hochrangige muslimische Eroberer vorstießen. Ein Heiratsantrag gehört ebenso dazu wie Hinds Verse resignierter Abwehr. Der Stoff zieht sich als Allegorie für die Vergänglichkeit von Macht und Pracht durch die Adab-Literatur, spricht aber auch von Respekt für die königliche Dame und Wehmut um ihr Schicksal. Die letzten Klöster, meist in größerer Entfernung zu den Metropolen, nennt asch-Schābuschti nur wegen der Wunder, die über sie erzählt wurden. Sie waren offensichtlich eher Stätten christlicher Frömmigkeit als libertinistischer muslimisch-christlicher Lebensfreude bei Wein, Poesie, Musik und Liebe.

Abu t-Tajjib Ibn Jachja al-Waschschāʾ (869? – 937?), über dessen Leben nichts bekannt ist, verfaßte neben Büchern über Grammatik und Orthographie drei Adab-Werke, die in kunstvollster Sprache dem aufstrebenden Bagdader Bürger und Höfling die Regeln eines verfeinerten Lebensstils vermitteln sollten. Das eine ist ein Briefsteller für Liebesbriefe mit einem Ziertitel in Reimprosa. Er enthält Beispiele für Lob und Tadel der Angebeteten, Anfangs- und Schlußfloskeln, Ratschläge für Schreibmaterial und Verse sowie Reimprosafloskeln als Muster. *Das Buch der Feinheit. Über der vollendeten Bildung Eigenheit*[98] soll laut Vorwort das Vademekum eines über die Mitwelt deprimierten, hochgestellten Freundes sein. 45 kurze Kapitel, jedes beginnend mit *Balāgha,* «Die Sprachkunst», führen brillante Reden berühmter Männer und Frauen auf. Darauf folgen anekdotenhaft eingekleidete kunstvolle Formulierungen Prominenter von Bitten, Erwiderungen, Trostworten, Gebeten, Protesten zu Unrecht Behandelter, ethischen und sozialen «Testamenten», Gratulationen zu verschiedenen Anlässen und anderem. Den Schluß dieser Blütenlese der Stilbrillanz bilden exzellente Worte «weiser Narren» und anderer Exzentriker sowie von freien Frauen und Sklavinnen.

Sein *Kitāb al-Muwaschschā au adh-Dharf wa-dh-Dhurafāʾ*, *Das Buch des kunstvoll gestickten Gewands oder der Eleganz und der Elegants*[99] ist ein Anstandsbuch, wie es sie in Versen im europäischen Mittelalter erst vom 15. Jahrhundert an gab. Es ist das einzige erhaltene im Arabischen. Auch hier reimt der Titel auf den Namen des Verfassers: al-Waschschāʾ, «der Kunststicker», war vermutlich der Beruf seines Vaters. Dessen Kunden waren sicher die Angehörigen der Schicht, deren Habitus er hier für die, die in sie aufsteigen wollten, in adäquat kunstvoller Sprache darlegt.

Er verweist im Vorwort auf die unerläßliche Einheit von *Murūʾa,* «männliche Tugend», *Dharf,* «eleganter Lebensstil», und *Adab*, hier «gesittetes Verhalten des vielseitig Gebildeten». Diese Lebensart müsse sich aneignen, wer zu dieser Schicht gehören wolle, «bevor er das erstürmt, was er nicht weiß». Er spielt damit auf Sure 55, *Der Barmherzige*, an, wo es heißt: «Und Er lehrte ihn (den Menschen), was er nicht weiß.» Verfeinerter Lebensstil ist hier also Voraussetzung für Wissenserwerb. Da es zum guten Ton gehöre, Verse zu zitieren, tut der Autor dies mehrfach im Vorwort und intensiv, meist zur poetischen Erläuterung, im gesamten folgenden Text. Adab bestehe im Umgang mit klugen Männern, in der richtigen Lektüre, besonders der historischer Werke und von Gedichten, in durchdachten Fragen und Antworten, also überlegter Kommunikation. Schweigen sei dem Reden oft vorzuziehen, verletzende oder dümmliche Scherze seien zu meiden. Zum Adab gehöre die Wahl der richtigen Freunde und der rechte Umgang mit ihnen, voll unaufdringlicher Zuneigung, in Gottesfurcht. *Murūʾa* bedeute vor allem, aufrichtig zu sein, Versprechen einzuhalten und Verschwiegenheit zu wahren.

Der größte Teil des Buches gilt dem *Dharf* (*Ẓarf*), dem Auftreten und Äußeren des Elegants. Er beginnt mit Kapiteln über Liebe und die Verdammung der Liebesleidenschaft – das wurde zum beliebten Topos – über Keuschheit, die Verurteilung von Untreue, Koketterie und Liebesverrat, in diesem Zusammenhang auch die Verdammung der Sängersklavinnen (die der Libertin Dschāhis in seinem Sendschreiben über sie wegen ihres freieren Auftretens preist, wie sie auch das ihm zugeschriebene Buch *Die guten und die schlechten Seiten* lobt). Es sind Kapitel, die in den literarischen Diskurs des 9. bis 16. Jahrhunderts zum Thema «profane (im Gegensatz zur mystischen Gottes-)Liebe» gehören. Hier wird Liebesleidenschaft als destruktiv verdammt. Nur durch wahre Liebe, das ist das Fazit, wird der Mensch zum Menschen.

Der zweite Teil enthält Kapitel über die angemessene Kleidung eleganter Herren und Damen im Hinblick auf Stoffe und Farben, Schuhwerk, Gürtel, Stirnbänder, auch Parfüms und Duftstoffe. Eine Mode gab es noch nicht, offensichtlich aber eine schichtenspezifische Kleiderwahl. Kapitel über das Essen und Trinken empfehlen bestimmte Speisen und Getränke und warnen vor solchen, die nur die *Ssūka*, die «Unterschicht», zu sich nehme. Der Autor nennt die Speisen und Getränke der sozialen Elite, beschreibt sie aber nicht, denn er setzt sie als bekannt voraus. Genauso verfährt er mit Gewändern und Accessoires. Die Lexik offenbart bei vielem den persischen Ursprung. Die obligaten Eßsitten für Menschen, deren Eßgerät ihre Hand ist, werden ebenso dargelegt wie Anstandsregeln, die bei uns zur Kindererziehung gehören, etwa: nicht gähnen, rülpsen, laut schneuzen, zu laut lachen und ähnliches, zudem universal gültige Höflichkeitsgebote wie den Gesprächspartner ausreden zu lassen und nicht nach ihm Peinlichem zu fragen. Für Damen gelten besondere Verhaltensregeln, sicher ausgehend von der Geschlechtertrennung auch beim Essen, wie: nur *eine* größere Mahlzeit am Tag einzunehmen und gewisse Speisen zu meiden. Außerdem zitiert Ibn al-Waschschāʾ Hinweise und Aufforderungen, die von Frau zu Frau unschicklich seien, ohne Begründung. Vielleicht wurden sie als unziemliche sexuelle Anspielungen verstanden. Dem richtigen, mehrmals täglichen Gebrauch des Zahnstochers, den schon der Prophet zur Mundhygiene empfohlen haben soll, gilt ein Kapitel mit vielen Gedichten. Der Aufzählung geeigneter Geschenke zu unterschiedlichen Anlässen (klein, aber fein, exquisit verpackt oder gestaltet) folgt eine Auflistung dessen, was auf Grund des Namens ominös war (etwa der Jasmin, dessen aus dem Persischen stammender Name die Assoziation an das arabische *Jaʾs,* «Verzweiflung», weckt) und was, auch auf Grund meist erotischer Assoziationen, empfehlenswert ist: Rosen zum Beispiel und, klimatisch bedingt, kostbare, rotwangige, erfrischend duftende Äpfel, am besten mit kalligraphischen Glückwunsch-, Entschuldigungs- oder anderen Gelegenheitsversen auf der Schale. An drei Briefstellerkapitel schließen sich solche mit Glückwunsch- und Segensformeln, Aphorismen, Bonmots und Versen, die damals auf die Ränder von Ärmeln, Gewandsäumen, Satteldecken, auf Sandalen, Stirnbänder, Gürtel gestickt, in Messinggefäße mit Silber oder Gold eingelegt, in Kristallgefäße geritzt oder in goldener Schrift auf sie gemalt wurden. Gebildete höfische Sklavinnen malten sie sich kokettierend mit dunklem Moschusparfüm auf Wangen oder Stirn. Kurze, prägnante Schutz- oder Abwehrformeln, die in Gemmen und Siegelringe Hochgestellter geritzt wurden, bilden einen Abschnitt. Das Buch, dessen Titel auf Pracht und Schönheit anspielt, legt also Zeugnis ab für die luxusliebende, verfeinerte höfische Gesellschaft Bagdads in der kulturellen Blütezeit, ihrer Vorlieben, aber auch ihrer Ängste und Befürchtungen.

Daß Ibn al-Waschschāʾ sich nicht zu der Schicht zählt, deren Lebensstil er hier in artifizieller Sprache beschreibt, wird daraus deutlich, daß er von ihr in der dritten Person Plural spricht. Ibn an-Nadīm bezeichnet ihn als «Grammatiker, Lehrer an einer Schule» und «feinsinnigen Gebildeten».[100] Die Frauen, über die er spricht, sind hochrangige höfische Sklavinnen und «Damen des Palastes». Er unterscheidet zwischen ihnen und den «Sklavinnen, die sich als Sängerinnen ausgeben»[101] (oder: «es ihnen gleichtun wollten»). Ibn an-Nadīm nennt unter Ibn al-Waschschāʾs Werken auch ein *Buch der Frauen, die sich elegant und geistreich geben*, also wohl ein Anstandsbuch für Frauen, sicher höfische Sklavinnen der oberen Ränge. Daß er eine Schülerin, die Schreiberin Munja («Begehren») hatte, dem Namen nach also eine Sklavin, ist überliefert.

Al-Massʿūdi (893, Bagdad – 956, Kairo) ist durch sein mehrbändiges unterhaltsames historisch-geographisches Werk *Goldwäschen und Edelsteinminen*[102] bekannt. Den Titel habe er wegen des kostbaren Inhalts und des unentbehrlichen Nutzens gewählt, den das Werk den Edelsten der Königen und Notabeln seiner Zeit biete, erklärt der Autor stolz im Vorwort. Seine schiitische Herkunft ist aus seinen Namen Abu l-Hassan ʿAli Ibn al-Hussain erkennbar. Aus seinen historischen Darstellungen werden seine Sympathien für die (Zwölfer-)Schia ebenfalls deutlich. Im Vorwort nennt er diverse weitere eigene Werke, darunter ein dreißigbändiges mit dem Titel *Die Nachrichten/Berichte der Zeit*, das er mehrfach überarbeitete, kürzte und wieder erweiterte. Außerdem zählt er Bücher zu aktuellen religiösen, religiös-rechtlichen und politischen Themen, etwa zur Frage des Imāmats, also der Nachfolge im Kalifat, und Titel wie *Das Geheimnis des Lebens* und *Der Ursprung der Religionen* auf. Diese Bücher habe er erst beenden müssen, um sich den *Goldwäschen* zuwenden zu können. Daraus ist wohl zu schließen, daß die Erörterung theologischer und religiös-rechtlicher Probleme für ihn die Voraussetzung für historische Darstellungen und diese der krönende Abschluß waren. Von seinen 36 Werken sind zwei erhalten, von den zahlreichen arabischen Quellen, die er nennt, relativ wenige, darunter allerdings al-Chārasmi, Kudāma Ibn Dschaʿfar (gest. 948), bekannt für ein *Buch der Grundsteuer und das Sekretärshandwerk* und ein Synonymenlexikon für höfische Sekretäre. Ibn Kutaiba und Tabari, beide nahezu seine Zeitgenossen, hebt er lobend hervor. Ein Vergleich seines Werks mit denen seiner Vorgänger zeigt seine geistige Eigenständigkeit im Hinblick auf die Auswahl und Akzentuierung überlieferter Stoffe, auf Darstellung und implizite Wertung. Er rühmt sich in Reimprosa seiner Reisen bis nach Indien und China im Osten, nach Armenien und Aserbaidschan im Norden und seiner vor Ort gewonnenen Kenntnisse. Sie befähigten ihn mehr, ein solches Buch zu schreiben, als andere, die ihre Informationen lediglich in ihrer engeren Region sammelten. Er führt die Titel der 132 Kapitel seines Werks auf und begründet sie. Auch das Verhalten früherer und jetziger «Könige» habe er darstellen wollen. «Könige» sind für ihn auch die Umajjadenkalifen bis auf den für seine Frömmigkeit und Bescheidenheit bekannten ʿUmar II., dem er als einzigem dieser Dynastie den Titel «Kalif» zuerkennt. Tatsächlich widmet er fast zwei Fünftel dieses Werks, nach einer an apokryphen wie alttestamentlichen Überlieferungen, auch islamischen Legenden orientierten Darstellung der Erschaffung der Welt und der Geschichte des alten Israel, der Geschichte Irans, dann der Indiens, Chinas, des Sudans, der Turkvölker, Assyrer, Babylonier, Chaldäer, von Byzanz, Ägypten und Nord- und Südarabien vor dem Islam. Besonders ausführlich und von Sentenzen über kluge Regierungskunst durchsetzt sind die Kapitel über die Geschichte der persischen Dynastien. Fast zu Beginn fügt er, wie viele arabische Geographen, ein Kapitel über die damals bekannten Meere und Flüsse ein und spricht dabei auch über die Geschichte der Umajjaden in Spanien und über andalusische Städte. Er äußert sich sachlich über Schwarze, Franken, Slawen und Gallier, über Glaubensvorstellungen dieser (nichtislamischen) Völker, auch die Lehre Zarathustras und die Schriften der Manichäer, über die Chronologien der Völker, deren Geschichte er anhand der Herrschergestalten abhandelt. Das Kapitel über das vorislamische Arabien enthält längere Berichte über unterschiedliche Geister und wem sie wo, wann und wie erschienen, mit vielen Gedichten. Die islamische Geschichte stellt er ebenfalls personengebunden bis zum Kalifen al-Mutīʿ (reg. 946–974) als seinem Zeitgenossen dar. Er skizziert die Vita jedes Regenten, um dann Anekdoten, Memorabilien und andere Aussagen über ihn und besondere Vorkommnisse während seiner Regierungszeit aneinanderzureihen. Diese «Berichte» sind anschauliche Zeitzeugnisse religiöser und sozialer Phänomene, für das Hofzeremoniell und für Details von Kriegen und Aufständen. Briefe, Predigten und Reden der Herrscher in ausgefeilter Rhetorik werden eingeflochten. Kritische Diskurse etwa über den dokumentarischen Wert der *Achbār*, sachliche Erörterungen religiöser Strömungen, Debatten über richterliche Entscheidungen, eine Legende über die Erschaffung des Pferdes als edelstem, schönstem und dem Araber gemäßesten Tier, hin und wieder Seemannsgarn und Wunderberichte machen die *Goldwäschen* zu einem kultur-, mental- und sozialhistorisch ebenso informativen wie unterhaltsamen Werk. Hofszenen sind oft dialogisch strukturiert und wirken ebenso wie die eingefügten Debatten über diverse Themen sehr lebendig. Gedichte untermalen narrative Darstellungen von Personen und Situationen. In seinen Aussagen über vor- und nichtislamische Völker, über Juden, Christen, Manichäer, deren Angehörigen – darunter namhaften Gelehrten – er wiederholt persönlich begegnete, ist al-Massʿūdi sachlich, tolerant und informativ und setzt offensichtlich bei seinen Lesern dieselbe Haltung voraus.

Interessant für das Bild eines idealisierten Herrschers ist die detaillierte Schilderung des Tagesablaufs von Muʿāwija I. (reg. 661–680), dem Begründer der Umajjadendynastie: Die Zäsuren sind das fünfmalige Ritualgebet nach dem Gebetsruf. Auf das Frühgebet im Morgengrauen folgt unterhaltsame Erbauung durch Prophetengeschichten, von professionellen Erzählern vorgetragen, danach Koranrezitation, dann «das Gebieten und Verbieten», eine Standardformel, die auch in *Tausendundeiner Nacht* die Herrscher charakterisiert. Dem nächsten Gebet schließt sich der Empfang «der Elite der Elite», das heißt seiner Wesire, an, die ihm über ihren Tagesplan zu berichten haben, dann ein Mittagessen, bestehend aus Resten des Abendessens vom Vortag. Danach ließ er sich von einem Sklaven den Thron in die Moschee bringen, um an die Wand der *Maksūra*, der durch ein Holzgitter abgetrennten Nische der Moschee, gelehnt, diejenigen ihre Klagen über ihnen geschehenes Unrecht persönlich vorbringen zu lassen, «die sonst niemanden haben: Schwache, Beduinen, Knaben und Frauen». Auf kurze Standardklagen folgen die ebenso knappen Urteile des Kalifen, beides in szenischer Wiedergabe. Zur nächsten Mahlzeit ist der Sekretär geladen mitzuspeisen, während der Einnahme zweier oder dreier Bissen vorzutragen und danach den nächsten eintreten zu lassen. Je nach Umfang der Mahlzeit entscheidet der Kalif bis zur Aufhebung der Tafel nacheinander über die Tätigkeit von bis zu vierzig Hofbeamten persönlich – dies sicher wieder als runde Zahl.[103] Zum Nachmittag und am Abend erscheinen noch einmal die Wesire und Emire mit ihren Anliegen vor seinem privaten Ruhelager. Fast ein Drittel der Nacht beschäftigt er sich mit Historiendarstellungen, «Berichten über Könige der Araber und Nichtaraber vergangener Zeiten», über Kriege, Kriegslisten und die «Politik der Könige gegenüber ihren Untertanen», sicher auf Grund der Vorbildwirkung. Auf eine «süße und erfreuliche Mahlzeit» mit seinen «Frauen», also den Damen seines Harems, folgt Schlaf für das nächste Drittel der Nacht. Bis zum Morgengebet wird ihm dann erneut, und zwar auswendig, aus historischen Werken vorgetragen. Die Tagesabschnitte werden unterbrochen durch den Rückzug des «Königs» «in seinen privaten Bereich, wo niemand ihn mit einem Begehren aufsuchen kann». Dies ist eine gewiß idealisierende, standardisierende, fast märchenhaft erscheinende Darstellung des Tagesablaufs eines Herrschers. Abschließend heißt es: «Darauf ging er hinaus und verrichtete das Morgengebet, und so tat er es jeden Tag. Einige seiner Nachfolger, wie ʿAbd al-Malik Ibn Marwān und andere bemühten sich um seine ethischen Qualitäten, aber niemand kam ihm im Hinblick auf Milde und Besonnenheit, auf ausgewogene Politik, gut überlegte Befehle, den freundlichen Umgang mit den Menschen je nach ihrer sozialen Position und Güte und entsprechend ihrer Klassenzugehörigkeit gleich.» Muʿāwija I. war rund 200 Jahre nach seinem Tod zu dem Vorbild für Gerechtigkeit geworden, die einem Herrscher ziemte und die einem Land zu Wohlstand und den Untertanen zu einem Leben in Zufriedenheit gedieh. Er war in den Debatten über das Imāmat, die Nachfolge im Kalifat, während der Streitigkeiten zwischen Sunniten und Schiiten in den ersten Jahrzehnten der Abbassidenherrschaft von deren Propagandisten zur Idealgestalt gegen ʿAli als Stammvater der Schia aufgebaut worden.

Al-Massʿūdi nennt oft seine Quellen und äußert sich selbst kommentierend, ergänzend, kritisch oder bestätigend. Den Schluß der *Goldwäschen* bildet die Aufzählung derer, die nach dem Propheten Muhammed bis ins Abschlußjahr des Werks 335(946/947) alljährlich die Pilgerfahrt leiteten.

An das Ende, vor das Schlußgebet, setzt er etwas, was wir heute als den persönlichen, religiös verankerten Urheberrechtsanspruch bezeichnen würden: kraftvolle Gebete an Gott, alle zu verfluchen, die diesen Text entstellen, imitieren oder plagiieren wollten.

Erheblich kürzer ist das zweite erhaltene, sein letztes Buch, *Tanbīch al-Ischrāf, Die Ermahnung zum Überblick*. Er nennt es im Vorwort das Resümee seiner Werke, das in die unmittelbare Gegenwart, das Jahr 345(956), führt. Narrative Darstellungen fehlen hier fast ganz. Verse und kürzere Gedichte erscheinen da, wo sie ihm seine Quellen vorgeben, also bei den *Ajjām al-ʿArab* und zu beliebten literarischen Topoi wie dem der Sehnsucht nach der Heimat/dem Vaterland oder dem der Vergänglichkeit des Lebens oder besser von Macht und Pracht. Die Umajjaden- und Abbassidenherrscher werden hier nacheinander konzis und systematisch vorgestellt, mit den Namen ihrer Väter, Mütter, Kinder und ihren Genealogien. Angaben über ihr Aussehen und ihre menschlichen Qualitäten werden resümiert. Massʿūdi nennt ihre Sekretäre, beziehungsweise Wesire und die von ihnen eingesetzten obersten Richter sowie abschließend die differierenden religiösen Formeln auf ihren Siegelringen, die wohl individuelle Insignien der Macht oder der Machtprätention waren.

Zum zeitgenössischen Kalifen al-Mutīʿ erklärt al-Massʿūdi hier ausführlicher, was er in den *Goldwäschen* kurz andeutete: «Er hat weder Befehls- noch Verbotsgewalt, der Dailamite Muʿis ad-Daula (der bedeutendste Bujidenherrscher) hat die Macht über ihn wie schon über seinen Vorgänger gewonnen.» Das Land sei zerfallen, ähnlich dem griechischen Reich nach dem Tod Alexanders. Er habe aber keine neuere Kunde, da er sich schon lange in Syrien beziehungsweise Ägypten aufhalte. Das Abschlußdatum des Buchs gibt er nicht nur in der muslimischen, sondern auch in vier anderen Zeitrechnungen an und läßt so sein Selbstbild als Weltbürger und die multiethnische, multikulturelle Prägung seiner Adressaten erkennen.

Ein brillanter Stilist war Abu Hajjān at-Tauhīdi (927–1023). Aufgewachsen in Bagdad, wurde er von berühmten Lehrern der Zeit unterrichtet. Er überwarf sich wiederholt mit wichtigen Mäzenen, vor allem mit zwei bekannten Bujidenwesiren am Hof in Raij, Ibn al-ʿAmīd und dessen Nachfolger, as-Ssāhib Ibn ʿAbbād, beide selbst literarisch tätig und von vielen, die durch sie gefördert wurden, als herausragend gefeiert. Aus diesen Spannungen entstand sein boshaftes Buch *Mathālib al-Wasīrain, Die Schlechtigkeiten der beiden Wesire*, in dem er in kunstvollster Prosa zusammentrug, was er an Schmähberichten und süffisanten Anekdoten über sie finden konnte, und es mit Gedichten ähnlichen Inhalts durchsetzte.

Das Buch, von dem Jākūt in seinem Schriftstellerlexikon sagt, es gehöre zu denen, die ihrem Besitzer Unglück brächten, steht in der literarischen Konvention von *Mathālib*-Werken, Büchern über Untugenden und

Fehler meist bestimmter Stämme oder Personen, von denen der *Fichrist* zehn nennt. Deren größter Teil ging verloren, sicher, weil sie als ominös galten. Sie bilden den Gegenpol zu den in reicher Zahl erhaltenen *Faḍāʾil*-Werken über *Die Vorzüge ...* – auch mit dem Singular *Faḍl* oder *Faḍīla* bezeichnet – bestimmter Personen, Städte, Regionen oder auch Gegenstände, diese meist mit einer symbolischen Bedeutung.

Über die Gesprächsrunden des Wesirs Ibn Ssaʿdān verfaßte at-Tauḥīdi ein dreibändiges Werk *Geistiger Genuß und Geselligkeit.*[104] Der Wesir hatte ihn, nachdem er nach Bagdad zurückgekehrt und dort als Handschriftenkopist tätig war, auf Anregung des mit ihm befreundeten Mathematikers Ibn al-Wafāʾ zu diesen Debatten mit bekannten Intellektuellen der Zeit eingeladen. Ibn al-Wafāʾ veranlaßte Tauḥīdi, die Gespräche für den Wesir aufzuschreiben. Er gibt hier vierzig nächtliche Gesprächsrunden über aktuelle literarische, philologische, philosophische, religiöse, auch soziale Fragen wieder, die der Wesir stellte und die at-Tauḥīdi beantwortete, die aber auch von anderen Teilnehmern der Runde debattiert wurden. Der Leser lernt im Protokoll des ersten Abends die Etikette, das Verhalten des Wesirs gegenüber seinem Gast und dessen Auftreten ihm gegenüber kennen. Tauḥīdi lobt den Wesir unterwürfig in Reimprosa, bittet aber auch darum, offen sein und «die Mühen der Anspielungen» meiden zu dürfen. Am Ende des ersten Abends bittet der Wesir den Autor um den «Abschiedsscherz», und der erzählt eine hintergründige Anekdote über einen Maurer, die heute noch gefallen kann. Manche «Nächte» geben heftige Auseinandersetzungen, beispielsweise zur Beurteilung der Völkerschaften im Kalifat und von Nachbarvölkern, mit sowohl differenzierten als auch klischeehaften Wertvorstellungen wieder. In anderen wird in Adab-Manier zeitgenössisches Wissen dargelegt, etwa über die Physiologie, Psychologie und das Verhalten von Tieren. Die geistigen Probleme und die intellektuelle Gesprächskultur der Zeit werden deutlich. Es gibt assoziative Sprünge von einem durch den Wesir vorgegebenen Thema zum anderen, auch durch dessen weitere Fragen angeregt. So bittet der Wesir den Autor am letzten Abend um seine Meinung zu den Dichtern al-Buchturi (821–897) und Abu Tammām (um 805–845), von denen der erste als Vertreter des «natürlichen», der zweite als der des «kunstvoll erarbeiteten» Stils gilt. Das war eine immer noch aktuelle literarische Streitfrage. Doch der Autor lenkt schnell zu religiösen und eher lebensphilosophischen Themen über. Schließlich geht es auch um ʿĀʾischa, Muhammeds Lieblingsfrau, als erste und vorbildliche, wirklich «mannhafte Frau» im Islam, eine Eigenschaft, die muslimischen Frauen durch den Einfluß der Perser inzwischen verloren gegangen sei. Ob all die zur Veranschaulichung eingeflochtenen Anekdoten und wenigen Verse hier tatsächlich vorgetragen oder eher vom Autor gestaltend eingefügt wurden, bleibe dahingestellt. Jedenfalls lockern sie auf. Doch es gibt auch manches andere längere Zitat, etwa in Reimprosa von Ibn al-Mukaffaʿ über andere Völker oder eine Rangstreitdichtung, die den Wert von Rechnungen als für das tägliche Leben und jede Regierung unentbehrlich dem der feinen Bildung und ihrer literarischen Ausdrucksformen als eher überflüssigem Tand kontrastiert. Das Werk ist also bewußt literarisch gestaltet, nicht nur im Hinblick auf die sprachliche Ebene. Auffällig ist die häufige Äußerung: «Darüber sind die Meinungen geteilt.» Danach werden, ähnlich der Gattung *Gut und Schlecht* Urteile polarisiert und meist schnell andere Themen angesprochen.

In Mitteleuropa wurde vor allem die Debatte über den Zusammenhang von Sprache und Logik am achten Abend durch Übersetzungen bekannt. Hier wird auf den Bagdader christlich-arabischen Philosophen Mattā Ibn Jūnus (gest. 940), Übersetzer und Kommentator von Werken des Aristoteles, Bezug genommen. Nach Tauhīdis Meinung zu Zeitgenossen fragt der Wesir mehrfach, zu den beiden anderenorts von ihm geschmähten Wesiren ebenso wie zu der konkurrierenden Gesprächsrunde des Philosophen Abu Ssulaimān as-Ssidschistāni (gest. zwischen 985 und 990) und zu diesem selbst. Er wird hier oft respektvoll zitiert. Tauhīdi durchflicht das Werk mit Glück- und Segenswünschen und Lobesformeln für den Wesir. Er rundete jedes Protokoll formal zu einer literarischen Kostbarkeit ab. Die Einleitung stimmt den Leser jeweils auf die Situation ein. Den Schluß bilden neben «Abschiedsanekdoten» auch Verse, zu denen der Wesir den Autor auffordert, solche, auf die der Wesir anspielt, etwa eine poetische Nachtbeschreibung des Imraʾalkais oder kürzere lyrische Reimprosapassagen über die späte Stunde und die Müdigkeit aller. Der Hinweis auf den nächsten Abend kann mit der Aufgabenstellung des Wesirs für diesen verbunden sein, etwa dem Thema «Schöpfung und Charakter». Meist schließt der Autor kurz mit: «Und ich ging», *wa-dhahabtu*.

Kulturhistorische Kuriosa zu vergnüglicher Bildung und amüsanter Konversation in Hofkreisen liefert in zehn Kapiteln Thaʿālibis Anthologie *Kuriositätenkenntnisse*, *Latāʾif al-maʿārif*. Drei Kapitel informieren über die Gründe für auffällige Beinamen bekannter Dichter und anderer Persönlichkeiten der vorislamischen und der islamischen Geschichte, etwa den Babynamen Babba für einen bekannten General in Basra, den seine Mutter voll Stolz mit sich auf diesen Namen reimenden Versen als Kind hüpfen ließ[105] oder Abu Turāb, «der Vater des Staubs», als Spottname der Umajjaden für den Kalifen ʿAli, der auf einen Scherz Muhammeds zurückging. Das umfangreiche erste Kapitel widmet sich «Erstlingstätern», wie sie bereits das *Kitāb al-Maʿārif*, *Das Buch der Kenntnisse*, des Ibn Kutaiba enthält, und den meist legendären, mythischen

Umständen ihres Tuns, beginnend mit der «ersten Schuld/Sünde», dem Neid, nämlich des Teufels gegenüber dem Menschen, vor dem dieser sich nicht niederwerfen wollte, wie Gott es ihm befahl, sowie Kains Neid auf Abel. Dann folgt etwa: Wer als erster eine Palme pflanzte und seßhaft wurde, Kleider nähte, sich den Bart stutzte, graues Haar bekam, Arabisch sprach – natürlich Ismāʿīl, der Stammvater der Araber, der auch als erster ein Pferd einritt – bis zu Realem aus der jüngeren Geschichte, etwa wer als erster Dirhams und Dīnāre mit arabischer Aufschrift prägen ließ, wer die Apanagen der höfischen Sekretäre erhöhte, wer welche Details des Hofzeremoniells einführte. Das vierte Kapitel zählt berühmte Sekretäre auf, beginnend mit dem koranischen Propheten Idrīs, der als erster die Rohrfeder benutzt habe. Um ihn spann die Volksüberlieferung zahlreiche, auch von griechischen, alttestamentlichen und rabbinischen Stoffen gespeiste Legenden. Das fünfte Kapitel nennt mythische und reale Persönlichkeiten mit besonders langer Familientradition ihres Tuns von Propheten über Kaiser, Kalifen, Sultane, Wesire, Richter bis zu Verrätern und Dichtern. Im sechsten erscheinen auffallend viele Frauen. Hier geht es um die schönsten Ehepaare im Islam; drei «unvergleichliche Frauen», weil jede zwei Kalifen gebar; Frauen mit der Höchstzahl an nahen Verwandten, die Kalifen waren; eine hochrangige Frau, deren Pilgerfahrt historisch wurde, weil sie soviel *Murūʾa*, «männliche Tugend», und Großzügigkeit bewies wie niemand vorher. Der soziale Rang einer Frau war durch den ihrer männlichen Verwandten vorgegeben. Im achten Kapitel werden körperliche Fehler oder Leiden aufgeführt wie: Einäugigkeit, Hinken, Hasenscharten, Blindheit, auch andere Auffälligkeiten, etwa Riesen- oder Kleinwuchs, Glatzköpfigkeit bei Kalifen, Kalifen, deren Mütter Sklavinnen waren, sowie die früheren Berufe des religiös-politischen Adels, vielleicht, um daran zu erinnern, daß sie ursprünglich «Menschen wie du und ich» waren. So war der Kalif Abu Bakr einmal Stoffhändler. Das letzte Kapitel bringt unterhaltsame geographische, mit Anekdoten und Versen belegte, Informationsschnipsel, beginnend mit Mekka und Medina bis in den Osten des Reichs. Der Westen mit Nordafrika und Spanien interessierte offensichtlich noch nicht.

Vom Wunsch zur Stabilisierung der Abbassidenherrschaft trotz der Zerstörungen durch die Bürgerkriege des 10. Jahrhunderts spricht Hilāl Ibn as-Ssābiʾs (969–1056) informatives Buch über das höfische Protokoll *Die Vorschriften des Kalifenhofs*.[106] Der Verfasser gehörte zu einer bekannten Familie von Gelehrten und höfischen Sekretären, die aus Harrān im heute türkischen Nordmesopotamien stammte und über Generationen trotz Karriereverheißungen im Fall des Übertritts zum Islam der hellenistisch-polytheistisch geprägten Sekte der Ssabier treu blieb. Hilāl, höfischer Sekretär des Bujiden Ssamssām ad-Daula («das Schwert des

Reichs»), war der erste, der, im Jahr 1008, angeblich nach einem Traum vom Propheten, zum Islam übertrat. Mit psychologisch durchdachten Ratschlägen für den *Adab al-Chidma*, «das vorbildliche Verhalten im (Hof-)Dienst» wendet er sich an Wesire, Kämmerer, die zur Abbassidenzeit eine wichtige Rolle spielten, und höfische Sekretäre. Er konnte auf eigenen Erfahrungen und denen seines Großvaters, Iss'hāk Ibn Ibrāhīm as-Ssābi', Chef der höfischen Verwaltung beim Bujiden Muʿis ad-Daula, aufbauen. Nach eloquenten Reimprosapreisungen des Kalifen al-Kāʾim (reg. 1031–1075) und -wünschen für ihn und das Reich im Geist eines frommen Muslims informiert er über die Kalifenresidenz zu dieser Zeit. Die verbliebenen Paläste, die Zahl der Bediensteten in den verschiedenen Bereichen, der Bäder in den Palästen und Häusern der Stadt, der öffentlichen Badehäuser nennt er ebenso wie die Kosten für einzelne Ressorts. Er weist wiederholt auf Unterschiede zu früheren Zeiten hin, den gesunkenen Standard etwa bei der Zahl der Bäder, der Größe und Pracht des höfischen Gefolges oder bei Dotationen an Untergebene. Die Einhaltung streng rangdifferenzierter Vorgaben für die Hofkorrespondenz und die Namensnennung und Titulierung des Kalifen und der Emire von der Kanzel während der Freitagspredigt, dem wichtigsten Gottesdienst der Woche, galt in dieser Zeit des allmählichen Niedergangs offensichtlich als machtstabilisierend. Ein historischer Überblick darüber und wie die Predigten der Kalifen durch Trommelschlagen angekündigt wurden, gilt den Zeichen der Machtdemonstration. Detaillierte Ratschläge des Verfassers zur hierarchiegerechten Kommunikation hoher Höflinge mit den Kalifen und seine Empfehlungen für dem jeweiligen Herrscher genehme Kleidung sowie Duftstoffe und Parfüms sind kulturhistorisch ebenso aufschlußreich wie höfische Erinnerungsberichte über Empfänge und Audienzen. Die Bedeutung von Heiratspolitik wird aus einer Predigt des Kadi at-Tanūchi für eine Bujidenhochzeit deutlich. Lexikalisch prätentiöse, im Vorwort wie in der Schlußpassage vielgliedrige Reimprosa und die ranggerechten Eulogien sind dem Text und seinen Adressaten angemessen.

Rat für Könige, Rat für Wesire: Fürsten- und Untertanenspiegel

Ethische Gebote und Ratschläge zum vorbildlichen Verhalten von Herrschern gegenüber den Höflingen und dem Volk zu deren Wohl in Form von Sentenzen, Briefen, moralischen Testamenten, Versen bieten die Fürstenspiegel. Sie sind auch «Untertanenspiegel», also Ratgeber für Hofbeamte, denn sie geben diesen Empfehlungen bis strenge Gebote für den rangdifferenzierten, «höflichen» Umgang mit dem Herrscher in Wort,

Schrift und Tun, sowie für ihr Verhalten gegenüber ihresgleichen und ihnen Unterstellten. Moralisch-ethische Tugend- und Mängelkataloge werden, oft in Reimprosa und/oder schlagwortartig formuliert, anhand von Anekdoten und Erinnerungsberichten verdeutlicht und mit einprägsamen Versen um- und durchrankt. Frauen spielen – wie in mittelalterlichen europäischen Fürstenspiegeln – als Adressatinnen keine Rolle, obwohl es ja im gesamten Vorderen Orient große höfische Harems mit hochrangigen und gebildeten Damen, von Kalifenmüttern und -gattinnen bis zu klugen Sklavinnen, gab, die ehrgeizige Konkubinen sein konnten oder mit Verwaltungsaufgaben betraut. Von höfischen Harems aus wurde, Anekdoten und Erinnerungsberichten zufolge, trotz Geschlechtertrennung und Vorhangsgebot mitunter kräftig mitregiert, allerdings der männlichen Geschichtsüberlieferung zufolge meist zum wachsenden Unmut der männlichen Amtsinhaber.[107] Als politische Objekte erscheinen Frauen nur in den relativ wenigen Werken, die auf Heiratspolitik als Teil der Machtpolitik eingehen. Das Frauenkapitel in dem aus dem Persischen übersetzten beliebten *Ratgeber für Könige*, der bis vor kurzem dem Bruder des berühmten Religionsgelehrten Muhammed al-Ghasāli, dem Prediger Achmed al-Ghasāli, zugeschrieben wurde, war offensichtlich nicht für die höfische Gesellschaft bestimmt (s. u. S. 180 f.).

An der Spitze der Gebote steht meist das zu Gehorsam, religiös begründet und an alle gerichtet: «Gehorcht Gott und gehorcht dem Gesandten (Gottes) und den Befehlshabern (oder: den Zuständigen) unter euch!» (Sure 4,59). Es ist verbunden mit dem Appell an den Herrscher, sich an die Satzungen von Koran und Sunna zu halten. Daß Religion und Staat Zwillinge (oder Brüder) sind, steht in einem auf den ersten Sassanidenherrscher Ardaschīr Ibn Bābak zurückgeführten, gern zitierten politischen Testament an seine Nachfolger.

Als Bürgerkriege und Aufstände zunehmend politisch und sozial destabilisierten, wurde das Gehorsamsgebot für Höflinge hierarchisch und rational aufgeschlüsselt. Ath-Thaʿālibi (961–1038) schrieb seine *Ādāb al-Mulūk*, die *Guten Sitten der Könige*, für den Chārasmschāh, an dessen Hof in al-Dschurdschānijja er länger lebte. Als Weisung des legendären Sassanidenwesirs Busurdschmichr zitiert er hier: «Gehorche dem, der über dir steht, damit dir gehorcht, wer unter dir steht!» Das folgt der Aufforderung, dem *Wali an-Niʿma*, dem «Verwalter der Gnade (Gottes)», das ist *Epitheton ornans* für Herrscher von der Abbassidenzeit an, in seinen Befehlen und Verboten so zu gehorchen wie dem Schöpfergott: «Denn der Gehorsam gegenüber dem, dem Gott die Herrschaft über sein Volk gegeben hat, ist untrennbar verbunden mit dessen Gehorsam gegenüber Gott. Und der Gehorsam gegenüber Gott verpflichtet zu Barmherzigkeit (die im Koran am häufigste genannte Eigenschaft Gottes). Der Gehorsam gegenüber dem König verpflichtet dazu, ihm zu nutzen.» Aufsässigkeit wird verteufelt: «Wer dem Herrscher gehorcht, gehorcht dem Barmherzigen, wer sich ihm aber widersetzt, gehorcht dem Satan!»[108]

Theologen debattierten früh und zunehmend über die Gehorsamspflicht gegenüber einem Herrscher, der die Religion vernachlässigt. Das fand in Fürstenspiegel, gewissermaßen als Fingerzeige, mit Koranzitaten über ungerechte Herrscher und den Pharao als Tyrannen Eingang. Sentenzen des Inhalts, daß es nur Gott beim Jüngsten Gericht zustehe, über das Unrecht von Machthabern zu urteilen, sollten Unzufriedenheit dämpfen. Diese Ansicht vertrat im Zuge auch blutiger religiös-politischer Kontroversen des späten 7. Jahrhunderts die Sekte der Murdschiʿa, von *r-dsch-ʾ*, «aufschieben (das Urteil)», nach Sure 9,106. Der Mensch werde jedenfalls von Gott für seinen Gehorsam belohnt. Das auch aus Geschichten in *Tausendundeiner Nacht* geläufige *samʿan wa-tāʿatan*, «Hören ist Gehorchen», war geläufige Ergebenheitsbekundung bei Hof. Und so wurde ranggemäß differenziert: «Die Allgemeinheit/der Pöbel hat sich den Königen in Gehorsam zu nähern, die Sklaven haben dies mit Dienst(en) zu tun, die Höflinge mit Hören (auch Zu-, Hinhören)».

Das Gebot des Weisen Lukmān an seinen Sohn aus Sure 31, *Lukmān*, Vers 17: «(Mein kleiner Sohn,) verrichte das Gebet, gebiete das Gute und verbiete das Böse und ertrage standhaft, was dich trifft!» gilt offensichtlich eher den Wesiren und dem *Muchtassib*, dem «Marktaufseher», der für die Moral in den Städten zuständig war. Das arabische Wort für «das Gute» ist hier «das Bekannte, Anerkannte», *al-Maʿrūf*; für «das Böse» steht «das Abzulehnende», *al-Munkar*. Gemeint sind also überlieferte, gesellschaftlich anerkannte Normen des Guten und des Bösen. Erst im Zuge der religiösen, politischen und wirtschaftlichen Reformbestrebungen unter westeuropäischen Einflüssen und in der Auseinandersetzung mit diesen seit der zweiten Hälfte des 19. Jahrhunderts wird als Appell an die Eigenverantwortlichkeit jedes Individuums gern der Hadīth zitiert: «Jeder von euch ist ein Hirte, und jeder von euch ist verantwortlich!» Das ist verkürzt aus: «Jeder von euch ist ein Hirte, und jeder Hirte ist für seine Herde verantwortlich» und war an die höfische Elite in ihren sozialen Abstufungen gerichtet, an die sich die Fürstenspiegel wenden.

Die Autoren stellten, das ist den Vorworten zu entnehmen, ihre Werke meist für einen bestimmten Herrscher, an dessen Hof und oft in seinem Auftrag zusammen, besaßen also einschlägige Erfahrungen mit Herrschaftsgebaren und höfischer Etikette, mit Allüren, Intrigen und wechselhaften Schicksalen. Sie waren klug, gebildet, voll psychologischer Einsichten und diplomatischen Geschicks, auf das Gemeinwohl und ihr eigenes bedacht, aber letztlich mehr oder weniger Abhängige.

Didaktische Schriften zur Regierungskunst gab es bereits im Alten Orient und in der Antike. Sie entsprangen dem uralten menschlichen Wunsch nach einem Leben unter gerechter Herrschaft als Basis für Glück und entwarfen oft ein Gegenbild zur Realität. In ihren Weisungen zeichnen sie Idealbilder vom klugen, gemäßigten, gerechten, auf des Volkes, seines Hofes und (deretwegen!) auf sein eigenes leibliches und seelisches Wohl bedachten Einzelherrscher. Er soll seine Macht im Namen der Religion, also göttlicher Gebote, und nicht ohne vertraute, kluge Beamte und Berater ausüben. Hält sich der Regent an diese Ratschläge, wird seiner Herrschaft lange Dauer verheißen, denn dann leistet das Volk ihm gern Folge. Ansonsten wird es zur Gefahr. Die Ratgeber warnen natürlich auch vor dem, was ein Herrscher und die ihm Unterstellten vermeiden sollten.

Wie im Alten Orient war im Arabischen der Herrscher jahrhundertelang *Rāʿi*, «Hirte», von *r-ʿ-y*, «behüten, Sorge tragen». Das biblische Gottesbild läßt sich assoziieren. Das Volk ist *Raʿja*, «Herde». Die religiös-politischen Ordnungsvorstellungen gehen meist, wie bereits in Indien und im alten Ägypten[109], davon aus, daß die Menschen ohne einen Herrscher wie wilde Tiere übereinander herfallen und sich gegenseitig zerfleischen würden. Davor hat sie ein von Gott eingesetzter, die göttlichen Gebote realisierender und für ihre Einhaltung Sorge tragender Herrscher, ein *Malik*, «König», abgeleitet von *m-l-k*, «besitzen», zu beschützen. In späteren Fürstenspiegeln und Kapiteln über die «Macht», *Ssultān*, und die ihr Nahestehenden ist der «König» der «Schatten Gottes» auf Erden, Schatten als Schutz und Kühlung spendend in Regionen, in denen heiße Sommer «die Teppiche des Höllenfeuers über den Boden breiten». Auch dieses Bild existierte bereits im Alten Orient. Erst von den Seldschuken an wird *Ssultān* auch für den Träger der Herrschaft und seit der Mamlukenzeit für den obersten Herrscher verwendet. Um seiner Aufgabe gerecht zu werden, hat der Machthaber sich an ethische Regeln zu halten, die in ihrer Mehrzahl auch für alle anderen Menschen gelten. Daß es sozial strenge Grenzen zwischen *Chāssa*, «Elite», und *ʿĀmma*, «Allgemeinheit, Pöbel», gab, wurde gesagt. In historischen und geographischen, dann auch in Adab-Werken gibt es genauere soziale Differenzierungen, auch sie oft reimend, etwa in den *Makāmen* des Harīri: *Imāra*, *Tidschāra*, *Sirāʿa*, *Ssināʿa*, das ist «Fürsten-, Kaufmanns-, Bauern-, Handwerkerstand». Friedrich Rückert reimt den Vorstellungen seiner Zeit entsprechend: «Raufleute, Kaufleute, Schnaufleute, Laufleute».

Schriften zur Fürstenethik gab es in Gestalt prägnanter Selbstauskünfte, konziser «Testamente» oder «Verpflichtungen, Verträge» bekannter und postum oft idealisierter Regierender in der historischen, dann auch der Adab-Literatur und von Sendschreiben. Ausführlicher, formal vielgestaltig und in ihrer Auswahl je nach Verfasser, Zeitverhältnissen und Zielperson oder -gruppe unterschiedlich sind die Kapitel zum Thema «Macht, Herrschaft» in den Adab-Enzyklopädien vom 9. bis ins 18. Jahrhundert. Das gilt auch für die Monographien dieser Thematik aus demselben Zeitraum. Sie können unterhaltsamen Charakter haben oder systematisch belehrend und stärker theoretisch gestaltet sein, mit vielen Sentenzen in Form von Koranzitaten, Hadīthen, Aphorismen und Lehrfragen und nur gelegentlich eingestreuten Versen und Lehranekdoten.

Die Werke stützen sich auf Quellen verschiedener Provenienz. Vor allem frühe arabische Fürstenspiegel zitieren oft persische und griechische Autoritäten. Später überwiegen besonders im Osten des Reichs sassanidische Weisheitslehrer. Aber auch frühe arabische «Experten» wie al-Achnaf («der Klumpfuß») Ibn Kais, ein General, der durch seine körperlichen Mißbildungen ebenso wie seine kluge Eroberungs-, später Verwaltungspolitik und als politischer Berater früher Umajjadenkalifen bekannt wurde, und islamische Herrscher, die in der Historiographie zu Vorbildern wurden, dienen als Berufungsinstanz. Der vierte Kalif ʿAli, der erste Umajjade Muʿāwija bei sunnitischen Autoren – die Schiiten verfluchten ihn später –, der Abbasside al-Maʾmūn und Minister wie al-Hassan Ibn Sachl, Wesir al-Maʾmūns, werden als Autoritäten gern zitiert.[110] Alexander der Große wird oft als Experte für Militärpolitik herangezogen. Die Emanzipation der Perser und des Neupersischen als Literatursprache neben dem Arabischen seit etwa 1000 trug zu einer noch stärkeren Beachtung des iranischen Erbes bei. Viele Autoren und Hofbeamte waren *Dhū l-lissānain*, «Besitzer zweier Zungen/Sprachen». In der kleinen Sammlung von Sentenzen und Lehrfragen *Der reiche Nutzen. Über das Wohl des Sultans und des Wesirs*[111] des ägyptischen Theologen ad-Damanhūri (gest. 1798) dagegen, der auch Scheich al-Islām, also höchster religiöser Würdenträger war, werden die meisten Gebote und Sentenzen nur eingeleitet mit: «Und die Gelehrten sagten ...» oder: «Und die Weisen sagten ...». Alexander der Große und einige Persönlichkeiten, meist der frühen arabischen Geschichte, sind gelegentlich Autorität. Persische Quellen nennt der Autor nicht.

Die Übertragungen sozialdidaktischer Werke aus dem Mittelpersischen durch höfische Sekretäre wie ʿAbd al-Hamīd al-Kātib und Ibn al-Mukaffaʿ am Umajjadenhof, auch Ibn al-Mukaffaʿs Adaption der Fabelsammlung *Kalīla wa-Dimna* beeinflußten die frühen Fürstenspiegel stark. Dem Lehrer des ʿAbd al-Hamīd al-Kātib, Ssālim Abu l-ʿAlāʾ, Chef der Hofkanzlei des Umajjadenkalifen Hischām Ibn ʿAbd al-Malik, wird die Anregung zur Übersetzung aristotelischer und pseudo-aristotelischer Briefe an Alexander den Großen aus dem Syrischen zugeschrieben. Sie wurzeln in byzantinischen Handbüchern zur Regierungspraxis und Militärhandbüchern, erweitert durch hellenistische und hermetische Einflüsse, wurden aber früh an arabisch-islamische Vorstellungen adaptiert und um altarabische Sentenzen, Koranverse, Hadīthe, Anekdoten und Erinnerungsberichte erweitert. Vom späten 10. Jahrhundert an kursierten sie in Varianten als *Sirr al-asrār, Das Geheimnis der Geheimnisse*. Um 1230 wurden sie in Spanien als *Secretum secretorum* ins Lateinische und von dort in 13 europäische Sprachen, darunter das Russische, übersetzt und beeinflußten europäische Literaturen bis ins 16. Jahrhundert erheblich. Die ausführlichste arabische Version des *Sirr* widmet sich nach einem Vorwort den Kapiteln 1. Die Arten von Königen; 2. das Verhalten von Königen generell; ihr vorbildliches Verhalten; die Verteidigung der Astrologie; körperliche und geistige Gesundheit, Wege ihrer Bewahrung; Physiognomik und ihre praktische Anwendung; 3. Gerechtigkeit; 4. die Minister; 5. die Hofsekretäre; 6. die Gesandten; 7. die Gouverneure; 8. die Generäle; 9. Kriege; 10. Geheimwissenschaften. Astrologie, Physiognomik und Geheimwissenschaften waren anerkannte Zweige der Wissenschaft mit Praxisrelevanz für politische und persönliche Entscheidungen in Frieden und Krieg. Der Glaube an Träume, gute und schlechte Omina, Geister und Magie konnte, wie der Erzählliteratur von ca. 900 an zu entnehmen ist, wichtige Entschlüsse bestimmen.

Tatsächlich auf aristotelische, mehr aber platonische und peripatetische Einflüsse geht die philosophische Staatsethik zurück. Sie fand einen ersten Höhepunkt in al-Fārābis (ca. 870–950) Werk *Die prinzipiellen Ansichten der Bewohner der vortrefflichen Stadt*,[112] verfaßt um 940/42. Al-Fārābi zufolge kann die Bestimmung des Menschen zum Glück nur in einem vortrefflichen, theokratischen islamischen Staat (entwickelt aus Platons *Respublica* und nachplatonischen Schriften) realisiert werden. Der ideale Staat, den es allenfalls als Vorform in der idealen Stadt geben kann – obwohl es in islamischen Ländern nie Stadtrepubliken gegeben hat wie im alten Griechenland – und der dem gesunden menschlichen Körper gleichzusetzen ist, basiert auf wahrer Gerechtigkeit und Gleichheit. Jeder erfüllt die Aufgabe, der er dank seiner Begabung und Veranlagung nachkommen kann, und nimmt einen entsprechenden Rang ein. Einer solchen Stadt kann nur vorsitzen, wer die Veranlagung und den Willen dazu besitzt, ein geistig und körperlich vollkommener Mensch, über den kein anderer herrscht und der das höchste Glück erreicht. Die Philosophen allein sind in der Lage, das sittliche Wertesystem zu erkennen. Der Prophet ist als erster Gesetzgeber unerläßlich, denn nur er kann die Wahrheit, die ihm durch den «aktiven Intellekt» zuteil wurde, im Rahmen der Offenbarungsreligion allen vermitteln. Den Theologen und den Spezialisten des religiösen Rechts kommt es zu, den Menschen durch Auslegung und Anwendung den Weg zum Glück zu weisen.

Ibn Ruschd (1126, Córdoba – 1198, Marrakesch), der Averroes des europäischen Mittelalters, kommentierte später, auch basierend auf al-Fārābi, Platons *Respublica* und verglich dabei in Details den damaligen islamischen Staat mit dem philosophischen Ideal.

Die Verschmelzung ethischer Herrscherideale mit realpolitischen Erfordernissen wurde in Selbstauskünften und Memoranden als ideale Zielvorstellung mehr oder weniger detailliert dargelegt. Der berühmteste Statthalter der Umajjaden, al-Haddschādsch Ibn Jūssuf (um 661–714), soll den Kalifen al-Walīd I. auf dessen Aufforderung hin über sein Regierungsverhalten in Churassān informiert haben: er halte seinen gesunden Menschenverstand wach, lasse persönliche Leidenschaften/ Launen ruhen, suche seine Bevollmächtigten nach Fähigkeiten und Ansehen aus, bestrafe Frevler und belohne Wohltäter und Anständige, dies auch exemplarisch.[113]

Achmed Ibn Abi Tāhir Taifūr zitiert in seiner *Geschichte Bagdads* ein mehrseitiges paränetisches «Testament» des aus einer ostiranischen Familie im Dienst der Abbassiden stammenden Generals Tāhir Ibn al-Hussain (gest. 822) aus dem Jahr 821. Es gefiel al-Maʾmūn, dem Tāhir Churassān erobert hatte, so, daß er es abschreiben und an seine Gouverneure verteilen ließ.[114] Tāhir, der Begründer der Tahiridendynastie, die zwischen 823 und 873 im Osten des Reichs herrschte, gibt seinem Sohn ʿAbdallah zu dessen Ernennung zum Gouverneur von Obermesopotamien und Syrien aus seiner Erfahrung als Gouverneur von Churassān prägnant, klar und zwingend formulierte Ratschläge, ohne jedes Zitat, für seine Politik. Jeder neue Sinnabschnitt beginnt, wie auch in anderen belehrenden Schriften, mit dem Imperativ *Iʿlam,* «Du mußt wissen, daß …». Dominierend ist die Weisung, die religiösen Pflichten einzuhalten, im Handeln und Denken dem Koran, der Sunna und der Scharīʿa zu folgen, aber auch *Hilm* und *Murūwa* zu pflegen. Diese komplexen Begriffe ethischer Ideale erlebten ähnlich wie *Adab*, seit altarabischer Zeit Wandlungen, werden aber auch von Autoren einer Epoche unterschiedlich definiert. Im islamischen Mittelalter ist *Hilm* etwa mit «Selbstbeherrschung, Klugheit, Würde, Toleranz», *Murūwa,* auch *Murūʾa*, etwa mit «Vornehmheit, herrscherliche Umsicht» gleichzusetzen.[115] Er solle nie selbstherrlich entscheiden, das Volk im Innern und nach Außen schützen, das Wohl der Edlen respektieren, aber auch für Arme, Witwen mit Kindern, Blinde und Kranke sorgen. Auf gerechte Steuereinziehung habe er ebenso zu achten wie auf die gebührende Vergütung der damit Betrauten, um sie nicht in Versuchung zu führen, außerdem darauf, Heer und Beamte angemessen zu entlohnen. Nur wenn das Volk nicht aller Mittel entblößt sei, könnte ein Staat gedeihen. Diesen Rat geben auch spätere Fürstenspiegel gern. Er solle gute Berater anhören, offen für ihre

Kritik und vertrauensvoll sein, aber nie die Kontrolle verlieren und müsse über alles informiert sein. Das Volk solle stets Zugang zu ihm haben, auch damit es sich über Ungerechtigkeiten beschweren kann. Das findet sich ebenfalls in byzantinischen und nahezu durchgängig in späteren arabischen und persischen Fürstenspiegeln. Gelder aus der Staatskasse solle er vernünftig anlegen und ausgeben, nicht horten. Generell solle er sich von *Kassd* (*Qaṣd*), «Zielstrebigkeit, Ausgewogenheit», leiten lassen. Dieses «Testament» wird auch von Tabari in den Annalen und Ibn al-Athīr (1160–1233) in seiner großen Weltgeschichte *al-Kāmil fi t-taʾrīch, Das Vollkommene. Über die Geschichte*, zitiert, die von der Schöpfung bis zu des Autors Todesjahr reicht. Der Historiker Ibn Chaldūn (1332, Tunis – 1406, Kairo) führt es in seiner berühmten *Mukaddima*, den *Prolegomena* zu seiner Universalgeschichte *Kitāb al-ʿIbar*, dem *Buch der Beispiele*, als «sein (Tāhirs) berühmtes Schreiben» auf. Er konstatiert, dies sei das Treffendste, was er je über Politik gefunden habe.[116]

Ein auf Ardaschīr Ibn Bābak, den ersten Sassanidenherrscher (224–241), zurückgeführtes politisch-moralisches Testament *(ʿAchd)* für seine Nachfolger gibt al-Ābi (gest. 1030), Bujidenwesir in Raij, in seiner Adab-Enzyklopädie *Perlenverstreuen* wieder. Allgemeiner als das Tāhirsche *Testament* und psychologisierend gehalten, weist es unter anderem auf die enge Verbindung von Religion und Politik auch als mögliche Gefahr für jede Regierung hin – eine Erfahrung, die sich durch die gesamte Geschichte des islamischen Vorderen Orients zieht – also auf die Nutzung religiöser Prätentionen für individuelles Macht- und Interessenstreben. Der Regent solle die Frommen (*Nussāk*) im Auge behalten und sie nicht nur ihren Gebeten und Kontemplationen überlassen. Auch dieses Schreiben ist konzise, ohne Sentenzen und Exempel.[117] Es ist eines unter mehreren *Testamenten* über verschiedene soziale Phänomene in der Enzyklopädie des Schiiten al-Ābi.

Die meisten Adab-Enzyklopädien enthalten Bücher über die Macht/Herrschaft und die Gefährten (der Mächtigen). Ibn Kutaibas *Quintessenzen der Berichte* wurden detaillierter vorgestellt. Diese Kapitel sind, wie die Enzyklopädien allgemein, in der Auswahl, Anordnung des Stoffes und Einbettung der Kapitel in den Kontext des Werks durch den jeweiligen Verfasser und die Zeitumstände geprägt. Sie können stärker dem Adab verpflichtet oder eher religiös orientiert sein. Bei Adab-Enzyklopädien schiitischer oder doch der Schia nahestehender Verfasser fällt eine andere Betitelung und Strukturierung der Kapitel auf. Selten oder nie führen sie den Begriff *Ssultān*, «Macht, Herrschaft», im Titel. Sie sprechen von *Ssuʾdad*, «(religiöse) Souveränität, Herrschaft», vielleicht weil es an das religiös besetzte *Sajjid*, «Herr», erinnert und positivere Empfindungen weckt. Herrscher aus schiitischen Dynastien führten auch nie den Titel Sultan.[118] Diese Autoren zitieren Weisungen, Empfehlungen, Konstatierungen und Sentenzen aus dem Koran, der Hadīth-Literatur und sehr oft schiitischer Imāme zu Macht, dem Verhalten von Mächtigen und derer, die ihnen unterstellt sind. Manche Sentenzen, die ʿAli Ibn Abi Tālib als dem Stammvater der Schia zugeschrieben werden, und viele Verse sind der berühmten Anthologie schiitischer Ethik und Rhetorik *Nachdsch al-Balāgha, Die Methode der Sprachkunst*, entnommen. Das gilt auch für al-Ābis Enzyklopädie *Perlenverstreuen* und mehr noch die späte Enzyklopädie *Die nuʿmānschen Lichter* des irakischen Theologen Niʿmat Allāh al-Dschasāʾiri (gest. 1700/01).

Der erste erhaltene Fürstenspiegel, der auch die höfische Gesellschaft dieser Zeit – bis auf die des Harems – spiegelt, ist das *Buch der Krone. Über das Verhalten/die Ethik der Könige* aus der Zeit zwischen 847 und 861, das lange al-Dschāhis zugeschrieben wurde. Verfasser ist tatsächlich Muhammed Ibn al-Hārith at-Taghlibi ath-Thaʿlabi.[119] Dieser entstammte einer ostiranischen Landadelsfamilie, kämpfte auf seiten der Abbassiden gegen die Umajjaden und war später weitgehend unabhängiger Provinzgouverneur im Ostiran. Bücher dieses Titels gab es vorher und auch später.

Persischer Einfluß wird hier durch viele Sentenzen iranischer Provenienz und Beispielanekdoten aus dem Hofleben der Sassaniden sehr deutlich. Im Gegensatz zu späteren Fürstenspiegeln ist das *Buch der Krone* weniger dem Reglement der offiziellen Kommunikation der Regenten mit ihrer höfischen Umgebung und dieser mit ihnen gewidmet als der Etikette der höfischen Unterhaltung und der Vergnügungen der Herrscher.

Den Anfang bilden das Lob Gottes, das islamische Glaubensbekenntnis und Koranverse zum Themenkomplex von Gott bestimmter sozialer Unterschiede und des Gehorchens nach Sure 4,59. Er wende sich an Herrscher und Untergebene, damit jeder wisse, wie er sich dem anderen gegenüber zu verhalten habe, denn «die Könige sind die Basis, die Untertanen das Gebäude; was aber keine Basis hat, das verfällt», sagt der Verfasser. Er widmet das Werk dem als Mäzen und Autor bekannten Günstling des Abbassidenkalifen al-Mutawakkil al-Fatch Ibn Chākān (817–861), wie das Dschāhis mit einigen seiner Sendschreiben tat. Doch spreche er mehr zu denen, die dem Herrscher unterstellt sind, denn er könne das Verhalten des höchsten Herrschers nicht beschreiben und sei nicht in der Lage, das «äußerste Ausmaß seiner Pflichten» anzugeben, formuliert er recht gewunden. Vielleicht müßten sich Spätere ebenso dafür entschuldigen, selbst wenn sie allergrößte Mühen aufwendeten und tiefsten Einblick mit größter Verstandesschärfe verbänden. Eine solche Bescheidenheits-, vielleicht aber auch Vorsichtsgeste ist selten.

Der einzige Bezug auf die Griechen sind hier zwei Anekdoten über

Alexander den Großen, ansonsten dominiert persischer Einfluß. Gelegentlich dienen Koranverse der Bekräftigung des Adab Muhammeds oder seiner Gefährten im Umgang mit ihm, etwa ihrer Art ihn anzureden. Umajjaden- und frühe Abbassidenkalifen erscheinen wiederholt in Anekdoten und detaillierten, sachlichen Schilderungen, beispielsweise eines Zeitzeugen wie dem Sänger Ibrāhīm Ibn Iss'hāk al-Maussili im umfangreichen Kapitel über die (Trink-)Gefährten und das unterschiedliche Trinkgebaren diverser Umajjaden- und Abbassidenkalifen. Das gibt dem Herrscher Ratschläge zur rechten Wahl seiner Vertrauten entsprechend seinen jeweiligen Neigungen: zur Erheiterung, zur musikalischen und literarischen Unterhaltung, zur religiösen Erbauung und zum gelehrten Gespräch. Es mahnt zum Maßhalten und zur rechten Wahl der Worte beim Trinken. Viele Abschnitte beginnen mit: «zum Verhalten des (glücklichen) Königs» oder: «zum Rechtsanspruch des Königs gehört ...». Auf die Regeln folgen Anekdoten und Erinnerungsberichte, selten Verse. Ein vorbildlicher Herrscher solle zum Beispiel nicht im Zorn strafen, obwohl ihm Jähzorn durchaus zukommt. Er solle ihm treu Ergebene ehren, ihnen vertrauen und eine Vorzugsstellung einräumen. Die Geheimnisse/die Herzen seiner Umgebung, Hoch wie Niedrig, müsse er gründlich erforschen und auf sie insbesondere und das Volk im Allgemeinen mit geschärfter Aufmerksamkeit schauen, also über einen exzellenten Nachrichtendienst verfügen. Darum heiße der König «Hirt», weil er die Angelegenheiten der Untertanen in allen Details und ihre geheimen Neigungen/Absichten gründlich prüfe. Auch hierin sei Ardaschīr I. Vorbild gewesen.

Die Kapitel behandeln die höfische Etikette bei Audienzen, beim Essen und Trinken, bei der Anrede während Unterredungen und bei verschiedenen Möglichkeiten der Unterhaltung und Zerstreuung. Auch die Namengebung, Geschenke zu den großen Festen Neujahr und Sonnenwende, Kleidung, Parfüms, Duftstoffe und Besuche des Königs bei Untergebenen (nur in genau definierten Ausnahmefällen!) werden größerenteils aus der Sicht hoher Hofbeamter thematisiert. Der Herrscher darf von seiner Umgebung nicht (vertraulich) mit seinem Namen und/oder seiner Kunja angeredet werden, sondern die Anrede mit dem Titel ist obligatorisch, das erste sei jedoch früher möglich gewesen. Seinen Worten ist aufmerksam zu lauschen, auch wenn sie bereits bekannt sind. Sein Sohn habe sich ihm gegenüber zu verhalten wie sein Sklave. Im Buch der Vorfahren *Über die Ermahnungen der Könige* hieße es, wenn ein Herrscher lange an der Macht bleiben wolle, dann müßten vier Bedingungen erfüllt sein: er dürfe für seine Untertanen nur anstreben, was ihm selbst zusage; sich nicht auf etwas einlassen, dessen Ende er fürchten müsse; zu seinem Nachfolger jemanden nach Wunsch und Wahl seiner Untertanen bestimmen, nicht einen Kandidaten seiner persönlichen

Laune; er müsse die Geheimnisse seiner Untertanen so sorgsam prüfen/bewachen wie eine Amme den Schlaf des ihr anvertrauten Säuglings.[120]

Beim Verhalten gegenüber Feinden sei die Kosten/Nutzen-Frage zu bedenken. Der größere Nutzen liege in der Vermeidung von Kriegen, denn sie kosten Geld und das Blut der Untertanen (in dieser Reihenfolge). Der Herrscher solle strategisch handeln, um Kriege zu verhindern, nur wenn dies erfolglos sei, würde ein Krieg unumgänglich. Diese an das Sendschreiben des ʿAbd al-Hamīd al-Kātib erinnernde Mahnung wird offensichtlich erst in Fürstenspiegeln seit der Kreuzzugszeit obsolet.

Von ganz anderer Art ist das detaillierte politisch-juristische Handbuch *Herrschaftssatzungen und religiös instituierte Ämter*[121] des schāfiʿitischen Oberrichters ʿAli al-Māwardi (974–1058) aus Basra. Gestützt auf Koran und Ssunna wollte er die Macht des Abbassidenkalifats festigen. Als Vermittler in den Beziehungen zwischen den Kalifen und den Bujiden spielte er eine wichtige Rolle. In einer Zeit zunehmenden Machtverlusts der Abbassiden gegenüber den schiitischen Bujiden als den eigentlich Regierenden im Osten und den seit 909 in Nordafrika und Ägypten herrschenden schiitischen Fatimiden hielt er das Kalifat für die einzige Machtinstitution, die in der Lage sein sollte, Muslimen ein Leben im Geist der Scharīʿa zu garantieren und das auseinanderfallende Reich mit seinen sich bekämpfenden religiös-politischen Gruppierungen zusammenzuhalten. Sein Werk gilt als das wichtigste des arabischen Mittelalters über das Wesen des islamischen Staates sunnitischer Prägung mit seinen religiösen, religiös-politischen und administrativen Ämtern und deren Satzungen.[122] Al-Māwardi schrieb hiermit die theoretische Grundlage für das Amt des Kalifen als oberstem, von Gott eingesetztem Verwalter religiöser und weltlicher Macht in der Nachfolge des Propheten und Imām fest. Seinen Befehlen werde das Volk gehorchen, solange er sich an Gottes Gebote halte. Er formulierte zum ersten Mal in verbindlichem Ton die moralisch-ethischen Voraussetzungen für diejenigen, an die der Kalif Machtbefugnisse delegieren konnte, und einen Katalog ihrer Pflichten. Den Wesiren, Provinzgouverneuren, Generälen, obersten Richtern, Vermittlern in Rechtsfällen, Gebetsvorstehern – der sunnitische Islam kennt nichts dem Priester- oder Pfarreramt Gleichzusetzendes –, den Leitern der Pilgerfahrt als politischen Funktionären, den Steuerbeamten für die unterschiedlichen Steuerarten, dem privaten und öffentlichen Boden- und Wasserrecht, der Beuteverteilung nach Kriegszügen widmet er eigene Kapitel. Ein Kapitel über die Kanzleien, ein detailliertes über die Strafen für verschiedene Rechtsbrüche – darunter das Weintrinken – und schließlich eines über das für die städtische Verwaltung wichtige Amt des «Marktaufsehers» beschließen dieses Handbuch. Den Begriff Dīwān als administrative Institution will al-Māwardi, wohl ironisch, entweder vom persischen *dīwāneh*, «verrückt», ableiten oder darin den Plural zu persisch *Dīw*, «Dämon», – durchaus in positiver Bedeutung – sehen.

Der Marktaufseher war nicht nur für die Überwachung von Maßen und Gewichten und die Kontrolle der Marktstände zuständig, sondern generell für die der öffentlichen Moral in den Städten. Diese umfaßte sehr viel: die exakte Durchführung des Gebetsrufs zu den Gebetszeiten; architektonische Maßnahmen der Stadterhaltung und deren finanzielle Absicherung; die Versorgung bedürftiger Durchreisender; die Einhaltung von Schuldverträgen; die schnelle Wiederverheiratung geschiedener und verwitweter Frauen, wenn diese das wünschten; die Beziehungen zwischen Muslimen und den Angehörigen der Schutzreligionen, also Juden und Christen, und das diesbezügliche und sonstige Baurecht – Kirchtürme hatten zum Beispiel niedriger zu sein als Minarette –; die islamkonforme Realisierung der Geschlechterbeziehungen – von der Verhüllung der Frauen ist nicht die Rede, aber von Gesprächen zwischen einem Mann und einer Frau auf der Straße, die nur zwischen Verwandten erlaubt sind –; der Schutz von Sklaven vor Ausbeutung durch ihre Besitzer; die Kontrolle der Arbeit von Ärzten, Lehrern und von Handwerkern, vom Juwelier bis zum (eher verachteten) Färber; das Verbot für Männer, sich das Haar schwarz zu färben, um Frauen zu gefallen – das Färben mit Henna war zulässig, vermutlich, weil es bereits aus der Umgebung des Propheten überliefert wird. Allerdings dürfe der Muchtassib nie private Angelegenheiten ausspionieren. Bei geringfügigen Rechtsverstößen war es ihm gestattet, eigene, rationale Entscheidungen treffen. Auch einen oder mehrere Assistenten durfte er anstellen, die allerdings anders zu bezahlen waren. Daß es auch eine Polizei gab, wird deutlich. Ihre Aufgaben werden aber, im Gegensatz zur späteren *Mukaddima* des Ibn Chaldūn, nicht dargelegt. Al-Māwardi sagt, in der Frühzeit des Islams hätten die Kalifen alle diese Aufgaben wahrgenommen, dann seien sie delegiert worden, ohne kontrolliert zu werden. Das habe der Korruption Vorschub geleistet, da sie nie genauer definiert wurden. So hole er das hier nach. Doch seien die Pflichten so vielfältig, daß er gar nicht alle aufführen könnte. Jedenfalls sind die *Herrschaftssatzungen*, obschon sie Idealforderungen formulieren, eine Art «Gesellschaftsspiegel», auch dahingehend, daß Dörfer, Bauern und die Beduinen kaum Erwähnung finden.

In diesem staatsrechtlichen Kompendium finden sich nicht nur Koranverse und Hadīthe, sondern ebenfalls Gedichte zur Untermalung, etwa in den Kapiteln über den Vorbeter und den Leiter der Pilgerfahrt. Anekdoten und Erinnerungsberichte haben Beispielfunktion. Obwohl al-Māwardi schāfiʿitischer Oberkadi war, führt er öfter die, meist liberaleren,

Satzungen der Hanafiten, manchmal ebenfalls die der Mālikiten an, offensichtlich, um den Benutzern den Vergleich zu ermöglichen.

Der dem Māwardi, vermutlich wegen seines religiös-politisch theoretisierenden Charakters lange zugeschriebene *Ratgeber für Könige, Nassīchat al-mulūk*, dagegen enthält so viele Widersprüche zu den *Herrschaftssatzungen*, daß er nicht von ihm stammen kann. Der Verfasser war aber sicher Jurist wie al-Māwardi, denn er behandelt in den letzten drei Kapiteln über «Verbotenes und Erlaubtes» im Hinblick auf finanzielle Gewinne (verboten sind Zinsnahme, Bestechung, Betrug, Raub, Diebstahl, Unehrlichkeit, Verstöße gegen das koranische Erbrecht) den Umgang mit den Ungläubigen und mit den Angehörigen der «Schutzreligionen», außerdem mit Aufrührern, Attentätern, Verleumdern, Wegelagerern, Dieben, Unzüchtigen und anderen Rechtsbrechern. Nach einer sozialen Klassifizierung der Menschen nach dem Grad ihrer Frömmigkeit legt er anhand von Koran- und Hadīth-Zitaten unterschiedliche Ansichten über den Umgang mit ungerechten Herrschern dar. Sie reichen von Gehorsamsverweigerung bis zur Duldung, denn schließlich könne ein Herrscher, wie immer er sich verhalte, nur mit Gottes Willen zu dieser Funktion gekommen sein.[123] Er läßt seinen und anderer Unmut über die Verdorbenheit der Zeit erkennen. Dieser Topos gehörte schon länger fast zum guten Ton. Herrscher sollten es unterlassen, Sklaven zu kaufen, um sie dann – wohl als Lustknaben – kostbar einzukleiden, sollten ihre Ehefrauen nicht willkürlich verstoßen, um dann rasch die nächste zu heiraten, und nicht zahlreiche Sklavinnen für ihre sexuellen Zerstreuungen erwerben (obwohl beides nach der Scharīʿa möglich ist). Er führt Dispute über das Weintrinken an und darüber, was als alkoholisches und folglich verbotenes Getränk zu gelten habe. Die Zulässigkeit bestimmter Waffen und Fahnen sowie Trommeln für das Heer, von kostbaren Stoffen, goldenen und silbernen Gefäßen und von Gesang und Musikinstrumenten aus religiös-rechtlicher Sicht, also das, was höfische Dichter preisen, und was in der Adab-Literatur sowie in *Tausendundeiner Nacht* als Zeugnisse höfischer Pracht besungen wird, und was Reimprosapassagen lustvoll sprachspielerisch beschreiben, wird debattiert. Einleitende Koranzitate, etwa Sure 3,14, bestätigen, daß Gott die Welt zur Freude der Menschen erschaffen habe. Sie relativieren aber auch, und der Autor mahnt, daß niemand die Religion mit dem Anspruch auf das Paradies «verkaufen» solle, um sich die Welt (und ihre unerlaubten Freuden) zu «kaufen».[124] Der Autor betont wiederholt, seine Weisungen richteten sich an die *ʿĀmma*, «die Allgemeinheit», und an die «Könige» und die *Chāssa*, die «höfische Elite». Er bringt relativ wenige exemplarische Anekdoten, Berichte und untermalende Verse. Generell fehlt ihm die soziale Arroganz vieler Texte, die von hochrangigen Höflingen oder von Autoren verfaßt wurden, die den Zugang zum Hof suchten. Der Verfasser kritisiert vom religiösen Standpunkt aus und empfiehlt stets, zunächst zu vermitteln und erst zu strafen, wenn Beweise vorliegen, etwa beim Umgang mit Feinden und Verbrechern. Aus seiner Kritik wie seinen Verboten wird tatsächliches Verhalten deutlich. Die Musik erklärt er für erlaubt, da schon aus frühislamischer Zeit von musikalischer Umrahmung bei Hochzeiten berichtet würde und später Philosophen Bücher über sie schrieben.

Bekannt wurde ein lange dem Bruder des Theologen Muhammed al-Ghasāli, Achmed, zugeschriebener, aus dem Persischen übersetzter Fürstenspiegel.[125] Er hat im Arabischen den Reimprosatitel *at-Tibr al-masbūk fi nassīchat al-mulūk*, *Die Goldstaubschmelze. Über den Rat für Könige,* und zerfällt in zwei unterschiedliche Teile. Der erste, stark religiöse erinnert an den Sufi Achmed al-Ghasāli, stammt aber wohl nicht von ihm. Ein anonymer Regent wird hier wiederholt mit dem Imperativ *Iʿlam jā s-Ssultān,* «Du mußt wissen, o Sultan, daß ...», angeredet und über die Rolle des Herrschers belehrt: er wurde von Gott mit diesem Amt ausgezeichnet, ist ihm verantwortlich und wird am Jüngsten Tag zur Rechenschaft gezogen. Anknüpfend an ein koranisches Bild – das aber ähnlich in den Psalmen erscheint –, spricht der Verfasser vom «Baum des Glaubens». Er nennt zehn Wurzeln, die Zweige, sowie die beiden Quellen, ohne die der Baum verdorren würde: die Kenntnis der Welt und ihres Wesens und das Wissen um den «letzten Atemzug», um das Weiterleben nach dem Tod und das Nachleben auf der Erde. Seine Wurzeln habe der Baum besonders im Glauben des Menschen an Gott und darin, daß er im tiefsten Herzen wisse, daß dieser der Schöpfer aller Dinge ist. Die Zweige seien Gehorsam (vor Gott) in der Erfüllung der fünf religiösen Pflichten des Islams, Gerechtigkeit gegenüber den Untertanen und das Vermeiden von Tyrannei. Hadīthe und Achbār, später auch Definitionen und Legenden, aber nicht aus dem persischen Bereich, dienen der Bekräftigung und/oder als Exempel.

Der zweite Teil beginnt mit der Aussage, Gott habe die Propheten auserwählt, um den Menschen den Weg zu zeigen, und die Könige, um sie vor Aggressionen gegeneinander zu bewahren. In sieben Kapiteln geht es narrativ unterhaltsam mit Berichten und Anekdoten, oft aus persischen Quellen, aber auch über Umajjaden- und Abbassidenkalifen, um die Gerechtigkeit, die Abstammung und das vorbildliche Verhalten von Königen, den Ādāb der Wesire und der Hofsekretäre, um die «hohen Aufgaben» der Könige und um Weise und Verständige als von Gott Ausgezeichnete.

Das letzte Kapitel über «Die Eigenschaften der Frauen, Gutes und Schlechtes an ihnen» hat mit dem höfischen Bereich nichts zu tun. Es empfiehlt dem Mann, beginnend mit Hadīthen, danach im Namen des

Verfassers, die fromme Frau freier Herkunft als Ehefrau, dann komme er auch zu Vermögen. Die folgenden Anekdoten und längeren Erzählungen dienen als Exempel für die Verheiratung von Töchtern städtischer Notabler. So wird von einem Richter erzählt, wie er alle sozial höherrangigen Bewerber für seine Tochter abwies, um sie schließlich, nach eher religiösen und intellektuellen «Freierproben» mit ihrer freudigen Zustimmung und einer hohen «Wohlwollenssumme» einem dunkelhäutigen indischen Sklaven zur Frau zu geben. Auch die folgenden Erzählungen und Hadīthe etwa über Fātima, Muhammeds Tochter und Frau des späteren Kalifen ʿAli, und die Armut, in der beide lebten, die Ermahnungen an Frauen, ihre Männer zu ehren und ihnen zu dienen, und die Aufforderungen an Männer, ihre Frauen zu beschützen, lassen nicht auf höfische Adressaten schließen. Das Kapitel, und damit das Buch, schließt mit der Weisung des Autors: «Der Bau der (bösen!) Welt und die Fortpflanzung der Söhne Adams existiert durch die Frauen; so fragt sie um Rat und widersetzt euch ihnen!» sowie einem aus dem Persischen übersetzten Gedicht über die Frauen als Ursache allen menschlichen Unglücks, von denen Treue nicht zu erwarten ist.[126]

Der Text besteht also aus drei Teilen von verschiedenen Autoren, die später zusammengefügt wurden. Sie lagen aber vor ihrer Übersetzung ins Arabische vor 1195 bereits als Gesamtwerk vor, das jahrhundertelang als vom bekannten Prediger Achmed al-Ghasāli (gest. 1126, Kaswin) stammend respektvoll rezipiert wurde.

Mehr zur belehrenden Unterhaltung gedacht sind der Fürstenspiegel *Ādāb al-mulūk* des fruchtbaren Philologen und Adab-Autors ʿAbd al-Malik ath-Thaʿālibi (961–1038) aus Nischapur, bekannt auch durch seine Dichtungsanthologie *Der Solitär der Zeit*, sowie der *Nachdsch as-ssulūk fi ssijāssat al-mulūk, Der Verhaltensweg. Über die Politik der Könige*, des Syrers ʿAbd ar-Rachmān asch-Schaisari (12. Jh.). Dieser schrieb auch ein Buch für Bewerber um das Amt des Marktaufsehers. Beide widmete er dem Ajjubidensultan Ssalāch ad-Dīn (Ssaladdīn). Er bezeichnet den Adab als untrennbar vom Verstand des Menschen und folglich eine Grundvoraussetzung für gerechtes und gutes Regieren. Das Kapitel über den Kampf gegen die Ungläubigen und den *Dschihād*, den «Glaubenskrieg», sowie das folgende über die Todesstrafe bei Abfall vom Glauben (nur nach der vergeblichen Aufforderung zur Reue und Umkehr) ist im historischen Kontext der Zeit der Kreuzzüge zu sehen.

Eine hübsche Mischung aus einleitender Fürstenethik und unterhaltsamer Geschichtsdarstellung ist *al-Fachri fi l-Ādāb as-ssultānijja wa-d-duwal al-islamijja, Das Fachrische. Über die Herrschaftsethik und die islamischen Staaten*, des Irakers Ibn at-Tiktaka (geb. ca. 1262).[127] Er schrieb es in Mossul zwischen Februar und Anfang Juni 1302, als er durch winterliche Kälte an der Weiterreise nach Tabris gehindert war und gastliche Aufnahme am Hof des Gouverneurs Fachr al-Milla wa-d-Dīn («der Stolz der Religionsgemeinschaft und der Religion») ʿĪssa Ibn Ibrāhīm fand. Nach dessen Thronnamen benannte er das Werk und widmete es ihm. Ibn at-Tiktaka stammte aus einer hochrangigen schiitischen Familie und bekleidete kleinere höfische Ämter.

Nach einem Preis des Wissens und des Nutzens der Wissenschaft/des Wissens *(ʿIlm)* besonders für Fürsten sagt er, Wesire hätten früher ihren Fürsten solches Wissen vorenthalten wollen und für sie lediglich nach entspannender und ablenkender Literatur gesucht, damit sie nicht zuviel Ein- und Durchblick erhielten. Das war allerdings Eigenwerbung, denn viele dieser Werke waren im Auftrag von Fürsten geschrieben und vermutlich, auch zum Zeichen der Offenheit und Toleranz, von ihnen wohlwollend honoriert worden. Nach einem überschwenglichen Lob auf seinen Gastgeber definiert er die zehn unerläßlichen Eigenschaften des «Königs» als Verstand, Wissen, Gottesfurcht, Toleranz («Bereitschaft zu verzeihen»), Freisein von Haß, Großmut, Würde, Vertragstreue und Politik («Führungsstärke als Kapital») zur Vermeidung von Blutvergießen, zum Schutz von Vermögen, zur Unterbindung von Frevel, Unzucht und Unrecht, das zu Aufständen und Bürgerkriegen führt. Außerdem müsse er auch die geheimsten Angelegenheiten im Herrschaftsbereich kennen, um den Guten angemessen belohnen und den Schlechten bestrafen zu können. Mit seinen konkreten Kenntnissen des Verhaltens und der Neigungen von Herrschern und Untertanen ergänzt Ibn at-Tiktaka diese Forderungen. Als Erläuterung zum Sprichwort: «Die Menschen folgen der Religion ihrer Könige» – das ist unser «Wes Brot ich eß, des Lied ich sing» – berichtet er, das hätte man beim jüngsten Systemwechsel, also der Ablösung der Abbassiden durch die Mongolen, im Hinblick auf Sprache, Kleidung, Werkzeuge, Etikette, die höfische Moral, Bildung und Verhalten (*al-Ādāb*) beobachten können, nachdem Gott dieser Herrschaft Stabilität verliehen hatte. Die Menschen, gemeint ist die höfisch-urbane Oberschicht, hätten sich den Regierenden freiwillig in allem angeglichen.

Der größere Teil des *Fachri* ist kurzweilig und anregend erzählte Geschichte muslimischer Herrscher von den vier ersten Kalifen über die Umajjaden- zu den Abbassidenkalifen, auch den Fatimiden, Bujiden und Seldschuken jeweils mit ihren Wesiren. Der Autor flicht dabei öfter nach der Bemerkung: «Und hier ist wieder Raum für eine Geschichte» eine Anekdote ein. Zur Eroberung Bagdads durch Hulagu erzählt er, dieser habe die Religionsgelehrten der Stadt für ein Fetwa darüber einberufen, wer vorzuziehen sei, ein gerechter, aber ungläubiger Herrscher oder ein ungerechter muslimischer. Die in der ehrwürdigen Moscheehochschule al-Mustanssirijja versammelten Gelehrten schreckten vor der Antwort zurück, bis ihr Vorstand die Entscheidung unterschrieb, um die es Hulagu ging. Alle anderen folgten ihm.[128] In einer vom Ägypter ad-Damanhūri in seiner kleinen späten Kollektion zur Fürstenethik zitierten Sentenz heißt es, die 60jährige Herrschaft eines ungerechten/tyrannischen Regenten sei besser als ein einziges Jahr ohne Herrscher. Daß ein Herrscher nicht Muslim war, konnte also ebenso gerechtfertigt werden wie, trotz aller Mahnungen zu Gerechtigkeit, die Tyrannei.

Ibn at-Tiktaka charakterisiert die wichtigsten Dynastien mit ihren unterschiedlichen wissenschaftlichen Interessen und macht damit den kulturellen Wandel deutlich, der sich zunächst nach dem Mongolensturm im Osten des Reichs abzeichnete: Die (vorislamischen) persischen Könige förderten Weisheitslehren, (politisch-moralische) Testamente, Adab- und Geschichtswerke und die Architektur, die islamischen «Könige» die «Wissenschaften der Sprache», die Dichtung und Geschichtswerke. Ein sprachlicher Fehler eines Herrschers zählte bei ihnen zu den scheußlichsten Vergehen. Mit einer (gut erzählten) Geschichte, einem Vers, ja einem Bonmot konnte der Mensch/Mann hierarchisch aufsteigen. Im Mongolenreich würde das alles abgelehnt. Andere «Wissenschaften» seien dort «gängige Ware»: das Viehtreiben, die Berechnung der Ein- und Ausgaben zur Staatserhaltung, die Medizin und astrologische Kenntnisse zur Wahl der richtigen Termine, also rein pragmatische Kenntnisse. Für alle anderen Wissenschaften herrsche bei ihnen «Flaute». Interesse für diese habe er nur in Mossul und bei dem von ihm gepriesenen Herrscher gefunden, huldigt er.[129]

Ein Werk der Fürstenethik, das des Verfassers west-östliche Bildung und Erfahrungen erkennen läßt, ist der *Ssīrādsch al-mulūk*, *Die Leuchte der Könige*, des 1059 in Tortosa in Spanien geborenen Muhammed at-Turtūschi, der 1126 in Alexandria starb. In 64, bis auf das erste, meist kurzen Kapiteln ist es vor allem religiös ermahnend. Die ersten zehn Kapitel geben ethische Regeln, wie der Autor selbst sagt, für jeden, vom König bis zu den einfachen Leuten. Er redet seine Leser zunächst wiederholt mit *jā ajjuhā r-radschul*, «o Mann», an, dann mit «*Ihr (Männer) müßt wissen, daß …*». Vom 11. Kapitel über die Grundlagen der Macht an wendet er sich an den *Wali*, den «Verwalter, Besitzer» (der Macht), und bezeichnet die Gerechtigkeit des Königs als das Leben der Untertanen. Danach richtet er seine Worte an den «König». In seine Mahnpredigten fügt er zahlreiche Hadīthe, Anekdoten und Verse, vorwiegend aus östlichen arabischen Quellen. Als Gelehrter des religiösen Rechts hatte at-Turtūschi berühmte Lehrer in Spanien. Nach seiner Pilgerfahrt nach Mekka blieb er im Osten und hatte in den Zentren Bagdad, Basra, Damaskus, Jerusalem, Kairo und Alexandria bekannte Schüler und/oder

Begegnungen mit zeitgenössischen Gelehrten. Das 59. Kapitel enthält ermutigende Anekdoten und Berichte aus dem Mund von Zeitgenossen zum oben genannten Adab-Thema *Freud nach Leid*. Den Schluß bildet hier ein eigener, gut erzählter Erlebnisbericht darüber, wie er auf seiner Reise von Spanien in den Osten des Reichs von ständiger Furcht vor Diebstahl erfüllt war und überlegte, wie er sein Leben ohne seinen Geldbeutel fristen könnte (als Wächter von Gärten, um nachts studieren zu können). Dann, zur Zeit der Kreuzzüge, wachte er einmal nahe Antiochia im Freien erschrocken ohne ihn auf. Doch ein Angehöriger der Karawane erkannte in ihm den Gelehrten und gab ihm den Beutel, den er in seiner Nähe gefunden hatte, zurück. Zum 61. langen Kapitel über den Krieg leitet er mit einem längeren über Ausdauer und Seelenstärke als wichtigsten Eigenschaften für jeden Menschen über. Dieses wie das folgende Kapitel enthalten Erlebnisberichte aus Spanien, Mahnungen zu Strategie, zu guten Kundschaftern auf der Feindseite und die Aufforderung an das Heer, zu den Generälen zu stehen. Das darauffolgende über das (von Gott bestimmte) Schicksal mahnt zu Aktivität, denn auch die sei von Gott gewollt, sonst sei der Mensch töricht. Es schließt mit einem Erlebnisbericht darüber, wie das Schicksal einen Übeltäter seiner gerechten Bestrafung durch den Sultan zuführte. Eine Blütenlese von Anekdoten und Sentenzen persischer, indischer und arabischer Weiser (denen auch Aristoteles zugesellt wird), von Sprichwörtern und Aphorismen zu Herrschaft, Macht und Untertanenverhalten im weitesten Sinn und schließlich von Gedichten und Sentenzen über das Buch als den nie enttäuschenden Gefährten des Menschen füllt die letzten Kapitel.

Der Historiker Ibn Chaldūn, der den Turtūschi öfter zitiert, kritisiert ihn als Kompilator, der keine theoretischen Schlüsse aus seinem Material gezogen habe. Freilich ist der *Ssirādsch* ein gut gestaltetes Adab-Werk. Ibn Chaldūns *Mukaddima* dagegen besteht in umfassender soziologisch-philosophischer Theorie ohne den Anspruch unterhalten zu wollen.

Aus derselben Zeit des Niedergangs der islamischen Herrschaft in Spanien wie die *Mukaddima* stammen *Die leuchtenden Funken. Über die nützliche Politik*, *asch-Schuhab al-lāmiʿa fi s-ssiyāssa an-nāfiʿa*, des Ibn Ridwān al-Mālakī, also aus Malaga (gest. 1381). Er schrieb das Werk nach seiner Tätigkeit als Richter in Malaga am Merinidenhof in Granada im Auftrag des dortigen Sultans Abu Ssālim kurz vor dessen Absetzung. Als Hofbeamter war er Zeuge und Betroffener der politischen Machtkämpfe zwischen Herrscher und Wesir und Rivale von Ibn Chaldūn und Ibn al-Chatīb (1313–75). Deswegen wohl nennen beide den Ibn Ridwān in ihren Werken nicht.

Ibn al-Chatīb war Wesir, Dichter, Autor mystisch-religiöser und medizinischer Schriften und fruchtbarer Historiker Andalusiens und speziell

Granadas. Nach einem wechselvollen politischen Leben mit Aufenthalten in Nordafrika wurde er im Gefängnis von Granada ohne Gerichtsurteil gehängt. Er verfaßte auch eine kleine Wesirsethik *al-Ischāra ilā adab al-wisāra*, *Der Hinweis auf den Adab des Wesirats*, die er als politische Makāma bezeichnete. Sie besteht in einem Lehrdialog zwischen einem anonymen persischen Weisen und einem Wesir.

Der Fortsetzer und auch Kritiker der *Mukaddima*, Ibn al-Asrak, hingegen beruft sich in seinem umfangreichen theoretisch-philosophischen Werk zur Herrschaftsethik (s. u., S. 186) unter anderem auf Ibn Ridwān. Dessen Buch *Leuchtende Funken* ist eine recht umfangreiche, auf die Zeit politischer Wirren und Willkür fokussierte Kompilation über ideale Herrscherqualitäten, höfische Etikette, zusammengetragen aus vielen Quellen und vom Autor kommentiert und ergänzt. Sie enthält nicht nur Abschnitte über Wesire und höfische Sekretäre, sondern auch über wichtige städtische Institutionen wie das Appellationsgericht, das Amt des Marktaufsehers, die Polizei, Post, Armensteuerverwaltung und über Gesandte, außerdem zur Gerichtsbarkeit, besonders den Eingaben, zum Militär und zur Kriegs- und Steuerpolitik. Ausführungen über die Gründe für den Niedergang von Dynastien und die Absetzung von Herrschern bilden den Schluß. Sie sind den historischen Erfahrungen dieser Zeit entsprechend umfangreich und stammen aus unterschiedlichen Quellen. An Gründen nennt der Autor unter anderem: Unkenntnis der wahren Zustände im Land, ferner das, was wir als falsche Personalpolitik bezeichnen würden, nämlich die Vergabe wichtiger Aufgaben und Positionen an Kleingeister, Unwürdige und Ehrlose, außerdem Günstlingswirtschaft und die Vergnügungssucht und Interesselosigkeit der Herrscher. Lehrreiche und historisch aufschlußreiche Anekdoten und Erinnerungsberichte erläutern, Verse und Sentenzen bekräftigen das Gesagte.

Ibn Chaldūn stammte aus einer hochrangigen Politikerfamilie in Sevilla. Er entwickelte eine auf dem Begriff der *ʿAssabijja*, der «Gruppensolidarität», basierende Theorie des zyklischen Verlaufs von Machtverhältnissen.[130] Sie ging von seinen Erkenntnissen über den Niedergang der Abbassiden sowie die turbulente jüngere Geschichte Spaniens und Nordafrikas, seinen Erfahrungen in politischen Ämtern an nordafrikanischen Höfen, die ihm auch Kerkerhaft eintrugen, seinen Aufenthalten bei Beduinenstämmen und seinem Studium arabischer religiöser und historischer Werke aus. Gruppensolidarität sei für jede Kultur notwendig, denn sie ziele auf eine politische Führungsgestalt ab. Sie entwickele sich unter den einfachen Lebensbedingungen der Beduinen und sei stark, solange ein Clan unverbraucht an die Macht dränge und sie dann erlange. Von der zweiten Generation an und je mehr ein Dynast nach autoritärer Herrschaft und er und das Volk nach Luxus strebten, werde sie schwächer. Mit der vierten Generation gehe sie verloren, dann greife der nächste, noch unverbrauchte Clan nach der Macht.

Ibn Chaldūn war der erste Historiker, der materielle Lebensbedingungen zu einer Triebkraft menschlichen Denkens und Handelns erklärte. In seiner für seine politische Laufbahn und seine spätere religiös-wissenschaftliche Karriere aufschlußreichen Autobiographie[131] gibt er an, er habe die *Mukaddima* innerhalb von 6 Monaten in der Abgeschiedenheit eines Schlosses in der nordafrikanischen Wüste geschrieben. Hier fand er zu einer eigenen Terminologie für seine zivilisationshistorische Theorie. Er definiert das Wesen und die Aufgaben islamischer staatlicher Ämter und Macht- und Ordnungsinstitutionen vom Kalifen über die Wesire bis zur Polizei, der Münze und den Machtrequisiten. Der letzte Teil bringt Überlegungen des Autors zum menschlichen Denken, zur arabischen Sprache, Rhetorik, Literatur und Wissenschaft, kurz zum Wesen der städtischen Geisteskultur, mit Definitionen und Beispielen. Dies hat mit der Struktur der Adab- und auch poetologischer Werke nichts gemeinsam. Ibn Chaldūn will nicht mit Sentenzen, Anekdoten und Versen unterhalten, sondern er bietet kompakte Darlegungen, gestützt auf eigene Beobachtungen, Überlegungen, analytische Lektüre und kritisch verarbeitete Lehre – er spricht öfter vom «gehörten Wissen». Die letzten zwanzig Jahre seines Lebens verbrachte er als geachteter Lehrer des religiösen Rechts und der islamischen Theologie, mehrmals auch als malikitischer Oberkadi, in Kairo, erlebte aber dort ebenfalls interne Machtkämpfe, Neidereien und Intrigen.

Seine *Mukaddima* hatte Einfluß auf osmanische Historiker. In der arabischen Literatur ist ihre Nachwirkung in der umfangreichen, systematisch gut aufgeschlüsselten Abhandlung zur politischen Ethik und guten Reichsverwaltung *Badāʾiʿ as-ssilk fi tabāʾiʿ al-mulk,*[132] *Die Seidenwunder. Über die Natur des Königreichs*, von Ibn al-Asrak (gest. 1491) deutlich. Ibn al-Asrak, der längere Zeit in Granada lehrte, dann aber über Nordafrika nach Kairo ging, lernte die *Mukaddima* vermutlich in Tunesien kennen. Er zitiert nicht nur sie sehr häufig, sondern ebenfalls, wenn schon seltener, den Spanier Ibn Hasm (s. S. 215 f.), den Bagdader Juristen al-Māwardi, die Fürstenspiegel von at-Turtūschi und Ibn Ridwān, den Mystiker Ibn (al-)ʿArabi, kurz: im Gegensatz zu Ibn Chaldūn nennt er seine Quellen. Zu ihnen gehört auch das eingangs genannte *Geheimnis der Geheimnisse*, das er als *al-Iflātūnijjāt, Die Platonismen*, bezeichnet. Er setzt sich mit Ibn Chaldūn und anderen auseinander oder führt, eingeleitet durch: «Und (aber) ich sage ...» Gegenzitate an. In diesem theoretisch gut durchdachten und systematischen Werk dienen historische Berichte aus unterschiedlichen Zeiten und Gegenden ebenfalls der lebendigen Veranschaulichung. Verse lockern gelegentlich auf.

Zeitgenosse Ibn Chaldūns war auch Tādsch ad-Dīn as-Ssubki (1327–1369/70). Sein *Muʿīd an-niʿam wa-mubīd an-nikam*, der *Rückerstatter der Gnadengaben und Tilger der Züchtigungen*, ist kein Fürstenspiegel, aber er gibt ethisch-moralische Weisungen für fast alle Ämter und Professionen seiner Zeit, vom Sultan über höfische Positionen bis zum Garderobier des Herrschers. In 114 Abschnitten sehr unterschiedlicher Länge – die Zahl ist wohl nicht zufällig mit der der koranischen Suren identisch – spricht er über städtische Ämter wie das des Kadis und seiner Bediensteten, über Schreiber, Handwerker bis zum Straßenkehrer, Kloakenreiniger und über die Straßenbettler, diese nach Arten differenziert. Er charakterisiert und wertet alle Tätigkeiten unter religiös-ethischen Aspekten. Der Autor war ein bekannter schāfiʿitischer Religionsgelehrter, der nach einem Studium in Damaskus und Kairo Prediger an der Umajjaden-Moschee in Damaskus und seit 1354 Nachfolger seines Vaters als Oberrichter wurde. Er macht mit seinen Geboten und Verboten soziale Realitäten der Zeit deutlich.[133] Die Devotheitsgeste des Bodenküssens vor dem Sultan ebenso wie die Ämterfülle bei Hof, etwa das Amt des «Schuhträgers», sind für ihn *Bidʿa,* «(abzulehnende) Neuerung». Er verurteilt scharf, daß Mamluken auf einem Jagdzug 70 (sicher auch als runde Zahl) junge Mädchen «entjungferten», also doch wohl vergewaltigten. Ein besonders langer Abschnitt wirft den (Religions-)Gelehrten, die er freilich von allen Berufsgruppen am besten kannte, leeren Ehrgeiz, Eitelkeit, Bestechlichkeit, Korruption und Inkompetenz vor. Kopisten werden ermahnt, mehr religiöse als unterhaltende Literatur abzuschreiben, auch wenn das letztere einträglicher sei. Für Buchbinder und Handschriftenvergolder gilt auf ihren Gebieten dasselbe.

Eine Besonderheit ist Ibn ʿArabschahs (1392–1450) *Fākihat al-chulafāʾ wa-mufākahat adh-dhurafāʾ*, *Die frische Frucht der Kalifen und die fröhliche Flaxerei der Feinen.*[134] Es soll, der längeren Einleitung zufolge, Fürsten erfreuen und sie vom Ärger über höfische Machtkämpfe und Intrigen ablenken. Das durchgängig in elegante, leichtfüßige Reimprosa gekleidete Werk enthält zehn längere «Kapitel», die in eine höfische Rahmenerzählung mit einem König Schachrijār (wie der frauenmordende König in der Rahmenerzählung von *Tausendundeiner Nacht*) und einem Weisen als Erzähler eingebettet sind. Die Exposition der Rahmenerzählung nimmt das erste Kapitel ein. In fünf anderen sind, wie in *Kalīla wa-Dimna*, Tiere die Protagonisten, oft als unterhaltsam-lehrreiche Allegorien höfischen Handelns und höfischer, oder auch allgemein menschlicher Beziehungen. Didaktisches mischt sich mit Märchenelementen; Geister greifen ein. Humorvolle Fabeln und exemplarische Erinnerungsberichte sind eingeschachtelt. Kluge Sentenzen, auch gelegentliche Verse, etwa ein längeres Spottgedicht auf Ärzte als Quacksalber, Anspielungen auf Standardwerke der arabischen Literatur wie Dschāhis' *Klarheit und Erklärung*, die berühmte Traumdeutung des Ibn Ssīrīn (654–728) oder die *Makāmen* des Harīri sollten den gebildeten, lebenserfahrenen Leser entzücken. Dieser Teil ist, was der Verfasser nicht erkennen läßt, eine hübsche Adaption des persischen *Marsubānnāme* des Sa'd ad-Dīn Warāwīni, vielleicht über eine türkische Fassung. Warāwīni hatte es aus einem im tabarischen Persisch verfaßten Werk des persischen Prinzen Marsubān Ibn Rustam in das kunstvolle Persisch der höfischen Sekretäre umgesetzt und Atabek Usbek Ibn Muhammed Ibn Ildigis, dem Herrscher von Aserbaidschan zwischen 1210 und 1225, gewidmet.[135] Im letzten Kapitel verarbeitet Ibn Arabschāh Motive aus den Feldzügen Dschingis Khāns und Tīmūr Lenks.

Eine kürzere, schlichtere Fassung mit dem Titel *Marsubānnāme* läuft ebenfalls unter Ibn 'Arabschahs Namen und ist sicher die direktere Umsetzung der persischen Vorlage.[136] Um den weisen fürstlichen Gesprächspartner, der Abu l-Mahāssin heißt wie in der kunstvolleren Fassung, ranken sich hier wie um König Schahrijār in der kunstvolleren Version (hier ist «der König» namenlos) höfische Lob- und Huldigungsformeln. In diesem *Marsubānnāme* trägt der Erzähler den Namen Marsubān. Die relativ wenigen Gedichte finden sich auch unter den zahlreicheren der anderen Fassung. Struktur und Inhalt, besonders der Tiergeschichten, sind ähnlich, jedoch schlichter. Die beiden letzten Kapitel enthalten keine Feldzugsschilderungen, sondern zusätzliche Paränesen. Beide Werke zeigen, wie unterschiedlich kreativ und auf differierende Rezipienten zugeschnitten mit einem Text umgegangen werden konnte.

Ibn 'Arabschah wurde in Damaskus geboren, nach dessen Einnahme von Tīmūrs Truppen als Kind mit seiner Familie nach Samarkand verbracht, studierte dort und erwarb brillante Kenntnisse des Persischen, Türkischen und Mongolischen, doch durfte er Samarkand, das Tīmūr zu einer Gelehrtenstadt machen wollte, erst acht Jahre später verlassen. Nach Hadīth-Studien in der Mongolei ging er über die Krim als Hofsekretär zu Sultan Mechmet I. nach Edirne, erledigte dessen Korrespondenz in mehreren Sprachen und übertrug für ihn Werke aus dem Arabischen und Persischen ins Türkische. Später setzte er seine Studien in Aleppo und in Kairo fort. Seine ebenfalls durchgängig in sehr kunstvoller Reimprosa abgefaßte umfangreiche Personen- und Ereignisgeschichte *'Adschā'ib al-makdūr fi nawā'ib Tīmūr, Die Wunder des Geschicks. Über Tīmūrs Wechselfälle des Unglücks und des Glücks* wurde 1636 ins Lateinische und 1658 ins Französische übersetzt. Ibn 'Arabschah schildert Tīmūrs Werdegang und seine Eroberungen mit allen Grausamkeiten, seinen wechselnden Launen, beschreibt aber auch Städte, besonders eindrucksvoll Samarkand, und übersetzt die Korrespondenz zwischen

Tīmūr und den zeitgenössischen Mamluken- und Osmanensultanen. Als Sohn seiner Zeit huldigt er am Schluß dem großartigen Herrscher Tīmūr.

In diesen Bereich der höfischen Gesellschaftsspiegel gehören auch Bücher über Wesire, etwa *Das Kleinod der Wesire*,[137] das lange dem oben als Verfasser eines Fürstenspiegels genannten ath-Thaʿālibi zugeschrieben wurde. Es stammt jedoch von einem Autor aus seinem Umfeld am Hof des Chārasmschah. Dessen Großwesir Abu ʿAbdallah al-Hamdūni widmet es der Autor mit der Devotheitsfloskel, daß seine hochedle Position solche Kenntnisse eigentlich gar nicht benötige, weil er diese Wege bereits befolge, er strebe nur seine großzügige Geberfreude an. In fünf Kapiteln wolle er den Ursprung des Wesirats, die Herkunft des Wortes Wesir, die Vorzüge und Verdienste des Wesirats, die notwendigen Kenntnisse und Umgangsformen (*Ādāb*), die Rechte und Pflichten des Wesirs, die verschiedenen Wesirate und ihre Zeremonien behandeln und hervorragende Wesire mit ihren Aphorismen und mit Anekdoten über sie vorstellen. Manches hier Gebotene findet sich auch in den Fürstenspiegeln, beginnend mit dem *Buch der Krone*. «Wesir» erscheint als Fremdwort persischer Herkunft im Koran im Kontext der Moses-Erzählungen (Sure 20,29–36,87). Arabische Philologen leiten es aber (volks-)etymologisch von *w-s-r*, «eine Last auf sich nehmen», ab. Warum Wesire erforderlich sind, wird mit dem Hinweis auf den Koran und damit erklärt, daß die Perser, Griechen und Inder ebenfalls Wesire hatten und noch haben und Voraussetzungen und Regeln für diese Tätigkeit formulierten. In parallelen Nominalkonstruktionen und aussagekräftigen Reimen wird der Wesir charakterisiert: «Ich habe für meine Angelegenheiten einen Mann ausgesucht, der gute Eigenschaften in sich vereint: Kluge Milde (*Hilm*) läßt ihn schweigen, sein Wissen läßt ihn reden, ein Augenblick genügt ihm, ein kurzer Hinweis reicht ihm, er hat der Fürsten Überlegenheit, der Weisen Ausgewogenheit, der Gelehrten Bescheidenheit, der Gebildeten Verstehensfähigkeit; er macht sich die Herzen der Männer durch seine schönen Worte geneigt und überwältigt die Edlen durch seiner Zunge und Sprache Vortrefflichkeit.»[138] Dem Wesir wird empfohlen, den «König», der vom rechten Weg abirrt und sich damit beim Volk verhaßt macht, behutsam zurückzuführen und die Schuld auf sich zu nehmen oder sie zu tarnen. Nicht nur der «König» stelle Ansprüche an den Wesir, vor allem, daß er gerecht, rechtschaffen, klug, gebildet und redegewandt ist und im Zwiegespräch gut berät. Auch der Wesir müsse, um seinen Aufgaben gerecht werden zu können, an den Herrscher gewisse Ansprüche stellen können. Dieser müsse ihn mit den erforderlichen Machtbefugnissen ausrüsten, in Gegenwart anderer loben, mit (angemessenen) Ehrengewändern, Reittieren, Gefolge, einem wissenschaftlich-literarischen

Zirkel (*Madschlis*) und Ehrennamen und -kunjen ausstatten, wie es bei «den Söhnen der Zeit» üblich sei. Er solle also für die machtfördernden äußeren Zeichen seiner Reputation sorgen. Der König dürfe nicht den Einflüsterungen der Widersacher und Neider des Wesirs glauben. Der Wesir sei fast wichtiger als der «König», denn er erscheine weitaus häufiger in der Öffentlichkeit als der Herrscher.

Konziser und mehr belehrend als unterhaltend sind die *Gesetze des Wesirats und die Politik des Reichs* und der *Adab des Wesirats* oder auch *Die Gesetze des Wesirats*, zwei kleinere Werke zur Position, Ethik und der idealen Politik des Wesirs von al-Māwardi. Hier bekräftigen Sentenzen, oft persischer Provenienz, und Verse die Empfehlungen, die im Imperativ Singular, manchmal verbunden mit «o Wesir» gegeben werden, die durchaus auch in Reimprosa und *Parallelismus membrorum* formuliert sind. Der Wesir vor allem sei verantwortlich für das Wohl und Wehe eines Staates, darum solle er sich von der Religion und dem Recht leiten lassen, denn ihm würden Mißstände angelastet. Wenn er sich den Menschen gegenüber gerecht verhalte, auch hinsichtlich ihres Vermögens und bei Bestrafungen – daß Hochrangige in Ungnade fielen, inhaftiert und ihre Güter und Gelder konfisziert wurden, gehörte offenkundig zu den «Launen des Schicksals» – dann würden sie ihm gern folgen. Er habe dem «König» zu gehorchen, aber nur, wenn dieser nicht gegen Gottes Gebote verstoße oder ihn veranlassen wolle, das zu tun. Lehranekdoten und Lehrfragen, auch an Jesus, etwa über empfehlenswerte Gefährten, lockern hin und wieder auf. Charakteristisch für die Zeit ist nicht nur die Warnung vor Lob und Schmeichelei als «Standardware» auf dem «Markt der Heuchelei» im letzten Kapitel des ausführlicheren der beiden Werke,[139] sondern das sechste Kapitel über die Vorsicht. Beginnend mit der Aufforderung zur Vorsicht vor Gott, das heißt, zum Gehorsam gegenüber seinen Geboten, über das Fingerspitzengefühl gegenüber dem Sultan, das über die gegenseitigen Rechtsansprüche des Sultans und seines Wesirs belehrt, geht es über zur Warnung vor der Zeit mit ihren Kapriolen und vor «den Söhnen der Zeit», vor Neidern und Konkurrenten. Die auch heutigem Gerechtigkeitssinn entsprechend definierten Rechte des Wesirs werden allerdings durch den Appell an seine Einsicht in seine Situation relativiert: er ist dem Machthaber unterstellt, gilt aber beim Volk als der Verantwortliche.

Die Sprichwortliteratur

Sprichwörter, Sentenzen und Redensarten, *Amthāl*, wurden früh gesammelt. Die erste Sprichwortsammlung soll laut Ibn an-Nadīms Bücherverzeichnis der Prophetengefährte und Chāridschit Ssuhār al-ʿAbdi zur Zeit des Umajjadenkalifen Muʿāwija vorgelegt haben.[140] Die früheste, allerdings in einer späteren Ausgabe erhaltene, ist die des Philologen al-Mufaddal ad-Dabbi (gest. 780), der vor allem durch seine Anthologie altarabischer Gedichte, die *Mufaddalijjāt*, bekannt wurde.

Die bekannteste und umfangreichste Sammlung von Amthāl stammt vom Philologen al-Maidāni (gest. 1124) aus Nischapūr, also aus einer persischsprachigen Umgebung. Wie er im Vorwort sagt, baut seine Sammlung auf 50 Vorgängerkompilationen auf und ist vor allem philologisch und kulturhistorisch orientiert. Maidāni ordnet nicht ganz konsequent alphabetisch an, erklärt veraltete Wörter und erläutert die Bedeutung vieler Sprichwörter und Redensarten. Erzählungen zu deren Herkunft und Entstehung, von denen einige fiktiv sein mögen, gehören zum Standardrepertoire der arabischen Literatur- und Kulturgeschichte. Manche Sprichwörter stammen aus Gedichten und gehören zu bis heute gern zitierten «geflügelten Worten».

Zu den Amthāl zählen auch Redensarten wie «Die Versprechungen ʿUrkūbs» für «leere Versprechungen», denn ʿUrkūb war ein legendärer vorislamischer Scharlatan. Komparativbildungen gehören dazu wie «gerechter als die Waage», «klarer als der Morgen» oder «verschlafener als der Gepard».

Maidāni begründet im Vorwort die Beliebtheit von Sprichwörtern und Redensarten damit, daß sie knapp und treffend formuliert und voller hübscher Vergleiche und brillanter Anspielungen sind. Die charakterisierenden Termini, die er hier verwendet, sind Standardvokabular der arabischen Poetologie. Viele der eigentlichen Sprichwörter fassen in knapper Reimprosa oder doch prägnanter Form Lebenserfahrungen zusammen, etwa *man dschāla nāla*, «Wer sucht, der findet», *laddscha fahaddscha,* «Er war hartnäckig und vollzog (schließlich doch) die Pilgerfahrt nach Mekka», *al-ʿāda kamīnun lā juʾman,* «Gewohnheit ist ein unzuverlässiges Versteck», *al-anf fi s-ssamāʾ wa-l-ist fi l-māʾ,* «Die Nase im Himmel, der Hintern im Wasser», für: «im Wolkenkuckucksheim leben». Altarabische, beduinische Spruchweisheiten wurden in den Islam übernommen, etwa «Hilf deinem Bruder, ob er Recht hat oder Unrecht!» Viele stehen im Koran und formulieren universale Erfahrungen, auch ambivalent verwendbar, etwa «Jeder handelt nach seiner Weise» (17,84), «Jetzt ist die Wahrheit heraus gekommen» (12,51, hier ironisch), «Jeder haftet für das, was er (auf der Erde) erworben», das heißt, «getan hat» (74,38). Koranworte wurden als Maximen sprichwörtlich, etwa: «Wahrhaft Fromme seid Ihr erst, wenn Ihr von dem gebt, was Ihr liebt!» (3,52); *faʾsbir ssabran dschamīlan* (70,5), «So übe dich in schöner Geduld!» Doch gibt es auch außerkoranisch: «Wenn du ein Amboß bist, bleib' geduldig, wenn du ein Hammer bist, schlag' zu!» Manches läßt alttestamentlichen Urprung erkennen: «Wer eine Grube gräbt, fällt hinein». Vieles wurde in Hadīthe gekleidet oder auch als Weisheit ʿAli Ibn Abi Tālibs überliefert, etwa das Motto: «Die Taten eines Menschen werden nach seinen Absichten bewertet», *al-Aʿmālu bi-n-nijjāt*. Das ist auch ein Rechtsprinzip und wird oft entschuldigend im Sinn von «es war gut gemeint» gebraucht. Als Hadīth überliefert wird ebenfalls: «Zum guten Islam eines Mannes gehört, daß er läßt, was ihn nichts angeht» und: «Das Unglück des Wissens ist das Vergessen» oder: «Wer uns betrügt, gehört nicht zu uns». Anderes wurde aus dem persischen Bereich übernommen wie: «Gerechtigkeit ist die Basis der Herrschaft», «Viele Seeleute lassen das Schiff untergehen». Schon früh wird unterschieden zwischen Sprichwörtern und Redensarten der *Chāssa*, der «Elite», und solchen, die im «Volk», *al-ʿĀmma*, umliefen. Das heißt, die Kompilatoren sammelten und notierten, was sie hörten und noch nicht aus der Literatur kannten. Sie schrieben dies ebenfalls in der Hochsprache auf.

Eine zweibändige Kompilation kunstvoller, oft metaphorischer und bildhafter Wendungen und Redensarten zu vielen Lebenssituationen mit dem Titel *Chāss al-Chāss, Das Besondere des Besonderen*, legte der oben genannte fruchtbare Adab-Autor ath-Thaʿālibi vor. Die ersten Kapitel enthalten *Amthāl*, das zweite zum Beispiel stellt nach der Feststellung, die besten *Amthāl* ständen im Koran, *Amthāl* unterschiedlicher Provenienz, nämlich arabischer und persischer Herkunft und solcher aus der Elite und dem Volk zu Begriffsfeldern zusammen, etwa «Dank», «Geduld», «Verzeihen».

Sprichwörter und Redensarten bildeten eigene Kapitel späterer Adab-Enzyklopädien, etwa des al-Ābi und des Ägypters al-Ibschīhi (1388 bis 1446). Die Auswahl des Kompilators gibt auch ein, natürlich jeweils individuell gefärbtes, Zeitbild.

Ethische, religiöse und mystische Literatur

Daß der Begriff *Adab* auch das religiös angemessene Verhalten bezeichnete, beweist eines der wichtigsten Werke des arabisch-islamischen Mittelalters zur menschlichen Ethik in weltlichen und religiösen Dingen, al-Māwardis *Adab ad-dunja wa-d-dīn, Der Adab der Welt und der Religion*.[141]

Al-Māwardi stellte ebenfalls eine Anthologie *Sprichwörter und Weisheiten, al-Amthāl wa-l-hikam*, zusammen, wie er sie zahlreich in seinen Werken zitiert. Der Koran sei das Adab-Werk Gottes, so seine Einleitung, danach komme die Sunna, die den Adab des Propheten beinhalte, Adab also in ethisch-didaktischem Sinn. Darauf folgten (in der Wertehierarchie) die *Amthāl*, die Sentenzen, der Weisen und schließlich die der

Dichtung. So stellt er zehn Kapitel mit der Struktur *Hadīth*, *Amthāl*, Dichtung mit jeweils dreißig Beispielen für jede Textsorte, aber ohne erkennbare inhaltliche Schwerpunkte zusammen.

Der Historiker Miskawaih ist durch eine Auswahl kluger Sentenzen persischer, indischer, griechischer und arabischer Provenienz mit dem persischen Titel *Dschāwidānchirad* bekannt.[142] Zu Beginn erklärt er, er habe gelesen, daß al-Dschāhis diese Schrift als ein königliches Testament sehr rühmte. Deswegen habe er überall nach ihr gesucht, sie schließlich bei einem persischen Weisen gefunden, abgeschrieben und durch von ihm entdeckte Weisheitsworte der genannten vier Völker ergänzt. Er fügt eine weitere Geschichte über die Entstehung des Werkleins hinzu und beginnt seine Philosophie mit der Feststellung: «Jeder Mensch liebt sich selbst. Wer aber jemanden/etwas liebt, will ihm Gutes tun.» Am Beispiel eines Wesirs, der ihn an seiner Lebensweise teilhaben ließ, erklärt er, daß sich selbst Gutes zu tun nicht heiße, dem Körper Genüsse zuteil werden zu lassen, sondern der Seele, nämlich durch die Erkenntnis der Wahrheiten und die Annäherung an Gott. Sein philosophisch-ethisches Werk *Die Verfeinerung des Charakters* verarbeitet solche Lehren zu einem vom Neuplatonismus beeinflußten didaktischen System im aristotelischen Sinn.[143]

Es hatte einen Vorgänger in einer Schrift des christlichen Philosophen und Theologen Jachja Ibn ʿAdī (893/94–974)[144] aus Tikrīt mit demselben Titel. Der Autor, der den größten Teil seines Lebens in Bagdad verbrachte, war ein Schüler von Plato und Aristoteles. Dieses Werk wurde zu eine Grundlage der mittelalterlichen islamischen Ethik.

Die dem Ibn al-Mukaffaʿ zugeschriebene *Jatīmat as-Ssultān*, *Der Solitär der Herrschaft*,[145] ist inhaltlich dem *Dschāwidānchirad* des Miskawaih sehr ähnlich. Miskawaih nennt in seiner hübschen narrativen Einkleidung zu diesem lange vermißten Text, der geheimgehalten wurde, weil er als sehr kostbar galt, auch den Hofsekretär persischer Herkunft des Kalifen al-Maʾmūn, al-Hassan Ibn Ssachl, als Überlieferer.

Die Regeln des islamkonformen Verhaltens im Alltag legen anhand von Hadīthen und Koranversen die *Makārim al-achlāk*-Werke[146] fest. Der Titel bedeutet wörtlich «Vorbildliche Eigenschaften». Das früheste erhaltene Werk zu diesem Thema[147] stammt von Ibn Abi d-Dunja (823/24–894), Erzieher des Kalifen al-Muktafi und Traditionarier, der auch durch andere ethische Schriften bekannt wurde. Ibn Abi d-Dunja konzentriert sich auf Aufrichtigkeit, Zuverlässigkeit, Großzügigkeit und die guten Beziehungen zu Verwandten, Freunden und Nachbarn. Das umfangreichste *Makārim-al-achlāk*-Werk mit sachlich geordneten Hadīthen zu nahezu allen Lebensbereichen: zu Speisen, Kosmetika, Parfüms, Haustieren, Hausbau, dem Verhältnis von Mann und Frau – hier wird die bedingungslose Unterordnung der Frau verlangt –, zum Ehevollzug, der Einstellung zu Kindern, zur Krankenbehandlung, dies auch mit geeigneten Amuletten, zum Moscheebesuch, zu situationsgerechten Gebeten, Testamenten und anderem verfaßte der Schiit al-Hassan Ibn al-Fadl at-Tabarssi (12./13. Jh.), der Sohn eines bekannten Korankommentators.[148] Das Buch beginnt und schließt mit je einer (wohl fiktiven) Predigt ʿAli Ibn Abi Tālibs.

Ein bis heute sehr wichtiges Werk, das schiitische Ethik mit Rhetorik verbindet, ist asch-Scharīf ar-Radis (970–1015) Prosa-Anthologie *Nachdsch al-Balāgha, Die Methode der Sprachkunst*, eine umfangreiche Sammlung kunstvoller Reden, Briefe, Predigten und Sentenzen ethischen und paränetischen Inhalts, die ʿAli Ibn Abi Tālib zugeschrieben werden. Aus dem Vorwort geht hervor, daß ar-Radi in seiner Jugend eine Anthologie mit Texten über die Qualitäten der schiitischen Imāme (der Zwölferschia) begonnen hatte, ihrer *Wortjuwelen und Ruhmestaten*, die er aus Zeitmangel nie vollenden konnte.

Das wohl berühmteste Opus des arabisch-islamischen Mittelalters zur Ethik und zum religionskonformen Verhalten im Sinn einer Herzensfrömmigkeit, die das tägliche Leben des Gläubigen trägt und ihn über den Tod hinaus zu Gott und in das ewige Leben führt, ist Muhammed al-Ghasālis (1058–1111) vierbändiges Hauptwerk *Die Wiederbelebung der religiösen Wissenschaften*. Al-Ghasāli mißfiel, wie er im Vorwort sagt, daß der Glaube nur noch in Fetwas, in der Realisierung der Normen der Orthodoxie und im Karrieredenken der Gelehrten des religiösen Rechts bestehen sollte. Seine einträgliche Position als angesehener Theologe an der vom Seldschukenwesir Nisām al-Mulk in Bagdad gegründeten Hochschule an-Nisāmijja, auf die ihn dieser 1091, fasziniert von seiner Brillanz, berufen hatte, gab al-Ghasāli 1095 in einer tiefen psychischen und physischen Krise auf. Er gab vor, die Pilgerfahrt antreten zu wollen, versorgte seine Familie und zog sich für fast elf Jahre wie ein Sufi zu Meditationen nach Damaskus, dann nach Jerusalem, Mekka und Bagdad zurück. Die religiös-politischen Wirren der Zeit und die Ermordung Nisām al-Mulks dürften dabei eine Rolle gespielt haben. Auf Wunsch des dortigen Regenten und gestützt auf eigene Überlegungen und den Rat anderer nahm er dann an der Nisāmijja in Nischapūr für kurze Zeit wieder eine Lehrtätigkeit auf.

Sein *Erretter vom Irrtum*, zwei Jahre vor seinem Tod beendet, gibt Einblick in seine inneren Kämpfe und Wandlungen, Konsultationen und Auseinandersetzungen über Glaubensfragen während dieser Jahre und beschreibt den Weg, den er schließlich zur Lösung seiner Konflikte fand.[149] Aus Ablehnung jeder Autoritätsgläubigkeit hatte er auch an sich selbst als verläßlicher Autorität gezweifelt.

Die *Wiederbelebung der religiösen Wissenschaften,* die ihm den Ruf des «religiösen Erneuerers des 12. Jahrhunderts» eintrugen, verfaßte er unmittelbar nach dieser Krise. Er teilte sie in vier Teile zu je zehn Kapiteln, also in insgesamt 40 Kapitel, analog zu den 40 Tagen der Klausur für Mystiker auf ihrem Weg zu Gott. Die Teile behandeln nach Erörterungen über die Bedeutung der religiösen Wissenschaften und des Verstandes 1. «Die religiösen Pflichten», *al-ʿIbādāt,* also die «fünf Säulen des Islams» und zusätzliche Gebete, Koranrezitationen und ähnliches; 2. «Die Gewohnheiten», *al-ʿĀdāt.* Gemeint ist das praktische Leben mit Speisen, Getränken, Gastfreundschaft, der Ehe und dem Erwerb des Lebensunterhalts, der mit dem Handel im weitesten Sinn beginnt. Auch den Beziehungen zu Freunden, Verwandten und Nachbarn, dem Umgang mit Mächtigen, dem Für und Wider des Hörens von Musik, dem Lehren und der Tätigkeit des Marktaufsehers gelten Kapitel. Das 20. Kapitel, das Herzstück des Werks, behandelt das Leben Muhammeds als das des «schönen Vorbilds». Teil drei, «Das Verderbliche», *al-Muchlikāt,* spricht über körperliche Gier, Gelüste, Haß, Neid, Habsucht, Geiz, Hochmut, Lüge, Heuchelei und anderes als «Krankheiten des Herzens» und darüber, wie der Gläubige sie erkennen und bekämpfen könne. Teil vier beschreibt «Das Rettende», *al-Mundschijjāt,* als Reue, Ausdauer, Dankbarkeit, Armut, Askese, den Glauben an den einen Gott, die Liebe zu ihm und die Sehnsucht nach ihm, Aufrichtigkeit, Seelenanalyse und Kontemplation im mystischen Sinn und schließlich Tod, Auferstehung und die Seligkeiten des Paradieses. Deren höchste ist die Gottesschau.[150] Al-Ghasāli gab in seinem persischen *Elixier der Glückseligkeit*[151] einen Extrakt dieses Opus, der mit Varianten ins Arabische und Türkische übersetzt wurde.

Der bekannteste islamische Mystiker ist sicher der oben mit seiner Poesie genannte Ibn (al-)ʿArabi (1165–1240). Mehr als 400 Schriften schreibt man ihm zu. Der größte Teil seines umfangreichen Werks besteht aus Prosa, die mit Versen durchsetzt ist. Die beiden wichtigsten Werke sind *al-Futuchāt al-makkijja fi asrār al-mālikijja wa-l-mulkijja, Die Mekkanischen Eröffnungen. Über des Herrschenden und der Herrschaft Geheimnisse,* und die *Fussūs al-hikam, Die Weisheitsgemmen.* Das erste enthält in 560 Kapiteln seine mystisch-metaphysische Interpretation der Welt, wie er meinte, sie in drei Jahrzehnten seit seiner Pilgerfahrt 1201/02 von Gott empfangen zu haben, verwoben mit viel Autobiographischem. Die *Weisheitsgemmen*[152] bieten Interpretationen von Erzählungen über 28 Propheten von Adam bis zu Muhammed, von denen Ibn (al-)ʿArabi sagt, Gott habe sie ihm während eines Traums in Damaskus diktiert. Adam zum Beispiel, im Koran der erste Prophet, vor dem sich alle Geschöpfe niederwerfen sollen, wird hier zum weltumfassenden

Prinzip, zu Gottes vollkommenstem Selbstbild, zum «Stellvertreter». Die jungfräuliche Zeugung Jesu erklärt Ibn (al-)ʿArabi mit einem Anhauch Gabriels als Boten Gottes und die Wunder Jesu als Gottes Wunder. Das Gebot Jesu (aus Matthäus 5,39), demjenigen, der einen auf die linke Wange schlägt, auch die rechte hinzuhalten, sei durch die Natur Marias gegeben, denn der Frau komme nach Gesetz und Erfahrung Erniedrigung und Demut zu. Die Debatte um das Wesen/die Natur Jesu entscheidet er dahingehend, daß Jesus als Einziger sowohl Gottes Wort als auch sein Geist und Diener sei. Dieses Werk, das als sein schwierigstes gilt, wurde viel kommentiert und übte auf die spätere Mystik und den Islam allgemein einen starken Einfluß aus. Generell wird für Ibn (al-)ʿArabi mystische Welterfahrung zu intellektueller, ist Gott alles, und alles ist Gott, wird der Mensch zur Theophanie Gottes.

Sein *Sendschreiben über den Geist der Heiligkeit* ist an einen sufischen Freund in al-Machdijja in Tunesien gerichtet, bei dem er sich zuvor neun Monate lang aufhielt. In der recht langen Einleitung klagt er über den moralischen Niedergang der Zeit und das nur irdischem Gewinn geltende Streben von Herrschern, Wissenschaftlern und Sufis. Das Heilmittel für den allgemeinen ethischen Verfall sei aufrichtige Freundschaft. Sehr persönlich und lebendig schildert er dann seine Begegnungen mit 35 mystischen Lehrern und Lehrerinnen, in denen er Vorbilder sah.

ʿUmar Schihāb ad-Dīn as-Ssuchrawardi (1145–1234) galt in Bagdad als der höchste aller Sufi-Scheiche. Er gründete den Ssuchrawardi-Orden, der bis heute in Indien viele Anhänger hat. Seine *ʿAwārif al-maʿārif, Die Gaben der Erkenntnisse*, gelten bis heute als populäres Programm für den Weg zur mystischen Gotteserkenntnis.[153] Er beschreibt hier in 63 Kapiteln den Adab des Sufis bei den religiösen Pflichten des Islams, aber auch die Beziehungen des Novizen zu seinem Scheich, die Aufgaben des letzteren, die mystische Selbsterkenntnis, das Selbstbild, die Empfindungen während des *Hāl*, des «Zustands», als Gnadengabe Gottes, und des *Makām*, der «Station», um die sich der Mensch auch selbst bemühen kann.[154]

ʿUmar as-Ssuchrawardi führte hier Werke berühmter Vorgänger, besonders die Korankommentare des Sachl at-Tustari (818,Tustar – 896, Basra), des ʿAbd ar-Rachmān as-Ssulami (937oder 942–1036, Nischapūr), die Handbücher des Abu Nassr as-Ssarrādsch[155] (gest. 988, Tus), des Abu Tālib al-Makki[156] (gest. 996, Basra), des Abu Bakr al-Kalabādhi (gest. 995) und des Abu l-Kāssim al-Kuschairi[157] (986, Ustuwa – 1072, Nischapūr) weiter, wie sein Werk für den Iran von al-Kaschāni (gest. 1334/35) fortgeführt wurde. Hier und in anderen Werken und vor allem als Berater des Abbassidenkalifen an-Nāssir (reg. 1180–1225) strebte er wenige Jahrzehnte vor dem Ende des Kalifats eine Politik der Verschmelzung kalifaler Macht mit dem Sufismus und der *Futūwa* an. Diese, abgeleitet von *Fatā*, «junger Mann», bezeichnete in der Bedeutung «Jugend; Ritterlichkeit; Männlichkeit» städtische Jungmännerbünde, die in gewisser Weise mystische Lebensideale verwirklichen wollten. Sie brachten eine eigene Literatur hervor. Der Kalif an-Nāssir hatte auf Anregung ʿUmar as-Ssuchrawardis seine höfische *Futūwa*. Später und besonders in der Türkei hießen die Gilden *Futūwa*.[158] In seinem langen, im mittelalterlichen Kairo spielenden allegorischen Episodenroman *Das Epos der Harāfisch* oder *Die tragische Schlacht der ganz armen Leute* (1974) zeichnet sie der ägyptische Romancier und Literaturnobelpreisträger Nagīb Machfūs (geb. 1911) als gefährliche städtische Schlägertruppen, die von Stadtteil zu Stadtteil generationenlang miteinander rivalisieren. Hier findet aber ein Nachkomme, ein aufrichtiger Mann, den Weg zu mystischer Erfahrung, untrennbar verbunden mit utopischen Idealen sozialer Gerechtigkeit, über ein Sufi-Kloster als Symbol der Nähe zu Gott. Der Roman klingt mit einem Gedicht des großen persischen Dichters Hafis aus.

Die gemäßigte Mystik im Anschluß an al-Ghasāli vertrat Ibn ʿAtāʾ Allāh. Geboren in Alexandria, studierte und lehrte er in Kairo, wo er 1309 starb. Sein Mausoleum wurde Wallfahrtsort. Er verfaßte unter dem Titel *Latāʾif al-minan, Die Feinheiten der Gnadenerweise* eine Biographie der Gründer des Schādhilijja-Ordens, dessen Vorstand er wurde, des Marokkaners asch-Schādhili (gest. 1258) und dessen Nachfolgers, des Spaniers Abu l-ʿAbbās (gest. 1288), der sein Vorgänger als Vorstand war. Seine *Hikam*, *Weisheitsworte*, klar und ohne jede Schwärmerei formulierte Reimprosasentenzen, Reden und Zwiegespräche mit Gott, sind wohl ein Frühwerk. Sie umreißen eindringlich die mystische Lehre der Einheit von *Islām,* «Hingebung», *Īmān,* «innerlich verwirklichter Glaube», und *Ichssān,* «Gut handeln (da Gott den Gläubigen überall sieht»).[159] Sie wurden vielfach kommentiert, zuerst von Ibn ʿAbbād aus Ronda (gest. 1390), später unter anderem vom Ägypter Achmed Sarrūk (gest. 1493). In der Türkei und in Indien sind sie bis heute beliebt. Der Marokkaner Ibn ʿAdschība (gest. 1809) meinte, wenn es erlaubt wäre, im rituellen Gebet etwas anderes als den Koran zu rezitieren, dann dürften das nur die *Hikam* des Ibn ʿAtāʾ Allāh sein.

Philosophisch-mystische Robinsonaden, Allegorien

Wohl der bedeutendste Philosoph und Mediziner des arabisch-islamischen Mittelalters war Ibn Ssīna (vor 980, bei Buchara – 1037, Isfahan). Als Sohn eines hochrangigen Hofbeamten erhielt er seine Ausbildung in Buchara und war zunächst dort und später an mehreren anderen östlichen Höfen als Arzt und zeitweise als Wesir tätig. Am Hof von Hamadhān wurde er 1023 für vier Monate inhaftiert und ging bald darauf, als Wanderderwisch verkleidet, an den Hof von Isfahan, wo er hoch geehrt bis zu seinem Tod lebte und schrieb. Neben philosophischen und medizinischen Werken auf Arabisch und Persisch verfaßte er eine allegorische Erzählung auf Arabisch. Der Name ihres Protagonisten, *Haij Ibn Jakdhān, Lebendig, Sohn von Wach* (das ist Gott), gab nach ihr auch einer der berühmtesten Erzählungen des arabischen Mittelalters, der des Ibn Tufail, denTitel.[160]

Bei Ibn Ssīna, der hier von neuplatonischen Vorbildern inspiriert war, ist Haij Ibn Jakdhān ein ehrwürdiger, welterfahrener, kluger Mann, der dem Ich-Erzähler während einer Reise begegnet und ihn symbolhaft verschlüsselt über die Kraft des Verstandes in der Auseinandersetzung mit den Gefahren belehrt, die durch Imaginationen einerseits, Begierden und Instinkte andererseits drohen.

Der *Haij Ibn Jakdhān* des Ibn Tufail ist nach dem Koran und *Tausendundeiner Nacht* das am häufigsten in europäische Sprachen übersetzte Werk der arabischen Literatur. Der Held ist aber heute im arabischen Raum auch durch Filme, Fernsehspiele und in der Malerei präsent. Die Vermutung, er könnte eine der Inspirationen für Daniel Defoes *Robinson Crusoe* gewesen sein, trägt sicher zu seiner Popularität bei.

Geboren als Sohn eines Gelehrten in Guadix 1110, war Ibn Tufail zunächst Hofsekretär in Ceuta, dann Sekretär und Leibarzt des Almohadenkalifen in Fes. Er starb 1185 in Marrakesch. Zu seinen Werken gehören das längste arabische Lehrgedicht über die Medizin, philosophische Schriften und asketische Poesie. Als Gelehrter war er beim Kalifen so angesehen, daß er den Titel Wesir erhielt und Ibn Ruschd ihn von Córdoba an den Hof von Marrakesch holen konnte. Die Philosophie und die Mystik des arabischen Ostens wurde in Spanien zunächst zwar von der intellektuellen Elite geschätzt, von der großen Menge aber für ketzerisch gehalten. Manche oder sogar viele philosophische Schriften landeten auf dem Scheiterhaufen.

In seinem *Haij Ibn Jakdhān* stellt Ibn Tufail die Suche des Menschen nach höheren, philosophisch-mystischen Glücksidealen dar. Auf den ersten Seiten der knapp, klar, im Gegensatz zum komplizierten Stil des Ibn Ssīna fast ohne Reimprosaspiele gebotenen Ich-Erzählung nennt er den andalusischen Philosophen Ibn Bādscha (Avempace, gest. 1139), Ibn Ssīna und Muhammed al-Ghasālī, einen scharfen Kritiker Ibn Ssīnas, als Inspiratoren für diese rein männliche, mystisch-intellektuelle Biographie. Ein Junge wächst, ernährt und behütet von einer Gazelle, auf einer indischen Insel auf, «wo Kinder ohne Vater und Mutter zur Welt kommen», vermutet seine Herkunft aber auch, nach dem Moses-Motiv, aus einem ausgesetzten, ans Ufer gespülten Kästchen. Mit wachem Verstand erschließt er sich ohne menschliche Hilfe über Zäsuren von Jahrsiebenten die irdische Welt. Er findet zur Sprache im Selbstgespräch erst, als er nach dem Ableben der mütterlichen Gazelle diese gründlich seziert, in der Hoffnung, ihr das Leben zurückgeben zu können. Die detaillierte Beschreibung der Sezierung läßt die Erfahrung eines arabischen Mediziners erkennen, dem eine solche, im Gegensatz zur mittelalterlichen christlichen Medizin, gestattet war. Er erkennt den Unterschied von Leben und Tod. Das führt ihn zur überirdischen Welt bis hin zur *unio mystica*. Eine Begegnung mit einem anderen Menschen, für ihn zuerst ein Rätselwesen, denn er kannte nur Tiere, ist die mit Absal, ein Name, den Ibn Tufail, wie den von Absals Gefährten Ssalamān der syrischen allegorischen Erzählung *Ssalamān wa-Absal* entnahm. Absal hat im Gegensatz zu ihm und Robinsons Freitag die zivilisierte Welt erlebt, sich aber von ihr abgewandt. Er bringt ihm die menschliche (das ist die arabische) Sprache und mit ihr die (islamische) Gesetzesreligion, dazu das kurze Eintauchen in die menschliche Gesellschaft und ihre Herrschaftsform, verkörpert in Ssalamān, auf der Insel, von der Absal kam. Fazit ist die Rückkehr in die Einsamkeit als einzig Erstrebenswertes für den Gott Suchenden. Frauen spielen hier keine Rolle, Sexualität selbst bei den Tieren nicht, mit denen Haij zunächst zusammenlebt. Bei ihnen erlebt er den Machtkampf zwischen zwei Raben, der für einen von beiden tödlich endet und den er scharf mißbilligt.

Diese intellektuell anspruchsvolle Erzählung, deren anonyme hebräische Übersetzung 1346 kommentiert, die 1671 durch Edward Pococke jr. ins Lateinische und zwischen 1674 und 1708 dreimal ins Englische übersetzt wurde, hat die jüdische und generell die europäische Aufklärung angeregt. *Robinson Crusoe* ist aber vielleicht eher oder auch durch *Sindbad den Seefahrer* inspiriert. Das dürfte ebenfalls auf des Spaniers B. Gracían philosophisch-satirischen Roman *Der Kritiker* (1651–1658) über die Beziehung des Menschen zur Natur zutreffen, der auch das Motiv des auf eine einsame Insel verschlagenen Helden enthält.

Eine weitere Wandlung erfuhr diese Allegorie in des Mystikers Jachja Ibn Habasch as-Ssuchrawardis (1153–1191) kurzer, sprachlich klarer Erzählung desselben Titels, die bekannte Märchen- und Sagenmotive, auch das Reisemotiv mystisch-symbolhaft verwertet.[161] Jachja as-Ssuchrawardi heißt – im Gegensatz zu seinem Namensvetter und Zeitgenossen, der wie er aus Ssuchraward im Westiran stammte, – auch «der ermordete Ssuchrawardi», denn er fand nach Wanderungen durch den Iran, Anatolien und Syrien am Hof des Ajjubiden al-Malik as-Sāhir, eines Sohns Saladdins, in Aleppo im Gefängnis jung den Tod. Er hatte sich, hoch begabt und unabhängig denkend, orthodoxe Theologen zu Feinden gemacht.

Bekannt ist er durch seine *Weisheit der Erleuchtung*, in der er, anknüpfend an Ibn Ssīnas Vorstellung von Gott als Licht, eine religiöse Lichtphilosophie entwickelte, die besonders die persische Mystik anregte. Er gilt mit seinen wunderschönen mystischen Erzählallegorien als Begründer dieser Gattung im Persischen.[162]

Zu Beginn seines *Haij Ibn Jakdhān* verweist er auf den Schluß bei Ibn Tufail, den er in dieser «Geschichte der befremdlichen Entfremdung» weiterentwickeln wolle. Sein Held reist mit einem Gefährten, ʿĀssim («Beschützer») nach Westen, nach Kairuwān, wird dort mit ihm in Ketten in einen dunklen Brunnen geworfen, findet aber mühevoll den Weg, den Aufstieg zu Gott als Vater und Lichtgestalt auf einem hohen Berg, nachdem er alle menschlichen Begierden, symbolhaft verkörpert in sprechenden großen Fischen als seinen Brüdern, hinter sich gelassen hat, nur um wieder in irdische Tiefen hinabsteigen zu müssen und später die endgültige Vereinigung mit Gott, dem Licht, zu erleben.

Achmed Amīn, bekannt auch durch seine Autobiographie *Mein Leben* aus dem Jahr 1950, den Werdegang eines ägyptischen Intellektuellen zwischen Islam und Säkularisierung in der ersten Hälfte des 20. Jahrhunderts,[163] charakterisierte den *Haij Ibn Jakdhān* des Ibn Ssīna als Verkörperung des menschlichen Verstandes, den des Ibn Tufail als Allegorie des Menschen selbst, der nach der Wahrheit sucht und sie schließlich findet, den des Jachja as-Ssuchrawardi als den Sufi, der den Weg zu Gott durch Erleuchtung und persönliche Erfahrung sucht und nach vielen Mühen zu ihm gelangt. Er sieht im letzteren die vollkommenste Allegorie der Wahrheit- und Gottsuche.[164] Allen drei Erzählungen ist die Darstellung einer symbolhaften Welt ohne Frauen und Sexualität gemeinsam. Bei Ssuchrawardi wird Haij als Ich-Erzähler aufgefordert, seine Familie (als Symbol für die Bindung an die Welt) zu vernichten und seine Frau (als Symbol für körperliche Gelüste) zu töten.

Geistvoll-boshaft ist die *Rissālat at-tawābiʿ wa-s-sawābiʿ*, *Die Epistel der Satelliten und Sturmwinde*, des Ibn Schuhaid (992–1035).[165] Sie ist nur unvollständig in der *Dhachīra*, der *Schatzkammer der Schönheiten der Insulaner*, des Ibn Bassām erhalten. Aus einer vornehmen Córdobaer Familie stammend, frönte Ibn Schuhaid in einer Zeit politischer Turbulenzen dem Lebensgenuß, verfaßte aber nach einem frühen Schlaganfall Askesegedichte. Diese Epistel richtet er an seinen Freund, den sāhiritischen Theologen und Historiker Abu Bakr Ibn Hasm, bekannt durch seine Anthologie *Das Halsband der Taube*, auf den er auch ein langes Lobgedicht verfaßte. Im Mittelpunkt steht eine Reise des Autors und Ich-Erzählers mit seinem dichterischen Genius Suhair Ibn Numair ins attraktiv beschriebene Geisterreich. Suhair macht ihn auf seinen Wunsch mit den Genien anderer Dichter bekannt, beginnend mit Imraʾalkais und bis zu al-Mutanabbi, dann denen der Meister des Prosastils von Dschāhis über ʿAbd al-Hamīd bis zu seinem Zeitgenossen al-Hamadhāni. Aufgefordert, eigene Gedichte als Beweise seines Könnens zu rezitieren, tut er das nach anfänglicher Scheu und erhält von den Genien der großen Meister als übergeordneten, versierten kritischen Instanzen uneingeschränkte Anerkennung bis hohe Bewunderung für alle Gattungen, den *Mudschūn* inbegriffen, mit dem er Abu Nuwās übertrifft. In der Prosa beweist er seine Begabung mit einer *Süßspeisenepistel* und Metaphern- und Metonymenreihungen in Reimprosa auf den Floh und den Fuchs, die auch als Rätsel verwendbar wären. Den Genius des *Wunders der Zeit*, al-Hamadhāni, sticht er im Metaphernwettbewerb auf gängige Topoi wie Sklavinnen und Tränen aus. Nicht nur hier, auch in den beiden letzten Stücken kommt der Sarkasmus des Autors zum Ausdruck. Das eine ist ein *Madschlis* der Dichtergenien, wiederum ein Wettstreit, bei dem er den Sieg davonträgt, und das zweite sind Gespräche mit Eseln und Maultieren als den Reittieren der Dschinn. Besonders pikant ist die Schlußszene mit einer Gans, genannt «die Kluge, Mutter von Leicht», der «Satellitin» eines Scheichs, die aus einem Teich heraus den Erzähler zum Disput über grammatische und theologische Probleme auffordert. Auf seine Frage, was sie für wichtiger halte, die Ratio oder die literarische Bildung, gibt sie der Ratio den Vorrang. Er rät ihr, sich die Ratio der Erfahrung anzueignen, da ihr natürliche Ratio nicht gegeben sei, und sich dann die Literatur anzuschauen. Dies soll, wie die gesamte Anthologie des Ibn Bassām, den Wert der andalusischen Dichtung und besonders den des Autors gegen seine Rivalen und Neider betonen. Daß Ibn Schuhaids *Rissāla* Abu l-ʿAlāʾ al-Maʿarris erheblich umfangreichere und früh berühmt gewordene *Rissālat al-Ghufrān, Das Sendschreiben der Vergebung*, inspirierte, ist anzunehmen.

Diese ist eines der geistvollsten und stilistisch brillantesten Werke der arabischen Kunstprosa.[166] Formal und inhaltlich ist sie wie die *Rissāla* des Ibn Schuhaid grundverschieden von frühen Sendschreiben, etwa des Ibn al-Mukaffaʿ oder Dschāhis.

Al-Maʿarri läßt seinen Protagonisten, den Gelehrten Ibn al-Kārich, durch Himmel und Hölle reisen, dort berühmten Vertretern der arabischen Literatur- und Wissenschaftsgeschichte begegnen und mit ihnen debattieren. Das gibt Anlaß zu phantastischen Szenen, auch basierend auf volkstümlichen eschatologischen Vorstellungen, und zu geistvoller und mutiger Zeit-, Religions- und Kulturkritik mit ungewohnten Aussagen, größerenteils in raffinierter, metaphernreicher Reimprosa, durchsetzt von vielen kunstvollen Versen und Gedichten.

Manche Anklänge an Dantes *Divina Comedia* haben zu Vermutungen über einen Einfluß des *Sendschreibens der Vergebung* auf diese geführt.

Doch steht heute fest, daß Dante zu seiner *Göttlichen Komödie* durch mittelalterliche europäische Übersetzungen eines anonymen *Kitāb al-Miʿrādsch*, eines Buchs *Über die Himmelsreise* (des Propheten Muhammed), inspiriert wurde. Muhammeds Himmelsreise wird in Sure 17,1 eher angedeutet, spielt dann aber in der volkstümlichen Legendenliteratur und der Miniaturmalerei zunehmend eine Rolle. Sie wird heute als religiöses Fest allgemein gefeiert.

Ein zweites ähnlich ungewöhnliches Werk des Autors, ebenfalls eine Allegorie, ist erst vor relativ kurzer Zeit entdeckt worden: die *Rissālat as-Ssāhil wa-sch-Schāhidsch, Das Sendschreiben des Wieherers und des Dröhners*. Abu l-ʿAlāʾ hatte es fünfzehn Jahre vor dem *Sendschreiben der Vergebung* diktiert.[167] Auch hier schuf er eine szenische Darbietung: Ein an einem Wasserplatz in Maʿarrat an-Nuʿmān festgebundener Maulesel, dem die Augen verbunden sind, so daß er der Umgebung gegenübersteht wie ein Blinder, hört einen Reiter kommen, der sein Pferd, das, wie sich herausstellt, welterfahren ist, zum Trinken da läßt. Der «Dröhner» fragt den «Wieherer» nach seinem Woher und wird zunächst recht arrogant abgefertigt. Doch kommen sie miteinander ins Gespräch. Daran beteiligen sich bald auch ein Fuchs, nachdem eine Taube, wohl als Symbol der Frau, als Partnerin nicht für würdig befunden wurde, und andere Tiere. Sie disputieren eher verschlüsselt in kunstvollster Sprache, vermischt mit Poesie, über damaliges Zeitgeschehen in Nordsyrien. Gewidmet ist dieses ironisch-sarkastische Werk dem fatimidischen Gouverneur von Aleppo. Es zeigt, wie stark der Autor trotz seiner Blindheit und scheinbaren Weltflucht an politischen Geschehnissen teilnahm.

Er identifiziert sich hier wohl selbstironisch bitter mit dem «Dröhner», dem Maulesel mit verbundenen Augen, den manche zunächst wegen der ihm fehlenden Sehfähigkeit für dumm halten.

«Ein Meer von Geschichten»: Erzählsammlungen

Der große Schatz an Anekdoten und längeren Erzählungen über unterschiedliche Themen und Personen wurde in Werken mit differierenden Zielstellungen kompiliert,

Al-Dschachschijāris (gest. 942/43) *Buch der Berichte über Wesire und Sekretäre*, das bis zum Jahr 907 reicht und auch als Handbuch für Hofsekretäre gedacht war, ist durch Anekdoten, Berichte, sachliche Informationen und Gedichte eine interessante und unterhaltsame Quelle für soziale und intellektuelle Entwicklungen, besonders an den großen Höfen. Bezeichnenderweise beginnt es mit der Schreibkunst, den höfischen Sekretären und Dīwānen und geht dann zu den Wesiren über. Dabei betont es die Verdienste der Barmakiden.[168]

Zu einer eigenen Gattung wurden Anthologien mit dem Titel *al-Faradsch baʿda sch-schidda, Freud nach Leid*, oder auch: *Ende gut – alles gut*. Kompilator der bekanntesten war ʿAli al-Muhassin at-Tanūchi (940–994), der in seinem Vorwort auf drei kürzere Anthologien dieses Titels verweist, aus denen er seine Auswahl traf. Diese ergänzte er durch selbst erlebte, von anderen gehörte oder auch bei weiterer Lektüre entdeckte Geschichten, außerdem durch fremde und eigene Gedichte. Er habe so viele Krisen und Prüfungen in seinem Leben erlebt, daß er schon mit dem Titel ein gutes Omen und so Trost und Hoffnung geben wollte. Deswegen, nicht aus Einfallslosigkeit oder um zu plagiieren, habe er den Titel übernommen. At-Tanūchi war Sohn eines Richters in Basra und wurde 960, also in jugendlichem Alter, auf Grund seiner Herkunft und gefördert vom Wesir al-Muhallabi am Hof in Bagdad, selbst Richter in verschiedenen mesopotamischen und iranischen Städten. Al-Muhallabi nahm ihn in seinen literarischen Zirkel auf und ermöglichte ihm so den geistigen Austausch mit anderen literarisch Tätigen. Als Richter kannte at-Tanūchi die Gesellschaft seiner Zeit.

Im Vorwort zu seiner mehrbändigen Kompilation *Nischwār al-muhādara wa-achbār al-mudhākara, Das Buch mit exzellenten Unterhaltungsgeschichten und Erinnerungsberichten*, erklärt er, er habe es nur aus mündlichen Quellen zusammengetragen und aufgeschrieben, was er selbst erlebte, beobachtete und von seinem Vater und von Bekannten hörte. Er habe Erzähler befragt und vor zwanzig Jahren begonnen, das Gehörte aufzuschreiben. Als er nach langer Abwesenheit nach Bagdad zurückkehrte, habe er das Werk weitergeführt und festgestellt, daß nicht nur die Erzähler andere waren als damals, sondern auch die Erzählungen, denn die Verhältnisse hätten sich geändert. Das Leben sei schwieriger geworden. Vieles, was damals geläufig war, sei heute nicht mehr bekannt. Über fast zwei Seiten zählt er in durch die arabische Pluralbildung leicht zu praktizierender Reimprosa jeweils in Zweiergliedern die Berufs- und Menschengruppen auf, von denen seine Anekdoten, Erzählungen und Erinnerungsberichte handeln. Die Skala reicht von Königen zu Bettlern, Wesiren zu Räubern, Kaufleuten zu Kalifengattinnen und Sängersklavinnen, höfischen Sekretären zu Schwindlern. Doch überwiegen Angehörige der städtischen Ober- und Mittelschichten.

Die *Freud-nach-Leid*-Anthologie war seine letzte nach einer Sammlung von Sprichwörtern und Lebensweisheiten und nachdem er die Konfiszierung seines Vermögens, Verfolgung, Gefängnishaft und andere Härten feudalstaatlicher Zeit hatte durchleben müssen. Er war, wie sich einigen seiner persönlichen Erlebnisberichte entnehmen läßt, infolge von Machtspielen zwischen dem Abbassidenkalifen at-Tāʾiʿ und dem Bujidenherrscher ʿAdud ad-Daula um die Ehe des Kalifen mit einer Tochter des

Bujiden, in denen er vermitteln sollte, aber nicht wollte, beim letzteren in Ungnade gefallen.

At-Tanūchi beginnt seine Trostanthologie in 14 Büchern, deren Themen er im Vorwort aufführt, mit einem religiös geprägten Buch. An den Anfang stellt er Verse aus Sure 94 «Erschlossen wir dir nicht die Brust und nahmen ab dir deine Last, darunter du gebeugt dich hast? ...» und weitere trostspendende und ermutigende Koranworte. Er fährt mit islamischen Prophetengeschichten fort. Den Auftakt bildet Adams Vertreibung aus dem Paradies auf Grund seines Ungehorsams gegen Gottes Befehl (von Eva als der Verführerin ist weder im Koran noch hier die Rede, obwohl der Topos der Bestrafung Evas als der Urmutter aller Frauen besonders durch frauenspezifische Bestimmungen des islamischen Rechts in der damaligen islamisch-arabischen Literatur bereits geläufig war. Zu dieser Zeit wurden Rechtsbestimmungen, die für Frauen ungünstig waren, mit der Strafe Gottes für die aufsässige Eva erklärt[169]). Adam verlor einen Sohn, doch wurde dieser durch einen anderen ersetzt. Es folgen Noah, ohne den die Menschheit nicht weitergelebt hätte, Lots Ungehorsam gegen Gott, Abraham und die von Gott befohlene Opferung seines Sohnes in mystischer Deutung (der, dem die Opferung befohlen wurde, ist das Opfer), Jakob, Josef, Hiob, Jonas, Moses bis zu Ereignissen aus dem Leben Muhammeds nach dem Koran und Hadīthen. Er schließt dieses Buch mit Geschichten über bekannte Persönlichkeiten, die durch sprachlich kunstvolle Gebete aus schwierigen Situationen befreit wurden. Das Gebet ist hier also Literaturgattung. Die folgenden Bücher enthalten Anekdoten und längere, meist dicht komponierte Erzählungen, oft auch stark dialogisch und nicht immer streng an die Themenvorgabe des jeweiligen Buches gebunden, über die Rettung aus Nöten durch ein gutes Omen, durch (von Gott befohlene) mitmenschliche Hilfe, die Rettung vor Fürstenzorn durch unterschiedliche Mittel oder Personen, aus dem Kerker, aus hoher Verschuldung – die als etwas grundsätzlich Entschuldbares, fast Normales dargestellt wird –, vor Androhung der Todesstrafe trotz der Schuldlosigkeit des Bedrohten, vor wilden oder gefährlichen Tieren, vor Krankheit, Dieben und Räubern, vor erzwungener Flucht und Existenzunsicherheit – Tanūchi war vor dem Zorn des Bujiden geflohen. Das 13. Kapitel besteht aus längeren Geschichten über unglücklich Verliebte, die durch Vermittlung anderer und glückliche Zufälle schließlich doch ans Ziel ihrer Wünsche gelangten, ein gängiger Unterhaltungsstoff der Zeit. Trotzdem werden reale historische und soziale Hintergründe deutlich. Kapitel, die nach den Ursachen von Not und Leid geordnet sind, wechseln mit solchen, die um – eher irrationale – Mittel der Rettung kreisen, wie Gebete, gute Omina und Träume. Deutlich wird oft, wie der Mensch trotz aller äußeren Bedrängnis letztlich meist selbst, allerdings im Vertrauen auf Gott und hilfreiche Mitmenschen, aus häufig tödlicher Gefahr und Bedrohung freikommt. Gut gewählte Worte im Umgang mit launischen Vertretern der Macht sowie Listen und nicht zuletzt Selbstjustiz, dies vor allem bei Diebstahl und Raub, spielen eine entscheidende Rolle. Das 14. und letzte Kapitel besteht mehrheitlich aus Gedichtfragmenten, darunter etliche vom Verfasser, über die Wechselfälle der Zeit. *Samān* bedeutet «Zeit» und «Schicksal», und die Auseinandersetzung mit ihm in Klage und Aufbegehren ist beliebter Topos bereits in vorislamischer Zeit. Dieses Kapitel und damit die Trostanthologie schließt mit Gedichten über langes Leid, das, standhaft ertragen, doch einmal endet und von Freude oder Erleichterung abgelöst wird. At-Tanūchis Dīwān ist nicht erhalten.

Mehrere Geschichten aus dieser Sammlung fanden Eingang in die ägyptische Rezension von *Tausendundeiner Nacht*, denn auch Märchen folgen dem Happy-End-Prinzip, nur wirken in ihnen übernatürliche Helfer und Requisiten mit. Diese, also etwa Geister unterschiedlicher Art, spielen bei Tanūchi keine Rolle, obwohl sie zur geglaubten Wirklichkeit gehörten. Die Diebsgeschichten könnte man als frühe Form der Kriminalliteratur bezeichnen. Verfolgt man Erzählungen dieser Art weiter, bis in die Mamlukenzeit in Ägypten etwa, denn es gab sie reichlich, dann stößt man auf sozial- und kulturgeschichtlich aufschlußreiche bis – für heutige Begriffe – humorvolle Phänomene menschlichen Einfallsreichtums im Ersinnen von Diebstahlskriminalität und deren Bekämpfung.[170]

Auch anderen Menschengruppen galten Erzählanthologien. Den *Klugen und Gewitzten* widmete bereits Dschāhis sein *Kitāb al-Adhkijā'*, und er hatte Nachfolger, besonders den berühmten Bagdader hanbalitischen Juristen und Prediger Ibn al-Dschausi (1116–1201). Dieser sehr produktive Autor trug ebenfalls Anekdoten und Berichte über *Dummköpfe und Narren* sowie *Scharfsinnige und Spötter* zusammen.[171] Sein *Buch der Erzähler und Überlieferer* ist eher ein Predigtsteller. Ibn al-Dschausis strategisch und stilistisch brillante improvisierte Predigten, seine ausdrucksvolle Rhetorik, Gestik und Stimmodulation sollen ein riesiges Publikum – bis zu 300 000 Hörer – angezogen haben. Er war auch der Hofprediger der Kalifenmutter.[172]

In Anekdoten über Ärzte ist öfter der Bagdader christliche Hofarzt Ibn Butlān (gest. 1066) Protagonist, der als Autor nicht nur medizinischer Ratgeberliteratur etwa für Mönche und Klöster und zum Kauf gesunder Sklaven bekannt wurde, sondern ebenfalls für eine Beschreibung seiner Reise von Bagdad nach Kairo und besonders sein satirisches *Ärztebankett*. Meist als heilsgegeben angesehene Wundererfolge von Ärzten sind ebenso erzählenswert wie ihre Mißerfolge. Die trifft bissiger Spott. Aber auch Vertreter anderer Volks-, «Berufs-» und Menschengruppen wie

Araber, Perser, Kalifen, Wesire, Astrologen, Dichter, Grammatiker, Philosophen, Rhetoriker, Verfasser, Sänger, Sängersklavinnen, Schmarotzer, Diebe, Mutige, Langlebige, Großwüchsige und eine Reihe von bekannten Persönlichkeiten, der Kalif Muʿāwija, Hassan, der Sohn des Kalifen ʿAli, die Wesirsfamilie der Barmakiden und besonders Dichter wie ʿUmar Ibn Abi Rabīʿa, al-Farasdak, al-Buchturi und Abu Nuwās wurden zu Helden von *Achbār*-Anthologien.[173] Die *Achbār* über historische Persönlichkeiten, Stämme, Volksgruppen und Völker (Araber und Perser!) gehören natürlich in die politischen und ethnisch-kulturellen Debatten der Zeit; die über Dichter interessierten sicher, weil diese namhaft waren und ihr Leben oft exzentrischer verlief als das der höfischen Gesellschaft, zu der sie mehr oder weniger gehörten. So mögen ihnen besonders interessante «Gags» zugeschrieben worden sein, die zu ihrem Lebensstil paßten, etwa bei Abu Nuwās zu seiner Homosexualität. Manches lebt auch hier wieder nur in anderen Werken weiter, etwa in Adab-Enzyklopädien und auch in *Tausendundeiner Nacht*.

Al-Ābis Adab-Enzyklopädie *Perlenverstreuen* hält Anekdoten über weitere Berufs- und Menschengruppen bereit.[174] Natürlich gab es hier, wie überall, auch «Wanderwitze» und «Wanderanekdoten», die aus dem griechischen, hebräischen und persischen Kontext übernommen und mehr oder weniger adaptiert wurden, wie andererseits arabische humorvolle Texte anderswo weiterwirkten.

Nicht alle Anthologien enthalten pointierte humoristische Kurzprosa. Das *Buch der Langlebigen* des basrischen Philologen Abu Hātim as-Ssidschistāni (gest. 869) zum Beispiel, auch *Das Buch der Ratschläge* genannt, ist eine Sammlung von Berichten über 110 größerenteils mythische, legendäre Männer von übermenschlicher Lebenslänge und von ihnen zugeschriebenen poetischen Altersweisheiten und -klagen, einschließlich der über die Vergänglichkeit. Das Thema *Ubi sunt qui ante nos* spielt auch eine Rolle. Wenn der Herausgeber der Kairoer Neuausgabe von 1993 diese Texte für die Gegenwart als besonders bereichernd und notwendig ansieht, dann wirkt das wie ein Appell.

Ähnlich ist es mit der Sammlung *Die klugen Narren* des chorassanischen Predigers Hassan an-Nīssābūri (gest. um 1015) und dem Vorwort der Kairoer Neuausgabe von 1989.[175] Sie ist das einzige erhaltene von mehreren Werken dieses Titels, beginnend mit einer des frühen Historikers al-Madāʾini (gest. 842/43). An-Nīssāburī beruft sich auf einige Vorgänger, betont aber, er habe seine Anthologie leserfreundlicher angelegt. Auf eine Einleitung über den Wahnsinn und Wahnsinnige (*madschnūn*, «von Dschinn besessen») als Menschen, die manchmal nur so bezeichnet werden, weil sie sich nonkonform verhalten – zu ihnen habe auch Muhammed gehört – folgen Geschichten und Verse über Männer und neun

Frauen aus den Städten Kufa, Bagdad und Basra, die als Wahnsinnige galten. Darunter sind von Liebes- wie von religiösem Wahn oder besser mystisch-ekstatischem Glauben betroffene Männer und ebenfalls religiöse Abweichler. Zu den Asketinnen gehören alle hier genannten Frauen, größerenteils schwarze Sklavinnen. Beide Formen exzentrischen Verhaltens werden eher als staunenswert, verehrungs- und bewunderungswürdig dargestellt denn als absurd oder gar belustigend.[176] Eine besondere Kategorie, mit vielen resignativ-humorvollen Versen bedacht, sind die «Narren», die es vorziehen, sich dumm oder «verrückt» zu stellen, da die Zeitläufe oder ihre Lebensverhältnisse ihnen keine andere Wahl lassen.[177] Mehrere Geschichten kreisen um den «Verrückten Ssaʿdūn», den Lehrer des ägyptischen Mystikers nubischer Herkunft Dhū n-Nūn (796–861) und beider Begegnungen. Am bekanntesten ist Buchlūl («lächelnd, stupid»), ein Asket, der um 805 in Bagdad starb. Er wurde als eine Art Eulenspiegel nicht nur hier zum Protagonisten von Erzählungen und zur Autorität für kluge Formulierungen.[178] Als Schalksnarr, der Dschucha und Hodscha Nassreddin fast gleichwertig ist, lebt er in der persischen und türkischen Volksliteratur weiter. In der späteren schiitischen Literatur wurde er zum Schüler des sechsten Imāms Dschaʿfar as-Ssādik und vorbildlichen Schiiten. Schiiten sind hier also kluge Außenseiter, die zum Selbstschutz das Narrengewand überziehen.

Die «weisen Narren» islamischer Literaturen des Vorderen Orients sind christlichen «heiligen Narren» nicht gleichzusetzen. Der «Narr» ist nicht Gottesleugner wie ursprünglich im Christentum, etwa in Psalm 53,1 oder Römer 1,22, sondern jemand, der geschickt soziale Konventionen infrage stellt und sich gewitzt gegen sie durchsetzt.

Die Erlebnisberichte mit gelegentlichen kurzen didaktischen Resümees des syrischen Ritters Ussāma Ibn Munkidh (1095–1188) aus der Kreuzzugszeit in seinem *Kitāb al-Iʿtibār*, dem *Buch der Belehrung durch Beispiele*, sind fast ein Unikum der mittelalterlichen arabischen Literatur. Der Emir Ussāma, der in der turbulenten Geschichte des damaligen Syrien ein wechselvolles Leben führte, berichtet als sehr alter Mann, am natürlichen Erzählstil der Zeit orientiert und fast ohne Reimprosa, unterhaltsam und stolz von Kämpfen, Kriegszügen, Plünderungen, Zerstörungen, Grausamkeiten, die er und andere erlebten oder beobachteten, von seinem Mut und den meist friedlichen, ja freundschaftlichen Begegnungen mit Angehörigen des Königreichs Jerusalem. Daß «die Franken» (nicht «die Christen»!), als Gegner mit Verwünschungen wie «Gott verfluche sie!» bedacht werden, ist selbstverständlich. Deutlich wird, wie diese «Franken», deren Grobschlächtigkeit in der ersten Generation der Kreuzzügler den Einheimischen als wenig angenehm auffiel, sich allmählich der höher entwickelten orientalischen Kultur und ihren Sitten anpaßten. Ussāma reiht hier Erlebnisberichte aneinander und bringt auch Geschichten über die Beteiligung von Frauen an Kämpfen, ebenfalls gegen die damals gefürchteten Assassinen. Sie waren, wie seine fürstliche Mutter und seine Großmutter, von denen er mit Verehrung spricht, Beraterinnen oder nahmen freiwillig am bewaffneten Kampf teil, wie eine Sklavin, eine alte Frau, die er namentlich nennt. Er resümiert: «Unbestreitbar sind Frauen voll stolzen Edelmuts, Ehrgefühl und Urteilskraft.»[179] Um weiblichen Mut zu belegen, erzählt er von einer Muslimin, die nacheinander drei Franken in ihr Haus lockte, ausraubte und dann von anderen umbringen ließ. Eine Christin, die ihm ihren hölzernen Krug so ins Gesicht schlug, daß er bis heute eine Narbe im Gesicht habe, ist ein weiteres Beispiel. Er hatte ihren Mann vor ihren Augen getötet, weil der ihn angegriffen und verwundet hatte. Dem folgt eine Kollektion «erstaunlicher Erzählungen» über «fromme Männer» und überraschende Heilungen als göttliche Wunder, die er teils selbst erlebt oder von Glaubwürdigen gehört habe. Der letzte Teil bringt Jagdgeschichten mit detaillierten Informationen zur Jagd als aristokratischem Vergnügen in Syrien und Ägypten. Mit ihr habe er 70 Jahre Erfahrungen.[180] Er konstatiert, daß die Aggression des Starken gegen den Schwachen zur Natur der Lebewesen gehöre. Der folgende Vers, einer der wenigen in diesem Werk, bezeichnet Ungerechtigkeit als menschlichen Charakterzug. Zum Schluß bittet er Gott, ihm zu verzeihen, daß er seine letzte Lebenszeit damit vergeudet habe, weder Gehorsam ihm gegenüber, noch den Wunsch zur Erlangung seiner Gnadengaben zu beweisen. Erfundene Geschichten zu bringen, gehöre zu den übelsten Dingen, ein gern zitierter Reimspruch zur ironischen Rechtfertigung phantastischer Erzählungen.

Ussāma Ibn Munkidh, der auch eigene recht schlichte Gedichte verfaßte, stellte eine Gedichtanthologie *al-Manāsil wa-d-dijār, Die Niederlassungen und die Wohnstätten,* zusammen, laut Vorwort «unter dem Eindruck der Zerstörungen, die mein Land und meinen Geburtsort betroffen haben». 1156 hatte ein schweres Erdbeben die Festung Schaisar, die seiner Familie gehörte und in der er seine Jugend verbracht hatte, sowie die Orte der Umgebung völlig zerstört. Elegische Erinnerungen an Begegnungen an nicht mehr existenten Orten und Klagen über Alter und Vergänglichkeit sind die Themen des Bandes mit Prosakommentaren.

Auch sein *Kitāb al-ʿAssā*, das *Buch über den Stock*, enthält eigene Erlebnisberichte. Er trug hier in einem Lebensabschnitt, da er auf den «Altersstock» angewiesen war, tröstend und selbstironisch Legenden, Anekdoten und Verse über unterschiedliche Aspekte des Stocks zusammen, beginnend mit dem legendären Stock Moses über den, den Jesus trug, den Stock des Blinden, des Lahmen, den zur Disziplinierung des Sklaven bis zum «Altersstock». Die Eulogie, die er sich als kommentierendem Verfasser folgen läßt: «und Gott verlängere sein Leben!» mag ebenso selbstironisch gemeint sein wie die Klage, daß «unser Vorfahr Adam den Menschen das Vergessen vererbte». Ein *Buch der Frauen*, sicher eine Kompilation, aus seiner Feder ist nicht erhalten.

Frauen, weltliche Liebe und Sexualität

Frauen unterschiedlicher sozialer Zugehörigkeit, die tief Gläubige, mehr noch die höfische Aristokratin und gern die Sklavin in unterschiedlichen Lebenssituationen, sind beliebte Heldinnen der Erzählliteratur. Die Aspekte sind vielseitig. In Anekdoten und manchen anderen kürzeren Erzählungen dominiert die Freude an weiblicher List, besonders an der Gewitztheit der hübschen und gebildeten Sklavin, die sich schlagfertig gegen männliche Zudringlichkeit einerseits, die Überforderung durch ihre Herrin und deren Arroganz andererseits durchsetzt oder auch in deren Dienst und in ihrem Sinn Männern gegenüber selbstbewußt handelt. Auch die Warnung vor weiblicher Durchtriebenheit, wie sie die Sanskritliteratur ebenfalls kennt, ist nicht selten. Rührende Erzählungen, meist mit Versen durchsetzt, über reine, keusche, ihrem Mann über dessen Tod hinaus die Treue wahrende, schöne, hochrangige, selbstbewußte und gottesfürchtige Frauen sollten sicher Vorbilder liefern. Prägnante und oft paternalistische bis machistische stereotype Einschätzungen und Werturteile über Frauen und ihre Tauglichkeit als Ehefrauen, meist in Reimprosa, wiederholen sich. Sie leiten solche Werke oft ein.

Natürlich war die Liebe zwischen Mann und Frau in ihren unterschiedlichen Aspekten gerade in einer Gesellschaft mit zunehmender Geschlechtertrennung, einer Gesellschaft, in der freie Frauen aus der Öffentlichkeit mehr und mehr ausgeschlossen waren, ein ganz besonderes Thema. Die Liebe wurde, wie oben dargelegt, bereits in der altarabischen und dann in der höfisch-städtischen Poesie besungen.

Der Koran empfiehlt oder gebietet dem Mann in Sure 4 (*Die Frauen*), Vers 3, unter dem Aspekt der sozialen Gerechtigkeit, das heißt der Versorgung weiblicher Waisen, bis zu vier Ehefrauen gleichzeitig zu haben, unter der Voraussetzung, daß er sie alle gleichermaßen gerecht behandele. Falls er dazu nicht in der Lage sei, «nur eine, oder was ihr an Sklavinnen besitzt!» Er spricht von der Liebe und Barmherzigkeit, die Gott in der Ehe als seine Zeichen zwischen Mann und Frau gesetzt hat (30,21). Im Zusammenhang mit den Fastengeboten im Ramaḍān sagt er, daß Mann und Frau «ein Gewand» (2,187), also sicher Schutz füreinander, hier auf sexuellem Gebiet, sind. Im Gebot: «Eure Frauen sind euch ein Saatfeld. Geht zu euren Frauen, von wo (oder: wo immer) Ihr wollt!» (2,223) wird Sexualität ebenfalls metaphorisch, unter dem Aspekt der Fortpflanzung, angesprochen. Der zweite Teil des Verses diente in religiös-ethischer Literatur bald als Ausgangspunkt der Debatte über die moralische Zulässigkeit des Analkoitus, auch im Hinblick auf Kinderwunsch, beziehungsweise Empfängnisverhütung. Mit Sure 33,53 und 33,57 bot der Koran die Grundlage für die Rechtfertigung der Geschlechtertrennung und in 4,3 für die höfischen Harems, die es bereits im Alten Orient und im Zweistromland gegeben hatte. Die Verhüllungs- und Keuschheitsgebote in Sure 24,31 und 33,59 waren die Basis zur Begründung der Verhüllung und Verschleierung der Frau, die für Frauen der höfisch-städtischen Oberschichten im Zweistromland und im Alten Orient obligatorisch gewesen war.[181] Im Alten Orient machte sich eine Sklavin, die sich verhüllte, strafbar.

Ibn an-Nadīm nennt den Titel *Die Freie und die Sklavin* anonym unter den unterhaltenden Werken zum *Bāh* – ein persisches Wort für «Sexualität, Koitus, Verlangen» – und denselben Titel unter den Schriften des ʿAli Ibn Dāʾūd, des Sekretärs der Subaida, der Gattin des Kalifen Hārūn ar-Raschīd und Mutter des Kalifen al-Maʾmūn,[182] der in der Art des Hofsekretärs Ssachl Ibn Hārūn geschrieben habe.

Doch scheint auch hier vieles verloren gegangen zu sein. Einiges wurde in jüngerer Zeit ediert, etwa die Kompilation *Nissāʾ al-Chulafāʾ*, *Die Frauen der Kalifen* des fruchtbaren Bagdader Historikers und Bibliothekars Ibn as-Ssāʿi (1197–1278) über Frauen aus dem Umkreis der Abbassidenkalifen, Freie und mehr noch Sklavinnen.

Die Anthologie *Achbār an-Nissāʾ*, *Die Berichte über Frauen*, wurde lange dem Damaszener hanbalitischen Theologen Ibn Kajjim al-Dschausijja (1292–1350) zugeschrieben, stammt aber offensichtlich nicht von ihm. Hier geht es in zehn Kapiteln um die «Eigenschaften von Frauen», um Menschen, die Liebe in Verwirrung und Wahnsinn trieb, um Eifersucht, Treue, Betrug, um unerlaubte sexuelle Beziehungen und deren Bestrafung.[183]

Ibn an-Nadīm nennt in der achten Makāla über die Unterhaltungsliteratur diverse Titel über Liebespaare in vorislamischer und islamischer Zeit, darunter so bekannte wie Madschnūn und Laila, Dschamīl und Buthaina, Kais und Lubna, Kuthajjir und ʿAsa, Liebende aus Beduinenstämmen, die zu Prototypen der sehnsuchtsvollen, keuschen, unerfüllten, der ʿudhritischen Liebe wurden. Die Geschichte von Madschnūn und Laila (persisch: Laili) fand im persischen Epos des Nisāmi (geschrieben 1188) und seinen Nachahmern wunderschöne literarische Gestaltungen und ging in die Literaturen nahezu des ganzen Vorderen Orients ein.

Eine kleinere Zahl von Titeln jeweils über zwei Frauen, etwa *Das Buch von Raichāna und Kurunful*, in ihrer schönen Bedeutung *Basilienkraut und Nelke* sicher die Namen von höfischen Sklavinnen, *Das Buch von der klugen und der verräterischen Sklavin, ... von Ssukaina und ar-Rabāb* subsumiert der *Fichrist* unter: «Elegante, geistvolle Liebende». Unter der Überschrift «Die Namen von Liebenden, deren Geschichten der Abendunterhaltung dienen», zählt er Titel auf, die auch in *Tausendundeiner Nacht* stehen könnten, wie *Das Buch des Ägypters und der Mekkanerin* oder *Das Buch von Ssulaimān Ibn ʿAbd al-Malik, der Sklavin und ihrem Kleinkind* oder *Das Buch des verliebten Jünglings und seiner Gefährtin*. Ein weiterer Abschnitt nennt Liebesgeschichten zwischen Dschinn und Menschen beiderlei Geschlechts. Manches aus diesen «Büchern», die vermutlich geringeren Umfangs waren, ging sicher in die Adab- und auch in die Volksliteratur ein.

Die meisten Adab-Enzyklopädien enthalten eigene Kapitel über Frauen. In ihnen spielt die Liebe zu Frauen eine wichtige Rolle. Das Frauenkapitel in Ibn Kutaibas *Quintessenzen der Berichte* wurde oben vorgestellt.

Es gibt darüber hinaus zwischen dem 9. und dem 16. Jahrhundert wenigstens zwanzig unterhaltsam-belehrende Werke zum Thema der weltlichen, im Gegensatz zur göttlichen Liebe. Die hier entwickelte Theorie oder Philosophie der Liebe idealisiert die sehnende, selten Erfüllung findende Liebe des Mannes zur Frau, auch des Mannes zum schönen Jüngling als ihn veredelnde, ihn erst zum Menschen machende Kraft, von Gott als Gnadengabe verliehen. Liebe wird als seelische und charakterliche Übereinstimmung zwischen zwei Menschen definiert. Sie bringt den Liebenden dazu, den geliebten Menschen als schön zu empfinden, selbst wenn er das in den Augen anderer nicht ist. Auch die körperliche Nähe und Umarmung dient der seelischen Vereinigung. Zahlreiche Anekdoten, kürzere und längere Erzählungen und viele Gedichte veranschaulichen, romantisieren und überhöhen. Liebesleidenschaft, heftiges Begehren dagegen werden als zerstörerisch dargestellt, werden geschmäht und verdammt. Vor dem Blick auf die Frau und auch den bartlosen Jüngling als das Chaos zerstörerischer, Liebeswahn, ja Liebestod auslösender Gefühle wird gewarnt.

Etwa zur selben Zeit, als der Bagdader Mystiker Hārith al-Muhāssibi (gest. 857) ein Sendschreiben über die göttliche Liebe (*Mahabba*) verfaßte, waren auch die Grundideen der antiken Liebesphilosophie in den Islam eingedrungen. Massʿūdi gibt in seinen *Goldwäschen* eine Debatte zwischen dreizehn Vertretern verschiedener religiöser Richtungen, darunter ein Mobed, ein zarathustrischer Priester, im Kreis um den Barmakidenwesir Jachja Ibn Chālid am Hof Hārūn ar-Raschīds über die unterschiedlichen Formen und Stadien der Liebe und ihrer Benennungen wieder. Sie zeigt die Bedeutung des Themas in dieser Zeit.

Das erste erhaltene Sendschreiben *Über die Frauen und die Liebe* stammt von dem Libertin Dschāhis (s. S. 120ff.), der Liebe (*Ḥubb*) zu einer der Hauptursachen für das Übel in der Welt erklärt, wenn sie den Menschen dazu bringt, umherzuirren oder gar vor Kummer zu sterben.[184] Er wolle deshalb die Unterschiede zwischen dem Guten und dem Schlechten an der Liebe deutlich machen. Daß der Liebende die Geliebte gewinnt, sei das höchste Glück und der vollkommenste Genuß, um so intensiver, je tiefer die Liebe verwurzelt sei. Er stellt fest: «Die Frau steht in manchen Dingen über dem Mann: Sie ist es, um die geworben wird, die gewünscht, geliebt und begehrt wird, und sie ist es, um deretwillen man sich aufopfert und die beschützt wird.» Die hohen Mauern, die dicken Tore, die dichten Schleier, die Eunuchen, das Gesinde, die Ammen seien nur zu ihrem Schutz ausersehen und sollten das Glück bewahren, das Frauen (den Männern) gewähren. Gott habe zwar aus einer Frau ohne Zutun eines Mannes ein Kind entstehen lassen, aber noch nie das Umgekehrte bewirkt. Das ist eine Anspielung auf das islamische Marien- und Jesusbild. Er bestätigt zwar letztlich die Überlegenheit des Mannes, warnt Männer jedoch davor, im Zorn ihre Ehefrau zu verstoßen oder ihre geliebte Sklavin zu verkaufen. Wenn der Zorn abgeklungen sei, könne er (nach dem koranischen Recht) die Ehefrau nur wieder heiraten, nachdem sie die Frau eines anderen war, oder die Sklavin zu einem höheren Preis zurückkaufen. Zwei Kategorien von Menschen seien unfähig zu lieben, der ganz Arme und der Herrscher, der eine, weil er um sein täglich Brot kämpfen müsse, der andere, weil er zu sehr mit Machtfragen befaßt sei – ein Standardurteil auch in späterer Zeit. Sein Sendschreiben *Über die Sängersklavinnen* verteidigt sie und die Liebe zu ihnen (s. S. 129f.).

Homoerotik oder Homosexualität bekämpft Dschāhis metaphorisch in seiner Schrift *Über den Vorzug des Bauchs vor dem Rücken* (s. o., S. 130). Sie spielte aber bald darauf als Liebe eines älteren Mannes zu einem Jüngling oder Knaben oder eines jungen Mannes zu einem anderen in Dichtung und Prosa eine große Rolle.[185] Orthodoxe Juristen und Theologen verfemten sie mit strengen Hadīthen. Trotzdem war sie in der höfisch-städtischen Oberschicht weit verbreitet und galt dort der heterosexuellen Liebe gleichwertig, mitunter sogar mehr als sie. Daß sie dieselben Symptome mit allen Höhen und Tiefen zeitigt wie diese, bringen Anekdoten, Erinnerungsberichte und Gedichte zum Ausdruck. Lesbische Beziehungen in den großen höfischen Harems dagegen wurden, Berichten bei Historikern zufolge, hart bestraft, wenn man sie entdeckte.

Die Entwicklung einer Liebestheorie beginnt etwas später. Sie kreist um das angebliche Prophetenwort: «Wer liebt, seine Liebe verheimlicht, rein bleibt und stirbt, stirbt als Märtyrer» (*Schahīd*, auch «Zeuge», wie «Märtyrer» im Griechischen). Als eines der vier Hauptkennzeichen des feinsinnigen Gebildeten definiert Ibn al-Waschschā's Anstandsbuch

(s. S. 157 ff.) die keusche Liebe des Mannes zu *einer* Frau. Sie kann, wenn überhaupt, nur in einer dauernden Verbindung Erfüllung finden. Die Kennzeichen sehnender, unerfüllter Liebe sind Blässe und Magerkeit, die zum Tod führen können. Er zitiert Geschichten über bekannte ʿudhritische Paare und Anekdoten und Verse über die Unterschiede zwischen der unerfüllten, «reinen» und der wesentlich realitätsorientierteren städtischen Liebe sowie darüber, wie weit diese gehen dürfe. Die offensichtlich zunehmende Lockerung der höfisch-städtischen Sitten wird mit Versen bloßgelegt und ebenso verdammt wie Homosexualität. Generell seien Liebe und Leidenschaft eigentlich nur den Vermögenden unter den feinsinnigen Gesitteten, den *Dhurafāʾ*, angemessen. Darauf folgen Warnungen vor den Listen der geldgierigen Sängersklavinnen, die sich schnell von einem Mann, der sie liebt, abwenden und ihn leichtfertig quälen. Verse und Aphorismen darüber, daß auch solche Frauen verblühen und dann wie verwelkte Blumen weggeworfen würden, sollen wohl Betrogene trösten, bevor sich der Autor dem empfehlenswerten Äußeren des Elegants zuwendet. Armut hindere nicht am gesitteten, feinen Verhalten, aber für die Liebe sei sie unzweckmäßig. Schließlich waren die Objekte der Liebe meist die gebildeten Sklavinnen, die Hetären dieser Zeit.

Konzentriert auf das Wesen und die Phänomene der Liebe ist das Jugendwerk des Ibn Dāʾūd al-Isfāhāni (868–910), der erste Band seines *Buchs der Blume*, von etwa 890, also etwa derselben Zeit. Ibn Dāʾūd war der Sohn des Begründers der Sāhirijja in Bagdad und wurde nach dessen Tod – erst 16jährig, doch auf Grund seiner hohen Intelligenz respektiert – sein Nachfolger als ihr Oberhaupt. Die Sāhirijja (von *sāhir*, «äußerlich») war eine religiös-rechtliche Schule des mittelalterlichen Islams, die den Koran und die Sunna nach dem äußeren Wortsinn interpretierte. Als einer der beiden führenden Juristen Bagdads gab Ibn Dāʾūd, veranlaßt vom Kalifen, ein Fetwa ab, das die Hinrichtung des Mystikers al-Halládsch als Ketzer für legal erklärte. Sie fand allerdings erst zwölf Jahre nach seinem Tod statt.

Sein *Buch der Blume* verfaßte er laut Vorwort als idealen, zu jeder Stimmung passenden «Gefährten» für einen anonymen Freund, nach dem er sich leidenschaftlich sehnte, der ihn aber schlecht behandelte. Es sollte die Liebesleidenschaft (*Hawā*) gegenüber allen verteidigen, die sie als pathologisch schmähten, und bei diesen Verständnis für sie und die von ihr Betroffenen wecken. Die ersten 50 Kapitel mit jeweils hundert Versen von Dichtern, auch Dichterinnen, aus verschiedenen Zeiten, darunter vermutlich eigene, poetisieren das Wesen, die Zustände, Phänomene, Prinzipien und Fehler der Liebe. Der junge Autor erklärt, er wolle nicht die allseits bekannten Geschichten wiederholen, die niemand mehr hören wolle. Auf den ersten theoretisierenden Seiten nennt er Plato, Ptolemäus, Galen und «einen Arzt» als Quellen für die These, der Mensch sei als harmonisches Ganzes geschaffen und dann in zwei Teile zerfallen. Wenn die zueinander passenden Teile wieder zusammenfinden, sei die Basis der harmonischen Liebe zwischen zwei Menschen gegeben. Er entwickelt seine Liebestheorie in den Reimprosatiteln der Kapitel, legt jeweils zu Kapitelbeginn in hübscher Prosa seine Ideen dar, kommentiert manche Verse, widerspricht ihnen oder kritisiert Aussagen. Spätere erzählten die Geschichte seiner keuschen Liebe zu dem schönen jungen «Parfümhändler» as-Ssaidali, dem er dieses Buch widmete, und an der er starb. Er hatte sich in ihn verliebt, der nur für ihn den Schleier vom Gesicht nahm, damit niemand seine Schönheit mit Blicken beschmutzte, wollte aber die Liebe nicht vollziehen, um rein zu bleiben.[186]

Titel eines Kapitels und Motto des Werks ist das bereits aus Ibn al-Waschschā's Anstandsbuch bekannte: «Zur Feinsinnigkeit gehört unabdingbar die Keuschheit». Wurzel der Liebesleidenschaft ist das Sehen und das Hören (des/der Geliebten), so die These, also die Schönheit von Gestalt und Stimme. Der Gesichtsschleier soll schöne Frauen und Männer davor schützen, zu heftig begehrt zu werden. Kapitelüberschriften in Reimprosa lauten etwa «Ein Gefangener der Leidenschaft ist der Verstand, die Sehnsucht nimmt beide als Emir an die Hand», «Je öfter man den Geliebten sieht, desto schmerzvoller das Gemüt», «Nur erschaffen wurde die Trennung zu der Liebenden Peinigung», «Selbsterniedrigung vor dem Geliebten ist ein Charakterzug des Gebildeten» bis «Ein wenig Treue über den Tod hinaus ist edler als viel davon in des Lebens Haus.»[187] Die mann-männliche Liebe ist, ob in zarter Sehnsucht oder als amour fou, heteroerotischen Gefühlen gleich. Dafür gab es Vorläufer in der Liebesphilosophie der Griechen. Islamische Philosophen und Ethiker wie Ibn Ssīna in seiner Rissāla *Über die Liebe* und sein Zeitgenosse, der Historiker Miskawaih (gest. 1037), in seinem Buch *Die Verfeinerung der Sitten*, berufen sich oft auf griechische Vorbilder.

Auch der zweite Teil des *Buchs der Blume* ist eine Gedichtsammlung in fünfzig Kapiteln, in denen der Autor laut Vorwort wieder je hundert Verse aus verschiedenen Zeiten anführen will. Zwar sind die letzten Kapitel kürzer, Themen wiederholen sich hier, doch zeugen die Gedichte, darunter wohl wieder eigene des Autors, von den poetischen Standardthemen der höfisch-städtischen Unterhaltung: Wein, Jagd, Reittiere, Natur. Poetische Pingpongspiele etwa zwischen gebildeten Sklavinnen und ihren Besitzern waren Teil gehobener Geselligkeit. Dabei wurden Verse über ein Thema im selben Metrum und Reim von verschiedenen Personen spielerisch improvisiert und fortgeführt. Einige Kapitel enthalten Gedichte mit graphischen und Sprachspielereien, wie sie auch in Harīris *Makāmen* und bei späteren Autoren in Prosa und Poesie zu finden sind.

Eine der schönsten Anthologien zur realen höfischen Liebe und die am häufigsten in europäische Sprachen übersetzte ist *Das Halsband der Taube. Über die Liebe und die Liebenden, Tauk al-hamāma fi l-ulfa wa-l-ullāf,* des Juristen Ibn Hasm (994–1064).[188] Sie zeichnet ein andalusisches höfisches Sittenbild ihrer Zeit. Den Titel begründet der Autor nicht, aber eine kleine Gedichtsammlung *Tauk al-hamāma* des ägyptischen Polyhistors as-Ssujūti (1445–1505) läßt erkennen, daß damit der farbige Streifen am Hals der Ringeltaube gemeint ist.

Als Sohn eines Wesirs in Córdoba geboren, genoß Ibn Hasm eine höfische Erziehung und Bildung und blieb auch nach dem Sturz der Umajjaden in Spanien pro-umajjadisch. In Ablehnung der politischen Gegebenheiten zog er sich früh nach Jatíva zurück und verfaßte, wie es heißt, etwa 400 Werke. Das in Monographien und Sendschreiben[189] Erhaltene ist vorwiegend juristischer, theologischer, philosophischer, psychologischer, häresiographischer und historischer Art. Ibn Hasm war wie Ibn Dā'ūd ein wichtiger Vertreter der Sāhirijja. Seine Lehre zum Eherecht gesteht im Vergleich zu den anderen Rechtsschulen Frauen der Oberschicht, auch deren Sklavinnen, gewisse Privilegien zu. Ob er bereits Sāhirit war, als er das *Halsband* schrieb, ist nicht gesichert.

Ibn Hasm redet im Vorwort einen guten Freund an, der ihm erst kürzlich geschrieben und ihn dann, trotz der Mühen der langen Reise, von Almería aus besucht habe. Nur auf seine Aufforderung hin, er solle ein Buch über die Liebe, ihre Inhalte, Ursachen, Phänomene und Wirkungen verfassen, ohne zu übertreiben, habe er dies getan. Eigentlich sei ein solches Werk kaum zu rechtfertigen, da das Leben kurz sei, aber die Seelen rosteten leicht und brauchten Erfrischung. Das ist ein beliebtes Leitmotiv für unterhaltende Werke. Er werde nur eigene Erlebnisse und die glaubwürdiger Bekannter wiedergeben und seine eigenen Verse dazu setzen, grenzt er sich selbstbewußt von anderen ab. «Erlaß' mir, die alten Beduinengeschichten zu erzählen! Ihr Weg ist nicht der unsere! Mir liegt es nicht, ein anderes als mein eigenes Reittier zu benutzen und mich mit geborgtem Schmuck zu putzen!» Daß er sich für ein solches Buch besonders geeignet fühle, da er, «bis ihm der Flaum wuchs», nur unter Frauen gelebt, sie und ihre Geheimnisse beobachtet und von ihnen das Schreiben, den Koran und viele Gedichte gelernt habe, äußert er später. Da Frauen im Gegensatz zu Männern kaum andere Beschäftigungen hätten, interessierten sie sich für die Liebe viel mehr als diese. Im Originaltext wird nicht immer deutlich, ob von einer hetero- oder einer homoerotischen Liebe die Rede ist. Besonders einige der leidenschaftlichen Liebesgedichte scheinen einem männlichen Partner zu gelten. Dies ist aber wohl nur Gattungskonvention, denn an einer Stelle spottet Ibn Hasm über eine praktizierte mann-männliche Liebe.

Liebe, sagt er eingangs, ist zuerst Scherz, am Ende aber Ernst und nur von dem wirklich zu beschreiben, der sie erfährt und durchleidet. Sie führe zwei gespaltene Teile zu einem Ganzen. Wenn hier also nicht zum zigsten Mal die Geschichten ʿudhritischer Liebender aufgeführt werden, sondern zarte und auch offene Erlebnisberichte über Liebesbeziehungen in andalusischen Städten und höfischen Harems von Ibn Hasm und anderen, so sind doch die Themen und Grundhaltungen ähnlich. Die Liebe in Gestalt des sehnenden, auch des trotz äußerer Erfüllung nie zu stillenden Verlangens des Mannes nach der Frau und auch umgekehrt, aber dies gleichfalls von Männern erzählt, spielt ebenso eine Rolle wie die Bitterkeit der Trennung, das Meiden, wie Treue und Untreue, das Wahren und das Preisgeben von Geheimnissen. Die aus der altarabischen Dichtung bekannten Gestalten des Tadlers, des hilfreichen Freundes, des Beobachters und des Verleumders erscheinen hier auch. Wichtig ist, wie schon bei Ibn Dāʾūd, das Thema des Sehens und Hörens der/des Geliebten als Auslöser der Liebe in einer Gesellschaft mit Geschlechtertrennung. Ob die geliebte oder auch liebende Frau Freie oder gebildete Sklavin ist, also ihr sozialer Status, ist für die Beziehung unerheblich. Selbstbewußte kokette Sklavinnen, die ihren Herrn quälten, gab es jedenfalls. Unterwerfung, auch dies ist schon Thema bei Ibn Dāʾūd – Dschāhis bezeichnet sie als der Mannestugend (*Murūʾa*) schädlich – geschieht nur aus Liebe gegenüber dem/der Spröden und ist Topos. Der vermutete Einfluß arabischer Liebespoesie mit ihrer Verehrung der Frau auf die Troubadourlyrik könnte hier begonnen haben.[190]

Etwas später publizierte der Bagdader Gelehrte Ibn as-Ssarrādsch (1026–1106) seine umfangreiche Anthologie *Massāriʿ al-ʿuschschāk*, *Die Kampfstätten der Liebenden.* Ohne erkennbare sachliche Ordnung geht es hier unter anderem auch um das Verlangen des Menschen nach Gott, etwa bei der Mystikerin Rābiʿa al-ʿAdawijja, und um für real gehaltene Liebesbeziehungen von Männern und Frauen zu einem Dschinn des anderen Geschlechts. Mughultāis (1291–1361) *Die Märtyrer der Liebenden* bringt in alphabetischer Anordnung die Geschichten derer, die der literarischen Tradition zufolge aus unerfüllter Liebe starben und so als Märtyrer ins Paradies eingingen. Eine längere Einleitung erörtert die Glaubwürdigkeit des Hadīth über den Märtyrertod aus unerfüllter Liebe. Der Autor, dem Namen nach zu urteilen, türkischer Herkunft, war seit 1334 Traditionsgelehrter an der Sāhirijja-Madrassa in Kairo, wurde aber infolge einer Denunziation inhaftiert, wie es heißt, auf Grund einer nicht genehmen Überlieferung über Muhammeds Lieblingsfrau ʿĀʾischa in diesem Werk.

Ein Trostbuch für einen anonymen Freund, der, von Liebesleid betroffen, ihn darum gebeten habe, ihm das Wesen der Liebe und den Unterschied zwischen *ʿIschk,* «leidenschaftliche Liebe», und *Mahabba,* «Zuneigung», zu erklären, wollte laut Vorwort der oben mit seinem Fürstenspiegel genannte Arzt ʿAbd ar-Rachmān asch-Schaisari verfassen. Er wolle ihm zeigen, daß es Schlimmeres gebe, als das, was er erlebte, und habe zur Ablenkung auch einiges an *Mudschūn,* «Frivolem», hinzugetan. Sein Buch *Der Garten der Herzen und der Spaziergang des Liebenden und des Geliebten*[191] besteht aus elf Kapiteln. Im 12. Jahrhundert konnte er auf diverse Vorgängerwerke zurückgreifen, aus denen er reichlich zitiert. Doch meldet er sich auch wiederholt selbst kommentierend und erklärend zu Wort. Liebe ist für ihn eine Krankheit, die in sieben, mit unterschiedlichen arabischen Begriffen bezeichneten, sich forcierenden Etappen verläuft. Bis auf die letzte seien sie heilbar wie jede Krankheit, man müsse nur die richtigen Heilmittel kennen. *Mahabba* und *ʿIschk* stellen die dritte und die vierte Etappe dar. Er zitiert im ersten Kapitel, wie schon Ibn Dāʾūd, Galen über die Liebe *(ʿIschk)* als Produkt der Seele, die wiederum im Gehirn, im Herzen und in der Leber angesiedelt sei. Die drei Kammern des Gehirns seien Sitz für Vorstellungskraft, Denken und Erinnerung. Alle drei seien beim Liebenden ständig auf den geliebten Menschen konzentriert, deswegen könne er weder essen noch schlafen. Nur wenn der Liebende den geliebten Menschen träfe, wiche dieser aus seinen Hirnkammern, und er werde wieder normal. Auf den Hadīth über den Märtyrertod aus Liebe spielt er nur an. Das Buch enthält eine Fülle von Geschichten aus anonymen Quellen und Gedichte über unterschiedliche Zustände der Liebe, darunter den Liebestod aus Sehnsucht oder die Treue über den Tod hinaus, sogar bei Tieren. Erlebnisberichte des Autors gestalten den Text sehr lebendig. Das Für und Wider der körperlichen Vereinigung als höchstes Ziel oder eher als das sichere Ende der Liebe wird mit langen an Gedichten reichen Geschichten belegt. Heterosexuelle Liebe spielt ebenso eine Rolle wie die mystische zu Gott. Für homosexuelle Beziehungen zitiert asch-Schaisari Beispiele in Prosa und Poesie, bezeichnet sie aber als unziemlich für den gesitteten Feinen. Mehrere Geschichten über durch ein Bild hervorgerufene Liebe und ein Bild als Ersatz für den verstorbenen oder entfernten Geliebten (einer Frau) dürften aus dem persisch/indischen Bereich stammen und zeigen, daß das Bilderverbot so ernst nicht genommen wurde. Den Schluß des achten Kapitels «Über das, was die Gesitteten vermeiden und wovon die Seelen der Edlen sich abwenden» bildet eine hübsche Rangstreitdichtung, deren Zeuge der Autor angeblich im Jahr 561 (1165/66 n. C.) in Hama[192] – heute und schon länger eine Hochburg des islamischen Fundamentalismus – wurde. Eine sehr kluge und tugendhafte Predigerin aus Bagdad, «Herrin der Scheiche» genannt, habe hier mit seinem Freund, der Gefallen an ihrem schönen Bruder fand und von diesem provoziert, darüber gestritten, ob das männliche oder das weibliche Geschlecht vorzuziehen sei. Das geschieht in Reimprosa, Poesie und im Stil der religiösen Jurisprudenz mit Koranzitaten und Hadīthen. Die Predigerin entscheidet mit einem Schmähgedicht auf homosexuelle Liebe zugunsten der Frauen, nicht ohne sich dafür zu entschuldigen, daß sie die Grenzen weiblicher Schamhaftigkeit überschreite. «Aber die Geheimnisse liegen bei den Freien, und Gesprächsrunden haben (wohl Verschwiegenheits-) Garantien.» Die Rangstreitdichtung in der 419. Nacht der ägyptischen Rezension von *Tausendundeiner Nacht* ist dieser so ähnlich, daß Schaisari die Quelle sein könnte. Das zehnte Kapitel «Über Antworten frivoler Männer und Frauen, die in intimen Kreisen erfreuen» einleitend, betont der Autor unter Berufung auf das Muhammed zugeschriebene Gebot «Erfreut die Herzen, denn in ihnen ist das Gedenken an Gott!», er wolle hier nur bringen, was die gesitteten Feinen sich erzählen. Dann folgt ein Streitgespräch, das das engere Gefolge des letzten Wesirs des Abbassidenkalifen al-Mustadī' eines Nachmittags in Bagdad darüber geführt habe, ob das weibliche oder das männliche Sexualorgan das bessere sei. Hier entscheidet wieder ein Rangstreit zwischen einer eilends herbeigeholten geistvollen, gebildeten, schönen Sklavin namens Himāna und einem anonymen Angehörigen des Kreises zugunsten der Frau. Der Streit wird mit Versen ausgetragen, von denen jeweils die einen durch die folgenden widerlegt werden. Himāna schließt triumphierend mit einem Lobgedicht auf ihre Vulva. Die anschließenden Anekdoten und Geschichten beziehen ihren Unterhaltungswert aus offenen bis derben Darstellungen sexueller Vorgänge. Das Buch endet mit einem Kapitel kurzer Gedichte über den Frühling, über Blumen und Früchte. Der Autor sagt, daß er solche Verse in einem anderen Buch in größerer Zahl gesammelt habe.

Dem Schaisari wird auch ein Büchlein *Über die Geheimnisse von Männern und Frauen* zugeschrieben, das größtenteils aus Rezepten besteht: zur Steigerung männlicher Potenz, für Kosmetika für Frauen, auch für «Dickmacher», da nur eine üppige Frau dem Mann wirklich Lust verschaffen könne, ferner für Schwangerschaftsverhütung und Abtreibung, beides besonders für den Verkehr mit Sklavinnen. Allgemeinere Begründungen leiten die Kapitel ein.

Spät ist die umfängliche Anthologie *Tasjīn al-aschwāk bi-tafsīl achbār al-ʿuschschāk, Der Sehnsüchte Ausschmückung durch der Liebenden Geschichten Darlegung* des blinden Philosophen und Mediziners Dā'ūd al-Antāki (gest. 1599). Der Verfasser, der nach eigener Aussage erst nach einer Wunderheilung durch einen persischen Scheich laufen lernte, der dann sein Lehrer im Griechischen, in der Medizin und in anderen Fächern wurde, war später in Kairo ein angesehener Gelehrter. Er ist Autor mehrerer medizinischer Schriften.

Der Titel seines Buches über die Liebe nimmt Bezug auf ein anderes, das er hier überarbeitete und aktualisierte, weil er dies für nötig hielt, die *Aswāk al-aschwāk fi massāriʿ al-ʿuschschāk, Die Märkte der Sehnsüchte. Über die Kampfstätten der Liebenden*, des schāfiʿitischen Gelehrten syrischer Herkunft al-Bikāʿi (1406–1480). Das ist seinerseits eine Bearbeitung des oben genannten Buches über die *Kampfstätten der Liebenden* von as-Ssarrādsch.

Dāʾūd al-Antāki preist Liebe und sehnsuchtsvolles Verlangen von Männern zu schönen Mädchen und Frauen und zu schönen Jünglingen im Kontext der Liebe des Menschen/Mannes zur Schönheit als Gottesgabe. Sein ambivalentes Frauenbild wird aus einer philosophierenden Bemerkung deutlich: «Wenn die Frauen Fallstricke des Satans sind, so sind sie doch auch Richtschnüre der Erkenntnis, denn durch die Liebe zu ihnen gelangt der Verständige zur Kenntnis ihres Schöpfers, weil klare Voraussetzungen zu wahren Zielen führen.»[193] Als Mediziner gibt Dāʾūd al-Antāki zahlreiche Empfehlungen zur Heilung des ungestillten Liebesverlangens. Gedichte von Mystikern, darunter zahlreiche von Ibn al-Fārid, den al-Bikāʿi kritisierte und bekämpfte, auch eigene Gedichte al-Antākis, gestalten das Werk poetisch. Er zitiert Verse jüngerer Dichter, darunter Strophengedichte nach Art des andalusischen Muwaschschach, etwa des Richters Ibn Ssanāʾ al-Mulk (1155, Kairo – 1211, Damaskus) und des Irakers Ssāfi ad-Dīn al-Hilli (1278–1349).[194]

Al-Antāki zitiert ebenfalls aus dem *Dīwān as-Ssabāba*, dem *Dīwān der heftigen Sehnsucht,* des volkstümlichen Mystikers Ibn Abi Hadschala, der 1325 im Sufi-Kloster seines Großvaters, eines bekannten Mystikers, in Tlemcen geboren wurde und 1375 in Kairo als Oberhaupt eines dortigen Sufi-Ordens starb. Dieser Dīwān wurde im 19. Jahrhundert mehrfach gedruckt und soll auszugsweise Stendhal, dem Verfasser der *Kartause von Parma* und von *Rot und Schwarz*, in französischer Übersetzung oder Adaption bekannt gewesen sein. Ibn Abi Hadschala war so sehr Gegner des Ibn al-Fārid und seiner monistischen Sufi-Bewegung, daß er mit einem Dīwān seiner Gedichte auf den Propheten auf der Brust begraben werden wollte, die er im Widerspruch dazu verfaßt hatte.

Der andalusische Wesir Ibn al-Chatīb, ein Zeitgenosse Ibn Abi Hadschalas, ging mit seinem umfangreichen Buch *Raudat at-taʿrīf bi-l-hubb asch-scharīf,* Der *Lehrgarten der edlen Liebe*, gegen ihn und andere Autoren an. Er spielt wiederholt auf sie, auch auf al-Ghasāli und Ibn ʿArabis *Dolmetscher der Sehnsüchte* an. «Edle Liebe» ist die Liebe des Menschen zu Gott als höchstes aller Gefühle. Ibn al-Chatīb entwickelt hier eine Theorie mystischer Gottesliebe. Wenn im ersten Teil des dem Ghasāli zugeschriebenen Fürstenspiegels von einem Baum der Gottesliebe die Rede ist, so variiert er dieses auch von anderen verwendete Bild: Liebe ist der

Baum, die Seele, in der sie wächst, ist der Boden. Die Arten der Liebe sind die Zweige, die Geschichten über sie sind die Blätter, Liebesgedichte die Blüten. Die Vereinigung mit Gott sind die Früchte.[195]

Nicht nur sāhiritische, mehr noch hanbalitische Theologen widmeten sich dem Thema der weltlichen Liebe in besonderem Maß.[196] Die hanbalitische Rechtsschule mit ihrem Hauptvertreter, dem fruchtbaren religiösen Juristen Ibn Taimijja (1263–1328, Damaskus), gilt in ihrer Gesetzesstrenge, ihrer Ablehnung der Mystik und des Heiligenkults als Vorläuferin des Wahhabismus in Saudi-Arabien. Hanbalitische Autoren lehnten den Hadīth über den Märtyrertod aus Liebe als fingiert ab.

Der brillante Bagdader Hof- und Stadtprediger und fruchtbare Kompilator unterhaltsamer Geschichtensammlungen Ibn al-Dschausi (1116–1201) gibt mit dem Titel seiner voluminösen Anthologie *Dhamm al-hawā, Die Verdammung der Liebesleidenschaft*, das Werturteil vor.[197] Leidenschaft, ob sehnendes Verlangen oder sexuelle Lust, führe vom Denken und Glauben an Gott und von der Erfüllung der religiösen Pflichten weg und sei daher abzulehnen. Nach einem Vorwort an einen um Rat und um Heilung von der Krankheit Liebe Suchenden, für den er dieses Werk zusammengestellt habe, folgen in fünfzig Kapiteln viele, teilweise sehr hübsche, turbulente und auch traurige Liebesgeschichten aus religiösen, historischen und Adab-Werken und bekräftigende Gedichte. Nicht immer passen sie zur Themenvorgabe. Die kurzen, ermahnenden Kommentare Ibn al-Dschausis führen den Leser zu den beiden letzten Kapiteln, einem relativ langen über die Heilmittel für die Liebesleidenschaft und zu abschließender Paränese.

Ibn Kajjim al-Dschausijja (1292–1350) schuf mit seinem berühmten *Garten der Liebenden und Spaziergang der Sehnsüchtigen* in 29 Kapiteln die Basis der hanbalitischen religiösen und weltlichen Liebestheorie. Er beginnt philologisch mit 51 arabischen Wörtern zur Bezeichnung unterschiedlicher Formen der Liebe und der Morphologie dieser Wörter. «Liebe gibt den Feiglingen Mut, macht die Geizigen freigebig, klärt den Verstand der Blöden, macht die Zungen der Gehemmten beredt. Die Macht der Könige unterwirft sich ihr, die Willkür des Starken gerät ins Wanken vor ihr, sie führt zu Anstand», heißt es hier. Kluge Menschen sagten, Liebe sei für die Seele wie eine gute Speise für den Leib, wenn man sie nicht genießt, ist es bedauerlich, genießt man sie aber überreichlich, bringt sie einen um.

Zu den frühen Werken Ibn al-Kajjims gehört auch eine Schrift zur *Prophetenmedizin*, die in der Tradition von Werken zur religiösen Volksmedizin steht. Hier bezeichnet er Liebe als Krankheit des Herzens/Verstandes, eine These, die ebenfalls griechischer Herkunft ist. Zur Heilung empfiehlt er die Vereinigung mit der Geliebten in der gesetzlichen und vom Schicksal gewollten Ehe oder die Ehe mit so vielen Frauen, wie das islamische Gesetz erlaubt (bis zu vier, nach Koran 4,3, nach 4,129 unter der Bedingung, daß der Mann alle gleichmäßig gerecht behandelt), oder die (ebenfalls legitime) Verbindung mit vielen eigenen Sklavinnen. Ein solcher Besitz war natürlich nur Wohlhabenden möglich. Ibn Kajjim hält weitere psychologisch durchaus nachvollziehbare Ratschläge für männliche Liebende bereit.[198]

Medizinische Werke zur Sexualität, beeinflußt von griechischen Vorbildern, gab es reichlich. Das arabische Wort *Nikāch* meinte «Ehe» und «Koitus», das persische *Bāh* «Koitus, Sexualität, Sexualtrieb». Ibn an-Nadīm führt Bücher über Bāh der bekannten Naturwissenschaftler und Mediziner Hunain Ibn Iss'hāk (809–873), Kūstā Ibn Lūkā (gest. 912/13), beide Christen griechischer Herkunft am Bagdader Hof, und des Arztes und Philosophen Abu Bakr ar-Rāsi (865–925) auf. In theoretischen Abhandlungen zur Sexualität wird diese, wie auch in vielen theologischen Werken, etwa in al-Ghasālis *Wiederbelebung der religiösen Wissenschaften* als dem Menschen von Gott zu seiner Freude und zur Fortpflanzung gegeben definiert. In Hadīthen, die im Lauf der Jahrhunderte immer patriarchalischer werden, wird sie allerdings aus rein männlicher Sicht dargestellt. Der sexuellen Forderung des Mannes an seine Frau hat diese – bei religiösen Strafandrohungen – Folge zu leisten, wo und wie immer sie sich befindet. Medizinische Literatur und auch der feinfühlige al-Ghasāli geben jedoch Ratschläge, wie der Mann seiner Frau die sexuelle Erfüllung zuteil werden lassen kann, auf die sie in der Ehe theoretisch einen Anspruch hat. Schließlich ist fest verwurzelten Ehrvorstellungen zufolge der Mann für die Ehre seiner Frau verantwortlich, das heißt dafür, daß sie ihm treu ist. Diese Ehre bedeutet die der gesamten Familie.

Unterhaltungswerke über Sexualität erheben meist ebenfalls belehrenden Anspruch. Sie sind, wie die Mudschūn-Dichtung, offen bis lasziv. Auch hier ist sicher vieles verloren gegangen und/oder nur fragmentarisch in späteren Werken erhalten. In der achten Makāla über die Unterhaltungsliteratur nennt der *Fichrist* diverse teils anonyme Titel persischen, indischen, griechischen und arabischen Ursprungs zum Thema *Bāh*, darunter neben dem oben genannten *Die Freie und die Sklavin*[199] mehrere mit persischen Frauennamen im Titel und eines über *Lesbierinnen und Freier*, sicher Kompilationen. Sie scheinen jedenfalls verloren gegangen zu sein.

In Europa bekannt wurde vor allem des Tunesiers an-Nafsāwi (15. Jh.) *Der duftende Garten. Über den Spaziergang des Tändelnden.*[200] Ein französischer Kolonialoffizier publizierte 1850 schamhaft unter Pseudonym in Algier eine Übersetzung. Seit 1876 wurde sie öfter und in allmählich wachsenden Auflagen auch in Frankreich gedruckt und vom englischen

Spezialisten für orientalische Erotika Richard Burton 1886 nach dem Französischen ins Englische übersetzt. Westeuropäische Erotika-Sammler seit dem ausgehenden 19. Jahrhundert formten ihre Vorstellungen vom erotisierten, sexualisierten Vorderen Orient daran ebenso wie an «erotischen Übersetzungen» von *Tausendundeine Nacht*, besonders der auch durch ihre Anmerkungen bewußt provokanten von Burton.

Nafsāwis *Duftender Garten*, von einem Wesir der Hafsiden in Tunis in Auftrag gegeben, belehrt nach überlieferten stereotypen Urteilen über gute und schlechte Eigenschaften von Männern und Frauen detailliert über sexuelles Vokabular, den Koitus, Liebestechniken, Abtreibungs- und Potenzmittel. Der Autor durchsetzt diese Informationen mit kürzeren und längeren Geschichten voller erotischer Gedichte, Geschichten, die offensichtlich stimulieren und gleichzeitig vor weiblicher List und Tücke warnen sollen. Der «weise Narr Buchlūl» wird hier zum gerissenen, eine hochrangige Dame betörenden Sexualprotz. Die wiederholte Feststellung «Der Verstand der Frauen liegt in ihrer Scheide» charakterisiert die sexistische Sicht dieser und anderer Schriften auf diesem Gebiet. Da der Islam die menschliche Sexualität voll bejaht, allerdings stets aus männlicher Sicht, werden selbstverständlich auch diese Werke durch religiöse Formeln, Koran- und Hadīth-Zitate in den religiösen Kontext integriert.

Früher, umfangreicher, sehr stark und teilweise drastisch auf homosexuelle Beziehungen konzentriert ist at-Tīfāschis (1164, Tunis – 1253, Kairo) *Der Spaziergang der Herzen. Über das, was in keinem Buch zu finden*,[201] ein Werk, das in Europa erst wesentlich später bekannt wurde als das des Nafsāwi. Der Autor verfaßte auch Bücher über Edelsteine, Musik und Astrologie, die ebenfalls mit Gedichten und Anekdoten unterhalten, und eine Adab-Enzyklopädie, die nur fragmentarisch erhalten ist.

Ob das dem sehr produktiven Kairoer Polyhistor as-Ssujūti (1445 bis 1505) zugeschriebene *Buch der Klarlegung. Über den Koitus* wie anderes ihm auf diesem Gebiet Zugeschriebene tatsächlich von ihm stammt, ist fraglich. In die Liste seiner Schriften in seiner Autobiographie *Das Gespräch über Gottes Gnadengabe* – mit dieser meinte er auch seine exzellente Begabung – hat er es nicht aufgenommen.

Strenge Regeln für das sexuelle wie das gesamte soziale Verhalten von Frauen geben juristische Werke, die ihre Ge- und Verbote nicht nur mit Koranversen, sondern ebenfalls mit narrativen Texten belegen, mit Hadīthen. Früh und als Rechtshandbuch natürlich systematisch geordnet ist das *Kitāb al-ghāja wa-n-nihāja, Das Buch des äußersten Ziels und des Endes*, auch *Adab an-Nissā'*, des Andalusiers 'Abd al-Malik Ibn Habīb (790–852, Córdoba).[202] Nach der Pilgerfahrt nach Mekka und Reisen durch den Osten des islamischen Weltreichs, wo arabische Andalusier damals noch als ungebildete Bauern galten, wurde er zum eifrigen Malikiten. Er zitiert hier zum Beispiel einen (sicher fiktiven, aber von ihm als Juristen für notwendig erachteten) Hadīth: «Wenn fünferlei in meiner Gemeinde üblich wird, dann bedeutet das ihren Untergang: gegenseitige Verfluchung (eine Bezugnahme auf die religiös-politischen Kämpfe der Zeit), Wein, Seide, Saiteninstrumente (sie kamen aus Persien) und daß sich Männer mit Männern und Frauen mit Frauen begnügen.»[203] Er bringt auch den (angeblichen) Hadīth: «Wenn ich einem Menschen geboten hätte, vor einem anderen auf die Knie zu fallen, dann der Frau vor ihrem Mann, und wenn der Körper eines Mannes von oben bis unten eine schwärende Wunde wäre und sie ihn ableckte, um ihn davon zu befreien, hätte sie ihre Pflicht ihm gegenüber noch nicht erfüllt.»[204] Das widerspricht allerdings völlig dem Frauenbild der Dichtung und auch etwa dem des Ibn Hasm knapp 200 Jahre später. In al-Ghāsālis «Buch der Ehe/des Koitus»[205] in seiner *Wiederbelebung der religiösen Wissenschaften* erscheint dieser Hadīth in einer Erzählung über eine junge Frau, die beschließt, auf die Ehe zu verzichten, als sie hört, dazu sei eine Ehefrau verpflichtet.

Ibn an-Nadīm nennt *Die Satzungen für Frauen* des fruchtbaren schāfiʿitischen Juristen al-Ādschurri (gest. 970) aus Mekka. Bekannt ist ein Werk desselben Titels des hanbalitischen Predigers Ibn al-Dschausi. Er macht mit seinen Mißbilligungen und Verboten tatsächliches, gegen theologische Normgebung verstoßendes Verhalten von Frauen im Bagdad seiner Zeit deutlich.

Im Zuge stärkerer Einflüsse des Islams seit den 80er Jahren des 20. Jahrhunderts werden solche Werke gern mit Vorworten neu aufgelegt, die heutige Musliminnen auf die Zeiten überdauernde Verbindlichkeit dieser Gebote hinweisen.

Makāmen, Rangstreitdichtungen und Verwandtes

Dem realen Leben mit seinen Schattenseiten der Armut Hochgebildeter, der Gauner, Bettler und Betrüger widmete sich die für das Arabische typische *Makāmen*-Literatur,[206] jedenfalls in ihren bekanntesten Werken und in sprachspielerisch eleganter Überhöhung dieser Realität. Sie hat formal auch Literaturen anderer semitischer Sprachen, besonders die hebräische, und islamischer Länder wie die persische inspiriert. Man hat die bedeutendsten Makāmen-Werke, die des al-Hamadhāni (968, Hamadhān – 1008, Herat) und des Basriers al-Harīri (1054–1122), auch als Pikaro-Romane bezeichnet und vermutet, daß sie den spanischen Schelmenroman anregten, der sich seit der zweiten Hälfte des 16. Jahrhunderts entwickelte.

Badīʿ as-Samān (d. i. «das Wunder der Zeit») al-Hamadhāni brillierte nach einem Grammatik- und Sprachstudium in Bagdad nacheinander an mehreren Höfen. Er soll seine Makāmen zur abschließenden Unterhaltung von *Madschālis*, also der höfischen gelehrten Debattier-»Sitzungen», improvisiert haben, wie sie zuerst ein Werk dieses Titels des kufischen Grammatikers Thaʿlab (815–904) im Hinblick auf grammatische Fragen und unterhaltsame Texte, anhand derer sie erörtert wurden, und am brillantesten Tauhīdis *Genuß und Geselligkeit* erfaßte. Warum er diese Episoden *Makāmāt*[207] nannte und der Gattung damit den Namen gab, wissen wir nicht. Abgeleitet ist der Begriff von *kāma* (*qāma*), «stehen; sich erheben», als Hilfsverb «sich anschicken, etwas zu tun». Man hat ihn als Gegenstück zu den höfischen und gelehrten Madschālis gedeutet. Makāmāt hießen auch die Themen, die hier debattiert wurden. *Makām*, der Singular, bedeutet in der älteren Dichtung «Schlacht; Kampfhandlung», später «Situation, Zustand», dann auch «religiöse Ansprache, Predigt», sowie eine Gattung des Volkslieds, vielleicht weil es stehend vorgetragen wurde. Jedenfalls setzen die Makāmāt des Hamadhāni und des Harīri der mittelalterlichen volkstümlichen Straßenunterhaltung ein Denkmal. Die Stileleganz ist Einkleidung für die Sicht der höfischen Aristokratie auf diese Gegenwelt. Aristokraten waren offensichtlich frivol genug, an dieser Art sozialer Subversivität ihren Spaß zu haben.

Beide Makāmenwerke sind Sammlungen meist vergnüglicher Schelmen- bis Gaunerstücke in Reimprosa und Poesie. Sie werden von einem Erzähler vorgetragen, der bei Hamadhāni ʿĪssa Ibn Hischām heißt, bei Harīri, sicher in bewußter Reimanspielung auf seinen Vorgänger, al-Hārith Ibn Hammām. Jede Episode beginnt wie Erzählberichte und Anekdoten in historischen und in Adab-Werken mit «Mir berichtete …». Dabei verwendet Hamādhāni durchgängig das bei Hadīthen übliche *haddathani*, aber ohne die dort unerläßliche Überliefererkette, während Harīri zusätzlich mit anderen Verben jongliert. Beide Autoren geben sich dadurch als Organisatoren der Stücke zu erkennen. Harīri sorgt aber nicht nur für einen abwechslungsreicheren Anfang, sondern auch für eine stärkere Abrundung seiner Episoden.

Hamadhānis Makāmen sind von unterschiedlicher Länge und Gestalt. In mehr als der Hälfte erscheint als Held oder als eine der Erzählfiguren Abu l-Fatch al-Iskandari, auch «der aus Alexandria», als junger oder älterer Bettler, Schwindler, scheinheiliger Prediger, Dichter oder Quacksalber. In der 31., der «Diebs-Makāma», ist er (für unsere Begriffe) übler Päderast, der sich damit brüstet, einem jungen, hübschen Dieb Fallen gestellt und ihn dann vergewaltigt zu haben. In einer anderen, in der der Erzähler als Richter auftritt, treten der «Held» und seine beiden Frauen mit Schmähgedichten nach altarabischer Art über den Kampf der Geschlechter gegeneinander an, also mit derben sexuellen Metaphern.[208] Da der relativ jung verstorbene Hamadhāni seine Makāmen nicht selbst zu einem geschlossenen Werk sammelte, fehlen beide Stücke in modernen, «gereinigten» Ausgaben. In manchen Makāmen al-Hamadhānis ist der Erzähler der eigentliche Held oder er ist, gemeinsam mit «dem aus Alexandria», am Ende betrogener Betrüger, etwa in der 34. und der 35., der «Bader-Makāma» und der «Butter-Makāma». In dieser soll wohl die Aufzählung leckerer Speisen dem Leser/Hörer das Wasser im Mund zusammenlaufen und ihn am Ende die Frustration der beiden «Helden» spüren lassen, die dürftig abgespeist werden. Mehrere Makāmen Hamadhānis stimmen detaillierte Lobgesänge auf Speisen an, die ja auch in der beschreibenden Dichtung von etwa dieser Zeit an wichtig werden, oder zählen Leckeres sprachspielerisch auf.[209] In Hamadhānis Makāmen sind weder der Erzähler ʿĪssa Ibn Hischām, noch der Held Abu l-Fatch al-Iskandari eindeutig auf ihre Rollen fixiert. Die sehr kurze 41. Makāma etwa ist der Lob- und gleichzeitig Selbstpreis eines jungen Mannes in Reimprosa, der sich dann als «der aus Alexandria» zu erkennen gibt. Andere haben andere Helden als Abu l-Fatch, darunter den Erzähler, etwa die längere 12., die Bagdader Makāma über den «Bauerntölpel» aus dem Südirak. Held der 52., der «Bischr-Makāma», die aus mehreren Episoden besteht, ist der vorislamische Vagabund Bischr, der schließlich von seinem Sohn aus Rache für dessen Mutter im Zweikampf getötet wird. Eine Racheepisode der 43., in der deutschen Übertragung von Gernot Rotter ironisch «Die Freunde» betitelt, nämlich das Bartscheren (gleichwertig mit Ehrabschneiden) an volltrunkenen Gästen, erinnert an die Bestrafung Hochrangiger im Schelmenroman über die *Listige Dalīla* in *Tausendundeiner Nacht.* Nur gilt die Rache des Helden bei Hamadhāni Gefährten, die ihn verließen, nachdem er sein Vermögen für ihre und seine Lustbarkeiten verschwendet hatte, also falschen Freunden. Diese Makāma endet mit einer zusätzlichen Warnung: der vor einem betrügerischen Kopisten.

Hamadhāni und Harīri entnahmen ihre Stoffe dem reichen Schatz an mündlichen und schriftlichen Anekdoten, Erzählungen und Erinnerungsberichten, auch über bekannte Persönlichkeiten. So war der Held Abu l-ʿAnbas as-Ssaimari, der in dieser Makāma durch das Sammeln von interessanten Geschichten aller Art, die über eine halbe Seite in Reimprosa aufgezählt werden, und von Gedichten aus der Verarmung findet, ein fruchtbarer Autor und Hofunterhalter zweier Abbassidenkalifen (s. S. 240). «Das Gastmahl» der «Dschāhis-Makāma» – bei Gernot Rotter die 15. – dient dazu, den Dschāhis durch «den aus Alexandria», hier ein gierig schlemmenden Schmarotzer, wegen seiner Poesie und seiner Prosa heftig zu kritisieren. Er beherrsche weder das eine noch das andere, im

Farbminiatur zur 31. Makame des Harīri, entstanden wahrscheinlich im Nordirak, um 1235: Der Erzähler al-Hārith begegnet auf dem Weg nach Mekka zufällig dem Schelm Abu Said (rechts), der ihm und seinem dunkelhäutigen Begleiter eindringliche, von Wortspielen funkelnde Ermahnungen in Reimprosa und Poesie vorträgt.

übrigen habe jede Zeit ihren Dschāhis. Das mag Ausdruck der Rivalitätsgefühle eines Nachgeborenen oder des veränderten Zeitgeschmacks sein.

Die Verfasser jonglierten kreativ mit vorhandenen Stoffen, aktualisierten und durchflochten und/oder beendeten sie, der literarischen Konvention gemäß, mit Gedichten und oft ironischen, die herrschende Moral konterkarrierenden Versen. Gemeinsam sind beiden Werken die wechselnden Schauplätze, nach denen Harīri fast alle seine Stücke benannt hat, Hamadhāni die meisten. Dabei sind die Orts- und Szeneriebeschreibungen bei Hamadhāni oft ausführlicher als bei Harīrī. Bei Hamadhāni steht das Reisemotiv stärker im Vordergrund, schließlich wanderte er im Osten des Reichs von Hof zu Hof. Harīri reiste als «Nachrichtenbeauftragter» vermutlich nur öfter zwischen Basra und Bagdad. Bei beiden Autoren scheint die Wahl der Orte willkürlich und kulissenhaft.

Hamadhānis Stoffe regten Harīri an, aber er schuf sein eigenes Werk. Sein Held Abu Said wird nie zum betrogenen Betrüger wie der des Hamadhāni. Ihm gelingt es stets, mit Mutterwitz und seinen Verwandlungs- und Gaunerstückchen in geistvoller bis sarkastischer Sprachbrillanz an wechselnden Orten ein leichtgläubiges Publikum zu übertölpeln, um sich durchs Leben zu schlagen. Sein Erzähler trifft stets scheinbar zufällig mit diesem Helden oder eher brillanten Antihelden zusammen und erkennt ihn später als der Leser, erst jeweils zum Schluß der Szene. Er wird meist am Ende der Makāma zur kritischen moralischen Instanz.

In beiden Werken gibt es einige Makāmen mit identischen Themen in unterschiedlicher Gestaltung, etwa die «Dīnār-Makāma» über die Ambivalenz der Macht des Geldes und die über die Banu Sassān, die 19. bei Hamādhāni, bei Harīri die vorletzte. Sie setzen einer sozialen Gruppe der Zeit ein Denkmal. Banū Sassān, «Die Söhne Sassāns», in Form altarabischer Stammesnamen, aber nach der mittelpersischen Dynastie der Sassaniden gebildet, hieß die Bettlergilde. Der Grund ist umstritten. Abu Dulaf (10. Jh.) hatte ihr im Auftrag des Bujidenwesirs as-Ssāhib Ibn ʿAbbād in Isfahan und Raij eine lange Kassīda gewidmet, die auch den Bettlerjargon der Zeit festhält.[210] Für diesen führt bereits Dschāhis in seinem *Buch der Geizigen* Beispiele auf. Bei Hamadhāni und Harīri ist der Held Anführer der Banu Sassān. Hamadhānis Episode erinnert an die Anekdoten über Schmarotzer (*Ṭufaili*), die sich ungebeten als witzig-frech unterhaltende, gebildete, aber aufs Schnorren angewiesene Mitesser bei wohlhabender Leute Tafel einfanden. Ihnen setzte zu dieser Zeit der bereits als Hadīth-Gelehrter und Verfasser der großen *Geschichte Bagdads* genannte al-Chatīb al-Bagdādi (1002–1071) in einer Anthologie ein erstes Denkmal, al-Akfahssi (gest. 1405) in der Mamlukenzeit in Ägypten ein zweites. Beide Werke haben Reimprosatitel, das spätere den griffigeren: *al-Kaul an-nabīl fi t-tatfīl, Die edle Rede. Über das Schmarotzen.* Harīri formuliert in seiner Makāma eine *Wassijja*, hier eher ein antimoralisches Testament, das wie eine geistreiche Parodie auf die «Testamente» von Herrschern an ihre Söhne in Fürstenspiegeln und historischen Werken wirkt. Der deutsche Dichter und Orientalist Friedrich Rückert, der im 19. Jahrhundert 43 Makāmen Harīris dichterisch kreativ und beeinflußt vom deutschen Biedermeier übertrug, hat dies mit viel Freude am Sprachspiel umgesetzt.[211]

Ganz anders ist in manchen Ausgaben Hamadhānischer Makāmen eine als 41. wohl später eingefügte. Sie gestaltet das Vermächtnis des Helden an seinen Sohn nach seinem Beschluß, ihn Kaufmann werden zu lassen. Viele ernste Ermahnungen fordern den jungen Mann zu einem Leben in Arbeit, Askese und Gottesfurcht auf.[212]

Wieviele Makāmen Hamadhāni verfaßt hat, wissen wir nicht. Er selbst spricht in seinen durch ihre Zeitkritik in brillantem, kompliziertem Stil berühmt gewordenen Episteln von 400. 52 sind erhalten, davon 20 als «Auswahl» in der beliebten Adab-Anthologie *Bildungsblume* des wenig jüngeren Kairuwaners Ibrāhīm al-Hussri (gest. 1022). Dieser nennt einleitend die beiden Protagonisten als Zentralgestalten aller Makāmen des Hamadhāni, kennt also offensichtlich keine anderen Makāmen von ihm. Anders als Harīris Makāmen, die bereits 50 Jahre nach ihrem Erscheinen in Spanien kommentiert wurden, blieben Hamadhānis insgesamt etwas schlichtere Makāmen unkommentiert, obwohl sie Spanien über Nordafrika früh erreichten.

Harīri, geboren und gestorben auf der Dattelpalmenplantage seiner Familie in Māschān bei Basra, ist auch Verfasser eines grammatischen Lehrgedichts und eines Werks über die Sprachfehler seiner gebildeten Zeitgenossen. Als Chef des basrischen Post- und Nachrichtendiensts[213] war er über die Zustände im Land gut informiert. Er läßt im Vorwort erkennen, daß er ein Auftragswerk verfaßte. Seine letzte, die 50., die «Basra-Makāma», schließt: «Die letzte meiner Makāmen ist dies – zu denen ich mich verleiten ließ und die ich diktierte, – weil der Zwang es mich hieß. – So bleibt mir nur, sie zu bieten dar – und auf dem Markt der Kritik sie zu preisen als War.»[214] Er unterwirft sich im Vorwort seinem Vorgänger in Bescheidenheit, läßt sich jedoch gegen Ende seines Werks mit einem Regenguß, al-Hamadhāni mit einem schwachen Tröpfeln vergleichen. Beides hat eine positive Konnotation: Regen spielt als Auslöser von Fruchtbarkeit, als Erlösung nach langer Trockenheit bereits in der altarabischen Dichtung eine Rolle. Den Namen seines Auftraggebers nennt er nicht. Es war jedenfalls ein Wesir.

Harīri verfaßte zwischen 1101 und wohl 1107 ein in sich geschlossenes Kunstwerk, das sich bald wegen seines in geistsprühende, oft boshafte Wort- und Reimkaskaden gefaßten Bildungsgehalts großer Beliebtheit erfreute und kanonisch wurde. Es gilt bis heute als *das* Meisterwerk der arabischen Literatur. Für seine Popularität spricht, daß es im 13. Jahrhundert und auch später öfter mit Miniaturen versehen wurde.[215] Bereits 1108 gelangte es über einen andalusischen Autor, der zu Harīris Hörern in Bagdad gehört hatte, nach Spanien. Hier, wo Gelehrte und Gebildete damals immer noch nach dem höher entwickelten Osten des Reichs schauten, in den sie zum Bildungserwerb über Nordafrika gern reisten, wurde es ebenfalls Teil des Bildungskanons. Der Philologe asch-Scharīschi (1181–1222) aus Jerez kommentierte es in drei Fassungen unterschiedlicher Länge. Das geschah nicht nur wegen der komplizierten Spracheleganz, sondern auch wegen der zahlreichen Anspielungen auf Gestalten, Begebenheiten und bekannte Sentenzen der arabischen Kulturgeschichte. Der umfangreichste dieser Kommentare wurde Bestandteil des Programms für das Arabischstudium in Andalusien.

Basra, damals eine blühende Hafenstadt und neben Bagdad Kulturmetropole, ist in Harīris Ortskulissenreigen realer krönender Abschluß. Rückert, der nach dem Inhalt titelte, nennt diese Makāma zu Recht «Basras Ruhm». Die Ortsnamen sind Zeichen für die Größe des Reichs, auch wenn der Westen, also Nordafrika und Spanien, gar nicht vorkommt. Harīris Held Abu Seid as-Ssurūdschi stammt aus dem heutigen Sürüc nahe der türkisch-syrischen Grenze zur Zeit, als die Kreuzfahrer die dortige Bevölkerung vertrieben. Er hat familiäre Mit- und Gegenspieler. Sein Sohn etwa ist in der vierten, der «Dimjat-Makāma» –

Rückerts «Die Morgenrast» – Vertreter der noch unverdorbenen Moral einer jüngeren Generation gegen den Sarkasmus seines Vaters. Rückert hat die arabischen Wortspiele treffend umgesetzt: «Lieber ungerächt als ungerecht, lieber dem Feind erlegen als ihn erlegen» als Motto des Sohns, dagegen als Motto des durchtriebenen Vaters: «Lieber ungerecht als ungerächt – besser zu schinden als geschunden!» Die nächste Makāma spricht dem Helden Frau und Familie ab, zeigt also das Fiktionenspiel Harīris. Die ebenso selbstbewußte wie zänkische Frau Abu Seids ist zweimal Kumpanin seiner Schwindeleien, auch wenn sie ihn kräftig verspottet. Gegenspieler des Gaunerpaars sind Vertreter obrigkeitlicher Macht, «ein Löw' in seiner Höhl'«, etwa der in der arabischen Literatur öfter verspottete, auch wegen seiner Korruptheit kritisierte Kadi oder der Wali, der Gouverneur oder Statthalter.

Harīri hat sein Makāmenwerk gut strukturiert: Die erste Makāma und danach jede erste eines Zehnerblocks enthalten Buß- und Mahnpredigten. Zum Schluß jeder Makāma gibt Abu Seid als Prediger stets ironisch sein Doppelspiel zu erkennen und wird vom Erzähler zu ehrlicherem Verhalten ermahnt. Die letzte bildet als «Reue»-Makāma, in der Abu Seid seinen Gaunereien für immer abschwört, die abschließende, wohl ironische Überhöhung der Doppelspiele.

Der gebildete Bettler, der verarmte Intellektuelle war ein soziales Phänomen der Zeit. Bildung war offensichtlich so weit verbreitet, daß sie sich nicht unbedingt auszahlte. In einer längeren Erzählung in at-Tanūchis *Freud-nach-Leid*-Anthologie erteilt ein zerlumpter Bettler einem Wesir gut formulierte, geistvolle Belehrungen. Der Bettler bezeichnet sich, nach seiner Tätigkeit befragt, als «Weber» (ein eher verachteter Beruf), dann als «Wortweber» und entpuppt sich schließlich als verarmter Kanzleischreiber. Es ist die «Zeit», *Dachr*, auch «Schicksal», die hier immer wieder in Reimprosa und Versen angeklagt wird, weil sie den Menschen zu Handlungen zwingt, die nicht gerade moralkonform sind. Was Friedrich Rückert, der selbst unter den Verhältnissen seiner Zeit materiell wie geistig litt, leicht und spielerisch umsetzt, hört sich im Arabischen, wennschon sprachspielerisch, oft weitaus sarkastischer an, etwa so:

> «Mit Betrug nur sollst du leben, denn die Söhne dieser Zeit
> sind doch alle wilde Löwen, dich zu zerreißen stets bereit.
> Stich den Kanal der Täuschung an, daß sich dein Mühlrad dreht zu jeder Zeit!»

Oder als Quintessenz in Reimprosa beim Weingenuß in der «Tifliser Makāma»:

«Dein Dreh sei, dich zu drehn mit der Zeit, wie sie sich auch wende,
es hat ohnehin all dein Drehn, jeder Dreh sehr bald schon ein Ende!»

Der irakische Historiker Ibn at-Tiktaka bezeichnet in seinem oben genannten al-Fachri aus dem Jahr 1302, also 50 Jahre nach dem Mongolensturm, der auch als Strafe Gottes gesehen wurde, Hamadhānis und Harīris Makāmen, die die Leute so gern auswendig lernten, als verderblich für den Charakter. Sie verleiteten nur zu Bettelei und Gaunereien. Empfehlenswert seien sie lediglich wegen ihrer kunstvollen Komposition und ihres brillanten sprachlichen Stils in Poesie und Prosa.[216] Harīrī soll, als er zu Korrekturen aufgefordert wurde, gesagt haben, er habe bereits 700 handschriftliche Kopien autorisiert, Änderungen seien jetzt nicht mehr möglich.

In der 20. Makāma gelingt Harīri ein anspielungsreiches parodistisches Meisterstück voll religiöser und Eroberungsmetaphorik. Abu Seid faßt hier seinen resignativen Spott über seine Altersimpotenz in eine Totenklage in Poesie und Reimprosa. Friedrich Rückert nannte sie «Das Leichentuch», nahm seine gut kommentierte Übertragung aber in seine endgültige Makāmen-Edition von 1837 nicht auf, war er doch damals Universitätsprofessor in Erlangen.[217]

Zu den sprachlich-stilistischen und inhaltlichen Finessen gehört in der dritten, Rückerts zweiter, der «Dīnār-Makāma», ein Lob- und ein Schmähgedicht im selben Metrum und Reim nacheinander auf den Dīnār zur Ironisierung der Ambivalenz der Macht des Geldes. Dazu zählt auch die 17. Makāma, «die Krebsgängerische», in der Harīri hundert gereimte Sprichwörter so aneinanderreiht, daß sie, von hinten gelesen, eine Antiethik zur Aussage in der normalen Leserichtung bilden. Palindrome sind im Arabischen auf Grund der reduktiven Konsonatenschrift leichter zu fertigen als im Deutschen. Der Wettstreit zwischen dem Wert eines literarischen Essays und einer Rechnung, ausgetragen in Reimprosa und Poesie, in der 22., der «Euphrat-Makāma», der von Harīri sarkastisch zugunsten der Rechnung entschieden wird, das heißt, der Wettstreit zwischen schöngeistiger Bildung und pragmatischem Finanzdenken findet sich schon bei Hamadhāni und in Tanūchis *Genuß und Geselligkeit*, war also Topos. Er gehört zu dem, worüber F. Rückert im Geist des Biedermeier «das Todesurteil gefällt» hat, wie er den für die klassische und nachklassische arabische Literatur typischen Spott auf den Schulmeister in Harīris 46. Makāma, bei ihm die 39., in ein Lob ummünzt. Der Koranschullehrer galt jahrhundertelang als der Prototyp des Dummkopfs, weil sich sein Verstand schnell dem seiner kleinen Schüler anpasse. Im 20. Jahrhundert wird er in einer Erzählung des Ägypters

Machmūd Taimūr (1894–1973) zum Tyrannen, der in dümmlicher Arroganz Macht über Hilflose ausübt.

Um kunstvoll formulierte Rätsel über grammatische und religiösrechtliche Fragen kreisen mehrere Makāmen. Rätsel in artifizieller Sprache gehörten zum geistvollen Vergnügen Gebildeter. Auch hier baute Harīri auf Hamadhānis Rätsel-Makamen auf.

Einige der Harīrischen Makamen enthalten graphische Späße, die erkennen lassen, daß sie als Lektüre gedacht waren, nicht zum Hörvergnügen, obwohl in einer von ihnen vom Hören die Rede ist. Doch ist das vielleicht in diesem Kontext ebenfalls zur Ironisierung einer überlebten Konvention, der des Vorrangs des gehörten Worts vor dem gelesenen gedacht. Hier bestehen längere Gedichte entweder nur aus Wörtern mit Buchstaben mit Punkten oder solchen ohne Punkte, auch dem regelmäßigen Wechsel beider. Andere sparen die emphatischen Buchstaben aus. Paradebeispiel für diese Spiele ist die eben genannte 46., die «Aleppo-», die «Schulmeister-Makāma». Vielleicht nutzte Harīri diese Gedichte in diesem Kontext, um inhaltliche Leere zu persiflieren.

Ebenfalls einen Helden aus dieser schillernden Mischung von Bildung und aus Not geborener Verstellung hat die vermutlich um 1009/10 verfaßte *Geschichte des Abu l-Kāssim* von Abu l-Mutahhar al-Asdi, einem ansonsten unbekannten Autor.[218] In ihrem Mittelpunkt steht der Tagesablauf eines *Tufaili*, eines «Schmarotzers» (von arabisch «Kindchen»), der sich weißbärtig, mit lebhaft glitzernden Augen und der Kopfbedekkung der Religionsgelehrten, leise Koranverse rezitierend, demütig und allen zulächelnd bei einem Bagdader Gastmahl für hochrangige Hofbeamte einfindet. Der Autor beruft sich zu Beginn auf Dschāhis' Kennzeichnung der Sprache und des Verhaltens bestimmter Menschen als Prototypen und zitiert danach – wie auch später öfter – den *Mudschūn*-Dichter Ibn al-Haddschādsch mit mehreren Versen. Er beschreibt seinen Helden zu Beginn spielerisch mit einem ganzen Register sich reimender humorvoller, zunächst onomatopoetischer, dann semantisch gegensätzlicher, oft ausgefallener Nomina: «Ächzer, Seufzer, Krächzer, Grunzer, Brunzer» und «babylonischer Schmarotzer, wunderbarer Literat, schmähschmeißender Lobpreiser, feinsinniger Grobian, einsichtiger Blödian, ferner Naher, spitzzüngiger Würdenträger, aufrichtiger Heuchler, kritischer Krakeeler, rechtgläubiger Ketzer, meuchelnder Beter» und ähnlichem, wohl um ihn als mit allen Wassern gewaschen zu charakterisieren. Als das erweist er sich im Lauf des Gelages in vielen sarkastischen Versen, oft im simplen Metrum *Radschas*, auch in volkstümlichen Vierzeilern im kommunikativen Spiel mit Vertretern der Aristokratie, die in Reimprosa meist recht boshaft vorgestellt werden. Viele damals modische Themen und auch literarische Formen werden angerissen, Lob- und

Schmähgedichte auf den Gastgeber, auf die Sängerin, Selbstlob, beschreibende Gedichte auf Speisen und Wein, auf Pferde, Gärten, Blumen, das Schachspiel, auch als Symbol für soziale Hierarchie-»Züge» (im Arabischen und Persischen ist unsere «Dame» im Schach «der Wesir») und in anspielungsreichen Gesprächen. Der Jargon der Fischer und Seeleute ebenso wie Aufzählungen zahlreicher Speisen einer kulinarisch verwöhnten Oberschicht, wie in Hamadhānis Makāmen, gehört zu den lexikalischen Spielen. Zitate oder Anzitierungen aus populären Werken, darunter Hamadhānis Makāmen und viele Mudschūn-Gedichte des Ibn al-Haddschādsch, spielen eine wichtige Rolle. Die Rivalität zwischen Kulturmetropolen als literarischer Topos wird hier zwischen Bagdad und Isfahan zugunsten der letzteren poetisch ausgetragen. Vermutlich stammte der Autor daher. Abu l-Kāssim wird von den unfreiwilligen Gastgebern mit Wein, aber auch mit einer Sängersklavin und einem Jüngling versorgt. Zwar wehrt er sich gegen die Verführungen, doch wird er dann vom Taumelnden, Tanzenden zum schnarchenden Volltrunkenen, um am Morgen, Gebete und den *Ssalām* murmelnd, die Kopfbedeckung der Religionsgelehrten wieder anlegend, zu verschwinden. Der Einfluß der gesprochenen Sprache, des Mittelarabischen, schimmert durch.

Von der Struktur her zu vergleichen ist diesem ansonsten singulären Werk das kleine humorvoll ironisierende *Ärztebankett* des Bagdader christlichen Hofarztes Ibn Butlān (gest. 1068).[219] Darin geht es um die Einladung eines jungen Arztes durch einen älteren Kollegen in einer nicht genannten Stadt. Je weiter der Abend fortschreitet, desto mehr beobachtet der Gast bei den Gesprächen die Unbedarftheit und die Schwächen auch berühmter Kollegen.

Zeitlich zwischen Hamadhāni und Harīri liegen die Makāmen des Bagdaders Ibn Nākija (1020–1092), der Werke zur Metaphorik und Rhetorik des Korans, Gedichte, Episteln und eine Kurzfassung des *Buchs der Lieder* von Abu l-Faradsch al-Isfāhāni vorlegte. Seine Makāmen, von denen zehn erhalten sind, haben ebenfalls einen hochgebildeten, geistvollen Vagabunden zum Helden, al-Jaschkuri (von *jaschkuru*, «er dankt»), aber jeweils einen anderen, namenlosen, nur durch die regionale oder mentale Zugehörigkeit charakterisierten Erzähler, etwa: «ein Syrer», «ein *Adīb*», «ein orthodoxer Theologe». Die zehnte und wohl geistvollste Makāma erzählt «ein Frivoler *(Mādschin)*»: Hier funkelt die Figurenrede in Reimprosakaskaden von Koranzitaten und -anspielungen, die ins Satirisch-Boshafte, Parodistische, Burleske verkehrt sind.[220]

Daß Makāmen bald formal wie inhaltlich ganz andere Gestalten annehmen konnten und somit auch dieser Begriff Unterschiedliches umfaßt, beweisen die des as-Samachschari (1075–1144) aus Samachschar in Churassan. Er wurde vor allem durch seinen großen, vom rationalistischen Denken der Muʿtasila geprägten Korankommentar und eine Grammatik bekannt, die beide kanonisch wurden. Seine Muttersprache war Persisch. In seinen 50 kurzen Makāmen ermahnt er sich in wirkungsvoller Reimprosa mit wenigen Versen, sich wie einen Briefpartner vertrauensvoll mit der Kunja anredend, zu einem gottgefälligen Leben und zu wissenschaftlichem Streben. Im Vorwort spricht er von einem Traum mit Anspielungen auf die «begrenzte Zeit», also die Kürze des Lebens, und dessen Leere, und einer späteren schweren Erkrankung, die ihn dazu bewogen hätten. Inhaltlich gleichen diese Makāmen einem anderen, in Europa durch Übersetzungen ins Lateinische relativ früh bekannt gewordenen, paränetischen Werk des Autors, *Die goldenen Halsbänder. Über Ermahnungen und Predigten*. Es ist eine Sammlung von hundert kurzen Kapiteln mit Reimprosaermahnungen zu (religiösem) Wissen (im Arabischen maskulin) und Gottesfurcht als Wurzel, als Vater und Mutter des Menschen, denen er nachstreben solle.

Kürzere Makāmen unterschiedlichen Inhalts von einzelnen Autoren finden sich in der frühesten Sammlung andalusischer Literatur, der *Dhachīra fi mahāssin achl al-dschasīra, Der Schatzkammer über die Schönheiten der Insulaner* des Andalusiers Ibn Bassām asch-Schantarīni (1084–1147). Der Autor, der vor der Eroberung Alfons V. aus seiner Geburtsstadt Santarino floh und sich schließlich in Sevilla niederließ, wollte mit diesem Werk beweisen, daß die andalusisch-arabische Literatur es mit der im Osten des Reichs aufnehmen konnte. So widmete er nur den letzten Teil dieser vierteiligen Anthologie einer Auswahl «östlicher» Literatur und stellt dabei auch Makāmen Hamadhānis vor. Ansonsten ist seine *Schatzkammer* die wichtigste Quelle für die frühe spanisch-arabische Literatur – besonders für die Poesie –, die ihre Blüte erst erreichte, als das umajjadische Reich in Spanien nach 1031 in Kleinstaaten zerfiel, also mit der Unterstützung kleinerer Höfe.

Harīri nachahmen und ihn übertreffen wollte Abu Tāhir as-Ssarakusti (gest. 1143) aus Saragossa, nach der Herkunft seiner Vorfahren aus der Burg von Estercuel auch Ibn al-Aschtarkūwi oder Ischtarkūni genannt, mit seinen *al-Makāmat al-lusūmijja*, den *Notwendigkeits-Makāmen*. Der Titel spielt auf Abu l-ʿAlāʾ al-Maʿarris Dīwān *Die Notwendigkeit des nicht Notwendigen* an. Der Autor, der den größeren Teil seines Lebens in Córdoba verbrachte und dort starb, nahm sich auch sprachlich an Abu l-ʿAlāʾ ein Vorbild. Seine Reime enden wie die des Abu l-ʿAlāʾ jeweils auf zwei, statt auf den nur notwendigen einen Reimbuchstaben. Da er wie al-Hamadhāni sein Werk nicht selbst abschließend redigierte, sind in verschiedenen Handschriften unterschiedliche Makāmen meist zu der durch Harīri kanonisch gewordenen Zahl 50 vereint. Sie kreisen um den Vagabunden Abu Habīb as-Ssadūssi aus Oman und den Erzähler as-Ssā'ib Ibn Tammām, dem der Autor öfter einen al-Mundhir Ibn Humām als Überlieferer voranstellt. Er bezieht sich damit reimend ebenfalls auf Hamadhāni und Harīri.[221] Erzähler und Held haben hier ein anderes Verhältnis zueinander: Der Erzähler as-Ssā'ib beklagt sich öfter über das Verhalten des Helden, wird von ihm geprellt, auch wie andere rüde bestohlen, gibt aber zu, daß er stets von neuem dessen Bildung, poetische Gewandtheit und geistvolle Unterhaltungsgabe genieße. Er entwickelt ein Haß-Liebe-Verhältnis zu ihm und muß sich von ihm und anderen sagen lassen, daß allein die Zeit und das Schicksal an diesem Verhalten schuld seien. Zuweilen ist er *nolens volens* Mitspieler, einmal sogar bei einem Raub. Abu Habīb andererseits beschimpft den Erzähler oder kritisiert ihn wegen seines naiven Verhaltens, etwa in der 41., der Berber-Makāme, in der die Berber als bestürzend unterentwickelt und naiv, aber dann überaus gastfreundlich und freigebig dargestellt werden. Obwohl sie diese höchste arabische Tugend pflegen, werden sie vom Helden und dem Erzähler, beide Araber, übel geprellt. Es war die Zeit der Machtübernahme durch die Berberdynastie der Almohaden. Im Rahmen ist das Reisemotiv stärker ausgestaltet als bei Hamadhāni und Harīri, schließlich reisten nordafrikanische Autoren auf der Suche nach Wissen und Bildung in den Osten. As-Ssarakusti allerdings hielt sich nur in verschiedenen Orten Spaniens auf. Die Orte oder Regionen, die der Erzähler jeweils zu Beginn nennt, reichen im Gegensatz zu seinen auf das Zentrum des Reichs konzentrierten beiden Vorgängern von der Gegend um Tanger (als Ausgangspunkt für das viel schönere Spanien) und Kairuwān bis nach Indien und China. Auch hier scheint die Abfolge der Orte beliebig. Inhaltlich orientiert sich as-Ssarakusti meist auf den Osten des Reichs. In der 30. Makāma etwa skizziert der Held dem Erzähler auf dessen Fragen in kunstvollen Metaphern die Verdienste vieler bekannter Dichter von vorislamischer Zeit bis ins 10./11. Jahrhundert, nennt aber keinen Spanier. Vielleicht war die Zeit dafür noch zu früh. In der 36., der «Phönix-Makāmā», greift er phantastische Stoffe aus arabischen Reiseberichten (und der Antike) auf, wie sie auch im Abenteuerroman über *Sindbad den Seefahrer* vorkommen: Die Insel, die ein Riesenfisch oder eine Schildkröte ist, der gewaltige Phönix, der zum bergenden und rettenden Transportmittel für eine erschreckte Gruppe Reisender in entfernte Gegenden wird. Diese Wundergeschichten erzählt Abu Habīb hier als welterfahrener Maghrebiner einem unwissenden Straßenpublikum «im Land China» und wird dafür vom Erzähler getadelt. Solche Stoffe seien, ebenso wie lange Erzählungen, unerwünscht. Der Autor verkehrt hier die üblichen Vorstellungen von Indien und China als fernen Wunderländern und den Chinesen als Klugen ins Gegenteil. In der 46. Makāma wird Abu Habīb zum Wunderheiler eines jungen Besessenen und karikiert die aus der Antike überlieferte Heilkunst, ähnlich wie er in der 39., die in Oman spielt, das Land aber historisch falsch als fatimidisch darstellt, einen Arzt als Quacksalber lächerlich macht. In der 40., deren Mittelteil in zwei Versionen überliefert ist, entscheidet er den heftigen, metaphernreichen, nächtlichen Rangstreit zwischen Poesie und Prosa, vorgetragen von seinen Söhnen Habīb und Gharīb, klug vermittelnd dahin, daß es bei beidem auf die Qualität und den Mittelweg ankomme. Er gibt sich hier als von seinen Schülern verlassener, verdienstvoller Gelehrter und wird von den beiden jungen Männern reich beschenkt und verwöhnt, um nachts wie ein altarabischer *Ssuʿlūk*, ein Brigantendichter, mit allem zu entschwinden.

Über das strittige Thema des Rangs von Poesie und Prosa, beider Effektivität in wichtigen Situationen und des Ruhms und Nachruhms ihrer Verfasser gab es bereits eine Epistel des berühmten basrischen Grammatikers und Adab-Anthologisten al-Mubarrad (815–898, s. o. S. 135), mit der diese Makāma Ähnlichkeiten hat.

Die 19. und die 29. Makāma besingen in Reimprosa anhand der Pyramiden, beziehungsweise der 670 gegründeten Stadt Kairuwān, die lange Verwaltungs-, Wissenschafts- und Handelszentrum und von 902–921 erste Fatimidenresidenz war, aber 1057 vom Beduinenstamm der Banu Hilāl völlig zerstört wurde, das *memento-mori-* und das *Ubi-sunt-qui-ante-nos-*Motiv. Der Trauergesang auf Kairuwān mit Gedichten, die das Motiv der verlassenen Lagerplätze aus altarabischen Kassīden zeitgemäß variieren, ist besonders lang und ergreifend.

Die Makāmen des Ssarakusti sind länger, episoden- und noch bild- und metaphernreicher als die des Harīri. Abu Habīb, «Vater von Liebling», der «Gauner», hält zum Beispiel «im Gewand der Schwermut Feuer-und-Schwefel-Predigten», er «hüllt sich in das Obergewand der Güte und trägt, sich schützend und aus Vorsicht, das Untergewand des Gebets direkt auf der Haut». Der Erzähler, «der Ungebundene, Sohn des Vollkommenen», dessen «Mantel der Jugend (in der 26. Makāma, «der Törichten») neu ist und das Schwert der Lebenskraft fest», «reist eines Nachts mit Gefährten, (wie) Sterne an strahlender Schönheit und (erfreulich frisch wie) Zweige an Blättern reich», nachdem sie «in Gärten der Bildung geschwelgt, von Zisternen der Vertrautheit geschlürft»[222] haben. Im Arabischen finden sich hier Assonanzen, Binnen- und Endreime in kurzen, nur durch die rhythmischen Reime gegliederten Wortfolgen.

Über Spanien regte die arabische Makāmen-Literatur die hebräische als frühe säkulare jüdische Literatur an. Bekanntester Vertreter ist Yehuda al-Harīsi, der auch Arabisch schrieb, geboren vermutlich in Toledo, gestorben nach langen Reisen in Aleppo 1225. Seine Makāmen sind denen des Hamadhāni und des Harīri am ähnlichsten.[223]

Hintergrundinformationen über damals übliche Gaunereien liefert der Derwisch ʿAbd ar-Rachīm al-Dschaubari in seinem Buch *al-Muchtār fi kaschf al-asrār, Die Auswahl. Über die Enthüllung der Geheimnisse.*[224] Er führt im Vorwort «Weisheits-», also hermetische Schriften der «Altvorderen», darunter die «unseres Vaters Adam» und seines Sohnes Scheth zudem naturwissenschaftliche und pseudonaturwissenschaftliche Werke bis zu Ibn Ssīna auf, die er gelesen habe, und nennt eigene Schriften über Astrologie, Alchimie und Geomantie. Sie sind jedenfalls nicht erhalten. Dieses Buch schrieb er zwischen 1232 und 1248/49 im Auftrag des Ortokidensultans al-Malik al-Massʿūd in Syrien nach Reisen als Wanderderwisch durch Ägypten, Syrien und den Hidschās, während derer er nicht nur Schwindler aller Arten kennenlernte, sondern selbst vielleicht Ähnliches praktizierte. Der *Fichrist* bezeichnet im 10. Jahrhundert Ägypten als das Land der Magie, der Magier und Schwindler. In 30 kürzeren und längeren Kapiteln beschreibt al-Dschaubari das Auftreten von Pseudopropheten, betrügerischen Scheichen, Mönchen, Juden, Sajjids, also schiitischen Geistlichen, der Bettlergilde der Banu Sassān, von Quacksalbern, Astrologen, Alchimisten, Geomanten, Roßtäuschern, Feuerschluckern, unredlichen Schreibern, Amulett- und Drogenhändlern, Juwelieren, Speiseverkäufern und anderen. Das letzte Kapitel gilt den Frauen, die, da sie furchtlos seien und es ihnen an Religion und Verstand fehle, noch mehr betrögen als Männer. Daß Frauen an Verstand und Religion defizitär sind, besagt ein später oft zitierter Hadīth. Begründet wird das mit Bestimmungen des koranischen kultischen und Zeugenrechts. Die Grundeinstellung wurde aber sicher aus der christlichen Askese übernommen. Zudem fehle Frauen Mannestugend und Zuverlässigkeit, sagt Dschaubari, und erzählt Beispiele für Weiberlisten, die er, wie vieles, was er in den vorhergehenden Kapiteln berichtet, selbst erlebt habe.

Das Buch gibt Einblicke in Gaunereien, denen auch Werke der Makāmen-Literatur mit ihren Helden ein Denkmal setzen und wie sie im europäischen Mittelalter bis ins 18. Jahrhundert ebenfalls weit verbreitet waren. Wie in Fürstenspiegeln und anderen didaktischen Werken beginnt jedes Kapitel mit dem Imperativ *Iʿlam*, «Du mußt wissen, daß ...». Der sprachliche Stil entspricht dem der sozialen Schicht, um die es hier geht, er ist schlicht und unprätentiös.

Makāmen gab es in den folgenden Jahrhunderten und bis ins 20. Jahrhundert in unterschiedlicher Gestalt und mit verschiedenen Inhalten.[225] Aus dem 13. Jahrhundert stammt die kleine Makāma *Über die Grundlagen Bagdads im Abbassidenreich*[226] des Historikers Ibn al-Kāsarūni, der die Zerstörung Bagdads durch den Mongolensturm miterlebte. Hier reist der Kadi von Tabrīs nach einem nächtlichen Traum zur «Stätte des

Friedens» und «Kaʿba des Islams» (Beinamen Bagdads), findet aber dort nur leere Ruinen. Seinen Tränen schließt sich ein früherer Einwohner Bagdads an, der ihm die Stätten vergangener (auch idealisierter) Macht, Schönheit und Fröhlichkeit, darunter muslimischer Feste wie den Aufbruch zur Pilgerfahrt und das Fastenbrechen, vorstellt. Höfische Freuden mit Wein und Sängersklavinnen endeten in Laster und Ausschweifung, so geriet der Thron vor (Gottes) Zorn ins Wanken. Fazit ist der Entschluß des Kadis zu Askese und gottgefälligem Leben.

Nach dem Vorbild Harīris verfaßte Ibn Ssaikal al-Dschasari, Lehrer an der Nisāmijja-Hochschule in Bagdad (gest. 1301) für seinen Sohn Sain ad-Dīn Nassr Allāh im Jahr 1273 fünfzig Makāmen, die *al-Makāmāt as-sainijja*. Sie sind im Hinblick auf die Rollenspiele des Helden und seine folgenden Reueentschlüsse denen des Harīri ähnlich, schließen auch an diese an, scheinen aber weniger sarkastisch. Sprachlich sind sie noch artifizieller, vielleicht weil der Autor knapp zwanzig Jahre nach der Eroberung Bagdads durch die Mongolen, die zunächst die Bildungseinrichtungen nicht antasteten, diesen Höhepunkt der arabischen Literatur und Bildung durch ein eigenes Werk betonen, konservieren und weiterführen wollte. Ähnlich wie bei Harīri enthält eine Makāma, die 7., gnomische Sentenzen als Palindrom. Doch gibt es auch Neues, etwa eine Hochzeitspredigt mit Begriffen aus dem nestorianischen Ritus in der 25. Makāma.

Der fruchtbare andalusische Historiker Lissān ad-Dīn (d. i. «Die Sprache der Religion») Ibn al-Chatīb schrieb im 14. Jahrhundert mehrere als Makāmen bezeichnete Stücke. In einer kurzen narrativen *Politischen Makāma* suchen Harūn ar-Raschīds Vertraute in einer seiner schlaflosen Nächte nach einem Unterhalter. Man bringt schließlich einen alten Mann in verschlissenem, geflicktem Gewand, «persischer Herkunft, griechischer Art, arabischer Rhetorik», der *Hikma,* «Weisheit», seine Spezialisierung nennt. Er gibt dem Kalifen schichtenspezifische politische Empfehlungen in kunstvoller Reimprosa, die Ibn al-Chatīb einer älteren Quelle entnahm, erfreut dann alle mit Liedern zur Laute, wechselt zu «Schlafmelodien» und verschwindet, nachdem alle eingeschlafen sind.

Vier kürzere Schriften von Ibn al-Chatīb wurden als Makāmen, aber auch als *Rassāʾil*, «Sendschreiben», bezeichnet, vielleicht wegen ihres Stils und des Reisemotivs. Wie fast alle seine Werke, auch die vielen erhaltenen höfischen Verträge und Schreiben, sind sie durchgängig in hoch artifizieller Reimprosa verfaßt und doch aussagekräftig. Eine Reise im Jahr 1348, bei der er als Wesir den Nassridensultan aus Granada durch Städte seines kleinen Reichs begleitete, führte zu seiner *Chatrat at-Taif fi richlat asch-schitāʾi wa-s-ssaif, Der Traumgedanke. Über eine Winter- und Sommerreise*. In seinem *Miʿjār al-Ichtijār fi dhikr al-maʿāhid wa-d-*

dijār, Die Standardauswahl. Über die Institutionen und Länder, beschreibt ein Ich-Erzähler in zwei «Sitzungen» seine Begegnungen mit einem älteren Mann in Begleitung eines jüngeren, die ihm auf seine Aufforderung hin die aktuellen schönen und dann die eher abstoßenden Seiten zuerst südspanischer und danach nordafrikanischer Städte kunstvoll vortragen. Ein Rangstreit der Städte Malaga und Salé, der Nachbarstadt von Rabat, in der Ibn al-Chatīb drei Jahre als Verbannter lebte, endet eindeutig zum Nachteil der letzteren.[227]

Ibn al-Chatībs Gedichte schmücken Wände der Alhambra. Zu seinen zahlreichen Werken gehört eine Geschichte des Islams mit besonderer Akzentuierung der Almohaden- und Almoravidendynastie in Nordafrika und Spanien sowie des christlichen Spaniens, außerdem ein zweibändiges Lexikon Granadas, *al-Ihāta fi achbār Gharnāta, Das Umfassende. Über die Nachrichten Granadas*, mit einem topographischen und einem biographischen Teil sowie eine Geschichte der Nassridendynastie in Granada.

Bereits vorher oszillierte die Makāma mit der Rangstreitdichtung, *Munādhara*, von *nādhara*, «gleichmachen, konkurrieren», auch *Mufāchara*, von *fāchara,* «sich (im Wettstreit mit anderen) rühmen», also anknüpfend an die altarabischen *Fachr-*, die «Selbstlobgedichte», als verbale Waffe gegen Feinde und Neider.

Rangstreitdichtungen, Streitdialoge, meist als spielerische und oft hintergründige Personifikationen von Ideen, Natur- oder Kulturphänomenen, gab es bereits im Sumerischen, Akkadischen und Altägyptischen, in der Antike, im Syrischen, dann im Mittellateinischen, in romanischen Literaturen und im Mittelhochdeutschen.[228] Sie waren literarische Einkleidungen realer theologischer, politischer, kultureller, sozialer Streitfragen und Rivalitäten, auch Ventile für die letzteren. Im Arabischen war es Dschāhis, der mit provokativen Streitschriften sozialen und ethischen Inhalts begann (s. S. 126ff.).

In den beiden ersten Bänden seines *Buchs der Tiere* läßt Dschāhis zwei berühmte orthodoxe Theologen, von denen einer einen Hund, der andere einen Hahn besaß, einen langen Disput über den Wert der beiden Tiere austragen. Zur Ironie des Autors gehört, daß sich beide nie begegnet sein konnten, weil sie zu unterschiedlichen Zeiten lebten, und ohnehin zu dieser Zeit tot waren. Der Disput gewinnt besondere Bedeutung, weil der Hund nach dem islamischen Gesetz ein unreines Tier ist (bis auf den Hund der Siebenschläfer im Koran; im Alten Orient war der Hund tabuisiert, möglicherweise als Totemtier). Dschāhis läßt hier den Hund als dem Menschen nützliches, treu ergebenes, ihn und seinen Besitz bewachendes Tier preisen und gleichzeitig erkennen, wie viele Hundearten es damals, über den in Jagdgedichten gelobten Jagdhund hinaus, gab.

Von Muhammed Ibn Chalaf Ibn al-Marsubān (gest. 921), einem Bagdader Adab-Autor und Korangelehrten persischer Herkunft, von dessen Werken nur wenig erhalten ist, hat eine kleine Schrift mit dem im Arabischen gereimten Titel *Der Vorrang der Hunde über die, die Kleidung tragen,* überlebt. Der Autor erscheint im *Fichrist*[229] wie Dschāhis mit dem Titel *Der Vorzug der Schwarzen über die Weißen*, außerdem mit Schriften *Über Winter und Sommer*, *Gärten und Blumen*, *Über Trinkgefährten und Disputsitzungen* und anderes. Fragmentarisch erhalten ist eine Gedichtanthologie.

Die Gattung *Gut und Schlecht* beruht ebenfalls auf Antithesen, Polarisierungen. Werke über *Fadā'il* oder *Manākib,* «Vorzüge», und *Mathālib,* «Fehler, Mängel, Nachteile», bestimmter Personen, Familien oder Städte betonten solche Eigenschaften und/oder Taten meist mit politisch/religiöser Zielsetzung. Ibn an-Nadīm nennt relativ viele Werke, deren Titel mit *Fadl* und *Fadā'il* beginnen, und drei, die mit *Fadīla* anfangen. Da werden jeweils *Der Vorzug des/der* ... oder *Die Vorzüge* ... einer bekannten Persönlichkeit, darunter mehrfach ʿAlis, ferner von Stämmen, etwa der Kuraisch als Stamm Muhammeds, der Mudar, der Kināna oder auch einer Stadt, besonders Bagdads, Kufas und Mekkas, so vorgegeben. Die Rivalitäten zwischen Nord- und Südarabern bald nach Muhammeds Tod führten zu Werken zum Ruhm bestimmter Stämme. Allein 14 Titel im *Fichrist* betonen die Vorzüge des Korans, als sei das notwendig gewesen. Es erscheinen auch Titel wie *Die Vorzüge des Weinschlauchs* und *Die Vorzüge des Kopfscherens*, hinter denen sich das Lob bestimmter Lebenshaltungen verbarg. *Die Vorzüge des Ssakbādsch*, einer säuerlichen Fleischsuppe, oft mit Safran,[230] heißt ein höfisches Kochbuch des Dichters, Lautenspielers, Sängers und Hofunterhalters barmakidischer, also persischer, Herkunft Dschachdha al-Barmaki (839–936). Dieser verfaßte auch ein «hübsches» Buch über das Kochen, weitere über Lautenspieler, über das Psalmodieren und eines mit Geschichten über den Kalifen al-Muʿtamid. Ein Buch *Über des Morgentrunks Vorzüge und Vorteile und des Abendtrunks Fehler und Nachteile* verfaßte der Hofsekretär ʿUbaidallāh Ibn Muhammed.

Andererseits nennt der *Fichrist* Titel, die mit dem Anfangswort *Dhamm*, «Verdammung, Ächtung», das Verdikt vorgeben. Darunter sind mehrere des oben genannten abbassidischen Prinzenerziehers Ibn Abi d-Dunja (823/24–894) zur *Ächtung der Gelage*, ... *des Berauschenden*, ... *der unzüchtigen Rede*, ... *der Welt*. Mehrere Autoren publizierten Schriften zur *Ächtung des Neids*. Manche Verdikte waren unterhaltsam, etwa das *der Schwerfälligen*, *Langweiligen*, andere sozial, wie das *der Kämmerer*, beides vom oben genannten Muhammed Ibn Chalaf Ibn al-Marsubān.

Ibn an-Nadīm erwähnt ferner ein Werk des mālikitischen Juristen Abu Bakr al-Abhari (gest. 985), *Der Vorzug Medinas vor Mekka*, außerdem zwei (nicht erhaltene) Werke mit rund vierzig den Titeln nach größtenteils unterhaltsamen Schriften des genannten Abu l-ʿAnbas as-Ssaimari (828, Kufa – 888, Bagdad), *Über den Vorzug des Afters vor dem Mund* – vielleicht eine Schmähdichtung – und den *Vorzug der Leiter/Treppe über die Stufe* (auch sozial!).

Abu l-ʿAnbas war Kadi von as-Ssaimara bei Basra, Hofunterhalter der Kalifen al-Mutawakkil und al-Muʿtamid, bekannt als guter Astrologe, Adīb, sowie für Späße und fiktive Geschichten. Ibn an-Nadīm erwähnt auch eine *Munādhara* dieses Autors gegen den Dichter al-Buchturi, mit dem er am Hof des al-Mutawakkil eine «berühmte Geschichte» hatte, von der Jākūt in seinem großen Schriftstellerlexikon ebenfalls weiß.[231] Hamadhāni macht as-Ssaimari, dessen Werke, auch etwa über Langbärtige, Kuppler, Langweilige, Lesben und Freier, Brüder und Freunde und *die Schlechtigkeiten des Pöbels* nur noch in Zitaten bei anderen Autoren bekannt sind, in seiner Ssaimara-Makāma[232] zum Erzähler und Helden. Er rächt sich an untreuen Freunden zur derben Schadenfreude des Wesirs, der ihn dafür reichlich belohnt. Ibn an-Nadīm nennt außerdem drei Werke verschiedener Autoren über den Vorzug der Nichtaraber über die Araber sowie eines von Ibn al-Waschschāʾ über das Gegenteil. Hier treten nicht, wie in der Rangstreitdichtung, Kontrahenten gegeneinander an, sondern der (noch schlichte) Titel gibt das Werturteil vor. Aber das spielerisch-unterhaltsame oder auch ernste Polemisieren war Mode geworden.

Vom 9./10. Jahrhundert an gibt es Streitdichtungen zu theologischen, zu Glaubensfragen. Im 11. Jahrhundert nehmen Streitdichtungen in Poesie und meist gereimter Prosa, oft eine Mischung aus beidem, zu. Sie debattieren ästhetische Fragen und auch solche der Lebenshaltung. Beispiele sind der Wettstreit zwischen literarischem Essay und Rechnung und die *Dīnār*-Makāma bei Hamadhāni und Harīri. Häufig gestaltet wurde die Konkurrenz zwischen Feder und Schwert als Mittel friedlicher, administrativer, diplomatisch-kunstvoller Konfliktlösungen einerseits, militärischer andererseits und generell zwischen den Vertretern von Literatur und Bildung auf der einen, denen des Militärs auf der anderen Seite. Die Verfasser dieser Dichtungen waren natürlich «Leute der Feder», aber sie widmeten diese lange Zeit denen, die Gewalt über beides hatten, um sie zu friedlichen Lösungen zu bewegen. Daß die Tendenz sich in Zeiten kriegerischer Auseinandersetzungen dem Schwert zuneigte, ist auch aus den Büchern zum Thema *Dschihād*, «Glaubenskrieg», deutlich. Rivalitäten zwischen Sommer und Winter, den Monaten des Jahres, Rose und Narzisse, später zusätzlich anderen Blumen, zwischen Kamm und Spiegel oder Käse und Oliven, auch, seitdem der Kaffee vom 16. Jahrhundert an populär und damit literaturfähig wurde, zwischen diesem und Wein, Tee oder Tabak sind heitere literarische Geplänkel. Sie fanden bis ins 20. Jahrhundert Fortsetzungen, etwa zwischen Telefon und Telegraf, Auto und Straßenbahn. Sie können aber auch ernstere Hintergründe haben, so ist der Wettstreit zwischen Körper und Seele, der zwischen den Bewohnern der Gräber und der Paläste paränetisch, belehrend. Den zwischen Penis und Vagina könnte man als drastische Form der Gender-Debatte bezeichnen. Lehrhaft verspielt ist der Rangstreit zwischen den Schriftarten der Kalligraphie, sozial letztlich versöhnlich ein Rangstreit zwischen freier Frau und Sklavin aus dem Jemen des 17. Jahrhunderts.

Meist werden die Konkurrenzen vor einem Schiedsrichter ausgetragen, der ausgleichend vermittelt oder aber einer Partei den Sieg zuerkennt. Manchmal geht es mehr darum, das Schöne, Positive der Rivalen poetisch kunstvoll hervorzuheben, als Gutes und Schlechtes gegeneinander abzuwägen. Die Freude am verspielten fiktiven Streit dominiert.

Paradebeispiel für eine frühe Makāma, die um einen Rangstreit kreist, ist die ironisierende *Hussaibijja*-Makāma des angesehenen (dunkelhäutigen) ägyptischen Richters Achmed Ibn as-Subair al-Aswāni, Abkömmling einer Richterfamilie und Dichter, der nach Verleumdungen 1166 hingerichtet wurde. Sie trägt den Ziertitel *Umnijjat al-almaʿi wa-munjat al-muddaʿi, Des Brillanten Verlangen und des Anmaßenden Begehren.*[233] Ein Ich-Erzähler läßt hier zu einem Madschlis, einer «Debattiersitzung», von jungen Männern, auf die er als junger Mann bei einer Reise zur Vervollkommnung seiner Kenntnisse in Hussaib (in der Tihāma in Innerarabien) traf, einen Älteren in abgetragener Kleidung stoßen. Jeder rühmt sich kurz in Reimprosa seines speziellen Wissens. Das reicht von Grammatik, Lexikographie, Dichtkunst, Adab, Rhetorik als Spezialität des Hofsekretärs, religiösem Recht, Mathematik, Mechanik, Musik, Medizin, Logik, Alchimie zur Astrologie. Zwanzig Zweige der mittelalterlichen muslimischen Wissenschaften sind also präsent, dabei übertrumpft jeweils der Nachredner als Vertreter eines vorgeblich brillanteren Fachs seinen Vorgänger. Der ältere Neuankömmling, Vertreter der *Ssīmijjaʾ*, der, ähnlich der jüdischen *Kabbala*, zur Mystik gehörenden Buchstaben-Magie, behauptet, alle Wissenschaft beruhe auf dieser und werde ohne Engagement betrieben, denn überall seien Fragen offen. Vom Erzähler aufgefordert, das zu erklären, stellt er nach anscheinend tiefem Nachdenken herablassend jedem der brillanten Experten eine spezielle Reimprosafrage, die so kompliziert ist, daß dieser sie nicht lösen kann. Als alle erwartungsvoll seiner Klärung harren, vertröstet er sie auf die Moschee als den Aufenthalt seiner Wahl. Dort findet sich eine große interessierte Menge, «Elite und Volk», mit Geschenken als Vorschußlorbeer ein. Alle warten, bis Müdigkeit sie überfällt. Es wird dunkel, sie hören den Gebetsruf und finden endlich statt des Magiers zur Lösung der Probleme sowie der Kostbarkeiten, die sie für ihn mitbrachten, nur leichte Verse an der Moscheetür: Wer weg sei, sei weg, Tadel sei unnötig, er sei (wie) die Sonne, ohne festen Aufenthalt.

Auf die *Ssīmijja'* als Wissenschaft geht auch der Historiker Ibn Chaldūn in den *Prolegomena* zu seiner Weltgeschichte ein. Er entwickelt gegen Schluß der *Prolegomena* eine Theorie der Wissenschaften und – nicht widerspruchsfrei – ihrer Rangfolge, sowie der Wissensvermittlung. Diese solle nicht wie derzeit im Westen des Reichs vorwiegend auf dem Studium und Auswendiglernen beruhen, sondern stärker auf Disputen. Der Unterricht im Arabischen solle nicht wie bisher mit dem Koran beginnen, sondern mit Literatur, sonst lernten die Schüler den Koran nur auswendig, ohne ihn zu verstehen. Diese ebenso berechtigte wie vernünftige Forderung wurde aber bis ins 20. Jahrhundert kaum befolgt. An der Spitze der Wissenschaften steht bei Ibn Chaldūn die Logik, anknüpfend an Aristoteles, danach folgen Mathematik, Physik (inklusive Medizin), dann erst die religiösen Wissenschaften.[234]

Der überaus fruchtbare ägyptische Polyhistor as-Ssujūti (1445–1505),[235] der über 500 Schriften verfaßt haben soll und bekannt ist als Korankommentator, Hadīth-Gelehrter, religiöser Jurist und Historiker, ließ in seinen zahlreichen kürzeren Makāmen, die oft eher Streitgedichte oder apologetische Essays in kunstreichem und oft sehr aggressivem Stil sind, viel Persönliches erkennen. So verfaßte er eine Makāma über den Plagiator und den kreativen, eigenständigen Autor als Schmähschrift gegen seinen Intimfeind, den ebenfalls sehr fruchtbaren Polyhistor as-Ssachāwi (1427–1497). Er wirft ihm und anderen vor, Plagiatoren (arabisch: «Diebe») zu sein, denen nach dem islamischen Strafrecht die Hand abgeschlagen werden müßte.

As-Ssachāwi ist bekannt durch sein großes biographisches Lexikon *ad-Dau' al-lāmiʿ fi aʿyān al-karn at-tāsiʿ, Das leuchtende Licht. Über die Koryphäen des 9. (*islamischen*) Jahrhunderts*, dessen Biographien von Wissenschaftlern, auch Wissenschaftlerinnen (insgesamt 33, alle auf dem Gebiet des Hadīth) dieser Zeit viel interessantes Material bieten. Ssujūti warf ihm unkritisches Kompilieren vor, doch gehörte das Zusammentragen überlieferter Berichte mit Anekdoten und Gedichten von Beginn an zur arabischen historischen und biographischen Literatur. Interessant sind allemal die Angaben der Autoren zu Zeitgenossen, Zeitverhältnissen und zur jüngeren Geschichte. Aufschlußreich ist außerdem die Auswahl aus Vorhandenem.

In seinem *al-Iʿlān bi-taubīch man dhamma achl at-ta'rīch, Die An-*

kündigung des Tadels derer, die die Historiker verdammen, formuliert as-Ssachāwi knapp seine Theorie der Geschichtsschreibung, ihrer Ziele – die Darstellung des Menschen und der Zeitverhältnisse –, Methoden und die einzelnen Sparten der arabisch/islamischen Historiographie. As-Ssujūti läßt in einer Makāma einen Reisenden nach Mekka kommen, der sich dort von einem äußerlich heruntergekommenem Religionsgelehrten religiös strittige Fragen im Stil der Harīrischen Rätsel-Makāmen beantworten läßt. In einer anderen rechtfertigt er gegen Anfeindungen seinen Anspruch darauf, im Sinn des *Idschtihād*, «des freien Ermessens» (auf Quellengrundlage), religiöse Rechtsgutachten, *Fetwas*, abgeben zu können, und unterstreicht die zwingende Notwendigkeit des *Idschtihād*. Orthodoxe sunnitische Theologen hatten bereits im 10. Jahrhundert «das Tor des Idschtihād» für geschlossen erklärt. Andererseits hat nach islamischem Glauben jedes Jahrhundert seinen religiösen Erneuerer. Ssujūti bezeichnete sich selbstbewußt als «den Erneuerer» des 9. islamischen Jahrhunderts und verfaßte mit diesem Anspruch viele Fetwas. In manchen seiner vielen Werke wollte er als überzeugter Sufi Mystik und Orthodoxie verschmelzen. Seine heftigen Dispute mit Kollegen erregten über die Landesgrenzen hinaus Aufmerksamkeit, auch dessen rühmt er sich. Zu sozialen Konflikten kam es, als er als Scheich eines Derwisch-Klosters dort reformieren wollte.

In seinen *Medizinischen Makāmen* treten Blumen, Düfte, Gemüsesorten, Nußarten und Edelsteine in Rangstreitart gegeneinander an und preisen in Reimprosa und mit Lobversen von Dichtern auf sie ihr Aussehen, ihren Duft und ihre gesundheitsfördernde, heilende Wirkung bei bestimmten Krankheiten. In der Rosen-Makāma etwa streiten nach einer fiktiven Überliefererkette, gebildet aus Namen von Blumen, «der Nachtigall der Zweige» und dem «Stern des Gartens», die Rose, die Narzisse, das Veilchen, Jasmin, Jonquille, ägyptischer Lotus, Myrte und das süße Basilikum darum, wer von ihnen die schönste und der Gesundheit nützlichste sei. Alle beugen sich schließlich dem Basilikum. In der Moschus-Makāma rivalisieren Moschus, Ambra und Safran vor einem «Imām der Rhetorik». Der Zibet kommt hinzu, aber den Sieg trägt der Moschus davon. Die Lexik religiöser wie staatlicher Macht in dieser und in der Juwelen-Makāma läßt vermuten, daß Ssujūti hier poetisch allegorisierend auf zeitgenössische Machtverhältnisse anspielte und in sie eingreifen wollte. Viele Mamluken trugen als Angehörige einer Sklavendynastie schöne Namen, etwa Dschauhar, «Juwel», Luʾluʾ, «Perlen». Ssujūti war wegen seines eigenständigen Auftretens mit Vertretern der Mamlukenmacht ebenso wie mit religiösen Autoritäten in Konflikt geraten. 1486 zog er sich auf die Nil-Insel Rauda zurück, reduzierte seine Lehrtätigkeit und gab kaum noch Fetwas ab. Seine *Makāma Luʾluʾijja*, die

«Perlen-Makāma», begründet das mit Phänomenen, die der Prophet als solche der Endzeit angekündigt habe: den Niedergang der Gelehrsamkeit, die Karrieresucht Unfähiger, daß zwischen Gut und Böse nicht mehr unterschieden werde und daß die Schüler während der drei Generationen seiner Lehrtätigkeit unfähig geworden seien. Andere ägyptische Gelehrte dieser Zeit führten ähnliche Klagen, der bereits genannte Jurist as-Ssubki ebenso wie Ssujūtis Erzgegner as-Ssachāwi.

Eine seiner Makāmen ist eine Lobdichtung auf die Insel Rauda. Ein Vers aus der 23. Sure, *Die Gläubigen*, über die Zufluchtsstätte mit Grund- und Quellwasser, die Gott «dem Sohn der Maria und seiner Mutter» gab, bildet den Anfang. Er verteidigt hier sogar die Flohplage auf der Insel mit zwei Lobversen, die den vielen mitunter drastischen Schmähversen auf Flöhe in der arabischen Literatur widersprechen.

Andere Makāmen Ssujūtis sind ebenfalls eher schöngeistige Essays, die aber für diese Zeit mentalitätsgeschichtlich aufschlußreich sind. Sie sammeln poetische Stimmen, auch die des Autors, zu Plagen der Zeit als Prüfungen des barmherzigen Gottes für den Menschen. Koranverse und Hadīthe formulieren meist die religiöse Vorgabe zu Beginn, dann folgen Reimprosa und Poesie des Autors als seine persönliche poetische Aussage. Die *Gold-Makāma. Über das Fieber* gehört dazu. Sie bringt Gebete und Mittel der Volksmedizin gegen die oft tödliche Fieberkrankheit. Das arabische Wort für «Gold», *dhahab*, ist fast gleichlautend mit *dhahaba*, «(weg-)gehen», der schöne Titel also auch Anspielung auf den Wunsch nach Gesundung. Die «Perlen-Makāma», *al-Makāma ad-durrijja. Über die Pest und die Seuche*, entstand nach der großen Pestepidemie, die Syrien und Ägypten im April 1493 und im folgenden Jahr noch einmal heimsuchte.

Medizinische, historische und religiöse Literatur über die Pest als bedrohliches (die Bevölkerung stark reduzierendes, deswegen wirtschaftlich verheerend wirkendes) Phänomen gab es seit dem 9. Jahrhundert. Daß sie ansteckend war, wußten arabische Mediziner seit der ersten Galen-Übersetzung ins Arabische, doch war unbekannt, wie die Ansteckung erfolgte. Man schrieb die Ursachen meist feuchter Luft und offenem Gelände zu. Deswegen kam es zur Entvölkerung ganzer Ortschaften, denn die Menschen suchten ihre Rettung in der Flucht. Theologen allerdings sahen die Pest und andere Seuchen als Prüfungen Gottes, denen der Mensch nicht entrinnen kann und mit denen er sich auseinanderzusetzen habe. Sie galt nicht als Strafe Gottes wie im mittelalterlichen Europa, wo diese Sicht zu fanatischen Reuebekundungen und zur Verfolgung Andersgläubiger als angeblichen «Brunnenvergiftern» führte.[236]

Ssujūti läßt hier nach Reimprosaberichten über diese Epidemie Vertreter angesehener Wissenschaftszweige vom Koranrezitator, Hadīth-Überlieferer, religiösen Rechtsgelehrten, Grammatiker bis zum Rhetoriker, jeden in seiner «Fachsprache», hier aber geistvoll variiert und in Reimprosa über die Seuche als Plage sprechen. Anschließend formulieren sie in derselben hierarchischen Abfolge und stilistisch ähnlich ihren Dank an Gott für deren Ende. In gleicher Art verfährt er in der *Strom- oder Nil-Makāma. Über Preisflaute und Teuerung*, die dem Nilhochwasser und dem diesem folgenden Niedrigwasser von 897(1491/92) und seinen verheerenden Auswirkungen auf die Menschen gewidmet ist.

Gedanken über den Tod, die Begegnung mit ihm enthält auch die *Lapislazuli-Makāma. Über den Verlust von Kindern*. Sie hatte, wie die Pest-Makāma, Vorgänger. Vom 11. Jahrhundert an sind Totenbücher, auch Anthologien zum Tod von Kindern bekannt. Sie bezeugen den tröstenden Glauben an ein Weiterleben nach dem Tod und an die Schönheiten des Paradieses und sind anrührende literarische Denkmäler einer Zeit mit hoher Kindersterblichkeit.

Sein *Kitāb Raschf as-sulāl min as-ssichr al-halāl, Ein Schluck reinen Wassers von der erlaubten Magie*, teilte er in zwanzig Makāmen.[237] Einleitend erzählt ein Abu ʾd-Durr an-Nafīs Ibn Abi Idrīs («der Vater/Besitzer der kostbaren Perlen», Perlen als Metapher für Frauen) in Reimprosa, wie er mit einer jungen Freundesschar eine Predigt über die Ehe als Glaubenspflicht des Muslims gehört habe, die dazu aufforderte, zur legalen Befriedigung der Sexualität zu heiraten. Das habe daraufhin jeder getan. Dann berichtet in jeder Makāma ein nur mit seinem (respektablen) Beruf Benannter, der Lehrer für Koranrezitation, der Korankommentator, der Hadīth-Überlieferer, religiöse Jurist, Disputant, Grammatiker, Stilist, Metaphoriker, Dichter, Hofsekretär, Mathematiker, Astrologe, Arzt und der Philosoph in Reimprosa und Versen und mit metiergerechten Metaphern von seiner Hochzeitsnacht. Das ist geistvolle Pornographie, in der die Frauen, die schließlich sehr jung und jungfräulich in die Ehe gegeben wurden, nur als Sexualobjekte und durch den Mann angeregte -subjekte in prahlerischen, dem jeweiligen Beruf adäquaten Bildern und Metaphern charakterisiert werden.[238] Lediglich der Sufi, der Mystiker, als der Letzte sagt, er sei zum Schweigen verpflichtet, spricht von «Liebe», *Mawadda* – auch eine Etappe auf dem sufischen Pfad – und zitiert zur Bekräftigung einen Vers des Abbassidenprinzen Ibn al-Muʿtas: «Es geschah, was geschah, woran ich mich nicht erinnere; so denke Gutes und frag nicht nach der Geschichte!»

Ein zweibändiges biographisches Lexikon der arabischen Grammatiker stammt ebenfalls von Ssujūti. Diese Wissenschaft habe ihn von früh an interessiert, sagt er im Vorwort. Es enthält für die jeweilige Biographie aufschlußreiche Anekdoten, außerdem Verse und Gedichte, etwa ehrende Totenklagen, diese auch vom Verfasser auf Zeitgenossen, und Glückwünsche für sie als Belege für ihren Ruhm. Außerdem wurde er durch eine zweibändige Ägypten-Anthologie «zur Abendunterhaltung und erfreuenden Lektüre», *Hussn al-muhādara fi achbār Misr wa-l-Qāhira, Des Vortrags Schönheit. Die Nachrichten über Ägypten und Kairo,* bekannt. Zum Lobpreis des Landes verfaßt, beginnt sie mit Koranversen, die Ägypten und Ägypter nennen, von Moses in Ägypten bis zu Pharao, «dem Tyrannen». Sie bringt Informationen zur Geschichte, einschließlich der legendären altägyptischen, und Topographie des Landes, Biographien bekannter Ägypter aus islamischer Zeit, Legenden über die Pyramiden und die Sphinx von Dschāhis (der nur dem Vernehmen nach berichten konnte), über den ersten arabischen Historiker des Landes, Ibn ʿAbd al-Hakam, und Auszüge aus berühmten Werken mamlukischer Historiker, besonders von al-Makrīsi (1364–1441). Als Marktinspektor von Kairo gab al-Makrīsi in seinen *Chitat*, den *Distrikten*, topographische und sozialhistorische Informationen über das Kairo seiner und früherer Zeit, aus denen Ssujūti zitiert.

Ssujūti beendet diese Anthologie, in der sich auch Ausführungen über die «Luftpost» der Zeit, die Brieftauben, und das Postsystem finden, mit zahlreichen fremden und eigenen Gedichten über landestypische Blumen, Pflanzen, Edelsteine, Mineralien und auch Tiere. Er verwendet Material, das sich in einigen seiner Makāmen ebenfalls findet, denn er hätte diese Vielzahl von Werken kaum ohne Mehrfachnutzung seines Wissens und der kompilierten literarischen und sonstigen Daten verfassen können.

Nennenswerte Makāmen aus späterer Zeit sind etwa die kurze, sicher didaktisch intendierte des Asʾhar-Scheichs Hassan al-ʿAttār (gest. 1834) über die Begegnung eines Ägypters mit jungen französischen Orientalisten in Kairo während der Napoleonischen Expedition 1798–1801. Hier verwandeln sich die Ablehnung der «Franken» und das Vorurteil des Erzählers ihnen gegenüber in Freude über gemeinsame Interessen und Bewunderung für die profunden Kenntnisse des Arabischen und seiner Literatur (trotz falscher, da nicht praxisgeschulter Aussprache) und den Wunsch zu weiteren Kontakten. Lustige Verse, in denen sich zum Beispiel *Firanssīssī,* «französisch», und *si, si* reimen, durchziehen den Text. Hassan al-ʿAttār war Lehrer von Rifāʿa at-Tachtāwi (1803–1873), der in der Bewegung der nationalen Wiedergeburt des 19. Jahrhunderts eine herausragende Rolle spielte.

Der *Madschmaʿ al-bachrain*, *Der Zusammenfluß der beiden Meere,* des libanesischen Christen Nāssīf al-Jāsidschi (1801–1872) von 1855 orientiert sich formal an Harīri, enthält aber 60 Makāmen. Der Titel entstammt Sure 18,60 und ist sicher als Metapher für die besonders von christlichen Vertretern der Nachda erhoffte Synthese aus europäischer und orientalischer oder auch christlicher und muslimischer Kultur gedacht. Die 1833 in Paris publizierte Ausgabe der Makāmen des Harīri durch den französischen Orientalisten Silvestre de Sacy, die auch Friedrich Rückert seiner Übertragung zugrunde legte – der erste Druck des Werks – hatte im Raum Syrien/Libanon Aufmerksamkeit erregt. Nāsīf al-Jāsidschis *Madschma'* ist im Geist der *Nachda* sprach- und kulturdidaktisch angelegt, nicht boshaft satirisch wie Harīris und Hamadhānis Makāmen aus einer ganz anderen Zeit. Die arabischen Christen unterschiedlicher Glaubensrichtungen in der Region Syrien/Libanon waren Ansprechpartner europäischer und amerikanischer Missionare, besonders mit deren damals gegründeten Bildungseinrichtungen. Sie wollten gleichberechtigte Partner der nationalen Wiedergeburt sein. Al-Jāsidschis Ziel war, seinen Landsleuten das reiche kulturelle Erbe der arabischen Sprache und Kultur ins Gedächtnis zu rufen. Zudem wollte er sicher beweisen, wie versiert er als Christ in dieser Bildung war, wurden doch jahrhundertelang nur wenige Christen und Juden im Hocharabischen als der Sprache des Korans ausgebildet.

Stark zeitkritisch sind die fünf Makāmen des Bagdader sunnitischen Religionsgelehrten und Großmuftis Schihāb ad-Dīn al-Ālūssi (1802–1854) von 1854, das erste gedruckte Buch im Irak, nach persischem Vorbild lithographisch, denn es erschien in der schiitischen Stadt Kerbela, die gute Beziehungen zum schiitischen Iran pflegte. Sie sind bis heute nur in dieser Gestalt erhalten, vielleicht, weil es hier nach einer Paränese in der Art der Vermächtnisse von Vätern an ihre Söhne mit Warnungen vor der allgemeinen Korruption, Bestechlichkeit und der bei Hof erwarteten Servilität bis zur Selbstaufgabe auch – zur Abschreckung – um Lustbarkeiten bei Alkohol und Homosexualität unter jungen Sufis geht, zu denen der Erzähler verführt werden soll. Schihāb ad-Dīn al-Ālūssi wurde auch durch seinen großen Korankommentar bekannt. Seine Makāmen stehen am Beginn der *Nachda* im Irak.

Achmed Fāris asch-Schidjāk (1804–1887) bezeichnete in seinem geistvoll parodistischen und sprachlich artifiziellen, autobiographisch geprägten Werk *as-Ssāk 'alā s-ssāk fi mā huwa l-Fārjāk, Bein auf Bein. Über al-Fārjāks Dasein*, mehrere Kapitel als Makāmen. Er war Freigeist, ein Wanderer zwischen Religionen und Welten. Geboren als Maronit, trat er als Übersetzer der amerikanischen protestantischen Mission in Beirut, auch aus Opposition gegen die maronitische Hierarchie, zum Protestantismus, später in Tunesien zum Islam über und nahm dann den Vornamen Achmed an. Hier verfaßte er ein Werk über seine Reisen in Europa.[239]

Der Name des Titelhelden Fārjāk ist eine Kontamination von Fāris und Schidjāk. Er ist kritisch-humorvoller bis sarkastischer Beobachter des Lebens in Frankreich und England, wo sich der Verfasser länger aufhielt. Die Erlebnisse seiner Frau, der Fārjākijja, in dieser Zeit dienen ironischen Vergleichen zwischen der Situation von Frauen in Westeuropa und im Vorderen Orient, die durchaus nicht immer zugunsten europäischer Frauen ausfallen.

Daß asch-Schidjāk mit diesem Werk sprachlich bilden und geistvoll unterhalten wollte, lassen lange, scheinbar spielerisch eingeflochtene Synonymenlisten erkennen. Auch dies kann hintergründig sarkastisch sein, etwa wenn er in eines der Kapitel über England anderthalb Seiten mit formal identischen Ableitungen von Verben der Bedeutung «so tun als ob» fügt.

Nach einem wechselvollen Leben im Libanon, in Europa, auf Malta und seinem Übertritt zum Islam in Tunesien wurde er vom auf Reformen bedachten Sultan ʿAbd al-Madschīd I. nach Istanbul eingeladen. Dort gab er von 1861 bis 1884 die erste große arabische Zeitschrift *al-Dschawāʾib, Die Antworten*, heraus. In deren erster Nummer publizierte er die *Bakschīsch-Makāme*.[240] Hier persifliert er narrativ und konstatierend in Reimprosa den Bakschīsch als den neuen König, ohne den nichts mehr möglich sei, der, wie das modische Feilschen, schon Menschen in die völlige Verarmung getrieben habe, aber aus Unfähigen Fähige mache.

Adab-Enzyklopädien

Die frühen *Adab*-Enzyklopädien des Dschāhis und des Ibn Kutaiba wurden bereits detaillierter vorgestellt.[241] Eine reizvolle andalusische Variante ist *al-ʿIkd al-farīd, Das einzigartige Halsband*, des Ibn ʿAbd Rabbih (860–940) aus Córdoba, eines Freigelassenen am dortigen Umajjadenhof. Der Titel erklärt sich aus der Struktur, die der Autor seinem Werk gab: Jedes der ersten zwölf von 25 Kapiteln trägt den Namen eines Edelsteins. Das erste, «Über die Herrschaft», heißt «Die Perle», das zweite, «Über die Kriege», heißt «Die kostbare Perle». Das zentrale 13. Kapitel ist «der Mittelstein»: «Über die Reden». Die weiteren Kapitel folgen symmetrisch zur ersten Hälfte. Das vorletzte, 24., ist also «Die zweite kostbare Perle»: «Über das Essen und das Trinken», und das 25. und letzte Kapitel «Über Scherze und Witze» ist «Die zweite Perle». Ibn ʿAbd Rabbih betont im Vorwort seine individuelle Anordnung und Auswahl aus reichlich vorhandenen Stoffen und Gattungen und sagt, daß er sie mit passenden Versen und Gedichten, darunter eigenen, ausgeschmückt, seine Quellen, das heißt Überliefererketten, aber, um zu straffen, selten genannt habe. Tatsächlich entstammt offenkundig ein größerer Teil seines Materials den *Madschālis*, den gelehrten Sitzungen, also mündlicher Überlieferung.[242] Zwar sind seine beiden ersten Kapitel thematisch mit denen in Ibn Kutaibas *Quintessenzen der Berichte* identisch, doch unterscheiden sie sich inhaltlich, wie auch die weitere Anordnung differiert und die Stoffe Ähnlichkeiten und Unterschiede aufweisen. Etwa gibt es hier ein Kapitel, das vierte, «Über die Unterredungen (*Wufūd*, eigentlich: «Abgesandte, Sendboten, Ankömmlinge») bei Königen, Stammesscheichs, bei Muhammed und den Kalifen», ein Thema, das Ibn Kutaibas Enzyklopädie nicht enthält. Auf 38 Berichte über männliche «Abgesandte», beginnend mit denen, die vor Chosrau Anuschirwān erschienen, folgen sieben über kluge Frauen, die meisten eingeladen vom Umajjadenkalifen Muʿāwija I, deren Meinung offensichtlich aus politischen oder propagandistischen Gründen erfragt und dargelegt werden sollte. Der letzte Abschnitt über Stammesangehörige, die beim Propheten vorstellig wurden, berichtet ebenfalls über die geschickte Unterredung einer Frau mit ihm.[243] Zwei kurze Schreiben Muhammeds finden sich hier gleichfalls.

Abu ʿAlī al-Kāli (901–967), der 915/16 auf Einladung des Umajjadenprinzen und späteren -kalifen al-Hakam nach Córdoba kam, nachdem er in Bagdad bei berühmten Grammatikern studiert hatte, verfaßte dort seine umfangreichen *Āmāli, Diktate*, über grammatische und lexikographische Probleme und vor- und frühislamische Dichtung. Sie wurden zum beliebten Grundlagenwerk für die Übermittlung östlicher sprachlicher und poetischer Bildung an den Westen des Reichs. Ibn Chaldūn bezeichnete sie in seiner *Mukaddima* als eine der vier (tragenden) Säulen des Adab, also der sprachlich-literarischen Bildung der Zeit.

Adab-Enzyklopädien gab es in großer Zahl und in wachsendem Umfang, etwa die achtbändige, bewußt auf Prosa konzentrierte und deswegen (Prosa-)*Perlenstreuen* betitelte des al-Ābī (gest. 1030), der Wesir am Bujidenhof in Raij und ein Freund des Wesirs, Mäzens und Autors as-Ssāhib Ibn ʿAbbād (938–995) war. Er beginnt mit einer umfangreichen, nach Stichwörtern wie «Gottesfurcht», «Weisheit» geordneten Sammlung von Koranzitaten, danach einer ähnlich geordneten von Hadīthen, beides für Verfasser höfischer Korrespondenz und von Büchern. Es folgen Anekdoten, Sprichwörter und Dikta, auch sarkastischen, lasziven und skatologischen Inhalts, selbst auf religiösem Gebiet, nach den Personen oder Berufs- oder Volksgruppen, von denen sie handeln, geordnet. Da gibt es mental- wie sozialhistorisch aufschlußreiche Anekdoten und Witze über Herrscher, Asketen, Prediger, Theologen, Koranrezitatoren, Philosophen, unterschiedliche Handwerker, über Lehrer, Ärzte, (freche) Knaben, Sklaven und Hofnarren oder auch Sentenzen von ihnen. Nur bei den Sprichwörtern und Redensarten findet sich eine kurze Rubrik «Frauen». Al-Ābis Enzyklopädie war Hauptquelle für die *Ergötzlichen Geschichten* des auch durch seine *Weltgeschichte* bekannten jakobitischen Christen Ibn al-ʿIbri, latinisiert zu Bar Hebräus (gest. 1286).

Noch umfangreicher ist die sachlich nicht geordnete Enzyklopädie *al-Bassā'ir wa-dh-dhachā'ir, Die Einblicke und die kostbaren Verwahrstücke,* von Abu Hajjān at-Tauhīdi, an der dieser 25 Jahre, von 961/62 bis 986, arbeitete. Er macht zu Beginn seine große Bewunderung für Dschāhis deutlich und nennt auch den größten Teil seiner weiteren schriftlichen Quellen, hatte er doch als Handschriftenkopist leicht Zugang zu Literatur. Einige seiner Quellen sind inzwischen verloren. Daß er Texte inhaltlich, formal und stilistisch bearbeitete, gibt er mehrfach zu erkennen. Über die mangelhaften Fähigkeiten der Überlieferer, auch wiederholt über den schlechten mündlichen und schriftlichen Stil einiger Zeitgenossen, darunter bekannter Autoren, klagt er und sieht den Grund sicher mit Recht in deren nichtarabischer Herkunft und Sozialisation. Er fügt eigene Bemerkungen und Kommentare ein und erzählt Erlebnisse, die er während dieser Schaffensjahre hatte, auch Geschichten, die ihm zu Ohren kamen. Seine Verbitterung über die wachsende Korrumpierbarkeit vieler seiner Mitmenschen, über den moralischen Verfall klingt, besonders in den Vor- und Nachbemerkungen in Reimprosa zu jedem der unbetitelten Kapitel, immer wieder an. Auch er will Ernst und Scherz mischen und begegnet Kritikern dieses Prinzips ebenso wie dem der beliebigen Anordnung mit dem Argument, er wolle seine Leser nicht langweilen. Hauptanliegen bei der Auswahl der Stoffe waren ihm die (durch Rationalität bestimmten) Beziehungen des Menschen zu Gott und zu seinen Mitmenschen, aber auch deren sprachliche Erziehung.[244] So erklärt er im sechsten Band die heterogenen Elemente, die bei ihm, wie bei den meisten Adab-Autoren, zur kulturellen Synthese verschmolzen: «Von den Arabern die Sprachkultur, von den Persern die klug gelenkte politische Struktur, von den Griechen die Subtilitäten der Natur, vom islamischen Gesetz die Transzendalitäten nur.» Tatsächlich durchziehen den Text zahlreiche Koran- und Hadīth-Worte zur klugen und subtilen Begründung und Ermahnung. At-Tauhīdi soll am Ende seines Lebens, völlig verarmt und verbittert, alle seine Schriften verbrannt haben.

Die 25 Kapitel von ar-Rāghib al-Isfāhānis (gest. frühes 11. Jh.) höfischem Auftragswerk *Muhādarāt al-udabā' wa-muhāwarāt asch-schu'arā' wa-l-bulaghā', Der Gebildeten Unterhaltungen und der Dichter und Rhetoriker Unterredungen*, lassen gegenüber Ibn Kutaibas *Quintessenzen* andere Prioritäten in der Anordnung und Wahl der Themen, eine gewisse Vorliebe für Kontrastierungen wie in den Werken über Gut und Schlecht sowie den weitgehenden Verzicht auf Reimprosa und eigene Kommentare erkennen. Geurteilt wird meist durch Koranzitate oder Hadīthe. Etwa bringt er im Kapitel über «Vater- und Sohnschaft» eine bekannte Anekdote über den reichen Beduinenscheich Kais Ibn 'Āssim, einen Zeitgenossen Muhammeds, der damit prahlt, er habe zwölf Töchter nach ihrer Geburt lebendig vergraben. Mit der 13., die in seiner Abwesenheit zur Welt kam und von seiner Frau einem ihrer Brüder übergeben wurde, während man ihm sagte, sie sei tot geboren, habe er es genauso gehalten, obwohl sie erst zu ihm kam, als sie erwachsen und hübsch geworden war, um sich ihm vorzustellen. Das Koranzitat über das Verbot dieser im vorislamischen Arabien gelegentlich aus Not geübten Grausamkeit leitet hier ein, und der Hadīth «Wer kein Erbarmen kennt, dessen erbarmt man sich nicht» beschließt.[245] Der Infantizid dieses Scheichs soll der Grund für die koranische Offenbarung gewesen sein. Ein Kapitel dieses Themas enthält weder Ibn Kutaibas Enzyklopädie noch die des Ibn ʿAbd Rabbih.

Der Autor kündigt im Vorwort an, wer einen Frommen brauche, der ihn ermahnt und zum Weinen bringt, der werde den hier ebenso finden, wie der Erfolg haben werde, der gelegentlich einen Tollkühnen sucht, damit er ihn erheitere und zum Lachen bringe. Da bei den höfischen Vergnügungsrunden nicht nur Sprach- und Grammatikkenntnisse gefragt seien, habe er auch ein kürzeres *Mudschūn*-Kapitel gestaltet, ebenso Kapitel über den *Ghasal*, über Liebe, Ehe, Verstoßung und eines über den Tod. Seinen Verstand könne nur beweisen, wer Dichtung verfaßt oder ein Buch schreibt. Er beginnt sein Werk mit dem Kapitel «Verstand – Wissenschaft – Dummheit». Ar-Rāghibs Werk über Ethik *adh-Dharīʿa fi makārim asch-scharīʿa, Das Bindeglied. Über die edlen Eigenschaften der Scharīʿa*, beeinflußte al-Ghasāli.

Beliebt war jahrhundertelang die vielbändige *at-Tadhkira al-hamdūnijja, Das Hamdūnsche Memorandum*, des Bagdader Höflings Ibn Hamdūn (1102–1166/67), die dem Autor auf Grund einiger dem Kalifen unliebsamer Passagen im Kapitel «Herrschaft und Macht» Kerkerhaft eintrug, obwohl Ibn Hamdūn, wie sein Sohn später sagte, viel Vorsicht hatte walten lassen. Dieser schreibbegabte Sohn hütete sich, etwas zu publizieren.

Aus dem Ägypten der Mamlukenzeit stammen mehrere – darunter sehr umfangreiche – Enzyklopädien. An-Nuwairi (1279–1332) stellte nach einer Tätigkeit als Finanzverwalter Syriens und Ägyptens sein vielbändiges Werk *Nihājat al-arab fi funūn al-adab, Des Herzens Verlangen. Über die Künste des Adab* in planvoll sachlicher Anordnung zusammen: fünf Bücher enthalten jeweils fünf Teile mit vielen Unterteilungen. Der umfassendste Teil ist der letzte über die Geschichte der Menschheit. Er beginnt mit einem Buch über die damaligen kosmologischen Vorstellungen von den sieben Himmeln und der Erde und mit einer Beschreibung der Welt. Es folgt ein Buch über den Menschen, seine Natur, seine Fähigkeiten, sich in der Dichtung darzustellen, und die von ihm geschaffenen Regierungsformen und -institutionen. Das dritte Buch gilt der Tier-, das vierte der Pflanzenwelt. Er sagt zu Beginn, daß er hiermit auch sich selbst ein Depot für all das Wissen schaffen wollte, daß er nach seiner Beamtentätigkeit erworben hatte. Er war nach einem Studium des Rechts und der Kalligraphie oberster Finanzverwalter in Ägypten und Syrien gewesen, bevor er dieses Werk zusammenstellte. Vermutlich wollte er mit ihm – wie die höfischen Sekretäre der Abbassidenzeit – ebenfalls zur allseitigen Bildung der Hofbeamten beitragen.

Noch prononcierter als er verfolgte al-Kalkaschandi (1355–1418) mit seiner im Druck 14 Bände umfassenden Enzyklopädie *Ssubch al-aʿscha fi kitābat al-inschā', Der Morgen des Nachtblinden. Über das Abfassen von Kanzleischreiben*, dieses Ziel. Auf Kapitel über das theoretische Wissen, das höhere Hofbeamte in puncto Geschichte, Geographie, Adab und Grammatik besitzen sollten, folgen solche über Kalligraphie, sowie Form und Inhalt höfischen Schriftwechsels mit Beispielen realer Korrespondenz.

Kalkaschandi konnte sich auf zwei Werke des Ibn Fadl Allāh al-ʿUmari (1301–1349), Sohn einer hochrangigen syrisch-ägyptischen Beamtenfamilie, stützen. Sie sind ebenfalls, auch in ihrem artifiziellen Stil, Zeugnisse der mamlukischen Hof- und Verwaltungskultur: der *Taʿrīf bi-l-mustalach asch-scharīf, Die Einführung in den edlen Stil*», ein administratives Handbuch mit aktuellen Beispielen, und die Enzyklopädie *Massālik al-abssār fi mamālik al-amssār, Die Wege der Erkenntnisse. Über die Reiche der Länder.*

Trotz seiner 60 Kapitel erheblich kürzer ist des Ägypters al-Ibschīhi (1388 bis 1446) *al-Mustatraf fi kull fann mustadhraf, Das Exzellente. Über jede feine Kunst/Spezialität.* Sie ist bei aller Unterhaltsamkeit stärker religiös-ethisch orientiert und enthält in ihrem Sprichwortkapitel sowie an anderen Stellen einiges Folkloristische für diese Zeit Aufschlußreiche.

Wenn spätere Adab-Enzyklopädien, wie besonders die des Nuwairi, Kapitel über den Himmel und die Gestalt der Erde, auch über Engel und *Dschinn*, also Geister, enthalten, so orientieren sie sich an astrologischen und astronomischen Werken, die auf solchen griechischer und indischer Autoren aufbauten. Sie sind aber ebenfalls von kosmologischen, angelogischen und dämonologischen Vorstellungen inspiriert, wie sie Sakarijja al-Kaswīnis (1203–1283) große, auch ins Persische und Türkische übersetzte und dort erweiterte Enzyklopädie *ʿAdschā'ib al-machlūkāt wa-gharā'ib al-maudschūdāt, Die Wunder der Geschöpfe und die Seltsamkeiten der existierenden Dinge,*[246] enthält.

Kaswīni reiste nach einem Jurastudium im persischen Kaswin, seiner Geburtsstadt, die ihn kulturell und sprachlich prägte, durch den Iran und Syrien und war bis zum Sturz der Abbassiden 1258 Richter in den irakischen Städten Wasit und Hilla. Danach verfaßte er seine Werke. Er trug seine Informationen in diesem wie in seinem geographischen Lexikon *Āthār al-bilād wa-achbār al-ʿibād, Die Denkmäler der Länder und die Berichte über die Gottesdiener* (das heißt: «die Menschen»), wie andere Enzyklopädisten aus Vorgängerwerken zusammen, gestaltete sie geschickt und ergänzte aus eigener Anschauung und zusätzlichem Wissen.

Sein einbändiges geographisches Lexikon teilt die ihm größerenteils, aber nicht nur, aus Büchern bekannte Welt in die sieben Klimata vieler arabischer Geographen und ordnet innerhalb dieser alphabetisch an. Es ist unterhaltsam durch seine Vorliebe für «Wunderbare Dinge» oder auch «Vortrefflichkeiten» und für Anekdoten, die zum jeweiligen Ort Bezug haben. Quelle für solche Mirabilien ist öfter der andalusische Geograph und Reisende Abu Hāmid al-Gharnāti (1080/81–1169/70), der um 1106 Granada verließ, über Nordafrika bis Mittelasien reiste und wenigstens zwei Werke über seine Reisen verfaßte, die durch ihre naturkundlichen, kosmographischen, astronomischen und ethnographischen Informationen sehr interessant sind und in die er Wunderberichte einfügte.

Kaswīnis Kosmographie ist die erste systematische im Arabischen. Einer ihrer Vorläufer war des eben genannten Abu Hamīd al-Gharnātis *Muʿrib ʿan ʿadschāʾib al-Maghrib, Der Anzeiger für die Wunder des Westens,* ein anderer war ein nicht erhaltenes persisches Mirabilienwerk. Für die Beliebtheit von Kaswīnis Kosmographie – auch in Europa waren Berichte über Wunder und Raritäten aller Art bis in die Barockzeit sehr populär – zeugen zahlreiche Handschriften mit differierender Textgestaltung und oft recht hübschen Miniaturen. Zwar charakterisiert der – wie die meisten arabischen Intellektuellen des Mittelalters – auf seine rationalen Fähigkeiten sehr stolze Universalgelehrte al-Bīrūni das Bedürfnis nach Bildern recht arrogant als das des einfachen Volkes, das sich «vor dem nur geistig Erfaßbaren scheut»,[247] und merkt an, daß manche Religionen dieses Bedürfnis im Interesse ihrer Wirksamkeit nutzten, doch konnte das islamische Bilderverbot diesen den meisten Menschen innewohnenden Wunsch nach sinnlich faßbarer, farbiger Darstellung nicht ganz unterdrücken.

Kaswīni geht davon aus, daß die gesamte Schöpfung aus Wundern Gottes besteht und vom Menschen in allen Details des rational Sinnvollen, etwa im Leben der Tiere, nur bewundert werden kann. Im ersten Teil beschreibt er die außerirdische Welt mit ihren Bewohnern, den Engeln, außerdem den arabischen, den römischen und den persischen Kalender. Er vermischt hier astronomische Kenntnisse der Zeit mit astrologischen Vorstellungen. Der zweite, umfangreichere Teil ist den vier Elementen Feuer, Wasser, Luft und Erde, den die Erde umgebenden Sphären mit ihren meteorologischen Phänomenen und allem, was sich auf der Erde befindet, gewidmet, also Mineralien, Pflanzen, Tieren, Menschen und auch den im Koran mehrfach genannten Dschinn. Dabei wird der Mensch mit seiner Seele, dem Mythos seiner Entstehung, seiner Anatomie, seinen Krankheiten und seinen guten und schlechten Seiten am ausführlichsten behandelt. Der letzte Teil ist der kürzeste und gilt mythologischen Völkern von seltsamer Gestalt, Mischwesen, wie sie teilweise bereits die Kunst des Alten Orients kennt und die in antiken und dann in arabischen Reiseberichten sowie von Geographen beschrieben werden.

Eine para-zoologische Enzyklopädie ist *Das Leben der Tiere*, *Hajāt al-Hajawān,* des ägyptischen Universalgelehrten ad-Damīri (1341–1405). Es enthält in alphabetischer Reihenfolge 1069 Artikel über reale und mythologische Tiere. Manche erscheinen unter verschiedenen Bezeichnungen, da die Araber, wie ein Adab-Autor sagt, für das, was sie liebten, besonders viele Namen hatten. Das gilt beispielsweise für den Löwen, der in der arabischen Dichtung – wie auch anderswo – Sinnbild der Stärke und Macht ist. Dem Vorwort zufolge schrieb der Autor sein Werk, um den vielen falschen Vorstellungen über Tiere entgegenzutreten. Er trug das Material, nicht nur über Tiere, aus vielen Quellen zusammen. Die Artikel beschreiben meist nach Angaben über die Aussprache des Namens das Aussehen des jeweiligen Tiers und das ihm zugeschriebene Verhalten. Dann folgen Hadīthe, Sprichwörter und Redensarten, in denen es vorkommt, Ausführungen über seine Eßbarkeit nach den Vorstellungen der Rechtsschulen, seinen möglichen medizinischen Nutzen und seine Bedeutung in Träumen.

Gute und schlechte Träume als Omina spielen schon im Koran (wie im Alten Testament), bei den Propheten, in der gesamten islamischen historischen, religiös-mystischen und natürlich der volkstümlichen Literatur, etwa in Geschichten aus *Tausendundeiner Nacht*, eine große Rolle. Man schrieb ihnen wichtige Einflüsse auf das menschliche Leben, auf politische und persönliche Entscheidungen zu.[248] Als bekanntester Autor früher Werke über Traumdeutung gilt der fromme Überlieferer Ibn Ssīrīn (654–728), ein Freund des Mystikers Hassan von Basra, dem aber vermutlich diese Werke zugeschrieben wurden, um ihnen Autorität zu verleihen. Er erscheint als ihr Verfasser schon in Dschāhis' *Buch der Tiere* und im *Fichrist*. Unter seinem Namen wurden sie auch ins Persische und Türkische übersetzt.

Konventionsgemäß geht Damīri in einigen Artikeln zu ganz anderen Themen über, etwa bei «Gans» nach einem Gedichtzitat rein assoziativ zu einer langen Darlegung der Kalifengeschichte. Sein *Leben der Tiere* ist reizvoll auch wegen des folkloristischen Materials, der unterhaltsamen Anekdoten, Memorabilien und Verse.

4. Volkstümliche Literatur

Berufserzähler zur Erbauung und zur Unterhaltung

Über den Straßenerzähler als Volksunterhalter, der mitunter auch bei einem Kalifen gern gesehen war und/oder Bildungsautoren Stoffe lieferte, wird in der arabischen Literatur verschiedentlich berichtet.

Bei Theologen relativ angesehen waren die Erzähler erbaulicher Geschichten, aber natürlich erhielten sie Weisungen. Der Bagdader hanbalitische Theologe und Prediger Ibn al-Dschausi (s. S. 205) verfaßte ein Buch *Die Erzähler und die Prediger*, in dem er beider Notwendigkeit zur religiösen Erziehung des Volkes darlegte. In seinem *Talbīs al-Iblīs, Das Inkognito des Teufels*,[249] in dem er viele zeitgenössische Sitten und Bräuche streng rügte, wandte er sich gegen «betrügerische», das heißt, zu erfindungsreiche Erzähler, ferner gegen solche, die lebhaft gestikulierten oder Frauen, besonders auf Friedhöfen, zu Tränenausbrüchen rührten. Sie hätten vielmehr zu Ausdauer und Standhaftigkeit *(Ssabr)* zu ermahnen. Dichter, die (traditionsgemäß) das Schicksal/die Zeit schmähten, rügte er aus derselben Haltung heraus. Er forderte auch, die Erzähler sollten ihre Geschichten – er meint wohl Hadīthe – wahrheitsgemäß wiedergeben und außerdem darauf achten, daß Männer und Frauen als Publikum separiert seien. Frauen sollten sie zum Gehorsam gegenüber ihrem Mann, zur Einhaltung der religiösen Pflichten und dazu anhalten, möglichst ihr Haus gar nicht erst zu verlassen.[250] In seinem *Buch der Predigten und Sitzungen* vereinte er eigene kurze, eindrucksvolle Predigten mit passenden Gedichten und exemplarischen Geschichten.

Der syrische Jurist as-Ssubki (gest. 1369/70) erwähnt in seinem *Wiederbringer der Gnadengaben Gottes* Rezitatoren, die auf einem Schemel in Moscheen saßen und religiöse Texte aus Büchern vortrugen. Er empfiehlt dafür an erster Stelle al-Ghasālis *Wiederbelebung der religiösen Wissenschaften* und auch «die Bücher Ibn al-Dschausis». Sie sollten sich ebenso wie die Straßenerzähler, die ihre Texte, nämlich Koranverse, Hadīthe und «Geschichten der Vorfahren», vorher lasen und sie dann auswendig vor einem Straßenpublikum sitzend oder stehend vortrugen, auf das beschränken, was «die Menge» versteht.

Neben den Erzählern und Rezitatoren, die Geschichten oder Texte zur religiösen Erbauung vortrugen, gab es die Erzähler mit einem eher säkularen Repertoire. Al-Massʿūdi berichtet in seinen *Goldwäschen* von einem beliebten Straßenerzähler, der auf Witze oder Schwänke über bestimmte Volksgruppen spezialisiert war, deswegen er zum Abbassidenkalifen al-Muʿtadid (892–902) bestellt wurde, ihn vergnüglich unterhielt und von ihm reichlich belohnt wurde. Ibn an-Nadīm informiert über die Vorliebe des Kalifen al-Muktadir (908–932) für «Nachtgeschichten» und fiktive Erzählungen und sagt, daß Handschriftenhändler sie damals verfaßten und «erlogen», also erfanden. Generell war der arabische Begriff für «fantastische Geschichte, Märchen», *Churāfa*, jahrhundertelang pejorativ, vergleichbar der deutschen Auffassung von Trivialliteratur.

Ibn an-Nadīm führt aber in der achten Makāla des *Fichrist* eine Fülle anonymer unterhaltsamer Werke über persische, griechische und babylonische Könige auf, über arabische Liebespaare aus vor- und frühislamischer Zeit, über die Liebe zwischen Geistern und Menschen, die Wunder des Meeres, des Festlands und der Bäume, über König Salomo, «den Herrn der Geister», über Magier und Gaukler, Schelmen und Narren. Er klassifiziert sie als größerenteils persischer, griechischer, indischer, auch arabischer Herkunft. Die Perserkönige hätten diese Geschichten als erste gesammelt und in Magazinen aufbewahrt. Alexander der Große sei der erste gewesen, der sich zur Nacht Geschichten erzählen ließ, um wach und aufmerksam zu bleiben (das heißt, zu einem ernsten Zweck!). Erzählungen dienten also auch der höfischen Abendunterhaltung.

Zwischen Legende und Märchen: Prophetengeschichten[251]

Der Koran enthält viele Geschichten über Propheten, die meisten biblischen Ursprungs. Ihre oft eher fragmentarische Gestalt läßt vermuten, daß Muhammed die gesamte Geschichte bei seinen Hörern als bekannt voraussetzte. Handelte es sich doch offensichtlich um Erzählgut, das über Juden und Christen auf der arabischen Halbinsel mündlich, auch in apokrypher Form, verbreitet wurde. Propheten und Erzväter des Alten Testaments wie Moses, Noah, Hiob, Adam, Abraham, Josef, seltener aus altarabischer Zeit wie Ssālih und Hūd, dienen im Koran meist als Beispiele für die Beziehungen zwischen den mit göttlicher Botschaft Gesandten und ihrer skeptischen Umgebung, auch für das Handeln Gottes.[252] Diese Erzählungen wurden in Korankommentaren weiter ausgeformt. In historischen Werken und in Adab-Enzyklopädien erscheinen sie als Vorläufer realer oder legendärer muslimischer Geschichtsüberlieferung. Schiiten und Sunniten bedienten sich ihrer in unterschiedlicher Weise. Sie wurden zur Gattung der «Prophetengeschichten», einer volkstümlichen Legendenliteratur. Diese Werke verarbeiteten weitere populäre, märchenhafte Erzählstoffe, auch altorientalischen Ursprungs.

Die beiden bekanntesten, bis heute in Übersetzungen in der gesamten islamischen Welt bis nach Malaysia sehr beliebten Sammlungen von Prophetengeschichten sind das *Kitāb ʿarāʾis al-madschālis fi kissas al-anbijāʾ*, *Das Buch der Bräute der* (Erzähl-)*Sitzungen. Über die Propheten-*

Szene aus der Himmelfahrt Muhammeds, farbige Miniatur aus einer Handschrift mit Prophetengeschichten, Türkei, Ende 16. Jahrhundert: Der Erzengel Gabriel in der Mitte spricht mit Muhammed (rechts mit Gesichtsschleier), der wie der Prophet Mose (links) zum Zeichen seiner Heiligkeit den Flammennimbus trägt.

geschichten des Thaʿlabi (gest. 1035) und das *Kitāb Chalk ad-dunja wa-kissas al-anbijāʾ, Das Buch der Erschaffung der Welt und der Prophetengeschichten*, das in unterschiedlichen Handschriften einem Muhammed al-Kissāʾi (12. Jh.?) zugeschrieben wird. Es ist aber bisher offen, wer es verfaßt hat.

Thaʿlabi, der außerdem einen Korankommentar und ein Buch über *Die vom Koran Getöteten* schrieb, teilte sein Werk in *Madschālis*, «Sitzungen», mit Kapiteln, durchwebte die Geschichten mit Koranzitaten und Hadīthen und gab seine Quellen an. Er wollte also ein ernstzunehmendes Erbauungsbuch schaffen.[253] Das volkstümlichere Werk ist das dem Kissāʾi Zugeschriebene.[254] In beiden Sammlungen finden sich Teile des Alexanderromans, findet sich die Legende von Chidr, «dem Ewigjungen», findet sich auch die Geschichte von Bulūkija, die vermutlich jüdischen Ursprungs ist und, variiert, in *Tausendundeine Nacht* Eingang fand. Trotzdem sind beide Sammlungen inhaltlich und stilistisch unterschiedlich. Die dem Kissāʾi zugeschriebenen Geschichten sind märchenhafter gestaltet, sprachlich schlichter und beruhen wohl stärker auf mündlichen Überlieferungen.

Es gab auch spätere Sammlungen des Titels, etwa die betont intellektuelle, theologische, zur Koraninterpretation gedachte des Irakers Niʿmat Allāh al-Dschasāʾiriʿ (1641–1700).

Gestalten und Stoffe aus diesen Erzählungen fanden und finden in moderne arabische Dichtung und Erzählliteratur Eingang, weil deren Autoren sie als Kinder hörten oder in Schulbuchausgaben lasen. Sie oszillieren hier aber oft mit den biblischen Stoffen, etwa im erschütternden Rollengedicht *Ajjūb*, *Hiob*, das der Iraker Badr Schākir as-Sayyāb (1926–1964) kurz vor seinem frühen Tod schrieb. Hiob, der koranische Ajjūb, wird für den unheilbar Kranken zur Projektionsfigur seines eigenen Leids, seiner Schmerzen.[255]

Tausendundeine Nacht: ein Werk zwischen Orient und Okzident

Ibn an-Nadīm nennt an erster Stelle der höfischen Nachterzählungen den persischen Titel *Tausend Geschichten* als Vorgänger der später in Europa so beliebten Sammlung *Tausendundeine Nacht*, resümiert eine Frühform des Prologs der Rahmengeschichte und kommentiert: «Ich habe es mehrfach gesehen. Es ist wirklich ein anödendes Buch voll fader Geschichten.» Der Engländer Edward William Lane, der zwischen 1832 und 1835 in einem Kairoer Volksviertel lebte, berichtet, daß man dort damals glaubte, wer *Tausendundeine Nacht* innerhalb eines Jahres lese, müsse noch im selben Jahr sterben.

Ihre Aufwertung erfuhr *Tausendundeine Nacht* erst durch die Adaption des französischen Orientalisten und Orientreisenden Antoine Galland (1646–1715), die unter dem Titel *Les Mille et Une Nuit* (!) 1704–1717 in Paris erschien und nicht nur in Frankreich sofort zum Erfolg wurde. Einmal waren die reizvollenFeenmärchen der Gräfin d'Aulnoy und von Charles Perrault, wohl als Reaktion auf die Rationalität der Aufklärung, damals beim französischen Lesepublikum *en vogue*. Außerdem war der Orient nach der Niederlage der osmanischen Truppen vor Wien 1683 endgültig von einer Bedrohung zum exotischen Faszinosum für Europa geworden.

Galland war während eines Forschungsaufenthalts in Syrien 1698 auf eine Handschrift der *Geschichte von Sindbad dem Seefahrer* gestoßen, die einzeln in Umlauf war, hatte sie für höfische Kreise übertragen und Begeisterung geweckt. Da er hörte, sie sei Teil einer größeren Sammlung, schrieb er nach Syrien und erhielt eine Handschrift zugesandt, die zufällig die älteste bis heute erhaltene ist. Sie stammt aus dem 15. Jahrhundert und führt bis in die 283. Nacht.[256] Er übertrug sie mit den ihm zur Verfügung stehenden, aus heutiger Sicht unzulänglichen, lexikalischen Hilfsmitteln ins Französische, fügte den Sindbad-Roman da ein, wo er ihn für passend hielt, und füllte damit die ersten sieben von insgesamt zwölf Bänden seiner Übertragung. Sie erschienen zwischen 1704 und 1706. Galland übertrug, das betont er im Vorwort, den Schicklichkeitsvorstellungen der «Lesewelt» seiner Zeit entsprechend. Er adaptierte also dieses Werk der arabischen Volksliteratur mit seiner sexuellen Offenheit bis gelegentlichen Derbheit, auch den Grausamkeiten, die viele Volkserzählungen weltweit enthalten, an den Geschmack höfischer Kreise und der städtischen Oberschicht im Frankreich des frühen 18. Jahrhunderts. Alle europäischen Übersetzer bis zu E. W. Lane stützten sich auf Galland, übertrugen aber diese Vorlage wiederum dem jeweiligen Zeitempfinden entsprechend. Lane, Sohn eines Bischofs in Hereford, publizierte 1840/41 seine gekürzte, «gereinigte» englische Übersetzung in drei Bänden nach arabischen Originalen, denn die Sammlung, die sich in Europa solcher Beliebtheit erfreute, gehörte zu den ersten arabischen Drucken. Er ergänzte mit Anmerkungen, aus denen seine Erfahrungen während seines mehrjährigen Aufenthalts in Kairo deutlich werden. Es war Sir Richard Burton, der vierzig Jahre später mit seinen zehnbändigen *The Arabian Nights' Entertainments,* 1885, deren sechs Fortsetzungsbänden, 1886–1888, und seinen «ethnographischen Anmerkungen» gegen die viktorianische Prüderie Lanes und die seiner Zeitgenossen anging. Die zahlreichen die Handlung ausmalenden, aber die Spannung verzögernden und natürlich nicht leicht adäquat zu übertragenden Verse und Reimprosapassagen gab Galland – wie alle Übersetzer nach ihm bis in die 20er Jahre des 20. Jahrhunderts bis auf Burton und später Enno Littmann in seiner deutschen Übertragung – wenn überhaupt, dann gestrafft in Prosa wieder.[257]

Da Galland keine weitere Textvorlage für eine Fortsetzung seiner Übersetzung fand, publizierte der Pariser Verlag Claude Barbin, am Geschäft interessiert, – schließlich war der erste Band der *Les Mille et Une Nuit* bereits 1705 in englischer, 1706 in deutscher Übersetzung erschienen – 1709 ohne Gallands Wissen einen achten Band. Er enthielt die von Galland nach einer bisher nicht entdeckten Vorlage übertragene *Geschichte von Ghānim, dem verstörten Sklaven der Liebe*, die jedenfalls, bis auf die sicher später eingeschobenen derben Eunuchenschwänke, in die arabische Liebestheorie paßt, und eine gerade fertiggestellte Übertragung aus dem Türkischen des französischen Orientalisten Petit de la Croix. Für diese und die beiden anderen Geschichten des Bandes, *Von Zain al-Asnām* und *Von Chodadād und seinen Brüdern*, hat man ebenfalls bis heute weder einen türkischen noch einen arabischen Text gefunden. Galland hatte aber inzwischen in Paris einen Maroniten aus Aleppo, Hana Diab, ausfindig gemacht, der ihm viele Geschichten frei erzählte. Er machte sich kurze Notizen und gestaltete nach diesen und seinem Gedächtnis die letzten drei Bände, wählte aber nur das ihm geeignet Erscheinende aus. Zwei Bände erschienen postum. Den Schluß der Rahmenerzählung, Schahrasāds Rettung vor dem drohenden Tod durch den frauenhassenden, weil von Frauen betrogenen, König Schahrijār auf Grund ihrer Klugheit und ihrer «Erzähltherapie», ergänzte er vermutlich nach dem Hörensagen, denn er skizzierte ihn bereits in einem Brief vom Jahr 1702. Diese letzten Bände enthalten die bei europäischen Kindern so beliebten Geschichten *Von Aladdin und der Wunderlampe*, *Von Ali Baba und den vierzig Räubern*, *Vom Ebenholzpferd*, *Vom Prinzen Achmed und der Fee Peri Banu* und *Von den beiden Schwestern, die ihre jüngste Schwester beneideten*. Für die beiden letzten gibt es ebenfalls bis heute keinen arabischen Text. Für die *Ali-Baba-* und die *Aladdin-Geschichte*, die Galland nach Hana Diabs Erzählungen skizzierte, entdeckte man um die Wende vom 19. zum 20. Jahrhundert je eine arabische Handschrift in europäischen Sammlungen. Die der *Aladdin-Geschichte* stammt jedenfalls, das weiß man seit wenigen Jahren, von einem christlichen Syrer, der länger in Paris lebte. Er gestaltete sie vermutlich kreativ nach dem Gallandschen Französisch. Sie enthält auffällig viele Europäismen.[258] Andere Geschichten der Gallandschen Übertragung, zum Beispiel die *Vom Ebenholzpferd*, fand man später in vorher unbekannten arabischen Handschriften.

Auf die ersten vollständigen Handschriften von *Tausendundeiner Nacht* stießen Europäer im 19. Jahrhundert nach eifriger Suche in Ägypten. Besonders in Frankreich war inzwischen auf Grund einer auch durch die Gallandschen *Les Mille et Une Nuit* ausgelösten Orientbegeisterung nahezu jede arabische Geschichte, die man fand, als zu der Sammlung gehörend erklärt und dem Brauch der Zeit entsprechend frei übertragen worden.

Die vollständige ägyptische Fassung enthält neben den durch eingeschobene Geschichten erweiterten Erzählungen der 283 Nächte der Gallandschen Handschrift auch Fabeln und Anekdoten. Einige stammen nachweislich aus Abu l-Faradsch al-Isfahānis *Buch der Lieder* oder at-Tanūchis *Freud-nach-Leid*-Sammlung, andere sicher aus anderen Adab-Anthologien. Sie sind jedenfalls volkstümlich «zerzählt». Die lange, religiös orientierte, um das *Ubi-sunt-qui-ante-nos*-Motiv kreisende, *Geschichte von der Messingstadt*, die Galland nach den Erzählungen Hana Diabs skizzierte, aber nicht in seine Auswahl aufnahm, gehört ebenfalls dazu. Eine Fassung der reizvollen, jüdische und persische Legendenmotive verarbeitenden *Geschichte von der Schlangenkönigin*[259] mit der eingeschobenen Prophetengeschichte *Von Bulūkija*, die in einer weniger reizvollen Gestalt in Thaʿālabis Prophetengeschichten steht, findet sich hier genauso wie späte ägyptische Geschichten. Diese lassen mit ihren Protagonisten aus dem Volk auf andere Rezipienten schließen als die frühen Geschichten der Sammlung, etwa die recht realistische über die Handwerker *Abu Kīr und Abu Sīr* als Vertreter von Bös' und Gut und die stärker märchenhaften von *ʿAbdallah dem Landbewohner und ʿAbdallah dem Meermann* und *Von Maʿrūf dem Schuhflicker*. Der Rahmen endet hier ganz patriarchalisch: Schahrasād wirft sich am Morgen der tausendundersten Nacht, nachdem sie *Die Geschichte von Maʿrūf dem Schuhflicker* zu Ende erzählt hat, vor König Schahrijār zu Boden, weist ihn ehrerbietig daraufhin, daß sie ihn «in tausendundein Nächten mit Geschichten aus der Vergangenheit und lehrreichen Beispielen aus früherer Zeit unterhalten» habe, und erfleht eine Gnade. Sie läßt die drei Söhnchen holen, die sie ihm inzwischen ohne sein Wissen geboren hat, und bittet um ihr Leben, weil keine andere Frau die Knaben so erziehen könne wie sie. Er schenkt es ihr gnädig, da er sie schon vorher «keusch und rein, edel und fromm» gefunden habe (als Gegensatz zu den ungetreuen Gattinnen des Prologs). Es ist also weniger ihre Klugheit und ihre Erzählkunst, mit denen sie den König heilt und für sich gewinnt, wie das Ibn an-Nadīm skizziert. Dieser nennt keinen Grund für die königlichen Frauenmorde und nur *einen* Sohn, den sie während der tausend Nächte empfangen und geboren hat. In der späten ägyptischen Fassung sind es ihre Treue, Frömmigkeit und ihre künftige Mutterrolle für die *drei* inzwischen von ihr geborenen Söhne, die sie vor dem Henkersschwert retten. Dessen Gefahren, oder besser denen, die ihr durch den frauenmordenden König drohen, setzt sie sich bei Ibn an-Nadīm als «eine von denen, die Bildung und Verstand besitzen», mutig aus.[260]

Der Rahmen, das Prinzip des Ineinanderschachtelns von Geschichten sowie verschiedene Motive, vor allem das von der *Tücke der Weiber*, dem ein ganzer Erzählzyklus gewidmet ist, lassen auf eine indische Herkunft schließen. Die Protagonisten des Rahmens, die Schwestern Schahrasād und Dinasād (in manchen Fassungen Dunjasād), und die königlichen Brüder Schahrijār und Schahsamān tragen persische Namen. Ibn an-Nadīm spricht ja von der persischen Urform der *Tausend Geschichten*, die es dann auch auf Arabisch gab.

«Tausend» war ursprünglich, wie auch öfter im Alten Testament, etwa in der Geschichte von Saul und David, Metapher für eine sehr große Zahl, also nicht wörtlich zu nehmen. Der hübsch klingende arabische Titel *Alf Laila wa-Laila* ist zuerst aus dem Kairo des 12. Jahrhunderts belegt. Damals gab es auch Titel wie *Tausendundeine Sklavin*, *Alf Dschārija wa-Dschārija*, und *Tausendundein Sklave*, *Alf Ghulām wa-Ghulām*, vielleicht in Anlehnung an das Türkische allitterierende *bin bir* für 1001, beides ebenfalls im Sinn einer sehr großen Zahl.

Älteste Spuren der Sammlung im Arabischen lassen sich im frühen 9. Jahrhundert und danach wiederholt in unterschiedlichen Werken bis nach Spanien vom 10. bis ins 17. Jahrhundert nachweisen. Offensichtlich nahm sie als zur Volksliteratur gehörend wechselnde Gestalten an, wie auch die Geschichten in den Handschriften unterschiedlich gestaltet sind. Anzunehmen ist, daß in den Rahmen indisch-persischer Herkunft arabische Geschichten aus Bagdad und Kairo eingefügt wurden, die Motive altorientalischer, jüdischer, persischer, griechischer und türkischer Provenienz differierend verarbeiteten und zudem von wechselnden Erzählern variiert wurden.

Die Helden des rührenden Liebesromans von *Uns al-Wudschūd* «Daseinsvertrautheit» *und al-Ward fi l-Akmām* «Rosenärmel» tragen zwar arabische höfische Sklavennamen späterer Zeit, doch Inhalt und Struktur des Romans erinnern an den griechischen Trivialroman. Die *Geschichten von den 16 Wachhauptleuten*, Gaunergeschichten wie die von ʿAli Saibaq oder von der listigen Dalīla und Schelmenstücke mit der Moral «Diebeswitz schlägt Obrigkeitskorruption» beziehungsweise «Weiberlist besiegt Männertücke» amüsierten besonders das Volk in Ägypten. Es gibt aber auch Anekdoten, die Keuschheit und Weltentsagung predigen. Die *Geschichte von der Sklavin Tawaddud* mit ihrem gelehrten Dialog, teils in Rangstreitart und in reizvollem höfischen Ambiente, mit dem die allseits gebildete Sklavin ihren etwas dümmlichen Herrn rettet, verarbeitet Adab-Motive und könnte aus Spanien stammen.

Ein Beispiel dafür, daß eine Fülle volkstümlicher Erzählungen umlief, ist das anonyme *Buch der wundersamen Erzählungen*.[261] Hier gibt es zwar keinen Rahmen, aber beispielsweise die Schwankerzählungen des

Buckligenzyklus und das hübsche Märchen *Von Gullanār aus dem Meer*[262] in variierter Gestalt. Motive und Stoffe des *Buckligenzyklus* finden sich ebenfalls bei Tanūchi und übrigens in Johann Peter Hebels *Schatzkästlein.* Das Märchen von Gullanār ruft, wie die *Geschichte von ʿAbdallah dem Landbewohner und ʿAbdallah dem Meermann,* Ibn an-Nadīms Information über Geschichten von den Wundern des Meeres in Erinnerung. Der Abenteuerroman *Sindbād der Seefahrer*, der in zwei verschiedenen Fassungen vorliegt und vermutlich aus dem Bagdad des späten 9. Jahrhunderts stammt,[263] zeigt einen Helden, der sich nach dem Motto «Wer wagt, gewinnt» die damals bekannten oder legendären Meere erobert, im Gegensatz zu seinem Gegenbild, Sindbad, dem armen Lastträger. Im Arabischen wirken sie fast wie Zwillinge im Wortklang: Sindibād al-Bachri und Sindibād al-Barri, das ist «der vom Festland». Die beiden langen Beduinenromane der ägyptischen Rezension verarbeiten Motive aus arabischen Volksromanen, der *Von ʿUmar Ibn an-Nuʿmān* stammt aus dem Roman über die Dhāt al-Himma oder Dalhama. Das Schwankmärchen *Von der listigen Dalīla*, wörtlich *Die betrügerische Dalīla*, einer der wenigen Schelmenromane der Weltliteratur, in deren Mittelpunkt eine Frau steht – hier sind es sogar zwei, Dalīla und ihre Tochter Sainab – ist Teil eines noch unveröffentlichten größeren Volksromans. Daß über die Jahrhunderte immer wieder mündliche und schriftliche Erzählstoffe verschmolzen, ist anzunehmen. Bisher nicht edierte Handschriften enthalten viele weitere Erzählungen. *Tausendundeine-Nacht*-Ausgaben gehörten, wie gesagt, zu den ersten Drucken, nachdem in Ägypten als erstem arabischen Land, in Bulak (damals bei, heute längst in Kairo), 1824 offiziell der Buchdruck eingeführt worden war. Jedoch waren die Geschichten der Sammlung offensichtlich in jüngerer Zeit nie Teil des Repertoires der Straßenerzähler.

Volksromane

Dieses Repertoire umfaßte im ersten Drittel des 19. Jahrhunderts in Ägypten Teile langer episodenreicher Volksromane, wie wir durch Lane wissen. Er berichtet in seinen *Manners and Customs of the Modern Egyptians* von 1836[264] von fünf Romanen und von Erzählern, die sie partienweise in Caféhäusern in Kairo und anderen ägyptischen Städten besonders in den Nächten des Ramadān und auch anderer religiöser Feiertage vortrugen. Diejenigen, die den Roman von Abu Said (al-Hilāli) als den beliebtesten vortrugen, hießen *Schuʿarāʾ*, «Dichter», denn er wurde, Lane zufolge, in «nichtmetrischen Versen», also wohl Reimprosa, dargeboten. Die übrigen hießen *Muhaddithīn*, «Erzähler» (eigentlich von Hadīthen), und waren ebenfalls jeweils auf einen Roman spezialisiert, nach dem sie ihre «Berufsbezeichnung» erhielten. Dazu gehörte der *ʿAntar*-Roman, der an den altarabischen Dichter und Helden ʿAntara Ibn Schaddād anknüpft. Der *Baibars*-Roman kreist um den Mamlukenemir Baibars. Die Heldin des Romans über die *Dhāt al-Himma* oder *Dalhama*[265] ist eine ebenso fromme wie starke, mutige und tapfere Frau, eine islamische Amazone, die ihre männlichen Helfer hat. Die moderne vergleichende Forschung hat allerdings ergeben, daß die Kriegerinnen in arabischen Volksromanen letztlich stets männlichen Wunschvorstellungen folgen: Sie unterwerfen sich den selbstverständlich stärkeren, geschickteren und klügeren männlichen Helden.[266] Nur in einer Stadt auf den legendären Inseln Wākwāk im Märchenroman *Von Hassan von Basra* in *Tausendundeiner Nacht* und im Volksroman über *Ssaif Ibn Dhi Jasan*, einen südarabischen Helden, den Lane ebenfalls nennt, sind Frauen Verwalterinnen aller wichtigen offiziellen Positionen. Das ist ein Motiv der Antike.[267] Der Bagdader Prediger Ibn al-Dschausi spricht etwas abfällig von den Geschichten «von Moses und dem Berg» und «Jūssuf und Sulaicha», die das Volk besonders liebte. Offensichtlich erfreuten sich populäre Erzählstoffe und Volksromane oder auch Teile von diesen historisch und regional wechselnder Beliebtheit.

Wir können Lanes Informationen inzwischen die Romane um *as-Sīr Ssālim*, *ʿAli Saibak* (d. i. «Quecksilber Ali», auch der Protagonist eines Schelmenmärchens in *Tausendundeiner Nacht*), *Hamsa al-Bachlawān*, das ist «Hamsa, der Held», *Fīrūs Schāh*, einen Helden persischer Herkunft, sowie *Ssaif at-Tīdschān* hinzufügen.[268]

Allen Romanen gemeinsam ist ihr großer Umfang. Der über die *Dhāt al-Himma* etwa umfaßt im Kairoer Druck von 1909 siebzig Bändchen, in sieben dickere Bände gebunden, und hat dem Titelblatt zufolge acht Verfasser. Das sind wohl einige seiner Erzähler und Stilkorrektoren, denn die sprachliche Ebene ist ein schlichtes Hocharabisch, nicht die Umgangssprache der Volkserzähler. Der Untertitel bezeichnet ihn als «die größte Geschichte der Araber». Gemeinsam ist den Volksromanen auch der große Reichtum an Episoden mit sich wiederholenden Motiven und Handlungsstrukturen, die aus verschiedenen historischen Epochen stammen, von der vorislamischen Zeit über die Kriege mit Byzanz, den Kreuzfahrern und bis zur Mamlukenzeit. Sie werden ebenso ahistorisch gestaltet und aneinandergereiht, wie das in Geschichten aus *Tausendundeiner Nacht*, beginnend mit dem Rahmen, der Fall ist. Gemeinsam ist ihnen der Grundtenor, daß muslimische Krieger über Christen siegen, sind ihnen standardisierte starke Heldengestalten mit listigen Helfern und schurkischen Gegenspielern. Dabei können die Gegner aus dem eigenen Lager böser und gefährlicher sein als die aus dem feindlichen der Christen. Beschreibungen von Schönheit, Häßlichkeit oder Gefahren, etwa der Attraktivität von Städten, der Bedrohungen bei einer Seefahrt, sind wie in der «hohen» Literatur in Reimprosa abgefaßt, sind also Topoi. Hocharabische Gedichte unterschiedlicher Länge durchziehen die Texte, denn die Erzähler schlossen und schließen ihr Publikum auch durch sprachliche Rhythmen zur Erzählgemeinschaft zusammen. Sie gestalteten die Stoffe inhaltlich und darstellerisch durch Mimik, Gestik und Stimmodulation situations- und publikumsgerecht. Früher sollen sie gelegentlich zu mehreren in verteilten Rollen aufgetreten sein.

Gemeinsam ist diesen Romanen sowie dem Prolog und vielen Geschichten von *Tausendundeiner Nacht* zudem der Anspruch, den die «hohe» Literatur ebenfalls äußert, belehren und «ein Beispiel für den, der sich ein Beispiel nimmt» geben zu wollen.

Nach dem Siegeszug des Radios und später des Fernsehens war der Volkserzähler als Unterhalter nicht mehr gefragt. Vor wenigen Jahrzehnten versuchte man, diese Tradition, auch aus touristischen Gründen, wiederzubeleben. Für Touristen sind abendliche Volkserzähler in einem Caféhaus hinter der Umajjadenmoschee in Damaskus attraktiv, das gilt gleichfalls für die Erzähler auf dem zentralen Fnā-Platz in Marrakesch, die aber ebenso ein sehr einfaches Publikum anziehen.[269]

Das Schattentheater

Zu den Volksunterhaltungen gehörte das Schattenspiel. Daß es ein arabisches Schattentheater, *Chajāl as-Sill,* wörtlich «Schattenbild», vom 11. Jahrhundert an im Osten des Reichs, besonders aber in Spanien gab, ist historischen Werken und Gedichten zu entnehmen.[270] In diesen ist es, wie bei Ibn (al-)ʿArabi, Metapher für die Welt: Gott als der Lenker der flachen Lederfiguren, deren schemenhafte Schatten, vergrößert durch eine hinter ihnen stehende Lampe, vom Zuschauer auf der weißen Leinwand zu beobachten sind. Texte aus dieser Zeit sind nicht erhalten, vermutlich wurde meist improvisiert.

Das seit dem 13. Jahrhundert in Kairo mit Stücken des in Mossul geborenen Augenarztes, wahrscheinlich christlicher Herkunft, Ibn Dānijāl (1248–1310) bezeugte Schattentheater trägt aber den türkischen Namen *Karagös,* «Schwarzauge», nach seinem Haupthelden. Dessen Gegenspieler hieß Hādschiwād, ebenfalls türkisch. Ibn Dānijāl, den sein Bewunderer, Ssafadi (gest. 1363), Überlieferer seines Dīwāns, in seinem biographischen Lexikon wegen seiner frechen bis obszönen Schmähgedichte den Ibn al-Haddschādsch seiner Zeit nannte, hat drei Stücke hinterlassen. Sie stammen aus der Regierungszeit von Sultan Baibars und stellen, durchsetzt mit Dialektlexik der Zeit, Volkstypen und Volksszenen, etwa auf dem Markt oder in einem orientalischen Bad, vor. Dabei wird mit

Schattenspielfigur aus dem mamlukischen Ägypten, 14. bis 15. Jahrhundert: Der Steuermann sitzt im Heck des Segelschiffs, drei Bogenschützen knien im Rumpf, im Vorschiff steht der Kapitän mit einem Quadranten zur Himmelsbeobachtung.

drastischen sexuellen Späßen nicht gespart. Der Held von *ʿAdschīb wa-Gharīb, Wundersam und Seltsam* – zwei arabische Eigennamen –, Gharīb, ist ein wandernder Scharlatan und Quacksalber wie die Helden der Makāmen des Hamadhāni und Harīri. Er rühmt sich seiner Gaunerstückchen in Reimprosa und beklagt zugleich sein Schicksal.[271] Schattenspiele aus späterer Zeit folgen diesem Vorbild.[272] Mit den Türken gelangte das Schattenspiel nach Nordafrika und ist hier vom 19. bis in die Mitte des 20. Jahrhunderts für die Nächte des Ramadān in der Altstadt von Tunis, Tripolis und Benghasi mit ebenfalls kurzen, humorvollen bis derb-drastischen Stücken bezeugt.[273]

In der alten Königsstadt Fes in Marokko versuchte at-Tajjib as-Ssiddiki (geb. 1941) das Schattenspiel seit den 60er Jahren des 20. Jahrhunderts im Zuge der Besinnung auf alte, eigene Traditionen, auch als Gegenstück zu dem aus Europa importierten und allerdings früh adaptierten klassischen Theater, wiederzubeleben. Doch zieht er es inzwischen vor, traditionelle Elemente in seine Inszenierungen und in eigene Stücke zu integrieren.[274] Generell läßt sich bei Aufführungen moderner Stücke arabischer

Autoren, aber auch von Übersetzungen europäischer Stücke, etwa des beliebten Bert Brecht, beobachten, daß die Schauspieler die Texte situations- und publikumsgerecht nach individueller Begabung variieren, ähnlich den arabischen Volkserzählern, der *Commedia dell' Arte* und manchen modernen Inszenierungen klassischer oder neuerer Stücke bei uns.

Schiitische Passionsspiele

Eine Form volkstümlichen Freilichttheaters sind die schiitischen Passionsspiele im Iran und in der irakischen Stadt Kerbela anläßlich der alljährlichen *'Aschūrā'*-Feierlichkeiten am zehnten Tag des Monats Muharram, an dem auch Prozessionen an den Tod des Prophetenenkels Hussain in der Schlacht bei Kerbelā 656 erinnern. Geißlerprozessionen waren seit den zwanziger Jahren des 20. Jahrhunderts, ausgehend von kritischen Schiiten im Iran und im Irak, sehr umstritten. Sie wurden im Iran Ende der zwanziger Jahre des 20. Jahrhunderts durch Resa Schah und später im Irak unter Saddam Hussein verboten, finden aber seit dessen Sturz wieder statt. Über Schabernack während der Passionsspiele bis in die fünfziger Jahre des 20. Jahrhunderts und eine typisch schiitische, inzwischen vermutlich längst obsolet gewordene literarische Scherzkultur berichtet Dscha'far al-Chalīli, 1904 in Nadschaf geboren, 1985 im Exil gestorben, in seinen mehrbändigen Erinnerungen «So kannte ich sie».[275]

Volkstümliche Dichtung

Volkstümlich und anonym sind die frühesten überlieferten Kindertanz-, Kampf- und Arbeitslieder und manch andere *Radschas*-Verse (s. o. S. 44).

Eine geradezu revolutionäre Abkehr von der klassischen Kassīda mit ihrem Zwang zu Monoreim und Monometrum fand im multiethnischen Andalusien statt. Hier, wo sich auch früh eine Gesangskultur entwikkelte, zunächst nach östlichen Vorbildern und angeregt durch den Sänger Sirjāb (um 786–845), einen Maula persischer Herkunft des Abbassidenkalifen al-Machdi, entstand nach arabischer Überlieferung im 9. Jahrhundert am Umajjadenhof in Córdoba der *Muwaschschach*, das «Gürtelgedicht». Das sind Strophengedichte mit wechselnden Reimen und dem freien Einsatz der klassischen Versfüße. Ob spanische Traditionen arabische anregten oder umgekehrt, ist bis heute umstritten.

Die «Gürtelgedichte» erhielten ihren Namen wegen ihrer gürtelförmigen Reimstruktur. Die Strophen bestehen meist aus fünf Verszeilen der Reimfolge aaaXX, bbbXX, cccXX, auch aaaXY, bbbXY, manchmal eingeleitet mit dem *Matla'*, dem «Vorspiel», zwei Verszeilen im Reim XX oder XY. Während die Kassīda bis heute feierlich laut und pathetisch vorgetragen wird, wurden Muwaschschachs gesungen und die Sänger von Instrumenten begleitet. Themen sind Liebe, Wein und Panegyrik, oft ineinander verschmelzend. Mancher Muwaschschach besingt nur eines dieser Themen. Trauer-, Schmäh- oder Kriegsgedichte in Strophenform sind nicht überliefert. Wohl aber oszillierten hier weltliche Liebe, Berauschtheit durch Wein und das Lob auf den Herrscher bald zu mystischer Gottesliebe, Ekstase, dem Lob Gottes und des Propheten, auch der mystisch überhöhten Liebe zu ihm. Einige der schönsten Gedichte Ibn al-ʿArabis sind *Muwaschschachāt*.

Ibn Bassām (1084–1147), der nach der Einnahme seiner Geburtsstadt Santarem durch Alfonso V. nach Sevilla floh und dort bis zu seinem Tod lebte, ist der erste, der in seiner Anthologie *Das Schatzhaus der Schönheiten der Insulaner* die Geschichte der Gattung darlegt und Beispiele bringt. Bis dahin, also 150 Jahre lang, hielt man offensichtlich diese «Normabweichung» nicht für aufzeichnenswert. Wie er im Vorwort sagt, wollte Ibn Bassām in seinem vierbändigen Werk beweisen, daß die andalusische Literatur der des Ostens gleichwertig sei. Das gelingt ihm mit zahlreichen Biographien und Beispielen von eindrucksvoller Poesie und Kunstprosa in geographischer Anordnung. Vieles wäre ohne ihn verloren. Den Schluß der Anthologie bilden Preisgedichte auf Andalusien von Dichtern aus anderen Regionen.

Der fruchtbare Ibn al-Chatīb stellte während seines Exils in Nordafrika eine Anthologie von Muwaschschachāt mit dem Titel *Dschaisch at-Tauschīch, Die Armee der Begürtelung*, zusammen. Manche seiner eigenen Gedichte geben seiner Trauer um die schwindende Glorie Andalusiens Ausdruck. Der mit *dschādaka l-ghaithu, reichlicher Regen* (als Metapher für göttliche Wohltaten) *möge dir gut tun*! beginnende Muwaschschach ertönt bis heute aus nordafrikanischen Sendern als wehmütige Erinnerung an eine Zeit, da Europa zum arabischen Andalusien als Land mit einer höher entwickelten Kultur aufschaute.

Auch Ibn al-Chatībs Schüler, Nachfolger im Ministeramt nach seiner Vertreibung und heftigster Feind und Verfolger in den politischen Querelen der Zeit, Ibn Samrak (gest. nach 1393) verfaßte neben langen Lob-Kassīden auf Muhammed V. von Granada Muwaschschahāt, von denen einige ebenfalls die Alhambra zieren. Er pries in ihnen wie in seinen Kassīden die Stadt Granada und den soeben fertiggestellten Generalife.[276]

Der Muwaschschach wurde früh von jüdischen Dichtern im arabischen Spanien zu ähnlichen Themen übernommen und mit viel Erfolg gepflegt, gab es doch schon seit langem in der jüdischen Liturgie religiöse Strophendichtung.

Mehr als die Hälfte der aus Andalusien überlieferten Muwaschschahāt ist in Hocharabisch abgefaßt. In die Gürtelgedichte fand jedoch schnell arabische Dialektlexik und vor allem spanisches beziehungsweise «mosarabisches» (abgeleitet von *musta'rab,* «arabisiert») Wortgut Eingang, also Lexik der spanisch-arabischen Mischsprache, die zur Umgangssprache in Andalusien geworden war. Besonders vielseitig in Inhalt und Sprachgestalt sind die *Chardschas*, die Abschlußverse, die als die spezielle Würze gelten. Sie können, in bewußtem sprachlichen Gegensatz zum Hocharabischen des Vorhergehenden, dieses inhaltlich leicht ironisieren, es sanghaft komprimieren und über es hinausführen.

Stark dialektal und vom Mosarabischen und Spanischen der Zeit geprägt sind die *Sadschal*s, sanghafte Volksdichtung, oft in vielen Strophen und auch mit obszöner Lexik.

Der berühmteste andalusische Liebesdichter Ibn Kusmān (gest. 1160) aus Córdoba, der sich in seinen Gedichten nach dem Fall der Kleinfürstentümer als wandernder städtischer Bonvivant zwischen Granada und Sevilla gab, ist ebenfalls durch brillante Muwaschschachāt und vor allem freche bis reichlich obszöne Sadschals hervorgetreten.

Von Spanien wanderte das Gürtelgedicht schnell über Nordafrika nach Ägypten. Hier wurde es von Ibn Ssanā' al-Mulk (1155–1211), Sohn eines Richters und selbst Richter in Kairo, später in Damaskus, gepflegt. Er verfaßte eine Poetologie des Muwaschschach mit dem Titel *Dar at-Tirās, Das Haus der Stickborte.* Tirās hießen die jahrhundertelang beliebten, gestickten kalligraphischen Zierborten, meist mit religiösen Wunschformeln, an Gewandärmeln, Satteldecken und ähnlichem, deren Nachahmung man an Prachtgewändern auf Gemälden der niederländischen und italienischen Renaissance sehen kann.

Ibn Chaldūn, der gegen Ende seiner *Prolegomena* auch auf die Literatur eingeht, singt hier ein Loblied auf die Musikkultur Andalusiens und auf den Muwaschschach als leichtere, erheiternde und tröstliche Form der Poesie im Gegensatz zur formalen und oft inhaltlichen Schwere der Kassīda.

Der irakische Dichter Ssāfi ad-Dīn al-Hilli (1278–1349) aus Hilla, damals einem Zentrum schiitischer Gelehrsamkeit, der froh war, seit 1301 als reisender Kaufmann und Dichter am sunnitischen Ortokidenhof in Mardīn mit Aufenthalten bei Ajjubiden- und Mamlukenregenten in Kairo leben zu können, brillierte in allen bekannten höfischen Gattungen von Lob-, Freundschafts-, Trauer-, Wein-, Garten-, Jagd- bis zu vielfältigen Gelegenheitsgedichten. Für einen Freund verfaßte er eine 75zeilige Kassīda auf die Banu Sassān, die Bettlergilde, mit ostarabischer Argotlexik, die er die «Sprache der Fremden» nennt. Sein Dīwān enthält auch Scherz-, Mudschūn-, Rätsel-, diverse Strophengedichte und solche über Askese, die Familie des Propheten sowie ein *Mantelgedicht* nach dem Vorbild des Būssīri.

Er verfaßte die erste Poetologie volkstümlicher und strophischer Dichtung mit vielen eigenen Beispielen und gab ihr den verspielten Reimtitel *Kitāb al-ʿĀtil al-hāli wa-l-murachchas al-ghāli, Das Buch des schönen Ungeschmückten und des teuren Verbilligten.* Die Gedichte seien «ungeschmückt» durch die (in der klassischen Poesie unerläßlichen, aber im Alltag schon lange ungebräuchlichen) Kasus-Endungen, jedoch inhaltlich schön, den Frivolen billig, aber den Ernsthaften teuer, erklärt er, geistvoll mit stilistischen, mentalen und sozialen Ambivalenzen spielend. Den Sadschal bezeichnet er als das höchstrangige Strophengedicht und nennt für Gedichte dieser Form, die nicht Liebe, Liebesschmerz, Wein, Gärten und Blumen besingen, andere Bezeichnungen, etwa *Bullaik* für Scherz- und frivole Gedichte, *Thalb* für Schmähverse, *Mukaffir* für gnomische und Predigtverse.[277] Anhand von Beispielen erläutert er die populären Strophengattungen *Dūbeit, Kān-wa-kān, Kūmā* und *Mawwālijja.*

Eines seiner Strophengedichte beklagt ironisierend die Unlustempfindungen und gesundheitlichen Beeinträchtigungen im Fastenmonat Ramadān.[278] Persische Dichter dieser Zeit verfaßten ähnliches.

Der *Kān-mā-kān*, eigentlich eine Formel zur Einleitung von Volksmärchen und -erzählungen, vergleichbar unserem «Es war einmal», ist als Gattung längerer narrativer Gedichte laut Ssāfi ad-Dīn al-Hilli eine Bagdader Schöpfung, die Ibn al-Dschausi und andere Prediger verwendeten, um das Volk anzusprechen.

Der Ägypter Ibn Ssūdūn (1407–1467) publizierte um 1450 eine Anthologie *Augenweide und Gedankenfreude,*[279] die einen kurzen ernsthafteren und einen erheblich umfangreicheren «scherzhaften» oder eher recht frivolen Teil enthält. Nachdem viele der volkstümlichen Gedichte darin zu Liedern geworden waren, erhielt sie den Titel *Spaziergang zum Seelenentzücken und Erheiterer des grimmig Blickenden.* Beide Teile enthalten ausschließlich Gedichte des Autors in volkstümlich schlichter Sprache, der erste zu traditionellen Liebesthemen, jedoch, bisher unüblich, aus Fellachensicht. Der zweite Teil bringt in fünf Kapiteln humorvolle Glückwunschgedichte, darunter Gürtelgedichte und *Mawwāls* zu Familienfesten, also Geburten, (Knaben-)Beschneidungen, Hochzeiten, über die Freuden guten Essens und von Wein- und Haschīschgenuß, außerdem parodistische und frivole Verse und Geschichten. Eine kurze *Giseh*-Makāme über die Haschischphantasien einer hungrigen Schar, die den Ich-Erzähler zu ihrem Emir machte und der er hier doppeldeutige Reimprosaanweisungen gibt, gehört zu diesem Teil. Giseh ist Ortskulisse als erholsame Gegend für ein fröhliches Gastmahl. Die Pyramiden, die ihre hohe Wertschätzung in neuerer Zeit erstmals durch Napoleon erfuhren – für die muslimischen Ägypter waren sie bis dahin rätselhafte Reste heidnischer Zeiten – spielen keine Rolle.

Interessant ist die Rezeption: as-Ssachāwi (1427–1497), ein jüngerer Zeitgenosse von Ibn Ssūdūn, sagt in seinem großen biographischen Lexikon über Persönlichkeiten des 9. islamischen, also 15. christlichen Jahrhunderts, Ibn Ssūdūn sei Imām in mehreren Moscheen gewesen, habe sich dann aber frecher und frivoler Dichtung zugewandt, so daß die *Dhurafā'*, also die «Elegants» (oder eher «Dandys»?), ganz versessen auf sein Werk gewesen seien. Er sei dann nach Damaskus gegangen – wo er einer anderen Quelle zufolge Maskeraden und Schattenspiele aufführte, – und dort gestorben. Der Autor selbst läßt erkennen, daß er sich lange Zeit um seinen Unterhalt nicht zu kümmern brauchte, also wohl in einem Derwischkloster lebte, dann heiratete und um leben und seine Familie ernähren zu können, wechselnd als Schneider und Handschriftenkopist arbeitete.

Von der sprachlichen Ebene und dem Sarkasmus her Ibn Ssūdūns Werk ähnlich ist *Das Schütteln der Bauernmützen. Über den Kommentar zur Kassīda des Abu Schādūf* seines Landsmanns Jūssuf asch-Schirbīni (spätes 17. Jh.), das erste größere Werk der arabischen Literatur über die Bauern. Ein städtischer Philologe, der seine Herkunft vom Land erkennen läßt, charakterisiert die Fellachen als Menschen ohne alle Bildung und Umgangsformen. Er kommentiert die Sprachfehler, die Grobheiten und Obszönitäten des Abu Schādūf in dessen (fiktiver, sarkastischer) Klage-Kassīda über seine grenzenlose Armut. Der Kunja-Name spricht: Schādūf heißt der Schöpfbaum im traditionellen Bewässerungssystem. Diese Sozialsatire im Dialekt voll der Arroganz des gebildeten Städters gegenüber dörflicher Primitivität wurde von linken Intellektuellen in den 50er/60er Jahren des 20. Jahrhunderts auch als Ausdruck hintergründiger Sozialkritik gedeutet.

Schon in ägyptischen satirischen Zeitschriften aus der Zeit um 1900 dient der Dialekt etwa in fiktiven Dialogen als lebensnahes sprachliches Medium für Sozialsatiren. Der Ägypter Bairam at-Tūnissi (1893–1961), der mehrere Jahre in Tunesien und zwölf Jahre in Frankreich verbrachte und wegen seiner kritischen Äußerungen wiederholt inhaftiert wurde, verwendete ihn in seinen *Makāmāt* in Poesie und Prosa für Parodien auf die devote Europäisierung einiger seiner Landsleute und besonders auf die Dümmlichkeit und Rückständigkeit vieler muslimischer Geistlicher dieser Zeit. Bairam at-Tūnissi erhielt erst 1954, unter Nasser, die ägyptische Staatsbürgerschaft und wenige Monate vor seinem Tod einen Staatspreis.

In Gedichten und/oder Liedern im jeweiligen Dialekt oder mit Wortgut aus diesem, mit einheitlichem Metrum und Reim oder auch – dies seit etwa 1960 – in freien Metren und wechselnden Reimen, brachten und bringen manche Dichter der neueren und der jüngsten Zeit Polit-

und Zeitkritik ironisch und volksnah zum Ausdruck oder gehen gegen konventionelle Vorstellungen an. An den frechen, frivolen Dialektgedichten des Irakers Molla ʿAbbūd al-Karchi (1861–1946) hatten irakische Intellektuelle in den 30/40er Jahren des 20. Jahrhunderts ihre Freude. Mudhaffar an-Nawwāb (geb. ca. 1928), auch er Iraker, bekannt durch polit- und sozialkritische Gedichte mit Dialektlexik, lebt schon länger in der Emigration. Der Ägypter Achmed Fu'ād Nadschm (geb. 1929) erhielt für seine politisch und sozial provozierenden Gedichte im Dialekt, die von einem blinden Sänger vorgetragen und in mehreren Sammlungen seit 1973 publiziert wurden, wiederholt Haftstrafen.

IV. Reformen und Neuentwicklungen im 19. und 20. Jahrhundert

Geschichtsschreibung und Bildungsenzyklopädien am Vorabend moderner Entwicklungen

Wenn viele arabischen Historiker die Zeit zwischen der osmanischen Besetzung und bis etwa 1800 als *ʿAssr al-Inhitāt*, «die Periode des Niedergangs», bezeichnen, so war sie das tatsächlich in wirtschaftlicher und politischer Hinsicht. Der Osten des arabischen Raums, besonders der Irak, hatte sich nach dem Mongolensturm ohnehin nur langsam erholt. Türkisch wurde zur Sprache der Verwaltung und der Politik.

In Ägypten waren in der Mamlukenzeit umfangreiche historische Werke, etwa die Chronik «Die Perlenkrone» des Ibn ad-Dawādāri (14. Jh.), Makrīsis (1364–1441) Darstellungen der Geschichte der Ajjubiden- und der Mamlukendynastie und seine Topographie Kairos, ein biographisches Lexikon über Sultane, Emire und Gelehrte bis zum Jahr 1451 des Ibn Taghribirdi (ca. 1409/10–1470), seine Geschichte Ägyptens von der Eroberung im Jahr 641 bis zum Jahr 1467, betitelt *Die leuchtenden Sterne. Über die Könige Ägyptens und Kairos*, sowie ein annalistisches Geschichtswerk für die Jahre 1441–1469 als Kommentar des Zeithistorikers entstanden. Als Zeitzeugnis aufschlußreich ist auch Ibn Ijās' (1448–ca. 1524) *Badāʾiʿ as-suhūr fi wakāʾiʿ ad-duhūr, Die Blumenwunder. Über der Zeiten Ereignisse.* Die Autoren schildern eigene Beobachtungen und die von Zeitgenossen. Ibn Ijās' Beschreibung der Ereignisse während der osmanischen Eroberung Ägyptens 1522[1] war eine der Quellen für den großartigen historischen Roman *as-Saini Barakāt* des ägyptischen Romanciers Gamāl al-Ghitāni (geb. 1945). Ghitāni stützte sich hierfür auch auf al-Makrīsis *Chitat*, eine detaillierte Topographie Kairos im 14. Jahrhundert mit Beschreibungen von Moscheen, Medressen, Bädern, Märkten, Plätzen und Gefängnissen. Dies ist ein Roman über politische Demagogie und menschliche Ambivalenzen in einem Spitzelstaat, Gegenwart in die Geschichte projiziert.[2]

Auf große Adab-Enzyklopädien wie die des Nuwairi, Leistungen etwa des Polyhistors as-Ssujūti und seines heftigsten Rivalen as-Ssachāwi wurde hingewiesen. Lehrer des Ssachāwi war der ägyptische Hadīth-Gelehrte, Mufti und Richter Ibn Hadschar al-ʿAskalāni (1372–1449), der mehrere große biographische Lexika über Traditionarier verfaßte, am bekanntesten ist das mehrbändige *al-Issāba fi tamjīs as-ssahāba, Der Treffer. Über die Auslese der Prophetengefährten.*

Al-Makkari (ca. 1577–1632), geboren in Tlemcen, ging 1600 nach Marrakesch und war von 1613 bis 1617 Mufti und Imām der großen Moschee in Fes. Nach Aufenthalten in Damaskus, Jerusalem und öfter in Mekka und Medina starb er in Kairo. Das Material für seine mehrbändige Geschichte Andalusiens *Ein Dufthauch vom frischen Zweig Andalusiens* mit vielen Angaben über die Entwicklung des literarischen Lebens in Reimprosa und zahlreichen Gedichtbeispielen hatte er in Marrakesch gesammelt und, wie er im Vorwort sagt, aus Sehnsucht nach Spanien in Damaskus zu einem Buch verarbeitet. Der letzte Band dieses Werks ist Ibn al-Chatīb gewidmet. Sein *Myrrhengarten über Gelehrte, mit denen ich in Marrakesch und Fes verkehrte,* enthält sachliche Berichte über den Lehrbetrieb in beiden Städten anhand der Gelehrten, deren Hörer er war und von denen er die Lehrerlaubnis erhielt, und über andere wichtige Persönlichkeiten der Zeit. Ebenfalls im Osten des Reichs und in Erinnerung an seine Lebensjahre in dessen Westen verfaßte er ein Buch über den berühmtesten Kadi Nordafrikas und leidenschaftlichen Verfechter der malikitischen Lehre des islamischen Rechts, ʿIjād Ibn Mūssa (1088–1149), dessen Schicksal mit den politischen Ereignissen der Zeit tragisch verflochten war.

Die Geschichtsschreibung in Ägypten brachte erst gegen Ende der Osmanenherrschaft wieder bedeutende Werke hervor. Ihr Verfasser ist ʿAbd ar-Rachmān al-Dschabarti (1753–1825), der Sohn eines bekannten Gelehrten. Er widmete sich in drei Werken von unterschiedlicher Länge der Zeit der Besetzung Ägyptens durch die Napoleonischen Truppen, des Zusammenpralls zweier ganz unterschiedlicher Kulturen, von denen die Vertreter der einen, die Ägypter, von der anderen bis dahin seit Jahrhunderten kaum etwas gewußt hatten.[3] Sein umfangreichstes Werk ist eine Geschichte Ägyptens bis zum Jahr 1810 in vier Bänden.[4]

Der libanesische katholische Christ Nīkūlā at-Turk (1763–1828), der zum arabischen Büro Napoleons in Kairo gehörte, schildert den *Überfall Napoleons auf den Orient* aus der intimeren Sicht eines Napoleonanhängers und verfaßte nicht nur eine Lob-Kassīda auf ihn, sondern auch eine Geschichte Napoleons.[5]

Im Irak entstanden Werke wie *Der Garten der Krummen* (d.i. der Euphrat). *Über die Geschichte der Minister*, im Arabischen ein Reimtitel, des Historikers as-Ssuwaidi (1722–1805), eine kleine Geschichte des Irak zwischen 1704 und 1747. Sie ist – in einer Mischung aus schlichtem narrativen und konventionellen Zierstil – ein Zeitzeugnis.

Die große schiitische Adab-Enzyklopädie des Irakers Niʿmat ad-Dīn al-Dschasāʾiri (gest. 1700/01) *Die Nuʿmānschen Lichter. Über die Ge-*

schichte der Menschheit ist nicht nur vom Titel her von schiitisch-mystischer Lichtphilosophie geprägt. Der Autor nennt seine Kapitel nicht wie andere *Bāb*, «Tor», sondern *Nūr*, «Licht». Ein Nūr fast zum Schluß ist, wie Schlußkapitel in einigen späteren sunnitischen Adab-Enzyklopädien, dem Humor gewidmet. Hier geht es auch um dessen Unerläßlichkeit in der Lehre. Hübsche Anekdoten sollen beweisen, daß ʿAli Ibn Abi Tālib, der Stammvater der Schia, hierin Muhammed nicht nur gewachsen, sondern überlegen war.

Im Irak blühte, erstarkend seit dem 18. Jahrhundert und wahrscheinlich als Reaktion auf den sich seit der Mitte des 18. Jahrhunderts intensivierenden osmanischen Druck eine üppige neoklassizistische Poesie, besonders in den schiitischen Städten Nadschaf, Hilla und Kerbela, aber auch in Bagdad.[6]

Reformen und Reformer im 19. Jahrhundert

Nachda, «Wiedergeburt, Renaissance», nennen arabische Historiker die Bewegung der literarisch-kulturellen Erneuerung, die in Ägypten nach der Napoleonischen Expedition 1798–1801 begann, die in anderen arabischen Ländern später einsetzte und bei allen vorhandenen Ähnlichkeiten doch von Land zu Land unterschiedliche Formen annahm.

Die Begegnung aufgeschlossener Ägypter mit den französischen Truppen, die über drei Jahre im Land blieben, und dann auch mit Wissenschaftlern führte zu der Einsicht, daß Ägypten von dieser technisch überlegenen Zivilisation lernen und vieles übernehmen mußte, beginnend mit dem Buchdruck als Voraussetzung für eine weitere Verbreitung von Bildung und mit Zeitungen als Medien der Information. Es begann ein Prozeß der allmählichen Umstrukturierung des Landes, der Industrialisierung, Säkularisierung, Orientierung nach Westeuropa, der sich natürlich auch auf die Kultur und die Literatur auswirkte.

Muhammed ʿAli, ein Offizier albanischer Herkunft, der 1805 als osmanischer Statthalter nach Kairo kam und bis 1849 in wachsender Unabhängigkeit vom «kranken Mann am Bosporus» die Macht innehatte, der Begründer der Khedivendynastie, sorgte zur Stabilisierung seiner Herrschaft für Reformen von oben. Die Türkei hatte bereits einige Generationen vorher mit Reformen begonnen. Zum Aufbau einer moderneren Armee, eines modernisierten Staatsapparats, die beide wiederum ein moderneres Gesundheitswesen benötigten, brauchte Muhammed ʿAli nach westeuropäischen Vorbildern ausgebildete Fachkräfte. Er holte zunächst Ausbilder aus Frankreich, Italien und England ins Land, für die wiederum Dolmetscher benötigt wurden, schickte dann aber Studiendelegationen zunächst nach Italien, dann wiederholt nach Frankreich.

Rifā'a at-Tachtāwi (1801–1873), Absolvent der islamischen As'har-Universität in Kairo, der die erste Studiendelegation von 44 Söhnen der türkisch-tscherkessischen Oberschicht in Ägypten als Imām 1826–31 nach Paris begleitet und dort aus eigenem Interesse Französisch gelernt hatte, wurde zu einem der wichtigsten Vertreter der Reformbestrebungen nach westeuropäischem, zunächst französischem Vorbild. Sein Bericht über diese Reise, im Stil klassischer arabischer Reisebeschreibungen mit einem Ziertitel, einem Vorwort in Reimprosa und akkulturierenden Reimprosapassagen und Versen beschreibt all die Kultur- und Bildungseinrichtungen, die er in Frankreich sah – Museen, Bibliotheken, Labors, Zeitungen, Theater – als vorbildlich und unbedingt nachahmenswert. Ausgehend von dem Hadīth «Sucht das Wissen, und sei es auch in China!» (als sehr fernem, kaum islamisiertem Land) und dem arabischen Motto «Der Vorrang gebührt dem, der voraufgeht (oder: gegangen ist)», voller Stolz also auf die große historische und kulturelle Vergangenheit der arabisch-islamischen Zivilisation und Kultur, die vor der westlichen blühte, und den (toleranten, weltoffenen) Islam als die einzig richtige Religion übersetzte er die französische Verfassung von 1830. Er kommentierte, daß das meiste darin mit Koran und Sunna zu vereinbaren sei. Die Lebensweise der Franzosen beschreibt er sachlich, auch das Erscheinen von Frauen in der Öffentlichkeit. Die Moral einer Frau sei nicht davon abhängig, ob sie sich verhülle oder nicht, sondern von ihrer Erziehung und Lebenseinstellung. Daß einige gebildete Frauen allein in fremde Länder reisten und darüber Bücher schrieben, hebt er anerkennend hervor. Er bewundert die Arbeitsmoral der Franzosen und ihre ausgewogene Sparsamkeit (im Gegensatz zur Prunksucht der ägyptischen Aristokratie der Zeit) und empfiehlt seinen Landsleuten wiederholt, sie sollten sich ein Beispiel nehmen. Daß es für fast alles Lehrbücher in klarem, knappem Stil gebe, daß also niemand seinen Beruf nur bei seinem Vater lerne, beschreibt er als vorbildlich. Dieser Reisebericht wurde Pflichtlektüre für ägyptische Beamte bis zum Ersten Weltkrieg und auch ins Türkische übersetzt.[7] Bis 1850 war er die einzige detaillierte Beschreibung eines europäischen Landes für interessierte Araber. Daß dem jungen Scheich Rifā'a französische Gelehrte, besonders der schon genannte Orientalist Silvestre de Sacy und der Geograph Jomard, sozial und kulturvermittelnd zur Seite standen, beeinflußte sein Bild sicherlich. Durch den impliziten Kulturvergleich gibt dieses Werk auch Aufschluß über damalige Lebensverhältnisse in Ägypten.

Mit der Gründung säkularer Schulen, darunter auch Berufsschulen, begann Muhammed 'Ali ebenfalls. Rifā'a at-Tachtāwi wurde nach seiner Rückkehr Direktor der 1837 neu gegründeten Sprachenschule zur Ausbildung von Übersetzern, heute die «Sprachenfakultät» der 'Ain-Schams-Universität in Kairo.

Die 1828 im Anschluß an die Gründung der ersten arabischen Druckerei in Bulak bei Kairo ins Leben gerufene erste arabische Zeitung *Ägyptische Ereignisse* wurde unter seiner Redaktion seit 1842 von einem türkischsprachigen Blatt mit schlechter arabischer Parallelübersetzung zu einer wirklich arabischen Zeitung.

Rifāʿa at-Tachtāwi übersetzte zeitgenössische französische Werke aus den Gebieten, die ihn interessierten und auf denen er neuere Informationen für unbedingt notwendig hielt: Geographie, Geschichte, Archäologie, Ethnographie. Im Auftrag des Khediven publizierte er auch eine arabische Grammatik mit einer vereinfachten Methodik. Dabei ist vorstellbar, daß er dem jeweiligen Khediven als dessen Vertrauter und Berater für Reformen die Anregung zu diesen und anderen seiner Werke gab. Während seiner Tätigkeit als Schulinspektor im Sudan 1850–1854, de facto die Verbannung durch den reformunwilligen Khediven ʿAbbās I., übertrug er stark adaptierend ein Werk der schönen Literatur: Fénelons absolutismuskritischen Roman *Télemaque*, der an arabische Fürstenspiegel erinnert. Er gab ihm wie allen seinen Werken und Übersetzungen einen Reimprosatitel und ein Vorwort in Reimprosa. Hier bezeichnet er Fénelon als den «König der *Ādāb*» und weist daraufhin, daß dieses in Frankreich der Schullektüre dienende Buch, das soeben ins Türkische übersetzt wurde, brillante Regeln angemessenen Verhaltens *(Ādāb!)* für Könige formuliere. Zu seinen eigenen Werken gehört eines über Reformen in Verwaltung und Kultur von 1869, eine nicht vollendete Geschichte Ägyptens von der Pharaonenzeit an und eine postum publizierte Prophetenbiographie.[8]

Unmittelbar vor seinem Tod, 1873, veröffentlichte er, wie er im Vorwort betont, auf Anordnung des Khediven sein umfangreiches Buch *Der zuverlässige Führer für* (die Ausbildung von) *Mädchen und Jungen*. Es sollte Wegbereiter für die erste staatliche Mädchenschule in Kairo, in einem arabischen Land überhaupt, gegen die Widerstände orthodox islamischer Kreise sein.[9] Unter Berufung auf Koranverse, Hadīthe und zahlreiche Zitate aus der klassischen arabischen Poesie und Prosa betont Rifāʿa die Bedeutung von Mädchenbildung für eine gute Ehe, für die Kindererziehung und auch für die Teilnahme von Frauen am öffentlichen Leben. Seine französischen Quellen nennt er nicht. Rousseau, aber auch Fénelons *Von der Auferziehung der Töchter* (französisch 1698, deutsch 1828) dürften dazu gehört haben.

Staatliche Mädchenschulen wurden nach und nach in allen anderen arabischen Ländern gegründet, die letzte in Oman nach dem Machtantritt von Sultan Kābūs 1970. Mädchenschulen christlicher Missionen gab es, besonders im Raum Syrien/Libanon, bereits vorher. Ihr Ausbildungsziel war die damalige westeuropäische Mädchenbildung. In der «Syrischen Gesellschaft zur Verbreitung der Künste und Wissenschaften» in Beirut hielt Butrus al-Bustāni (1819–1883) 1848 den ersten Vortrag in arabischer Sprache zur Frauenfrage. Eli Smith, ein Missionar der American Protestant Mission mit guten Arabischkenntnissen, hatte diese Gesellschaft gemeinsam mit Angehörigen der Beiruter maronitischen Bildungsfamilien al-Bustāni und al-Jāsidschi gegründet, von denen einige dann zum Protestantismus konvertierten. Angeregt von der Frauenbewegung in den USA und Westeuropa, entstanden seit den frühen 90er Jahren in Ägypten, wohin viele christliche Libanesen aus politischen und wirtschaftlichen Gründen damals emigrierten, die ersten arabischen Frauenzeitschriften. Sie widmeten sich vorrangig der sozialen Rolle der Frau und der Verbesserung ihrer Bildungsmöglichkeiten.

1892 lag das erste Frauenlexikon in arabischer Sprache von Sainab Fawwās (1860–1914), einer muslimischen Immigrantin libanesischer Herkunft in Ägypten, auf dem Frauenflügel der Weltausstellung in Chicago vor. Zu den Essays, die dieses Lexikon einleiten, gehören auch solche arabischer Christinnen und Jüdinnen zur Frauenbildung. Sainab Fawwās wollte offensichtlich Frauen der verschiedenen Religionen zu gemeinsamen Aktionen zusammenschließen, denn ihre Situation in den Ländern des Vorderen Orients unterschied sich damals nicht sehr voneinander. Sie verfaßte außerdem zwei Romane in prätentiöser Sprache und ein Lesedrama.

Seit 1878 Jahre hatte Ssalīm al-Bustāni (1846–1884) nach Übertragungen französischer Novellen die ersten längeren, gefühlvollen und noch recht dilettantischen eigenen Erzählungen vorgelegt. Sie befaßten sich ebenso wie Sainab Fawwās' Romane mit dem Familienleben, das sich unter westeuropäischen Einflüssen wandelte. Lesedramen legte er ebenfalls vor.

Übersetzungen oder zunächst Adaptionen, zuerst aus der französischen Literatur, meist zeitgenössische romantische Werke, auch solche von Maupassant, später von E. A. Poe, Tschechow, Turgenjew machten mit den Gattungen Roman, Novelle, Kurzgeschichte bekannt, die im Arabischen neu waren. Neue Lehrstoffe und Alltagsphänomene, Übersetzungen und die seit den 70er Jahren des 19. Jahrhunderts, besonders nach der wachsenden Immigration christlich libanesischer Intellektueller nach Kairo, neu gegründeten Zeitungen und etwas später Zeitschriften erforderten eine Modernisierung der arabischen Sprache. Vor allem die Lexik mußte den neuen Phänomenen Rechnung tragen, ein Problem, vor dem als erster Rifā'a at-Tachtāwi gestanden hatte. 1867–1870 erschien das erste arabisch-arabische Wörterbuch nach modernen Gesichtspunkten, der zweibändige *Muhīt al-Muhīt* des Butrus al-Bustāni. Er verzichtet auf die bildend-unterhaltsamen Belege, die die klassischen Wörterbücher so umfangreich machten, und ordnet die Lexik nach den Anfangsradikalen. Natürlich gibt er den damaligen lexikalischen Stand wieder. *Masrach* etwa ist hier noch «Weide», nicht, wie heute und seit Generationen, «Theater».

Butrus al-Bustāni begann 1876 nach dem Vorbild der Encyclopédie Française mit der ersten modernen arabischen *Enzyklopädie*, *Dāʾirat al-maʿārif*. Bis zu seinem Tod lagen sechs Bände vor, bis 1909 insgesamt 13, von Nachfahren erarbeitete. Nach einer Unterbrechung von über 50 Jahren wurde vom langjährigen Präsidenten der libanesischen Universität Afrām al-Bustāni eine Neuauflage begonnen. Sie umfaßt bis 1996 fünfzehn Bände, die aber über sehr ausführliche Artikel zu mit *alif* beginnenden Wörtern bis *Arrāf* nicht hinausgekommen ist.

Anfänge des Theaters

Schon Rifāʿa at-Tachtāwi hatte das französische Theater als Bildungsinstitution sehr gelobt und Bühnentechnik und Bühnenbild einer Aufführung so begeistert beschrieben, als handele es sich um eine Mirabilie. Wenn er von der Mischung aus (der klassischen Antithese) «Ernst und Scherz» in den Stücken spricht, so meinte er damit sicher die ironische Sozialkritik in Komödien der französischen Aufklärung. Die erste Theateraufführung nach europäischen Vorbildern gab es 1847 im Haus des Beiruter maronitischen Christen Mārūn an-Nakkāsch (1817–1855). Es war eine Adaption von Molières *Der Geizige*, auch dies eine Reminiszenz an ein klassisches Thema der arabischen Literatur. 1850 folgte ein unterhaltsam gestaltetes Stück nach der *Geschichte vom erwachten Schläfer* aus *Tausendundeiner Nacht*, die auch später Basis für Dramen wurde, besonders in der strukturell an Brecht orientierten machtkritischen Satire *König ist König* des Syrers Saʿdallāh Wannūs (1941–1999).

Der syrische Muslim Abu Chalīl al-Kabbāni in Damaskus (1841 bis 1902) führte das Theater, zunächst auf Anregung des türkischen Gouverneurs oder sogar des Sultans, mit der Bildung einer eigenen Theatertruppe fort. 1884 mußte er jedoch auf Anordnung von Sultan ʿAbd al-Hamīd schließen, denn orthodoxe Kreise hatten ihn und sein Theater der Ketzerei bezichtigt. Eingeladen vom Khediven, ging er nach Kairo und begründete dort die Tradition eines vor allem unterhaltsamen Theaters für ein größeres Publikum mit Musik und Tanzeinlagen und Stücken nach Stoffen und um Gestalten aus *Tausendundeiner Nacht*. Adaptiert wurden aber auch Stücke von Racine, Corneille und Molière, später gern Shakespeare-Dramen wegen ihres Handlungsreichtums.

Auf die Aufgabe des Theaters als politischer Institution, die auch und gerade ein illiterates Publikum ansprechen kann, ja muß, machte seit 1970 Saʿdallah Wannūs in Artikeln und mit einigen hervorragenden Stücken aufmerksam. Stoffe und Gestalten aus *Tausendundeiner Nacht* erfuhren später, nicht nur auf der Bühne, sondern ebenfalls in der Poesie, in Erzählungen und Romanen allegorische Umdeutungen. Schahrasād beispielsweise wurde zum Symbol für die Freiheit des Schriftstellers, der Phantasie und des Denkens, auch für die Klugheit und Emanzipation der Frau, Schahrijār zum Prototyp des Tyrannen. Sindbād der Seefahrer wurde zur Verkörperung des sich eingeengt fühlenden, nach neuen Ufern suchenden Intellektuellen.

Entwicklungen zur modernen Erzählprosa und Dramatik in Ägypten

Ägypten war das erste arabische Land, in dem sich eine modernere Erzählliteratur entwickelte. Übersetzungen hatten mit anderen Denk- und Verhaltensweisen bekannt gemacht. Gedankengut der Französischen Revolution mit den Zielen «Freiheit, Gleichheit, Brüderlichkeit» und Ideen der französischen Aufklärung, dann auch des utopischen, später des fabianischen wie, vorsichtiger, des Sozialismus von Karl Marx wurde ebenso rezipiert wie das des englischen Liberalismus. Nationalismen europäischer Prägung regten einen zunächst gesamtarabischen Nationalismus an. Die osmanische Türkei propagierte, um die von ihr besetzten arabischen Länder weiterhin an sich zu binden, einen islamischen Nationalismus. In dessen Gefolge wurde das Wort *Umma*, «Religionsgemeinschaft, Gemeinde», der Terminus für «Nation». Die von Butrus al-Bustāni unter Mitarbeit seines Sohnes Ssalīm von 1870 bis 1886 in Beirut edierte Zeitschrift *al-Dschinān, Die Gärten*, trug das Motto «Die Liebe zum Vaterland gehört zum Glauben». Diese Losung, angeblich ein Hadīth, konnte Christen und Muslime im Kampf um Reformen vereinen, wie die Besinnung auf die vorislamische Geschichte mit ihren großartigen Denkmälern in vielen arabischen Ländern, sicher auch im Zuge der in Europa erstarkenden Archäologie, ein gemeinsames Geschichtsbild schuf. Daher der Titel *al-Achrām, Die Pyramiden*, für die seit 1876 in Kairo erscheinende, bis heute größte, offiziöse ägyptische Tageszeitung. Gegründet wurde sie von zwei Brüdern libanesisch- christlicher Herkunft.

Der ägyptische Großmufti Muhammed Abduh (1849–1905) und nach ihm andere gingen an eine Neuinterpretation des Korans unter zeitgemäßen Bedingungen, auch und gerade im Hinblick auf die Situation der Frau und das Familienleben, das sich unter westeuropäischen Einflüssen und im Gefolge der Industrialisierung änderte. Die Leben-Jesu-Forschung, besonders E. Renans *Leben Jesu*, die Darwinsche Entwicklungslehre im 19. Jahrhundert, die Psychologie von Freud – wichtig angesichts der unter dem Einfluß der viktorianischen Prüderie und wohl aus einer Abwehrhaltung gegenüber westeuropäischen Einflüssen wachsenden sexuellen Repression – sowie die von Adler und Jung spielen bei arabischen

Intellektuellen und in der modernen Literatur bis heute in unterschiedlicher Weise eine Rolle.

Den Versuch, der drohenden kulturellen Überfremdung mit der kreativen Nutzung eigener literarischer Traditionen entgegenzutreten, gab es in der Wiederbelebung der *Makāma* in moderner Form durch den Ägypter Muhammed al-Muwailichi (1858?–1930). 1898 publizierte er in Fortsetzungen in der Zeitschrift seines Vaters, 1907 in Buchform seinen *Hadīth ʿĪssa Ibn Hischām au fatra min as-saman, Die Erzählung des ʿĪssa Ibn Hischām oder eine Spanne Zeit.* Muwailichi läßt einen fünfzig Jahre zuvor verstorbenen Pascha aus dem Grab auferstehen, der von einem Erzähler namens ʿĪssa Ibn Hischām durch das Kairo des ausgehenden 19. Jahrhunderts geführt wird. Daß er den Namen seines Erzählers bewußt den Makāmen des Hamadhāni entnahm, trug ihm den Vorwurf des Plagiats ein. Tatsächlich implizieren die verständnislosen Fragen und das ungläubige Staunen des wiedererstandenen Paschas und die Antworten des Erzählers viel ironische Sozialkritik, besonders am würdelosen und übertriebenen Europäisierungsstreben von Angehörigen der jüngeren Generation, am Aufgeben aller eigenen Werte. Szeneriebeschreibungen sind prätentiös und oft in Reimprosa formuliert. Das Werk wurde bis in die Gegenwart mindestens neunmal nachaufgelegt, seit 1927 mit einem ergänzenden Kapitel über die Weltausstellung in Paris.[10]

Geschichtsbewußtsein wecken, seinen Lesern die große arabisch-islamische Vergangenheit vor Augen rufen wollte der christlich-libanesische Immigrant in Kairo Dschirdschi Saidān (1861–1914). Er war auch Begründer der bis heute existierenden Kulturzeitschrift *al-Hilāl, Der Halbmond*, und des gleichnamigen Verlags. Seit 1892 erschienen 22 Romane aus seiner Feder, davon 21 historische, zwar oft mit einer stereotypen Figurenzeichnung, aber flüssig geschrieben, voller Spannung und farbigen Ambientes. Sie wurden in die meisten Sprachen des Vorderen Orients bis nach Mittelasien übersetzt und sind auch dort bis heute populär. Der Autodidakt Saidān, Sohn eines illiteraten Beiruter Garkochs, sorgte mit zahlreichen populärwissenschaftlichen Werken für die Verbreitung damaliger westeuropäischer wissenschaftlicher Erkenntnisse im arabischen Raum, darunter auch für die Anwendung modernerer wissenschaftlicher Methoden auf die arabische Sprachwissenschaft. Besonders interessant sind bis heute seine Darstellungen der zeitgenössischen Literaturszene im vierten Band seiner *Geschichte der arabischen Literatur* (1910–1913).

Den philosophischen Roman begründete Farach Antūn (1874–1922) zu Beginn des 20. Jahrhunderts in Kairo, auch er libanesisch-christlicher Herkunft und weitgehend Autodidakt. Die USA hatte er während eines mehrjährigen Aufenthalts kennengelernt. In seinen drei Romanen vermittelte er selektiv sozial-utopische Ideen, orientiert an H. G. Wells, Karl

Marx und Leo Tolstoj, aber auch an al-Fārābis *Idealer Stadt*. Er publizierte Übersetzungen aus dem Englischen und verfaßte Lesedramen, größerenteils zu historischen Themen.

Im zweiten Jahrzehnt des 20. Jahrhunderts erschienen zwei Erzählbände, die als Wegbereiter der modernen ägyptischen Erzählkunst gelten: Mustafa Lutfi al-Manfalūtis *Die Tränen*, 1915, eine Sammlung gefühlvoller Geschichten, darunter Adaptionen von vier französischen Geschichten und einer amerikanischen. Sie wurden lange Zeit wegen ihres vorzüglichen arabischen Stils sehr geschätzt. Muhammed Taimūr (1892–1922), Sohn einer ägyptischen Bildungsfamilie tscherkessischer Provenienz, veröffentlichte 1917 sozialkritische Skizzen und kürzere Erzählungen unter dem Titel *Ma tarāhu l-ʿujūn, Beobachtungen*. Sein Bruder Machmūd Taimūr (1894–1973) war Autor von Kurzgeschichten, Novellen und seit 1939 auch einiger Romane. Vorbilder waren offensichtlich Maupassant und Tschechow.

Autor des ersten Gesellschaftsromans in arabischer Sprache ist der Ägypter Muhammed Hussain Haikal (1888–1956). Er schrieb ihn, beeinflußt von J.-J. Rousseau, zunächst während seines Jurastudiums in Frankreich auf Französisch und übertrug ihn dann ins Arabische. *Sainab*, erschienen 1914, ist der Name der Protagonistin, eines Bauernmädchens, das von seiner Familie mit einem ungeliebten Mann verheiratet wird, obwohl es einen anderen Mann liebt und dieser sie. Es geht um den Gegensatz zwischen natürlichen menschlichen Gefühlen und starren gesellschaftlichen Konventionen, an denen ein Mensch, hier eine junge Frau, zerbricht. Populär wurde der Roman erst seit seiner Verfilmung 1929. Mit Haikals *Sainab* waren aber zwei wichtige Themenbereiche der modernen arabischen Prosaliteratur vorgezeichnet: Schicksale von Mädchen und Frauen in einer patriarchalischen Gesellschaft aus kritischer Sicht und die Lebensverhältnisse auf dem Land. Die letzteren werden von Haikal, Sohn eines Großgrundbesitzers, Begründer der ägyptischen national-konservativen Partei und damals Anhänger des Liberalismus, idealisiert. Wenn die Fellachen mit ihrem Vieh eine Hütte teilen, so ist das für Haikal ein Zeichen von Naturverbundenheit. Spätere Autoren, etwa der Iraker Dhu n-Nūn Ajjūb (1908, Mossul – 1988, Wien) in zwei längeren sozialkritischen Erzählungen 1939 und 1948, und der Ägypter ʿAbd ar-Rachmān asch-Scharkāwi (1920–1987), Vertreter des harten ägyptischen Realismus der 50er Jahre, in seinem Roman *Erde* von 1953, deutsch *Der bunte Gilbāb*, stellen die scharfen Gegensätze zwischen Arm und Reich, die Ausbeutungsverhältnisse, unter denen die Fellachen zu leiden hatten, realitätsnah dar.

Zu einem eigenständigen, reiferen Genre entwickelte sich der Roman in Ägypten seit den 30er Jahren des 20. Jahrhunderts, als sich einige bis dahin durch Erzählungen und auch Gedichte hervorgetretene Autoren dieser Form bedienten, um sie zu popularisieren: der große Reformer und Humanist Tāha Hussein (1889–1973) mit *Der Ruf des Regenpfeifers*, 1934, Taufik al-Hakīm (1898–1987), ʿAbbās Machmūd al-ʿAkkād (1889–1964), Ibrāhīm al-Māsini (1890–1949) und Machmūd Tāhir Lāschīn (1894–1954). Die Romane dieser Autoren sind größtenteils im Kairoer Bürgertum oder Kleinbürgertum angesiedelt. Bezeichnend ist, daß drei Autoren Frauenschicksale in den Mittelpunkt stellten: Tāha Hussain, al-ʿAkkād und Lāschīn.

Alle diese Autoren waren vorher bereits durch Erzählungen hervorgetreten und taten das auch weiterhin. Al-ʿAkkād veröffentlichte auch Gedichte im neoklassizistischen Stil und eine Reihe von kulturhistorischen Sachbüchern. Als Kulturkritiker traten ebenfalls Taufīk al-Hakīm und Tāha Hussain hervor.

Tāha Hussains sensible Autobiographie, seit 1929 in drei Bänden in Abständen publiziert, läßt den erstaunlichen Werdegang eines Mannes erkennen, der, früh erblindet, seinen Weg von der As'har zur Sorbonne, von dort auf eine Professur an der ägyptischen Universität fand. Sie steht am Anfang einer Anzahl von Autobiographien bekannter arabischer Schriftsteller und Politiker, die aus individueller Sicht Einblick in ihre Entwicklung und in die Zeitverhältnisse geben.[11] Später war Tāha Hussain für kurze Zeit Erziehungsminister. Er war immer wieder mutig genug, gegen Konventionen anzugehen. Seine These, die gesamte altarabische Poesie, also das Glanzstück arabischen Nationalstolzes, sei eine Fälschung aus islamischer Zeit, löste eine Parlamentskrise aus. Sie erwies sich aber als unzutreffend. Er versuchte auch, durch Übersetzungen griechischer Dramen das literarische Erbe der Antike, in dem er die Wurzeln Europas sah, im arabischen Raum bekannt zu machen. Das hatte als erster – mit wenig Erfolg – Ssulaimān al-Bustāni (1856–1925) mit einer Übersetzung der *Ilias* 1904 versucht.

Muhammed Taimūr verfaßte eine ganze Anzahl realistischer Theaterstücke im ägyptischen Dialekt, also der tatsächlich gesprochenen Sprache, auch um diese für ernsthafte Stücke bühnenfähig zu machen. Sein Bruder Machmūd folgte seinem Vorbild. Bis dahin war die Alltagssprache nur in Burlesken und Boulevardkomödien üblich. Taufīk al-Hakīm wurde seit seinen ersten Stücken *Die Siebenschläfer* (nach dem koranischen Stoff, aber symbolistisch variiert), 1933, und *Schachrasād,* 1934, als Autor vieler Dramen bekannt, zunächst symbolistischer und surrealistischer, seit 1954 mit *Die zarten Hände* auch realistischer, sozialkritischer und humorvoll ironischer Stücke.

Während diese Generation ägyptischer Autoren mehrheitlich in Frankreich, seltener in England studiert hatte, erhielten die folgenden, die Generation von Nagīb Machfūs (geb. 1911) und Späteren, ihre Ausbildung an ägyptischen Universitäten. Araber anderer Länder, Iraker etwa, Marokkaner, Libyer, Jemeniten oder Saudis, gingen zum Studium nach Kairo, auch Beirut, seltener nach Europa. Werke europäischer und amerikanischer Autoren lernten sie in arabischen Übersetzungen kennen. Verfilmungen adaptierten die Handlung oft stärker dem Volksgeschmack und setzten natürlich die Literatursprache in den Dialekt, den sprachlichen Alltag um. Hier ist besonders Dostojewski, an ägyptische Lebensverhältnisse adaptiert, beliebt. Die Werke dieser jüngeren Autoren, vor allem die von Nagīb Machfūs, wurden meist ebenfalls durch Filme einem größeren Publikum nahegebracht. Die fruchtbare ägyptische Filmproduktion bereitete sie für ein weitgehend illiterates, jedenfalls kaum Bücher lesendes und, vor der Verbreitung des Fernsehens, städtisches Publikum auf.

Von den 40er und 50er Jahren des 20. Jahrhunderts an erreichte die moderne ägyptische Erzähl- und Theaterliteratur ihre Reife. Dazu trugen Autoren wie Nagīb Machfūs, Literaturnobelpreisträger 1988, und seine ersten drei historischen, seit 1947 bürgerlich realistischen, später oft stärker allegorischen Romane, Erzählungen und nach dem Junikrieg 1967 auch surrealistischen Lesedramen und Jūssuf Idrīs (1927–1992) erheblich bei. Der letztere gab in realistischen, auch sozialsatirischen Erzählungen und Romanen sowie in Dramen des Realitätsgehalts wegen stärker der Umgangssprache Raum. Jachja Hakki (1905–1993) wurde besonders durch seine Schlüsselerzählung *Die Ampel der Umm Hāschim,* 1945, bekannt, die einfühlsam und psychologisch glaubwürdig den quälenden Kulturkonflikt zwischen Orient und Okzident am Beispiel eines jungen Ägypters deutlich macht.[12] Edwār al-Charrāt (geb. 1926) fängt in Erzählungen seit 1940 und in vielschichtigen, sprachlich-stilistisch und generell formal anspruchsvollen Romanen seit den 60er Jahren des 20. Jahrhunderts seine Erfahrungen als Kopte in der ägyptisch-muslimischen städtischen Gesellschaft ein.

Jüngere Autoren bedienen sich ebenfalls erfolgreich neuerer literarischer Techniken: der Rückblende und des inneren Monologs. Sie brechen zeitliche Ebenen auf, wechseln im Erzählerstandpunkt, verfremden symbolhaft und gern im kafkaesken Stil. Der fruchtbare Gamāl al-Ghītāni (geb. 1945) nutzt in seinen Romanen und Erzählungen seit 1969 oft Stoffe aus der klassischen und nachklassischen arabischen Literatur, verwebt Vergangenheit mit Gegenwart. Er flicht wörtliche Zitate ein, um Probleme der Gegenwart literarisch verfremdend bewußt zu machen, vielleicht auch, um die Wiederholbarkeit kritischer Situationen, abgründigen menschlichen Verhaltens, politischer und sozialer Repressionen und ihrer unterschiedlichen Auswirkungen auf die menschliche Psyche unter veränderten historischen Verhältnissen deutlich zu machen. Jūssuf al-Kaʿīd (geb. 1944 im Delta) stellt in mehreren Romanen und Erzählungen seit 1969 sensibel, psychologisch geschickt, mit viel sozialem Gespür und zunehmend literarisch experimentierend soziales Unrecht, verübt an Bauern und dem städtischen Kleinbürgertum, dar. Er beschreibt die Reaktionen der Betroffenen einerseits, die Härte der Hierarchietäter andererseits. Ssunʿallāh Ibrāhīm (geb. 1937), der wegen seines linken Engagements mehrfach in Haft war, trug in seinem Erstling, dem Kurzroman *Dieser Geruch,* 1966, und wieder im Roman *Ehre*, 1997, zur sogenannten «Gefängnisliteratur» bei. In *Ehre* zeichnet er ganz Ägypten als Gefängnis, wie auch seine anderen Romane bittere Ironie ausstrahlen.

Erzählliteratur in anderen arabischen Ländern

Die ersten realistischen, anfangs noch dilettantischen sozialkritischen Skizzen und Erzählungen im Irak schrieb seit 1921 Machmūd Achmed as-Ssajjid (1901 oder 1903–1937), der auch aus dem Türkischen und über dieses aus dem Russischen übersetzte.

Eine Generation kritisch-realistischer Erzähler trat im Irak in den 50er Jahren an die Öffentlichkeit. Zu ihnen gehörte Ghāʾib Tuʿma Farmān (1927–1990), der 1964 den ersten realistischen irakischen Roman publizierte. Auch dieser wurde erst nach seiner Verfilmung populär. Seine weiteren Romane und Erzählungen schrieb Farman als zunehmend resignierter, kritischer Altkommunist im Exil in Moskau, wo er auch starb. Die Dichotomie von Exil, unvermeidlicher Entfremdung und Sehnsucht nach der Heimat gegenüber kritischem Engagement im Heimatland beziehungsweise Rückzug ins Private als Abwehr gegen bedrückende politische Verhältnisse spielt hier immer wieder eine Rolle.

Fuʾād at-Takarli (geb. 1927), im Exil seit dem Beginn der ersten Golfkriegs 1980, zuerst in Frankreich, dann in Tunis, seit kurzem in Damaskus, zeichnet in guten Erzählungen seit 1952 und in vielschichtigen Romanen seit 1978 menschliche Beziehungen im Irak unter sexuell, sozial und politisch repressiven Verhältnissen, zuletzt in «Freuden und Leiden» (1998). Manche seiner Erzählungen aus den letzten Jahren zeichnen die Resignation und Bitterkeit von Emigranten.

Andere irakische Autoren wie Abd al-Malik Nūri (1921–1998), Machdi ʿIssa as-Ssakr (geb. 1926), Muhammed Chudajjir (geb. 1940), Mussa Kreidi (1940, Nadschaf – 1998, Bagdad) gestalten in Erzählungen, seltener in Romanen und oft symbolhaft überhöht religiöse Riten und Vorstellungen, sowie Geschlechterbeziehungen, die vom besonderen Ehrbegriff für die Frau geprägt sind.[13] Eingrenzungen menschlicher Freiheiten in Grundbereichen des Lebens spielen ebenso eine Rolle wie seit den ausgehenden 70er Jahren Volksfrömmigkeit als Ventil für Elend und Not.

Seit Beginn des Ersten Golfkriegs 1980 verordnete das Regime Saddām Hussein die «Literatur der Schlacht», *Adab al-Maʿraka*, in Poesie und Prosa, der sich kaum einer der im Land verbliebenen Autoren entziehen konnte. Sie unterwarfen sich dieser Anordnung in unterschiedlicher Weise. Andererseits wuchs seitdem die Zahl gerade irakischer Exilautoren sehr stark an. ʿAbd ar-Rachmān Madschīd ar-Rubaiʿi (geb. 1939), bekannt durch einige recht gute Erzählungen seit 1965 und Romane seit 1969, konzentriert sich seit seinem Exil in Tunis auf Gedichte in Prosa und Literaturkritik. Einige Emigranten sind zurückgekehrt, andere, im Land verbliebene, suchen soeben neugewonnene literarische Ausdrucksmöglichkeiten zu nutzen.

In der palästinensischen Prosa und Poesie spielen die sozialen und psychischen Probleme des Heimatverlusts, des Lebens unter den Bedingungen der israelischen Besatzung die Hauptrolle, hervorragend eingefangen etwa von Ghassān Kanafāni (1936–1972), Emile Habibi (1921–1996), Taufīk Fajjād (geb. 1939) und Jachja Jachluf (geb. 1944).

Besonders in Syrien, aber ebenfalls in Ägypten wurden der Junikrieg 1967 und dann der Oktoberkrieg 1974, beide auch mit ihren sozialen und psychologischen Folgeerscheinungen, Ausgangspunkte für viele Werke der ebenfalls von Beginn an stark sozialkritischen Erzählliteratur, etwa in Kurzgeschichten von Sakarijja Tāmir (geb. 1931), seit 1980 in London, von Saʿīd Hūrānijja (geb. 1930) und Haidar Haidar (geb. 1936), in Erzählungen und Romanen von Hana Mīnā (geb. 1924), Walīd Ichlāssi (geb. 1935), Hāni ar-Rāhib (1939–2000) und des Kurden Salīm Barakāt (geb. 1951). Rijād Ismet (geb. 1947) schreibt auch gute Theaterstücke.

Der Bürgerkrieg im Libanon und seine bis heute zu beobachtenden Auswirkungen, die sozialen und psychologischen Phänomene einer religiös gespaltenen, durch die Ereignisse dieses jahrelangen Krieges traumatisierten Gesellschaft prägen viele Werke der libanesischen Literatur, etwa von Taufīk Jūssuf ʿAwwād (1911–1988), Raschīd Daif (geb. 1936) und Elias Khoury (geb. 1948). Doch behandeln diese und jüngere Autoren inzwischen auch andere Themen.

In Marokko, Algerien, weniger stark in Tunesien, äußert sich die sprachliche und kulturelle Orientierung in Richtung Frankreich in einer stark ausgeprägten frankophonen Literatur. Ihre Autoren verarbeiten, von französischen Vorbildern inspiriert, einheimische Probleme und heimische Mythen, Legenden und Sagen, etwa der Algerier Raschid Mimouni (1945–95) und die Marokkaner Driss Chreibi (geb. 1920) und Tahar Ben Jelloun (geb. 1944) aus Fes, der seit 1971 in Frankreich lebt. Manche Autoren schreiben in beiden Sprachen, beispielsweise die Algerier Moulud Feraun (1913–1961), Mohammed Dib (1920–2003), der seit 1959 im Exil lebte, und at-Tahir Wattar (geb. 1936). Rachid Boudjedra

«Das Volk will eines Tages leben. Dann muß das Schicksal antworten!» Kalligraphie von Abdelgani Ouida, Marrakesch, 1997, zu Worten des tunesischen romantischen Dichters Abu l-Kāssim asch-Schābbi (1909–1934) aus seinem populären Gedicht «Lebenswille» (erschienen erst 1955).

(geb. 1941) schreibt seit 1982 nur noch Arabisch, das er als die Sprache seiner Seele bezeichnet, und übersetzte seine französischen Werke ins Arabische. Abdelhamid Benhadouga (geb. 1925) verfaßte seine Erzählungen und Romane, in denen der algerische Befreiungskampf und die schwierige Situation danach, aber auch der Zwiespalt zwischen Tradition und Moderne sowie Frauenschicksale und Generationsprobleme zentrale Themen sind, in Arabisch. *Südwind* bedeutete 1971 den Beginn des algerischen Romans in arabischer Sprache. Algerische Schriftsteller, die für ihre Werke das Arabische bevorzugen, sind fast durchgängig Absolventen der berühmten Moscheehochschule Saitūna in Tunis.

Der klassische realistische Erzähler und seit 1956 Romancier Tunesiens, Begründer des «Klubs der Erzählung» (1964) und der Zeitschrift «Die Erzählung», ist Muhammed al-ʿArūssi Matwi (geb. 1920). Er schreibt Arabisch wie sein Generationsgefährte al-Baschir Khurayyif (1917–1983), der seit 1937 durch Erzählungen und seit 1958 durch Romane bekannt wurde. Stark von französischen Vorbildern beeinflußt sind Erzählungen und das symbolistische Lesedrama «Der Damm», beides in Arabisch, von ʿIs ad-Dīn al-Madani (geb. 1938).

Autorinnen, die in Erzählungen und Romanen in unterschiedlicher Weise, meist mit viel Sensibilität aus weiblicher Sicht die soziale Situation von Frauen in arabischen patriarchalischen Gesellschaften einfangen, sind seit den 50er Jahren des 20. Jahrhunderts hervorgetreten. Zu nennen sind besonders die Ägypterinnen Latīfa as-Sajjāt (1926–1996), Alifa Rifʿat (1930–1996), Nawāl as-Ssaʿdāwi (geb. 1931), die als Ärztin auch durch sehr kritische Sachbücher hervortrat, Ssalwa Bakr (geb. 1946), die Libanesinnen Emily Nasrallah (geb. 1939), Laila Baalabakki (geb. 1936), Hanan asch-Scheich (geb. 1940) und Huda Barakat (geb. 1945), die Palästinenserin Sahar Khalifa (geb. 1941), die Syrerin Ghada as-Samman (geb. 1942), die Irakerinnen Daisy al-Amīr (geb. 1935), Lutfijja Dulaimi (geb. 1939) und ʿĀlija Mamdūch (geb. 1944), die Kuweiterin Laila al-ʿUthmān (geb. 1943) und die Marokkanerin Khannata Bannuna (geb. 1940).

Fatma Mernissi aus Fes (geb. 1940), schreibt ihre Erzählungen und Bücher zur Frauenfrage auf Französisch, das gilt auch für ihre farbige Kindheitsbeschreibung, und läßt sie ins Arabische übersetzen. Die Algerierin Assia Djebar (geb. 1936), die schon länger in Frankreich lebt, zeichnet in ihren französisch geschriebenen Romanen feinfühlig, expressiv und mit modernen und postmodernen literarischen Techniken weibliche Schicksale und Denkweisen.

Inzwischen gibt es auch in den Ländern, in denen eine moderne Literaturproduktion aus unterschiedlichen Gründen erst spät entstand, Dichter und Erzähler, vom Jemen über Saudi-Arabien bis nach Libyen. Hier entwickelte sich in den 60er Jahren mit ʿAli al-Misrāti (geb. 1928), ʿAbdallah al-Kuwairi (geb. 1940) und Ibrāhīm al-Fakīh (geb. 1939), der seit geraumer Zeit in Kairo lebt, eine realistische Kurzprosa, die teilweise an ägyptischen Vorbildern orientiert ist. Die Autoren verstehen es, die Atmosphäre des Landes mit seinen weiten Wüsten, seiner Erdölproduktion und seinem sozialen Wandel einzufangen. Ibrāhīm al-Koni, geboren 1951, lebt nach einem Studium in Moskau seit 1993 in der Schweiz und zeichnet in Romanen und Erzählungen Leben und Mythen der Berber.

Zu den Schriftstellern, die durch den Aufenthalt in mehreren arabischen Ländern interarabische Probleme sensibel und realistisch zeichnen, gehört Ismāʿīl Fachd Ismāʿīl (geb. 1940), der als Sohn einer irakischen Mutter seit seiner Kindheit in Kuweit lebt. Der Palästinenser Dschabra Ibrāhīm Dschabra (1920–1994), der nach einem Anglistikstudium in Cambridge 1954 in den Irak ging, wirkte auch durch seine Übersetzungen aus der englischen und amerikanischen Literatur, von Frazers *The Golden Bough* ebenso wie von Virginia Woolf und William Faulkner anregend auf viele arabische Intellektuelle. Er verfaßte neben Erzählungen und Romanen und seinen zweibändigen Erinnerungen gemeinsam mit ʿAbd ar-Rachmān Munīf (1932–2004) 1982 den Roman *Eine Welt ohne Landkarten*. Munīf, geboren in Jordanien, erwarb nach einem Jurastudium in Damaskus und Kairo einen Doktorgrad in Erdölökonomie in Jugoslawien, wurde saudischer Staatsbürger, aber als Dissident des Landes verwiesen. Er war dann in Syrien und dem Irak tätig. Sein Roman *Östlich des Mittelmeers* (1977) und der Romanzyklus *Die Salzstädte* (seit dem ersten Band von 1984 fünf Bände) beschreiben politischen Terror in arabischen Ländern, aber auch die sozialen und psychischen Folgen, die die Erdölproduktion für traditionelle Beduinengesellschaften hat. Sie verweben Sozial- und Mentalitätskritik mit einheimischen Mythen und Märchen.

Die Poesie

Bis in die ausgehenden 40er Jahre des 20. Jahrhunderts wahrte die Poesie ihre traditionelle Form mit Monoreim und Monometrum in oft sehr langen Gedichten. Sie wandte sich aber früh neuen, zeitbezogenen Themen zu. Pionier war der Ägypter Machmūd Ssāmi al-Bārūdi (1839–1904). Er wie spätere Autoren riefen ihre Landsleute in neoklassizistischen Gedichten dazu auf, aus dem «Schlaf der Unwissenheit» zu erwachen, sich modernes Wissen und mehr Bildung anzueignen. Sie begrüßten technische Neuerungen wie den Telegraphen, die Eisenbahn, die Elektrifizierung in Lobgedichten und schmähten später die Vertreter der britischen Kolonialpolitik. Natürlich gab es auch die nachklassische höfische Lobkassīda etwa des berühmten «Dichterfürsten» Achmed Schauki (1868–1932) auf die Khediven und nach 1920 auf das neue, «unabhängige» Ägypten. Schaukis sozial weniger begünstigter Rivale Hāfis Ibrāhīm (1872?–1932), der «Dichter des Nil», besang in einem ähnlich kunstvollen Stil offizielle Ereignisse, die traditionsgemäß bis heute mit der Rezitation von Gedichten gewürdigt und gefeiert werden.

In den 20er und 30er Jahren des 20. Jahrhunderts setzte eine Welle individueller, romantischer Dichtung ein, die Abkehr von Auftrags- und Gelegenheitsdichtung im pathetischen Stil. Jedoch wurde die klassische Form gewahrt. Namhaft wurde besonders die Dichterschule *ad-Dīwān* von al-Māsini, al-ʿAkkād und ʿAbd ar-Rachmān Schukri (1886–1958).

Inzwischen begründeten Libanesen, die seit etwa der Mitte und verstärkt den 90er Jahren des 19. Jahrhunderts nach Nord- und Südamerika emigriert waren, die sogenannte *Machdschar*-Literatur, die Literatur der «Emigration» in diesen Regionen. Sie instituierten seit etwa 1890 eigene arabische Verlage, Zeitungen, Zeitschriften und literarische Vereinigungen, die bis in die 50er Jahre des 20. Jahrhunderts Bestand hatten. Die ganz anderen wirtschaftlichen, sozialen und politischen Verhältnisse, unter denen die Emigranten lebten, ebenso wie die Inspiration durch dortige literarische Strömungen, etwa Whalt Whitmans *Grashalme*, trugen zur Entstehung einer modernen Strophendichtung und der stärkeren poetischen Konzentration auf individuelle Empfindungen und Gefühle bei. Die Dichter Īlījja Abu Mādi (1889–1957), Nassīb ʿArīda (1887–1946) und vor allem Gibrān Khalīl Gibrān (1883–1931), der seine späteren religiös-philosophischen Werke in Englisch schrieb, wirkten besonders auf christliche Autoren in ihrer Herkunftsregion. Dies tat auch Mīchāʾīl Nuʿaima (1889–1989), der 1932 in den Libanon zurückkehrte, um sich ganz dem Schreiben zu widmen, mit feinfühliger Poesie und Prosa, mit Dramen und seiner dreibändigen Autobiographie *Siebzig* (1959/1960). In seinen literaturkritischen und -theoretischen Essays kämpfte er für die Freiheit des Schriftstellers, früh zum Beispiel gegen das klassische metrische System als der Kreativität hinderlich.

Die Vertreter der *Machdschar*-Literatur waren wie die Begründer der *Dīwān*-Schule auch von englischer und amerikanischer Poesie, etwa von Shelley, Keats, Robert Browning, W. H. Auden, Edith Sitwell und Ezra Pound inspiriert.

Die Einflüsse dieser Dichtung und das Vorbild T. S. Eliots gaben den Anstoß zu der von arabischen Literaturliebhabern als geradezu revolutionär empfundenen Lösung von der klassischen Gedichtform. Sie begann im Irak nach dem Zweiten Weltkrieg. Hier war neoklassizistische Dichtung mit politischen und sozialen Themen in den 20/30er Jahren und länger beliebtes Medium zeitgenössischer Diskurse. Der antibritische Aufstand in der schiitischen Stadt Nadschaf von 1920 ebenso wie die heftigen Auseinandersetzungen um die Verhüllung der Frau um 1924 fanden sehr stark Eingang in neoklassizistische Gedichte und wurden mit ihrer Hilfe in Zeitungen und Zeitschriften durchgängig von männlichen Dichtern ausgetragen. Dichterische Streiter für Säkularisation und sozialen und technischen Fortschritt im Land waren Dschamīl Ssidki as-Sahāwi (1863–1936), kurdischer Herkunft, und Maʿrūf ar-Russāfi (1874–1945). Al-Dschawāhiri (1904, Nadschaf – 1998, Amman) begleitete politische Ereignisse im Land und in der arabischen Welt mit beliebten, oft sehr pathetischen neoklassizistischen Oden, schrieb aber in den 30er und 40er Jahren, wie einige andere, auch sozial aufmüpfige, leichtfüßige Liebesgedichte.

Dichtung in freien Versen

Pioniere der Dichtung in freien Versen und Metren, die sich gegenseitig die Erstleistung streitig machten, waren Badr Schākir as-Ssajjāb (1926–1964) mit seinen von Mythologemen durchzogenen Oden und Nāsik al-Malā'ika (geb. 1923) mit ekstatischen, auch sanghaften, nach einer Krise um 1970 mystisch-religiösen Gedichten. Der Kurde Buland al-Haidari (1926–1996, London) und ʿAbd al-Wahhāb al-Bajjāti (1926–1999, London) trugen zu dieser Poesie ebenfalls früh bei. Haidari, der auch 13 Jahre in Beirut gelebt hatte, kommentierte aus dem Londoner Exil seit 1980 die politischen Zustände im Irak mit bitteren Schmähgedichten. Ähnlich verhalten sich jüngere Exilanten, etwa Ssaadi Jūssuf (geb. 1934, heute London), Fādil al-ʿAsāwi (geb. 1941, seit 1978 Berlin) und Achmad Matar (geb. 1954, heute Paris).

Libanesen wie Jūssuf al-Chāl (1917–1987), Chalīl Hāwi (1919–1982) und Adonis (geb. 1930 in einem syrischen Dorf), der 1956 nach Beirut ging und nach Professuren dort, in Damaskus und Paris seit 1985 in Paris schreibt, sind bekannt für ihre oft mystisch geprägte Symbolik. Der Syrer Nisār Kabbāni (1923–1998, London), von 1945 bis 1966 im diplomatischen Dienst in Kairo, London, China und Madrid, lebte und schrieb danach in Beirut, Genf und London. Er begeisterte Jüngere durch seine offene, liedhafte Liebeslyrik und als poetische Stimme ihrer existentiellen Sinnsuche und oft ambivalenten Gefühle.

Palästinenser wie Muʿīn Bassiessu (1927–1984) und Machmūd Derwīsch (geb. 1941) besingen in meist schlichter, zu Herzen gehender Sprache die Liebe zu ihrer Heimat und ihrem Volk, zum Leben und zu Frauen ebenso wie die Bitterkeit des Heimatverlusts, Trauer und Tod. Ssamīch al-Kāssim (geb. 1939), drusischer Herkunft, besticht durch vielseitige Expressivität.

Jüngere arabische Poeten schreiben heute gern Gedichte in Prosa. Sie verzichten auf den unkonventionellen Wechsel klassischer Versfüße, den noch as-Ssajjāb, al-Malā'ika, al-Bajjāti und al-Haidari nutzten. Pathos, enigmatische Symbolik und prätentiöse Lexik liegt ihnen weniger. Aber natürlich sind auch hier die individuellen Unterschiede groß.[14]

In Libyen war ich als Gast der Universität Tripolis im Herbst 1983 zu einem Dichtertreffen eingeladen und erlebte zwei Tage lang Rezitationen, darunter sozial provokante zweier junger Dichter und einer Dichterin, und die harsche Kritik von Poeten der mittleren und älteren Generation, wohl den verantwortlichen Veranstaltern, an ihnen. Zufällig hörte ich am Tag darauf im Staatssender die offizielle Aburteilung dieser poetischen Mutproben. Die Anthologie dieser Gedichte sollte mir zugesandt werden, aber ich habe sie nie erhalten. Vermutlich ist sie nicht erschienen.

Epilog

Nachda, «Renaissance, Wiedergeburt», nennen arabische Intellektuelle die geistig-kulturelle Erneuerungsbewegung, die nach der Napoleonischen Expedition 1798–1801 in Ägypten begann, in anderen arabischen Ländern später einsetzte und die bei allen Ähnlichkeiten doch von Land zu Land unterschiedliche Formen annahm. Sie führte zur Wiederbelebung von Kulturtraditionen einerseits, zur Anpassung an europäische Vorbilder und zur kritischen Auseinandersetzung mit beidem andererseits. Das Motto «Verstand vor Überlieferung», *al-'Akl kabla n-Nakl,* prägte diese Bewegung ebenso wie die Losung «Die Liebe zum Vaterland gehört zum Glauben», die eine Basis für den erhofften gemeinsamen Kampf der Angehörigen unterschiedlicher Konfessionen für zivilisatorischen Fortschritt und nationale Unabhängigkeit sein sollte.

Ägypten ist bis heute das bevölkerungsreichste arabische Land, das die größte Buchproduktion aufweist und in dem die meisten Verlage tätig sind. Trotzdem war das noch vor etwa 25 Jahren oft zitierte Urteil «Kairo schreibt, Beirut druckt, Bagdad liest» damals schon mehr Klischee als Realität. Nach den politischen und sozialen Entwicklungen der jüngsten Jahrzehnte trifft es noch weniger zu. Der Libanon muß sich von den Folgen eines langen Bürgerkriegs erholen. Im Irak wurden während des Embargos kostbare Privatbibliotheken aus Not verschleudert, und die Entwicklungen dort scheinen immer tragischere Formen anzunehmen.

Die meisten arabischen Länder stehen heute intensiver als früher vor Problemen wirtschaftlicher Rückständigkeit, Überbevölkerung, eines riesigen Sozialgefälles und starker sozialer Spannungen, die das Leben auch für Schriftsteller nicht leichter machen. Schon seit einigen Jahrzehnten greifen Erzähler, Poeten und Dramatiker gern auf überlieferte Traditionen und kulturelle Werte zurück, die seit dem ausgehenden 19. Jahrhundert zunehmend die große vorislamische Vergangenheit einbeziehen. Sie verweben sie mit weltliterarischen Inspirationen und ihren persönlichen Erfahrungen und Ansichten. Einen interarabischen intellektuellen Dialog gibt es seit den Anfängen der Modernisierung, und es gab ihn bereits Jahrhunderte früher. Heute wie damals kann er sehr kontroverse Formen annehmen.

So ergibt sich meist, wo staatlicherseits nichts anderes verordnet ist, eine Literatur der kritisch-rationalen, auch märchenhaft allegorisch oder surrealistisch verfremdeten Sicht auf eine Gegenwart, deren Bedrohungen für das Individuum nicht nur im arabischen Raum, sondern weltweit zuzunehmen scheinen.

Anhang

Hinweise zu Umschrift und Aussprache

Da sich dieses Buch an einen größeren Leserkreis wendet, habe ich eine der Aussprache nahekommende Umschrift benutzt. Die Namen von Regionen, Orten und Dynastien wurden in der im Deutschen allgemein üblichen Schreibweise wiedergegeben. Eingedeutschte Begriffe wie *Koran* oder *Sultan* und die eingedeutschten Namen moderner Autoren und Autorinnen wurden beibehalten. *Allāh* habe ich mit *Gott* wiedergegeben, denn so heißt der Gott der Muslime, Juden und Christen.

ā, ī, ū	betonte lange Vokale, etwa *Kitāb*, «Buch». Unbetonte Langvokale am Wortende wurden nicht gekennzeichnet.
ch	entspricht *ch* in «Bach». Es steht für den Buchstaben *ḫ* in wissenschaftlicher Transkription, auch am Wortbeginn, im Wortinnern vor Konsonanten ebenfalls für *ḥ*, etwa Machmūd, sowie für *h*.
dh	aspiriertes *d (ḏ)*, wie englisches *th* in *the*, steht auch für *ẓ*.
dsch	entspricht ǧ, *ddsch* steht für ǧǧ, etwa: *al-Haddschādsch*.
gh	ein am hinteren oberen Gaumen gesprochenes *g (ġ)*, ähnlich dem Zäpfchen-*r*, z. B. *al-Ghasāli*.
k	gibt das deutsche k und das *qāf* wieder, ein am hinteren oberen Gaumen gebildetes *k*.
s	stimmhaft *s* wie in *Rose*, entspricht dem *zāy*, z. B. *al-Marsubāni*.
ss	steht für *sīn* und *ṣād*.
th	aspiriertes *th* (*ṯ*,), wie englisches *th* in *three*.
ʾ	Stimmritzenverschluß *(hamza)*, etwa bei: *beʾobʾachten*.
ʿ	*ʿain*, ein explosiver Kehllaut, der von Ungeübten am besten ebenfalls als Stimmritzenverschluß zu sprechen ist.

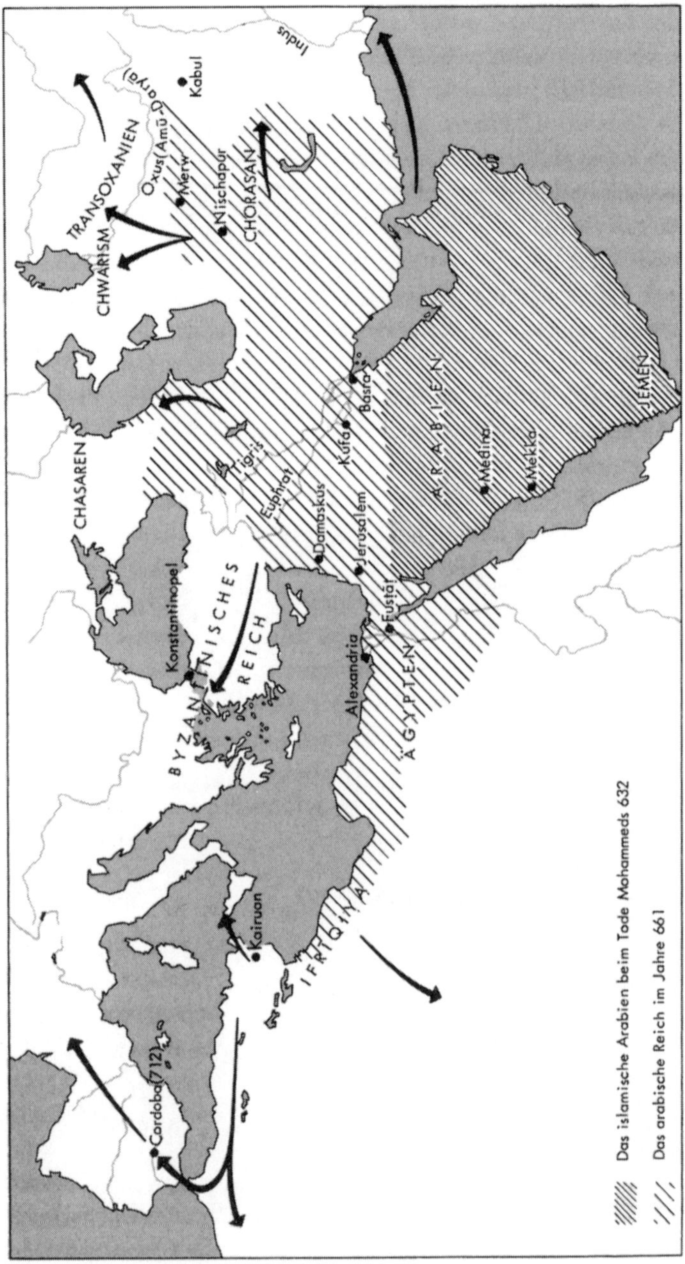

Die arabischen Eroberungen im 7. Jahrhundert

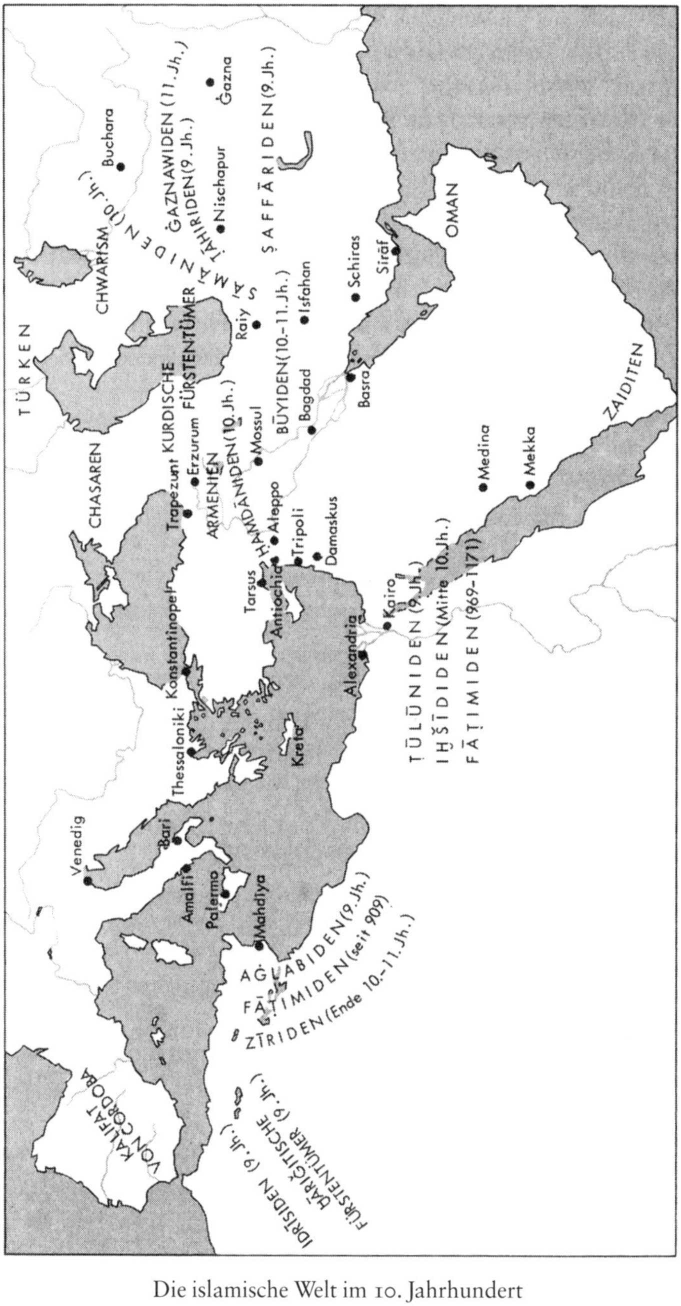

Die islamische Welt im 10. Jahrhundert

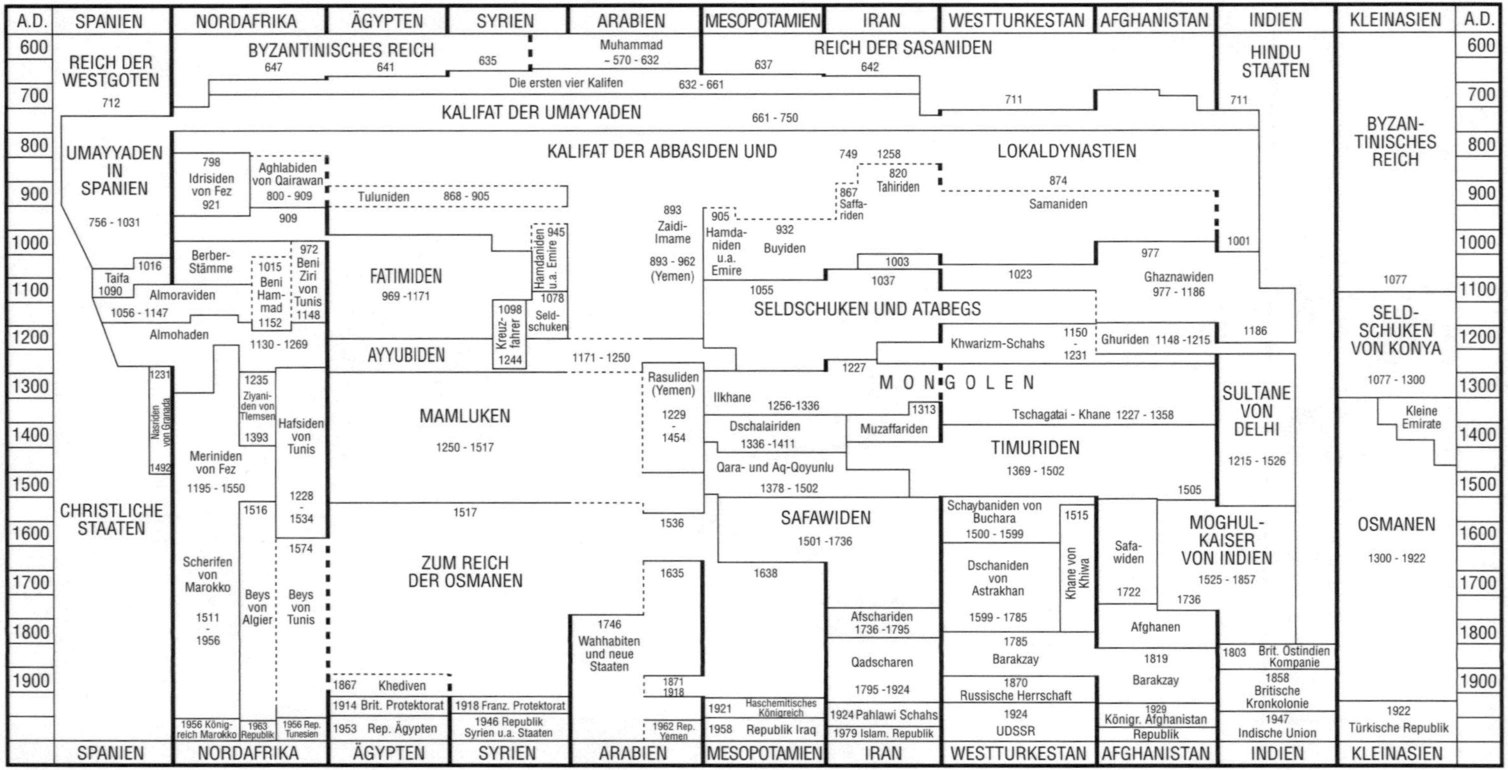
A.D.
SPANIEN
NORDAFRIKA
ÄGYPTEN
SYRIEN
ARABIEN
MESOPOTAMIEN
IRAN
WESTTURKESTAN
AFGHANISTAN
INDIEN
KLEINASIEN
600
700
800
900
1000
1100
1200
1300
1400
1500
1600
1700
1800
1900
REICH DER WESTGOTEN
712
BYZANTINISCHES REICH
647
641
635
Muhammad
~ 570 - 632
REICH DER SASANIDEN
637
642
HINDU STAATEN
711
Die ersten vier Kalifen
632 - 661
711
KALIFAT DER UMAYYADEN
661 - 750
BYZANTINISCHES REICH
UMAYYADEN IN SPANIEN
756 - 1031
KALIFAT DER ABBASIDEN UND
LOKALDYNASTIEN
798
Idrisiden von Fez
921
Aghlabiden von Qairawan
800 - 909
909
Tuluniden 868 - 905
749
1258
820
Tahiriden
867
Saffariden
874
Samaniden
893
Zaidi-Imame
893 - 962
(Yemen)
905
Hamdaniden u.a. Emire
932
Buyiden
1001
Berber-Stämme
1016
Taifa
1090
1015
Beni Hammad
1152
972
Beni Ziri von Tunis
1148
FATIMIDEN
969 -1171
945
Hamdaniden u.a. Emire
1003
1037
1023
977
Ghaznawiden
977 - 1186
1077
Almoraviden
1056 - 1147
1055
SELDSCHUKEN UND ATABEGS
1078
Seldschuken
1098
Kreuzfahrer
1244
1150
-
1231
Khwarizm-Schahs
Ghuriden 1148 -1215
1186
SELD-SCHUKEN VON KONYA
1077 - 1300
Almohaden
1130 - 1269
AYYUBIDEN
1171 - 1250
1227
1231
Nasriden von Granada
1492
1235
Ziyaniden von Tlemsen
1393
Hafsiden von Tunis
1228
-
1534
MAMLUKEN
1250 - 1517
Rasuliden (Yemen)
1229
-
1454
Ilkhane 1256-1336
M O N G O L E N
1313
Tschagatai - Khane 1227 - 1358
Dschalairiden
1336 -1411
Muzaffariden
SULTANE VON DELHI
1215 - 1526
Kleine Emirate
Meriniden von Fez
1195 - 1550
TIMURIDEN
1369 - 1502
Qara- und Aq-Qoyunlu
1378 - 1502
1505
CHRISTLICHE STAATEN
1516
1517
1536
SAFAWIDEN
1501 -1736
Schaybaniden von Buchara
1500 - 1599
1515
Khane von Khiwa
Safawiden
1722
MOGHUL-KAISER VON INDIEN
1525 - 1857
1736
OSMANEN
1300 - 1922
Scherifen von Marokko
1511
-
1956
Beys von Algier
1574
Beys von Tunis
ZUM REICH DER OSMANEN
1635
1638
Dschaniden von Astrakhan
1599 - 1785
1746
Wahhabiten und neue Staaten
Afschariden
1736 -1795
Afghanen
1785
Barakzay
1819
Barakzay
1803 Brit. Ostindien Kompanie
Qadscharen
1795 -1924
1858
Britische Kronkolonie
1867 Khediven
1871
1918
1870
Russische Herrschaft
1914 Brit. Protektorat
1918 Franz. Protektorat
1921 Haschemitisches Königreich
1924 Pahlawi Schahs
1924
UDSSR
1929
Königr. Afghanistan
1947
Indische Union
1922
Türkische Republik
1956 Königreich Marokko
1963 Republik
1956 Rep. Tunesien
1953 Rep. Ägypten
1946 Republik Syrien u.a. Staaten
1962 Rep. Yemen
1958 Republik Iraq
1979 Islam. Republik
Republik

Anmerkungen

Zur Einführung

1 Vgl. Berthold Spuler (Hg.), *Wüstenfeld-Mahlersche Vergleichungstabellen zur muslimischen und iranischen Zeitrechnung*, Wiesbaden 1961, 10.
2 Für gründlichere Einsichten in die historischen Entwicklungen sei auf die zuletzt 2004 von Heinz Halm herausgegebene *Geschichte der arabischen Welt* verwiesen.
3 Für die Medizin und die Natur- und Geheimwissenschaften sind Manfred Ullmanns Darstellungen im *Handbuch der Orientalistik* 1970, 1972 sowie 1978 zu empfehlen, für die Theologie Tilman Nagels *Geschichte der islamischen Theologie von Muhammad bis zur Gegenwart*, 1994, und Josef van Ess' detailliertes Werk *Theologie und Gesellschaft im 2. und 3. Jahrhundert der Hidschra*, Bd. 1–6, 1991–1997, für die Philosophie Ulrich Rudolphs soeben erschienener Überblick in der Reihe *Wissen* dieses Verlags, für die Mystik Annemarie Schimmels *Mystische Dimensionen des Islams*, 1985. Die *Wissenschaftliche Literatur* behandelt Gerhard Endress in zwei Essays im *Grundriß der arabischen Philologie*, Bd. 2, 1987, und Bd. 3 (Suppl.), 1992. Im letzteren findet sich auch ein Überblick von mir: *Neue Entwicklungen der zeitgenössischen narrativen und dramatischen Literatur* als Ergänzung zu Jacob Landaus Darstellung *Moderne Literatur* in Band 2 des *Grundrisses*.

I. Was gehört zur arabischen Literatur?

1 Vgl. z. B. Ǧāḥiẓ, Bayān, T. 2, 210 ff.
2 Vgl. dazu Diem (1974), auch Stark (1999).
3 Überblicke von Assfalg und Blau in: GAP, Bd. 2 (1987).
4 Näheres zur Namengebung in vor- u. frühislamischer Zeit: Walther, Personennamen (1966), 64 ff., allgemeiner Schimmel (1993).
5 Vgl. dazu Grotzfeld (1984) und Walther (1987).
6 Vgl. dazu Schoeler (2002).
7 Ǧāḥiẓ, Bayān I, 258.
8 Ibn an-Nadīm, al-Fihrist, 19.
9 Vgl. W. Walther, Hands (1998), 249 ff., und al-Ǧawāhirī, Ḏikrāyātī, Bd. 1, (1988), Bd. 2, (1999).
10 al-ʿAskarī, 10.
11 Ǧāḥiẓ, Bayān, I, 92.
12 ʿAskarī, 29.
13 Vorwort v. Nāzik al-Malāʾika zu: Umm Nizār al-Malāʾika, Unšūdat al-Maǧd, Bagdad 1965.
14 Vgl. Bothmer, Ohlig, Puin, Neue Wege (1999), hier auch die bereits von G. Lühling aufgestellte These einer Endredaktion des Korans erst um 1000 mit Ergänzungen durch Satzungen und Liturgien der späteren Gemeinde, auch unter aramäisch-christlichem Einfluß.
15 Vgl. z. B. James, Masterscribes (1992).

16 Vgl. dazu Fück, Literaturgeschichte, in: Fleischhammer (1981), 17–26.
17 Fihrist, 89.
18 Vgl. Fück, Grammatik, in: Fleischhammer (1981), 93–103.
19 Vgl. Grabar (1984).
20 Fihrist, 19, Dodge, 18.
21 Ausführlicher bei Halm, Kalifen (2003), 206 ff.
22 Nach Rotter, Abu l-Faradsch (1977), 9, Anm.
23 Engl. auch v. Fück in: Fleischhammer (1981), 31–92.
24 Fihrist, 397, Dodge, 583.
25 Vgl. dazu Fück, Studien (1955), Bobzin in: GAP (1992), Marzolph (2003).

II. «Die Zeit der Unwissenheit»: Literatur im vorislamischen Arabien

1 Ibn Qutaiba, ʿUyūn, Bd. 2 (1928), 185.
2 Ibid., 184 f.
3 Ibid., 184.
4 Vgl. zu ihm Walther, Camīl (1994).
5 Nach Bauer, Dichtkunst (1992).
6 Nach dems.
7 Ibn Rašīq, ʿUmda (1972), Bd. 2, 154 f.

III. Die arabische Literatur in islamischer Zeit bis etwa 1800

1 Beispiele bei Jacobi in GAP, Bd. 2 (1992), 28 ff.
2 Engl. v. M. Sells, JAL 21 (1990), 140–154.
3 Gruendler, Praise (2003).
4 Auswahl m. engl. Übersetzung v. Arberry, Poems (1968).
5 al-Ǧurǧānī (1951).
6 Ein Beispiel von vielen: Ḥanafī (1983).
7 Vgl. Mubārak (1995).
8 Vgl. van Gelder, Bad (1988).
9 Ibn Rašīq, ʿUmda (1972), Bd. 2, 170.
10 Bayyātī, Dīwān ([4]1990), 314 f., 316 f.
11 Vgl. zu ihm Enderwitz (2000).
12 Vgl. Walther, Frau ([3]1997), 151; zu Homoerotik und Wein in der arabischen Literatur auch als Parodie und Protest Wright/Rowson (1997).
13 Vgl. zu ihm Wagner (1965), ders. u. Schoeler (Hg.), Dīwān, 1–5, 1958–2003.
14 Abgedruckt bei Monroe (1974), 178 ff., vgl. allgemein Sells, Love, in: CHABL (2002), Jayyusi, in: Dies., Legacy (1994), Bd. 1, 343 ff., die das Gedicht für zu konventionell hält, als daß es echte Gefühle ausdrücken könnte.
15 Al-Maqqarī, Nafḥ, Bd. 4, 187 ff.
16 Vgl. die Ausgabe seines Dīwāns in der Rezension des Ibn Nubāta von Muṣṭafā (2001).
17 Vgl. Kennedy (1997).
18 Vgl. dazu Giese, Waṣf (1981).
19 Ibid., 224.
20 Ibn al-Ḥaǧǧāǧ, Talṭīf, 184.

21 Vgl. zum folgenden Schoeler, Naturdichtung (1974).
22 Vgl. zu ihm Jayyusi, in: Dies., Legacy (1994), Bd. 1, 367 ff. und al-Nowaihi (1993).
23 Vgl. zu ihr Stern (1928), und Schimmel, Dimensions (1985), Index.
24 Vgl. Schimmel, Al-Halladsch (1985).
25 Dt. v. Rosenzweig (1824).
26 Vgl. dazu Schimmel (1989).
27 Vgl. Walther, Worte (1997).
28 Vgl. zur Schia: Halm, Schia (1988).
29 Dte. Auswahlübers. v. Giese, Urwolke (2002).
30 Zitiert nach Bobzin (Hg.), Koran (1995), XIV.
31 Eine gut lesbare, knappe Einführung gibt Bobzin (1999), ausführlicher Gätje, Koran (1972) und Nagel, Koran ([4]2002).
32 Bobzin, Vorwort zur Rückertschen Übersetzung, XIII.
33 Als wiss. Übersetzung ist die von R. Paret mit Kommentar u. Konkordanz zu empfehlen, Stuttgart, Berlin u. a., 1977, 1979 u. ö.; recht gut lesbar ist die Übersetzung v. M. Henning, hg. v. A. Schimmel, Stuttgart 1960 u. ö.; auch die v. Th. Khoury, Gütersloh 1987 u. ö. Eine zwölfbändige ar.-dt.e Ausg. m. umfangr. Kommentaren v. Khoury erschien Paderborn 1990–2001, eine einbändige ar.-dte Ausgabe v. dems. Gütersloh 2004.
34 Vgl. dazu z. B. die Aussage des Historikers und Korankommentators Ṭabarī als eines konvertierten Christen in: Hoffmann (Hg.), Lust (1993), 113.
35 Vgl. dazu Neuwirth, Studien (1981), Bobzin, Koran (1999).
36 Vgl. auch Stewart, in: Rippin (Hg.), (2001), 213–252.
37 Vgl. Berque, Koran (1996), 21–56.
38 Brunschvig, Remarks, in: Rippin (Hg.) (2001), 85–95.
39 Vgl. dazu Jeffery, Vocabulary (1938).
40 Vgl. dazu die Beiträge von Nagel und Neuwirth in: Wild (Hg.), Qur'ān (1996).
41 Vgl. dazu Kermani, Gott ([2]2003).
42 Ausführlich: Nagel, Geschichte der islam. Theologie (1994).
43 Vgl. Walther, Mythen (1990).
44 Vgl. Nagel, Ḥadīṯ (1994).
45 Dt. in: al-Buḫārī, Ferchl (1999).
46 Zur Schia vgl. Halm, Schia (1988).
47 Vgl. auch Noth (1994).
48 Edition und engl. Übersetzung der beiden Hauptwerke al-Bīrūnis v. E. Sachau, London 1878/1879 bzw. 1887/1888. Dte. Übersetzungen u. Kommentare bei Strohmaier (2002).
49 Teilübersetzung v. Rotter (1976).
50 Dt. v. R. Günther (1985).
51 Vgl. Hoenerbach (1940).
52 Textausgabe der letzten Reise Damaskus (1989).
53 Engl. Übers. in Tibbets (1971).
54 Vgl. Fähndrich in: Heinrichs (1990), 326–345; Kilpatrick, Adab in: EAL.
55 Vgl. Leder/Kilpatrick in: JAL 23 (1991), 2–26.
56 Vgl. dazu Dähne (2001).

57 Vgl. dazu Veselý in: GAP III (1992), 188–208.
58 Vgl. dazu al-Qāḍī (1992), 215–275.
59 Kurd ʿAlī, Rasāʾil, 173–210, vgl. Schönig (1985).
60 Beides bei Kurd ʿAlī, Rasāʾil, 222–226, 211–213.
61 Nach der arab. Ausgabe der Maktabat an-Nahḍa, [2]Bagdad 1988. Rotter hat für *Löwe und Schakal* (1980) eine andere Ausgabe benutzt. Zur Geschichte und den Versionen des Werks vgl. die Beiträge in: KNLL, Bd. 18 (1992), 851 ff.
62 Ebenfalls abgedruckt in: Kurd ʿAlī, Rasāʾil, 40–106. Vgl. auch Latham in: CHAL, Abbasid (1990), 48 ff.
63 Vgl. auch Enderwitz, Shuʿūbiyya, in EI[2], Bd. 9 (1997), 513 ff.
64 Vgl. auch die Artikel v. S. Grotzfeld über das *K. al-Ḥayāwān*, *K. al-Bayān* und *K. al-Buḫalāʾ* in KNLL, sowie die Auswahl v. Pellat (1967). Ich weiche bei der Wiedergabe der arab. Texte z. T. von dieser Übersetzung leicht ab, zum Beispiel «Lehrer» statt «Schulmeister». Ǧāḥiẓ' Stil ist nicht immer einfach.
65 Fihrist (1996), 291.
66 Ibid., 292.
67 Ǧāhiẓ, Bayān, Bd. 1, 3.
68 Ausführlicher Enderwitz, Rang (1979), Original Ǧāhiẓ, Bayān, Bd. 3, 5–124.
69 Übersetzungen bei van Ess, Theologie, Bd. 6, 89 ff.
70 Vgl. dazu Fihrist (1996), 292.
71 Vgl. auch Malti-Douglas, Structures (1978).
72 Vgl. Ǧāḥiẓ, Ḥayawān, II, 314ff, II, 245 f., und Enderwitz, Legitimation, 41–92, die hier Rotter, Die Stellung des Negers in der islamisch-arabischen Literatur bis ins 15. Jahrhundert, Bonn 1967, in einigem widerspricht, aber das Wort *faḫr* im Titel des Sendschreibens *Faḫr as-Sūdān* wie Rotter ironisch verwendet sieht.
73 A. a. O., 295.
74 Vgl. dazu Gerries (1977) und ders. in EI[2] zum Genre.
75 Textausgabe (1978), 6.
76 Ibid., 89.
77 Bd. 1, 224.
78 Vgl. dazu und zum Ehe- und Scheidungsrecht Walther, in: Antes (1991), 98 ff.
79 Abgedr. bei Kurd ʿAlī, Rasāʾil, 344 ff.
80 Ibid., 294 u.
81 Vgl. zum Thema Marlow (1997).
82 Vgl. Assmann, Gedächtnis ([4]2002), 150 f.
83 Fihrist, 83–5.
84 Vgl. Fihrist, 211–214.
85 Textausgabe Bd. 1 v. Sellheim (1964).
86 Ausgabe v. A. Ḥ. Basağ (1994)M. B. al-Aṯarī (1922).
87 Ibid., 93 f.
88 In: Kurd ʿAlī, Rasāʾil, 227 ff., hier dem Ibn al-Mudabbir zugeschrieben.
89 Nach Bosworth, der sich auf Sourdel beruft, vgl. CHAL, Religion (1990), 161. Kurd ʿAlī nennt ihn in einer Fußnote als möglichen Verfasser.
90 Vgl. dazu Walther, Kindertanzreime (1968).

91 Auswahlübersetzung v. Rotter, Kalif (1977); zur Entstehungsgeschichte und Anordnung Kilpatrick, Making (2003).
92 Vgl. Walther, Frau (1997), 124 ff.
93 Vgl. Günther in: JAL 1994, 192 ff., ders., Quellenuntersuchungen (1991).
94 Textausgabe v. Kāẓim al-Muẓaffar (1965), 2.
95 Vgl. Wüstenfeld, Der Tod (1883).
96 Textausgabe (1983); zur Zuschreibung vgl. Kilpatrick, Making, 27 f.
97 Vgl. das Vorwort von M. ʿAwwād zu seiner Edition (1968).
98 Ibn al-Waššāʾ (1992).
99 Ausg. Beirut 1965, vgl. auch die Übersetzung von Bellmann (1986).
100 *adīb ẓarīf*, Fihrist, 136.
101 *Al-imāʾ al-mutaġanniyāt.*
102 Auswahlübersetzung von G. Rotter (1978), vgl. außerdem Shboul (1979); S. Grotzfeld in KNLL; Textausgabe u. frz. Übersetzung v. Barbier de Meynard u. Pavier de Courteille, Paris 1861–77, überarb. v. Pellat, Paris 1966–1979, überarb. Übers. v. Pellat 1962–1989.
103 Vgl. zu den Zahlen Endres, Schimmel (1990), zur Zahl 40: ibid., 260 ff.
104 Textausgabe (1953).
105 Vgl. Walther, Kindertanzreime (1968).
106 Textausgabe v. M. ʿAwwāḍ (1964); engl. n. e. früheren Handschrift v. Salem (1977).
107 Vgl. Walther, Frau ([3]1997), 90 ff.
108 Textausgabe v. Ǧ. al-ʿAṭiyya (1990), 43.
109 Nach Assmann, Herrschaft (2000), 106 f.
110 Es fehlt noch an detaillierteren, auch komparatistischen Untersuchungen. Eine erste Monographie verfaßte G. Richter (1932); vgl. auch die Artikel Mirrors for Princes und Naṣīḥat al-Mulūk von Bosworth in EAL bzw. EI[2]; Gutas, in: Heinrichs (1990), 346–65; Endress, in: GAP III (1992), 37–47; Leder (1999) mit einem «vorläufigen Überblick über die Quellenliteratur».
111 Damanhūrī, an-Nafʿ (1992), von Leder wie andere spätere Fürstenspiegel, die der Herausgeber Fuʾād ʿAbd al-Munʿim hier nennt, (noch) nicht erfaßt.
112 Vgl. Walzer (1985) u. ders., Aspects, in: Oriens 16 (1963), 40–60.
113 Freiere Wiedergabe nach Gutas, in: Heinrichs, Mittelalter (1990), 355, ohne Angabe der arab. Quelle.
114 Ibn Abī Ṭāhir Ṭaifūr, Bagdad (1968), 19–28; engl. v. Bosworth in: Journal of Near Eastern Studies 1970, 25–41.
115 Vgl. zu Inhalten und ihrem historischen Wandel C. Pellat in EI[2], Bd. 3, 390–392; B. Farés in EI[2], Bd. 7, 636–638.
116 Ibn Ḫaldūn, Muqaddima, Bd. 2, 774 ff.
117 Naṯr, Bd. 7, 84–107.
118 Vgl. Bosworth in EI[2], s. v. Sulṭān.
119 Vgl. Schoeler in: ZDMG 130 (1980), 317–321.
120 [Pseudo-]Ǧāḥiẓ, K. at-Tāǧ, 172.
121 Nach Nagel, Staat (1981), Bd. 1, 341.
122 Vgl. Nagel, a. a. O., 345–397; engl. v. Wahba (1997).
123 Pseudo-Māwardi (1988), 375.

124 Ibid., 293 f.
125 Zur Zuschreibung vgl. Crone (1987).
126 Textausgabe v. Damağ (1996).
127 Textausgabe (1966); engl. v. Whitting (1990).
128 Ibn aṭ-Ṭiqṭaqā (1966), 17.
129 Ibid., 19.
130 Vgl. auch Nagel, Staat (1981), 58 ff.
131 Frz. Teilübers. v. Cheddadi (²1995), früherer, kürzerer arab. Text, in: at-Taʿrif (1951).
132 Textausgabe v. Muḥammad Ibn ʿAbd al-Karīm (1977/78), vgl. auch Nagel, Staat, Bd. 2, 75 ff..
133 Textausgabe v. Myhrmann (1908); dt. v. Rescher, Werke, Bd. II, 2, 691–855, gestrafft.
134 Textausgabe (1886); arab.-latein. Ausgabe v. G. W. Freytag (1832). Das am Schluß der Ausgabe Kairo 1886 angegebene Abschlußdatum Rabīʿ II. 858 (1454) könnte eine Zuschreibung vermuten lassen, denn Ibn ʿArabšāh ist 1450 gestorben, andererseits ist dies sein artifizieller Stil.
135 Vgl. zu diesem Arberry, Persian Literature (1994, repr. von 1958), 181 f., vgl. auch *Mārsubānnāme* in: EI², s. v.
136 Textausgabe Beirut 1997 n. e. Kairoer lithograph. Druck v. 1287 (1858).
137 Textausgabe (1977).
138 Ibid., 65.
139 Textausgabe (1991).
140 Fihrist, 141.
141 Dt. v. Rescher, Ges. Werke II, 3, Nachdruck Osnabrück 1984.
142 Abgedruckt bei Kurd ʿAlī, Rasāʾil, 469–483.
143 Miskawayh, Refinement (1968).
144 Abgedr. bei Kurd ʿAlī, Rasāʾil, 483–522.
145 Ibid., 145–172.
146 Vgl. Walzer/Gibb s. v. *Akhlāk* in EI², Bd. 1, 325–327.
147 Textausgabe m. engl. Übersetzung v. Bellamy (1973).
148 Zu schiitischen Werken des Themas vgl. aṭ-Ṭihrānī, Aʿyān, Bd. 22 (1974), 126 ff.
149 Engl. v. McCarthy (1980).
150 Einige Bücher liegen in (philologischen) Übersetzungen v. H. Bauer, H. Wehr, H. Kindermann und R. Gramlich vor.
151 Dt. v. H. Ritter (⁴1984).
152 Dt. v. Kofler (1970), vgl. aber auch das Urteil Schimmels in Dimensionen, 376, Anm. 9.
153 Dt. v. Gramlich (1978).
154 Definitionen bei Schimmel, Dimensionen (1985), 149 f.
155 Dt. v. Gramlich (1990).
156 Dt. v. Gramlich, Bd. 1–4 (1992–95).
157 Dt. v. Gramlich (1989).
158 Vgl. dazu Täschner, Zünfte (1979).
159 Nach Schimmel, Ibn ʿAtāʾ Allāh (1987), 13 f.
160 Dt. v. Eichborn (1983), komm. v. S. Schreiner; vgl. auch Conrad (1996).

161 Edition und Kommentierung der drei Texte v. Aḥmad Amīn (1952).
162 Vgl. dazu Schimmel, Dimensionen (1985), 369.
163 Engl. v. I. Boullata (1972).
164 Amīn, Ḥaiy, 39.
165 Komm. Textausgabe der Risāla m. Einführung v. B. al-Bustānī (1980).
166 Textausgabe v. ʿĀ. ʿAbd ar-Raḥmān (⁴1963). Dte Teilübers. v. Schoeler (2002), vgl. auch das Nachwort.
167 Textausgabe v. ʿĀ. ʿAbd ar-Raḥmān (1975).
168 Auswahl in Latz (1958).
169 Vgl. Walther, Mythen (1990).
170 Beispiele bei Irwin (1997), 175–197.
171 Vgl. dazu Marzolph, Zeitvertreib (1991).
172 Vgl. Leder, Ibn al-Ǧauzī (1984), 13 ff.
173 S. Fihrist, Index, unter *Kitāb Aḫbār*.
174 Vgl. Marzolph, Arabia (1992) u. die Textausgabe Bd. 4 und 7.
175 Von Muṣṭafā ʿĀšūr.
176 Vgl. zum Thema auch Dols, Madman (1992).
177 Vgl. auch Ritter, Meer (1978): Der Narr, 165–180.
178 Vgl. Marzolph, Buhlūl (1983).
179 Kitāb al-Iʿtibār, 125.
180 Usāma, Iʿtibār, 226, dt. v. Rotter (1977) und Preißler (1981, 1985).
181 Vgl. Walther, Frau (1991), 98–124.
182 Vgl. zu ihr Walther, Frau (³1997), Index.
183 Textausgabe v. ʿAbd Muḥannā (1990), dt. v. Bellmann (1986).
184 Rasāʾil, ed. Sandūbī (1933), 266–275, Auswahlübers. in: Pellat, Geisteswelt (1967), 413 ff.
185 Vgl. Wright/Rowson, Homoeroticism (1997).
186 Vgl. al-Anṭākī, Tazyīn (1972).
187 Textausgabe v. Nykl u. Ṭūqān (1932); vgl. zum folgenden auch Walther, Frau (³1997), 140 ff.
188 Dt. v. Weisweiler, (⁹1995); vgl. auch Giffen in: Jayyusi, Legacy (1994), Bd. 1, 420–442.
189 Textausgabe v. I. ʿAbbās (1987).
190 Vgl. die Textbeispiele bei Boase, in: Jayyusi, Legacy, Bd. 1 (1994), 457–482.
191 Von Giffen, Theory, nicht erfaßt; Textausgabe v. Kanazī (2003).
192 Textausgabe, 213 ff.
193 Textausgabe (1972), 56.
194 Vgl. zu ihm Hoenerbach (1956).
195 Nach Giffen, Theorie, 40 f., die dieses Bild für «confused» hält, im übrigen das Werk nur handschriftlich einsah.
196 Vgl. Bell (1979).
197 Textausgabe (1962).
198 Walther, Frau (1997), 139.
199 Fihrist, 489.
200 Dt. v. Marzolph (2002); Textausgabe (1990).
201 Textausgabe (1991).
202 Textausgabe (1992).

203 Ibn Ḥabīb, 204.
204 Ibid., 258.
205 Dt. v. H. Bauer (1917).
206 Vgl. Hämeen-Anttilla, Maqāma (2002).
207 Dt. v. Rotter, Vernunft (1980).
208 Rotters 26., «Die beiden Frauen», nach einer älteren Istanbuler Ausgabe übersetzt.
209 Vgl. dazu van Gelder, Dishes (2000).
210 Vgl. Bosworth, Underworld (1976/1977).
211 Vgl. die Ausgabe v. Walther (1989).
212 Dt. v. Rescher, Beiträge zur Makāmenliteratur.
213 Ṣāḥib al-barīd ist nicht, wie Hämeen-Anttilla meint, ein kleiner Postangestellter, der auch nachrichtendienstliche Aufgaben hatte, sondern der Chef des Nachrichtendienstes.
214 Dt. v. W. Walther im Nachwort zu Rückert, al-Ḥarīri (1989). Hier auch ausführlicher zur Geschichte des Werks, Vergleiche von Rückerts Übertragungen mit arabischen Originalen und zu Rückerts Leben und Werk.
215 Vgl. Grabar (1984).
216 Whitting, Al-Fakhrī (1990), 12.
217 Enthalten in der Erstausgabe (1824) und der von Walther (1989).
218 Textausgabe v. Mez (1902).
219 Dt. m. Kommentar Klein-Franke (1984).
220 Vgl. Wild in: Heinrichs/Schoeler (1998); dt. v. Rescher, Beiträge zur Makamenliteratur, Ges. Werke, Bd. 5 (Repr. 1980).
221 Engl. v. Monroe (2002) mit umfangreicher einleitender Studie und Analyse von vier Maqāmāt.
222 Komm. Textausgabe ([2]1995), 236.
223 Zur hebräischen Maqāma vgl. Schippers in: Hämeen-Anttilla, 302 f.
224 Textausgabe (1885).
225 Vgl. die Liste bei Hämeen-Anttilla, 368–411.
226 Textausgabe (1962).
227 Textausgabe (1983).
228 Vgl. dazu Reinink/Vanstipout, Dispute poems, für das Arabische bes. die Artikel v. Heinrichs u. van Gelder.
229 Fihrist (1996), 242.
230 Nach Ibn al-Ḥaǧǧāǧ, Talṭīf (2000), 380.
231 Fihrist, 245 f.
232 Bei Rotter die 43, «Die Freunde».
233 Textausgabe m. überarb. Kommentar v. Ṭāhir al-Ǧazāʾirī (1900).
234 Engl. v. F. Rosenthal, Auszug v. Dawood (1978), Kap. 6, 333 ff.
235 Vgl. zu ihm Sartain (1975).
236 Vgl. zum Thema Dols, Black death (1979); zur theologischen Problematik van Ess, Fehltritt (2001).
237 Anonyme kommentierte Ausgabe (1997).
238 Ähnlich metaphorisch ist die Schilderung der Hochzeitsnacht von Maʿrūf dem Schuhflicker mit der Prinzessin im gleichnamigen Märchen aus *Tausendundeiner Nacht*.

239 Zum Wandel des Europäerbilds in ägyptischer und syro-libanesischer Erzähl- und Theaterliteratur vgl. Wielandt (1983).
240 Šidyāq (Hg.), Bd. 1 (1871), 70 ff.
241 Es fehlt leider auch hier noch an komparatistischen Analysen der Enzyklopädien, selbst einzelner Kapitel mit nahezu identischen Titeln, die Aufschluß über historisch, regional und individuell bedingte Meinungsunterschiede geben könnten.
242 Vgl. Werkmeister (1983).
243 Textausgabe Bd. 1 (1980), 177 ff.
244 Textausgabe v. W. al-Qāḍī (1988) mit hervorragendem Nachwort.
245 Ausgabe Beirut o. J., T. 1, 326.
246 Dte Auswahlübers. v. Giese (1986); vgl. auch van Hees (2002).
247 Strohmaier, Al-Bīrūnī, 156.
248 Vgl. Schimmel, Träume (1998).
249 Textausgabe (1995).
250 Vgl. Textausg. u. Übers. des Kitāb al-quṣṣāṣ v. Swartz (1971).
251 Vgl. dazu Nagel, Qiṣaṣ (1967).
252 Vgl. H. Speyer, Die biblischen Erzählungen (1961).
253 Engl. v. Brinner (2002).
254 Engl. v. Thackston jr. (1978).
255 Vgl. Walther, Biblische Stoffe (1998).
256 Dt. m. Nachwort v. Ott (2004) n. d. Textausgabe von Mahdi (1984).
257 Vgl. zur Werkgeschichte im Orient und Okzident, den Übersetzungen und zur literarischen Gestalt Walther (1987), zur Textgeschichte im Orient, besonders den Handschriften, Grotzfeld (1984).
258 Vgl. meine Textanalyse (1987), 113 ff., und Mahdi (1995), bes. 72 ff.
259 Vgl. meine Analyse in Heinrichs, Schoeler (Hg.), Festschrift (1994), 545 ff.
260 Vgl. die dte Übersetzung v. Littmann, [3]1966, Bd. 6, 635 ff.; außerdem Grotzfeld (1985), 73 ff., sowie die Analyse unterschiedlicher Fassungen der Rahmengeschichte bei Walther (1987), 86 ff.
261 Hg. v. H. Wehr, dt. in Marzolph (Hg.) (1999), vgl. auch Pinault (1992), der mit Geschichten aus nicht edierten Handschriften vergleicht.
262 Vgl. die Fassung aus der Gallandschen Handschrift, dt. von Ott (2004), und meine Analyse verschiedener Fassungen in Walther (1987), 95 ff.
263 Vgl. meine Analyse in Walther, ibid., 136.
264 Lane, Manners, Bd. 2, 115 ff.
265 Vgl. Steinbach (1972); Ott (2003); Textausgabe, Bd. 1–7, Kairo 1909.
266 Kruk (1993, 1994).
267 Der lange Beitrag *Wākwāk* in EI[2], Bd. 9 (2000), 103–109, äußert sich zur Herkunft dieses Motivs nicht.
268 Vgl. Lyons, Bd. 1 (1995).
269 Vgl. Ott (2003).
270 Vgl. Moreh, Shadow-play, in EAL, auch die dort angegebenen Quellen, u. Moreh, Live theater (1991).
271 Vgl. Bosworth, Underworld, Bd. 1 (1976), 119 ff.
272 Woidich, Landau (Hg. u. Übers.) (1993).
273 Hoenerbach (1959).

274 Auskunft v. Dr. Adel Karachouli, Leipzig.
275 Hākaḏā, Bd. 3 (1968), vgl. Walther, Komik, im Druck, und dies., Fa-qad (2002).
276 Textausgabe v. Ḥ. Ḥaǧǧāǧī (1989).
277 Vgl. Hoenerbach, Poetik (1956).
278 Ibid., 172 f.
279 Textausgabe m. Kommentar v. A. Vrolijk(1998).

IV. Reformen und Neuentwicklungen im 19. und 20.Jahrhundert

1 Dte Teilübers. v. Schimmel (1985).
2 Dt. v. Fähndrich (1988).
3 Dte. Auswahlübers. v. Hottinger (1984).
4 Engl. v. Th. Philipp (1992).
5 Textausgabe mit gutem Vorwort (1993).
6 Vgl. die umfangreichen Anthologien v. ʿAlī al-Ḫāqānī, Šuʿarāʾ al-Ġarī, Šuʿarāʾ al-Ḥilla und Šuʿarāʾ Baġdād.
7 Dt. v. Stowasser (1988).
8 Der größte Teil seiner Werke und die Vorworte zu seinen Übersetzungen sind abgedruckt in: al-Muʾallafāt al-kāmila, Bd. 1–5, hg. v. Muḥammad Ammāra, Kairo (1973–81).
9 Vgl. dazu W. Walther, Ein Wegbereiter (2000).
10 Engl. von R. Allen, A Period (1992).
11 Vgl. Ostle (Hg.), Writing (1998).
12 Dt. v. Walther in Simon (Hg.) (1971) und Kronstaedter, Simon (Hg.) (2004).
13 Vgl. Walther (Hg.), Erkundungen (1986).
14 Vgl. die Anthologie v. Weidner (2002), für irakische Dichtung aus jüngster Zeit A. al-Jubouri (Hg.), Diwan, Berlin, H. 6, Oktober 2003.

Bildnachweis

S. 31 oben: Museum für Islamische Kunst, Berlin (MIK), Inv. Nr. I 221; Pergament, schwarze und rote Tusche, Goldillumination; 32,5 x 21,5 cm. – *S. 31 unten:* MIK, Inv. Nr. I 886; 27 x 42,5 x 42,5 cm. – *S. 67:* MIK, Inv. Nr. I 75/62; 5,5 x 1,7 x 4,5 cm. – *S. 76:* MIK, Inv. Nr. I 7163, f. 36v.; Papier, Tinte, Gold; 26,5 x 20,5 cm. – *S. 99:* Topkapi Saray Museum Istanbul, Bibliothek, Ahmet III, 3346, f. 3b-4a. Foto: UB Tübingen, nach: F. Sezgin, Geschichte des Arabischen Schrifttums, Bd. 12, 2000. – *S. 114:* Bibliothèque Nationale, Paris, Ms. Ar. 3465, f. 49v.; 12,5 x 19,1 cm. Foto: UB Tübingen, nach: R. Ettinghausen, Arabische Malerei, 1959. – *S. 149:* MIK, Inv. Nr. I 2311; 6,8 x 5,8 cm. – *S. 226:* Bibliothèque Nationale, Paris, Ms. Ar. 3929, f. 69r; 9,2 x 18,8 cm. Foto: UB Tübingen, nach: R. Ettinghausen, Arabische Malerei, 1959. – *S. 257:* MIK, Inv. Nr. I 26/76; Papier, Wasserfarben, Gold; 31 x 20,5 cm. – *S. 266:* MIK, Inv. Nr. I 1641; Kamelleder; 48 x 66 cm. – *S. 287:* Foto: UB Tübingen, nach: M. H. Samrakandi, Calligraphies, 1999.

Arabische Literaturgeschichte in mitteleuropäischen Sprachen. Ein Überblick

Eine erste *Geschichte der Literatur der Araber* publizierte der österreichische Orientalist Josef von Hammer-Purgstall (1774–1856) nach seiner *Geschichte der schönen Redekünste Persiens* (1818) und der *Geschichte der osmanischen Dichtkunst* (1836–1838) in seinem Todesjahr in Wien. Entsprechend damaligen Erkenntnissen und im Stil der Zeit führt er in sieben umfangreichen Bänden knapp 10000 Autoren und Autorinnen vom 6. bis zum 13. Jahrhundert, durchnumeriert, mit den meist anekdotischen Angaben, mit Gedichten oder auch nur kurzen Versen auf, die er in den damaligen Quellen fand.

Carl Brockelmann (1868–1956) verzeichnete in seiner *Geschichte der arabischen Litteratur* (GAL) in zwei umfangreichen Bänden 1898 und 1902 und drei voluminösen Supplementbänden 1937 bis 1942 mehrere 10 000 Titel mit den Angaben zu den Autoren, die er fand, und gab auch allgemeinere Informationen. Quellen waren die vorhandenen Handschriftenkataloge und Drucke. Fuat Sezgins *Geschichte des arabischen Schrifttums*, als Ergänzung zu Brockelmanns GAL nach den Istanbuler Handschriftenschätzen begonnen, sehr bald aber nach allen inzwischen dazugekommenen relevanten Katalogen und Publikationen nach Sezgins eigenen Recherchen komplettiert, erschien 1967 bis 1998 in zehn Bänden. Sie umfaßt die Zeit bis etwa zum Jahr 430/1088. Brockelmann und Sezgin erfassen, für Arabisten unentbehrlich, als gute Philologen Autoren und ihre Werke sowie die ihnen bekannten Fundorte von Handschriften. Rudolf Sellheim lieferte mit seinen *Materialien zur arabischen Literaturgeschichte* 1976 und 1987 wertvolle Nachträge durch minutiöse Handschriftenbeschreibungen und Ausführungen zur Gelehrtengeschichte.

Brockelmann gibt im dritten Supplementband seiner GAL als erster einen Einblick in die moderne arabische Literatur, die ihm zugänglich war. Deutsche Botschaften in arabischen Ländern hatten damals sein Vorhaben publik gemacht, um ihm moderne Literatur zu beschaffen, denn Deutschlands Bibliotheken waren auf diesem Gebiet unzulänglich. Bis dahin war diese Literatur nur von wenigen Arabisten und oft eher unter dem Aspekt der sprachlichen Entwicklungen zur Kenntnis genommen worden.

Reynold A. Nicholsons gut lesbare *History of Arabic Literature* erschien zwischen 1907 und 1979 zehnmal. Sie schließt mit der Napoleonischen Expedition 1798–1801 und dem Hinweis auf die sich danach anbahnende Moderne. Régis Blachère veröffentlichte seine *Histoire de la littérature arabe des origines à la fin du XVme siècle* 1952–1966 in drei Bänden, die bis etwa 900 reichen. Hamilton R. A. Gibb edierte seine einbändige *History of Arabic Literatur* (1926) über die Entwicklungen bis etwa 1800 in überarbeiteter Auflage 1963. Sie enthält einen zweiten Teil von Jacob Landau über «Die Literatur der neuesten Zeit». Im Vorwort weist Gibb darauf hin, daß inzwischen erheblich mehr Texte bekannt sind und sich seine Ansichten in manchem geändert haben. Die deutsche Übersetzung kam 1968 mit einer guten Bibliographie, auch von Übersetzungen, heraus.

Grundzüge der klassischen arabischen Dichtung stellte Ewald Wagner in zwei schmaleren Bänden 1988 verdienstvoll dar. Eine Gesamtschau der klassischen arabischen, persischen und türkischen «schönen» Literatur, nicht nur der Muslime, und einschließlich der Einflüsse auf Europa unternimmt Wolfhart Heinrichs 1990 im Band *Orientalisches Mittelalter* des *Neuen Handbuchs der Literaturwissenschaft* mit interessanten Essays verschiedener Autoren. Der zweite Band des *Grundrisses der arabischen Philologie,* herausgeben von Helmut Gätje 1987, und der von Wolfdietrich Fischer als Supplement 1992 edierte dritte Band enthalten gute gattungsorientierte Überblicksartikel größerenteils deutscher Arabisten und Arabistinnen über literarische Entwicklungen. Die in bisherigen Literaturgeschichten kaum beachtete jüdisch- und die christlich-arabische Literatur vor 1800 wird hier in zwei Beiträgen dargestellt. Moderne Prosa und Dramatik vom 19. Jahrhundert bis in die Moderne behandeln zwei Artikel.

Die *Cambridge History of Arabic Literature* stellt in teilweise brillanten Essays in bisher fünf Bänden seit 1990 Gattungen, einzelne Autoren und Entwicklungen von der vorislamischen über die Umajjaden- bis zur Abbasidenzeit sowie vom 19. bis ins ausgehende 20. Jahrhundert und jetzt auch Spanien dar.

Für die zweibändige *Encyclopedia of Arabic Literature* von Julie Scott Meisami und Paul Starkey 1998 verfaßten Fachwissenschaftler aus mehreren Ländern informative Überblicksartikel zu Gattungen und Strömungen und kürzere Beiträge über Autoren von der vorislamischen Zeit bis zur Gegenwart.

Ausführlichere Informationen für Fachwissenschaftler zu klassischen und nachklassischen Autoren, zu Gattungen und zur Buchgeschichte liefern Artikel in der *Encyclopaedia of Islam*, die von 1960 bis 2002 in elf voluminösen Bänden in Leiden in Nachfolge der vierbändigen *Enzyklopädie des Islams* (1913 bis 1934, Supplementband 1936) erschien. Sie wird seit 1980 mit Supplementbänden, auch stärker gegenwartsbezogen, ergänzt. Die Benutzung erfordert die Kenntnis der arabischen Termini und der (englischen) wissenschaftlichen Transkription

Wichtige klassische und moderne Werke stellt *Kindlers Neues Literatur Lexikon* in 20 Bänden (1988–1992) und zwei Supplementbänden (1998) vor. Autorinnen sind Sophia Grotzfeld für die klassische, Rotraut Wielandt und seit Band 8 (1990) Wiebke Walther für die moderne Prosaliteratur. Die Essays «Arabische Literatur», «Koran» und «Tausendundeine Nacht» sowie mehrere Beiträge über moderne Romanciers und Dichter für die Supplementbände stammen ebenfalls von mir. Drei Artikel verfaßte Margot Scheffold.

Kurzdarstellungen geben Brockelmann im *Handbuch der Orientalistik* (bis 1950, 1954), Ignaz Goldziher (1850–1921) in seiner *Short History of Classical Arabic Literature* (bis 1800), übersetzt, überarbeitet und ergänzt von Joseph Desomogyi (1966), sowie André Miquel in *La littérature arabe* (bis 1960, [3]1981).

Auswahlbibliographie

1. Quellen in arabischer Sprache

Ābī, Manṣūr Ibn al-Ḥusain al-, Naṯr ad-durr, hg. v. Muḥammad ʿAbd ar-Raḥmān Qarna u. a., Bd. 1–7, Kairo 1980–1990.

Abū l-ʿAlāʾ al-Maʿarrī, Dīwān luzūm mā lā yalzam au al-luzūmiyyāt, Bd. 1–2, Beirut o. J.

–, Dīwān saqṭ az-zand, šarḥ N. Riḍā, Beirut 1987.

–, Risālat al-ġufrān, hg. v. ʿĀʾiša ʿAbd ar-Raḥmān, 4Kairo 1963.

–, Risālat aṣ-ṣāḥil wa-š-šāḥiǧ, hg. v. ʿĀʾiša ʿAbd ar-Raḥmān, Kairo 1975.

Abū l-Faraǧ al-Iṣfahānī, Kitāb adab al-ġurabāʾ, Beirut 1972.

–, Kitāb al-aġānī, Bd. 1–24, Kairo 1927–1974.

–, Kitāb maqātil aṭ-ṭālibiyyīn, hg. v. Kāẓim Muẓaffar, Nadschaf 1965.

Abū Firās al-Ḥamdānī, Šarḥ Dīwān Abī Firās al-Ḥamdānī, Beirut o. J.

Abū Hilāl al-ʿAskarī, al-, Kitāb aṣ-ṣināʿatain, al-kitāba wa-š-šiʿr, hg. v. ʿA. M. al-Baǧāwī; M. Abū l-Faḍl Ibrāhīm, o. O. 1952.

Abū l-Muṭṭahar al-Azdī, Ḥikāyat Abī l-Qāsim al-Baġdādī, hg. v. Adam Mez, Heidelberg 1902.

Abū Nuwās, Dīwān, Bd. 1–5, hg. v. Ewald Wagner und Gregor Schoeler, Wiesbaden, Beirut 1958–2003.

Abū Tammām, Dīwān al-ḥamāsa, hg. v. ʿAbd al-Munʿim Aḥmad Ṣāliḥ, Bagdad [1987].

Anṭākī, Dāwūd al-, Tazyīn al-ašwāq bi-tafṣīl aswāq al-ʿuššāq, Bd. 1–2, Beirut 1978.

Amīn, Aḥmad (Hg.), Ḥayy Ibn Yaqẓān li-Ibn Sīnā, Ibn Ṭufail wa-s-Suhrawardī, 2Kairo 1966.

Baihaqī, Ibrāhīm Ibn Muḥammad al-, al-Maḥāsin wa-l-masāwī, Beirut 1970.

Bīdbā, Kalīla wa-Dimna, tarǧamahu ilā l-ʿarabiyya fī ṣadr ad-daula al-ʿabbāsiyya ʿAbdallāh Ibn al-Muqaffaʿ, 2Bagdad 1988.

Buzurg Ibn Šahriyār, Kitāb ʿAǧāʾib al-Hind, publié … par P. A. van der Lith, trad. franc. par L. Marcel Devic, Leiden 1883–1886, repr. Frankfurt/M. 1993.

Damanhūrī, Aḥmad ad-, an-Nafʿ al-ġazīr fī ṣalāḥ as-sulṭān wa-l-wazīr, Alexandria 1412/1992.

Damīrī, ad-, Ḥayāt al-ḥayawān, Bd. 1–2, Kairo 1856.

Ǧabartī, ʿAbd ar-Raḥmān al-, Taʾrīḫ ʿaǧāʾib al-āṯār wa-tarāǧim al-aḫbār, Bd. 1–3, Kairo 1978.

Ǧāḥiẓ, Abū ʿUṯmān ʿAmr Ibn Baḥr, Kitāb al-bayān wa-t-tabyīn, hg. v. M. ʿAbd as-Sallām Hārūn, Bd. 1–2, 5Kairo 1985. (Maktabat al-Ǧāḥiẓ, 2).

–, Kitāb al-buḫalāʾ, Beirut o. J.

–, Kitāb al-ḥayawān, hg. v. Muḥammad ʿAbd as-Salām Hārūn, Bd. 1–8, Beirut 1988.

–, Rasāʾil, hg. v. Ḥasan as-Sandūbī, Kairo 1933.

–, Rasāʾil, Bd. 1–3, hg. v. ʿAlī Abū Mulḥim, Beirut 1987.

(Pseudo-) Ǧāḥiẓ, Kitāb al-maḥāsin wa-l-aḍdād, Kairo 1978.

–, Kitāb at-tāǧ fī aḫlāq al-mulūk, hg. v. Aḥmad Zakī Bāšā, Kairo 1329/1914.

Ǧaubarī, al-, al-Muḫtār fī kašf al-asrār, Damaskus 1885.
Ġazālī, Muḥammad al-, Kitāb iḥyāʾ ʿulūm ad-dīn, Bd. 1–5, o. O. [Kairo] o. J.
[Pseudo-]Ġazālī, al-, Aḥmad, at-Tibr al-masbūk fī siyāsat al-mulūk, hg. v. Muḥammad Aḥmad Damaǧ, Beirut 1996.
al-Ǧurǧānī, ʿAlī, al-Wasāṭa baina l-Mutanabbī wa-ḫuṣūmih, hg. v. Muḥammad Abū l-Faḍl Ibrāhīm; Ibrāhīm al-Bīǧāwī, Kairo ²1951.
Ḫalīlī, Ǧaʿfar al-, Hākaḏā ʿaraftuhum, Bd. 1–4, Bagdad 1963–72, Bd. 5, 6, Beirut 1980, 1982.
Hamaḏānī, Badīʿ az-Zamān, al-, al-Maqāmāt, hg. v. Muḥammad ʿAbduh, Kairo o. J. [1988, Nachauflage].
Ḥanafī, Ǧalāl al-, Ṣaddām wa-Qādisiyyat Ṣaddām. Šiʿr, Bagdad 1983.
Ḥasan al-ʿAṭṭār, Maqāmat al-adīb ar-raʾīs aš-Šaiḫ Ḥasan al-ʿAṭṭār fī l-Firansīs, in: Ǧalāl ad-Dīn as-Suyūṭī, al-Maqāmāt as-suyūṭiyya, o.O. [Kairo] 1885, 91–103.
Ḫaṭīb al-Baġdādī, al-, at-Taṭfīl wa-ḥikāyāt aṭ-ṭufailiyyīn wa-aḫbāruhum wa-nawādiru kalāmihim wa-ašʿāruhum, hg. v. Kāẓim Muẓaffar, Nadschaf 1966.
Hilāl Ibn al-Muḥassin aṣ-Ṣābiʾ, Rusūm dār al-ḫilāfa, hg. v. M. ʿAwwād, Bagdad 1964.
Ibn ʿAbd Rabbih, al-ʿIqd al-farīd, hg. v. Ḫalīl Šaraf ad-Dīn, Bd. 1–7, Beirut 1986.
Ibn Abī Ḥaǧala, Dīwān aṣ-Ṣabāba, Beirut 1978 (als Anhang zu al-Anṭākī, Tazyīn al-ašwāq).
Ibn Abī Ṭāhir Ṭaifūr, Baġdād fī taʾrīḫ al-ḫilāfa al-ʿabbāsiyya, Bagdad 1968.
–, Balāġāt an-nisāʾ, hg. v. Muḥammad Abū l-Aǧfān, Tunis 1985.
Ibn ʿArabī, Fuṣūṣ al-ḥikam wa-t-taʿlīqāt ʿalaih, o. O., o. J. (Tauzīʿ Dār al-fikr al-ʿarabī).
Ibn al-Azraq, Badāʾiʿ as-silk fī ṭabāʾiʿ al-mulk, hg. v. Muḥammad Ibn ʿAbd al-Karīm, Bagdad 1977/1978.
Ibn Bassām, aḏ-Ḏaḫīra fī maḥāsin ahl al-ǧazīra, hg. v. Iḥsān ʿAbbās, Bd. 1–4, Beirut 1975–1979.
Ibn Baṭṭūṭa, Riḥlat Ibn Baṭṭūṭa, Beirut o. J.
Ibn Dāʾūd, Kitāb az-zahra, the first half, hg. v. R. A. Nykl u. Ibrāhīm Ṭūqān, Chicago 1932.
–, Kitāb az-zahra, an-niṣf aṯ-ṯānī, hg. v. Ibrāhīm as-Samarrāʾī; Nūrī al-Qaisī, Bagdad 1975.
Ibn Faḍlān, Togan, A. Z. V. (Hg. u. Übers.), Ibn Faḍlāns Reisebericht, Leipzig 1939.
Ibn al-Faqīh, Kitāb al-buldān, hg. v. M. J. de Goeje, Leiden 1885.
Ibn al-Ǧauzī, Aḫbār al-ḥamqā wa-l-muġaffalīn, hg. v. Kāẓim Muẓaffar, Nadschaf 1966.
–, Aḫbār aẓ-ẓirāf wa-l-mutamāǧinīn, hg. v. Muḥammad Baḥr al-ʿUlūm, Nadschaf 1966.
–, Ḏamm al-hawā, hg. v. Muṣṭafā ʿAbd al-Wāḥid; Muḥammad al-Ġazālī, Kairo 1962.
–, Kitāb al-aḏkiyāʾ, Beirut o. J. (ca. 1965).
–, Kitab aḥkām an-nisāʾ, hg. v. Aḥmad Ibn Muḥammad al-Muḥammadī, Beirut 1988.

–, Kitāb al-quṣṣāṣ wa-l-mudhakkirīn, ed. and transl. by M. S. Swartz, Beirut 1971.
–, Kitāb talbīs al-iblīs, hg. v. Aiman Ṣāliḥ, Kairo 1995.
Ibn Ǧubair, Riḥlat Ibn Ǧubair, Beirut 1980.
Ibn Ḥabīb, Kitāb adab an-nisāʾ al-mausūm bi-kitāb al-ġāya wa-n-nihāya, hg. v. ʿAbd al-Maǧīd Turkī, Beirut 1992.
Ibn al-Ḥaǧǧāǧ, Talṭīf al-mīzāǧ min šiʿr Ibn al-Ḥaǧǧāǧ, hg. v. Naǧm ʿAbdallāh Muṣṭafā, Sousse 2000.
Ibn Ḫaldūn, at-Taʿrīf bi-Ibn Ḫaldūn wa-riḥlatuh ġarban wa-šarqan, hg. v. M. Ibn Ṭawīt aṭ-Ṭanǧī, o. O. 1951.
–, al-Muqaddima, hg. v. ʿAlī ʿAbd al-Wāḥid Wāfī, Bd. 1–3, Kairo o. J [1981].
Ibn Ḥamdīs, Dīwān, hg. v. Iḥsān ʿAbbās, Beirut 1960.
Ibn Ḥamdūn, at-Taḏkira al-ḥamdūniyya, hg. v. Iḥsān ʿAbbās; Bakr ʿAyyāš, Bd. 1–8, Beirut 1996.
Ibn al-Ḫaṭīb, Lisān ad-Dīn, Mušāhadāt Lisān ad-Dīn Ibn al-Ḫaṭīb fī bilād al-Maġrib wa-l-Andalus, hg. v. Aḥmad Muḫtār al-ʿAbbādī, Alexandria 1983.
Ibn Ḥauqal, Kitāb ṣūrat al-arḍ, hg. v. J. H. Kramers, Leiden, Leipzig 1938–1939.
Ibn Ḥazm al-Andalusī, Rasāʾil, hg. v. Iḥsān ʿAbbās, Bd. 1–4, Beirut ²1987.
Ibn Ḫurradāḏbih, al-Masālik wa-l-mamālik, hg. v. M. J. de Goeje, Leiden 1889.
Ibn Līyūn al-Andalusī, an-Nuḫba al-ʿulyā li-adab ad-dunyā wa-d-dīn, Tunis 1356.
[Pseudo-]Ibn al-Mudabbir, Ar-Risāla al-ʿaḏrāʾ fī mawāzīn al-balāġa wa-ʿadawāt al-kitāba, in: Muḥammad Kurd ʿAlī, Rasāʾil al-bulaġāʾ.
Ibn an-Nadīm, Kitāb al-fihrist, hg. v. Yūsuf ʿAlī Ṭawīl, Beirut 1996.
Ibn Qayyim al-Ǧauziyya, Rauḍat al-muḥibbīn wa-nuzhat al-muštāqīn, Beirut 1982.
Ibn Qutaiba, Adab al-kātib, hg. v. Max Grünert, Leiden 1900.
–, Kitāb al-maʿārif, hg. v. Ṯarwat ʿUkāša, Kairo ⁴1981.
–, Kitāb aš-šiʿr wa-š-šuʿarāʾ, Kairo 1984.
–, Kitāb ʿuyūn al-aḫbār, Bd. 1–4, Kairo 1925–1930.
Ibn Rašīq al-Qairawānī, al-ʿUmda fī maḥāsin aš-šiʿr wa-adabih, Bd. 1–2, Beirut 1972.
Ibn Sūdūn, Kitāb nuzhat an-nufūs wa-muḍḥiq al-ʿabūs: Arnoud Vrolijk, Bringing a laugh to a scowling face, a study and critical edition, Leiden 1998.
Ibn Šuhaid, Risālat az-zawābiʿ wa-t-tawābiʿ, hg. v. Buṭrus al-Bustānī, Beirut 1980.
Ibn aṭ-Ṭiqṭaqā, al-Faḫrī fī l-ādāb as-sulṭāniyya wa-d-duwal al-islāmiyya, Beirut 1966.
Ibn al-Waššāʾ, Kitāb al-fāḍil fī ṣifat al-adab al-kāmil, Beirut 1992.
Ders., al-Muwaššā au aẓ-ẓarf wa-ẓ-ẓurafāʾ, Beirut 1965.
Ibn Zamrak, Ašʿār wa-muwaššaḥāt, hg. v. Ḥamdān Ḥaǧǧāǧī, Algier 1989.
Idrīsī, al-, Nuzhat al-muštāq fī ʾḫtirāq al-āfāq, Nachdruck d. Ausgabe Rom 1592, Frankfurt/M. 1992.
Iṣṭaḫrī, al-, Kitāb al-masālik wa-l-mamālik, hg. v. M. J. de Goeje, Leiden 1870.
Kāzarūnī, al-, Maqāma fī ʿawāʾid Baġdād fī d-daula al-ʿabbāsiyya, hg. v. Kūrkīs ʿAwwād; Mīḫāʾīl ʿAwwād, Bagdad 1962.
Kurd ʿAlī, Muḥammad, Rasāʾil al-bulaġāʾ, Kairo ⁴1954.

Maqqarī, al-, Kitāb nafḥ aṭ-ṭīb min ġusn al-Andalus ar-ratīb, hg. v. Iḥsān ʿAbbās, Bd. 1–8, Beirut 1968.
–, Rauḍat al-ās al-ʿāṭirat al-anfās fī ḏikr man laqītuh min aʿlām al-ḥaḍratain Marrākuš wa-Fās, Rabat 1964.
Masʿūdī, ʿAlī Ibn al-Ḥusain al-, Kitāb at-Tanbīh wa-l-išrāf, Leiden 1893, Nachdr. Frankfurt/M. 1992.
–, Murūǧ aḏ-ḏahab, hg. v. Mufīd Muḥammad Qamīḥa, Bd. 1–4, Beirut 1986.
Māwardī, ʿAlī al-, al-Amṯāl wa-l-ḥikam, Riyad 1999.
–, Kitāb al-aḥkām as-sulṭāniyya, hg. Fuʾād ʿAbd al-Munʿim Aḥmad; Muḥammad Sulaimān Dāwūd, Alexandria [3]1996.
–, Kitāb durar as-sulūk fī siyāsat al-mulūk, hg. Fuʾād ʿAbd al-Munʿim Aḥmad, Riyad 1997.
–, Qawānīn al-wizāra, hg. Fuʾād ʿAbd al-Munʿim Aḥmad, Alexandria 1991.
[Pseudo-]Māwardī, al-, Fuʾād ʿAbd al-Munʿim Aḥmad (Hg.), Naṣīḥat al-mulūk al-mansūb li-l-Māwardī, Alexandria o. J. [1988].
Miskawaih, Tahḏīb al-aḫlāq, Beirut 1961.
Muʿallaqāt, al-: Nöldeke, Theodor, Fünf Moallakat, Bd. 1–3, Wien 1898–1901.
–, Šarḥ al-Muʿallaqāt as-sabʿ, Abū ʿAbdallāh al-Ḥusain Ibn Aḥmad az-Zauzanī, Damaskus 1963.
Mubārak fī ʿuyūn aš-šuʿarāʾ. Ašʿār miṣriyya, Kairo 1995.
Mubarrad, Muḥammad Ibn Yazīd, al-Kāmil fī l-luġa wa-l-adab, Bd. 1–2, hg. v. Taġārīd Baiḍūn; Naʿīm Zarzūr, Beirut [2]1989.
Muqaddasī, al-, Kitāb aḥsan at-taqāsīm fī maʿrifat al-aqālīm, hg. v. M. J. de Goeje, Leiden 1906.
Mutanabbbī, al-, Dīwān, Beirut o. J.
Muwailiḥī, Muḥammad al-, Ḥadīṯ ʿĪsā Ibn Hišām au fatra min az-zamān, hg. v. ʿAlī Adham, Kairo 1964.
Nābulusī, ʿAbd al-Ġanī, al-, al-Ḥaqīqa wa-l-maǧāz fī riḥlat bilād aš-Šām wa-l-Miṣr wa-l-Ḥiǧāz, hg. R. ʿA. Murād, Damaskus 1989.
Nafzāwī, Muḥammad Ibn ʿUmar an-, ar-Rauḍ al-ʿāṭir fī nuzhat al-ḫāṭir, hg. v. Ǧ. Ǧumʿa, London 1990.
Nīsābūrī, Abū l-Qāsim Ibn Ḥabīb an-, ʿUqalāʾ al-maǧānīn, hg. v. Murtaḍā ʿĀšūr, Kairo o. J. [1989].
Qazwīnī, Zakariyyā, al-, ʿAǧāʾib al-maḫlūqāt, hg. v. Ferdinand Wüstenfeld, Göttingen 1849.
–, Āṯār al-bilād, hg. v. Ferdinand Wüstenfeld, Göttingen 1848.
Rāġib al-Iṣfahānī, ar-, Muḥāḍarāt al-udabāʾ wa-muḥāwarāt aš-šuʿarāʾ wa-l-bulaġāʾ, Bd. 1–4 in 2 Bdn., Beirut o. J.
Rifāʿa aṭ-Ṭahṭāwī, al-Muʾallafāt al-kāmila, hg. v. Muḥammad ʿAmmāra, Bd. 1–5, Kairo 1973.
Šābuštī, ʿAlī aš-, Kitāb ad-diyārāt, hg. v. Kurkīs ʿAwwād, Bagdad [2]1968.
Šaizarī, ʿAbd ar-Raḥmān Ibn Naṣr aš-, an-Nahǧ al-maslūk fī siyāsat al-mulūk, hg. v. Muḥammad Aḥmad Damaǧ, Beirut 1994.
–, Rauḍat al-qulūb wa-nuzhat al-muḥibb wa-l-maḥbūb, edition initiated by D. Semah, compl. and brought to press by G. Kanazi, Wiesbaden 2003.
Sarakusṭī, as-, al-Maqāmāt al-luzūmiyya, hg. v. Ḥasan al-Warākilī; ʿAbd al-Malik as-Saʿdī, Tunis [2]1995.

Sarrāğ, Ğaʿfar Ibn Aḥmad as-, Maṣāriʿ al-ʿuššāq, Bd. 1–2, Beirut o. J.
[Šidyāq, aš-], Salīm Ibn Aḥmad Fāris (Hg.), Kanz ar-raġā'ib fī muntaḫabāt al-Ğawā'ib, al-Āstāna al-ʿulyā (Hohe Pforte), Bd. 1 (1871).
Subkī, Tāğ ad-Dīn, Muʿīd an-niʿam wa-mubīd an-niqam, hg. v. D. W. Myhrmann, London 1908.
Ṣūlī, Abū Bakr aṣ-, Adab al-kuttāb, hg. v. Ahmad Ḥasan Basağ, Beirut 1994.
Suyūṭī, Ğalāl ad-Dīn, as-, Ḥusn al-muḥāḍara fī aḫbār Miṣr wa-l-Qāhira, Bd. 1–2, Kairo 1968.
–, Rašf az-zulāl min as-siḥr al-ḥalāl, Kairo 1928.
–, Samīr Maḥmūd ad-Durūbī, Šarḥ Maqāmāt as-Suyūṭī, Bd. 1–2, Beirut 1989.
Ṯaʿālibī, aṯ-, Ādāb al-mulūk, hg. v. J. al-ʿAṭiyya, Beirut 1990.
–, Laṭā'if al-maʿārif, hg. v. Ibrāhīm al-Ibyārī u. Ḥasan Kāmil aṣ-Ṣairafī, Kairo 1960.
–, Taḥsīn al-qabīḥ wa-taqbīḥ al-ḥasan, hg. v. Š. al-ʿĀšūr, Bagdad 1981.
–, Ṯimār al-qulūb fī l-muḍāf wa-l-mansūb, hg. v. Muḥammad Aḥmad Ibrāhīm, Kairo 1965.
–, Yatīmat ad-dahr fī maḥāsin ahl al-ʿaṣr, hg. v. Muḥammad ʿAbd al-Ḥamīd, Bd. 1–4, Kairo 1956–1958.
[Pseudo-]Ṯaʿālibī, aṯ-, Tuhfat al-wuzarā' al-mansūb ilā ṯ-Ṯaʿālibī, hg. v. Ḥabīb ʿAlī ar-Rāwī; Ibtisām Marhūn aṣ-Ṣaffār, Bagdad 1977.
Ṭabarī, Ta'rīḫ ar-rusul wa-l-mulūk, Bd. 1–15, hg. v. M. J. de Goeje u. a., Leiden 1879–1901.
Ṭabarsī, al-Ḥasan Ibn Faḍlaṭ, Makārim al-aḫlāq, Bagdad 1988.
Ṯaʿlabī, ʿArā'is al-mağālis fī qiṣaṣ al-anbiyā', Beirut [4]1985.
Tanūḫī, Abū ʿAlī, Muḥassin at-, Kitāb al-farağ baʿda š-šidda, hg. v. ʿAbbūd aš-Šālğī, Bd. 1–5, Beirut 1978.
–, Nišwār a-muḥāḍara wa-aḫbār al-muḏākara, hg. v. ʿAbbūd aš-Šālğī, Bd. 1–8, Beirut 1971–1973.
Tauḥīdī, Abū Ḥayyān at-, Kitāb al-baṣā'ir wa-ḏ-ḏaḫā'ir, hg. v. Wadād al-Qāḍī, Bd. 1–9, Beirut 1988.
–, Aḫlāq al-wazīrain: maṯālib al-wazīrain, hg. v. Muḥammad Ibn Tawīt aṭ-Ṭānğī, Damaskus 1965.
–, Kitāb al-imtāʿ wa-l-mu'ānasa, hg. v. Aḥmad Amīn; Aḥmad az-Zayyin, Bd. 1–3, Beirut, Saida 1953.
Tīfāšī, at-, Nuzhat al-albāb fī mā lā yūğad fī kitāb, London 1991.
Ṭihrānī, Buzurg, aḍ-Ḍarīʿa fī aʿyān aš-šīʿa, Bd. 22, Nadschaf, Teheran 1974.
Turk, Nīqūlā at-, Ḥamlat Būnābart ilā š-šarq, hg. v. Amal Baššūr, Beirut 1993.
Ṭurṭūšī, Muḥammad aṭ-, Sirāğ al-mulūk, London 1990.
Usāma Ibn Munqiḏ, Kitāb al-ʿaṣā, Alexandria 1978.
–, Kitāb al-iʿtibār, hg. v. Ph. K. Hitti, Princeton 1930.
Yāqūt al-Ḥamawī, Iršād al-arīb fī maʿrifat al-adīb or dictionary of learned men, hg. v. D. S. Margoliouth, Bd. 1–6, Leiden 1907–1931.
–, Muʿğam al-buldān, Bd. 1–5, Beirut 1955.
Zamaḫšarī, al-, al-Maqāmāt, hg. v. Yūsuf al-Biqāʿī, Beirut 1981.

2. *Übersetzungen in europäische Sprachen (Auswahl)*

Abū l-ʿAlāʾ al-Maʿarrī, Paradies und Hölle. Die Himmelsreise, hg. u. übers. v. G. Schoeler, München 2002.

Abū l-Faradsch al-Iṣfahani, Und der Kalif beschenkte ihn reichlich, hg. u. übers. v. G. Rotter, Tübingen, Basel 1977.

Abū Tammām, Dīwān al-Ḥamāsa: Friedrich Rückert, Hamāsa oder die ältesten arabischen Volkslieder, gesammelt von Abu Temmām, übers. u. erläutert, T. 1–2, Stuttgart 1846.

Bīrūnī, al-, In den Gärten der Wissenschaft, hg. u. übers. v. G. Strohmaier, 3., völlig überarb. Aufl., Leipzig 2002.

Buḫārī, al-, aṣ-Ṣaḥīḥ. Nachrichten von den Aussprüchen des Propheten Muhammad, ausgew., a. d. Arab. übers. u. hg. v. D. Ferchl, Stuttgart 1999.

Fārābī, al-: Al-Farabi on the perfect state. Abū Naṣr al-Fārābī's Mabādiʾ ārāʾ ahl al-madīna al-fāḍila. A rev. text with introd., transl., a. comm. by R. Walzer, Oxford 1985.

Ǧabartī, ʿAbd ar-Raḥmān al-, Taʾrīḫ ʿaǧāʾib al-āṯār fī tarāǧim al-aḫbār, transl. by Thomas Philipp and Moshe Perlman, Bd. 1–5 in drei Bänden, Stuttgart 1994.

Ǧāḥiẓ, al-: Pellat, Charles, Arabische Geisteswelt. Ausgew. u. übers. Texte v. al-Ǧāḥiẓ, dt. v. Walter W. Müller, Zürich, Stuttgart 1967.

[Pseudo-], La livre de la couronne, tr. Ch. Pellat, Paris 1954.

[Pseudo-]Ǧāḥiẓ, Kitāb al-maḥāsin wa-l-aḍdād (so!), in Ausw. übertr. v. Oskar Rescher, Stuttgart, Osnabrück 1984 (Nachdruck).

Ǧahšiyārī, al-, Kitāb al-wuzarāʾ wa-l-kuttāb: Latz, Josef, Das Buch der Wesire und Staatssekretäre von ʿAbbās Ibn al-Ǧahšiyārī. Anfänge und Umaijadenzeit, Walldorf-Hessen 1958.

Ġazālī, Muḥammad al-: Al Ghasāli, Das Elixier der Glückseligkeit, a. d. arab. u. pers. Quellen in Ausw. übertr. v. H. Ritter, Köln ²1981.

–, Iḥyāʾ ʿulūm ad-dīn, Teilübersetzungen v. H. Bauer, H. Kindermann, H. Wehr u. a.

–, al-Munqiḏ min aḍ-ḍalāl: McCarthy, Richard J., Freedom and fulfilment. An annot. transl. of al-Ghazālī's Munqidh min aḍ-ḍalāl and other relevant works, Boston 1980.

Ḥallāǧ, al-: Al-Halladsch. O Leute! Rettet mich vor Gott, hg. u. übers. v. A. Schimmel, Freiburg 1985.

Hamaḏānī, al-, al-Maqāmāt: Al-Hamadhani, Vernunft ist nichts als Narretei: Die Maqamen. A. d. Arab. vollst. übertr. u. bearb. v. G. Rotter, Tübingen 1982.

Ḥarīrī, al-, al-Maqāmāt: Rückert, Friedrich, Al-Ḥarīrī, Die Verwandlungen des Abu Seid von Serug, hg. v. W. Walther, Leipzig 1989.

Heller, Erdmute, Mosbahi, Hassouna (Hg.), Arabische Erzählungen der Gegenwart, München 1997.

Hilāl aṣ-Ṣābiʾ, Rusūm dār al-khilāfah. The rules and regulations of the ʿAbbāsid court, tr. by Elie A. Salem, Beirut 1977.

Hoffmann, Gerhard (Hg.), Lust an der Geschichte: Die Blütezeit der islamischen Welt. Ein Lesebuch, München 1994.

Ibn Abī d-Dunyā, Makārim al-aḫlāq: The noble qualities of character, hg. a. transl. by J. Bellamy, Wiesbaden 1973.

Ibn ʿArabī, Muḥyī ʾd-Dīn, Fuṣūṣ al-Ḥikam: Kofler, Hans, Das Buch der Siegelringsteine der Weisheitssprüche, Graz 1972.
Ibn ʿArabī: Urwolke und Welt. Mystische Texte des größten Meisters, hg. u. übers. v. A. Giese, München 2002.
Ibn ʿAtāʾ Allāh, Bedrängnisse sind Teppiche voller Gnaden, hg. u. übers. v. A. Schimmel, Freiburg 1987.
Ibn Baṭṭūṭa, Riḥla: Ibn Baṭṭūṭa: Reisen ans Ende der Welt: das größte Abenteuer des Mittelalters 1325–1353. Neu hg. v. H. D. Leicht, ²Tübingen 1975.
Ibn Buṭlān, Daʿwat al-aṭibbāʾ: Klein-Franke, Felix (Hg.), Das Ärztebankett, Wiesbaden 1984.
Ibn al-Ǧauzī, Kitāb al-aḏkiyāʾ: Das Kitāb al-aḏkiyāʾ des Ibn al-Ǧauzī n. d. Druck Cairo 1306 u. d. Hs. ʿUmūmijje 5341 a. d. Arab. übers. v. O. Rescher, Galata 1925 (nur 2. Teil).
Ibn Ǧubair, Riḥla: Ibn Dschubair, Tagebuch eines Mekkapilgers, a. d. Arab. übertr. u. bearb. v. R. Günther, Stuttgart 1985.
Ibn Ḫaldūn, al-Muqaddima: Ibn Khaldūn, Buch der Beispiele. Die Einführung, al-Muqaddima, a. d. Arab., Übers., Ausw., Vorbem. u. Anm. v. M. Pätzold, Leipzig 1992.
–, Ibn Khaldūn, The Muqaddima. An introduction to history, transl. by F. Rosenthal, abr. and ed. by N. J. Dawood, London 1978.
–, Ibn Khaldūn, The Muqaddima, transl. by Fr. Rosenthal, Bd. 1–3, New York 1958.
–, Ibn Khaldoun, Le voyage d'Occident et d'Orient: autobiographie, prés. et tr. de l'arabe p. A. Cheddadi, Paris ²1995.
Ibn Ḫallikān, Wafāyāt al-aʿyān: Ibn Challikān, die Söhne der Zeit. Auszüge a. d. biographischen Lexikon «Die Großen, die dahin gegangen», a. d. Arab. übertr. u. bearb. v. H. Fähndrich, o. O., o. J. [Stuttgart 1984].
Ibn Ḥazm, Ṭauq al-ḥamāma. Von der Liebe und den Liebenden, dt. v. M. Weisweiler, 2. verb. Aufl., Frankfurt/M. 1961 u. ö.
Ibn Isḥāq, Das Leben des Propheten, hg. u. übers. v. G. Rotter, Tübingen, Basel 1976.
Ibn Iyās, Badāʾiʿ az-zuhūr: Ibn Ijās, Alltagsnotizen eines ägyptischen Bürgers, a. d. Arab. übers. v. A. Schimmel, Stuttgart 1985.
Ibn an-Nadīm, al-Fihrist: The Fihrist of Ibn an-Nadīm. A tenth-century survey of Muslim culture, ed. and transl. by B. Dodge, Bd. 1–2, New York, London 1970.
[Pseudo-]Ibn Qayyim al-Ǧauziyya, Aḫbār an-Nisāʾ: Bellmann, Dieter, Über die Frauen, Liebeshistorien und Liebeserfahrungen aus dem arabischen Mittelalter, Leipzig, auch München 1986.
Ibn aṭ-Ṭiqṭaqā, al-Faḫrī: Al Fakhrī, On the systems of government and the Moslem dynasties, transl. by C. Whitting, London ²1990.
Ibn Ṭufail, Ḥaiy Ibn Yaqẓān: Eichborn, Johann Gottfried, Hajj Ibn Jaqzan, der Naturmensch, Leipzig, Weimar 1983 (Original 1782).
Ibn al-Waššāʾ, Kitāb al-Muwaššā: Bellmann, Dieter, Ibn al-Waššāʾ, Das Buch des buntgestickten Kleides, Bd. 1–3, Leipzig, Weimar 1984.
Imraʾalqais: Friedrich Rückert, Amrilkais, der Dichter und König, sein Leben, dargestellt in seinen Liedern, a. d. Arab. übertr., Stuttgart, Tübingen 1843, in

2., vom Dichter selbst vorbereiteter u. erw. Aufl. neu hg. v. H. Kreyenborg, Hannover 1924.
Kisā'ī, al-: Qiṣaṣ al-anbiyā': Die Prophetenlegenden des Muhammed Ibn Abdallah al-Kisā'ī, übers. v. I. Eisenberg, Bern 1898–1902.
–, The legends of the prophets, transl. by W. Thackston, London 1978.
Koran: al-Qur'ān, Übersetzung v. A. Th. Khoury, Gütersloh 1987.
–, Kommentar und Konkordanz v. R. Paret, Stuttgart, Berlin u. a. ²1977 u. ö.
–, Übersetzung v. Rudi Paret, Stuttgart, Berlin u. a. 1979 u. ö.
–, Übersetzung v. Friedrich Rückert, hg. v. H. Bobzin m. erkl. Anm. v. W. Fischer, Würzburg 1995.
Machfus, Nagib, Kairoer Trilogie, dt. v. D. Kilias, Zürich 1993–1995.
Maqāmāt, al-: Beiträge zur Maqāmenliteratur, übers. v. O. Rescher, Ges. Werke, Abtlg. 2, Bd. 1, Stuttgart, Osnabrück 1984.
Marzolph, Ulrich (Hg.), Das Buch der wundersamen Geschichten. Erzählungen aus d. Welt von 1001 Nacht, zus.gest., komm. u. hg., unter Verwendung d. Übers. v. H. Wehr u. a., München 1999.
Mas'ūdī, al-: Al-Mas'ūdī: Bis zu den Grenzen der Erde, hg. u. übers. v. G. Rotter, Tübingen, Basel 1978.
Māwardī al-: al-Aḥkām as-sulṭāniyya wa al-wilāya ad-dīniyya, The ordinances of government, transl. by W. Wahba, London 1997.
–, Kitāb adab ad-dunyā wa-d-dīn, in Ausw. übertr. v. O. Rescher, Ges. Werke, Abtlg. 2, Bd. 3, Stuttgart, Osnabrück 1984.
Miskawaih, Abū 'Alī Aḥmad al-: Miskawayh, Tahḏīb al-aḫlāq, The Refinement of character, tr. by C. K. Zurayk, Beirut 1968.
Mutanabbī, al-, Dīwān: Poems of al-Mutanabbī, sel. and transl. by A. J Arberry, Cambridge 1967.
Nafzāwī, Abū 'Abdallāh Muḥammad, Der duftende Garten. Ein arabisches Liebeshandbuch, hg. u. übers. v. U. Marzolph, München 2003.
Qazwīnī: al-Qazwīnī, Die Wunder des Himmels und der Erde, a. d. Arab. übers. u. bearb. v. A. Giese, Stuttgart, Wien 1986.
Rescher, Oskar/Osman, Gesammelte Werke, Bd. 1–3, Nachdruck Osnabrück 1984.
Rifā'a aṭ-Ṭahṭāwī: Stowasser, Karl, Aṭ-Ṭahṭāwī in Paris, München, auch Leipzig, Weimar 1988.
Schimmel, Annemarie, Das Versprechen des Sperlings. Die schönsten Tierlegenden aus der islamischen Welt, hg. u. übers., München 1997.
Subkī, as-: Mu'īd an-ni'am wa-mubīd an-niqam, dt. v. O. Rescher, in: ders., Ges. Werke, Bd. 2, Abtlg. 3.
Ṯa'ālibī, aṯ-, Laṭā'if al-ma'ārif: The book of curious and entertaining information, transl. by C. E. Bosworth, Edinburg 1968.
–, 'Arā'is al-majālis fī qiṣaṣ al-anbiyā': transl. a. annot. by W. M. Brinner, Leiden, Boston, Köln 2002.
Ṭabarī, Ta'rīḫ ar-rusul wa-l-mulūk, Bd. 1–11, transl. by F. Rosenthal, W. M. Brinner, W. Montgomery Watt u. a., London 1987–1993.
Tanūḫī, at-, al-Farağ ba'd aš-šidda: Ende gut – alles gut. Das Buch der Erleichterung nach der Bedrängnis, in Ausw. übers. v. A. Hottinger, Zürich 1978.
–, Nišwār al-muḥāḍara: The table-talk of a Mesopotamian judge, (partially) transl. by D. S. Margoliouth, London 1922.

Taufiq, Suleman (Hg.), Arabische Erzählungen, München 1991.
Tausendundeine Nacht: Die Erzählungen aus den Tausendundein Nächten, vollst. deutsche Ausg., z. ersten Mal n. d. Calcuttaer Ausgabe v. Jahr 1839 übertr. v. E. Littmann, Bd. 1–6, Leipzig (auch Frankfurt/M.) 1966 u. ö.
Tausendundeine Nacht, nach d. ältesten arab. Hs. in d. Ausgabe v. Muhsin Mahdi erstmals ins Deutsche übertr. v. C. Ott, München 2004.
Usāma Ibn Munqiḏ, Kitāb al-iʿtibār: Die Erlebnisse eines syrischen Ritters zur Kreuzzugszeit, a. d. Arab. übers. u. bearb. v. G. Rotter, Tübingen 1979.
Walther, Wiebke (Hg.), Erkundungen. 28 Erzähler aus dem Irak, Berlin 1986.
Weidner, Stefan (Hg. u. Übers.), Die Farbe der Ferne. Moderne arabische Dichtung, München 2002.
Weisweiler, Max, Arabesken der Liebe. Früharab. Geschichten von Liebe und Frauen, Leiden 1954.
–, Von Kalifen, Spaßmachern und klugen Haremsdamen, Düsseldorf, Köln 1963.
Wüstenfeld, Ferdinand, Der Tod des Ḥusein ben ʿAlī, ein historischer Roman a. d. Arab., n. d. Handschriften zu Gotha, Leiden, Berlin und St. Petersburg übers., in: Abh. phil.-hist. Cl. d. königl. Ak zu Göttingen 30 (1883).
Yāqūt al-Ḥamawī, Muʿǧam al-buldān: Introductory chapters of Muʿjam al-buldān, transl. by W. Jwaideh, Leiden 1959.

3. Gesamtdarstellungen und Nachschlagewerke in europäischen Sprachen (mit den in den Anmerkungen verwendeten Abkürzungen)

Allen, Roger, Introduction to Arabic literature, Cambridge 2000.
–, The Arabic literary heritage. The development of its genres and criticism, Cambridge 1998.
Blachère, Régis, Histoire de la littérature arabe à la fin du XVme siècle, Bd. 1–3, Paris 1952–1966.
Brockelmann, Carl, Geschichte der arabischen Literatur, in: Handbuch der Orientalistik, Bd. 3: Semitistik, Leiden 1954, 253–314.
Camera d'Afflitto, Isabella, Letteratura araba contemporanea, Roma 1999.
CHAL: The Cambridge history of Arabic literature:
Beeston, A. E. J., Johnstone, T. M., Serjeant, R. B., Smith, G. R. (Hg.), Arabic literature to the end of the Umayyad period, Cambridge, New York u. a. 1983.
Ashtiani, J., Johnstone, T. M., Latham, J. D., Serjeant, R. B., Rex Smith, G. (Hg.), Abbasid belles lettres, Cambridge, New York u. a. 1990.
Young, M. J. L., Latham, J. D., Serjeant, R. B. (Hg.), Religion, learning and science in the ʿAbbasid period, Cambridge 1990.
Badawi, M. M. (Hg.), Modern Arabic literature, Cambridge 1992.
Menocal, M. R., Scheindlin, R. P., Sells, M. (Hg.), The literature of Muslim Spain, Cambridge 2000.
EAL: Meisami, J. S., Starkey, P. (Hg.), The encyclopaedia of Arabic literature, Bd. 1–2, London, New York 1998.
EI²: The encyclopaedia of Islam, new edition, prep. by a number of leading orientalists, Bd. 1–11, Leiden 1960–2002.
EI² Suppl.: The encyclopedia of Islam, Supplement, Fasc. 1-, Leiden 1980 –.

GAL: Brockelmann, Carl, Geschichte der arabischen Litteratur, Bd. 1–2, Leipzig, Weimar 1898, 1902, Nachdr. Leiden.
GAL Suppl.: Ders., dass., Supplementbände 1–3, Leiden 1937–1942.
GAP: Grundriß der arabischen Philologie, Wiesbaden:
Bd. 1: Fischer, Wolfdietrich (Hg.), Sprachwissenschaft, 1982.
Bd. 2: Gätje, Helmut (Hg.), Literaturwissenschaft, 1987.
Bd. 3: Fischer, Wolfdietrich (Hg.), Supplement, 1992.
GAS: Sezgin, Fuat, Geschichte des arabischen Schrifttums, Bd. 1–10, Frankfurt/M. 1967–1998.
Gibb, Hamilton A.R., Landau, Jacob, Arabische Literaturgeschichte, Zürich 1968.
Goldziher, Ignaz, A short history of classical Arabic literature. Transl., rev. a. enlarged by Joseph Desomogyi, Hildesheim 1966.
Heinrichs, Wolfhart (Hg.), Orientalisches Mittelalter. Neues Handbuch der Literaturwissenschaft, Bd. 5, Wiesbaden 1990.
JAL: Journal of Arabic literature, Leiden.
KNLL: Jens, Walter (Hg.), Kindlers Neues Literatur Lexikon, Bd. 1–20, München 1988–1992.
KNLLS: Radler, Rudolf (Hg.), dass., Suppl.bde. 21–22, München 1998.
Michel, André, La littérature arabe, 3Paris 1981 (Que sais je?).
Nicholson, Reynold A., A history of Arabic literature, 9Cambridge 1979.
Sellheim, Rudolf, Materialien zur arabischen Literaturgeschichte, Bd. 1,2, Stuttgart 1976, 1987.

4. Darstellungen zu einzelnen Epochen, Gattungen, Autoren und Werken

Allen, Roger, A period of time. A study and translation of Ḥadīth ʿĪsā Ibn Hišām by Muḥammad al-Muwayliḥī, Oxford 1992.
Al-Nowaihi, Magda M., The poetry of Ibn Khafāja, Leiden, New York, Köln 1993.
Assmann, Jan, Das kulturelle Gedächtnis, München 1999.
–, Herrschaft und Heil, München, Wien 2000.
Badawi, M. M., Early Arabic drama, Cambridge, New York u. a., 1988.
Baer, Gabriel, Shirbīnī's Ḥazz al-quḥūf and its significance, in: Ders., Fellah and townsman in the Middle East, London, Totowa N. J 1982, 3–47.
Bauer, Thomas, Altarabische Dichtkunst. Eine Untersuchung ihrer Struktur und Entwicklung am Beispiel der Onagerepisode, Bd. 1–2, Wiesbaden 1992.
–, Liebe und Liebesdichtung in der arabischen Welt des 9. und 10. Jahrhunderts, Wiesbaden 1998.
Bell, N. J., Love theory in later Ḥanbalite Islam, Albany 1979.
Berg, Herbert, The development of exegesis in early Islam, Richmond 2000.
Berque, Jacques, Der Koran neu gelesen. A. d. Frz. v. Monika Gronke, Frankfurt/M.1996.
Bobzin, Hartmut, Der Koran, München 1999.
–, Mohammed, München 2000.
Borg, Gert, Mit Poesie vertreibe ich den Kummer meines Herzens. Eine Studie zur altarabischen Trauerklage der Frau, Istanbul 1997.

Bosworth, Clifford E., The medieval Islamic underworld. The Banū Sāssān in Arabic society and literature, Bd. 1,2, Leiden 1976, 1977.
Bothmer, Hans-Caspar v.; Ohlig, Karl Heinz; Puin, Gerd Rüdiger, Neue Wege der Koranforschung, in: Magazin Forschung, Universität des Saarlandes 1 (1999), 33 ff.
Brunschvig, Robert, Simple negative remarks on the vocabulary of the Qur'ān, in: Rippin (Hg.), The Qur'ān (2001), 285–296.
Bürgel, J. Christoph, Allmacht und Mächtigkeit. Religion und Welt im Islam, München 1991.
–, Die beste Dichtung ist die lügenreichste. Wesen und Bedeutung eines literarischen Streites des arabischen Mittelalters im Lichte komparatistischer Betrachtung, in: Oriens 23/24 (1974), 7–102.
Campbell, Robert, J., Contemporary Arab writers, biographies and autobiographies, Bd. 1–2, Beirut 1996.
Conrad, L. I. (Hg.), The world of Ibn Ṭufayl, Leiden, New York, Köln 1996.
Crone, Patricia, Did al-Ghazālī write a «Mirror for Princes»? In: Jersusalem Studies of Arabic and Islam 10 (1987), 167–191.
Dähne, Stefan, Reden der Araber. Die politische ḫuṭba in der klassischen arabischen Literatur, Frankfurt/M., Berlin u. a. 2001.
Diem, Werner, Hochsprache und Dialekt im Arabischen. Untersuchungen zur heutigen arabischen Zweisprachigkeit, Wiesbaden 1974.
Dolinina, Anna, Očerki istorii arabskoj literatury. Egipet i Sirija. Prosvetitel'skij roman, Moskva 1973.
Dols, Michel W., The black death in the Middle East, Princeton 1988.
–, Majnūn: The madman in medieval Islamic society, Oxford 1992.
Enderwitz, Susanne, Gesellschaftlicher Rang und ethnische Legitimation, Freiburg 1979.
–, Liebe als Beruf. Al-ʿAbbās Ibn al-Aḥnaf und das Ġazal, Beirut 1995.
Endres, F. C., Schimmel, Annemarie, Das Mysterium der Zahl. Zahlensymbolik im Kulturvergleich, [5]München 1990.
Ess, Joseph van, Der Fehltritt des Gelehrten. Die «Pest von Emmaus» und ihre theologischen Nachspiele, Heidelberg 2001.
–, Theologie und Gesellschaft im 2. und 3. Jahrhundert der Hidschra, Bd. 1–6, Berlin, New York 1991–1997.
Fleischhammer, Manfred (Hg.), Johann Fück, Arabische Kultur und Islam im Mittelalter. Aufsätze, Weimar 1981.
Freimark, Peter, Das Vorwort als literarische Form in der arabischen Literatur, Phil. Diss., Münster 1967.
Fück, J. W., ʿArabīja. Untersuchungen zur arabischen Sprach- und Stilgeschichte, Leipzig 1950.
–, Die arabischen Studien in Europa bis in den Anfang des 20. Jahrhunderts, Leipzig 1955.
–, Die Grammatik des Sībawaih und ihre Bedeutung für die arabische Sprachgeschichte, in: Fleischhammer (Hg.), Johann Fück … (1981), 93–103.
–, Eine arabische Literaturgeschichte aus dem 10. Jahrhundert n. Chr. Der Fihrist des Ibn an-Nadīm, in: Fleischhammer (Hg.), Johann Fück … (1981), 17–30.
Gätje, Helmut, Koran und Koranexegese, Zürich, Stuttgart 1972.

Gelder, Geert Jan van, The bad and the ugly. Attitudes towards invective poetry (hiǧā') in classical Arabic literature, Leiden 1988.
–, Of dishes and discourse. Classical Arabic literary representations of food, London 2000.
Gerries, Ibrahim, Un genre littéraire arabe: al-Maḥāsin wa-l-masāwī, Paris 1977.
Giese, Alma, Waṣf bei Kušāǧim, Berlin 1981.
Giffen, L. A., Ibn Ḥazm and the Ṭauq al-Ḥamāma, in: S. K. Jayyusi (Hg.), The legacy ... (1994), 420–443.
–, The theory of profane love amongst the Arabs, London, New York 1971.
Goody, Jack; Watt, Ian, Konsequenzen der Literalität, in: Ders. (Hg.), Literalität in traditionellen Gesellschaften, Frankfurt/M. 1981, 45 ff.
Grabar, Oleg, The illustrations of the Maqāmāt, Chicago, London 1984.
Grotzfeld, Heinz und Sophia, Die Erzählungen aus ‹Tausendundeiner Nacht›, Darmstadt 1984.
–, Neglected conclusions of the Arabian Nights, in: JAL 16 (1985), 73–87.
Gruendler, Beatrice, Medieval Arabic praise poetry. Ibn ar-Rūmī and the patron's redemption, London, New York 2003.
Grunebaum, Gustave E., Kritik und Dichtkunst, Wiesbaden 1955.
Günther, Sebastian, Maqātil literature in medieval Islam, in: JAL 25 (1994), 192–212.
–, Quellenuntersuchungen zu den Maqātil aṭ-Ṭālibiyyīn des Abū l-Faraǧ al-Iṣfahānī (gest. 356/967). Ein Beitrag zur Problematik d. mündl. u. schriftl. Überlieferung im Islam des Mittelalters, Hildesheim 1991.
Hafez, Sabry, The genesis of the Arabic narrative discourse. A study in the sociology of modern Arabic literature, London 1993.
Halm, Heinz (Hg.), Geschichte der arabischen Welt, 4., überarb. Aufl., München 2001.
–, Die Kalifen von Kairo. Die Fatimiden in Ägypten 973–1074, München 2003.
–, Die Schia, Darmstadt 1988.
Hämeen-Anttila, Jaakko, Maqama. A history of a genre, Wiesbaden 2002.
Hamori, Andras, On the art of medieval Arabic literature, Princeton 1974.
Hees, Syrinx van, Enzyklopädie als Spiegel des Weltbilds, Wiesbaden 2002.
Heinrichs, Wolfhart, Arabische Dichtung und griechische Poetik, Beirut 1969.
- u. G. Schoeler (Hg.), Festschrift Ewald Wagner, Bd. 2, Beirut 1994.
Hoenerbach, Wilhelm, Das nordafrikanische Itinerar des ʿAbdarī, Leipzig 1940.
–, Das nordafrikanische Schattentheater, Mainz 1959.
–, Die vulgärarabische Poetik al-Kitāb al-ʿāṭil al-ḥālī wa-l-muraḫḫaṣ al-ġālī des Ṣafī ad-Dīn al-Ḥillī, Wiesbaden 1956.
Irwin, Robert, Die Welt von Tausendundeiner Nacht, a. d. Engl. übers. u. f. d. deutschen Leser ergänzt v. W. Walther, Frankfurt/M., Leipzig 1997.
Jacobi, Renate, Studien zur Poetik der altarabischen Qaṣīde, Wiesbaden 1971.
James, David, The Master Scribes. The Nasser D. Khalili Collection of Islamic Art, Bd. 2, New York 1992.
Jayyusi, S. K. (Hg.):The legacy of Muslim Spain, Bd. 1–2, Leiden, New York, Köln 1994.
–, Trends and movements in modern Arabic poetry, Bd. 1–2, Leiden 1977.
Jeffery, Arthur,The foreign vocabulary of the Qur'ān, Baroda 1938.

Jones, Allen, Early Arabic poetry, Bd. 1–2, Oxford 1992, 1996.

Kennedy, Philip F., The wine song in classical Arabic poetry. Abū Nuwās and the literary tradition, Oxford 1997.

Kermani, Navid, Gott ist schön. Das ästhetische Erleben des Koran, ²München 2003.

Kilpatrick, Hilary, Making the great book of songs. Compilation and the author's craft in Abū l-Faraj al-Iṣbahānī's Kitāb al-aghānī, London, New York 2003.

Kraemer, Joel L., Humanism in the renaissance of Islam. The cultural revival during the Bujid age, Leiden, New York, Köln 1992.

Kruk, Remke, Warrior women in Arabic popular romance, in: JAL 24 (1993), 213–230; 25 (1994), 16–33.

Lane, Edward Williams, An account of the manners and customs of the modern Egyptians, Bd. 1–2, London 1836.

Leder, Stefan, Aspekte arabischer und persischer Fürstenspiegel, in: A. De Benedictis, Specula principum, Frankfurt/M. 1999, 21–50.

–, Ibn al-Ǧauzī und seine Kompilation wider die Leidenschaft, Beirut 1984.

–, und Kilpatrick, Hilary, Classical Arabic prose literature: A researcher's sketch map, in: JAL 23 (1991), 2–26.

Lyons, Malcom Cameron, The Arabian epic. Heroic and oral story-telling, Bd. 1–3, Cambridge 1995.

Mahdi, Muhsin, The thousand and one nights, Leiden 1995.

Malti-Douglas, Fedwa, Structures of avarice. The bukhalāʾ in medieval Arabic literature, Leiden 1985.

Marlow, Louise, Hierarchy and egalitarianism in Islamic thought, Cambridge 1997.

Marzolph, Ulrich, Arabia ridens, Bd. 1–2, Frankfurt/M. 1992.

–, (Hg.), Das gedruckte Buch im Vorderen Orient, Dortmund 2000.

–, Der weise Narr Buhlūl, Wiesbaden 1983.

–, «Erlaubter Zeitvertreib». Die Anekdotensammlungen des Ibn al-Ǧauzī, in: Fabula 32 (1991), 175–197.

Monroe, James T. (Hg. u. Übers.), Hispano-Arabic poetry, Berkeley, Los Angeles, London 1974.

–, Al-Maqāmāt al-luzūmiyyah by Abu l-Ṭāhir al-Saraqusṭī Ibn al-Ashtarkuwī, Leiden, Boston, Köln 2002.

Moreh, Shmuel, Live theatre and dramatic literature in the Arab world, Edinburgh 1992.

Nagel, Tilman, Der Koran. Einführung, Texte, Erläuterungen, München 1983.

–, Die Qiṣaṣ al-anbiyāʾ. Ein Beitrag zur arabischen Literaturgeschichte, Phil. Diss., Bonn 1967.

–, Ḥadīṯ – oder: Die Vernichtung der Geschichte, in: Wunsch, Cornelia (Hg.), XXV. Deutscher Orientalistentag, Vorträge, München 8.–13.4.1991, Stuttgart 1994, 118–128.

–, Staat und Glaubensgemeinschaft im Islam, Bd. 1–2, Zürich, München 1981.

Neuwirth, Angelika, Studien zur Komposition der mekkanischen Suren, Berlin 1980.

Noth, Albrecht, The early Arabic historical tradition: a source-critical study, ²Princeton 1994.

Ostle, Robin; Moor, Ed de; Wild, Stefan (Hg.), Writing the self. Autobiographical writing in modern Arabic literature, London 1998.

Ott, Claudia, Metamorphosen des Epos. Sīrat al-Muǧāhidīn (Sīrat al-Amīra Ḏāt al-Himma) zwischen Mündlichkeit und Schriftlichkeit, Leiden 2003.

Pedersen, Johannes, The Arabic book, Princeton, N.J. 1984 (Original 1928).

Pinault, David, Story-telling techniques in the Arabian Nights, Leiden, New York, Köln 1992.

Qāḍī, Wadād al-, Early Islamic state letters: The question of authenticity, in: Cameron, A., Conrad, L.I. (Hg.), The Byzantine and early Islamic Near East, Bd. 1, Princeton, N.J. 1992, 213–275.

Reinink, J., Vanstipout, H.L.J. (Hg.), Dispute poems and dialogues in the ancient and medieval Near East, Leuven 1991.

Rippin, Alexander (Hg.), The Qur'ān. Style and contents, Aldershot, Brookfield u.a. 2001.

Ritter, Helmut, Das Meer der Seele, Frankfurt/M. 1978.

Sartain, Elisabeth, M., Jalāl al-dīn al-Suyūṭī, Bd. 1–2, Cambridge, London, New York 1975.

Schimmel, Annemarie, Mystische Dimensionen des Islams, Köln 1985.

–, Die Träume des Kalifen, München 1998.

–, Und Muhammad ist Sein Prophet. Die Verehrung des Propheten in der islamischen Frömmigkeit, [2]Köln 1989.

–, Von Ali bis Zahra. Namen und Namengebung in der islamischen Welt, München 1993.

Schoeler, Gregor, Arabische Naturdichtung, Beirut 1974.

–, Écrire et transmettre dans les débuts de l'Islam, Paris 2002.

Schönig, Hanne, Das Sendschreiben des ʿAbdalḥamīd b. Yaḥyā (gest. 132/750) an den Kronprinzen ʿAbdallāh b. Marwān II., Wiesbaden 1985.

Seidensticker, Tilman, Poesie und Prosa zum Thema Geiz, in: JAL 25 (1994), 91–106.

Sellheim, Rudolf, Die klassischen arabischen Sprichwörtersammlungen, Den Haag 1954.

Shboul, Ahmad M.H., Al-Masʿūdī and his world, London 1979.

Smith, Margaret, Rābiʿa the mystic and her fellow-saints in Islam, Cambridge 1928.

Speyer, Heinrich, Die biblischen Erzählungen im Koran, [2]Hildesheim 1961.

Stark, Christina, Sprache als ein Instrument der Macht, Wiesbaden 1999.

Steinbach, Udo, Ḏāt al-Himma. Kulturgeschichtliche Untersuchungen zu e. arab. Volksroman, Wiesbaden 1972.

Stewart, James D., Sajʿ in the Qur'ān, in: A. Rippin (Hg.), The Qur'ān (2001), 213–253.

Tibbets, G.R., Arab Navigation in the Indian Ocean before the coming of the Portoguese, London 1971.

Ullmann, Manfred, Untersuchungen zur Raǧazpoesie, Wiesbaden 1966.

Wagner, Ewald, Abū Nuwās, Wiesbaden 1965.

–, Grundzüge der klassischen arabischen Dichtung, Bd. 1–2, Darmstadt 1988.

Walther, Wiebke, Altarabische Kindertanzreime, in: Fleischhammer, M. (Hg.), Studia orientalia in memoriam C. Brockelmann, Halle/S. 1968, 217–233.

–, Biblische Stoffe und Gestalten. Irakische Dichter muslimischer Provenienz im 20. Jahrhundert, in: Edith Stein Jahrbuch, Bd. 2, München 2001, 264–283.
–, Camīl Ṣidqī az-Zahāwī – ein irakischer Zindīq, in: Oriens 34 (1994), 40–60.
–, Die Frau im Islam, in: P. Antes u. a., Der Islam. Religion – Recht – Politik, Stuttgart, Berlin u. a. 1991, 98–124.
–, Die Frau im Islam, 3. neu bearb. Aufl., Leipzig 1997.
–, Drei Geschichten aus Tausendundeiner Nacht: Die Geschichte vom Ebenholzpferd; Die Geschichte vom Prinzen Ahmed und der Fee Perī Banū; Die Geschichte von den Streichen der listigen Dalīla, in: Oriens 32 (1990), 140–177.
–, Ein Wegbereiter der Frauenbildung im 19. Jahrhundert – Rifāʿa aṭ-Ṭahṭāwī, in: Marc-Edouard Enay (Hg.), Schuld sind die Männer, nicht der Koran, Saanenmöser-Gstaad 2000, 29–42.
–, Fa-qad yaḏhabu bi-l-hazli ḍ-ḍaǧarū – Scherze der Gebildeten in Naǧaf in der ersten Hälfte des 20. Jahrhunderts, in: Brunner, Rainer; Gronke, Monika u. a. (Hg.), Islamstudien ohne Ende. Festschrift Werner Ende, Würzburg 2002, 501–516.
–, Komik als Kontrast. Schwänke, Ränke und Rollenspiele in schiitischen Städten des Irak bis 1950, in: Stehli-Wehrbeck, Ulrike; Bauer, Thomas (Hg.), Festschrift Heinz Grotzfeld, im Druck.
–, My hands assisted the hands of events – The memoirs of the Iraqi poet Muḥammad Mahdī al-Jawāhirī, in: Ostle, Robin; Moor, Ed de; Wild, Stefan (Hg.), Writing the self, London 1998, 249–259.
–, Mythen über das erste Menschenpaar, den Sündenfall und seine Folgen und die Entstehung menschlichen Lebens auf der Erde in der islamisch-arabischen Literatur, in: Forschungsforum 2: Orientalistik. Otto-Friedrich-Universität Bamberg 1990, 9–17.
–, Tausendundeine Nacht. Eine Einführung, München, Zürich 1987.
–, The beginnings of the realistic school of narrative prose in Iraq, in: Quaderni di Studi Arabi, Venedig 18 (2000), 175–198.
–, Untersuchungen zu vor- und frühislamischen Personennamen. Phil. Diss., ungedr., Martin-Luther-Universität Halle-Wittenberg 1966.
–, Worte wie Hände aus Rosen. Die irakische Dichterin Nāzik al-Malāʾika, in: Edith-Stein-Jahrbuch, München 1998, 297–311.
Walzer, Richard, Aspects of Islamic political thought: Al-Fārābī and Ibn Xaldūn, in: Oriens 16 (1963), 40–60.
Werkmeister, Walter, Quellenuntersuchungen zum Kitāb al-ʿIqd al-farīd des Andalusiers Ibn ʿAbdrabbih, Berlin 1983.
Wielandt, Rotraut, Das Bild der Europäer in der modernen arabischen Erzähl- und Theaterliteratur, Beirut 1983.
Wild, Stefan, Die zehnte Maqame des Ibn Nāqiyā, in: W. Heinrichs, G. Schoeler (Hg.), Festschrift Ewald Wagner, Bd. 2, Beirut 1994, 427–438.
–, (Hg.), The Qurʾān as text, Leiden 1996.
Woidich, Manfred, Landau, Jacob M. (Hg. u. Übers.), Arabisches Volkstheater in Kairo im Jahre 1909: Ahmad ilFar und seine Schwänke, Stuttgart 1993.
Wright, J. W., Rowson, E. K (Hg.), Homoeroticism in classical Arabic literature, New York 1997.

Personenregister

ʿAbbās I., Khedive 277
ʿAbbās Ibn al-Achnaf 59f.
ʿAbbūd al-Karchi 272
ʿAbd al-Hamīd al-Kātib 112, 128, 171, 177, 201, 279
ʿAbd al-Madschīd I 248
ʿAbd al-Malik, Umajjadenkalif 13, 39, 51, 153, 162
ʿAbd ar-Rachmān III. 24
ʿAbd ar-Rachmān Ibn al-Hakam 61
ʿAbd as-Ssabūr, Ssalāch 57, 71
ʿAbdallah Ibn Marwān 112
ʿAbdari, al- 105
ʿAbduh, Muhammed 280
Abhari, Abu Bakr, al- 240
Ābi, al- 83, 174 f., 192, 206, 249
Abraham (Ibrāhīm) 256
Abu Bakr, erster Kalif 13, 89, 143, 148, 153, 157, 166
Abu Chalīl, Schauki 154
Abu Dschaʿfar Ibn Ssaʿīd 62
Abu Dulaf 103, 227
Abu Firās al-Hamdāni 53, 62, 66
Abu Hāmid al-Gharnāti 253
Abu Hanīfa 87
Abu Hilāl al-ʿAskari 27
Abu Huraira 109
Abu Jūssuf, Richter 87 f.
Abu l-ʿAlāʾ al-Maʿarri 70, 74 f., 107, 201 f.
Abu l-ʿAtāhija 70, 132, 142, 156
Abu l-Faradsch al-Isfāhāni 128, 154 f., 232, 262
Abu l-Mutahhar al-Asdi 231
Abu Mādi, Ilijja 290
Abu Nuwās 60, 63–65, 69 f., 73, 137, 156, 201, 206
Abu Ssulaimān as-Ssidschistāni 165
Abu Tālib al-Makki 196
Abu Tammām 51, 164
Abu Turāb 165
Abu ʿUbaida 147
Achmed Ibn Mādschid 106
Achnaf Ibn Kais, al- 171
Achtal, al- 51, 64
Adam 148, 204, 209, 256
ʿAdī Ibn Said 64
Adler, Alfred 280
Adonis 71, 291
Ādschurri, al- 223
ʿAdud ad-Daula, Bujide 33, 53, 203
ʿĀʾischa, Ehefrau Muhammeds, 68, 85, 91, 144, 153, 157, 164, 216
Ajjūb, Dhu n-Nūn 282
Akfachssi, al- 227
ʿAkkād, ʿAbbās Machmūd, al- 283, 289
Alexander der Große 90, 163, 176
ʿAli Ibn Abi Tālib, vierter Kalif 13, 19, 72, 90, 94, 108 f., 153, 155, 162, 165, 171, 175, 192, 194, 206, 275
Allen, Roger 9
Ālūssi, Abu th-Thanāʾ, al- 105
Ālūssi, Schihāb ad-Dīn, al- 247
Amīn, al-, Abbassidenkalif 60
Amīn, Achmed 199, 200, 250
Amīr, Daisy, al- 288
ʿĀmir Ibn ʿAbd (al-)Kais 132, 171
ʿAmr Ibn Kulthūm 47
Antāki, Dāʾūd, al- 218 f.
ʿAntara Ibn Schaddād 47, 264
Antūn, Farach 281
Arafat, Jasser 15
Ardaschīr Ibn Bābak 168, 174, 176
ʿArdschi, al- 39
ʿArīda, Nassīb 290
Aristoteles 35, 107, 109, 123, 128, 152, 165, 184, 193, 242
ʿArūssi, Matwi, al- 288
ʿAsāwi, Fādil, al- 291
Aʿscha, Maimūn, al- 47
Asdi, Abu Ismāʿīl, al- 89
ʿAsīs, al-, Fatimidenkalif 34, 156
Äsop 109
Assmaʿi, al- 48, 110
Atatürk 18
Auden, W. H. 38, 290
Avempace 25
Avicenna 25
ʿAwwād, Taufīk Jūssuf 286

Baalabakki, Laila 288
Babba 165
Baibars, Ssultān, 265
Baihaki, al- 134
Bajjāti, al- 56, 71, 285, 291
Bakr, Ssalwa 288
Balādhuri, al- 90

Balchi, Abu Said, al- 98 f.
Bannūna, Khannāta 288
Barakāt, Huda 288
Barakāt, Ssalīm 286
Barūdi, Machmūd Ssāmi, al- 289
Baschschār Ibn Burd 36, 55, 57, 68, 144
Bassiessu, Muʿīn 291
Ben Jelloun, Tahar 286
Benhadouga, Abdelhamid 287
Bidpai 114
Bīkāʿi, al- 219
Bilāl, Gebetsrufer 127
Bīrūni, Abu r-Raihān, al- 91 f., 219, 253
Boudjedra, Rachid 286
Brecht, Bertolt 267, 279
Browning, Robert 290
Buchāri, al- 86
Buchlūl 207
Buchturi, al- 51, 55, 164, 206, 240
Burton, Richard 222, 259 f.
Būssīri, al- 71
Bustāni, Afrām, al- 279
Bustāni, Butrus, al- 21, 278 f., 280
Bustāni, Ssalīm, al- 278, 280
Bustāni, Ssulaimān, al- 283
Busurdschmihr 107, 109, 121 f., 141, 168
Busurg Ibn Schachrijār 103

Chadīdscha, Ehefrau des Propheten 81
Chalīl Ibn Achmed, al- 40, 128, 131, 152
Chalīli, Dschaʿfar, al- 267
Chanssā', al- (Tumādir Bint ʿAmr) 45, 153
Chāresmi, Abu Dschaʿfar, al- 25 f., 96, 160
Chāresmschah 168, 189
Charrāt, Edwār, al- 284
Chatīb al-Bagdādi, al- 93, 227
Chudajjir, Muhammed 285
Chusrau Anuschirwān 107, 109
Chusrau Parwīs 90
Corneille, Pierre 279

Daif, Raschīd 286
Damanhūri, ad- 183
Damīri, ad- 254
Dante 201
Derwīsch, Machmūd 291
Dhū n-Nūn 207
Diab, Hana 260 f.
Dib, Mohammed 286
Dīnawari, ad- 90
Djebar, Assija 288
Dostojewski, Fjodor 284
Dschabarti, ʿAbd ar-Rachmān, al- 274
Dschabra, Dschabra Ibrāhīm 289
Dschachdha al-Barmaki 239
Dschachschijāri, al- 202
Dschāhis, al- 109, 119, 121–137, 145, 152, 158, 164, 188, 193, 201, 212, 227, 231, 238f., 248, 250, 254
Dscharīr, al- 49, 51
Dschaubari, ʿAbd ar-Rachmān, al- 236
Dschauhari, ʿAbd ar-Rachmān, al- 83
Dschawāhiri, Muhammed Machdi, al- 27, 290
Dschingis Khān 188
Dschurdschāni, ʿAli, al- 54
Dulaimi, Lutfijja 288

Eberhard im Barte 113
Eliot, T. S. 71, 290

Fachr al-Milla wa-d-Dīn 182
Fajjād, Taufīk 286
Fakīh, Ibrāhīm, al- 288
Fārābi, al- 83, 172 f., 282
Farasdak, al- 49, 206
Fārissi, Ssalmān, al- 148
Farmān, Ghā'ib Tuʿma 285
Fatch Ibn Chākān, al- 51, 120, 129
Fātima, Tochter Muhammeds 153, 157
Faulkner, William 289
Fawwās, Sainab 278
Fénelon, Francois de Salignac 277
Feraun, Moulud 286
Fīrūsabādi, al- 83
Frazer, James George 289
Freud, Sigmund 280
Freytag, Georg Wilhelm 51

Gabriel, Erzengel 12, 24, 28. 196, 257
Galen 214, 217
Galland, Antoine 22, 103, 259–261
Ghasāli, Achmed, al- 168, 180 f.
Ghasāli, Muhammed, al- 194–198, 219–223, 251, 255
Gibrān, Gibrān Khalil 290
Ghītāni, Gamāl, al- 7, 273, 284
Goethe, J. W. v. 46, 75, 124
Gracián, Balthasar 199

Habibi, Emile 286
Haddschādsch Ibn Jūssuf, al- 110, 153, 173

Hāfis, persischer Dichter 197
Hafsa Bint al-Hāddsch 19, 62
Hafsa, Ehefrau Muhammeds 153
Hagar, Magd 147
Haidar, Haidar 286
Haidari, Buland, al- 291
Haikal, Muhammed Hussain 282
Hakīm, Taufīk, al- 283
Hakki, Jachja 284
Hallādsch, Abu Manssūr, al- 70f.
Hamadhāni, Badī' as-Samān, al- 201, 223–235, 240, 247, 266, 281
Hammād ar-Rāwija 47
Hammer-Purgstall, J. v. 46, 75, 124
Hamsa al-Isfāhāni 60f.
Harīri, al- 101, 170, 188, 214, 223–237, 240, 246f., 266
Harīsi, Jehuda, al- 235
Hārith Ibn Hillisa, al- 47
Hārūn ar-Raschīd, Abassidenkalif 30, 59, 61, 70, 88f., 154, 210f.
Hassan al-'Attār 246
Hassan an-Nīssabūri 206
Hassan Ibn Ssachl, al- 171, 195
Hassān Ibn Thābit 50, 64
Hassan al-Basri 110, 254
Hebel, Johann Peter 263
Heine, Heinrich 57
Hind Bint an-Nu'mān 157
Hischām Ibn 'Abd al-Malik, Umajjadenkalif 13, 39, 72, 142, 171
Hischām Ibn al-Kalbi 142
Horaz 22
Hūrānijja, Sa'īd, al- 286
Hussain Ibn 'Ali, al- 90
Hussain, Tāha 75, 283
Hussein, Saddām 15, 54, 267, 286
Hussri, Ibrāhīm, al- 227

Ibn 'Abbād, as-Ssāhib 33, 63, 163, 227, 249
Ibn 'Abbās 109
Ibn 'Abd al-Hakam 89, 246
Ibn 'Abd Rabbih 61, 248, 251
Ibn Abi d-Dunja 193, 239
Ibn Abi Hadschala 219
Ibn Abi Tāhir Taifūr 152, 173
Ibn 'Adschība 197
Ibn (al-)'Arabi 74, 105, 186, 195, 219
Ibn 'Arabschāh 187f.
Ibn 'Assākir 93
Ibn 'Atā' Allāh 197
Ibn ad-Dawādāri 273
Ibn al-'Amīd 163
Ibn al-Asrak 185f.
Ibn al-Athīr 174
Ibn al-Chatīb 184, 219, 237f., 268, 274
Ibn al-Dschausi 104, 205, 220, 223, 255, 264, 270
Ibn al-Fakīh al-Hamadhāni 98, 101
Ibn al-Fārid, 'Umar 73f., 219
Ibn al-Haddschādsch 63, 68, 231f., 265
Ibn al-'Ibri (Bar Hebräus) 249
Ibn al-Kāsarūni 236
Ibn al-Kifti 102
Ibn al-Mu'tas 134
Ibn al-Mudabbir 150
Ibn al-Mukaffa' 113–118, 128, 131, 141, 144, 146, 153, 165, 171, 193, 201
Ibn al-Wafā' 164
Ibn al-Waschschā', Abu Tajjib 157–159, 212, 214, 240
Ibn an-Nadīm 30, 32–35, 36, 120, 145–148, 159, 190, 210, 221, 223, 239f., 256, 258, 261–263
Ibn ar-Rūmi 52, 55
Ibn as-Ssā'i 210
Ibn as-Sajjāt 120, 123, 129
Ibn as-Subair al-Aswāni, Achmed 241
Ibn at-Tiktaka 181–183, 230
Ibn Bādscha 25, 198
Ibn Bassām asch-Schantarīni 200f., 233
Ibn Battūta 104f.
Ibn Butlān 205, 232
Ibn Chaldūn 127, 174, 177, 184–187, 242, 249, 269
Ibn Challikān 95
Ibn Churradādhbih 97f.
Ibn Dānijāl 265
Ibn Darrādsch al-Kastalli 61
Ibn Dā'ūd al-Isfāhāni 210–217
Ibn Dschubair 104f.
Ibn Dschusaj 105
Ibn Fadl Allāh al-'Umari 252
Ibn Fadlān 102
Ibn Habīb, 'Abd al-Malik 222
Ibn Hadschar al-'Askalāni 273
Ibn Hamdān 251
Ibn Hamdīs 62
Ibn Hanbal 85
Ibn Hāni' 61
Ibn Hasm 186, 200, 214f., 223
Ibn Haukal 99–101
Ibn Hischām 92

Ibn Ijās 273
Ibn Iss'hāk 92
Ibn Kajjim al-Dschausijja 210, 219 f.
Ibn Kusmān 269
Ibn Kutaiba 38 f., 108, 135–140, 145–148, 153, 160, 165, 174, 211, 248–251
Ibn Lijūn 25
Ibn Mansūr 83
Ibn Nākija 232
Ibn Raschīk al-Kairawāni 45, 49
Ibn Ridwān al-Mālāki 184–186
Ibn Ruschd 25, 173, 198
Ibn Saidūn 61 f.
Ibn Samrak 268
Ibn Schuhaid 200 f.
Ibn Ssaʿd 92, 129, 153
Ibn Ssaʿdūn 165
Ibn Ssaikal al-Dschasari 237
Ibn Ssallām al-Dschumachi 129
Ibn Ssanāʾ al-Mulk 219, 269
Ibn Ssīna 25, 197 f., 200, 214, 236
Ibn Ssīrīn 188, 254
Ibn Ssūdūn 270 f.
Ibn Taghribirdi 273
Ibn Taimijja 220
Ibn Tufail 198–200
Ibrāhīm, Hāfis 289
Ibrāhīm Ibn Iss'hāk al-Maussili 176
Ibrāhīm Ibn Muhammad asch-Schaibāni 150
Ibrāhīm Müteferrika 37
Ibrāhīm, Ssunʿallāh 285
Ibschīhi, al- 192, 252
Ichlāssi, Walīd 286
Idrīs, Jūssuf 284
Idrīs, Prophet 165
Idrīssi, al- 110
ʿIdschli, Abu n-Nadschm, al- 65
Imraʾalkais 46 f., 137, 165, 200
Ismāʿīl, Khedive 166
Ismāʿīl, Ismāʿīl Fachd 288
ʿIsmet, Rijād 286
Iss'hāk al-Maussili 128
Istachri, al- 99–101

Jachja Ibn ʿAdī 193
Jachja Ibn Chālid 211
Jachluf, Jachja 286
Jaʿkūbi, al- 90, 98
Jākūt 93–95, 101 f., 163, 240, 246
Jāsidschi, Nāssīf, al- 21, 247, 278
Jesus 79, 82, 90, 136, 141 f., 190, 196, 208, 245
Johannes von Capua 113
Jomard, Edme Francois 276
Josef (Jūssuf) 139, 204, 256
Jung, Carl Gustav 280
Jūssuf, Ssaʿdi 291
Justinian, Kaiser 46

Kaʿb Ibn Suhair 50, 71, 72
Kabbāni, Nisār, al- 291
Kādir, al-, Abbassidenkalif 73
Kaʿīd, Jūssuf, al- 284
Kalabādhi, Abu Bakr, al -196
Kāli, Abu ʿAli, al- 249
Kalkaschandi, al- 252
Kanafāni, Ghassān 286
Kāschāni, al- 196
Kāssim, Ssamīch, al- 291
Kaswīni, Sakarijja, al- 252 f.
Khalifa, Sahar 288
Khoury, Elias 286
Khurayyif, al-Baschīr 288
Kissāʾi, Muhammed, al- 258
Koni, Ibrahim, al- 288
Kreidi, Mussa 285
Kudāma Ibn Dschaʿfar 160
Kumait, al- 72
Kuschādschim 66
Kuschairi, Abu l-Kāssim, al- 196
Kūsta Ibn Lūkā 221
Kuthajjir 39
Kuwairi, ʿAbdallah, al- 288

Labīd 47, 145
Lane, Edward William 258 f., 263 f.
Lāschīn, Machmūd Tāhir 283
Littmann, Enno 260
Lukmān 109, 127, 169

Machdi, al-, Abbassidenkalif 55, 61, 70, 131, 142, 267
Machfūs, Nagīb 197, 284
Machmūd von Ghasna 91
Madāʾini, al- 89, 206
Madani, ʿIs ad-Dīn, al- 288
Maidāni, al- 191
Makkari, al- 62, 135, 274
Makrīsi, al- 246, 273 f.
Malāʾika, Nāsik, al- 28, 72, 291
Malāʾika, Umm Nisār, al- 28
Mamdūch, ʿĀlija 288

Ma'mūn, al-, Abbassidenkalif 23, 25, 33–35, 89, 92, 96, 98, 119 f., 131, 136, 141, 152, 155, 171, 173, 193, 206, 210
Manfalūti, Mustafa Lutfi, al- 282
Manssūr, al-, Abbassidenkalif 113, 119 f., 131
Marco Polo 104
Maria 81 f., 212
Marinos von Tyros 96
Marsubān Ibn Rustam 188
Marsubāni, Muhammed, al- 148, 239
Marx, Karl 280 f.
Māsini, Ibrāhīm, al- 289
Mass'ūdi, al- 109, 159–163, 211, 255
Mattā Ibn Jūnus 165
Maupassant, Guy de 278, 282
Maussili, Ibrāhīm, al- 128, 154
Māwardi, 'Ali, al- 25, 112 f., 177–179, 186, 190, 192
Mechmet I 188
Mernissi, Fatma 288
Mimouni, Raschid 286
Miskawaih, Abu 'Ali Achmed 91, 193
Molière, Jean-Baptiste 279
Mose 78 f., 81 f., 122, 204, 208, 246, 256 f., 264
Mu'āwija I, Umajjadenkalif 153, 161 f., 171, 191, 206, 249
Mubarak, Husni 54
Mubarrad, al- 135, 235
Muffadal ad-Dabbi, al- 48, 191
Mughultā'i 216
Muhallabi, al- , Wesir 53, 150, 154, 203
Muhammed V. von Granada 268
Muhammed 'Ali, Chedive 275 f.
Muhammed, Prophet 8, 12 f., 28 f., 38, 47–50, 64, 71 f., 75, 77 f., 81–87, 90–93, 107, 110, 124–129, 134, 139–145, 148, 153, 157, 162, 165, 176, 195, 202, 216, 218, 239, 249 f., 256 f., 275
Mu'is ad-Daula, Bujide 53, 150, 163, 167
Mukaddassi, al- 33, 100–102
Muktadir, al-, Abbassidenkalif 102, 148, 256
Muktafi, al-, Abbassidenkalif 148, 193
Munīf, 'Abd ar-Rachmān 289
Murtada as-Sabīdi 83
Muslim Ibn al-Haddschādsch 86
Mustadī', al-, Abbassidenkalif 218
Mu'tadid, al-, Abbassidenkalif 255
Mu'tamid, al-, Abbassidenkalif 62, 90, 136, 150, 239 f.
Mu'tamid Ibn 'Abbād, al- 62, 197
Mutanabbi, al- 45, 53 f., 64, 201
Mu'tassim, al-, Abbassidenkalif 90
Mutawakkil, al-, Abbassidenkalif 51, 120 f., 135, 150, 175, 240
Mutī', al-, Abbassidenkalif 161, 163
Mutī' Ibn Ijās 64
Muwailichi, Muhammed, al- 281

Nābigha adh-Dhubjāni, an- 47, 68
Nābulussi, 'Abd al-Ghani, an- 105
Nadschm (Nidschm), Achmed Fu'ād 272
Nafsāwi, an- 221 f.
Nakkāsch, Mārūn, an- 279
Nasrallah, Emily 288
Nasser, Gamal, Abd an- 15, 54, 57, 271
Nāssir, an-, Abbassidenkalif 196 f.
Nawwāb, Mudhaffar, an- 272
Nīkūlā at-Turk 274
Ni'mat Allāh al-Dschasā'iri 175, 258, 274
Nisām al-Mulk 194
Nūri, 'Abd al-Malik 285
Nuwairi, an- 25, 251, 273

Perrault, Charles 259
Pforr, Antonius von 113
Plato 142, 193, 213
Poe, Edgar Allan 278
Polo, Marco 104
Pound, Ezra 290
Ptolemäus 96 f., 213

Rābi'a al-'Adawijja 70, 216
Racine, Jean 279
Rāghib al-Isfāhāni, ar- 250 f.
Rāhib, Hāni, ar- 286
Rāsi, Abu Bakr, ar- 221
Renan, Ernest 280
Resa Schah 267
Rif'at, Alifa 288
Rotter, Gernot 225
Rousseau, Jean Jacques 277, 282
Ru'ba Ibn al-'Addschādsch 66
Rubai'i, 'Abd ar-Rachmān, ar- 286
Rückert, Friedrich 17, 46, 51, 75, 170, 227–230, 247
Russāfi, Ma'rūf, ar- 290

Sacy, Silvestre de 247, 276
Sādāt, Anwar, as- 15

Sahāwi, Dschamīl Ssidki, as- 40, 75, 290
Said Ibn ʿAli 72
Said Ibn Thābit 29
Saidān, Dschirdschi 281
Sainab, Enkelin Muhammeds 153
Sajjāt, Latīfa, as- 288
Samachschari, as- 232
Sarrūk, Achmed 197
Schābbi, Abu l-Kāssim, asch- 287
Schābuschti, ʿAli, asch- 4, 156 f.
Schaisari, ʿAbd ar-Rachmān, asch-181, 217 f.
Schanfara, asch- 46
Scharīf ar-Radi, asch- 64, 72 f., 148, 194
Scharīf, at-Tālik, asch- 61
Scharīschi, asch- 228
Scharkāwi, ʿAbd ar-Rachmān, asch-282
Schauki, Achmed 289
Scheich, Hanan, asch- 288
Schidjāk, Achmed Fāris, asch- 247
Schirbīni, Jūssuf, asch- 271
Shakespeare, William 16, 279
Sibrikān Ibn Badr, as- 139
Sirjāb 61, 267
Sitwell, Edith 290
Smith, Eli, Missionar 278
Ssābiʾ, Hilāl as- 63, 67, 166
Ssachāwi, as- 242–244, 271, 273
Ssachl Ibn Hārūn 119, 124, 210
Ssaʿdāwi, Nawāl, as- 288
Ssafadi, Chalīl Ibn Aibak, as- 265
Ssāfi ad-Dīn al-Hilli 219, 269 f.
Ssaif ad-Daula, 24, 45, 53, 62, 66, 69
Ssaimari, Abu l-ʿAnbas, as- 225, 240
Ssajjāb, Badr Schākir, as- 72, 258, 261, 291
Ssajjid, Machmūd Achmed, as- 285
Ssakr, Machdi ʿIssa, as- 285
Ssalāch ad-Dīn (Saladdin) 181, 199
Ssālim Abu l-ʿAlāʾ 71, 128
Ssammān, Ghada, as- 288
Ssanaubari, as- 69
Ssāra, Frau Abrahams 147
Ssarakusti, as- 233–235
Ssarrādsch, Dschaʿfar, as- 196, 216, 219
Ssībawaih 30, 40
Ssiddīki, at-Tajjib, as- 266
Ssidschistāni, Abu Hātim, as- 206
Ssubki, Tādsch ad-Dīn, as- 187, 244, 255
Ssuchrawardi, Jachja, as- 199f.
Ssuchrawardi, ʿUmar, as- 192, 197
Ssujūti, as- 215, 222, 242, 245 f., 273
Ssulami, ʿAbd ar-Rachmān, as-196
Ssūli, Abu Bakr, as- 60, 148
Ssuwaidi, ʿAbd ar-Rachmān, as- 274
Stendhal 219
Subaida, Frau Hārūn ar-Raschīds 61, 93
Suhair Ibn Abi Ssulma 47

Taʾabbata Scharran 46
Tabari, at- 84, 91, 160, 174
Tabarssi, al-Hassan Ibn al-Fadl, at- 194
Tachtāwi, Rifāʿa, at- 105, 110, 276–279
Tāhir Ibn al-Hussain, at- 52, 173
Tāʿi, at-, Abbassidenkalif 73, 203, 246
Taimūr, Machmūd 230, 283
Taimūr, Muhammed 282 f.
Takarli, Fuʾād, at- 285
Tāmir, Sakarijja 286
Tanūchi, ʿAli al-Muhassin, at- 63, 167, 203–205, 230, 261, 263
Tarafa Ibn al-ʿAbd 47
Tauhīdi, at- 163–165, 224, 250
Thaʿālibi, ath- 152, 165, 168, 181, 189, 192
Thaʿlab 135, 224
Thaʿlabi, Achmed, ath- 258, 261
Thaʿlabi, Muhammed, ath- 175
Tīfāschi, Achmed, at- 222
Timūr Lenk 188 f.
Tolstoi, Leo 282
Tschechow, Anton 278, 282
Tūnissi, Bairam, at- 271
Turgenjev, Ivan 278
Turtūschi, Muhammed, at- 183 f., 186
Tustari, Ssachl, at- 196

ʿUbaidallah Ibn Muhammed 239
ʿUlajja, Schwester Hārūn ar-Raschīds 59
ʿUmar II., Umajjadenkalif 32, 152
ʿUmar Ibn Abi Rabīʿa 47, 56, 59, 154, 206
ʿUmar Ibn al-Chattāb, Kalif 13, 88, 144, 153, 160
Umm al-Banīn 153
ʿUrkūb 191
Ussāma Ibn Munkidh 207 f.
ʿUthmān, dritter Kalif 13, 29, 155
ʿUthmān, Laila, al- 288

Wachb Ibn Munabbih 136
Wākidi, al- 89, 92
Wāliba Ibn Hubāb 64
Walīd I., al-, Umajjadenkalif 32, 64, 153
Wallāda Bint al-Mustakfi 61, 62

Wannūs, Saʿdallah 279
Warāwīni, Saʿd ad-Dīn, al- 188
Wāthik, al-, Abbassidenkalif 154
Wattār, at-Tāhir 286
Wells, Herbert G. 281
Whitman, Walt 290
Wilhelm II, Stauferkönig 104
Woolf, Virginia 289

Sachregister

Halbfette Seitenzahlen verweisen auf ausführlichere Informationen zu einem Begriff.

Abbassiden(zeit) 20, 23 f., 39, 51–185
Achbār s. Erinnerungsberichte
ʿĀd und Thamūd 82, 84
Adab **22–25**, 83, 93 134, 157, 192
Adab-Enzyklopädien 24, 49, 118, 137, 171, 192, 206, 211, **248–254**, 256, 273 f.
Ägypten 16, 89 f, 156, 163, 170, 205, 246, 263, 269, 271–274, 277, 285, 292
Ajjām al-ʿarab 23, 49, 136, 163
ʿAladdin und die Wunderlampe 260
Alexanderroman 24, 82, 258
ʿAli Baba und die vierzig Räuber 260
ʿAli Saibak, Roman über 264
Allegorie 38, 187, **197–202**
Alter Orient 81, 99, 160, 170, 210, 238, 262
Amazonen 264
Analphabetismus 12, 18, 28, 279, 284
Anekdoten 13, 25, 35, 39, **106 ff.**, 125, 139, 150–152, 164, 202 f., 212, 261
Anstandsbuch 157, 212–214
– für Frauen 159
ʿAntar-Roman 264
Antithesen 17, 51, 59, 98, 118, 125 f., 130–132, 134, 139, 141, 148, 152, 158, 165, 239, 250
Antworten, schlagfertige 107, 144, 157
Arabien, Altes 22, 38, 75,143, 153
arabische Sprache 15, 18, 198
arabische Dialekte **14–16**, 63 f., 265, 269, 271 f., 283 f.
arabische Schrift 11, 16, 29 f., 35, 137, 149, 214
arabische Schriftsprache 12, 14, 264, 268
arabische Umgangssprache 12 f., 14–16, 18, 22
Arbeitslieder 22, 267
Ärzte 187, **205**, 224, **235**, **266**
As'har-Universität 246, 276, 283
Askese 70, 75, 132, 138, 142, 150, 200, 207, 236 f.
Astronomie, Astrologie 25 f., 84, 92, 128, 172, 183, 206, 236, 253
Aufklärung, europäische 199, 259, 279 f.
Autobiographien 186, 200, 283, 290
Autorinnen, moderne 288
Awāʾil-Werke, -Taten 32, 165

Badīʿ, Neuer Stil **58**, **69**, 134, 137
Bagdad 17, 20, **23 f.**, 93, 96, 101, 104 f., 114, 120, 154, 156, 159, 164, 203, 228, 232, 236 f., 263, 270
Banu Hilāl 235
Banu Hudhail 48
Banu Sāssān 236, 269; s. a. Bettlergilde
Banu ʿUdhra 57
Barmakiden 19, 24, 70, 202, 206
Basmala 77, 110
Basra **24**, 113 f., 127, 137, 228
Bauern, Fellachen 178, 270 f., 282, 285
Beduinen 19, 21, 26 f., 30, 38, 41, 45 f., 49, 59, 95, 120, 125 f., 153, 178, 185, 215, 289
Behinderte 124, 125, 136, 166
Berber 234, 288
Berufserzähler 89, **255**, 263 f., 267
Bettler 187, 203, 227, 229
Bibel 18, 42, 78, 81 f., 127, 136, 148, 191, 256, 258, 262
Bibliotheken **33–36**, 89, 94, 102, 123, 230
Biedermeier 227, 230
Bilderverbot 32 f., 253
Bildung 150, 228, 249; s. a. *Adab*
Biographische Literatur 85, 88, **92**, 242
Briefsteller 157, 159
Buch der Beispiele der alten Weisen 113
Buch der Krone 189
Buch der wundersamen Erzählungen 262
Buchkultur 123, 131, 152, 184, 187, 256
Buchdruck 16, 28, **36 f.**, 247, 259, 263, 275

Buckligenzyklus 263
Bujiden 20, 33, 63, 72 f., 91, 152, 174, 177, 182, 204
Bürgerkrieg 73, 286, 292
Byzanz 62, 127, 152, 160, 171

Chāresmschāh 152, 168, 189
Chāridschiten 112, **119**, **135**, 146
China, Chinesen **29**, 127, 160, 234
Christen, Christentum 17, 22 ff., 29, 37, 51, 57, 64, 68, 78, 80, **92**, 126, 142, 161, 178, 205, 207, 221, 246 f., 256, 264, 274, 278–281
Chronologien 91, 161, 163
Commedia del Arte 267
Córdoba 24, 198, 267, 269

Damaskus 23, 47, 50, 93, 114, 183, 187 f., 194 f., 265, 271
Dīwān **39**, 43
– administrativ 177
Dhāt al-Himma, Roman über 263 f.
Dialoge 60, 86, 92, 107, 109, 122, 204
Dichter, Rolle der 39, 41 f., 45 f., 50, 58, 134, 166, 206
Dichterinnen 28, 51, 62, 72, 91, 291
Dichterwettstreit 26, 66, 120
Dichtung 22, 25 f., 28, **38 f.**, **50–75**, 84, 89, 106, 108, 123–125, 134, 183, 193, 216, 224, 235, 240, 251
– andalusische 61 f., 201
– beschreibende **66–68**, 126, 134, 149, 225, 232
– frivole 47, **63 f.**, 68, 201, 218, 221, 232, 251, 269 f.
– Gelegenheits- 67, 74, 289
– in freien Versen 72
– in Prosa 291
– Jagd- 62, **65 f.**, 269
– Liebes- 39, 47, **56–63**, 65, 70, 73 f., 133, 143, 145, 153, 251, 290
– Lob- 26, 28, 41, 44, **50–55**, 60, 62 f., 65, 70–74, 101, 144, 153, 230–232, 244, 268, 289; s. a. Selbstlob
– mystische **70–72**,
– Natur- **68–70**
– neoklassizistische 28, 275, 283, **289** f.
– philosophische **74 f.**
– politische 28, s. a. Lob-, -Schmäh-, - neoklassizistische
– religiöse 50, 71, **72–74**, 200, 268 f.
– Schmäh- 16, 28, 50 f., 53 f., **55 f.**, 62, 64, 71 f., 123, 126, 130, 153, 163, 224, 230, 232, 240, 242, 255, 265, 289, 291
– Streit- 49, 51, 60, 64, 240, 242
– Strophen- 72, 270
– Trauer- **44** f., 47, 49, 51, 53, 60, 74, 133, 155, 230, 245
– Wein- 39, 51, 60, 62, **64 f.**, 66, 68, 70, 73 f., 269, 297
Diebstahl 8, 46, 118, 204–206, 224
Dramatik 279, 283, 286
Dschinn s. Geister

Eherecht 179, 209, 212, 215, 221, 251
Ehrengewänder 39, 189
Elite 94, 100 f., 111, 116, 137 f., 146 f., 170
Encyclopédie Française 279
Engel 123, 252 f.
England 248, 275, 283
Epen, persische 57, 82, 210
Epistel 39, 49, 63, 122, 125, 134, 150, 161, 167, 194, 227
Erinnerungsberichte 25, 86, 89, 92, 100, **106 f.**, 154, 161, 168, 172, 176, 178, 185, 187, 203, 206, 208, 212, 224, 254
Erneuerer, religiöse 195, 243
Ernst und Scherz 52, 98, 118, 130, 216, 250, 279
Eroberungen 19, 23 f., 50, 56, 89, 136, 139, 155, 188
Essay-Literatur 76,112, 244
Ethik 78, 192–195, 251
Etikette 137, 149, 151, 164–169, 176, 182
Europa 36, 40, 244, 247, 266, 268, 271, 275, 278, 281, 283 f.
Exil, Emigranten 62, 272, 285 f., 290 f.

Fabeln 113–115, 119, 261
Faḍā'il-Werke 164, 239; s. a. Tugenden
Fastenmonat 55, 83, 209, 263, 266
Fatimiden 24, 34, 152, 156, 177, 182
Feenmärchen 259
Fernsehen 198, 265
Feste 67, 73, 133, 176, 237, 270
Fetwa 129, 182, 194, 213, 243
Fihrist 127, 135, 155, 164, 236
Filme, Verfilmungen 16, 198, 282, 284
Frankophone Literatur 286, 288
Frankreich 207 f., 221, 248, 259 f., 275, 277, 282 f., 285 f.
Französische Revolution 280

Frauen 9, 18 f., 33, 41 f., **44 f.**, 49, 55, 60, 80, 84, 93, 107, 118, 122, 124, 129, 133, 139 f., 143 f., **152 f.**, 158 f., 162, 164, 166, 168, 178, 180 f., 194, 196, 199 f., 202 f., 204, 208–210, 215 f., 223 f., 236, 241, 245, 248, 255, 261, 263 f., 277, 280, 283, 285, 287, 291
– Muhammeds 77, 87, 93
Frauenbewegung 278
Freud-nach-Leid 184, 203, 229, 261
Freundschaft 65, 115, 118, 158, 190
Fürstenspiegel 25, 109, 112 f., 115, 118, 127, 130, 160, 162, **167–190**, 227, 236, 277
Futūch al-Buldān: Bücher über die Eroberungen der Länder **88–90**
Futūwa, Jungmännerbünde 197

Gärten 39, 66, 68 f., 232, 235
Gastmahl 68, 126, 231, 270
Gauner(ereien) 166, 203, 224, 235 f.
Gebete 7, 78 f., 82, 110 f., 121 f., 133, 142, 163, 194 f., 204, 235
Gefängnisliteratur 285
Geheimwissenschaften 172
Gehorsam 168 f., 175, 177, 180, 190, 255
Geister 43, 46, 57, 123, 148, 161, 172, 178, 187, 200 f., 205, 252, 254
Gelehrte 105, 116, 118, 125, 151, 184, 189, 228, 274
Genealogien 21, 23, 98, 136, 147, 163
Generationenbücher 92, 128, 129
Geographie **95**, 100, 108, 136, 160, 254
Gerechtigkeit 172, 180, 183, 192
Gesang 56, 98, 154, 179
Geschichte
– vom Ebenholzpferd 260
– vom erwachten Schläfer 279
– vom Prinzen Achmed und der Fee Peri Banu 260
– von Bulūkija 258, 261
– von den beiden Schwestern, die ihre Schwester beneideten 260
– von der listigen Dalīla 263
– von der Messingstadt 261
– von der Schlangenkönigin 261
– vom Schuhflicker Maʿrūf 261
– von Sindbad dem Seefahrer 97, 103, 199, 234, 259, 263, 280
Geschichtsschreibung **88**, 90, 108, 174, 183, 186, 238, 242 f., 246, **273 f.**
Geschlechterbeziehungen 21, 57, 60, 107, 124, 130, 133, 144, 158, 168, 178, 181, 193, 209, 212, 216, 223–225, 229, 285
Ghasal, Ghasel s. (Liebes-)Dichtung
Ghassaniden 26, 46, 50, 68
Gilgamesch-Epos 82
Gleichnisse 107, 114
Gog und Magog 82, 100
Golfkriege 12, 54, 285
Grammatik(er) 23, 30, 83, 135, 137, 147, 206, 233
Granada 184–186, 238, 253, 268 f.
Griechen, griechisch 13, 23, 25 f., 42, 80, 84, 96 f., 102, 113, 128, 152, 155, 170, 172, 175, 189, 220 f., 234 f.,250, 252, 256, 262, 264, 283

Hadīthe **85–88**, 89, 93, 106, 111, 124, 128, 148, 169, 178 f., 192 f., 204, 221–223, 250 f., 255, 276 f.
Hadīth-Gelehrte, weibliche 93, 242
Haij Ibn Jakdhān 198–200
Hamsa al-Bachlawān, Roman über 264
Harem, höfischer 60, 168, 210, 212, 216
Hāschimijjāt 72
Häßlichkeit 144, 264
Haus der Weisheit 23, 33 f., 119
Herrschaft 52, 116 f. 138 f., 146 f., 167–190, 251
Himmelfahrt Muhammeds **134**, 202, 257
Hofbeamte, -sekretäre 23 f., 29, 39, 90, 98, 112, 116, 125–129, 137, 139, 150–152, 160, 166 f., 180, 193, 198, 202 f., 210, 231, 239, 252
Hofkorrespondenz **108**, 149, 151, 188, 249, 252
Hofleben 24, 39, 61, 66, 71, 98, 117, 126, 129, 148 , 156, 159, 161, 166, 169, 175, 237, 262
Humor(esken) 134, 138, 206, 255, 275

Ich-Erzählung 198, 200, 238, 241
Ilias 283
Imāmat 120, 160, 162, 177
Indien, indisch 17, 26, 91, 96, 103, 114, 121, 127, 152, 160, 170, 189, 196 f., 209, 217, 221, 234, 252, 256, 262
Inseln 198, 199, 264
Intertextualität 40, 223–243, 281, 273, 284
Irak 12, 16, 18 f., 56, 64, 96, 100, 105,

127, 136, 156, 247, 267, 272–275, 285, 289–292
Iram, Säulenstadt 82, 84
Iran 17, 19, 33, 196, 267
Ironie 131, 141, 230–232, 245, 247f., 269f., 281, 285
Islam 20, 44, 46f., 50, 57, 70–88, 92, 102, 147, 166f., 200, 222, 276
Isnād s. Überliefererkette
Isrā'īlijjāt 142
Istanbul 34, 105, 248

Jagdgeschichten 208
Jerusalem 183, 194
Josefs-Sure 133
Juden, jüdisch 14, 17, 22f., 29, 78, 126, 142, 161, 178, 223, 247, 256, 262, 268, 278
Jūssuf und Ssulaicha 82, 264

Kain und Abel 165f.
Kairo 101, 156, 183, 186–188, 197, 246, 259, 262f., 265, 269, 273, 277, 280f., 284
Kalendarien 91, 253
Kalifen 151, 177f., 182, 186, 206
– rechtgeleitete 13, 94, 107
Kalligraphie **30–33**, 66, 76, 241, 252, 287
Kamelbeschreibung 47, 65, 126
Kamelsschlacht 91, 153
Kampflieder, -verse 22, 44, 267
Kannibalismus 123, 126
Karmaten 53f.
Kartographie 96, 98f., 99
Kaufleute 125, 128, 151, 154, 203, 227
Ka'ba 47, 56, 237
Kerbela 155, 247, 267
Kerkerhaft 73, 139, 185, 204, 251
Ketzer(ei) 36, 47, 53, 56, 64, 123, 213, 279
Kindertanzverse 22, 44, 153, 165, 267
Kit'a(s), Fragmente 22, 44, 64
Kleidung 61, 81, 150, 158, 176, 182
Klöster 34, 132, 155–157, 205
Knabenmädchen 61
Kochkunst 239
Kolonialismus 14, 289
Könige 24, 115, **116**, 175, 180, 203
Kopisten 33, 35, 120, 150, 164, 187
Koran 11, **12**, 13f., 17f., 20, 22, 26, 28f., 31f., 36–38, 45, 50, 58f., 65, 72, **75**, 76f., 80f., 83f., 87, 91f., 95, 98, 100f., 106, 108, 113, 123–128, 133f., 138–140, 144, 146, 150f., 158, 161, 168f., 171–173, 175, 177–180, 187, 189, 191–193, 195, 198, 202, 204, 209f., 221f., 232, 242, 244, 247, 250f., 254–256, 276f.
Koranexegese 18, 84f., 109, 233, 256, 258, 280
Koranrezitation 83
Koranschulen 14, 120, 129, 140, 209
Kosmographie 102, 251–253
Kreuzzüge 104, 181, 207, 228, 264
Kriege 112, 139, 162, 172, 177, 184f., 207, 264
Kriegsliteratur 286
Kufa 24, 121, 137, 207
Kugelgestalt der Erde 92, 97
Kunja **19**, 20, 176, 233

Lachmiden 26, 50, 68
Laila und Madschnūn 57
Langlebige, Bücher über 206
Legenden 91, 97, 202, 208, 256–258, 286
Lehrdialoge 115, 171, 185, 190
Lehrer 122, 129, 152, 178, 230
Lehrgedichte 32, 83, 106, 198, 228
Lesedramen 278, 282, 284, 288
Lexikographie 23, 25, 83, 94f., 242, 245, 253, 265, 271, 273
Libanon 12, 21, 156, 278–280, 286, 290f.
Liberalismus 280, 282
Libyen 288, 291
Liebe(stheorie) 50, **58**, 73f., 157f., 204, **209**, 211–217, 220, 251, 260, 268f., 291
– homoerotische 57f., 60, 63, 130, 156, 206, 211–215, 219, 222f., 297
– mystische 73f., 158, 211, 216f., 219
– *'udhritische* 57, 145, 210, 213f., 216
– unter Tieren 217
– zu einem *Dschinn* 211, 216
Liebespaare, berühmte 57, 210
Lieder 128, 156

Mädchenschulen 277
Madschālis, Gesprächszirkel 135, 190, 201, 224, 241, 248, 258
Maghāsi-Werke: Bücher über Kriegszüge 88ff.
Magie 38, 172, 236, 241
Makāmāt 33, 108, 150, 170, 185, 188, 214, **223–238**, 241–243, 266, 271

Mamluken 30, 71, 170, 187, 189, 205, 243, 251 f., 264, 273
Manichäer 23, 161
Mantelgedichte 50, 71, 269
Märchen **22**, 199, 256
Marktaufseher 169, 177 f., 181, 185, 195
Maroniten 247, 260, 278
Marsubānnāme 188
Märtyrer 57, 155, 212, 216 f.
Mathālib s. Untugenden
Mathematik 25, 90
Maula, Mawāli, Neumuslim(e) 14, 20 f., 23, 29 f., 36, 52, 55, 70, 85, 90, 121, 136, 141, 146, 267
Mäzene 34, 55, 68, 94, 111, 129, 163
Medina 56, 96, 105, 121, 154, 166, 240
Medizin 24 f., 128 f., 143, 183, 198 f., 208, 218, 220, 244, 254
Mekka 56, 96, 105, 154, 183, 194, 240
Mensch im Universum 123 f., 253
Metaphern 17, 38, 43 f., 65, 69, 79 f., 150 f., 225, 230, 235, 265
Metonyme 17, 42 f., 65
Metren, Metrik **23**, 38, **40**, 42, 271, 290
Metrum *Radschas* 32, 44, 65, 83, 231, 267
Militär 129, 151, 171, 184 f., 240, 173, 179,
Mineralogie 92, 222
Miniaturen 33, 57, 113 f., 202, 226, 228, 253, 257
Mirabilien 97, 103, 161, 234, 254, 279
Missionen 14, 247, 277
Mongolen(sturm) 94, 182 f., 188, 230, 236 f., 273
Mosarabisch 269
Moschee, -hochschulen 18, 34, 135 f., 155, 161, 182 f., 194, 237, 241, 287
Mossul 181–183
Mufaddalijjāt 47, 191
Mündlichkeit – Schriftlichkeit **26 ff.**, 40, 89, 108, 123 f., 137, 203, 225, 248, 263
Murdschi'a 169
Murū'a s. Tugenden
Museen, 34, 276
Musik(er) 56, 61, 68, 73, 98, 128, 154, 157, 179 f., 195, 222
Muwaschschach s. Strophengedicht
Mu'allakāt 47
Mu'tasila 55, **120 f.**, 126, 130, 233
Mystik(er) 65, 73 f., 82, 88, 105, 142, 150, 195–198, 200, 207, 216, 219, 243, 247

Nachda, nationale Wiedergeburt 246 f., 292
Nachrichtendienste **96**, 176, 226
Nadschaf 24, 27, 72, 290
Nakā'id, s. (Streit-)Dichtung
Namen **19–21**, 25 f., 53, 77, 159, 165, 243
Napoleonische Expedition 37, 246, 275, 292
Narren, heilige, weise 207
Nassīb, erotische Einleitung **41**, 46, 65
Nationalismus 15, 17, 280
Naturwissenschaften 24 f.
Nautische Literatur 84, 106
Niederlage der Türken vor Wien 259
Nordafrika 17, 24, 62, 89, 103 f., 166, 177, 185 f., 198, 200, 227 f., 234 f., 238, 265 f., 268 f., 274, 286–288
Nordamerika 278, 290
Nordaraber, -arabien 160, 23

Oman 106, 233, 277
Omina 21, 128, 132, 159, 172, 203 f., 254
Orientalist(ik) 36, 246 f., 259 f.

Palästina 20, 286, 291
Palindrome 230, 237
Pantschatantra 113
Paradies 69, 78, 80, 179, 195, 204, 245
Parfüms 140, 158, 176, 193
Paris 105, 247, 260, 276
Parodien 53, 58, 227, 230–232, 234, 237, 245, 248, 270 f.
Perser 98, 119, 121 f., 127, 131, 152, 164, 171, 189, 206, 250
Persisch 13, 18, 23, 63 f., 66, 80, 96 f., 107, 112 f., 133, 152, 155, 171, 175 f., 180 f., 188, 192 f., 198, 200, 217, 223, 233, 253, 256, 258, 262, 271
Pest 244
Pflichten, religiöse 113, 115, 180
Philologen, Philologie 24, 26, 30, 49, 120, 189
Philosophen, Philosophie 24 f., 35, 128, 172, 180, 198, 206
Pilgerfahrt 50, 56, 73, 103 f., 162, 166, 177 f., 183, 191, 194, 222
Plagiat(or) 8, **53 f.**, 242, 281

Poetologie 7, 17, 27, 49, 54, 76, 137, 141, 191, 269
Postwesen 96, 185, 228, 246
Prediger 218, 224, 229
Predigerin 217
Predigten 104, 108, 130, 132, 144, 161, 183, 194, 205, 226, 233, 237, 243
Predigtverse 270
Propheten(geschichten) 79, 81 f., 91, 136, 148, 180, 195, 224, **256**, 258, 261
– biographie 92, 277
Pyramiden 235, 246, 270, 280

Rahmenerzählung 114, 187, 258, 262
Rangstreit 69, 108, 129, 147, 165, 217 f., 223, 235, **238–241**, 243
Rangordnung, soziale 151, 170, 192
Ratgeberliteratur, religiöse 19, 109, 129
Rätsel 201, 231, 243
Rāwi, Überlieferer, Rezitator ##
Recht, islamisches 8, 75, 82, 85–87, 92, 124, 145, 177–179, 204, 218, 222
Rechtsschulen **19**, 86–88, 254
Reden 22, 28, 39, 49, 107 f., 122, 134, 141, 150, 153, 161, 194
Reformen, Reformer 105, **273–275**, 277
Regen 228, 268
Reimprosa 22, **79**, 104 f., 107, **108**, 110–112, 164 f., 187, 190 f., 201, 203, 224, 237, 240, 250, 263
Reisen 94, 101 f., 160, 222, 228, 236, 241, 243, 247, 253
– fiktive 200
Reisebeschreibungen 95, **102**, 104 f., 234, 276
Reisemotiv 199, 226, 234, 237
Reittiere 41, 126, 189, 202
Religion 72, 116, 138, 140, 168 f., 179, 190, 285
Rhetorik 23, 27 f., 40, 76, 115, 121 f., 138, 140–143, 148–150, 157, 161, 183, 189, 205 f.
Richter 24 f., 135 f., 139, 151, 163, 177 f., 203, 209
Roman 26, 264, 278, 282, 284, 287
– Beduinen- 263
– Gesellschafts- 282
– historischer 273, 281,284
– Liebes- 24
– philosophischer 198–200, 281
– realistischer 285
– Trivial-, griechischer 26
Romantik, deutsche 46

Sadschal, Strophengedicht 270
Sāhirijja **213**, 215
Säkularisierung 200, 275
Samarkand 188
Samarra 120, 152, 154 f.
Sängersklaven 128, 154, 206
Sängersklavinnen 21, 56, 64, 154, 203, 206, 213, 232, 237
Sassaniden 23, 68, 107, 115, 175, 227
Saudi-Arabien 86, 288
Schachspiel 67, 113, 148, 232
Schachrasād (Scheherazade) 261, 280
Schachrijār (Schehrijār) 261, 280
Schattentheater 15, 74, **265**, 271
Schia, Schiiten 52 f., 55, 63 f., 72 f., 87, 90, 119, 152–155, 160, 162, 171, 174 f., 177, 182, 194, 207, 236, 256, 267, 269, 274 f.
Schicksal 44, 47, 61, 65, 115, 146, 150, 184, 190, 205, 229, 255
Schlacht von Kerbela 90
Schleier s. Verhüllung
Schmarotzer 206, 225, 227, 231
Schönheit 57–59, 144, 214, 264
Schöpfungsgeschichte 82, 84, 136
Schreiben, Schreiber 127, 131, 146, 150 f.,187, 202
Schreibmittel 29, 34, 66, 81, 124, 150
Schulen, säkulare 14, 276
Schuʿūbijja 21, **119–122**, 131, 140 f.,**145–148**
Schwarze 126, **127**
Sīr Ssālim, Roman über 264
Secretum secretorum 172
Seemannsgarn 103, 105, 123, 161
Selbstlob 42, 59, 63, 65 f., 132, 232, 238
Seldschuken 170, 182
Sendschreiben **107**, 112, 120, **125–130**, 151, 170, 201, 237
Sentenzen 25, 28, 47, 49, 106 f., 134, 167, 171 f., 184 f., 187, **191 f.**, 194
Sexualität 115, 130, 133, 145, 199 f., 209 f., 218, 221 f., 245
Siebenschläfer 82, 238, 283
Sizilien 17, 25, 62, 103 f.
Sklave, Sklavin 60, 93, 121, 126–129, 133, 140, 147, 156, 166, 168 f., 176, 178 f., 181, 201, 205, 207–210, 215 f., 218, 221, 241
Sozialsatiren 15, 271

Spanien 15, 17, 25, 60–62, 69, 74, 89, 96, 103 f., 160, 166, 172, 183–185, 198, 215 f., 222, 227 f., 233–235, 237 f., 248 f., 262, 265, 267–269, 274
Speisen 61, 66, 68, 80, 126, 147, 158 f., 193–195, 225, 232, 241, 270
Sprachakademien 14
Sprache, nichtverbale 141
Sprache und Logik 165
Sprachen, europäische 14, **15**, 172
– semitische 11
Sprachfehler 122, 152 f., 228
Sprachpolitik 12, **15**
Sprachspiele 16 f., 51, 67, 214, 225, 227, **229**, 231 f., 248
Sprichwörter 16, 22 f., 25, 38 f., 49, 90, 106–108, 122 f., 134, 136, 184, **190 ff.**, 203
Ssabier 104, 166
Ssaif at-Tīdschān, Roman über 264
Ssalamān wa-Absal 199
Sunna, Sunniten 113, 150, 168, 173, 177, 192, 256, 276
Suren 77, -titel 78
Städte 13, 22, 45, 67, 98, 104, 125, 131, 139, 169, 178
Stil(mittel) **16 f.**, 42 f., 69, 106, 108, 190
Studiendelegation 275 f.
Südamerika 290
Südaraber, Südarabien 72, 131, 168, 239
Sündenfall 82, 84, 136
Süßspeisenepistel 201
Surrealismus 284
Synonymenlexikon 160
Syrien 12, 16, 56, 156, 163, 199, 207, 208, 236, 259, 286, 291
Syrische Gesellschaft zur Verbreitung der Künste und Wissenschaften 277 f.

Tausend Geschichten 262
Tausendundeine Nacht 21 f., 35, 103, 133, 154, 156, 161, 169, 179, 187, 198, 205 f., 211, 218, 222, 254, **258–263**, 265, 279
Testamente, (politisch-)moralische 88, **107**, 122, 167 f., 170, 173 f., 183, 194, 227, 247
Teufel 65, 80, 166
Theater 16, 266, 276, **279**
Theologie, Theologen 24, 30, 84, 126, 151, 154 f., 169, 172, 186, 194, 199, 212, 231, 255
Tiere 46, 66, 115, **123**, 126, 129, 161, 164, 187, 199, 202, 204, 232, 238, 251, 253 f.
Tod 65, 70, 73, 105, 133, 142, 155, 195, 199, 245, 251, 291
Totenbücher 245
Trauerreden 152, 230
Träume 41, 167, 172, 188, 195, 204, 236
Trostanthologie 204, 216
Troubadourlyrik 60, 216
Tugenden 42, 52, 139–141, 143, 145, 166, 168, 173, 193, 195
Türkei, Türken 18, 37, 129, 197, 275, 280
Türkisch 18, 113, 155, 262, 273, 277, 285

Überliefererketten **85**, 91–93, 106, 109, 154, 224, 243, 248
Übersetzungen 14, 18, 21, 24, 26, 36, 91, **96**, 112 f., 123, 165, 221, 254, 259, 267, 276 f., 280, 282, 284 f., 289
Umajjaden(zeit) 21, 23, 45, 47, 50, 61, 65, 68, 108, 110, 112, 131, 153 f., 160 f., 163, 171, 173, 175 f., 180, 182
Universitäten, moderne 284
Untugenden 140, 143, 163, 168, 195, 239

Vereinigungen, literarische 290
Verfassung, französische 276
Verhüllung 60, 62, 130, 178, 212, 276, 290
Verstand 132, 181, 195, 198, 251
Volksliteratur 22, 107, 207, 259, **263 f.**
Vorworte 108, **110**, 123, 130, 157, 160, 169, 191, 203

Wahn(sinn) 57, 206 f.
Wein 68, 80, 104, 129, 132, 156 f. 177, 179, 229, 232, 268–270
Wesire 24, 114, 117, 129, 132, 151, 154, 161–164, 166 f., 169, 171, 177, 180, 182, 184–186, 189 f., 202 f., 206, 228 f., 237
Wissen 118, 132, 182
Wissenschaften 25, 182, 195, 241 f., 244
Wörterbücher 25, 83, 278
Wüste 57, 68, 186, 288

Zeitrechnung, islamische **8**, 13, 91
Zeitschriften, Zeitungen 15–17, 248, 271, 277, 281, 288, 290
Zuschreibungen 54, 111